# Der Prozeß
## Clara und Robert Schumanns Kontroverse mit Friedrich Wieck

Europäische Hochschulschriften
Publications Universitaires Européennes
European University Studies

Reihe XXXVI
Musikwissenschaft

Série XXXVI Series XXXVI
Musicologie
Musicology

Bd./Vol. 239

PETER LANG
Frankfurt am Main · Berlin · Bern · Bruxelles · New York · Oxford · Wien

Friederike Preiß

# Der Prozeß

## Clara und Robert Schumanns Kontroverse mit Friedrich Wieck

PETER LANG
Europäischer Verlag der Wissenschaften

**Bibliografische Information Der Deutschen Bibliothek**
Die Deutsche Bibliothek verzeichnet diese Publikation in der Deutschen Nationalbibliografie; detaillierte bibliografische Daten sind im Internet über <http://dnb.ddb.de> abrufbar.

Zugl.: Düsseldorf, RSH, Diss., 2004

Gedruckt auf alterungsbeständigem,
säurefreiem Papier.

D 61
ISSN 0721-3611
ISBN 3-631-53197-4



Printed in Germany 1 2 3 4 5 7

www.peterlang.de

Für Petra, Renate und Wolfgang

# Vorwort

Es ist sicherlich keine singuläre Erfahrung, daß zur Fertigstellung eines Dissertationsprojekts zahlreiche (günstige) Umstände zusammentreten müssen, von denen sich jedoch nicht alle gleichermaßen zur öffentlichen Mitteilung an ein möglicherweise interessiertes Publikum eignen. Dennoch sind einige Aspekte für mich von zentraler Bedeutung und ich möchte sie hier erwähnen. Daß diese Forschungsarbeit so geschrieben werden konnte, wie sie heute vorliegt, verdanke ich wesentlich meinem Lehrer, Herrn Prof. Dr. Dr. Volker Kalisch (Robert-Schumann-Hochschule Düsseldorf). Seine - in wissenschaftlicher wie auch menschlicher Hinsicht - aufgeschlossene Haltung gegenüber der von mir gewählten Fragestellung war unerläßliche Voraussetzung für das Gelingen dieser Studie. Für die engagierte Form der geistigen Auseinandersetzung, welche ich von seiner Seite erfahren durfte, sowie die beständige Ermutigung, mich einer scheinbar allgemein bekannten und vermeintlich längst erschöpfend behandelten Thematik aus einem neuen Blickwinkel zu nähern und dabei die eigene Fragestellung konsequent zu verfolgen, bin ich ihm zu höchstem Dank verpflichtet. Ohne ihn wäre diese Arbeit nie zustande gekommen. Weiterhin möchte ich Herrn Prof. Dr. Andreas Ballstaedt (Robert-Schumann-Hochschule Düsseldorf) für seine durchweg konstruktive Kritik und wohlwollende Anteilnahme danken, mit der er im Rahmen des gemeinschaftlich mit Prof. Dr. Dr. Kalisch geleiteten Doktorandenkolloquiums - eine für mich kreative und ungemein bereichernde Form wissenschaftlichen Arbeitens - dieses Dissertationsprojekt von Anfang an begleitet hat. An dieser Stelle sei ebenfalls Herrn Prof. Dr. Gerhard Splitt (Universität Erlangen-Nürnberg) für wertvolle Anregungen und Hinweise im Rahmen seines Zweitgutachtens herzlichst gedankt. Ausdrücklich in diesen Dank mit einzubeziehen habe ich Herrn Prof. Dr. Klaus Luig (Direktor des Instituts für Neuere Privatrechtsgeschichte, Universität zu Köln), dessen außerordentlich freundliche Unterstützung sowie weithin anerkannte Kompetenz bei der Klärung zentraler juristischer Fragen für mich von unschätzbarem Wert waren - ebenso wie die grenzenlose Hilfsbereitschaft seiner wissenschaftlichen Mitarbeiterin, Frau Hedda Hoffmann-Steudner.

Auf seiten der Schumann-Forschung möchte ich insbesondere den Mitarbeiterinnen und Mitarbeitern der Robert-Schumann-Forschungsstelle Düsseldorf e.V. - Herrn Prof. Dr. Bernhard R. Appel, Frau Renate Brunner, Frau Dr. Kazuko Ozawa und Herrn Dr. Matthias Wendt - für ihre instruktiven Hinweise und ihre unendliche Geduld angesichts meiner immer wieder neu auftretenden Fragen sowie das zur Verfügungstellen der für mich so kostbaren Materialien danken. Eine schöne und unvergeßliche Erinnerung wird mir mein Besuch im Robert-Schumann-Haus Zwickau bleiben. Die Gespräche mit dessen langjährigen Direktor, Herrn Dr. Gerd Nauhaus, - dessen Leistungen, u.a. als Herausgeber der Schumann'schen Tagebücher, mir größte Bewunderung einflößt - waren ebenfalls für mich von unschätzbarem Wert. Darüber hinaus gewährte er mir großzügig Einblick in die umfangreichen Archivbestände des Hauses sowie in eigene, bisher unveröffentlichte Arbeiten, etwa in das Manuskript der in Vorbereitung befindlichen Herausgabe der Jugendtagebücher Clara Schumanns. Auch dafür sei ihm herzlichst gedankt.

Stellvertretend für die zahlreichen, hier nicht namentlich genannten, dennoch ebenso hilfsbereiten Bibliothekarinnen sei Frau Gabi Pfau (Robert-Schumann-Hochschule Düsseldorf), Frau Jutta Scholl, Leiterin der Musikbibliothek der Stadtbüchereien Düsseldorf, sowie den Mitarbeiterinnen der dortigen Fernleihe gedankt, insbesondere Frau Hertha Baumfalk und Frau Claudia Schwarzer, die mir in unermüdlichem und weit über das übliche Maß hinausgehendem Engagement die teilweise sehr schwer auf-zufindenden alten Rechtsquellen und juristischen Abhandlungen zugänglich machten.

Ich darf nicht schließen, ohne denjenigen drei Menschen zu danken, die den für mich wohl wichtigsten Beitrag zum Gelingen dieses Dissertationsprojekts geleistet haben. Meine Eltern, Renate und Dr. Wolfgang Preiß, waren nicht nur eine große Hilfe beim Korrekturlesen. Ihre liebevolle und in jeder Hinsicht vorbildliche Unterstützung ermöglichte mir, die vorliegende Arbeit in der dafür notwendigen Zeit und - ebenso wichtigen - Gelassenheit vollenden zu können. Frau Prof'in Petra Obenaus, der langjährigen Gleichstellungsbeauftragten der Hochschule für Musik Köln, verdanke ich die anregende Idee, daß Friedrich Wieck möglicherweise eine andere Persönlichkeit war, als gemeinhin bisher angenommen wurde, und seine Haltung bzw. Verdienste erst unter gleichstellungsrelevanten Gesichtspunkten deutlich werden. Auf dem Hintergrund bestimmter gesetzlicher Veränderungen und den damit verbundenen Auswirkungen auf die gesellschaftliche Realität wurde somit ein erweiterter perspektivischer Raum frei, der eine neue Sicht der Persönlichkeiten sowohl Friedrich Wiecks als auch Clara und Robert Schumanns ermöglichte.

## Inhaltsverzeichnis

# Zur Einführung

In Claras Brief vom 15. Juni 1839 - gerichtet an ihren geliebten Robert - finden sich folgende Zeilen: „Der Augenblick des Unterschreibens war der Wichtigste meines Lebens, doch ich unterschrieb fest und entschlossen und war unendlich glücklich ...“[1] Um welches tiefgreifende Ereignis in Clara Schumanns[2] Leben mag es sich bei dieser Unterschrift gehandelt haben? Vielleicht um die Unterzeichnung ihres Ehevertrags? Keineswegs - die Heirat zwischen Clara und Robert fand erst ca. fünfzehn Monate später statt, im September 1840, nach Ende eines erbittert geführten Prozesses. Auf welche andere Entscheidung hat sich Claras Äußerung dann bezogen? Clara unterzeichnete am 15. Juni 1839 die Vollmacht, welche eine Klage gegen den eigenen Vater ermöglichte, denn Friedrich Wieck hatte die Zustimmung zu ihrer Verehelichung mit Robert Schumann beharrlich verweigert. Doch diese Feststellung scheint weniger zu klären als daß sie zu neuen Fragen herausfordert: Warum ein Rechtsstreit? Hätte dieser Konflikt nicht auf andere Weise gelöst werden können? Inwiefern war Claras Unterschrift derartig wichtig? Worum ging es überhaupt in dieser Kontroverse? Wer waren die Hauptakteure und welche Positionen vertraten sie? Und schließlich: Warum hat Friedrich Wieck dem Wunsch der Tochter nicht einfach stattgegeben und den erforderlichen (gesetzlich vorgeschriebenen) Ehekonsens erteilt, um so eine gerichtliche Auseinandersetzung zu vermeiden? Gab es auf der Seite Schumanns ebenso unabdingbare Forderungen, die einen Prozeß aus seiner Sicht unumgänglich machten? Wenn ja, welche Ansprüche waren das?

Eine Tatsache geht aus Claras Äußerung eindeutig hervor: Sie war sich der Tragweite ihres Handelns offensichtlich bewußt, wenn sie auch nicht jede der Konsequenzen ihrer Entscheidung im Detail gekannt hat, wie sich noch zeigen wird. Dennoch sollte sich ihre obige Einschätzung in der Folgezeit bestätigen. Doch diese Spur hier zu verfolgen, wäre ein gar zu weiter Vorgriff. Zunächst gilt es, den zentralen Untersuchungsgegenstand der vorliegenden Studie deutlich herauszuarbeiten. Dazu sind einige der oben skizzierten Fragen zu präzisieren, die unmittelbar Einfluß auf Anlage und Aufbau dieser Forschungsarbeit haben.

Wie in den vorangehenden Bemerkungen bereits angedeutet, beschritten die beteiligten Parteien den gerichtlichen Weg zur Lösung des vermeintlichen Problems. Der Ehekonsensstreit, so die fachliche Bezeichnung, bildet den Fokus der vorliegenden Untersuchung. Dieser tragische Familienkonflikt entwickelte sich über einen längeren Zeitraum, beginnend spätestens mit der offiziellen Brautwerbung Robert Schumanns im September 1837. Die Verhaltensweisen der Kontrahenten, ihre Einstellungen und

---

1 BW II, S. 572 (15.6.1839).

2 Clara Wieck hat bei ihrer Heirat den Namen ihres Gatten, Robert Schumann, angenommen. Entsprechend der Herausgabe ihrer Jugendtagebücher, die nicht unter ihrem Mädchen-, sondern ihrem Ehenamen veröffentlicht werden, soll in dieser Arbeit ebenfalls ihre diesbezügliche Entscheidung Berücksichtigung finden, auch wenn in der vorliegenden Studie teilweise Situationen aus ihrer vorehelichen Zeit behandelt werden. Vgl. Clara Schumann. Jugendtagebücher 1827-1840. Hrsg. von Gerd Nauhaus und Nancy B. Reich. Wiesbaden u.a., Breitkopf & Härtel. (In Vorbereitung). RSchH Zwickau, Sign. A 4877 - A3.

Handlungsformen - sowohl in der vorprozessualen Phase als auch während der gerichtlichen Auseinandersetzung - lassen sich jedoch erst dann angemessen nachvollziehen, wenn zugleich bestimmte biographische Hintergründe berücksichtigt werden, denn zum Zeitpunkt der Eskalation im Sommer 1839 (Einreichung der Klage) kannten sich die Beteiligten bereits mehr als zehn Jahre. Die aus diesem langjährigen, phasenweise sogar intensiven Kontakt resultierenden Erfahrungen sowie die jeweiligen persönlichen und beruflichen Ausgangsbedingungen sind bei der Analyse der gegensätzlichen Positionen beider Konfliktparteien dringend einzubeziehen, da sie - wie zu zeigen sein wird - unmittelbaren Einfuß auf deren gerichtlich vorgetragenen Argumentationen genommen haben. Insofern beginnt die vorliegende Arbeit mit dem Zeitpunkt der beruflichen Umorientierung Robert Schumanns, der 1830 den Entschluß faßte, sich von der Jurisprudenz abzuwenden, sein Leben der Musik zu widmen und sich daher Friedrich Wieck als erfahrenem Klavierpädagogen anzuvertrauen. In der Folgezeit hatten beide Gelegenheit, sich genauer kennenzulernen und zu einer - mehr oder weniger - differenzierten Einschätzung der jeweiligen Persönlichkeit des anderen zu gelangen.

Die Berücksichtigung dieser biographischen Hintergründe allein ist jedoch nicht ausreichend, um die zunehmende Verschärfung und Erbitterung zu erklären, mit der während der vorprozessualen Zeit auf beiden Seiten gekämpft wurde. Hier erscheint ein anderweitiger Zugang notwendig. Anders als heute war seinerzeit die elterliche Zustimmung zur Verehelichung der Kinder gesetzlich vorgeschrieben und konnte im Falle der Verweigerung allein durch einen Gerichtsbeschluß ersetzt werden. Angesichts dieser juristischen Auseinandersetzung wird sich die (rechts)historische Kontextualisierung der Kontroverse Schumann/Wieck als nicht nur geeigneter, sondern ausgesprochen tragfähiger Ansatz erweisen, denn sowohl die richterliche als auch die elterliche Zustimmung waren an rechtliche Bedingungen geknüpft. Diese Tatsache band alle Beteiligten unausweichlich in einen komplexen juristischen Rahmen ein, in dem sie handeln und Entscheidungen treffen mußten.

An diese Beobachtung schließen sich weitere Überlegungen an. Vor der Analyse des konkreten Prozeßgeschehens gilt es zu klären, auf welchem rechtlichen Hintergrund sich die Auseinandersetzung im einzelnen zugetragen hat und welche Konsequenzen sich für die Konfliktparteien aus den damals geltenden juristischen Normen ergaben. Welche Interessen verbargen sich auf der Seite Friedrich Wiecks bzw. derjenigen Robert Schumanns? Anhand gewisser Äußerungen und Handlungsweisen wird zu überprüfen sein, ob ihnen die damalige Rechtslage bekannt oder zumindest deren praktische Auswirkungen bewußt waren. Weiterhin ist zu untersuchen, ob sich möglicherweise sogar bestimmte Strategien der Kontrahenten feststellen lassen, die auf eine derartige Kenntnis hinweisen bzw. zurückzuführen sind? Wenn ja, welche? Dieser Aspekt wird insbesondere bei der Behandlung der erbitterten Auseinandersetzung um die sechs Ehekonsensbedingungen Friedrich Wiecks vom Mai 1839 eine wesentliche Rolle spielen.

Die vorangehenden Überlegungen führen zu der zentralen Frage, ob es in der Kontroverse - wie bisher allgemein angenommen - tatsächlich in erster Linie um die Erteilung des elterlichen Ehekonsenses ging oder nicht vielmehr um unterschiedliche - um nicht zu sagen konträre - Lebensmodelle, welche die Kontrahenten für Clara vorgesehen hatten? In diesen Zusammenhang ist einzubeziehen, ob vielleicht im Blickfeld Friedrich Wiecks vor allem die Virtuosenkarriere seiner Tochter stand, wohingegen Robert Schumann für Clara die Rolle des 'Eheweibs' bzw. der 'Hausfrau' vorsah, die gelegentlich konzertieren oder unterrichten konnte. Daß Schumann in den Jahren der hier zu behandelnden Auseinandersetzung diese Vorstellung vertrat, ist in zahlreichen Briefpassagen belegt.[3] Auch diese Aspekte werden in ihrer ganzen Tragweite erst durch eine umfassende rechtshistorische Kontextualisierung der gegensätzlichen Positionen deutlich werden und möglicherweise bisher unberücksichtigte Perspektiven zutage fördern, welche die Kontroverse zwischen Clara, Robert und Friedrich in einem neuen Licht erscheinen lassen.

Auf dem Weg einer detaillierten Analyse der juristischen Hintergründe ist die den konträren Vorstellungswelten zugrundeliegende Interessenkonstellation herauszuarbeiten und gleichzeitig zu fragen, wer welchen Handlungsspielraum hatte. Im Rahmen dieser Untersuchung wird darzustellen sein, daß eine adäquate Bewertung der jeweiligen Verhaltensweisen der am Konflikt beteiligten Personen ohne umfassende Kenntnis der damals geltenden Rechtslage nicht möglich ist. Darüber hinaus wird sich zeigen, daß diejenige Seite, die sich auf den Schienen der rechtlich und auch gesellschaftlich vorgeschriebenen Normen bewegte bzw. diese für sich geltend machen konnte, zum Ziel gelangen würde, wohingegen die andere Seite, die eine von diesen Normen abweichende Vorstellung vertrat, scheitern mußte. Dieser Punkt kann an dieser Stelle jedoch lediglich angedeutet, nicht aber erschöpfend diskutiert werden, da er eine äußerst differenzierte Betrachtung beider Positionen erforderlich macht, die erst im Rahmen der folgenden Kapitel zu leisten ist.

Obwohl die Kontroverse Schumann/Wieck in nahezu sämtlichen biographisch orientierten Publikationen thematisiert wird, läßt sich in den bisherigen Darstellungen der Ehekonsensauseinandersetzung weder die Einbeziehung des rechtshistorischen Kontexts noch die Berücksichtigung der Perspektive Friedrich Wiecks erkennen.[4] Angesichts dieser Beobachtung ist der Frage nachzugehen, welche Aspekte im Laufe der sich mittlerweile über mehr als 160 Jahre erstreckenden Prozeß-Rezeption statt dessen in den Vordergrund gestellt wurden. Lassen sich eventuell bestimmte Rezeptionsmechanismen entdecken, die zu dem heute bestehenden Wieckbild geführt haben und möglicherweise nach wie vor sowohl die Wahrnehmung als auch die Bewertung des Interessenkonflikts beeinflussen? An dieser Stelle sei exemplarisch eine für den vorliegenden Zusammenhang zentrale Passage aus der Publikation der jüngsten Tochter Clara und Robert Schumanns zitiert, die - wie zahllose andere Darstellungen des Ehekonsensstreits - eine eindeutig negative Bewertung der Persön-

---

3 Vgl. BW II, S. 571 (13.6.1839), 581 (17.6.1839), 587 (22.6.1839). BW I, S. 123 (19.3.1838). Vgl. auch Refutationsschrift, Prozeßakten, fol. 65r - 65v.

4 Eine Ausnahme bildet die Dissertation von Beatrix Borchard, die diese rechtshistorische Perspektive bereits teilweise anlegt, jedoch nicht als zentralen Zugang ihrer Untersuchung wählt. Vgl. Borchard, Beatrix: *«Clara Wieck und Robert Schumann. Bedingungen künstlerischer Arbeit in der ersten Hälfte des 19. Jahrhunderts»*. Zugl.: Bremen, Univ. Diss. 1983, (= Ergebnisse der Frauenforschung, Bd. 4, hrsg. an der Freien Universität Berlin), 2. Aufl., Kassel1992.

lichkeit Friedrich Wiecks nahelegt. Eugenie Schumann schreibt in ihrer Biographie über ihren Vater aus dem Jahr 1931:

„... es ist wie ein schönes, altes Märchen, das von den zwei Königskindern und dem bösen Zauberer, der ihnen mit all seinen Künsten nichts anhaben kann. [...] Wie mußte der jahrelange Kampf gegen Haß und Bosheit auf ein Gemüt wirken, welches ganz und gar nur Liebe war, das selbst den Haß noch mit Liebe zu besiegen hoffte! [...] Robert überwand, aber die in dem langen Kampfe eingesetzten Kräfte gingen ihm unwiederbringlich verloren. All die ungezählten schlaflosen Nächte, die Zweifel an sich, an Klara und an der Zukunft, die langen Trennungen in ungestillter Sehnsucht, die ihm die Kraft zur Arbeit raubte, der Schmerz um die verlorenen Jugendjahre, das alles mußte Roberts Gesundheit, in erster Linie sein zartes Nervensystem, auf das empfindlichste schädigen. [...] Ich glaube fest, daß mein Vater, wären ihm diese grausamen Erfahrungen erspart geblieben, überhaupt seinem tragischen Ende entgangen wäre."[5]

Friedrich Wieck erscheint hier als boshafter und grausamer Mensch bzw. Unmensch (Zauberer), der aus Haß gegen seinen potentiellen Schwiegersohn das eheliche Glück der jungen Liebenden zu verhindern sucht und darüber hinaus - zumindest indirekt - für das tragische Schicksal Robert Schumanns verantwortlich ist. Eugenie nimmt hier einseitige Rollenzuweisungen vor. Während Wieck als Zerstörer - mit anderen Worten als Täter - vorgestellt wird, kommt Schumann die Rolle des unschuldigen Opfers zu. Diese Bewertungsrichtung findet sich unter anderem bereits in der vielrezipierten Biographie Berthold Litzmanns bis hin in die Schumann-Literatur der jüngsten Vergangenheit.[6] Dabei ist in der Rezeption des Interessenkonflikts eine deutliche Idealisierung des Schumann'schen Ehepaars einerseits sowie eine ausschließlich negative Beurteilung der Persönlichkeit Friedrich Wiecks andererseits zu erkennen, welche insbesondere mit seinem Verhalten in dem Ehekonsensstreit begründet wird.[7] Insofern kommt dieser gerichtlichen Auseinandersetzung wohl eine zentrale Bedeutung für die gesamte Schumann/Wieck-Rezeption zu. In zahlreichen Darstellungen der Kontroverse erscheint Wieck als sadistischer Zerstörer, boshafter Taktierer, gehässiger Verleumder oder auch rücksichtsloser Prozeßtreiber mit jeweils Clara und Robert in der Rolle der unschuldigen Opfer, um nur einige Facetten des bestehenden Wieck-Images zu nennen.

Es stellt sich die Frage, ob diese Einschätzungen den Verhaltensweisen und Vorstellungen der am Konflikt Beteiligten in dieser extremen Form angemessen sind. Weiterhin ist zu klären, welche Wurzeln diese grundsätzliche und umfassende Ablehnung der Wieck'schen Persönlichkeit hat. Lassen sich einige Facetten des negativen Wieckbildes möglicherweise sogar auf bestimmte Vorprägungen durch Robert Schumann zurückverfolgen? Dieser Frage wird im Rahmen einer detaillierten Imageanalyse nachzugehen sein. Darüber hinaus ist zu untersuchen, wer zu welchem Zeitpunkt und in welchem Maß möglicherweise entscheidenden Einfluß auf die Rezeption der Ehekonsensauseinandersetzung genommen hat. Diese Überlegungen führen zu der zweiten zentralen Frage der vorliegenden Arbeit: Wird das heute

---

5 Schumann, Eugenie: «*Robert Schumann. Ein Lebensbild meines Vaters*». Leipzig 1931, S. 243-246.

6 Litzmann, Berthold: «*Clara Schumann. Ein Künstlerleben. Nach Tagebüchern und Briefen*». 3 Bde. Leipzig 1902 - 1908. Vgl. dazu z.B. Reich, 1997; Daverio, 1997; Burger, 1999.

7 Vgl. dazu das Kapitel V. «Das Image Friedrich Wiecks».

bestehende Image Friedrich Wiecks seinen Handlungsweisen und Vorstellungen noch gerecht und welche neuen Gesichtspunkte ergeben sich möglicherweise aus einer detaillierten rechtshistorischen Kontextualisierung?

Gelänge es, durch Hinzufügung neuer Perspektiven das bisherige Wieckbild zu ergänzen und so zu einer differenzierten Betrachtung seiner Persönlichkeit beizutragen, wäre ein wesentliches Anliegen dieser Arbeit erfüllt. Ob und inwiefern sich dann aus der im Rahmen einer Analyse des komplexen Beziehungsgeflechts zwischen Vater, Tochter und Schwiegersohn vorgenommenen Neubewertung der Wieck'schen Position darüber hinaus Auswirkungen auf das bestehende Clara- und Robert- Schumannbild ergeben, dieser Frage wird im abschließenden Kapitel nachzugehen sein.

Die rechtshistorische Kontextualisierung der Kontroverse Schumann/Wieck sowie deren nachfolgende Rezeption geben einen deutlichen Hinweis auf die Brisanz und möglicherweise auch heute noch bestehende Aktualität der oben schon angedeuteten gegensätzlichen Positionen, so daß die Frage nach deren Bedeutung - nicht nur im Rahmen der Schumann-Forschung, sondern in einem weitreichenderen (gesellschaftspolitischen) Sinn - neu zur Diskussion zu stellen ist. Die hier vorliegende Arbeit ist als Versuch zu verstehen, sich aus einem bislang nicht eingenommenen Blickwinkel der im Zentrum dieser Untersuchung stehenden Ehekonsensauseinandersetzung zu nähern, welcher möglicherweise eine erhebliche Neu- bzw. Umwertung der Kontroverse Schumann/Wieck erforderlich macht.

# I. Konflikthintergrund: Die Situation vor Prozeßbeginn

## I.1. Persönliche Einstellung und Verhalten der Kontrahenten vor dem Prozeß seit ca. 1830

### I.1.1. Berufsentscheidung Musiker: Analyse des zentralen Briefwechsels zwischen Friedrich Wieck, Schumanns Mutter und Robert Schumann im August 1830

Für das Verständnis der prozessualen Auseinandersetzung ist eine Untersuchung der biographischen Vorgeschichte - bis zur Einreichung der Klage im Juli 1839 - unverzichtbar. Es wird gezeigt werden, daß die Kritik Friedrich Wiecks an Robert Schumann bereits auf das Jahr 1828 bzw. 1830 zurückgeht und insofern als zunächst unabhängig von der späteren Auseinandersetzung um Clara und seinem angeblichen Vateregoismus zu bewerten ist. In diesem Zusammenhang muß der Briefwechsel zwischen Robert Schumann, seiner Mutter Christiane und Friedrich Wieck einer genauen Analyse unterzogen werden. Diese Briefe sind authentische Zeugnisse aus der Zeit der beruflichen Umorientierung Robert Schumanns im Jahre 1830 und geben sowohl unmittelbar Aufschluß über die unterschiedlichen Persönlichkeiten Schumanns bzw. Wiecks als auch über deren gegenseitige Einstellung zueinander.

Robert Schumann hat nach einem etwa zweieinhalbjährigen Jurastudium, teilweise in Leipzig, teilweise in Heidelberg, im Sommer 1830 seiner Mutter den Wunsch mitgeteilt, sich in Zukunft ganz der Musik widmen zu wollen. Wie intensiv sich Schumann mit der Jurisprudenz beschäftigt hat, ist umstritten. In seinen Briefen an die Mutter und an Vormund Rudel beteuert er, fleißig zu sein und das Studium nicht zu vernachlässigen.[1] Nach Zeugnissen von Studienfreunden hingegen hat Schumann den Vorlesungssaal niemals von innen gesehen.[2] Einzelne Dokumente wie die Testate aus seiner Studienzeit und briefliche Äußerungen an seine Mutter hinsichtlich des Studienverlaufs lassen die Möglichkeit offen, daß er sich zumindest rudimentäre juristische Kenntnisse angeeignet haben könnte.[3] Definitiv steht jedoch fest, daß er sich während seines Jurastudiums mit Musik beschäftigte und in der Leipziger Zeit bei Friedrich Wieck Klavierunterricht nahm.[4] Von August 1828 bis April 1829 verkehrte er regelmäßig im Hause Wiecks. Der Kontakt beschränkte sich nicht nur auf den Unterricht, sondern war auch persönlicher Art: Schumann wurde zu Kaffee und „Kränzchen" eingeladen, machte mit Wieck gemeinsame Ausflüge oder Besuche und war zu Gast bei gesellschaftlichen Anlässen wie Hauskonzerten.[5] Beide hatten ausreichend Gelegenheit, sich kennen zu lernen und sich auf diese Weise mit dem Charakter sowie der Persönlichkeit des jeweils anderen vertraut zu machen.

---

1 Vgl. z.B. den Brief an die Mutter vom 13.6.1828; Eismann, 1956, S. 38. Brief an die Mutter vom 17.7.1829, Jugendbriefe, S. 62. Vgl. auch den Brief an seinen Vormund Gottlob Rudel vom 4.7.1828, Erler I, 1887, S. 7.

2 Vgl. dazu die Aussage des Studienfreunds Flechsig; vgl. Eismann, 1956, S. 43.

3 Vgl. Eismann, 1956, S. 45. Vgl. auch Brief an die Mutter vom 16.11.1830, Jugendbriefe, S. 129.

4 Von August 1828 bis April 1829 ist in den Tagebüchern Schumanns Unterricht bei Friedrich Wieck nachzuweisen. Die letzte Stunde vor der Abreise nach Heidelberg war am 9.4.1829.

5 Vgl. z.B. Tagebuch I, S. 147 (21.11.1828), 150 (30.11.1828), 151 (4.12.1828), 155 (13.12.1828) etc.

Im Juli 1830 entschloß sich Schumann, seine berufliche Zukunft in der Musik zu suchen.[6] Er wollte sich zum Pianisten ausbilden lassen und hatte als Lehrer Friedrich Wieck gewählt, der zu diesem Zeitpunkt bereits ein renommierter Musikpädagoge war. In seinem Brief an die Mutter vom 30. Juli 1830 erklärte Schumann: „... zu der Gewißheit bin ich auch gekommen, daß ich bei Fleiß und Geduld und unter gutem Lehrer binnen sechs Jahren mit jedem Klavierspieler wetteifern will, [...] hier und da hab' ich auch Phantasie und vielleicht Anlage zum eigenen Schaffen [...] Wieck in L.[eipzig], dem ich mich gern ganz anvertraue, der mich kennt und meine Kräfte zu beurteilen weiß, müßte mich dann weiter bilden ..."[7]

Auf dem Gebiet der Musikerziehung war Wieck eine anerkannte Autorität. Er würde - wie Schumann in seinem Brief anführt - aufgrund seiner fachlichen Kompetenz und der aus den gemeinsamen Unterrichtserfahrungen resultierenden Kenntnis seiner Person in der Lage sein, den neuen Lebensplan seines ehemaligen Schülers beurteilen zu können. Insofern wundert es nicht, wenn Schumann seine Mutter aufforderte, Friedrich Wieck um eine diesbezügliche Einschätzung zu bitten. Der Brief Schumanns an seine Mutter vom 30. Juli 1830 wurde von ihm als der wichtigste bezeichnet, den er „je geschrieben habe und schreiben werde."[8]

Zunächst sagte Schumann, daß ihm aufgrund seiner gesellschaftlichen Position ohnehin keine glänzende Karriere als Jurist möglich sei, abgesehen von der Tatsache seiner mangelnden „Liebe zu juristischen Betteleien und Pfennigstreitigkeiten."[9] Dann warf er seiner Mutter vor, daß er bisher seiner eigentlichen Berufung - nämlich der Kunst - nicht folgen konnte, da sie ihm den Weg dazu verstellt habe. Ihre Sorgen um seine gesicherte Zukunft wies er als 'mütterliche Gründe' ab und versuchte damit, ihre Einwände gegen seinen neuen Berufswunsch als gefühlsbedingt zu entkräften. Schumann argumentierte, falls sie ihn zwinge, bei der Jurisprudenz zu bleiben, daß sie für seine unglückliche Zukunft verantwortlich sein würde. In seinem Folgebrief vom 22. August 1830 führte er den verstorbenen Vater an, - welcher der Mutter gegenüber eine Autorität gewesen war, der sie zu gehorchen hatte - in dem zur Debatte stehenden Punkt: „Denk' an den großen Geist unseres guten Vaters, der mich *früh* durchschaute und mich zur Kunst oder zur Musik bestimmte."[10] Es darf festgestellt werden, daß Robert seine Mutter mit einer Vielzahl von emotionalen Appellen unter Druck setzte,[11] wie

---

6 Eine Ankündigung der beruflichen Umorientierung findet sich bereits in dem Brief an die Mutter vom 1.7.1830: „...So muntert mich z.B. Thibaut zur Jurisprudenz nicht auf, 'weil mich der Himmel zu keinem Amtmann geboren hätte', und weil Alles Tüchtige eben vom Himmel kommt und nur geboren wird. Ein mechanischer, getriebener Jurist ohne Liebe dazu ist eben deshalb kein großer. - Dies sind meine Ansichten, die ich Dir nicht vorenthalten kann. Zu ängstigen brauchst Du Dich nicht und Lebenspläne hab' ich die Menge, wenn einer und der andere scheitern sollte. - ..." Jugendbriefe, S. 115.

7 Wasielewski, 4. Aufl. 1906, S. 65. Diese Briefstelle belegt, daß Schumann in erster Linie an eine pianistische Karriere dachte, seine kompositorische Tätigkeit stand zum damaligen Zeitpunkt keinesfalls im Vordergrund.

8 Wasielewski, 4. Aufl. 1906, S. 66.

9 Brief an die Mutter vom 30.7.1830; Jugendbriefe, S. 117.

10 Brief an die Mutter vom 22.8.1830; Jugendbriefe, S. 120 ff.

11 Dieses Mittel ist auch im späteren Briefwechsel mit Clara durchgehend zu beobachten.

u.a. auch die folgende Drohung belegen soll: „Beuge der Natur und dem Genius nicht vor, sie könnten sonst zürnen und sich auf ewig wenden.“[12] Es ist unerläßlich, an dieser Stelle darauf hinzuweisen, daß Robert hier von seinem Genius als Klaviervirtuosen und nicht dem des Komponisten sprach, wie der gleiche Brief belegt.[13] Ob Schumann das Klavier jedoch nur vorgeschoben hat, eigentlich aber sich der Komposition zuwenden wollte, kann hier nicht erschöpfend diskutiert werden, da das Persönlichkeitsbild Schumanns nicht Gegenstand dieser Arbeit ist. Mit an Sicherheit grenzender Wahrscheinlichkeit allerdings hätte er zu diesem Zeitpunkt wohl kaum die Zustimmung der Mutter für seinen Berufsweg als Komponist gewinnen können.

Christiane Schumann wandte sich daraufhin an Friedrich Wieck, ihn um Rat und eine distanzierte, unvoreingenommene Beurteilung bittend. Da die Rolle von Frau Schumann kontrovers diskutiert wurde, erscheint es meines Erachtens dringend notwendig, an dieser Stelle Frau Schumann selbst zu Wort kommen zu lassen.[14]

„Verehrter Herr!
Aufgefordert von meinem Sohne Robert Schumann, bin ich so frei, mich an Sie wegen der Zukunft dieses von mir so geliebten Sohnes zu wenden. Mit Zittern und innerer Angst setze ich mich hin, um Sie zu fragen, wie Ihnen der Plan gefällt, den sich Robert gemacht hat und wovon Ihnen inliegender Brief Aufklärung gibt. Meine Ansichten sind es nicht, und ich bekenne Ihnen offen, daß mir für Roberts Zukunft bange ist. Es gehört sehr viel dazu, sich in dieser Kunst auszuzeichnen, um einst sein Brot fürs Leben zu finden - da viel zu viel große Künstler vor ihm sind - und wäre auch sein Talent wirklich so ausgezeichnet, so ist und bleibt es noch immer ungewiß, ob er Beifall erhält und sich einer sicheren Zukunft erfreuen kann.
Beinahe drei Jahre hat er nun studiert und viel, sehr viel gebraucht - jetzt, wo ich glaubte, daß er bald am Ziele steht, sehe ich ihn einen Schritt tun, wo er wieder anfängt, sehe, wenn die Zeit erreicht ist, wo er sich zeigen kann, daß sein ganzes unbedeutendes Vermögen dahin ist und er dann immer noch von Menschen abhängt, und ob er Beifall erhält. - Ach, ich kann Ihnen nicht beschreiben, wie niedergedrückt und traurig ich bin, wenn ich an die Zukunft Roberts denke; er ist ein guter Mensch, die Natur gab ihm Geistesgaben, was viele mit Mühe erringen müssen, kein unangenehmes Äußere, - so viel Kapital, um ohne Sorgen sein Studium zu verfolgen, wovon noch, bevor er sich selbst erhalten kann, so viel bleiben konnte, um anständig zu leben, und jetzt will er auf einmal ein Fach einschlagen, was er vor 10 Jahren hätte anfangen sollen. - Da Sie, Verehrter, selbst Vater sind, werden Sie fühlen, daß ich wohl Recht habe und mein Kummer nicht ohne Ursache ist. -
Meine anderen drei Söhne sind unzufrieden darüber und wollen durchaus, daß ich es nicht zugeben soll, - allein, ich bin nicht dafür, ihn zu zwingen, wenn sein eigenes Gefühl ihn nicht leitet, - denn wahrlich, Ehre ist es nicht, nach drei verschwendeten Jahren - wieder als Lehrling anzufangen und seine paar Taler aufs Ungewisse hinaus zu spielen. -
Auf Ihrem Ausspruch beruht alles, die Ruhe einer liebenden Mutter, das ganze Lebensglück eines jungen, unerfahrenen Menschen, der bloß in höheren Sphären lebt und

---

12 Brief vom 22.8.1830 an die Mutter; Jugendbriefe, S. 121.

13 In diesem Zusammenhang ist zu erwähnen, daß Robert Schumann verhältnismäßig spät zu komponieren begann; sein op. 1, die Abegg-Variationen, waren 1830 bereits begonnen und erschienen im Jahre 1831.

14 Vgl. dazu die gegensätzliche Einschätzung von Udo Rauchfleisch, 1990, S. 46.

nicht ins praktische Leben eingehen will. Ich weiß, daß Sie die Musik lieben - lassen Sie das Gefühl nicht für Robert sprechen, sondern beurteilen Sie seine Jahre, sein Vermögen, seine Kräfte und seine Zukunft. Ich bitte, ich beschwöre Sie als Gatte, Vater und Freund meines Sohnes, handeln Sie als redlicher Mann, und sagen Sie unumwunden ihre Ansichten, was er zu fürchten - oder zu hoffen hat.
Entschuldigen Sie die Zerstreutheit meines Briefs, ich bin aber von allem so ergriffen, daß ich mich seelenkrank fühle, und mir nie ein Brief so schwer wurde als dieser.
Leben Sie glücklich und geben Sie bald Nachricht
Ihrer ergebenen Dienerin
C. Schumann, geb. Schnabel."[15]

Das Schreiben an Wieck zeigt eine besorgte und realitätsbewußte Mutter, die ihren Sohn genau kennt. Sie bittet Wieck um die Beurteilung Roberts und seine Aussicht auf eine pianistische Karriere, sowie eine strenge Einschätzung der in Roberts Persönlichkeit begründeten möglichen Schwierigkeiten. Hier muß daran erinnert werden, daß Robert bereits schon einmal ca. acht Monate bei Wieck Unterricht gehabt hatte und er ihm insofern nicht gänzlich unbekannt war.

Friedrich Wieck geht in seiner Antwort umfassend und detailliert auf die Fragen der Mutter ein. Da von diesem Brief in der Regel nur eine bestimmte Passage beachtet wird, während die übrigen ein geradezu gegensätzliches Bild vermitteln, ist es unerläßlich, auch dieses Schreiben hier vollständig zu zitieren.

„Meine verehrteste Frau!
Ich eile, Ihnen Ihr Geehrtestes vom 7. d.[M.] zu beantworten, ohne Sie weiter vorher meiner innigsten Theilnahme zu versichern. Meine Antwort kann aber nur ganz kurz seyn, weil ich von Geschäften vieler Art gedrängt bin und weil ich das Mehrste doch mit Ihrem Herrn Sohne mündlich besprechen müßte, um zu einem genügenden Resultat zu gelangen. Mein Vorschlag vor allen Dingen wäre also: Ihr Herr Sohn verläßt Heidelberg - das warme, seine Phantasie noch mehr erhitzende - und kehrt wieder in unser kaltes plattes Leipzig ein, aus *vielen* und *hinreichenden* Gründen, mit denen ich *Ihrem Herrn Sohn gegenüber* zu bestehen hoffe.
Einstweilen so viel: Ich mache mich anheischig, Ihren Herrn Sohn, den Robert, bei *seinem Talent* und *seiner Phantasie* binnen 3 Jahren zu einem der größten jetzt lebenden Klavierspieler zu bilden, der geistreicher und wärmer wie Moscheles und großartiger als Hummel spielen soll.[16] Den Beweis dafür führe ich mit meiner eignen 11jährigen Tochter, die ich eben anfange der Welt vorzustellen. Und was die Composition anlangte, so würde unser Cantor Weinlich vor der Hand gewiß ausreichen. Aber -
1) Robert meint sehr irrig 'daß das ganze Klavierspiel in reiner Mechanik bestünde'; welch einseitiges Urtheil! Ich möchte fast daraus schließen, daß er in Heidelberg gar keinen geistreichen Spieler gehört habe, oder daß er daselbst im Spiel nicht weiter gekommen sey. Wie er von Leipzig fortging, wußte er *besser*, was zu einem *guten* Klavierspieler gehöre, und meine 11jährige Clara wird ihn eines andern überzeugen. Aber das ist wahr, für Robert liegt die größte Schwierigkeit in der ruhigen, kalten, *besonnenen* und *anhaltenden Besiegung der Mechanik*, als der erste Urstoff alles Klavierspiels. Ich gestehe offen, daß wenn es mir in meinen Lektionen, welche ich ihm gab, gelang, nach harten Kämpfen und großem Widerspruch von seiner Seite und un-

---

15 Brief von Christiane Schumann an Friedrich Wieck vom 7.8.1830. Zitiert nach Eismann, 1956, S. 62/63.

16 Hier lagen Wieck offensichtlich mehr seine eigenen Fähigkeiten als Lehrer im Sinn als Schumanns Befähigung zur pianistischen Laufbahn, wie sich im weiteren Verlauf des Briefes zeigt. Vgl. dazu Meier, 2001, S. 29/30 sowie Reich, 1997, S. 63/64.

erhörten Streichen, welche uns beiden (als rein vernünftigen Wesen ) seine zügellose Phantasie spielte, ihn von der Wichtigkeit eines *reinlichen, präcisen, egalen, deutlichen u. rhythmisch bezeichnenden* u. endlich *eleganten* Spieles zu überzeugen, es doch für die nächste Lektion oft wenig Früchte getragen hatte - u. fing ich an mit meiner gewohnten Liebe zu ihm, das alte Thema wieder vorzunehmen u. auf den Unterschied der bei mir *einstudirten* Musik etc. etc. wieder zu kommen u. ernstlich auf meinem Satz zu beharren, (mir war es ja nur um Robert u. um das höchste in der Kunst zu thun,) so ließ er sich 8-14 Tage u. noch länger entschuldigen, daß u. warum er nicht kommen könne etc. etc. u. so hat er sich fort entschuldigt - mit wenig Ausnahmen - bis er fort ging in die *Stadt* u. in *solche Verhältnisse*, welche wahrlich nicht geeignet sind, eine solche zügellose Phantasie, verbunden mit so viel schwankendem Sinne - zu bezwingen.

Wird unser liebenswürdiger Robert *jetzt* anders, *besonnener* - fester - kräftiger und darf ich's sagen - kälter u. männlicher seyn? Aus seinen Briefen scheint dies eben nicht hervor zu gehen.

2) Würde ich den Robert einmal gar nicht anders übernehmen (nämlich wenn er bloß in u. für die Kunst leben will), als daß er ein Jahr lang fast alle Tage eine Stunde bei mir habe.

Warum? bitte ich einstweilen unbedingtes Vertrauen in mich zu setzten. Wie kann ich aber dieß, da ich jetzt zugleich ein Geschäft in Dresden habe, zu Weihnachten eines dergl. in Berlin anlege u. binnen einem Jahre mit meiner Tochter noch nach Berlin, Wien u. wahrscheinlich auch nach Paris eine Kunstreise mache? Was soll Roberts sogenannter Phantasie=Mensch dazu sagen, wenn der mir die Lektionen (vor der Hand mit den kalten Themas) abstehlen soll, um 3 - 6 Wochen lang, sich allein überlassen, nicht aus dem Gleise zu kommen? - Verehrteste Frau, das wissen wir beide nicht - das muß *Robert am besten wissen* - er muß nur allein sagen, ob er wirklich *etwas wollen* kann.-

3) Ohne mich in etwas Weiteres vor der Hand einzulassen, erkläre ich, daß der Klaviervirtuos (wenn er nicht der allerberühmteste Componist u. sein Name schon seit Jahren gefeyert ist), nur sein Brod verdienen kann, wenn er *Unterricht giebt* - dann aber auch sehr gut und sehr reichlich. Es fehlt überall an guten geistreichen allseitig gebildeten Lehrern, u. es ist bekannt, daß man in Paris, Wien, Petersburg, Berlin etc. etc. 2 - 4 Thr. u. in London 6 - 8 Thr. für die Stunde bezahlt. Zur Lehrerin erziehe ich denn nun auch vor allem meine Tochter, obgleich diese, als Mädchen, den Vorzug vor allen Klavierspielerinnen der Welt bereits hat, daß sie *frei phantasiren* kann - u. doch lasse ich mich durch nichts täuschen. Nun würde Robert, als Lehrer des Klavierspiels, an solchen Orten sehr angenehm leben, da er doch nebenbei auch Interessen zu verzehren hat. Denn ich will doch nicht fürchten, daß derselbe sein Capital verzehren wird.

Nun aber frage ich, würde Robert sich dazu entschließen u. bereits schon hier anfangen Stunden zu geben, weil man sich dazu Jahre lang ausbilden muß?

Robert weiß doch noch, was ich von einem *guten Klavier*=lehrer verlange? Dieß können wir wiederum nicht wissen; kann nicht sagen, ob's Robert noch weiß.

4) Kann Robert sich entschließen, die trocken kalte Theorie, mit allem, was daran hängt, 2 Jahre bei Weinlich zu studiren? Mit dem Klavierunterricht verbinde ich immer eine Kenntniß der Accordenlehre, was praktisch geübt wird u. wobei ich schönen u. richtigen Anschlag etc. etc. mit einem Worte, Alles das lehre, was man in keiner Klavierschule findet und finden kann. -

Hat sich Robert entschließen können, nur die wenige Theorie dabei zu erlernen, während doch wohl die Stunden interessant genug waren? Ich muß 'Nein' sagen. Wird sich Robert *jetzt* entschließen können, gleich meiner Clara alle Tage einige Stunden 3 u. 4stimmige Sätze auf der Tafel zu arbeiten, wobei die Phantasie fast gänzlich schweigen muß? wenigstens so eine, wie sich unser Robert zu erfreuen hat.

5) Thut Robert dieß alles Alles aber nicht, wie ich gesagt habe, so frage ich: Welche Rolle wird er spielen u. welche Auswege wird seine Phantasie alsdann nehmen? -
Aus der Offenheit, mit der ich hier einiges erwähnt, wenn auch nicht vollständig abgehandelt habe, mögen Sie gütigst ersehen, daß ich Ihr beiderseitiges Vertrauen zu schätzen weiß u. dasselbe späterhin zu verdienen wissen werde, wenn ihr Herr Sohn wieder nach Leipzig kommt, wo Ihr Herr Sohn u. Dr. Carus mit mir alles vollständiger besprechen und berathen können werden.
Ihr Herr Sohn mag entschuldigen, wenn ich auf seinen Brief an mich nicht geantwortet habe. Meine Geschäfte u. die Ausbildung meiner Tochter mögen alle solche Nachlässigkeiten von meiner Seite entschuldigen, sowie die Eile, mit der ich diesen Brief geschrieben.
Verehrteste Freundin, grämen Sie sich nicht - erzwingen läßt sich gar wenig in solchen Dingen: wir wollen das unsrige als Eltern thun - das Uebrige thut Gott. Hat Robert den Muth und die Kraft mir gegenüber meine Zweifel zu lösen, u. er löst sie practisch nur sechs Monate (wodurch im entgegengesetzten Falle ja noch nicht alles verloren wäre), so lassen Sie ihn in Frieden wandeln und geben Sie ihm Ihren Segen. Einstweilen erwarten Sie nun einmal erst Antwort auf diese wenigen Zeilen, welche mit Verehrung schließt
Ihr ergebenster Fr. Wieck.[17]

Von diesem Brief wird in der Regel nur der zweite Absatz zitiert, mit dem Angebot Wiecks, Robert zu einem der größten Klavierspieler ausbilden zu können. Diesen vier Zeilen allerdings stehen ca. hundertachtzehn Zeilen begründeter Bedenken, detaillierter Kritik und Zweifel gegenüber,[18] mit der - möglicherweise höflichen - Einräumung, Wieck sei zu einem Versuch bereit, begrenzt auf sechs Monate. Den ganzen Brief berücksichtigend, zeigt sich jedoch das oben erwähnte 'Lob' als die einzige Äußerung, die positiv auf eine pianistische Laufbahn hinzudeuten scheint. Die von Wieck gemachten Einschätzungen gründen sich, wie zu lesen ist, auf Roberts Verhalten als sein Schüler in der Zeit von August 1828 bis April 1829.

Wiecks Kritik richtet sich sowohl gegen Roberts pianistisches Können und seine pianistischen Möglichkeiten als auch gegen seine Selbsteinschätzung und Persönlichkeit, die im Zusammenhang mit den Erfordernissen einer pianistischen Laufbahn als ungeeignet erscheinen. Er weist auf elementare Mängel hin - wie z.B. fehlende rhythmische Präzision, fehlende Artikulation etc. Wiecks hauptsächliche Befürchtungen zeigen sich aber in bezug auf Schumanns Persönlichkeit, von der es ihm fragwürdig erschien, ein pianistisches Studium überhaupt durchzuhalten. Und er begründet seine Sicht detailliert aus seiner Erfahrung heraus.

Der Tenor von Wiecks Kritik an Schumann sei zusammengefaßt wie folgt. 'Robert nimmt nichts an und kann nicht kontinuierlich arbeiten; er ist das Gegenteil von einem klavierspielenden Genius. Wenn er so weiter macht wie bisher, wird er nie Pianist, zumal und vor allem, weil er dazu neigt, sich der Kritik zu entziehen.'

Die entscheidende Beobachtung Wiecks zeigt sich allerdings in dem Zweifel, ob Robert „wirklich etwas wollen kann." Damit weist er die Mutter darauf hin, daß das Klavierstudium von Roberts Seite möglicherweise gar nicht auf einen Abschluß hin

[17] Brief von Friedrich Wieck an Christiane Schumann vom 9.8.1830. Zitiert nach Litzmann I, S. 21-24.
[18] In der Ausgabe von Litzmann Bd. I.

gerichtet ist und demzufolge nicht auf eine berufliche Existenz, mit der Konsequenz, daß er die Sicherung seines Lebensunterhalts von anderer Seite erwartet. Dieser Brief dokumentiert, daß Wiecks spätere Konsensverweigerungsgründe während des Prozeßverlaufs 1839/40 - berufliche Sicherung des Lebensunterhalts - unabhängig von Schumanns Rolle als potentiellem Schwiegersohn bereits um 1830, also nahezu zehn Jahre vor dem Prozeß, bestanden, so daß die als Manageregoismus beurteilte Verhaltensweise Wiecks als verengt erscheint.

Entgegen der häufig anzutreffenden Lesart, Wieck habe in seinem Brief an Christiane Schumann das Talent ihres Sohnes und seine Aussicht auf eine Pianistenkarriere bezeugen wollen,[19] schreibt Wieck auf ca. zweieinhalb Seiten, daß Robert - wenn er so weiter mache wie bisher - nie zu einem professionellen Pianisten werden könne. Schumanns Mutter hat die skeptische Grundhaltung Wiecks gegenüber Roberts neuem Lebensplan sehr genau wahrgenommen und verstanden. Das bezeugt ihr Brief an Robert, in dem sie ihm besorgt die von Wieck vorgebrachten Zweifel und Bedingungen vor Augen führt.

„Lieber Robert!
Dein letzter Brief hat mich so tief erschüttert, daß ich seit dem Empfang desselben in meinen ganz niedergedrückten Zustand zurückgekehrt bin; ich glaubte mich zu allem, was kommen könnte, stark und ergeben, aber ich sehe, wie mächtig alles auf Seele und Körper wirkt. Vorwürfe mache ich Dir nicht; denn sie würden zu nichts führen - aber *billigen* kann ich Deine Ansichten, Deine Weise zu handeln gar nicht. Gehe seit dem Tode Deines guten Vaters Dein Leben durch, und Du mußt Dir sagen, daß Du nur *Dir* gelebt hast. Wie will und wird das enden?-
Ich habe Deinen Brief an Wieck geschickt und lege Dir die Antwort bei; er hat, wie Du es wünschtest, *unumwunden* geantwortet; prüfe Dich genau, ob Du dies *alles* fähig bist zu halten und zu erfüllen, ob Du stundenlang mit Kindern Dich im Unterricht abgeben kannst, ob eine untergeordnete Stelle Dir Deine Tage angenehm machen wird? …
Und wenn Du nun alles dies tust, was Wieck fordert, ist immer noch keine *gesicherte Zukunft* erlangt. Denke ans' Alter… Doch nimm dies nicht so, als wenn ich Dich abhalten wollte oder Dir, wie Du es nennest, im Wege stehn wollte; nein Robert, ich sage Dir bloß meine Ansichten, um vorwurfsfrei dazustehen, wenn Deine neue Laufbahn Dir nicht gefallen sollte. - Deine Brüder, D. Lorenz, Schlegel billigen Deine Ansichten nicht, Dir sei es nun *ganz allein* überlassen zu handlen - Gott gebe seinen Segen!!! Das ist mein Gebet und Bitte für Dich…“[20]

Der Brief der Mutter an Robert dokumentiert, daß sie von Sorge bewegt war und - ebenso wie Friedrich Wieck - an Schumanns Berufsziel bzw. der daraus resultierenden Fähigkeit zweifelte, seinen Lebensunterhalt zu verdienen sowie eine später möglicherweise davon abhängende Familie ernähren zu können. In diesem Zusammenhang sei an ihre Bedenken erinnert, er könne eines Tages ohne Erfolg oder eine berufliche Lebensgrundlage als erwachsener Mann von anderen Menschen abhängig sein bzw. von anderer Hände Arbeit leben müssen - eine problematische Situation für einen Mann oder ein Familienoberhaupt in der damaligen Zeit.[21] Die bereits hier angesprochene Problematik wird in der prozessualen Auseinandersetzung von zentraler

---

19 Vgl. Rehberg, 1954, S. 63; Rauchfleisch, 1990, S. 46; Boetticher, 1942, S. 46 u.v.a.
20 Brief von Christiane Schumann an Robert Schumann vom 21.8.1830. Zitiert nach Eismann, 1956, S. 65.
21 Vgl. den oben zitierten Brief der Mutter an Wieck vom 7.8.1830.

Bedeutung werden.[22] Auch mag dieser Hintergrund einige Auffälligkeiten erklären, wie sie sich in der späteren Beziehung von Robert und Clara zeigten: z.B. die paradoxe Tatsache, daß Clara zwar die Fähigkeit hatte, erhebliches Geld zu verdienen, Robert ihr aber aufgrund seines Wohnortwunschs Leipzig bzw. Dresden nicht die Möglichkeit dazu ließ, was in Kapitel I.3.1. in aller Ausführlichkeit behandelt werden wird.[23]

Festzuhalten bleibt, daß sich zwischen den Zeilen dieses Briefes der Mutter tiefe Sorge und Liebe ausdrücken. Ihrem Brief legte Christiane Schumann gleichzeitig das Antwortschreiben Wiecks bei, auf das Robert erstaunlicherweise und im Gegensatz zu seiner Mutter geradezu euphorisch reagierte. Er schrieb an seinen künftigen Lehrer:

„Verehrtester meiner Lehrer!
Es hat lange gewährt, bis alle meine Ideen ruhiger und ebener geworden sind. Fragen Sie nicht, wie es nach Empfang der Briefe in mir tobte. Jetzt geht's schon eher. Mein erstes Gefühl war Mut und der Entschluß; der Atlas war zerdrückt und ein Sonnenjüngling stand da und sah bedeutend nach Osten. Beuge der Natur (nicht) vor; der Genius könnte sich sonst auf ewig wenden. - Der Weg zur Wissenschaft geht über Alpen und über recht eisige, der Weg zur Kunst hat seine Berge, aber es sind indische, voller Blumen, Hoffnungen und Träume - so ging's ungefähr im ersten Augenblicke, nachdem ich Ihren und meiner Mutter Brief gelesen hatte. - Jetzt ist's bei weitem ruhiger ...
Ich bleibe bei der Kunst, ich will bei ihr bleiben, ich kann es und muß es. Ich nehme ohne Tränen von einer Wissenschaft Abschied, die ich nicht lieben, kaum achten kann; ich blicke aber auch nicht ohne Furcht auf die lange Bahn hinaus, die zum Ziele führt, das ich mir jetzt vorgesteckt habe. Glauben Sie mir, ich bin bescheiden, habe auch viel Ursache, es zu sein; aber ich bin auch mutig, geduldig, vertrauensvoll und bildsam. Ich vertraue Ihnen ganz und gebe mich Ihnen ganz; nehmen Sie mich, wie ich bin, und haben Sie in allen Dingen Geduld mit mir. Kein Tadel wird mich niederdrücken und kein Lob soll mich fauler machen. Etliche Eimer recht, recht kalter Theorie können mir auch nichts schaden, und ich will ohne Mucksen hinhalten. Ich habe mit Ruhe und Aufmerksamkeit Ihre fünf 'Aber' durchgegangen und mich überall streng geprüft, ob ich alles erfüllen kann. Verstand und Gefühl antworteten allemal: 'ach natürlich' -
Verehrtester! Nehmen Sie meine Hand und führen Sie mich - ich folge, wohin Sie wollen und will nie die Binde vom Auge rücken, damit es nicht vom Glanz geblendet werde. Ich wollte, Sie könnten jetzt in mich sehen; es ist still drinnen, und um die ganze Welt haucht jetzt ein leiser, lichter Morgenduft.
Vertrauen Sie denn auf mich; ich will den Namen, Ihr Schüler zu sein, verdienen. Ach! Warum ist man denn manchmal so selig auf der Welt, Verehrtester? Ich weiß es.
Leben Sie herzlich wohl; binnen drei Wochen haben Sie mich und dann - - -
Ihr ergebenster Robert Schumann“[24]

Der Brief dokumentiert, daß Robert Wiecks Kritik - und übrigens auch die seiner Mutter - entweder nicht wahrgenommen zu haben scheint oder - und das ist wahrscheinlicher - einfach ignorierte, was darauf hindeuten würde, daß es ihm um einen Abschluß und damit die Möglichkeit einer beruflichen Existenz nicht ging. Anders ausgedrückt, ein junger Mann mit dem Berufsziel Pianist und Lehrer würde angesichts

[22] Vgl. dazu das Kapitel II.4.1. «Detaillierte Klage-Erwiderung und Deduktionsschrift Friedrich Wiecks».

[23] Vgl. dazu Kapitel I.3.1. «Die sechs Ehekonsensbedingungen Friedrich Wiecks im Mai 1839».

[24] Brief von Robert Schumann an Friedrich Wieck vom 21.8.1830; zitiert nach Eismann, 1856, S. 66.

dieser Warnungen - das darf vermutet werden - zumindest überlegt haben, ob er den richtigen Weg beschreitet. Es muß in Zweifel gezogen werden, ob Schumann je daran gedacht hat, „für's tägliche Brod" zu arbeiten.[25]

In diesem Zusammenhang seien zwei Dinge festgehalten: Erstens, daß die Zweifel an Schumanns Fähigkeit oder Willen, für seinen Lebensunterhalt zu arbeiten, - die Friedrich Wieck im Rahmen seiner späteren Konsensverweigerung bzw. während des Prozeßverlaufs äußerte - keineswegs erst in der Auseinandersetzung um Clara auftraten, und darüber hinaus als tiefe Sorge bereits neun Jahre zuvor auch von Schumanns Mutter geteilt wurden. Zweitens ist festzuhalten, daß Roberts Briefe vom August 1830 sich durch eine ausgesprochen positive Einstellung gegenüber Friedrich Wieck auszeichnen.

Am 24. September 1830 brach er in Heidelberg auf und traf Mitte Oktober in Leipzig ein, um bei Friedrich Wieck Unterricht zu nehmen.

### I.1.2. Robert Schumann im Hause Friedrich Wiecks als Schüler und junger Komponist

Schumanns Ausbildung zum Pianisten bei Friedrich Wieck ist vor allem durch seine Tagebuchaufzeichnungen dokumentiert. Sie schildern uns einen jungen Mann im Spannungsfeld zwischen seinen Ansprüchen und seinen Mitteln. Schumanns Notiz, 'entweder der Erste zu sein oder nichts'[26] sollte sich in einem konfliktträchtigen Gegensatz zeigen zu seiner gelegentlich sogar zwanghaften Neigung zum Trunk,[27] welche streckenweise eine gesteuerte Lebensweise gänzlich unmöglich machte - wie er selbst beklagte. Phasen eifrigen Übens waren nicht von langer Dauer. Es gab Mißerfolge und Rückschläge:[28] „Unglückliches Trinken auf eigne Faust in Rudolphs [Garten.] Alltag werd' ich miserabeler[.] Verstehst du mich? Schwelgen im Chopin. - Lieber Robert, ich bitte dich - bring endlich etwas raus und fertig. Vor ihren Augen zerreiß ich's, sagte Wieck. Ein schreklicher Hang zum Halben, zur Verschwendung u. zur Zerstörungssucht liegt *doch* in mir, die sich auch im Trunk zeigen."[29] Einen Tag später notiert Schumann: „Ich sinke, ich sinke in den alten Schlamm zurück; kommt keine Hand aus Wolken, die mich hält? Die Hand muß ich seyn. Nur sechs Wochen durchgeführt."[30] Und weiter: „Vom 21sten - 30 Juni. Böse Tage, die mir Gott u. mein Herz vergeben möge!"[31]

Die Zitate zeigen, daß auf dem Wege eines geregelten Übealltags das Ziel, in die Spitze der Pianistengarde zu gelangen, kaum zu erreichen war. Schumann selbst stellte einen Zusammenhang zwischen seinem oft maßlosen Alkoholkonsum und seiner Unfähigkeit zu arbeiten her. Er beschrieb seine 'Neigung zum Trunk' wie einen „Teufel",

[25] Vgl. BW I, S. 96 (11.2.1838).
[26] Tagebuch I, S. S. 416 (7.10.1832).
[27] Tagebuch I, S. 354 (21.7.1831); vgl. auch Tagebuch I, S. 355 (22.7.1831).
[28] Tagebuch I, S. 360/61 (14.8.1831).
[29] Tagebuch I, S. 343/44 (19.6.1831).
[30] Tagebuch I, S. 344 (20.6.1831).
[31] Tagebuch I, S. 344.

gegen den er ständig ankämpfen mußte, was durch zahlreiche Einträge über sog. „Knillität[en]“ und den am darauffolgenden Morgen auftretenden „Katzenjammer“ dokumentiert ist und sich nicht auf die Zeit seines Klavierstudiums bei Friedrich Wieck beschränkte.[32]

Entsprechend aufschlußreich sind Passagen in Schumanns Tagebuch, in denen er seine relativ selten anzutreffende Nüchternheit als etwas Besonderes hervorhebt und sich freut, arbeiten zu können: „Ich lebe jetzt lauter schöne, reine Tage. O Wonneleben der Nüchternheit, ruf' ich nochmals aus! [...] Im Chopin geht's vortrefflich; heute ist der fünfte Tag, daß dem ich jeden Tag vier Stunden studierte. Wenn nur keine Rückfälle kommen!“[33] Wie gravierend Schumanns Alkoholproblem war, belegt auch sein Brief an die Mutter vom 8. Mai 1832:

„Da ich aber offen gegen Dich bin, meine gute Mutter, so gesteh' ich Dir gern, aber ohne erröthen zu müssen, daß diese Lebensordnung in den Monaten Februar und März oft gestört ward und Ausnahmen erlitt, die fast zur Regel wurden. Du selbst hast Rascher'n gefragt: ob ich wirklich so viel trinke; ich glaube er hat mich vertheidigt - ich würde es nicht gethan haben; denn es hatte seine Wahrheit. Da aber das bayrische Bier mehr eine prosaische Gewohnheit, als eine poetische Leidenschaft war, so war das Abgewöhnen nicht leicht, da eine Leidenschaft abzulegen unendlich leichter ist, als eine alte Gewohnheit.“[34]

Alle diesbezüglichen Ausführungen dokumentieren allerdings über das Alkoholproblem hinaus noch ein weiteres: Robert konnte nicht arbeiten, wenn er nicht kontrolliert wurde.[35] Aus der Zeit der Konzertreise von Clara und Friedrich Wieck nach Paris, die etwa sieben Monate dauerte,[36] existieren nahezu keine Tagebuchaufzeichnungen, lediglich am 5. Januar 1832 notierte Schumann: „Der Künstler muß sich immer im Gleichgewicht mit dem Außenleben halten; sonst geht er unter, wie ich.“[37] Aus der Analyse des Bisherigen ergibt sich ein weiterer

---

[32] Vgl. Tagebuch I, S. 354 (21.7.1831); vgl. auch Tagebuch I, S. 355 (22.7.1831) sowie die unzähligen Einträge über seinen teilweise maßlosen Alkoholkonsum: Tagebuch I, S. 169, 171, 173, 174, 175, 177, 180, 181, 182, 183, usw. Vgl. auch diesbezügliche Briefe von Clara an Robert, die belegen, daß seine Trinkgewohnheiten ein 'Dauerthema' waren: BW I, S. 12 (8.6.1834), S. 35/36 (11.10.1837); BW II, S. 513 (2.5.1839); BW III, S. 1049/50 (27.5.1840) u.a. Vgl. dazu Tagebuch I, S. 231 (1.3.1830).

[33] Tagebuch I, S. 346 (5.7.1831). Ursprünglich „an“ durch „daß“ überschrieben. Vgl. Tagebuch I, S. 346, Anm. 8. Vgl. Tagebuch I, S. 331 (13.5.1831): „Früh auf - meine Nüchternh[ei]t belohnt sich; sehr schön gespielt - weicher Perlenanschlag u. Perlenfantasie.“ Vgl. auch Tagebuch I, S. 329 (11.5.1831), 350 (17.7.1831), 384 (3.5.1832).

[34] Brief vom 8.5.1832 an die Mutter; Jugendbriefe, S. 175/76.

[35] Tagebuch I, S. 355 (25.7.1831). Vgl. auch den Brief an die Mutter vom 8.5.1832; Jugendbriefe, S. 173/74.

[36] Am 25.9.1831 begannen Clara und Friedrich Wieck ihre Konzertreise und kehrten am 1.5.1832 nach Leipzig zurück. Vgl. Tagebuch I, S. 371 (13.10.1831), 382 (2.5.1832), 466, Anm. 365.

[37] Tagebuch I, S. 378 (5.1.1832). Vom 12.11.1831 bis zum 18. bzw. 20.4.1832 sind keine Aufzeichnungen vorhanden. Daß Schumann im Rahmen seines Jurastudiums nicht diszipliniert arbeiten konnte, verwundert angesichts seiner Neigungen nicht; nun aber betraf diese Unfähigkeit sein selbst gewähltes Berufsfeld: Das Klavierspiel - eine Tatsache, die angesichts seiner relativ spät begonnenen Ausbildung zum Pianisten ein gravierendes Problem bedeutete. Die Frage, ob Schumann - unabhängig von seiner später auftretenden Handverletzung - überhaupt hätte Pianist

konfliktträchtiger Gegensatz mit tragischen Konsequenzen, wie sich schon im folgenden Studienjahr zeigen sollte: Einerseits brauchte Schumann eine fast tägliche Kontrolle, sollte ihm die Steuerung nicht entgleiten.[38] Diese Kontrolle andererseits konnte er nicht ertragen aufgrund der Unfähigkeit, sich unterordnen zu können.[39]

Ob es sich bei seinem Alkoholproblem um eine Krankheit gehandelt haben mag oder auch nur um Anspruch auf Freiheit und Genuß oder anderes, kann hier nicht beurteilt werden und muß der Untersuchung der Fachwelt überlassen bleiben. Fest steht jedoch, daß Schumann die Mittel fehlten - Willenskraft und Disziplin -, seine Neigung einzugrenzen bzw. seine Schwächen zu bekämpfen, um das hochgesteckte Ziel des Pianisten erreichen zu können. Daß diese Erkenntnis nicht schmeicheln konnte, liegt auf der Hand.[40]

Hier soll es ausdrücklich nicht darum gehen, Schumann nachträglich des Alkoholkonsums zu überführen oder sogar ein Urteil darüber auszusprechen. Da aber die Frage der Trunksucht im späteren Prozeßgeschehen die letztlich einzige sein sollte, die von beiden Gerichten als erheblicher Ehekonsensverweigerungsgrund anerkannte wurde - wenn sie denn bewiesen werden konnte - so durfte Schumanns eigene Sicht dieses Wieck'schen Vorwurfs hier nicht ausgespart werden.[41]

In dieser problematischen Situation griff Robert - etwa seit Mai 1832 - zu einem Mittel, welches in der einen oder anderen Form auch sonst gelegentlich eingesetzt wurde, um technischen oder physiologischen Mängeln entgegen zu wirken.[42] Daß diese Instrumente eine Gefahr bedeuten konnten, darauf hatte Wieck ihn hingewiesen.[43] Schumann schlug jedoch bekanntlich Warnung und Erfahrung seines Lehrers in den Wind:

„Stumpf und müde seit einigen Tagen. Gestern hatte ich mit Wieck ein langes Gespräch über meine alte hypochondrische Musikmechanik. Er irrt sich aber in Allem, wie er es vortrug. Meine letzte Antwort war: 'wie ein schlechter Meister müßte man nur ein guter Schüler seyn.' Er ließe sich von Niemand über Clara u. s.[ein] System irre machen; sagte er sodann. 'Und sie verlangen das von mir[‘], sagte ich. 'Erfahrene Männer' sagte er - haben *Sie* denn Lehrer gehabt, sagte ich. Sein Endresultat war:

---

werden können bzw. ob er wirklich dieses Ziel vor Augen hatte, kann hier nicht weiter verfolgt werden. Vgl. dazu Burger, 1999, S. 104.

38 Der oben zitierte Brief an die Mutter zeigt, daß das nicht allein ein Problem dieser Zeit war, sondern dieses Persönlichkeitsbild Schumanns bereits von Wieck in seinem Brief an die Mutter vom August 1830 beschrieben wurde, und zwar über die Zeit 1828/29. Vgl. Wiecks Brief an Christiane Schumann vom 9.8.1830; zitiert im Kapitel I.1.1. «Berufsentscheidung Musiker».

39 Tagebuch I, S. 409 (12. bzw. 13. 6. 1832). Vgl. auch Tagebuch I, S. 336 (4.6.1831), 416 (7.10.1832).

40 Vgl. dazu die oben zitierten Passagen aus Briefen und Tagebüchern.

41 Vgl. dazu Kapitel II.3. «Konsensverweigerung aus erheblichen Gründen» sowie Kapitel II.4.1. «Detaillierte Klage-Erwiderung und Deduktionsschrift Friedrich Wiecks».

42 Derartige Instrumente werden u.a. bei Ernst Burger beschrieben. Vgl. Burger, 1999, S. 105. Vgl. bezüglich des von Johann Bernard Logier (1777-1846) entwickelten „Chiroplast" die Darstellung in der Dissertation von Claudia de Vries, 1996, S. 119 ff.

43 Hier ist die Rede von Schumanns Experimenten mit der sog. „Cigarrenmechanik", Vgl. Tagebuch I, S. 386 (7.5.1832).

'daß er Nutzen u. Vortheile dieses Verfahrens einsähe, daß es aber in uebertriebener Anwendung auf Kosten anderer Sachen nachtheilig sey.- Das wußt' ich längst."[44]

Dieses Dokument muß aufgrund seiner Bedeutung im Detail untersucht werden, da mit dem Verlust eines Fingers zugleich Roberts Existenzgrundlage zerstört sein würde. Im obigen Zitat sind zwei Dinge zu beobachten: Robert spricht nicht aus der Position des Schülers. Sein Hinweis auf Wieck als Autodidakten belegt, daß er sich in dieser Frage 'ohne Lehrer' sieht, also von ihm abgekoppelt. Zweitens zeigt das Gespräch - angesichts der schicksalhaften Konsequenzen - eine uneinfühlbare Distanz oder Mattigkeit auf der Seite Roberts, so als habe er sich von der Frage des Geldverdienens auf dem Wege späteren Unterrichtens oder Konzertierens bereits zurückgezogen,[45] ein Eindruck, der sich im Verlauf der Tagebuchaufzeichnungen bestätigt - bis hin zu dem Eintrag wenige Tage nach der oben beschriebenen Auseinandersetzung mit Wieck: „Der Dritte [Finger] ist vollkommen steif."[46] Diese Haltung Schumanns bei der Zerstörung seiner Existenzgrundlage, sei sie trotzig, blind oder sogar beabsichtigt gewesen, - schließlich war er nun im Licht eines tragischen Verlusts dem Vergleich mit der pianistischen Fachwelt entzogen und somit zwar nicht 'Erster', aber auch nicht 'Zweiter' oder 'Dritter'[47] - sollte im späteren Verlauf des Prozesses als ein weiterer Grund der Konsensverweigerung auf der Seite Wiecks eine wesentliche Rolle spielen.[48] Parallel zu Wiecks sich abzeichnenden Erfolgen als Pädagoge und Manager dokumentieren Schumanns Tagebücher zugleich mit seinem Scheitern als Pianist eine auffällige Neigung, Friedrich Wieck zu kritisieren, herabzusetzen oder sogar zu schmähen,[49] ein schroffer Gegensatz zu dem Brief an Wieck noch im Jahr zuvor.[50]

Parallel also zu Friedrich und Clara Wiecks beginnender Beachtung in der Welt - einer Entwicklung, die sie schließlich an den Wiener Hof und zur Ernennung Claras als k.&k. Kammervirtuosin führen sollte - finden sich bei Schumann Pejorative, die selbst an Stellen, wo eine Kritik als gerechtfertigt gelten kann, inadäquat erscheinen müssen: Wieck hatte offensichtlich, um das 'Wunderkind' Clara noch erstaunlicher erscheinen zu lassen, eineinhalb Jahre 'weggemogelt' und sie als Zehneinhalbjährige vorgeführt. Zu diesem 'Werbetrick' finden wir bei Schumann folgenden Kommentar: „Was soll man vom Alten [Wieck] denken, der noch gestern auf seine Seligkeit schwor: Clara

---

44 Tagebuch I, S. 409 (12. bzw. 13.6.1832).

45 Tatsächlich schreibt er seiner Mutter einige Zeit später: „Wegen des Fingers mache Dir keine Unruhe! Componiren kann ich ohne ihn und als reisender Virtuose würde ich kaum glücklicher sein - dazu war ich von Haus aus verdorben." Jugendbriefe, S. 234 (19.3.1834).

46 Tagebuch I, S. 410 (zwischen 14. und 22.6.1832). Vgl. u.a. auch Tagebuch I, S. 386 (9.5.1832); 388 (13.5.1832); 394 (22.5.1832). Schumann notierte retrospektiv in seinem Projektbuch für das Jahr 1830: „Mechanische übertriebene Studien" ... sowie für das Jahr 1831: „Ohngefähr im October 1831 Erlahmung meiner rechten Hand". Vgl. dazu die Abbildung der betreffenden Seite des Projektbuchs bei Burger, 1999, S. 101. Schumanns Schwierigkeiten bezüglich seiner Hand sind ausführlich behandelt bei Sams, 1971, S. 1156 ff; Henson / Urich, 1978, S. 900 ff; Ostwald, 1980, S. 17 ff; Böhme, 1987, S. 85 ff; Neumayr, 1991, S. 151 ff; Burger, 1999, S. 104.

47 Vgl. Tagebuch I, S. 416 (7.10. 1832).

48 Vgl. Kapitel II.4.1. «Detaillierte Klage-Erwiderung und Deduktionsschrift Friedrich Wiecks».

49 Vgl. u.a. Tagebuch I, S. 371 (13.10.1831).

50 Vgl. Schumanns Brief an Wieck vom 21.8.1830; Eismann (1956), S. 66. Vollständig zitiert im Kapitel I.1.1. «Berufsentscheidung Musiker».

[Wieck] wäre erst zehneinhalb. - Haben dergleichen Erbärmlichkeiten Namen, außer diesen?“[51] Diese Bemerkung Schumanns dokumentiert kaum eine überzeugende sittliche Entrüstung über Wiecks ‘Mogelei’, sondern eher Neid oder vielleicht auch Scham. Denn aufgrund der Tatsache, daß sich mit dieser Altersangabe der Abstand zu Clara weiter vergrößerte, mußten Schumann im Vergleich zu Clara die eigenen pianistischen Versuche als noch geringer erscheinen. Ein wenig später findet sich folgende Äußerung: „Ob Meister Raro[52] wirklich Liebe zur Kunst qua [?] solche hat, glaub ich nicht; auch in seiner Begeisterung über Zilia stickt etwas Jüdisches, das im Geiste schon die Thaler zählt, die die Conzerte einmal bringen, woran ich nicht zweifle, daß es reichlich geschieht. [...] Jedenfalls würde man den Meister [Raro] auslachen, wenn er Zilia nicht hätte; ...“[53] Und später: „Meister Allesgeld ist nun wirklich seit 14 Tagen mit Zilia in die Welt. Die Briefe an seine Frau stehen wohl in der höchsten Potenz der Arroganz.“[54]

Vor allem die Fähigkeit des Gelderwerbs scheint Robert wiederholt zu Pejorativen aufzureizen: „Die Geldgier setzt sich rußig in jeden seiner [Wiecks] Gedanken. Selbst in seinen Gesichtszügen hat sich nach u. nach das Jüdische ausgedrückt.“[55] Dieses Urteil erscheint unglaubhaft. Es muß klar gestellt werden: Geld war der Ertrag von Wiecks und Claras wachsendem Erfolg, eine schwer errungene Anerkennung seiner harten und kompetenten pädagogischen Arbeit sowie von Claras künstlerischem Können. Schumanns Kritik muß als Versuch gewertet werden, sowohl Wiecks bisherige Erfolge als auch den zu erwartenden Ruhm als Ausfluß einer ethisch minderwertigen Motivation herabzusetzen.

Das Jahr 1832 zeigt Robert als gescheiterten Pianisten, der indessen drei Kompositionen veröffentlicht hatte.[56] Ein Vergleich mit dem sich anbahnenden Ruhm von Vater und Tochter Wieck mußte ihm in seiner Situation verständlicherweise bedrückend erscheinen, zumal die Möglichkeit vertan war, seine eigenen Kompositionen selbst auf die Bühne und damit ‘nach oben’ zu tragen. Diese Tatsache nun drängte ihn in einen weiteren konfliktträchtigen Gegensatz, der sich zu verschiedenen gesellschaftlichen Anlässen zeigte, und der wiederholt in seinen Tagebüchern thematisiert wurde. Bereits im Frühsommer 1831 lesen wir: „Abends bey Wieck - [...] Mein Mißbehagen in Gesellschaften der Art, was woll auch gekränkte Eitelkeit seyn mag. Ich verhehle mir keines. Mich fortgeschlichen.“[57] Und später: „Glock sagte, ich sey täppisch im Leben, was mich derb faßte. Lühe: ich müßte unter die Soldaten gehen, daß ich Subordination

---

[51] Tagebuch I, S. 338 (7.6.1831).

[52] „Raro“ ist der Davidsbündlername für Friedrich Wieck, „Zilia“ derjenige für Clara Wieck.

[53] Tagebuch I, S. 362 (17.8.1831). Zu Schumanns antisemitischen Vorurteilen siehe Kapitel V.1. «Die Prägungen des Wieck-Images durch Robert Schumann vor der Brautwerbung».

[54] Tagebuch I, S. 371 (13.10.1831). Vgl. dazu auch Tagebuch I, S. 383 (3.5.1832), 389 (15.5.1832), 413 (23.8.1832).

[55] Tagebuch I, S. 413 (23.8.1832). Vgl. u.a. Tagebuch I, S. 362 (17.8.1831), 371 (13.10.1831), 404 (3.6.1832), 411 (10.7.1832).

[56] Veröffentlicht waren bis dahin: op. 1 «Abegg-Variationen» (1831), op. 2 «Papillons» (1831), op. 3 «6 Studien nach Capricen von Paganini» (1832).

[57] Tagebuch I, S. 332 (23.5.1831).

lernte."[58] Und im Herbst 1832 lesen wir: „Gestern war Cercle bey Wieck. Sachsens Kunst- u. Gelehrtenblüthe war da. [...] Ich war stumpf u. steif. Kalliwoda näherte sich oft. Ich wich aber stets aus. Was soll aus dir werden? Du bist zu wenig, um gesucht zu werden u. zu stolz, um zu suchen. Freilich in einer Gesellschaft, wo ich nicht der Erste seyn kann, bin ich lieber nichts, als der Zweite oder Dritte."[59]

Die Nachwelt hat Schumann zwar als einen ihrer großen Komponisten anerkannt. Das war jedoch der Mitwelt - zu Anfang der 30er Jahre des 19. Jahrhunderts - nicht bekannt. Auch wenn vereinzelt - unter anderem auch von Friedrich Wieck[60] - das Schumann'sche Werk geschätzt wurde, weder in der Spitze der Gesellschaft der Kunstmetropolen noch in Leipzig hat es eine Rolle gespielt. Schumann hätte in der damaligen Situation 'unten' beginnen und sich 'hoch' arbeiten müssen. Und diesen Weg hat er für sich abgelehnt, abgesehen davon, daß die wichtigste Voraussetzung dazu - die Fähigkeit, seine Kompositionen auf die Bühne zu tragen - zerstört war.

Schumanns Lebenskonzept, wie seine oben angegebenen Tagebucheintragungen zeigen, ist gekennzeichnet durch ein Dilemma: Einerseits von der ehrgeizigen Forderung, an der Spitze der Musikwelt zu stehen bzw. andere zu 'überflügeln',[61] verbunden mit dem Anspruch, seinen Lebensunterhalt durch zufallende Versorgungen, wie z.B. Erbschaften, bestreiten zu wollen.[62] Andererseits fehlten die ausreichenden Mittel, diesen Ansprüchen gerecht zu werden,[63] denn seine Erbschaften würden sich aufzehren, da sie nicht groß genug waren,[64] und seine Fähigkeiten zu disziplinierter regelmäßiger Arbeit standen auf schwankendem Boden.

Auf dem Hintergrund dieses Dilemmas wird verständlich, daß Schumann 1834 mit der Heirat Ernestine von Frickens, einer nicht leiblichen Tochter des Baron von Fricken, hoffen konnte, seine Schwierigkeiten auf dem Wege der Brautwerbung zu lösen. Herr Baron von Fricken scheint die Situation ähnlich betrachtet zu haben, denn mit seiner Bereitschaft zum Ehekonsens leitete er gleichzeitig am 13. Dezember 1834 die

---

[58] Tagebuch I, S. 336 (4.6.1831). Vgl. auch Tagebuch I, S. 384 (4.5.1832).

[59] Tagebuch I, S. 416 (7.10.1832). Neumayr vermutet in diesem Zusammenhang, Schumann habe seine Handverletzung „als Vorwand benutzt", um nicht selbst vorspielen zu müssen. Vgl. Neumayr, 1991, S. 152. Tatsächlich hat Schumann im Mai 1932 seine «Papillons» nicht eigenhändig dem Publikum vorgestellt, sondern die damals zwölfjährige Clara aufführen lassen. Vgl. Tagebuch I, S. 397 (26.5.1832).

[60] Vgl. u.a. Tagebuch I, S. 384 (4.5.1832), 407 (9.6.1832), 395 (23.5.1832). Vgl. auch den Brief Friedrich Wiecks an Hauptmann von Fricken vom 1.8.1834; Joß, 1902, S. 44.

[61] Vgl. den Brief an die Mutter vom 30.7.1830, Jugendbriefe, S. 118.

[62] Zur detaillierten Darstellung der finanziellen Situation Schumanns vgl. Kapitel II.4.1. «Detaillierte Klage-Erwiderung und Deduktionsschrift Friedrich Wiecks».

[63] Schumann hat das auch bis zu einem gewissen Grad eingesehen: An seine Mutter schreibt er diesbezüglich: „Meine Finanzen beschäftigen und bekümmern mich zum Theil. Wieck sagte neulich: für mich wäre nichts besser, als wenn ich keinen Heller hätte - dann würde schon etwas aus mir werden." Vgl. Brief an die Mutter vom 15.5.1831, Jugendbriefe, S. 143. In seinem Tagebuch notierte er: „- dann über meine Finanzen - Bedenklichkeiten u. vernünftige Ansichten von seiner [Wiecks] Seite". Tagebuch I, S. 334 (27.5.1831).

[64] Zur detaillierten Darstellung der finanziellen Situation Schumanns vgl. Kapitel II.4.1. «Detaillierte Klage-Erwiderung und Deduktionsschrift Friedrich Wiecks».

formelle Adoption Ernestines ein, der 'illegitimen' Tochter seiner Schwester,[65] und stellte somit Ernestines finanzielle Situation klar: Sie würde weder Mitgift noch Erbschaft erhalten,[66] eine Tatsache, die auf Schumanns Seite einen Schock auslöste und zur Trennung von Ernestine führen sollte.[67] Schumann selbst schilderte seine Situation wie folgt:

„Es war im Winter 1834. Als sie [Ernestine] nun aber fort war u. ich zu sinnen anfing, wie das wohl enden könne, als ich ihre Armuth erfuhr, ich selbst, so fleißig ich auch war, nur wenig von mir brachte, so fing es mich an wie Fesseln zu drücken - ich sah kein Ziel, keine Hülfe - noch dazu hörte ich von unglücklichen Familienverwicklungen, in denen Ernestine stand und was ich ihr allerdings übelnahm, daß sie mir es so lange verschwiegen hatte. Das Alles zusammengenommen, - verdammt mich - ich muß es gestehen, ich wurde kälter; meine Künstlerlaufbahn schien mir verrückt; das Bild, an das ich mich zu retten klammerte, verfolgte mich nun in meinen Träumen wie ein Gespenst; ich sollte für's tägliche Brod wie ein Handwerker nun arbeiten; Ernestine konnte sich nichts verdienen; ich sprach noch mit meiner Mutter darüber und wir kamen überein, daß dies nach vielen Sorgen nur wieder zu neuen führen würde."[68]

Die Darstellung dieser ersten Brautwerbung um Ernestine bzw. deren ernüchternden finanziellen Aspekte bildet die Voraussetzung für das Verständnis der späteren Verhaltensweisen der Kontrahenten während der zweiten Brautwerbung - diesmal um Clara. Denn in Schumanns Brief zeigt sich - ganz abgesehen von der Kälte Ernestine gegenüber - die Neigung, Verantwortung für die Konsequenzen seines Handelns zur Seite zu schieben, im vorliegenden Fall auf Ernestine bzw. auf seine Mutter zu verlagern. Die Mutter war schließlich nicht die Brautwerberin, sie hatte im Gegenteil versucht, ihren Sohn für eine solide, realistische Brotberuflaufbahn zu gewinnen, und daß Ernestine im Sommer 1834 die juristischen Konsequenzen einer unehelichen Schwangerschaft ihrer Mutter bzw. einer später darauf erfolgenden Adoption bekannt waren, darf bezweifelt werden. Dieser Brief Schumanns zeigt noch ein Drittes: Die Schilderung der Trennung von seiner ehemaligen Braut Ernestine ist an seine derzeitige Braut Clara gerichtet.[69] Wie Friedrich Wieck als Realist diesen Vorgang betrachtete, wird sich in seinen Konsensverweigerungsgründen zeigen, welche im Kapitel II.4.1. dargestellt werden.

Es bleibt festzuhalten, daß für Schumann in der Frage der Brautwerbung Hoffnungen auf das zu erwartende Geld die letztlich entscheidende Rolle spielten, Hoffnungen, die aufgrund der Adoption zunichte wurden, denn Baron von Fricken hatte sich bzw. seine Familie auf diese Weise gegen die zu erwartenden finanziellen Ansprüche Roberts und

---

65 Vgl. Burger, 1999, S. 129.

66 Die detaillierte Behandlung der Beziehung Schumanns zu Ernestine von Fricken findet sich im Kapitel II.4.1. «Detaillierte Klage-Erwiderung und Deduktionsschrift Friedrich Wiecks».

67 Es soll hier nicht bezweifelt werden, daß Schumann Ernestine geliebt hat. Das 'ob' oder 'wie' dieser Liebe ist jedoch nicht Thema der vorliegenden Arbeit. Allerdings ist die Tatsache unbestreitbar, daß Schumann die Ehe - und damit auch seine Brautwerbung - in dem Augenblick, als kein Geld in Aussicht stand, für unzweckmäßig hielt.

68 BW I, S. 96 (11.2.1838).

69 Clara antwortete ihm u.a. darauf: „Wegen der Ernestine werd ich Dich gewiß immer mit der größten Liebe trösten -" BW I, S. 111 (4.3.1838). Es sei wiederholt darauf hingewiesen, daß die Entwicklung der Beziehung zwischen Robert und Clara nicht Gegenstand der vorliegenden Arbeit ist.

Ernestines abgesichert, und konnte damit seinen Ehekonsens geben, ohne nennenswerte Konsequenzen fürchten zu müssen. Anders wird die Situation für Friedrich Wieck aussehen beim Versuch, seine Familie vor Schumanns Ansprüchen schützen zu wollen, denn er würde auf die Unterschrift seiner leiblichen Tochter angewiesen sein, was auf den kommenden Seiten gezeigt werden wird.[70]

Abschließend sei gesagt: Auf der einen Seite hat die Feindseligkeit Schumanns gegenüber Wieck zur Zeit der Kontroverse 1839/40 weit zurückreichende, tiefere Wurzeln und bestand unabhängig von seiner Bewerbung um Clara. Hinzugefügt werden muß, daß diese Einstellung nicht frei war von neidvollem Anspruch, verbunden mit der Unfähigkeit, ihm aus eigener Kraft gerecht zu werden. Als Zeugnisse bzw. Dokumente über Wiecks Persönlichkeit und Lebensweise müssen seine Äußerungen - wie oben gezeigt wurde - entschieden in Zweifel gezogen werden. Auf der anderen Seite war zu erkennen, daß von Wiecks Seite keine Feindschaft Schumann gegenüber bestand, wohl aber eine detaillierte - und wie sich zeigen sollte - berechtigte kritische Sicht eines Lehrers, der seinen Schüler zu beurteilen verstand. Diese Tatsache wiederum belegt, daß Wiecks spätere Kritik an Schumann während des Prozeßverlaufs nicht etwa auf persönliche Ressentiments zurückzuführen ist, die einen geldorientierten Egoismus erkennen lassen bzw. ein geldorientiertes Interesse an seiner Tochter Clara. Die Verhaltensweisen in der vorprozessualen Zeit belegen vielmehr, daß Wieck damals als Lehrer urteilte und - wie gezeigt werden wird - während des Prozesses als Vater.

### I.1.3. Beginn der Beziehung zwischen Clara und Robert

Zum Zeitpunkt der Trennung Roberts von Ernestine von Fricken, die sich vom August 1835 bis zum Jahreswechsel hinzog, war Clara fünfzehn bzw. sechzehn Jahre alt und mit ihrem Vater auf dem Weg zum Gipfel des Ruhms, der Clara Wieck eine glänzende gesellschaftliche Stellung versprach sowie ein Vermögen in Aussicht stellte.[71] Die Anfänge der Beziehung zwischen Clara und Robert fielen in das Jahr 1835.[72] Im Brief

---

[70] Vgl. dazu Kapitel I.3.1. «Die sechs Ehekonsensbedingungen Friedrich Wiecks im Mai 1839.

[71] Bis zur ihrer Ernennung als k.&k. Kammervirtuosin im März 1838 hatte Clara zahlreiche Konzerttourneen unternommen: Bereits im Alter von zehn Jahren hatte sie sich auf ihrer ersten Konzertreise nach Dresden erfolgreich der Öffentlichkeit vorgestellt. 1831 ging es bereits mehrere Monate durch Deutschland (Weimar, Erfurt, Gotha, Arnstadt, Kassel, Frankfurt), bevor sie mit Friedrich Wieck im Februar 1832 nach Paris reiste und erst nach sieben Monaten schließlich wieder in Leipzig eintraf. Im Zeitraum von 1832 bis 1837 unternahm sie acht kleinere Konzertreisen durch die nähere Umgebung. Im November 1834 brach sie zu einer fünfmonatigen Deutschlandtournee auf. Ihre Norddeutschlandtournee im Frühjahr 1837 führte sie nach Berlin, Hamburg, Bremen, wo sie mit Begeisterung aufgenommen wurde. Im Oktober 1837 reiste sie - wie immer in Begleitung ihres Vaters - nach Wien, wo sie ihre bis dahin größten Triumphe feierte. Allein ihr drittes Konzert am 7.1.1838 brachte einen Reinertrag von 1035 Gulden. Vgl. Litzmann I, 170.

[72] Schumann notierte in seiner Retrospektive für das Jahr 1835: „Der erste Kuß im *November*". Tagebuch I, S. 421. Clara war zu diesem Zeitpunkt gerade sechzehn Jahre alt.

vom 23. Februar 1836 bereits schrieb Robert an sie erstmals von seiner Absicht, den Vater um ihre Hand zu bitten.[73]

Die nun folgende heftige Reaktion Wiecks erklärt sich aus seiner veränderten Rollenperspektive: Wieck wurde als Vater gefragt. Robert beanspruchte den Platz des Schwiegersohns und Ehemanns der Tochter. Das bedeutete aus der Perspektive Friedrich Wiecks: Robert mußte in gewisser Weise an Wiecks Stelle treten können. Und dazu - ebenfalls aus der Perspektive Wiecks - war er 'nicht der richtige Mann'. Daß im letztgenannten Punkt auch die Perspektive des Managers Wieck eine Rolle spielte, ist unbestritten. Es darf aber vermutet werden - und wird auch durch Wiecks späteres Verhalten bezeugt -[74], daß Wieck einem in dieser Frage geeigneteren Bewerber kaum mit der gleichen Erbitterung entgegengetreten wäre. Als er dann im Februar 1836 erfuhr, daß Robert heimlich Clara in Dresden besucht hatte, reagierte er hart und äußerte unmißverständlich seine Abneigung gegenüber einer Verbindung zwischen Clara und Robert, was aufgrund von Roberts oben dargestellter Lebensweise kaum überraschen kann. Er verbot jeglichen Kontakt, der dann auch für eineinhalb Jahre unterbrochen war.[75] In dieser Zeit hatte Clara eine Liaison mit dem Liederkomponisten und Musikkritiker Carl Banck, welche nach dessen Angaben vom Spätsommer 1836 bis zum Mai 1837 andauerte.[76]

Erst im August 1837 kam es anläßlich eines Konzertes im Leipziger Börsensaal, bei dem Clara drei der «Symphonischen Etüden» von Schumann spielte, wieder zu einer Kontaktaufnahme zu Robert, der im Konzert als Zuhörer zugegen gewesen war. Am selben Abend noch schrieb er Clara einen Brief, in dem er seine Absicht ankündigte, anläßlich ihres bevorstehenden achtzehnten Geburtstags - d.h. im nächsten Monat - offiziell beim Vater um ihre Hand anzuhalten, und forderte sie zu einer eindeutigen Stellungnahme auf. Clara gab ihr «Ja» und beide erklärten den 14. August zu ihrem Verlobungstag.[77]

Nach der Verweigerung des Ehekonsenses zum offiziellen Heiratsantrag Roberts,[78] begann sich ein eigentümliches Rollenspiel abzuzeichnen, welches die zugrunde liegenden Interessen in den Hintergrund treten ließ.[79] Schumann erscheint als werbender 'Königssohn' - aus dem ihm angeborenen Reich der Künste - dem naturgegebene

---

[73] „... vielleicht daß der Vater nicht die Hand zurückzieht, wenn ich ihn um seinen Segen bitte." BW I, S. 20 (23.2.1836).

[74] Vgl. dazu die Ausführungen zur ersten Ehekonsensbedingung Friedrich Wiecks im Kapitel I.3.1. «Die sechs Ehekonsensbedingungen Friedrich Wiecks im Mai 1839».

[75] Der Briefwechsel weist eine Unterbrechung vom 12.2.1836 bis zum 13.8.1837 auf.

[76] Vgl. den Brief von Carl Banck an Clementine Wieck, o.J.; vgl. Victor Joß, 1902, S. 56.

[77] Vgl. BW I, S. 21 (13.8.1837).

[78] Vgl. dazu Schumanns Werbebrief an Friedrich Wieck vom 13.9.1837. Eismann, 1956, S. 104/5. Aufgrund dieser offiziellen Werbung war Friedrich Wieck gezwungen zu reagieren. Er mußte zu Schumanns Antrag Stellung beziehen, wollte er verhindern, daß ein sich nicht Äußern als 'stillschweigende Zustimmung' gewertet wurde. Vgl. dazu Hartitzsch, 1836, §46, S. 44; Weber, 1829, II.3., §124, S. 1114. Nähere Ausführungen dazu finden sich im Kapitel II.1. «Verfahren und Prozeßverlauf».

[79] Vgl. dazu die Darstellung des Wieckbilds im Kapitel V. «Das Image Friedrich Wiecks».

Rechte an der fernen und hohen 'Prinzessin' verweigert werden,[80] die ihrerseits diesen Rechten freudig zustimmt;[81] er erscheint als Opfer eines harten und egoistischen 'Schwiegerkönigs', der - schlimmer als Rumpelstilzchen - die eigene Tochter besitzen will, und der dafür in den Boden zu versinken hat, abseits der 'Guten'. Die tatsächliche Rollenzuweisung sah etwas anders aus und wird aus diesem Grund zu einer völlig anderen Bewertung führen müssen. Diese Beweisführung ist in den nun unmittelbar folgenden Kapiteln zu leisten: Juristischer Hintergrund der Vater- bzw. Ehegattenrollen sowie die sechs Bedingungen Friedrich Wiecks zum Ehekonsens.

Es wird gezeigt werden, daß in dem Moment der Bitte Roberts und Claras um Ehekonsens an den Vater sich die Akteure auf rechtlich vorgeformten Schienen zu bewegen begannen, die je nach Position der Beteiligten und unabhängig von der individuellen Ausformung der Persönlichkeiten insofern festgelegt waren, als sie den individuellen Entscheidungsraum bestimmten, eingrenzten oder auch durch eine spezifische Vorgabe erweiterten. Bei der Untersuchung des juristischen Hintergrundes wird sich zeigen, daß diese Normen vor allem Wieck und Clara aus ihrer glanzvollen Erfolgsrolle herausdrängen mußten, daß Clara und Robert sich plötzlich auf gesellschaftlich normierten Schienen zu bewegen begannen, während zugleich Clara und Friedrich auseinander geführt wurden. Je mehr Robert seine berühmte Braut davon überzeugen konnte, daß die Rolle der Hausfrau, Ehefrau und Mutter für sie das 'Höhere' war,[82] um so weiter mußte Wieck ins Abseits geraten mit seiner der damaligen Zeit zuwider laufenden Vorstellung einer Frau und Künstlerin, die es wagen sollte, einen Platz in der Spitze der Gesellschaft einzunehmen - neben Thalberg und Liszt[83] -, einen Platz, der nach dem Rollenverständnis der damaligen Zeit fast ausschließlich Männern vorbehalten war.

## I.2. Juristischer Kontext als Hintergrund der Konfliktlage: Wieck als Vater, Robert und Clara als Ehegatten

Um die Argumente bzw. Ängste oder Interessen der Beteiligten, speziell auch die umstrittene Haltung Friedrich Wiecks, verstehen zu können, muß der juristische Hintergrund aufgezeigt werden, in welchen die drei unvermeidlich eingebunden waren. Dabei spielen mehrere Aspekte eine Rolle. Zunächst soll hier die Verpflichtung des Schwiegersohns in spe genannt werden, die Einwilligung (Konsens) des Schwiegervaters einholen zu müssen, der seinerseits entweder einwilligen konnte oder andernfalls Verweigerungsgründe benennen mußte. Konnte keine Einigung erzielt werden, mußte auf die Eheschließung entweder verzichtet oder diese auf einen späteren Zeitpunkt verschoben werden, oder aber der Konflikt vor Gericht ausgetragen

[80] Vgl. dazu Schumann, Eugenie, 1931, S. 241 ff.

[81] Vgl. dazu BW I, S. 111 (4.3.1838).

[82] BW II, S. 571 (13.6.1839).

[83] Die Auszeichnung als k.&k. Kammervirtuose/in war bis dahin an Giuditta Pasta *1797, Italienische Sopranistin; Jenny Lutzer, *1816, österreichische Sängerin; Niccolò Paganini, *1782, italienischer Geiger und Komponist; Sigismund Thalberg, *1812, Pianist und Komponist; Joseph Merk, *1795, österreichischer Cellist und Komponist und Joseph Mayseder, *1789, österreichischer Geiger und Komponist vergeben worden. Vgl. dazu Tagebuch II, S. 475, Anm. 173.

bzw. die väterliche Einwilligung durch eine gerichtliche Erlaubnis (Supplierung)[84] erwirkt werden.[85] In diesem Fall würden die Verweigerungsgründe resp. deren Überprüfung von entscheidender Bedeutung sein.[86]

Der Gesetzgeber im Königreich Sachsen machte also - um es kurz zu sagen - die Eheschließung vom Konsens des Vaters abhängig.[87] Festzuhalten bleibt im Augenblick, daß Schumann um die Hand Claras angehalten und Wieck ihm diese verweigert hat.[88] In diesem Moment begannen die drei Beteiligten bestimmte Rollenpositionen einzunehmen, die - aus ihrer Sicht - notwendig zu einer prozessualen Auseinandersetzung führen mußten, wenn jede Seite auf ihren Rechten bestehen bzw. ihre Pflichten erfüllen wollte. Es ist daher unerläßlich für das Verständnis der drei Beteiligten und die - aus heutiger Sicht - scheinbare Zwangsläufigkeit der Geschehnisse, welche hauptsächlich Wieck angelastet wird, einige juristische Aspekte zu beleuchten, aufgrund derer diese Auseinandersetzung sich auf einen Prozeß zubewegte. Durch Einbeziehung des juristischen Kontexts erscheinen die Hintergründe der Kontroverse in einem völlig anderen Licht als bisher und können so zu einer Neubewertung der von Wieck bzw. Schumann eingenommenen Positionen führen.

### I.2.1. Rechte und Pflichten des Vaters (Juristischer Kontext I)

Für Friedrich Wieck als Vater galt im vorliegenden Fall königlich-sächsisches Recht.[89] Der Vater war sog. «natürlicher Vormund» und damit an die gesetzliche Vormundschaftsordnung gebunden.[90] Diese Vormundschaft bedeutete u.a. die Pflicht zum

---

[84] Die gerichtliche Supplierung konnte den fehlenden väterlichen Konsens ersetzen, vorausgesetzt daß die väterlichen Verweigerungsgründe nicht erheblich waren. Vgl. dazu ausführlich das Kapitel II.3. «Konsensverweigerung aus erheblichen Gründen».

[85] Zu den Details siehe Kapitel II.1. «Verfahren und Prozeßverlauf»

[86] Diese Gründe werden ausführlich in Kapitel II.3. «Konsensverweigerung aus erheblichen Gründen» erörtert.

[87] Die Erteilung des väterlichen Konsenses war auch in anderen Staaten obligatorisch, wie z.B. in Preußen. Vgl. dazu die Anmerkungen im Kapitel II.1. «Verfahren und Prozeßverlauf».

[88] Vgl. BW I, S. 24 ff. (18.9.1837).

[89] Die «väterliche Gewalt» war ein Institut, das sich in vielen anderen Rechtsordnungen der damaligen Zeit wiederfand und bereits auf das altdeutsche «mundium» bzw. die «väterliche Vormundschaft» des Sachsenspiegels zurückgeführt wurde. Vgl. Sächs. Landr. Buch 1, Art. 11. Vgl. Heimbach, 1848, § 108, S. 210. Eine Anlehnung an das Institut der römischen «patria potestas» ist aufgrund der Rezeption des römischen Rechts - zumindest bezüglich der Person des Vaters, nicht aber des Großvaters - durchaus vorhanden. Vgl. Haubold, 1847, §87, S. 87. Folgende Rechtsquellen definierten Inhalt und Umfang der «väterlichen Gewalt»: «Constitutionen» Churfürst Augusts vom 21.4.1572 (Const. X. P.II. in C.A.I. 87), die «älteren Decisionen» vom 22.6.1661 (Dec. 62. in. C.A.I. 325), die sog. «Erläuterte Proceßordnung» vom 10.1.1724 (ad. Tit. IX, §1 in C.A.I. 2412), die «neuen Decisionen» vom 2.7.1746 (Dec. 36. in C.C.A.I. 360) und schließlich die «allgemeine Vormundschaftsordnung» vom 10.10.1782 (II.C.C.A.I. 383-436). „C.A." benennt den sog. «Codex Augusteus»; „C.C.A." dessen erste und „II.C.C.A." dessen zweite Fortsetzung; die darauffolgende römische Zahl den Band. Die «Erläuterte Proceßordnung» wird im folgenden als „Erl.Pr.Ord." zitiert, die «allgemeine Vormundschaftsordnung» als „Vorm.Ord.".

[90] D.h., er hatte in Bezug auf seine minderjährigen Kinder alle Rechte und Pflichten eines «Altersvormunds» nur mit der Besonderheit, daß er im Gegensatz zu bestellten Vormündern keiner

Schutz der Kinder sowie deren gerichtliche und außergerichtliche Vertretung. Sie endete z.B. mit Verheiratung der - auch minderjährigen - Tochter.[91] Neben der Verpflichtung zur Interessenvertretung hatte der Vater (bzw. Altersvormund) für Erziehung, Unterhalt und Ausbildung zu sorgen. Die Erziehung beinhaltete sowohl eine Aufsichtspflicht als auch ein nicht kontrolliertes Züchtigungsrecht.[92] Ebenso hatte der Vater dem Sohn - wohlgemerkt nicht der Tochter - zu einer standesgemäßen wissenschaftlichen Ausbildung zu verhelfen und die entsprechenden Kosten dafür zu übernehmen.[93]

In gewisser Weise läßt sich von wechselseitigen Rechten und Pflichten zwischen Eltern und Kindern sprechen: Neben den bereits erwähnten, überwiegend vom Familienvater zu erfüllenden Pflichten stand beiden Elternteilen das Recht auf Ehrerbietung, Gehorsam und Dankbarkeit der Kinder zu.[94] Als Äquivalent zur Alimentationspflicht und Haftung[95] für die Kinder bestanden auf Seiten des Vaters gewisse Rechte am Vermögen der Kinder:[96] In der Regel hatte er sowohl das Recht auf die Verwaltung als auch den Nießbrauch am kindlichen Vermögen und war nicht verpflichtet, darüber

---

gerichtlichen Bestätigung bedurfte. Das ergab sich aus der Erl.Pr.Ord. ad tit. IX, §1: „Vor Kinder, so noch in väterlicher Gewalt sind, kann ein Vater im Gerichte erscheinen, oder auch einen Gevollmächtigten constituiren, und alle Actus, auch die, die sonst ein Special=Mandat erfordern, expediren, es wäre denn denenselben wegen ihres Muttertheils, oder sonst ein absonderlicher Curator verordnet, auf solchen Fall hat dieser seine Pflegebefohlnen in Sachen, dazu er bestellet, vor Gerichte zu vertreten." Zitiert nach Berger, Joh. Friedr. Christ.: *Handbuch der Chursächsischen Gesetze.* Zeitz 1804-1808. Hier Bd. VII. Proceß-Ordnung, 1805, S. 260/61. Gemäß der Vorm.Ord. Cap. X. §1 bedurften alle Vormünder, selbst die Mutter im Fall, daß der Vater verstorben war, einer gerichtlichen Bestätigung. Vgl. Vorm.Ord. Cap. X. §1 (II.C.C.A.I. 401). Vgl. auch Haubold, 1847, §89, S. 88/89.

91 Gemäß der Vormundschaftsordnung begann die Volljährigkeit für beide Geschlechter mit dem erfüllten einundzwanzigsten Lebensjahr. (Vorm.Ord. Cap. III. §1 und Cap. XIX. § 2.) Vgl. auch Heimbach, 1848, §108, S. 210.

92 Vorm.Ord. Cap. XII. §1 sowie Cap. XIII. §18: „Vormünder und diejenigen, welche die Unmündigen auferziehen, sollen zwar dieselben von allen Lastern alles Fleißes abhalten, können sie auch, wegen ihrer üblen Handlungen, mit gehöriger Mäßigung züchtigen, jedoch bey anhaltender übler Aufführung, in gefängliche Verwahrung oder in ein Zuchthaus anderergestalt nicht, als auf richterliche Untersuchung und Verordnung, bringen lassen." (II.C.C.A.I. 410). Diese Tatsache darf meines Erachtens nicht unerwähnt bleiben, weil gegen Wieck unermüdlich eine - meines Wissens einmalige - Passage aus Robert Schumanns Tagebuch vorgebracht wird, nach der Wiecks Sohn eine fürchterliche Tracht Prügel bezogen hat. Diesen Vorgang habe ich von sonst keiner Seite in dieser Art bestätigt gefunden. Vgl. Tagebuch I, S. 364 (21.8.1831), zitiert im Kapitel V.1. «Die Prägungen des Wieck-Images durch Robert Schumann vor der Brautwerbung».

93 Urteil des Appellationsgerichts Leipzig vor 1840; vgl. Emminghaus, 1851, S. 386, Nr. 65.

94 Vgl. Curtius, 1807, §159, S. 169 f; Heimbach, 1848, §§ 108, 109; S. 210 ff. Vgl. hierzu die Klageschrift von Clara bzw. Robert, in der sie betonen „ die Pflichten gegen ihn [Friedrich Wieck] niemals und auf keine Weise verletzt zu haben." Prozeßakten fol. 1v.

95 Vgl. dazu die Decisio 36 vom 2.7.1746 «Ob ein Vater oder Ehemann, vor seine Kinder, oder für sein Eheweib, Strafe und Unkosten zu entrichten, auch, wenn sie jemand Schaden gethan, solchen zu ersetzen, verbunden?» (C.C.A.I. 360).

96 Nach dem königlich-sächsischen Privatrecht bestanden diese Rechte tatsächlich nur auf Seiten des Vaters, nicht aber für die Mutter. Const. XXV. P.III. von 1572 (C.A.I. 112) und Dec. 62 von 1661 (C.A.I. 325). Vgl. Berger, 1804, Bd. III, S. 148 bzw. 151 sowie Haubold, 1847, §88, S. 87.

Rechenschaft abzulegen.[97] Er hatte im Interesse des Kindes auf Erhaltung der Vermögenssubstanz zu achten, daher konnte ihm bei unwirtschaftlichem Verhalten zwar die Verwaltung des Vermögens, nicht aber dessen Nießbrauch als Äquivalent der Alimentationspflicht entzogen werden.[98]

Diese Tatsachen bestätigen, daß Friedrich Wieck sich als Vater zu Recht verpflichtet sah, über das Vermögen von Clara Buch zu führen und es zu ihrem Nutzen zu verwalten, um so mehr als Clara während der Zeit vor ihrer Verehelichung außerordentlich viel Geld verdiente.[99]

Die folgenden Hinweise spezifizieren weitere Rechte und Pflichten der Eltern in bezug auf gerade diese Einkünfte: Verfügten die Kinder durch bestimmte Tätigkeiten, «operae artificiales» genannt, bereits über eigene Einkünfte, so konnten Eltern zumindest einen Teil des Verdienten als Ausgleich für den gewährten Unterhalt verlangen.[100] Sie waren sogar in bestimmten Situationen (Erbfall) berechtigt, eine angemessene Anrechnung oder sogar Verzicht auf den Pflichtteil zu verlangen.[101] Vor diesem Hintergrund muß Wiecks Forderung verstanden werden, zum Ausgleich für den außerordentlichen Aufwand, der zu Claras spezieller Ausbildung und Karriere nötig war, zugunsten der ihr gegenüber viele Jahre benachteiligten Geschwister auf ihre Erbschaft zu verzichten.[102]

Hier sollte kurz innegehalten werden. Es wird deutlich, daß Wieck sich mit seiner Forderung auf dem Boden der gesetzlichen Vorgaben und ethischen Normen bewegt hat. Denn der Unterhalt Claras schloß in ihrem speziellen Fall eine außerordentlich aufwendige Ausbildung zu einer Spitzenvirtuosin ein, die aufgrund der besonderen Bedingungen nur auf Kosten ihrer Geschwister möglich war. Aus diesem Grund hat Wieck, der ja Vater mehrerer Kinder war, von Clara einen Erbschaftsverzicht

---

[97] Außer über dasjenige Vermögen, von dem ihm der Nießbrauch nicht zukam. Vgl. Vorm.Ord. Cap. XXII, §2,3 (II.C.C.A.I. 425).

[98] Vorm.Ord., Cap. XXII, §5. (II.C.C.A.I. 426). Vgl. auch Haubold, 1847, §89, S. 88f. Auf Seiten der Kinder bestand ein stillschweigendes Unterpfandsrecht in den Gütern des Vaters, darüber hinaus konnten sie als Volljährige und nach Beendigung der väterlichen Gewalt dieselben Rechtsmittel gegen ungültig vorgenommene Verfügungen über ihr Vermögen in Anspruch nehmen wie Mündel gegen ihre gerichtlich bestellten Vormünder. Vgl. Vorm.Ord., Cap. XXII, §7, (II.C.C.A.I. 426).

[99] Vor ihrer Parisreise 1838/39 hatte Clara bereits ein Vermögen von mehr als 4000 Talern eingespielt, das sich allerdings während ihres kostspieligen Parisaufenthalts - diesmal ohne Begleitung ihres Vaters - auf beinahe die Hälfte reduziert hatte. Vgl. BW II, S. 517 (7.5.1839). Roberts jährliche Einkünfte aus seiner Redaktionstätigkeit betrugen vergleichsweise ca. 340 Taler. Vgl. dazu Kapitel II.4.1. «Detaillierte Klage-Erwiderung und Deduktionsschrift Friedrich Wiecks».

[100] Vgl. Emminghaus, 1851, S. 380, Nr. 31.

[101] Vgl. Haubold, 1847, §341a), S. 537 sowie §356a), S. 564. Heimbach, 1848, §310, S. 585. Vgl. hierzu die detaillierte Behandlung dieser Problematik im Kapitel I.3.1. «Die sechs Ehekonsensbedingungen Friedrich Wiecks im Mai 1839».

[102] Vgl. den Brief von Friedrich Wieck an Clara vom 7.5.1839 mit der Bemühung um Beilegung des Konflikts. BW II, S. 517/18 (7.5.1839). Die Kommentare Robert Schumanns in den Marginalien des Briefes sowie seine ausdrückliche Forderung, auf die Erbschaft Anspruch zu erheben, sind nicht nachzuvollziehen. Vgl. die Kapitel I.3.1. «Die sechs Ehekonsensbedingungen Friedrich Wiecks im Mai 1839» sowie Kapitel I.3.2. «Eskalation im Sommer 1839».

zugunsten ihrer Geschwister zur Bedingung ihrer Verehelichung gemacht, da nach der Eheschließung die außerordentlichen Aufwendungen für ihre Ausbildung im Interesse der Kinder nicht mehr in diesem Maß kompensativ eingefordert werden konnten.

Darüber hinaus hat Wieck nichts für sich selbst verlangt, allein für seine anderen Kinder, denen er als Vater schließlich ebenso verpflichtet war wie seiner Tochter Clara. Er wollte schlicht einen Interessenausgleich zwischen den Geschwistern. Schumann hingegen glaubte, ein Recht auf Maximalforderungen zu haben: Sowohl auf die inzwischen gut verdienende Tochter Clara als auch auf die irgendwann zu erwartende Erbschaft in Form des Pflichtteils, auf den er als Ehemann Ansprüche haben würde.[103] Auch wenn seitens des 'jungen Liebenden' seinerzeit vieles mit den Augen der Liebe gesehen wurde, Schumann war - wenn es um seine Interessen ging - nicht der Träumer der «Träumerei», wie noch zu zeigen sein wird.

Die Situation zwischen Vater und Kind änderte sich grundlegend mit der Beendigung der väterlichen Gewalt. Nach sächsischem Recht gab es zwei Wege, auf denen die Kinder eine Emanzipation aus der väterlichen Gewalt erreichen konnten. Der Regelfall für Töchter war, daß sie unabhängig von ihrem Alter durch eine Heirat aus der väterlichen in die eheliche Gewalt traten.[104] Eine Eigentümlichkeit der sächsischen Gesetzgebung bestand darin, durch «Anstellung einer besonderen Haushaltung» seitens der Kinder sich aus der väterlichen Vormundschaft lösen zu können. Diese bereits auf den Sachsenspiegel zurückgehende Norm - die Constitutio X. P. II. von 1572 - nannte zwei wesentliche Voraussetzungen für eine derartige Emanzipation: Die Kinder mußten erstens volljährig sein und zweitens eine finanzielle Unabhängigkeit, verbunden mit einem eigenen festen Wohnsitz, vorweisen können.[105] Von dieser Möglichkeit konnten sie auch gegen den Willen des Vaters Gebrauch machen, sogar von ihm die Herausgabe ihres Vermögens verlangen.[106] Hinsichtlich der Frage, ob diese Regelung auch für Töchter galt, waren unter den damaligen Rechtsgelehrten unterschiedliche Auffassungen zu beobachten. Haubold (1829 und 1847)[107] wies auf die Geschlechtsunabhängigkeit der rechtlichen Norm hin, betonte aber gleichzeitig, daß der Gerichtsbrauch „jenes Gesetz in der neuern Zeit immer nur von Söhnen verstanden" habe.[108] Heimbach[109] ließ die geschlechtsspezifische Frage offen, sprach

[103] Vgl. dazu Kapitel I.3.1. «Die sechs Ehekonsensbedingungen Friedrich Wiecks im Mai 1839», insbesondere die 5. Bedingung 'Pflichtteilsverzicht'.

[104] Heimbach, 1848, §113, S. 223. Haubold, 1829, §94, S. 84 bzw. Haubold, 1847, §94, S. 94.

[105] Constitutio X. P.II. vom 21.4.1572, (C.A.I. 87). Vgl. Berger, 1804, Bd. III, S. 148.

[106] Haubold, 1847, §93, S. 93. Heimbach, 1848, §113, S. 225, Anm. 6.

[107] Christian Gottlieb Haubold war königlich-sächsischer Oberhofgerichtsrath und ordentlicher Professor des vaterländischen Rechts auf der Universität Leipzig. Sein mehrfach aufgelegtes und vielrezipiertes „*Lehrbuch des Königlich=Sächsischen Privatrechts*" hat im In- und Ausland große Anerkennung gefunden (vgl. Vorrede zur 3. Auflage). Die Tatsache, daß sein Lehrbuch sich noch heute in zahlreichen Universitätsbibliotheken findet, ist ebenfalls ein Hinweis auf die weite Verbreitung dieses Standardwerks.

[108] Haubold, 1847, §93, Anm. e), S. 93.

[109] Carl Wilhelm Ernst Heimbach war Oberappellationsgerichtsrath und Professor der Rechte zu Jena. Sein „*Lehrbuch des particulären Privatrechts*", eine vergleichende Darstellung der Partikularrechte der Großherzoglich und Herzoglich-Sächsischen Länder, geht an vielen Stellen auch auf das

allgemein von Kindern und hob die Wichtigkeit der finanziellen Unabhängigkeit hervor, die als wesentliches Merkmal zu der Volljährigkeit hinzutreten müsse, um das eigene Vermögen verlangen zu können. So lange die volljährig gewordenen Kinder sich weiterhin im Elternhaus ernähren ließen, müsse der Nießbrauch „als eine für die Alimentation gebührende Vergütung den Eltern fortwährend zukommen."[110] Vergegenwärtigt man sich den Gesetzestext der Constitutionen von 1572, in dem von „Kindern" die Rede ist, und zieht den Wortlaut der entsprechenden Artikel des Sachsenspiegels hinzu, ist unzweifelhaft, daß sich das Institut der «Auflösung der väterlichen Gewalt» auf Kinder beiderlei Geschlechts bezog und damit ebenfalls für Töchter galt.[111]

Hier stellen sich verschiedene Fragen angesichts der Vorwürfe, die Friedrich Wieck in bezug auf seinen Egoismus gemacht wurden, nicht zuletzt und vor allem von Robert Schumann. Es muß festgestellt werden, daß Wieck - mehrfach dokumentiert - seine Tochter gebeten hat, mit ihrer Verheiratung bis zur Volljährigkeit zu warten.[112] Robert reagierte darauf brieflich wie folgt: „Was ich am meisten fürchte, ist daß Dein V.[ater] vorbringen wird, er wolle ja einwilligen wenn Du warten thätest bis Du mündig wärest - und daß ihm das Gericht am Ende beistehen wird. Das laß uns aber ja entschieden abweisen."[113] In der Refutationsschrift wird Wieck deutlich als Verzögerer des Verfahrens beklagt, „... der offenbar nur darauf ausgeht, den Proceß möglichst in die Länge zu ziehen..."[114] In diesem Zusammenhang stellt sich die Frage, welche Konsequenzen sich tatsächlich für Wieck, Clara und Robert aus der Volljährigkeit und möglichen Emanzipation Claras ergeben hätten.

---

Königlich-Sächsische Privatrecht ein und liefert insofern für die vorliegende Untersuchung wertvolle Hinweise.

110 Heimbach, 1848, §109, S. 213, Anm. 6). Auch Weiske ging davon aus, daß die Auflösung der väterlichen Gewalt in bestimmten Fällen sowohl bei Söhnen als auch bei Töchtern anzunehmen sei. Vgl. Weiske (1830), zitiert bei Emminghaus, 1851, S. 389, Nr. 75.

111 Vgl. die Zitate des Sachsenspiegels, Buch I, Art. 11 und Art. 13, bei Haubold, 1847, § 88 Anm. a) und §93 Anm. b) Daß - wie Haubold hervorhob - der Gerichtsbrauch im Falle der Emanzipation durch Anstellung einer besonderen Haushaltung nur von Söhnen ausging, lag- so scheint es - an der Diskrepanz zwischen rechtlicher Norm und gesellschaftlicher Realität. Welche Frau war unter den damaligen gesellschaftlichen Verhältnissen in der Lage, eine finanzielle Unabhängigkeit zu erreichen, wenn sie nicht gerade zur Gruppe der Handelsfrauen gehörte, die bereit im Mittelalter eine besondere Position einnahm. Daß eine Frau durch Ausübung einer Kunst sich ein eigenes Vermögen erwirtschaftete, wurde in zeitgenössischen Richterurteilen als absolute Ausnahmeerscheinung gewertet. Vgl. auch das Urteil des Oberappellationsgerichts Dresden 1844, abgedruckt bei Emminghaus, 1851, S. 329, Nr. 20; übrigens ein Urteil von demselben Gerichtshof, an dem auch der Prozeß Schumann - Wieck in zweiter und letzter Instanz verhandelt wurde. Es wundert nicht, daß Wieck mit seiner Vorstellung einer unabhängigen beruflichen Karriere seiner Tochter keinen Erfolg hatte bzw. nicht verstanden wurde. Darauf wird noch im Rahmen der Analyse des Prozeßgeschehens eingegangen.

112 Vgl. Jugendtagebücher Clara Schumann, Bd. IV, Tagebuch 8, S. 92; (2.10.1839); vgl. auch das Schreiben Friedrich Wiecks an das AG Leipzig vom 14.12.1839, Prozeßakten, fol. 36 r.

113 BW II, S. 724 (28.9.1839).

114 Refutationsschrift, Prozeßakten fol. 61v.

Der Lebenslauf Claras zeigt, daß sie am letzten Tag ihrer Minderjährigkeit geheiratet hat, - am 12. September - bzw. einen Tag vor ihrer Volljährigkeit, dem 13. September 1840. Mag auch die Enge des zeitlichen Abstands nicht mehr als ein Kuriosum sein - für die Erteilung des Ehekonsenses war dieser Unterschied ohnehin bedeutungslos[115] - so gibt sie dennoch Anlaß zu einer weiteren Frage: Welche Interessen konnten dem offensichtlichen Drängen oder Verzögern zugrunde liegen bzw. wer hätte einen Vorteil, wer einen Nachteil von einem früheren oder späteren Zeitpunkt der Heirat gehabt?

Die Antwort findet sich in der Beschreibung der Konsequenzen, die sich aus Claras Volljährigkeit bzw. Emanzipation ergeben hätten. Sie wäre dann - vorausgesetzt sie wäre noch unverehelicht und hätte als pianistische Hochbegabung Ruhm und Geld erworben, über das sie nunmehr würde frei verfügen können, - sie wäre, um es vorsichtig zu formulieren, eine selbständige und unabhängige Frau geworden mit dem sofortigen Anspruch auf ihr Vermögen, welches Wieck als Vater ihr hätte auszahlen müssen und welches sie im Fall einer späteren Verehelichung für sich selbst hätte einbehalten können,[116] und hätte darüber hinaus die freie Wahl des Wohnortes.[117] Das bedeutet, Wieck als Vater konnte von einer auf eigenen Füßen stehenden und von ihm unabhängigen Tochter kaum einen unmittelbaren Vorteil erwarten.[118] Vielmehr schien er auf die Hoffnung zu setzen, daß Clara als selbständige Frau und mit gewachsenem Selbstbewußtsein ihre eigene Position 'besser' verteidigen würde.[119] Schumann mußte dabei nichts verloren gehen, denn Clara blieb nach wie vor die Möglichkeit offen, ihn zu heiraten sowie sich mit dem Ruhm ihres Namens und an der Seite ihres Gatten leidenschaftlich und unabhängig für dessen Werke einzusetzen. Sie konnte ihm sogar - wenn sie wollte - ihr Vermögen zum Geschenk machen.[120]

---

[115] Vgl. «Regulativ wegen des Aufgebots und der Trauung», vom 15.1.1808 (III.C.C.A.I. 164 - 173), §7.

[116] Clara wäre 'voll geschäftsfähig' gewesen, hätte z.B. selbständig Eheverträge schließen und ihr Vermögen als «Receptitia» deklarieren können, d.h. als ein ihr eigentümlich vorbehaltenes Gut mit Nutznieß und allen sonstigen Rechten daran. Und im Fall der späteren Verehelichung wäre sie eine zwar unmündige, aber doch finanziell relativ unabhängige Ehefrau geworden. Zur Erklärung der «ehelichen Vormundschaft» vgl. Kapitel I.2.2. «Rechte und Pflichten der Ehegatten».

[117] Eine Tatsache, die von außerordentlicher Bedeutung werden würde, denn in der Ehe hatte der Ehemann die Entscheidungsgewalt über die Wahl des Wohnortes. Vgl. dazu Kapitel I.2.2. «Rechte und Pflichten der Ehegatten» sowie Kapitel I.3.1. «Die sechs Ehekonsensbedingungen Friedrich Wiecks im Mai 1839».

[118] Die Selbständigkeit Claras war sogar sein ausdrückliches Erziehungsziel. Vgl. dazu Wiecks Tagebucheintrag zu Claras Konfirmation. Jugendtagebücher Clara Schumann, Bd. II, Tagebuch 3, S. 50/51. Ausführlich zitiert in Kapitel III.1. «Historischer Kontext der Position Friedrich Wiecks».

[119] Was sie Robert gegenüber ansatzweise im Jahr 1838 noch getan hatte: „*Vom Capital laß ich Dich nicht anreißen*, einmal es gethan und man hört nicht mehr auf es zu thun, es finden sich dann immer wieder neue Gründe etc: nein, das geht nicht, dann will ich lieber mein Herz von der Sehnsucht nach Dir ein halbes Jahr länger verzehren lassen." BW I, S. 285 (3.10.1838). Hier zeigt sich, daß auch Clara unter den gegebenen Umständen nicht auf einen nahen Heiratstermin drängte.

[120] Dieses Geld wäre übrigens Robert bei der Heirat ohnehin als' Quasi-Eigentümer' zugefallen, sofern Clara keine anderweitige ehevertragliche Regelung vorab getroffen hätte. Vgl. dazu Hartitzsch, 1836, §98, S. 107. Vgl. auch Hartitzsch, 1828, §264, S. 275. Zur genauen Darstellung des eheweiblichen Vermögens sowie der Rechte des Ehemannes daran vgl. Kapitel I.2.2. «Rechte und Pflichten der Ehegatten». Wohlgemerkt, es geht hier nicht etwa um den Entwurf eines anderen oder gar 'besseren' Lebenswegs für Clara. Sie konnte meiner persönlichen Auffassung nach mit

Festzuhalten bleibt, im Fall der Volljährigkeit bzw. Emanzipation würde Clara über das Geld verfügen, nicht Wieck und nicht Schumann.[121] Um es noch deutlicher zu sagen: Friedrich Wieck hatte durch die Volljährigkeit und Emanzipation Claras nichts zu gewinnen, Robert Schumann allerdings etwas zu verlieren bzw. zu befürchten: Eine selbständige und unabhängige (Ehe-) Frau, die Geld besitzen würde, und zwar dasjenige, welches anderenfalls ihm zugekommen wäre.[122] Und dieser andere Fall soll im folgenden Abschnitt betrachtet werden. Welche Konsequenzen ergaben sich für Friedrich, Robert und Clara durch deren Minderjährigkeit.[123]

### I.2.2. Rechte und Pflichten der Ehegatten (Juristischer Kontext II)

Clara ist am 12. September 1840 minderjährig in die Ehe getreten. Welche Konsequenzen ergaben sich für die drei Kontrahenten aus dieser Tatsache? Es sei an dieser Stelle daran erinnert, daß sowohl Friedrich Wieck als auch Robert Schumann die juristischen Hintergründe der Kontroverse geläufig waren, wie sich nicht zuletzt im Rahmen der erbitterten Auseinandersetzung um die Wieck'schen Konsensbedingungen gezeigt hat.[124] Das rechtliche Umfeld des Kindes in bezug auf den Vater als Altersvormund wurde im vergangenen Kapitel eingehend behandelt. Im folgenden wird zu zeigen sein, wie eine junge Frau aus der väterlichen in die eheliche Vormundschaft trat.

---

dem Recht der großen Liebe zu jedem Zeitpunkt ungeachtet der Aufgabe oder Verteidigung ihrer persönlichen Interessen heiraten, und schließlich haben sich ihre hohen Hoffnungen hinsichtlich Schumanns Bedeutung ja in fernerer Zukunft erfüllt. Clara war eben in jeder Hinsicht ein Ausnahmekind. Im Augenblick allerdings befinden wir uns im Jahr 1839/40 und es geht in dieser Forschungsarbeit um die Überprüfung des überlieferten Wieckbildes bzw. den Vorwurf einer rein egoistisch motivierten Handlungsweise, wie er aus der verständlich engagierten Sicht der betroffenen Gegenseite zu Tage tritt, sowie darum, die Zeitperspektive einzuhalten.

121 Vgl. die detaillierten Ausführungen zur Situation der volljährigen Tochter, die sich verehelichen will im Kapitel I.2.2. «Rechte und Pflichten der Ehegatten».

122 Hier muß deutlich darauf hingewiesen werden, daß Claras Konzerteinnahmen während bestehender Ehe Robert zufallen würden. Das bedeutete konkret: Sie würde über den Gewinn von ca. 2700 Talern ihrer Rußland-Tournee nicht verfügen können. Und die Haushaltsbücher zeigen, daß Robert ihr das Geld in kleinen Portionen - „für Klara extra" - zuteilte. Mit andern Worten: Clara würde umfassend von Robert abhängig.

123 Vgl. BW II, S. 724 (28.9.1839). Vgl. dazu auch die Kapitel I.3.1. «Die sechs Ehekonsensbedingungen Friedrich Wiecks im Mai 1839» und im besonderen I.3.2. «Eskalation im Sommer 1839».

124 Vgl. dazu Kapitel I.3.1. «Die sechs Ehekonsensbedingungen Friedrich Wiecks im Mai 1839». Aus dem Briefwechsel mit Clara geht hervor, daß insbesondere Robert über detaillierte juristische Kenntnisse verfügte und sich mit sämtlichen Aspekten eines Ehekonsensprozesses vertraut gemacht hatte. Laut eigener Aussage besorgte er sich „alle sächsischen Gesetzbücher" durch den befreundeten Actuar Herrmann, mit dem er ebenfalls ein ausführliches Gespräch „über die Maßregeln, die wir [Clara und Robert] nehmen müßen", also über Verfahrensangelegenheiten führte. Vgl. BW II, S. 510 (2.5.1839) bzw. BW II, S. 514 (4.5.1839). Wie gut Schumann über alle juristischen Details eines derartigen Prozesses informiert war, sowohl in Verfahrens- als auch materiellrechtlichen Fragen, zeigen seine diesbezüglichen Ausführungen in Briefen an Clara. Vgl. BW II, S. 488 (Mündigkeit), S. 493 (Heiratsalter, obligatorische Einwilligung der Eltern), S. 506 (Vermögensverwaltung bei Minderjährigkeit), S. 514 (Verfahren, Vermögen).

Von den Wirkungen der Ehe auf Seiten des Ehemannes war die wichtigste die «eheliche Gewalt», die bereits auf den Sachsenspiegel zurückging, auch als «eheliche Vormundschaft» bezeichnet.[125] Durch dieses Institut wurden dem Ehemann bestimmte Rechte und Pflichten zugewiesen, die sich sowohl auf die Person als auch auf das Vermögen der Ehefrau auswirkten.

An Rechten gegenüber der Person der Frau sind in erster Linie folgende zu nennen: Das Recht, „die Handlungen der Ehefrau so zu leiten, daß sie der ehelichen Gemeinschaft aufs Beste entsprechen".[126] Ob der Ehemann in diesem Rahmen auch z.B. berechtigt war, die Ehefrau zu 'züchtigen', scheint unter damaligen Juristen umstritten gewesen zu sein,[127] darf aber dennoch hier nicht ganz unerwähnt bleiben, da es ein Statusgefälle zwischen den Ehegatten belegt, von dem Clara als Ehefrau - ganz allgemein - nicht ausgenommen war und das im Prozeßverlauf auf Seiten Wiecks argumentativ eine Rolle gespielt hat.[128] Der Gerichtsbrauch wurde in diesem Fall wie folgt beschrieben: „Sie [die eheliche Gewalt] enthält aber weder ein Eigenthums- noch ein Züchtigungsrecht über die Frau. Sollte jedoch der Mann seine Frau verdientermaßen und mäßig gezüchtiget haben, so kann ihm der Richter deßwegen keine Strafe auferlegen."[129] Diese Regelung scheint allerdings die Züchtigung weitgehend anheim gestellt zu haben, wenn nicht gar ins Belieben, da keine spezifischen Auslegungskriterien bzw. konkreten Grenzen für „verdientermaßen und mäßig" genannt wurden. Ungeachtet dieser Tatsache waren beide Ehegatten angehalten, einander mit der „gebührenden Achtung" zu begegnen, wobei der Ehemann von seiner Frau zudem „Gehorsam" und „Ehrerbietung" verlangen konnte.[130]

Darüber hinaus hatte der Ehegatte - abgesehen von seinem Recht, Wohnsitz bzw. Wohnortwechsel zu bestimmen[131] sowie 'häusliche und andere Dienste'[132] von seiner

---

[125] Vgl. Hartitzsch, 1836, §78, S. 85 bzw. Haubold, 1847, § 70, S. 71. Die wichtigsten Artikel des Sachsenspiegels, welche die eheliche Gewalt beschreiben, finden sich in Buch. I, Art. 31 und Art. 45 sowie in Buch III, Art. 45, zitiert u.a. bei Haubold, 1847, §70, Anm. a), S. 72.

[126] Hartitzsch, 1828, §187, S. 207. Hartitzsch, 1836, §79, S. 86. Vgl. dazu den Anhang I am Ende dieses Buchs.

[127] Vgl. dazu Hartitzsch, 1828, §187, Anm. 2), S. 208.

[128] Wieck betonte, er habe seine Tochter zwar „zur berühmten Künstlerin", aber nicht gleichzeitig zur „anspruchslosen Hausfrau" erziehen können, mit allem, was in diesem Fall zu tun bzw. zu dulden war. Vgl. das Schreiben Friedrich Wiecks an das AG Leipzig, Prozeßakten, fol. 31v. Über Clara und Robert sind glücklicherweise an keiner Stelle auch nur annäherungsweise derartige Auseinandersetzungen berichtet worden.

[129] Hartitzsch, 1828, §187, S. 207.

[130] Hartitzsch, 1828, §195, S. 214.

[131] Hartitzsch, 1836, §80, S. 88; Hartitzsch, 1828, §196, S. 214; Heimbach, 1848, §98, S. 191. Vgl. dazu auch Weber, 1829, Thl. II, Abthl. 3, S. 1216, Anm. 18. Dieses Recht des Ehemannes sollte zum zentralen Streitpunkt in der Auseinandersetzung um die Ehekonsensbedingungen Friedrich Wiecks werden. Vgl. dazu Kapitel I.3.1. «Die sechs Ehekonsensbedingungen Friedrich Wiecks im Mai 1839».

[132] Hartitzsch, 1828, §189, S. 209/210: „Bei dem, in dem römischen Rechte begründeten, Erwerbsrechte des Ehemannes aus den Arbeiten seiner Frau, hat man die verschiedenen Erwerbsarten zu unterscheiden. Der Ehemann ist berechtigt, sämtliche häusliche Arbeiten (operae domesticae) von seiner Frau, sobald es ihr Stand erlaubt, zu verlangen. Treibt der Mann eine

Frau verlangen zu können - Rechte am Vermögen seiner Frau.[133] Gerade letztere Bestimmung hatte im Konflikt der drei Kontrahenten außerordentliche Bedeutung. Clara war vor der Zeit ihrer Verehelichung wohlhabend mit der Möglichkeit, durch Ausübung ihrer Kunst ihr Vermögen zu vermehren. Mit andern Worten: Claras Kapital lag in ihren Händen, was Robert durchaus bewußt war.[134] Seine eigenen, durch Arbeit erworbenen Einnahmen hingegen, - wie noch zu zeigen sein wird - waren zu diesem Zeitpunkt allerdings so geringfügig, daß er allein davon seinen Lebensunterhalt nicht bestreiten konnte. Dennoch war er relativ gut gestellt aufgrund dreier Erbschaften (Vater, Mutter, Bruder Eduard), wenngleich nicht übersehen werden darf, daß dieses Kapital schon seit einiger Zeit dahinschmolz.[135]

Wie sahen nun die Rechte des Ehemannes am bereits erworbenen Kapital der Ehefrau aus? Hinsichtlich der vermögensrechtlichen Regelungen ist zunächst zu bemerken, daß die sog. «Gütergemeinschaft» nach sächsischem Recht nicht üblich und nur bei ausdrücklicher vertraglicher Vereinbarung stattfand.[136] Das bedeutete, daß der Mann - je nach Art des weiblichen Vermögens - ein mehr oder weniger ausgeprägtes Verwaltungs- und Nießbrauchsrecht an diesem Vermögen hatte; umgekehrt die Frau in der Regel gar keine Rechte, insbesondere kein Nießbrauch- oder Verwaltungsrecht am Vermögen des Ehemannes hatte.[137] Beim Vermögen der Ehefrau waren zu unterscheiden: «bona dotalia», «bona paraphernalia» und «bona receptitia», auch «Spillgut» genannt.[138] Auf eine detaillierte juristische Abgrenzung kann hier nicht verzichtet werden, weil sie unter anderem bei den sechs Ehekonsensbedingungen Friedrich Wiecks eine so erhebliche Rolle spielten, daß seine Vorschläge in einem völlig neuen Licht gesehen werden müssen.

Unter «bona dotalia» verstand man das sog. Heiratsgut - auch Einbringen, Mitgift oder auch Aussteuer genannt - also das Vermögen, welches die Frau zum Zeitpunkt der Heirat dem Mann zur „Bestreitung der ehelichen Lasten" einbrachte.[139] Diese Defini-

---

Kunst, oder ein Handwerk, so muß ihn die Frau hierbei, ohne eine Vergütung verlangen zu können, behülflich seyn, sogenannte (operae obsequiales)." Vgl. auch Hartitzsch, 1836, §79, S. 86. Ausführlich wird auf diesen Aspekt in Kapitel III.1. «Historischer Kontext der Position Friedrich Wiecks» eingegangen.

[133] Hartitzsch, 1836, §79, S. 86.

[134] In dem Brief vom 17.1.1840 droht Robert seiner Braut scherzhaft: „...ich nehme Dich auch nicht zur Frau, wenn Du nicht mehr Clavier spielen kannst mit Deinen zehn gesunden Fingern." BW III, S. 876 (17.1.1840). Der Zusammenhang dieser Passage wird ausführlicher im Kapitel II.4.1. «Detaillierte Klage-Erwiderung und Deduktionsschrift Friedrich Wiecks», Abschnitt «Persönlichkeiten» debattiert.

[135] Zu Schumanns finanzieller Situation finden sich detaillierte Ausführungen im Kapitel II.4.1. «Detaillierte Klage-Erwiderung Friedrich Wiecks», Abschnitt «Erwerbsberuf» bzw. «Kapitalvermögen».

[136] Hartitzsch, 1828, §282, S. 301; Heimbach, 1848, §93, S. 172; Haubold, 1847, §69, S. 71.

[137] Vgl. Heimbach, 1848, §101, S. 197, Anm. 1): Die Frau hatte ein gewisses «Retentionsrecht» an den Gütern des Mannes bei dessen Todesfall, und zwar wegen ihres eingebrachten Vermögens sowie ihres Erbanspruchs. Vgl. Const. XXV. P.II. von 1572 bzw. Const. XXXIII. P.III von 1572; Alte Pr. Ord. von 1661 Tit. 45, §12.

[138] Heimbach, 1848, §99, S. 191; Haubold, 1847, §74, S. 75.

[139] Hartitzsch, 1828, §226, S. 238; Heimbach, 1848, §99, S. 191.

tion läßt schon vermuten, daß es ihr dann nicht 'gehörte'. Und tatsächlich wurde der Mann mit dem Zeitpunkt der Verehelichung 'Quasi-Eigentümer', d.h. er erhielt Nießbrauch und Verwaltung,[140] mit der Einschränkung, daß bei der minderjährigen Ehefrau die Verwaltung bis zur Volljährigkeit beim Vater verblieb, der Nießbrauch aber dem Ehemann zukam.[141]

Als «bona paraphernalia» behandelte der Gerichtsbrauch dasjenige Vermögen, welches der Ehefrau über die Mitgift hinaus zu eigen war oder das sie während der Ehe erwarb, sei es von Dritten oder durch eigene Arbeit, mit andern Worten sämtliches Vermögen mit Ausnahme der sog. «bona receptitia». Letztere wiederum entstanden dadurch, daß entweder die Frau selbst oder derjenige, von dem sie das Vermögen erhielt, dieses als ein der Ehefrau eigentümliches Vorbehaltsgut bestimmte und somit den Ehemann von sämtlichen Rechten ausschloß.[142] An den «bona paraphernalia» dagegen hatte der Mann dieselben Rechte wie an den bereits oben beschriebenen «bona dotalia». Im Anhang werden einige §§ der Abhandlung über *„Das im Königreiche Sachsen geltende Eherecht"*[143] von Adolph K. H. Hartitzsch[144] wiedergegeben, da sie für das Verständnis der ehelichen Machtverhältnisse zwischen Mann und Frau, die insbesondere auch in vermögensrechtlichen Regelungen ihren Ausdruck fanden, von Bedeutung sind und von denen hier im laufenden Text nur ein Zitat erscheinen soll, das speziell in der Auseinandersetzung zwischen Friedrich Wieck, seiner Tochter und Robert Schumann eine Rolle gespielt hat:

„§98. Außer dem Heyrathsgute [bona dotalia] besitzen Ehefrauen häufig noch anderes Vermögen, Paraphernalvermögen genannt. Ist dieses Vermögen dem Ehemanne ebenfalls ausdrücklich oder stillschweigend überlassen worden, so erhält er daran ganz dieselben Rechte und Verbindlichkeiten als am Dotalvermögen; an dem nicht überlassenen, Receptitien, Spillgelder genannt, erlangt er dagegen weder ein Eigenthums=, noch Nutznießungs=, noch Verwaltungs=Recht. Die Frau kann daher völlig frei über dasselbe verfügen. Da aber dergleichen Receptitien nicht vermuthet werden, so ist zu ihrer Begründung der ausdrückliche Vorbehalt vor Eingehung der Ehe nothwendig. Außerdem [außer den Receptitien] steht an allem Vermögen der Ehefrau dem Manne der Nießbrauch und die Verwaltung zu."[145]

Allgemein, d.h. in Rechtslehre und Gerichtsbrauch war anerkannt, daß im Zweifel «bona paraphernalia» vermutet wurde.[146] Hinsichtlich der «bona receptitia» dagegen

---

140 Vgl. Hartitzsch, 1828, §264, S. 275: Der Ehemann erhält im Falle des ihm überlassenen Paraphernalvermögens „an den ihm übergebenen Gegenständen alle Rechte eines wahren Eigenthümers".

141 Vorm.Ord. Cap. XXIII, §§ 2, 4. (II.C.C.A.I. 427). Vgl. dazu auch Vorm.Ord. Cap. XXIII. §10, nach dem der Vater dem Schwiegersohn die Verwaltung freiwillig überlassen konnte.

142 Haubold, 1847, §74, S. 75; Heimbach, 1848, §99, S. 192.

143 So der gleichlautende Titel der 1836 erschienenen Veröffentlichung von Hartitzsch.

144 Adolph Karl Heinrich Hartitzsch war Königlich Sächsischer Oberhofgerichts=Rath und Beisitzer des Appellationsgerichts zu Dresden, ebenso Mitglied eines Ehegericht, und hat sich neben zahlreichen anderen Publikationen insbesondere durch seine Veröffentlichungen zum (sächsischen) Eherecht einen Namen gemacht.

145 Hartitzsch, 1836, § 98, S. 107. Vgl. dazu den Anhang am Schluß dieses Kapitels.

146 Haubold, 1847, §74, S. 76, Anm. d); Heimbach, 184,8 §99, S. 192, Anm. 1).

war die Ehefrau einer Unverheirateten gleichzustellen.[147] Die Receptitia bildeten damit die einzige Möglichkeit für die Frau, zumindest über einen Teil ihres Vermögens zu verfügen und den Nießbrauch daran auszuüben.[148] Voraussetzung dazu war allerdings, daß sie sich diese Rechte vertraglich vorbehalten hatte und dies auch beweisen konnte, andernfalls hatte der Mann die Möglichkeit, sein Nießbrauchsrecht gerichtlich durchzusetzen.[149]

Wie umstritten und hart umkämpft selbst dieses Receptitiengut noch war, zeigt die Vielzahl der vor dem Appellationsgericht (AG) Leipzig und Oberappellationsgericht (OAG) Dresden verhandelten Rechtsstreitigkeiten.[150] Diese Erfahrung machte auch Friedrich Wieck. Als er versuchte, seiner noch minderjährigen Tochter ihr Geld zu bewahren und den dazu notwendigen vertraglichen Vorbehalt zu erklären - was Clara aufgrund ihrer Minderjährigkeit noch nicht tun konnte und wohl zu diesem Zeitpunkt Robert gegenüber auch nicht mehr gewagt hätte -,[151] mußte Wieck feststellen, mit welcher Zielstrebigkeit Robert Schumann darum kämpfte, dieses Vermögen als Dotal- bzw. Paraphernalgut in die Ehe gleiten zu lassen.[152]

Selbst wenn die Frau sich Receptitien vorbehielt, diese aber nicht ausreichend beweisen konnte, gehörten die davon gekauften Gegenstände im Zweifel dem Ehemann.[153] Wollte sich die Frau eine gewisse finanzielle Unabhängigkeit in der Ehe

---

[147] Constitutio «Von Verschreibungen und Obligationen der Weibespersonen» vom 18.11.1722 (C.A.I. 1210), zitiert bei Berger, *«Handbuch der chursächsischen Gesetze»*, 1804, Bd. III, S. 25. Argument aus der Erl.Pr.Ord. ad. Tit. VIII, §3. Vgl. auch das Urteil des OAG zu Dresden von 1839: „Besitzt eine Ehefrau receptitia, so äußert auf diesen Theil ihres Vermögens, soviel die Verwaltung und Benutzung desselben betrifft, das eheliche Verhältniß keine Wirkung; die Frau ist in Beziehung auf Receptitien einer unverheiratheten gleich." Zitiert nach Emminghaus, 1851, S. 327, Nr. 9. Vgl. auch *«Wochenblatt für Rechtsfälle»*, Bd. IV (1844), S. 95 ff. für das vollständige Urteil.

[148] Vgl. die Urteile der LRegierung zu Weimar von 1837 und der Fakultät Jena 1837. Siehe Emminghaus, 1851, S. 292, Nr. 63 und 64.

[149] Urteil des OAG Dresden von 1845, siehe Emminghaus, 1851, S. 292, Nr. 62; s.a. *«Wochenblatt für Rechtsfälle»* Bd. VI (1846), S. 361 ff, 366 ff. Vgl. auch Hartitzsch, 1840, S. 138: Entscheidung CXLVI vom AG Leipzig „Die Receptitieneigenschaft muß bewiesen werden". D. Carl Friedrich Curtius, churfürstl. sächs. Appellationsrath in Dresden und Autor des mehrfach aufgelegten *«Handbuch des in Chursachen geltenden Civilrechts»* riet daher zur „schriftliche[n] Abfassung" der Eheverträge, mit dem Ziel der „Erleichterung des künftigen Beweises". Vgl. Curtius, 1807, §135, S. 139. Dieses Handbuch von Curtius hat nach Aussage von Philipp Heinr. Friedr. Hänsel „seiner anerkannten Trefflichkeit halber in den Gerichtshöfen Sachsens verdientes Ansehen" genossen und in der sächsischen Rechtspraxis offenbar eine nicht unbedeutende Rolle gespielt. Vgl. Hänsel, 1828, Vorwort S. VI.

[150] „Appellationsgericht Leipzig " wird im folgenden mit „AG Leipzig" sowie „Oberappellationsgericht Dresden" mit „OAG Dresden" abgekürzt.

[151] Vgl. beispielsweise ihre Tagebucheinträge vom 7.4.1840 bzw. 30.5.1840, aus denen hervorgeht, daß sie Robert nicht zu widersprechen, ja nicht einmal mehr ihre Sorgen um die Zukunft mitzuteilen wagt. Vgl. Jugendtagebücher Clara Schumann; Bd. IV, Tagebuch 9; S. 169 bzw. 182.

[152] Vgl. dazu Kapitel I.3.1. «Die sechs Ehekonsensbedingungen Friedrich Wiecks im Mai 1839».

[153] Vgl. das Urteil des AG Leipzig vor 1840; zitiert bei Emminghaus, 1851, S. 326, Nr. 2; vgl. auch Hartitzsch, 1840, S. 270, Entscheidung CCLXXX des AG Leipzig: „Nadelgelder: Sie gehören im Zweifel dem Ehemanne."

bewahren, mußte sie in Ehestiftungen oder sonstigen Eheverträgen ihr Vermögen ausdrücklich als Receptitiengut deklarieren. Dies hatte vor der Eheschließung zu geschehen. Traf sie - oder im Fall der Minderjährigkeit ihr gesetzlicher Vertreter - keine diesbezügliche vertragliche Vereinbarung, ging der Gerichtsbrauch davon aus, daß sie dem Ehemann ihr gesamtes Vermögen stillschweigend als Paraphernalgut überlassen wollte.[154] Und auch im Falle eines derartigen Ehevertrags fand im Zweifel eine „beschränkende Auslegung zu Gunsten des Ehemannes" statt, d.h. die Receptitieneigenschaft wurde nur bezüglich derjenigen Güter anerkannt, bei denen sie zuvor ausdrücklich festgelegt worden war.[155] Ebenso konnte bei einem Erbschaftsfall der Erblasser nicht das gesamte zu hinterlassende Vermögen als ein der Frau vorbehaltenes Receptitiengut erklären, vielmehr mußte dem Ehemann zumindest die Verwaltung und der Nießbrauch an dem der Ehefrau gebührenden Pflichtteil überlassen werden.[156] Konkret hieß das: Der Pflichtteil aus dem Erbe Wiecks würde mit Verwaltung und Nießbrauch an Robert fallen.

Vor diesem Hintergrund muß Wiecks Forderung an Clara, auf ihren Pflichtteil zugunsten der Geschwister zu verzichten, in ein völlig neues Licht gestellt werden, denn Robert wären im Erbfall sowohl Verwaltung als auch Nießbrauch daran zugekommen. Er wäre in gewissem Sinne der 'Erbe' geworden, während Wieck dieses Geld seinen vormals gegenüber Clara zurückgestellten Kindern erhalten wollte. Es läßt sich schlicht sagen, Wieck wollte nicht seine Tochter enterben, sondern lediglich verhindern, daß auch dieser Pflichtteil Robert zufließen würde, der ja schließlich schon im Begriff war, den größten 'Schatz' der Familie davonzutragen, die Frucht von Wiecks langjähriger Arbeit: Clara. Im Zusammenhang mit dieser Tatsache muß auch der leidenschaftliche Widerstand Roberts dagegen neu bewertet werden. Er erscheint nunmehr als Anwalt seines (verschwiegenen) eigenen Interesses, wenn er ihr rät, den Bestrebungen des Vaters in dieser Hinsicht entgegen zu treten:

„Wenn ich zu Deinem Besten sprechen will, meine Klara, so kann ich Dir nicht rathen, und *kein* Mensch, daß Du auf Deinen gesetzlichen Erbtheil schon jetzt verzichtest. Wer sieht denn in die Zukunft? Wer würde ein natürliches Recht so schnell aufgeben? Setze den Fall, Dein V. würde plötzlich reich (durch die Lotterie pp), Du würdest arm - glaubst Du, daß Dir Deine Verwandten nach Deines Vaters Tod etwas schenkten? Wie kommst Du denn dazu, dies zu verlieren? Und dann, Du nützt durch so eine Verzichtleistung *Deinem Vater* doch gar nichts, sondern nur Deiner Mutter und Deinen Geschwistern - willst Du aber im Unglücksfall, daß Dein V. einmal stürbe, diesen etwas geben, oder auch das Ganze, *so kannst Du es ja immer* noch,[157] und dann werden sie es Dir danken, während sie es sonst als ein Muß nehmen. Und dann hast Du ja auch noch Deine leibliche Mutter, die Dir doch am nächsten stünde. Also überlege Dir das, meine gute Klara, und laß Dich nicht zu etwas verleiten, was Dich gereuen könnte. Uebrigens muß ich Dir auch sagen, daß Alles was Du jetzt unterschreibst, gar keine

[154] Hartitzsch, 1836, §98, S. 107.

[155] Heimbach, 1848, §100, S. 195, Anm. 2).

[156] Argument aus Cap. V, §11 der Vorm.Ord. von 1782. (II.C.C.A.I. 394). Vgl. Heimbach, 1848, §99, S. 193, Anm. 3) bzw. Haubold, 1847, §74, S. 77, Anm. f. 3).

[157] Es darf festgestellt werden, daß er Clara hier einfach belügt. Denn der Brief zeigt ein paar Zeilen weiter unten, daß er sich seiner Rechte als Ehemann und Curator sehr genau bewußt ist und weiß, daß sie über dieses Geld nicht wird verfügen können, lediglich mit seiner Zustimmung.

rechtliche Kraft hat; so müßtest Du erst einen besonderen Vormund vom Gericht bekommen, oder mündig sein, oder verheirathet, wo Dein Mann (ich) Dein Curator ist. Von solchen Dingen müßen wir nun jetzt sprechen, wir die wir sonst nichts als spielten und scherzten, dann auch miteinander schwärmten - wir zwei Clavierspielenden, sonst so geschäftlich talentlosen zerstreuten Wesen wir. Wahrhaftig, in mancher Hinsicht dank' ich Deinem V. - Ich kann Dir sagen, ich freue mich jetzt über meine Ordnung in meinem kleinen Haus u. Zeitungshalt; nicht um einen Kreuzer kann man mich betrügen."[158]

Dieser Brief Schumanns dokumentiert darüber hinaus, daß er sich über die Abhängigkeit Claras als Minderjährige sowie als Ehefrau im Klaren war, ebenso wie über die oben schon gezeigte Selbständigkeit ihrer Position mit Eintritt in die Volljährigkeit.[159]

Angesichts der Rechte bzw. Vorteile, die sich aus Claras Volljährigkeit für sie ergeben würden, erscheint einerseits der Versuch Friedrich Wiecks, den Heiratstermin bis zu Claras Volljährigkeit hinauszuzögern, und anderseits das Drängen Robert Schumanns auf schnelle Verehelichung in einem neuen Licht. Dem Verzögern bzw. Drängen lagen handfeste Interessen zugrunde. Bereits hier wird deutlich, daß das Bild von Wieck als selbstsüchtigem Familienoberhaupt nicht mehr aufrecht zu halten ist, ebensowenig wie das von Schumann als selbstlosem Beschützer Claras.

«Bona receptitia» mußten - wie schon erwähnt - vor der Heirat vertraglich ausdrücklich festgelegt werden. Die Zustimmung des zukünftigen Ehemannes war hierbei nicht erforderlich.[160] Während der Ehe konnte ein der Frau zufallendes Vermögen nur noch *mit* Zustimmung des Ehemanns als Receptitiengut erklärt werden, d.h. ein Vorbehalt der freien Verfügung ihrerseits war ohne dessen Einwilligung unwirksam, es wurde mit anderen Worten automatisch zu Paraphernalvermögen - mit allen dem Ehemann daran zukommenden Rechten. Die Frau konnte z.B. Einkünfte, die sie durch eigene Arbeit während der Ehe erworbene hatte, nach ihrem Ermessen weder ausgeben noch darüber verfügen, sondern war auch hinsichtlich dieses selbst verdienten Geldes von der Zustimmung ihres Mannes abhängig.[161]

Hier stellt sich die Frage, aus welchem Grund der Mann auf ein ihm gesetzlich zustehendes Recht bzw. Geld freiwillig verzichten sollte. Warum sollte er der Frau eine unabhängigere Position ermöglichen, aus der heraus sie unter Umständen Forderungen stellen konnte. Entsprechend argumentiert Heimbach: „...ein Nichtgebrauch dieses Rechtes ist nicht zu vermuthen."[162] Mit andern Worten: Es wurde nicht ange-

---

[158] BW II, S. 604/5 (27.6.1839). Vgl. dazu Kapitel I.3.1. «Die sechs Ehekonsensbedingungen Friedrich Wiecks im Mai 1839».

[159] Vgl. Kapitel I.2.1. «Rechte und Pflichten des Vaters».

[160] Heimbach, 1848, §99, S. 193, Anm. 2).

[161] Heimbach, 1848, §99, S. 193, Anm. 2). Hartitzsch, 1836, §98, S. 107. Vgl. Urteil des AG Dresden 1844, Emminghaus, 1851, S. 322, Nr. 7. Die Haushaltsbücher der Schumanns zeigen, daß das von Clara verdiente Geld an Robert ging, der es unter der Rubrik „Von Clara Eingebrachtes und Verdientes" verwaltete und ihr neben dem wöchentlichen Haushaltsgeld bestimmte Beträge - „An Klara *extra*" - quasi als Taschengeld zuteilte. Tagebuch III, S. 417; vgl. auch Tagebuch III, S. 187, 191, 197 usw.

[162] Heimbach, 1848, §99, S. 192, Anm. 1).

nommen, daß ein Ehemann durch eine derartige Zustimmung seiner Frau Geld oder Gut überließ. Ähnliche Bewertungen dieser Problematik finden sich in Gerichtsurteilen wie beispielsweise der bei Emminghaus[163] erwähnten Entscheidung des OAG Dresden sowie in zeitgenössischen Rechtszeitschriften.[164]

Aus der vorangegangenen Darstellung der vermögensrechtlichen Aspekte der Ehegesetzgebung geht hervor, welche Bedeutung einer vertraglichen Regelung vor der Verehelichung zukam, und ganz besonders hinsichtlich der Erklärung von «bona receptitia», dem einzigen Vermögen, das der Frau mit allen Rechten bleiben konnte. Nur auf dem Wege derartiger Eheverträge konnte von den oben beschriebenen gesetzlichen Regelungen abgewichen und die rechtlich verbindlichen Wirkungen der Ehe diesbezüglich beschränkt oder sogar aufgehoben werden. Sie enthielten in der Regel vermögensrechtliche Vereinbarungen und teilweise auch gegenseitige erbrechtliche Ansprüche der Ehegatten.[165]

Bei Gestaltung sowie Abschluß des Ehevertrags spielte das Alter der zukünftigen Ehegatten eine wesentliche Rolle. Im Fall der Minderjährigkeit eines oder beider Partner galten die allgemeinen Bestimmungen der Vormundschaftsordnung von 1782. Der Altersvormund, also in der Regel der noch lebende Vater, mußte als gesetzlicher Vertreter für die (minderjährige) Tochter den Ehevertrag und damit auch die Bedingungen für das ihr vorbehaltene Vermögen (sowie eventuelle erbrechtliche Regelungen) aushandeln.[166]

Als Vater hatte er außerdem die Möglichkeit, auch über die Volljährigkeit der Kinder hinaus Verfügungen über deren Vermögen zu treffen, sofern sie dadurch keine Nachteile erfuhren.[167] Vermögen und Erbfolge waren - wie hier gezeigt wird - die wesentlichen Punkte, die üblicherweise in derartigen Verträgen verhandelt wurden. Auch diese Tatsache wirft ein etwas anderes Licht auf die im folgenden Kapitel thematisierten Ehekonsensbedingungen Friedrich Wiecks, die in dieser oder ähnlicher Form ganz allgemein üblich waren und nicht als sein Spezifikum gelten dürfen. Grundsätzlich konnten Eltern in Übereinstimmung mit Braut bzw. Bräutigam bei der Aushandlung der Ehestiftung mitwirken, wenn sie sich beispielsweise zu etwas

---

[163] Gustav Emminghaus war Geheimer Staats=Archivar und Geheimer Regierungs=Rath in Weimar. Seine Veröffentlichung - *«Pandekten des gemeinen sächsischen Rechts»* von 1851 - bedient sich der Kasuistik und enthält zahlreiche zeitgenössische Gerichtsentscheidungen, u.a. des AG Leipzig und des OAG Dresden, also derjenigen Gerichte, an denen der Prozeß Schumann / Wieck verhandelt wurde, und ist daher für die Beurteilung der richterlichen Entscheidungen im vorliegenden Fall von besonderem Interesse.

[164] Vgl. z.B. Emminghaus, 1851, S. 262, Nr. 19.

[165] Hartitzsch, 1836, §101, S. 113; Weber, 1829, II. 3. §128, S. 1177.

[166] Vgl. dazu §§1, 36 des «Mandat[s], die Geschlechtsvormundschaft betreffend», vom 10.11.1828. G.S. Nr. 41, S. 244 i.V.m. dem «Gesetz, die Aufhebung der Geschlechtsvormundschaft betreffend», vom 8.1.1838, unter 3). G.V.Bl. Nr. 7, S. 23.

[167] Vorm.Ord., Cap. V. §6 (II.C.C.A.I. 393); Vgl. dazu Heimbach, 1848, §96, Anm. 3, S. 186/87 sowie Haubold, 1847, § 145, S. 141, Anm. e) 3. D.h. solange die Tochter minderjährig und unverheiratet war, brauchte sie - weil ein Pflichtteilsverzicht ein Nachteil bedeutete - einen Curator.

verpflichteten oder bezüglich der künftigen Erbfolge der Ehegatten bestimmte Rechte vorbehalten wollten.[168]

Bei Volljährigkeit der Tochter war die Situation grundlegend anders: Mit der Gesetzesänderung im Januar 1838 wurde die sog. «bestätigte Geschlechtsvormundschaft» aufgehoben.[169] Damit konnten volljährige Frauen in allen Fällen, in denen zuvor ein gerichtlich bestätigter Curator notwendig war, nun selbständig rechtsverbindlich handeln, waren mit andern Worten voll geschäftsfähig[170] und konnten - wenn unverheiratet - ohne Geschlechtsvormund über ihr Vermögen verfügen. Das bedeutete hinsichtlich der Receptitien: Die volljährige Frau konnte selbständig, ohne jeden rechtlichen Beistand, ihren Ehevertrag aushandeln und - sofern sie es wollte - ihr Vermögen als «bona receptitia» deklarieren. Von der Aufhebung der Geschlechtsvormundschaft unberührt blieben allerdings sowohl das Abhängigkeitsverhältnis zwischen Tochter und Vater, solange die väterliche Gewalt andauerte,[171] als auch die oben beschriebenen ehelichen Vormundschaftsverhältnisse.[172]

Im Zeitraum zwischen beendigter väterlicher Gewalt und vor Eingehung der Ehe hatte die Tochter als volljährige Frau eine bemerkenswert unabhängige Rechtsstellung mit allen personen- und vermögensrechtlichen Konsequenzen: Sie war voll geschäftsfähig, hatte freie Entscheidungsgewalt, d.h. sie konnte selbständig Verträge schließen, sich frei bewegen, (Konzert-)Reisen unternehmen, ihren Wohnsitz festlegen etc. und hatte das vollständige Nießbrauchsrecht sowie die freie Verfügung über ihr gesamtes Vermögen. Damit hatte sie die Möglichkeit, vor Eingehung einer Ehe Kapital anzusammeln, sich dieses Kapital ehevertraglich als bona receptitia vorzubehalten, um sich auch in der Ehe eine gewisse Unabhängigkeit zu bewahren, denn: Mit der Heirat endete ihre 'Freiheit' und sie geriet unter die eheliche Vormundschaft mit allen oben beschriebenen Konsequenzen.

Der Unterschied zwischen der väterlichen und der ehelichen Gewalt bestand darin, daß erstere - sofern die Tochter eine gewisse finanzielle Unabhängigkeit vorweisen konnte

---

[168] Vgl. Curtius, 1807, §137, S. 142/43 Anm. d).

[169] «Gesetz, die Aufhebung der Geschlechtsvormundschaft betreffend»; vom 8.1.1838. G.V.Bl. Nr. 7, S. 23.

[170] Vgl. Urteil des OAG Dresden von 1847; Emminghaus, 1851, S. 288, Nr. 51; s.a. «Wochenblatt für Rechtsfälle», Bd. VIII (1848) S. 272, 274; Hartitzsch, 1840, S. 336, Entscheidung CCCXXXIX.

[171] Vgl. hierzu die Erläuterungen zur Beendigung der väterlichen Gewalt durch Anstellung einer besonderen Haushaltung im Kapitel I.2.1. «Rechte und Pflichten des Vaters».

[172] Vgl. Gesetz vom 8.1.1838, unter 3). G.V.Bl. Nr. 7, S. 23. Vgl. auch Heimbach, 1848, §169, S. 310. So bestand z.B. auch nach 1838 weiterhin das Recht des Vater, unter bestimmten Voraussetzungen den Ehekonsens verweigern zu können, da die elterliche Einwilligung in die Ehe der Kinder auch über deren Volljährigkeit hinaus obligatorisch war. Vgl. dazu «Regulativ wegen des Aufgebots und der Trauung» vom 15.1.1808 (III.C.C.A.I. 164 - 173). Gemäß §§7, 8 dieses Regulativs war die elterliche Einwilligung beider Elternteile erforderlich. Für den Fall, daß Vater und Mutter unterschiedliche Ansichten vertraten, war die Einwilligung des Vaters ausreichend, d.h. ausschlaggebend. Diese Regelung ist insofern verständlich, da der Vater ein Interesse daran hatte, die zukünftigen familiären Verhältnisse mitzugestalten, weil aus einer Heirat der Tochter beispielsweise auch erbrechtliche Konsequenzen für ihn und seine Familie erwuchsen. Die Problematik der elterlichen Konsensverweigerung wird im Rahmen der Analyse des Prozeßgeschehens noch eingehend behandelt. Vgl. dazu Kapitel II.3. «Konsensverweigerung aus erheblichen Gründen» der vorliegenden Arbeit.

- nur bis zu deren Volljährigkeit andauerte, die eheliche Vormundschaft dagegen im Normalfall lebenslänglich anhielt, sofern sie nicht durch Scheidung oder Tod des Ehemannes vorzeitig beendet wurde. Wenn allerdings die Tochter noch als Minderjährige in die Ehe eintrat, konnte sie nie die Möglichkeit einer unabhängigen Rechtsstellung in Anspruch nehmen, sondern geriet von dem einem Abhängigkeitsverhältnis - der väterlichen Gewalt - unmittelbar in ein anderes - das der ehelichen Vormundschaft.

Um es konkret und in Kürze zu sagen: Die minderjährige Clara würde die Rechte an ihrem Vermögen verlieren, wenn nicht ein ausdrücklicher vertraglicher Vorbehalt vor der Eheschließung erklärt werden würde, und das geschah üblicherweise durch ihren Vater (bzw. Altersvormund).[173] Andernfalls mußte sie unverehelicht ihre Volljährigkeit erreichen, wie der Vater ihr geraten hatte. Insofern erscheinen die Daten ihrer Verehelichung (12. September 1840) und ihrer Volljährigkeit (13. September 1840) nunmehr als etwas anderes als ein 'Kuriosum': eine Tatsache mit rechtlichen Konsequenzen.

Wie sah es nun aus mit dem 'Kapital' von Claras Händen? Wer hätte welche Rechte an dem von ihr auf Konzertreisen eingespielten Vermögen gehabt? Es sei daran erinnert, daß eine Konzertreise 2000 bis 3000 Taler einbringen konnte, wie z.B. die spätere Rußlandtournee.[174] Wem würde dieses Geld 'gehören'?

Der Ehemann hatte das Recht auf Verwaltung und Nießbrauch an dem Vermögen der Frau, das sie während der bestehenden Ehe durch 'anderweitige Tätigkeiten' erwarb.[175] 'Anderweitig' hieß: nicht in seinem Haushalt und nicht in seinem Geschäft, in dem sie ohnehin unentgeltlich zu arbeiten hatte.[176] Bedingung für diese anderweitigen Tätigkeiten war die Einwilligung des Ehemannes. Die Frau durfte ohne seine Zustimmung keine Berufstätigkeit ausüben, eine Tatsache von elementarer Bedeutung für ihre gesellschaftliche Stellung, da sie damit in ein grundsätzliches und umfassendes Abhängigkeitsverhältnis zu ihrem Ehemann geriet.[177] In der Regel konnte die Ehefrau bis auf wenige Ausnahmen ohne die Zustimmung des Mannes nicht rechtsverbindlich handeln, war mit andern Worten nur beschränkt geschäftsfähig.

Trieb die Frau eine eigene Kunst - wobei in diesem Zusammenhang darauf hingewiesen werden muß, daß es sich dabei nicht um eine künstlerische Tätigkeit im

---

[173] Wie bereits im vorhergehenden Kapitel gezeigt, hatte der Vater als Altersvormund die minderjährige Tochter gerichtlich und außergerichtlich, d.h. beispielsweise bei der Ehevertragsschließung zu vertreten.

[174] In diesem Zusammenhang sei vergleichsweise darauf hingewiesen, daß Roberts Einnahmen aus seiner Redaktionstätigkeit jährlich ca. 340 Taler betrugen. Vgl. dazu die detaillierten Ausführungen im Kapitel II.4.1. «Detaillierte Klage-Erwiderung und Deduktionsschrift Friedrich Wiecks».

[175] Hartitzsch, 1836, §79, S. 86.

[176] „Der Ehemann ist berechtigt, sämtliche häusliche Arbeiten (operae domesticae) von seiner Frau, sobald es ihr Stand erlaubt, zu verlangen. Treibt der Mann eine Kunst, oder ein Handwerk, so muß ihn die Frau hierbei, ohne eine Vergütung verlangen zu können, behülflich seyn, (sogenannte operae obsequiales)." Hartitzsch, 1828, §189, S. 210. Vgl. auch Hartitzsch, 1836, §79, S. 86.

[177] Diese Regelungen sind bereits in den «Constitutionen von 1572» festgeschrieben ist: Const. XV. P.II. von 1572 (C.A.I. 88). Ebenso in der Decisio 24 von 1661 (C.A.I. 305) sowie im Mandat vom 18.11.1722 (C.A.I. 1210). Abgedruckt bei Berger, 1804, Bd. III, S. 248, 251, 252.

engeren Sinne, sondern vielmehr auch um ein 'Handwerk' wie z.B. die Hebammenkunst handeln konnte - und war die Frau aufgrund dieser Tätigkeit nicht in der Lage, ihren häuslichen Verpflichtungen nachzukommen, wurde unter Rechtsgelehrten debattiert, ob das verdiente Geld ihr gehörte oder sie dem Ehemann entsprechende Ausgleichszahlungen zu leisten hatte.[178] Die Frage nun, ob die Ehefrau den Mann bei Versäumung der häuslichen Pflichten schadlos halten mußte oder nicht, war zwar unter Juristen strittig, trifft aber meines Erachtens nicht den Kern des Problems, und das aus zwei Gründen: Erstens war die Frau von der Zustimmung ihres Ehemannes abhängig, d.h. er konnte ihr jederzeit untersagen, einen Beruf oder überhaupt irgendeine Tätigkeit auszuüben. Zweitens war die Differenzierung, ob der Frau das Vermögen 'eigenthümlich' zukam oder nicht, eine rein juristische Fragestellung, die in der gesellschaftlichen Realität, d.h. im Ehealltag von relativ geringer Auswirkung war, da sowohl Verwaltung als auch Nießbrauch an diesem eheweiblichen Vermögen dem Mann zukamen, er also nahezu alle Rechte eines Eigentümers genoß und von diesem Geld die häuslichen sowie sonstigen Ausgaben nach seinem Ermessen bestreiten konnte. Über diese Tatsache bestand in Rechtslehre und - praxis Einigkeit.[179] Es stellt sich die Frage, selbst wenn der Frau das Eigentum an diesem erwirtschafteten Kapital zukam, was hatte sie von einem Vermögen, das sie nicht ausgeben und über das sie nicht verfügen konnte?

Sobald sie irgendwelche den Ehevorstellungen des Mannes nicht entsprechende Forderungen stellte, hatte dieser die Möglichkeit, ihr jegliche Berufstätigkeit zu untersagen und seiner Frau die obligatorischen häuslichen Dienste abzuverlangen. Daß diese Tatsache eine Rolle gespielt hat, zeigen die Kämpfe Claras um Roberts Zustimmung zu einigen Konzertreisen. Prominentestes Beispiel hierfür ist die Auseinandersetzung um die Rußlandtournee, welche erst auf massives Drängen von seiten Claras und schließlich auf eine 'Intervention' Mendelssohns zustande kam,[180] sowie die ernüchternde Tatsache, daß Schumann ihren Flügel für sich beanspruchte und Clara nicht üben konnte.[181]

---

[178] Bei Hartitzsch, 1828, §189; Hartitzsch, 1836, §79; Weber, 1829, Bd. II., Abthl. 3, §128, S. 1181, Anm. 46, wird die Ansicht vertreten, die Frau habe Ausgleichszahlungen zu leisten. In seiner Publikation *«Entscheidungen practischer Rechtsfragen»* von 1840 ist Hartitzsch nicht mehr dieser Ansicht, da der Ersatz bereits durch das Nutzungsrecht des Ehemannes gedeckt sei. Vgl. Hartitzsch, 1840, S. 122, Entscheidung CXXXI. Vgl. hierzu auch die Urteile bei Emminghaus, 1851, S. 262, Nr. 19; S.328/29, Nr. 15.

[179] Vgl. Hartitzsch, 1829, §264, S. 275: Der Ehemann erhält im Falle des ihm überlassenen Paraphernalvermögens „an den ihm übergebenen Gegenständen alle Rechte eines wahren Eigenthümers." Vgl. auch das Urteil des OAG Dresden von 1847, abgedruckt bei Emminghaus, 1851, S. 288, Nr. 51 bzw. im *«Wochenblatt für Rechtsfälle»* Bd. VIII, (1848) S. 269 ff.

[180] Tagebuch III, S. 253 (11.6.1843) „Ernste Auftritte mit Klara" hält Robert im Juni 1843 im Haushaltsbuch fest; Vgl. auch Tagebuch III, S. 360, 362 „Ewige Melancholie wegen d. Reise" (1.1.1844) und Tagebuch III, S. 729, Anm. 374, sowie S. 743, Anm. 488. Vgl. auch Claras Brief an Mendelssohn vom 9.12.1843, Teilabdruck bei Litzmann II, 85.

[181] Vgl. Burger, 1999, S. 222. Vgl. dazu Tagebuch II, S. 167 (2.6.1841). Vgl. auch Tagebuch II, S. 103, 132, 178.

Schließlich, und nur um das Bild abzurunden, sei hier noch angeführt, daß die Frau verpflichtet war, den Mann im Falle seiner Verarmung zu ernähren, und ihn gegebenenfalls aus eigenen Mitteln beerdigen zu lassen.[182] Umgekehrt konnte sie von ihm standesgemäße Ernährung, Kleidung und Wohnung, sowie im Krankheitsfalle angemessene ärztliche Versorgung fordern. Allerdings war der Mann nur dann verpflichtet, die Kosten ihrer Beerdigung zu übernehmen, sofern sie kein eigenes Vermögen hinterließ und auch ihre Eltern nicht in der Lage waren, diese zu bezahlen.[183]

An Wirkungen, die ausschließlich die Ehefrau betrafen, sind weiterhin zu nennen, daß sie Namen, Stand, Würde und Gerichtsstand des Mannes zu übernehmen hatte, eine Tatsache, die in den meisten Darstellungen als Recht und nicht als Pflicht formuliert wurde, obwohl die Frau keine andere Wahl hatte.[184] Darüber hinaus war der Mann angehalten, „die Frau vorkommenden Falls zu vertheidigen, und jede ihr zugefügte Beleidigung als die seinige zu rächen."[185] Soweit die gegenseitigen - vielleicht nicht ganz ausbalancierten - Rechte und Pflichten der Ehegatten.

Es wird gezeigt werden, daß aufgrund dieser Tatsachen die sechs Bedingungen Friedrich Wiecks für den Ehekonsens neu bewertet werden müssen.[186]

## I.3. Zuspitzung des Konflikts bis zur Eskalation

Die in dem juristischen Kontext oben bisher beschriebenen Positionen sollten schließlich 1839/40 zum Prozeß führen. Hätte dieser tragische Familienkonflikt vermieden werden können? Wie gezeigt wurde, offenbar nicht. Denn eine zusammenfassende Gegenüberstellung läßt deutlich werden, daß die Haltungen sich gegenseitig ausschlossen. Auf der Seite Schumanns waren -wie gezeigt - folgende drei Punkte von ausschlaggebendem Interesse:

1. sein Anspruch auf den 'ehemännlichen' Pflichtteil im Fall von Wiecks Tod,
2. die Möglichkeit, Claras Vermögen als «Paraphernalvermögen» in die Ehe einzubringen,
3. Heirat noch während der Minderjährigkeit Claras.

---

[182] Hartitzsch, 1828, §198, S. 215/16; Hartitzsch, 1836, §80, S. 89.

[183] Hartitzsch, 1828, §191, S. 211; Hartitzsch, 1836, §79, S. 87: „Dem Ehemann liegt ob, seine Frau, sie mag sich etwas verdienen können, oder nicht, Vermögen eingebracht haben, oder nicht, zu ernähren, ihr standesgemäße Kleidung und Wohnung zu geben. Dieser Verbindlichkeit kann er sich auch nicht dadurch entziehen, daß er ihr die Benutzung ihres eigenen, zur standesmäßigen Existenz aber nicht ausreichenden Vermögens überläßt. Er muß ihr ferner in Krankheitsfällen die erforderliche ärztliche Hülfe, so wie die nöthigen Medicamente verschaffen, die Beerdigungskosten trägt er aber nur dann, wenn die Frau gar kein Vermögen hinterläßt, und ihre Aeltern diese Kosten nicht bestreiten können." Vgl. auch hinsichtlich der Pflicht zur Alimentation das Urteil des Appellationsgerichts Leipzig vor 1840; Emminghaus, 1851, S. 265, Nr. 30.

[184] Vgl. Hartitzsch, 1828, §193, S. 212; Hartitzsch, 1836, §80, S. 88; Heimbach, 1848, §98, S. 191.

[185] Hartitzsch, 1828, §190, S. 211. Haubold, 1847, §73, S. 74.

[186] Vgl. dazu Kapitel I.3.1. «Die sechs Ehekonsensbedingungen Friedrich Wiecks im Mai 1839».

Alle drei Punkte dienten - aus heutiger Sicht - dem Interesse Roberts. Damit soll allerdings nicht gesagt werden, er hätte gegen die Interessen Claras gehandelt, denn aus der Sicht der damaligen Zeit konnte die Ehefrau - auch die zukünftige - kaum Interessen haben, die sich wesentlich von denen ihres Gatten unterschieden, wie der «juristische Kontext II» deutlich gezeigt hat, - abgesehen von dem kleinen 'Restraum' des der Frau vorbehaltenen Vermögens (Receptitien).[187] Robert hat sich auf den geschienten Bahnen gesetzlicher Normen bewegt, die ihm nachweislich bekannt waren. Um Claras Interessen - aus 'moderner' Sicht - zu vertreten, hätte er unter anderem die Situation aus einer von seiner Zeit unabhängigeren Perspektive betrachten müssen.[188]

Auf der Seite Wiecks waren - wie gezeigt - ebenfalls drei Punkte von Gewicht:

1. Verzicht Claras auf den Pflichtteil zugunsten ihrer Geschwister,
2. Bewahrung von Claras Vermögen als Receptitiengut, d.h. Bewahrung ihres Rechts, frei darüber verfügen zu können,
3. Abwarten mit der Heirat bis zur Volljährigkeit Claras[189]

Punkt 1 und 2 - bei Schumann und Wieck - führen nun in die konkrete Situation vom Mai 1839. Friedrich Wieck erklärte sein Einverständnis (Konsens) zur Heirat von Robert und Clara unter folgenden Bedingungen:

### I.3.1. Die sechs Ehekonsensbedingungen Friedrich Wiecks im Mai 1839

Von zentraler Bedeutung für das Verständnis der Position Friedrich Wiecks ist sein Brief vom 7. Mai 1839 an Clara, in dem er sechs Bedingungen für seinen Ehekonsens

---

[187] Diese Frage wird weiter unten im Rahmen der Auseinandersetzung um die sechs Ehekonsensbedingungen Friedrich Wiecks behandelt. Allerdings hat Robert seiner Braut bedauerlicherweise auch zu diesem Thema Halbwahrheiten erzählt, und zwar genau an dem Punkt, an dem ihr Interesse hätte zur Sprache kommen müssen, nämlich im Hinblick auf die Möglichkeit, unabhängig über ihr Vermögen verfügen zu können. Vgl. dazu auch BW II, S. 506 (29.4.1839). Vgl. dazu die Ausführungen zum Pflichtteilsverzicht im Kapitel I.2.2. «Rechte und Pflichten der Ehegatten» sowie das Kapitel I.3.2. «Eskalation im Sommer 1839». Daß Robert möglicherweise daran dachte, aus der Position einer größeren Verantwortung als Ehemann oder auch im Interesse einer höheren Idee - er war schließlich ein 'Schiff mit genialer Fracht' und auch davon überzeugt - Toleranzen in Anspruch nehmen zu dürfen, kann hier im Punkt der «Receptitien» nicht gelten, denn Clara - wie oben schon gezeigt wurde - würde die Möglichkeit gehabt haben, ihm diese Receptitien zu überlassen bzw. auf ihre Ansprüche per Ehevertrag oder auch nur stillschweigend zu verzichten. Und genau über diese gesetzliche Möglichkeit hat er sie im unklaren gelassen, während er gleichzeitig seine eigenen Rechte kannte und bereit war, - auch um den Preis eines Prozesses - die daraus resultierenden Ansprüche geltend zu machen.

[188] Vgl. dazu Kapitel III. «Rekonstruktion der Perspektive Friedrich Wiecks».

[189] Hier muß in Erinnerung gerufen werden, daß dieser Vorschlag Wiecks im Rahmen eines persönlichen Gesprächs zwischen Vater und Tochter erst im September 1839 vorgebracht wurde, als die sechs Bedingungen zum Ehekonsens vom Mai 1839, die einen früheren Heiratstermin noch zum Zeitpunkt ihrer Minderjährigkeit beinhalteten und um die es im folgenden gehen wird, bereits abgelehnt waren. Daß Friedrich Wieck auch bei den sechs Bedingungen zum Zeitpunkt der Minderjährigkeit seiner Tochter ihr diejenigen Rechte sichern wollte, die sie zum Zeitpunkt ihrer Volljährigkeit später selbst hätte wahrnehmen können und infolgedessen zwischen beiden Bestrebungen kein Widerspruch besteht, wird im folgenden gezeigt werden.

nannte. Die Argumente Wiecks sind vor dem oben ausgebreiteten juristischen Hintergrund im einzelnen genauer zu untersuchen und müssen zum besseren Verständnis der weiteren Ausführungen vollständig zitiert werden:

„Also gebe ich meine Einwilligung unter folgenden Bedingungen: 1., daß Ihr, solange *ich lebe und in Sachsen wohnen bleibe, nicht in Sachsen* leben wollt. Das war so nie Dein Wille, und würde auch ganz verkehrt seyn, schon weil ich glaube, daß Du nie ganz Deine Kunst aufgeben wirst.[190] 2.) daß ich von Deinem Vermögen 2000 cf. (das Wenige, was jetzt darüber ist, werde ich Dir noch zuschicken zur Ausstattung, nebst genauer Berechnung, oder *Selbst überbringen*) an mich behalte, sie Dir mit 4% verzinse und das Capital Dir erst nach 5 Jahren in bar auszahle. 3.) daß Schumann *obige* Berechnung seiner Einnahmen von 1320 cf. durch Documente beglaubigt, und einem hiesigen Advocaten, den ich dazu bestimmen werde, vorlegt. 4.) daß Schumann um keine mündliche oder schriftliche Zusammenkunft oder Unterredung mit mir eher ansucht, als bis ich es wünsche und die Erlaubnis gebe - überhaupt aber nie *Zuflucht in meinem Haus* oder *Unterstützung sucht*. Meine Tochter Clara kann zu mir kommen wann sie will, das versteht sich von selbst. 5.) daß Du nie Anspruch machst, von mir Geld erben zu wollen, *da mein unbedeutendes Vermögen* meine Frau u. Kinder erben sollen, deren musikal. Talent ich nicht ausbilden konnte, weil ich mein ganzes Leben *Dir* zuwendete und den Überrest jetzt der Maria, die gleichfalls ausgeschlossen ist, wenn ich sie zur Künstlerin gebildet. 6.) nächste Michaelis ist der Zeitpunct da, den *Schumann sich selbst bestimmt*; und da ich Deine Lage, *Deinen Seelenzustand nun vollkommen begriffen*, so verlange ich auch, daß *nächste Michaelis die Verehelichung vor sich geht. Ihr Beide habt nichts mehr zu erwarten - habt das Alter dazu - habt Talent und Kräfte, um Euch zu ernähren* (über das *Wie?* begebe ich mich aller Vorstellung und Erörterung) *und kennt Euch genau.* Also wozu warten, da *meine Einwilligung* ausgesprochen? Besprechungen der Nebendinge finden sich, u. über meine Einwilligung zur Verlobung und Verheirathung werde ich auf Verlangen ein gerichtliches Bekenntnis ausstellen, damit Ihr keine Schwierigkeit habt. …“[191]

Die Wieck'schen Bedingungen werden in offensichtlicher Unkenntnis der damals herrschenden Rechtslage gemeinhin als „persönliche Herabsetzung“, „Diskreditierung“ oder „Provokation“ Schumanns, als taktische Winkelzüge eines feindlich gesonnenen Schwiegervaters und damit als „indiskutabel“ bzw. „unannehmbar“ bezeichnet.[192]

---

[190] Dieser Gesichtspunkt Wiecks war nicht neu. Die Notwendigkeit, zum Zweck eines standesgemäßen Auskommens in einer der Kunstmetropolen leben zu müssen, wurde von ihm schon anläßlich von Roberts beruflicher Umorientierung etwa zehn Jahre zuvor zur Sprache gebracht und kann nicht als Schikane gewertet werden. Vgl. Brief Wiecks an Schumanns Mutter vom 9.8.1830. Vgl. Kapitel I.1.1. «Berufsentscheidung Musiker».

[191] Brief von Wieck an Clara vom 7.5.1839, BW II, S. 517/18. Dieser Brief ist nur noch in einer von Schumanns Freund Moritz Emil Reuter vorgenommenen Abschrift innerhalb des Briefwechsels zwischen Clara und Robert vorhanden. Das Original ist offensichtlich verschollen oder wie andere Dokumente aus der konfliktbeladenen Zeit vor und während des Prozesses vernichtet worden, eine Tatsache, auf die im Rahmen der Rezeptionsanalyse noch einzugehen sein wird. Vgl. dazu Kapitel IV.4. «Verschollene, vernichtete und zensierte Dokumente».

[192] Vgl. dazu Borchard, 1992, S. 168; Weissweiler, 1998, S. 132; Reich, 1997, S. 113; Steegmann, 2001, S. 53. Vgl. auch Daverio, 1997, S. 183: „quite impossible“; Wasielewski, 1906, S. 252; Daverio, Artikel *«Robert Schumann»*, GROVE II, Bd. 22, S. 770.

Diese Einschätzung deckt sich weitgehend mit der Perspektive Schumanns, die in Form von Randbemerkungen auf der Abschrift von Wiecks Brief erhalten ist. Im Rahmen der vorliegenden Fragestellung muß jedoch überprüft werden, ob die oben genannten Bedingungen tatsächlich als persönliche Animositäten und taktische Überlegungen zu bewerten sind oder ob es sich dabei nicht vielmehr um sachliche - mag sein, zum Teil harte - Notwendigkeiten handelte, wollte er in dem Konflikt mit Clara und Robert seinen Pflichten als Familienvater gerecht werden, und das hieß: Die Interessen von Clara und seiner übrigen Familie zu wahren.

Schumann jedenfalls lehnte diese Bedingungen ab, ausgenommen Punkt 6,[193] der ja seinem Wunsch entsprach und daher kaum als Bedingung gewertet werden darf. Punkt 6 braucht aus diesem Grund hier nicht näher erörtert zu werden. Strittig waren allein die Punkte 1 bis 5, die Schumann pauschal ablehnte,[194] und die hier aufgrund der ungeheuren Vorwürfe, die Friedrich Wieck damals und später in diesem Zusammenhang gemacht wurden,[195] nun detailliert aus der Sicht beider Perspektiven behandelt werden müssen. Bei näherer Betrachtung zeigt sich, daß die fraglichen Punkte 1 bis 5 inhaltlich zwei Schwerpunkte enthalten: Die Frage des Wohnorts (Wiecks 1. Bedingung); und Vermögens- bzw. Unterhaltsfragen (Wiecks Bedingungen 2 bis 5). Hier geht es um die zukünftigen materiellen Grundlagen bzw. Ansprüche beider Familien und - wie zu zeigen sein wird - damit zugleich um den umfänglichsten Streitpunkt, der hier zuerst behandelt werden soll.

In Punkt 2 seiner Bedingungen forderte Wieck den Einbehalt von Claras Vermögen für fünf Jahre mit 4 % Zinsen, die jährlich an sie gehen sollten. Darüber hinaus enthielt er Wiecks Selbstverpflichtung, nach fünf Jahren das ihr zustehende Vermögen an seine Tochter auszuzahlen. Im folgenden wird nachgewiesen, daß Wieck hier keineswegs in egoistischem Interesse, sondern ausschließlich im Interesse seiner Tochter handelte: Erstens würde das Geld nicht ihm gehören, zweitens würde der Gewinn Clara zufließen und drittens hatte er die Selbstverpflichtung der Verwaltung übernommen, auch über die Volljährigkeit hinaus. Soweit das Interesse Wiecks.

Seine zugrundeliegende Absicht allerdings zeigt sich dann in den Konsequenzen: Hätte Clara dieser oben angegebenen Bedingung zugestimmt,[196] wäre ihr Vermögen mit einiger Sicherheit als Receptitiengut (d.h. zu ihrer freien Verfügung) erhalten geblieben, wenn auch erst vier Jahre nach ihrer Volljährigkeit ausgezahlt. Andererseits wäre damit Robert für fünf Jahre der Zugriff entzogen gewesen, vielleicht sogar dauerhaft, für den Fall nämlich, daß Clara fünf Jahre später ihm das Vermögen doch nicht freiwillig überlassen hätte. Darüber hinaus wären Robert - hätte Clara dieser Bedingung zugestimmt - auch die Zinsen verloren gegangen, die ihm als Ehemann durch den

---

[193] Vgl. Schumanns Brief an Einert vom 30.6.1839, Jansen NF, 2/1904, S. 160.

[194] Vgl. Schumanns Brief an Einert vom 30.6.1839, Jansen NF, 2/1904, S. 160.

[195] Vgl. dazu Kapitel V. «Das Image Friedrich Wiecks».

[196] Roberts Zustimmung war - wie bereits gezeigt wurde - bei einem vorehelichen Vorbehalt von Receptitien nicht erforderlich. Vgl. dazu Kapitel I.2.2. «Rechte und Pflichten der Ehegatten».

Nießbrauch an dem Vermögen seiner Ehefrau (Paraphernalvermögen) zugeflossen wären.[197]

Für die Absicht Wiecks, Claras Vermögen als bona receptitia, Spillgut oder Nadelgeld (Synonyme)[198] zu deklarieren und auf diesem Wege Roberts Zugriff zu entziehen, gibt es drei Hinweise: Erstens werden Claras Zinsen weiter unten im Brief ausdrücklich „Nadelgeld" genannt; zweitens werden die Zinsen ausdrücklich als an sie (und nicht an Robert) gehend bezeichnet und drittens gibt es einen ausdrücklichen Hinweis, daß es sich dabei um ein für sie einbehaltenes Vermögen handelt,[199] das zu diesem Zeitpunkt - da sie noch minderjährig war - von dem Altersvormund deklariert werden mußte und das er darüber hinaus zu ihrem Vorteil einbehalten konnte. Gemäß der Vormundschaftsordnung, Cap. V. §6, hatte der Vater die Möglichkeit, auch über die Volljährigkeit der Kinder hinaus Verfügungen über deren Vermögen zu treffen, sofern diesen daraus ein Vorteil erwuchs und sie nicht beispielsweise in ihrem Pflichtteilsanspruch eingeschränkt wurden.[200] Auf diesen Pflichtteilsanspruch wird bei der Analyse von Wiecks fünfter Bedingung noch einzugehen sein.

Zusammenfassend bleibt festzuhalten: Wieck wollte mit seiner zweiten Bedingung Clara ihr Vermögen erhalten, so daß sie frei darüber würde verfügen können (Receptitien). Anders ausgedrückt, er wollte ihr den erdrückenden Ehealltag ersparen, in welchem sie als Ehefrau nach jedem Taler würde fragen müssen.[201] Daß von der Möglichkeit, der Frau Receptitien zu erhalten, verbreitet Gebrauch gemacht wurde - und nicht nur von Wieck -, beweist die Vielzahl der Prozesse, die am AG Leipzig und OAG Dresden in diesem Zusammenhang geführt wurden.[202] Wieck hat mit seiner Forderung durchaus nichts Ungewöhnliches verlangt. Andererseits wird verständlich, daß Schumann diese Forderung ablehnen mußte - wollte er seine in Aussicht stehenden Rechte am Vermögen Claras bewahren (Paraphernalvermögen). Hier gab es keinen

[197] Vgl. Vorm.Ord., Cap. XXIII, §2. Dem Ehemann konnte in der Regel das Recht auf Nießbrauch am eheweiblichen Vermögen nicht entzogen werden, (in diesem Falle also die 4 % Zinsen), es sei denn, sie würden als ein der Frau eigentümliches Vermögen vorbehalten (bona receptitia oder Nadelgeld). Vgl. dazu die Ausführungen in Kapitel I.2.1. «Rechte und Pflichten des Vaters» bzw. Kapitel I.2.2. «Rechte und Pflichten der Ehegatten».

[198] Vgl. hierzu Hartitzsch, 1828, §268, S. 278: „... sie [die Frau] behält sich einige Gegenstände zu ihrer freien Disposition vor, so nennt man diese zurückbehaltenen Güter Sparhafen, Spillgelder, Spielgelder, Nadelgelder, Trüffelgelder (bona receptiva)."

[199] Vgl. den Brief Wiecks an Clara vom 7.5.1839, BW II, S. 517/18, der auch weiter oben die sechs Ehekonsensbedingungen Wiecks enthält.

[200] Vorm.Ord. Cap. V, §6; i.V.m. Cap. XXIII. §4. Vgl. auch Haubold, 1847, §145, S. 141, Anm. 3).

[201] Wieck war zum zweiten Mal verheiratet und wußte um diese Abhängigkeit. Vgl. den Schluß von Wiecks Brief an Clara vom 7.5.1839: „...die 80 cf. Interessen, welche Du von Deinen 2000 cf. von mir erhältst, rechne ich nicht zu Euren Einnahmen, sondern sie sind zu Deinem Nadelgeld bestimmt, damit Du Deinem *Mann nicht von jedem Deine Rechenschaft abzulegen hast, was Du nicht* gewohnt bist." BW II, S. 518. Hierin drücken sich nicht nur Pflicht, sondern auch Sorge und Liebe aus.

[202] Gustav Emminghaus widmet in seiner Veröffentlichung *«Pandekten des gemeinen Sächsischen Rechts»*, das zahlreiche Gerichtsurteile der damaligen Zeit enthält, diesem Rechtsinstitut ein eigenes Kapitel. Vgl. Emminghaus, 1851, Buch IX, Tit. 3: „Von den Receptitien", S. 325 ff.

Mittelweg. Daß Schumann dieses allerdings auch um den Preis eines Prozesses der Tochter gegen den Vater durchsetzen wollte,[203] soll hier nicht kommentiert werden.

Wiecks Bedingung in Punkt 5 bezog sich ebenfalls auf vermögens- bzw. genauer erbrechtliche Regelungen und soll aus diesem Grund im folgenden besprochen werden: Clara sollte auf jeglichen Erbanspruch - auch ihren Pflichtteil - verzichten, da ihr eine außerordentliche Bevorzugung gegenüber ihren Geschwistern zuteil geworden sei. Wieck habe ihr „[s]ein ganzes Leben" zugewendet - dieser Ausdruck impliziert materielle und immaterielle Leistungen - und wollte als Kompensation für diese Vergünstigung sein gesamtes Vermögen seiner Frau und den Kindern vererben, die er nicht in der gleichen Weise behandeln bzw. fördern konnte, und die somit eine erhebliche Benachteiligung gegenüber Clara erfahren hätten. Entsprechend sollte auch Tochter Marie, die im Rahmen ihrer Ausbildung zur Künstlerin begünstigt werde, ebenfalls von jeglichen Erbansprüchen ausgeschlossen werden.

Die Ankündigung, Clara selbst den Pflichtteilsanspruch entziehen zu wollen, könnte bei erster Betrachtung als Willkür erscheinen. Es stellt sich die Frage, ob diese Forderung eine gesetzliche Grundlage hatte oder lediglich eine persönliche Schikane war. Wiecks Forderung auf Erbverzicht könnte dann ein gesetzlich begründeter und damit berechtigter Anspruch gewesen sein, wenn seine im Rahmen der umfassenden Ausbildung Claras zur Künstlerin im voraus erbrachten Leistungen als sog. «Collationsgut» zu bewerten gewesen wären.

Bereits im Sachsenspiegel, dessen Grundsätze auch nach Inkrafttreten des neueren Erbfolgegesetzes vom 31. Januar 1829 galten,[204] wurde gefordert, daß Nachkommen, die im voraus etwas von den Eltern erhalten haben, dieses im Erbfall im Verhältnis zu denjenigen Geschwistern oder Erben der gleichen Klasse, welche derartige Zuwendungen nicht erfahren haben, auf ihren Pflichtteil anrechnen lassen sollten.[205] Diese sog. «Collation» oder «Einwerfung» betraf im Sachsenspiegel zwar lediglich dasjenige, was Söhne oder Töchter bei Absonderung bzw. Heirat vom Erblasser erhalten hatten; neuere Landesgesetze bestimmten jedoch sowohl Inhalt als auch Umfang der einzurechnenden Zuwendungen.[206] Gemeinhin galten Ernährung, Kleidung und Wohnung als sog. «alimenta necessaria», die niemals auf den Pflichtteil angerechnet wurden.[207] Als Zuwendungen bzw. «Collationsobjekte» des Sachsenspiegels galten dagegen die sog. «subsidia paterna», d.h. alles, „was den Kindern zu Errichtung ihrer abgesonderten Wirthschaften von den Ascendenten gegeben" wurde.[208] Im Sinne einer teleologischen Auslegung konnte nach Ansicht des OAG Jena die Bestimmung des

---

[203] Hier sei daran erinnert, daß Schumann nicht ohne Clara gerichtlich gegen den Vater vorgehen konnte. Vgl. dazu ausführlich Kapitel II.2. «Klage auf Supplierung des elterlichen Ehekonsenses».

[204] "«Mandat, die Grundsätze der gesetzlichen Allodial=Erbfolge und mehrere Bestimmungen über einige damit in Verbindung stehende Rechtsverhältnisse enthaltend vom 31sten Januar 1829». G.S. 1829, Nr. 8, S. 37. Vgl. Haubold, 1847, §356a, S. 564.

[205] Sachsenspiegel, Buch I, Art. 13; zitiert bei Heimbach, 1848, §310, S. 585, Anm. 1).

[206] Vgl. u.a. die Dec. 50 von 1661, (C.A.I. 320); vgl. Haubold, 1847, §356 a, S. 565 Anm. b).

[207] Vgl. Emminghaus, 1851, S. 681, Nr. 31; Urteil OAG Dresden 1846. Vgl. auch Curtius, 1837, §929 ff, S. 759 ff.

[208] Vgl. Emminghaus, 1851, S. 678, Nr. 17; Urteil OAG Jena 1846.

Sachsenspiegels sich „ihrem ganzen Zusammenhange nach [...] auf Alles erstrecken, was, zur Ausstattung Emancipirter, um sie zu Führung ihrer Wirthschaft, auch zur Fortsetzung derselben zu befähigen, vom väterlichen Vermögen abgesondert wird. Nicht die *Zeit*, zu welcher abgesondert wird, sondern nur der *Zweck*, zu welchem dies geschieht, macht eine Gabe der Eltern zur Collationspost ...“[209]

Im vorliegenden Fall ist nun zu fragen, ob die erheblichen Aufwendungen im Rahmen der Ausbildung zur Künstlerin als Collationsgut im oben angeführten Sinne zu bewerten waren. Erklärtes Ziel von Wiecks Ausbildung war Claras selbständige, berufliche Karriere als Virtuosin, eine mit der Führung einer eigenen Wirtschaft vergleichbare unabhängige Existenz.[210] Insofern hätten die von Wieck angeführten Zuwendungen im Sinne einer Collation bewertet und entsprechend angerechnet werden können.

Ein eigenes auf Studienkosten bezogenes Gesetz (Decisio 50 aus dem Jahr 1661)[211] legte differenzierte Beurteilungskriterien für diese Frage vor: In der Regel waren Unkosten für ein Studium nicht der Collation unterworfen. Es gab aber Fälle, in denen sich die Kinder ihre Ausbildung anrechnen lassen mußten. Das galt insbesondere dann, wenn 1.) der Vater dieses ausdrücklich festlegte, 2.) wenn ohne eine solche Einwerfung die übrigen Erbberechtigten in ihrem Pflichtteil verletzt wurden und 3.) wenn Studiengelder unzweckmäßig verwendet wurden, d.h. die Kinder nicht ordentlich studierten, sondern das Geld anderweitig ausgaben.[212] Ausschlaggebendes Kriterium für eine solche Bewertung war, daß die Unkosten bzw. gemachten Aufwendungen derartig hoch waren, daß sie zu einer Schwächung der «legitima», also des Pflichtteils der übrigen Kinder führten.[213]

Wieck hatte in außerordentlichem Maß persönlich als Lehrer und Manager in Claras Ausbildung investiert und darüber hinaus erhebliche finanzielle Belastungen in Kauf genommen, ihr beispielsweise Unterricht bei renommierten Lehrern ermöglicht, abgesehen von den unzähligen Stunden, die er Clara kostenlos gegeben hatte und die im Falle einer Ausbildung bei einem externen Lehrer einen erheblichen Kostenaufwand

209 Vgl. Emminghaus, 1851, S. 678, Nr. 17; Urteil OAG Jena 1846. Vgl. zum Zweck der Collation auch Curtius, 1837, §924, Anm. a), S. 744: „Wenn die Collation eine vorhandene Ungleichheit der Kinder in Ansehung dessen, was sie aus der elterlichen Verlassenschaft erhalten, zu beseitigen strebt, so ist der Zweck natürlich nicht eine numerische oder arithmetische Gleichheit, sondern eine verhältnißmäßige, geometrische...“

210 Der Fall einer solchen beruflichen Karriere als Virtuosin war aufgrund ihrer Besonderheit jedoch gesetzlich nicht normiert, da nicht jede Ausformung einer selbständigen Existenz berücksichtigt werden konnte.

211 Dec. 50 von 1661; (C.A.I. 320). «Wo die Unkosten, so die Eltern zum studiren auf ihre Kinder wenden, und aufzeichnen, zu conferiren, und in gemeine Theilung zu bringen seyn?». Vgl. Weiske, 1846, S. 215.

212 Dec. 50 von 1661; (C.A.I. 320); vgl. dazu Emminghaus, 1851, S. 681, Nr. 30; Haubold, 1847, §356a, S. 565; Heimbach, 1848, §310, S. 586, Anm. 5.

213 Const. XII, P.II, von 1572, «Daß der zwei und funfftzigste Artickel im ersten Buch des Land=Rechts, von Vergebung derer Stamm=Güther, so ohne derer Erben Erlaub nicht geschehen soll, allein auf die schlechten Donationes zu verstehen». Vgl. auch Haubold, 1847, §342, S. 543/44. Vgl. Emminghaus, 1851, S. 681, Nr. 30; Urteil OAG Dresden vor 1846.

bedeutet hätten. Darüber hinaus sind in diesem Zusammenhang ungeheure Reiseaufwendungen, die kostbare Garderobe Claras sowie Einkommensverluste auf Seiten Wiecks zu berücksichtigen. Er hatte wegen Claras Karriere seine Musikalienleihanstalt aufgegeben,[214] konnte zeitweise seiner pädagogischen Tätigkeit nicht nachgehen und dieser 'entgangene Gewinn' betraf mittelbar ebenfalls die gesamte Familie Wieck. Dieser Gesichtspunkt darf bei der Beurteilung nicht außer acht gelassen werden; insofern wies die Benachteiligung der Geschwister Claras nicht nur immaterielle, sondern in bedeutendem Maß auch materielle bzw. finanzielle Aspekte auf.

Im vorliegenden Fall wären die beiden ersten Regelungen der Decisio 50 aus dem Jahr 1661 zu berücksichtigen: Wieck wollte als Vater die Clara gemachten Zuwendungen ausdrücklich als Collationsgut in die Erbregelungen einbeziehen. Nach den oben erwähnten Beurteilungskriterien konnte er diese Forderung stellen, da die Geschwister - wie bereits erläutert - im Zusammenhang mit Claras Ausbildung eine erhebliche Benachteiligung erfahren hatten und daher in ihrem Pflichtteil verletzt worden waren. Auf diesem Hintergrund erscheint die fünfte Bedingung Wiecks als Ausgleichsregelung unter den Geschwistern und nicht als willkürliche Schikane gegenüber Clara.

Es stellt sich allerdings die Frage, ob Wieck auch berechtigt war, einen vollständigen Pflichtteilsverzicht von Clara zu verlangen? Die Constitutionen von 1572 geben darüber Aufschluß: [215] Eine totale Enterbung der Kinder war nur mit deren Bewilligung und Vorwissen möglich,[216] setzte mit anderen Worten eine gütliche Einigung voraus. Insofern mußte Wieck Clara davon überzeugen, daß ein derartiger Erbverzicht angesichts der bisherigen Zuwendungen, die sie vor ihren Geschwistern erhalten hatte, eine gerechte Regelung war. Genau das versuchte er in seinem Brief vom 7. Mai 1839. Diese Einschätzung entsprach in vollem Maß der Ansicht Claras, die sich - ohne zu zögern - neben anderen auch mit der fünften Bedingung einverstanden erklärte und Robert wiederholt mitteilte, sie wolle auf keinen Fall einen Anspruch auf ihren Pflichtteil erheben.[217]

Auf ausdrückliche Forderung Roberts, jedes Wort vom Vater erfahren zu wollen, schickte Clara am 27. Mai 1839 Wiecks Brief mit den sechs Bedingungen an ihren Verlobten. Gleichzeitig betonte sie: „Auf Erbtheil hab ich nie gedacht, ich würde es für ein Unrecht halten, meiner Mutter und Geschwistern Etwas zu entziehen."[218] Trotz massiven Widerspruchs von seiten Roberts hielt Clara an ihrer Einstellung fest und versuchte Robert gegenüber die Forderung Wiecks als durchaus berechtigt zu verteidigen: „Ansprüche auf Erbschaft vom Vater kann ich nicht machen; hat er mir nicht ein größeres Capital gegeben als er der ganzen Familie hinterlassen kann? Nein, lieber

---

[214] Vgl. Steegmann, 2001, S. 29.

[215] Const. X. P.III. (C.A.I. 107): «Ob ein Testament, darinnen die Kinder präteriret und übergangen, noch bey Leben des Vaters, durch die Kinder selbst, könne ratificiret und bekräftiget werden?»

[216] Const. X. P.III. (C.A.I. 107). Vgl. Berger, 1804, Bd. III, S. 346 f. Wenn allerdings die im voraus erhaltenen Zuwendungen [das conferendum] größer als der eigentliche Erbteil waren, konnte der Fall eintreten, daß der Collationspflichtige die übrigen Erben auszuzahlen hatte. Vgl. Curtius, 1837, §934, S. 786. Vgl. auch Emminghaus, 1851, S. 671, Nr. 7.

[217] BW II, S. 536 (27.5.1839), S. 584 (21.6.1839), S. 613 (2.7.1839).

[218] BW II, S. 536 (27.5.1839).

Robert, das laß uns nicht erwähnen, das würde Vater verwunden, der doch viele hundert Stunden mir geopfert hat."[219] In seinem Antwortbrief entwarf Robert ein Szenario, um Clara doch noch umzustimmen, nicht auf ihr Erbe zu verzichten.[220]

Dennoch beharrte Clara darauf, keine Erbansprüche stellen zu wollen: „Und noch wegen der Erbschaft: sey mir nicht bös, ich kann aber keine Ansprüche darauf machen, daß wäre doch, glaub ich, nicht recht von mir, wenn ich meinen Geschwistern etwas entziehen wollte, die der Vater um Meinetwillen vernachlässigen mußte, [...] und willst Du so bin ich Alles zufrieden, nur von der Erbschaft lass uns nichts erwähnen."[221] Dieser Widerstand gegenüber Robert ist um so bemerkenswerter als Clara ihrem Verlobten in anderen Punkten sehr schnell nachgab und sich seinen Vorstellungen anpaßte. Ihre Haltung zeigt, wie sehr sie von der Berechtigung Wiecks, einen totalen Erbschaftsverzicht von ihr zu fordern, überzeugt war. Und wer sollte es beurteilen können, wenn nicht sie? Robert noch. Er hatte im Hause Wieck gelebt und kannte sich aus, wie seine Tagebücher beweisen. Daß Robert dennoch Claras ganz offensichtlich tiefe und dankbare Gefühle ihrem Vater gegenüber ignorierte, um letztlich seinen eigenen Anspruch an dem Pflichtteil durchzusetzen - Clara würde darüber nicht verfügen können -, wurde schon detailliert in Kapitel I.2.2. gezeigt und soll hier nicht weiter kommentiert werden.

Bevor im folgenden Punkt 3 der Bedingungen behandelt wird, erscheint eine kurze Zusammenfassung des Bisherigen geboten. Worum ging es im Mai 1839? Der Hauptpunkt war: Robert wünschte das Kostbarste aus dem Hause Wieck: Clara (zur Ehefrau). Des weiteren - wie oben gezeigt wurde - wollte Robert seinen Anspruch auf das Vermögen seiner zukünftigen Frau durchsetzen und zuletzt wollte er seinen Anspruch auf Claras Pflichtteil aus dem Erbe Wiecks behalten, der ihm verloren gehen würde, wenn sie - noch unverheiratet - den Erbverzicht unterschriebe.

In der folgenden Wieck'schen Bedingung 3 stand zum ersten Mal nicht das Vermögen Claras oder Friedrich Wiecks zur Debatte, sondern Wieck stellte seinerseits eine Forderung in bezug auf Roberts Vermögen, und keine ungewöhnliche: Er forderte eine Beglaubigung von Schumanns Vermögensverhältnissen, angesichts der bevorstehenden Heirat seiner Tochter nicht nur eine verständliche Frage, sondern die übliche Pflicht eines jedes Vaters oder Vormunds.[222] Im Falle der Heirat einer Tochter hatte der Vater insbesondere auch die finanzielle Situation des zukünftigen Ehepaares bei seinem Ehekonsens zu berücksichtigen. Dieser vermögensrechtliche Aspekt wurde in allen die Ehe betreffenden Gesetzen - seien sie kirchenrechtlicher oder zivilrechtlicher

---

[219] BW II, S. 584 (21.6.1839).

[220] Vgl. BW II, S. 604/5 (27.6.1839). Vgl. den Wortlaut des Briefes im Kapitel I.2.2. «Rechte und Pflichten der Ehegatten».

[221] BW II, S. 613 (2.7.1839).

[222] Darüber hinaus hatte Wieck einschlägige Erfahrungen, denn es hatten bereits Anfang der 1830er Jahre Unterredungen zwischen Schumann und seinem Lehrer über die finanzielle Situation Schumanns und seine Neigung, viel Geld auszugeben bzw. Schulden zu machen, stattgefunden. Vgl. dazu Tagebuch I, S. 334 (27.5.1831). Vgl. auch Schumanns Brief an seine Mutter vom 15.5.1831, Jugendbriefe, S. 143. Zitate siehe Kapitel I.1.2. «Robert Schumann im Hause Friedrich Wiecks».

Art - als ausschlaggebend für die Befürwortung einer künftigen Ehe betrachtet, deren erklärtes Ziel die Gründung einer Familie war und entsprechende finanzielle Belastungen erwarten ließ.[223]

Diese Tatsache war auch Schumann bekannt. Bereits im September 1837 äußerte er in einem Brief an Clara: *„Es darf ein Vater nur dann sein Jawort verweigern, wenn er äußerste Demoralisation oder Geldmangel nachweist.“*[224] Schumann hätte folglich auch vor Gericht ohnehin seine Einkommensverhältnisse darlegen müssen und das war selbst Clara bewußt, die - schon vor der Formulierung der oben genannten Bedingungen - in ihrem Brief vom 2.5.39 an Robert schrieb: „Du mußt vor dem Gericht ein Gewisses ich glaube 2000 cf vorweisen können, und nicht einmal das bedarf es um vom Vater gutwillig [d.h. ohne Prozeß] das Jawort zu erhalten.“[225] D.h. Wiecks Bedingungen erschienen offensichtlich sogar noch günstiger als die zu erwartenden gerichtlichen. Allen Beteiligten war die Wichtigkeit der finanziellen Absicherung bei einer Ehe- bzw. Familiengründung bekannt. Wieck selbst hatte sich mehrfach dahingehend geäußert, wie Clara in dem oben genannten Brief an Robert zitiert: „Er [Wieck] schreibt, wenn man sähe daß Du ein sicheres Einkommen erlangtest, so würde er gewiß jedes Opfer bringen uns zu unserer Verbindung zu verhelfen, er wolle nichts als eine sorgenlose Zukunft für mich, und das willst Du ja auch.“[226]

Diese Forderung wurde also von Clara akzeptiert und darf von Wiecks Seite als Ausdruck der väterlichen Sorge bzw. Pflicht bewertet werden, sich für die finanziell abgesicherte Zukunft der Tochter einzusetzen, und nicht etwa als weitere harte Bedingung, mit der er derjenige war, welcher Schumann in einen Prozeß trieb. Auf der anderen Seite ist es unerläßlich, hier einmal folgende Frage zu stellen: Warum hat Schumann eigentlich auch diese Forderung abgelehnt?[227] Sein Kommentar zu der Wieck'schen Bedingung nach Darlegung seiner Verdienstverhältnisse lautete wie folgt: „als durchaus unwürdig von mir abgelehnt.“[228] Diese Äußerung fokussiert die obige Frage noch enger: Warum fühlte Schumann hier seine 'Würde' angetastet, oder handelte es sich vielmehr um eine Inszenierung? Denn er wußte nachweislich, vor Gericht hätte er seine Einkommensverhältnisse ohnehin darlegen müssen, wie er Clara aus einer Unterredung mit einem befreundeten Juristen berichtete: „ H.[ermann] sagte

---

223 Weber, 1829, II.3., §124, S. 1116, Anm. 35; Hartitzsch, 1836, §47, S. 45; Curtius, 1807, §95, Anm. c), S. 93; Ziehnert, 1827, §157, S. 315 etc.

224 BW I, S. 27 (18.9.1837). Vgl. hierzu die Ausführungen im Kapitel II.3. «Konsensverweigerung aus erheblichen Gründen».

225 BW II, S. 511 (2.5.1839).

226 BW II, S. 511 (2.5.1839).

227 Vgl. Schumanns Brief an Einert vom 30.6.1839, Jansen NF, 2/1904, S. 160.

228 Schumanns Kommentar wird im Autograph des Briefes ausdrücklich von ihm selbst durch eine Linie als zu der hier diskutierten, dritten Bedingung gehörig markiert. Vgl. den in der Robert-Schumann-Forschungsstelle Düsseldorf vorhandenen Mikrofilm F 427. Daß Wieck in diesem Zusammenhang bei der Offenlegung einen durch ihn benannten Anwalt forderte, mag durch vereinzelte schlechte Erfahrungen begründet sein, vielleicht mag er auch die Befürchtung gehabt haben, daß Juristen aus Schumanns Freundeskreis zu dessen Gunsten sprechen könnten.

'es wäre nicht daran zu denken, daß uns unser Gesuch verweigert würde - natürlich müßten wir aber Documente über unser Auskommen beibringen'."[229]

Mit der Offenlegung seines Einkommens sowie mit dem Verzicht auf seine Ansprüche (auf Verwaltung und Nießbrauch) an Claras Pflichtteil sowie mit seiner Akzeptanz von Claras Eigentum wäre der Weg geebnet worden zur Vermeidung des Prozesses. Der einzige, der dies ablehnte, war Robert, da Clara mit den sie betreffenden Punkten im wesentlichen einverstanden war.[230]

Bei zusammenfassender Überprüfung des Bisherigen scheint es ausschließlich um Claras bzw. das Wieck'sche Vermögen gegangen zu sein, da die Begründung für die Ablehnung der soeben behandelten dritten Bedingung - die Ehrenrührigkeit - von Schumanns Seite nicht glaubhaft erscheint, [231] sondern schlicht als Maskierung der Tatsache, daß es sich - ernüchternderweise - lediglich um Schumanns Ansprüche am Vermögen Wiecks bzw. Claras handelte. Und diese Ansprüche konnte er aufgrund der Wieck'schen Forderung nicht anders durchsetzen als über einen Prozeß. Es wird sich zeigen, wie die Ablehnung der weiteren Punkte begründet wird.

Die vierte Bedingung wird in vielen Biographien verkürzt auf Wiecks Forderung, keine Kontaktaufnahme von seiten Schumanns zulassen zu wollen - es sei denn auf seinen ausdrücklichen Wunsch,[232] mit dem Ergebnis, daß Schumann als 'verstoßener Sohn' erscheint. Zieht man das Autograph des Briefs zu Hilfe, so wird jedoch der eigentliche Inhalt der vierten Bedingung deutlich. Wiecks Forderung lautete: Schumann solle „nie Zuflucht in meinem Haus oder Unterstützung" suchen, dabei ist „nie Zuflucht in meinem Haus" einfach und „Unterstützung sucht" mehrfach unterstrichen.[233] Eine Unterstützung künstlerischer Art war sicherlich nicht gemeint, denn Wieck hat Schumann als Komponisten hoch geschätzt,[234] wenn es auch im Laufe des Prozesses gelegentlich zu verbalen Entgleisungen kam.[235] Diese Hervorhebungen sind

---

[229] BW II, S. 514 (4.5.1839). Schumann spricht hier von Dr. jur. Friedrich August Herrmann, Advocat und Gerichtsassessor in Leipzig, später Dresden, Freund Schumanns. In der Schreibweise beziehe ich mich auf die Anmerkungen im Personenteil von Tagebuch II, vgl. ebenda S. 614. Vgl. dazu auch Schumanns Brief vom 2.5.1839 an Clara, aus dem hervorgeht, daß er sich mehrfach von Herrmann in der Prozeßangelegenheit beraten ließ. Vgl. BW II, S. 510. Übrigens hat Schumann während des Prozesses - wie in Kapitel II. «Der Prozeß 1839/40» gezeigt werden wird – widerspruchslos dem Gericht seine Einkommensverhältnisse einige Monate später dargelegt.

[230] Vgl. dazu Claras diesbezügliche Briefe an Robert. BW II, S. 511 (2.5.1839); BW II, S. 532 (23.5.1839); BW II, S. 535/36 (27.5.1839).

[231] Man mag sich doch einmal vorstellen, Schumann ginge zur Bank, um einen Kredit aufzunehmen - ohne die Bereitschaft, Sicherheiten nachzuweisen. Und bei der Forderung nach Sicherheiten würde er diese zurückweisen, weil es seine 'Würde' verletze.

[232] Vgl. hierzu auch Schumanns Darstellung der Wieck'schen Bedingungen in seinem Brief an Einert vom 30.6.1839, Jansen NF, 2/1904, S. 160.

[233] BW II, S. 518 (7.5.1839).

[234] Vgl. z.B. die positiven Äußerungen Wiecks zu Schumanns Kompositionen. Tagebuch I, S. 384 (4.5.1832) 407 (9.6.1832). Vgl. Wiecks Brief an Baron von Fricken vom 1.8.1834. Zitiert bei Joß, 1902, S. 44/45. Vgl. Wiecks Brief an Clara vom 12.1.1843. Zitiert bei Kohut, 1888, S. 150. Vgl. auch Wiecks Brief an Schumann vom 15.12.1843. Zitiert bei Eismann, 1956, S. 136. Vgl. dazu auch Steegmann, 2001, S. 38/39.

[235] Vgl. hierzu Kapitel II.6. «Strategien und Verhalten während des Prozesses».

vielmehr Ausdruck einer nicht unbegründeten Sorge von Seiten Wiecks, für Schumann bzw. dessen zukünftige Familie finanziell aufkommen zu müssen. Gesetzlich war ein Großvater verpflichtet, die Enkel bei Unvermögen der Eltern oder deren Tode zu ernähren bzw. zu unterhalten.[236] Wieck war in zweiter Ehe verheiratet und hatte für Ehefrau und zahlreiche Kinder zu sorgen. Insofern diente diese vierte Bedingung zur Absicherung der eigenen Familie. Daß er Clara hiermit von seiner Fürsorge nicht ausschließen wollte, setzte er nachdrücklich hinzu: „Meine Tochter Clara kann zu mir kommen wann sie will, das versteht sich von selbst."[237]

Ergänzend zu seinem Standpunkt muß an dieser Stelle ausgeführt werden, wie sich die Persönlichkeit Schumanns für Wieck zu diesem Zeitpunkt darstellen mußte, und zwar unter dem Gesichtspunkt des Gelderwerbs. Wie bereits erwähnt - hatte Schumann bereits zweimal geerbt (Tod des Vaters - 1826, Tod der Mutter - 1836) und war im Begriff, ein drittes Mal zu erben (Tod von Bruder Eduard - 1839); darüber hinaus erlaubten ihm die gesetzlichen Bestimmungen, einen bestimmten Anspruch auf den Pflichtteil seiner Frau zu erheben,[238] ebenso auf ihr Vermögen (bona paraphernalia),[239] und schließlich und endlich befürchtete Wieck, daß Schumann zu keinem Zeitpunkt seines Lebens in der Lage sein würde, allein durch eigene Erwerbstätigkeit seine zukünftige Familie zu ernähren.[240] Zudem war Schumanns Vermögen trotz dreier Erbschaften ständig im Begriff dahinzuschmelzen, da er von seinen spärlichen Einkünften bei seiner Lebensweise nicht einmal den eigenen Unterhalt als Junggeselle bestreiten konnte, ohne das Kapital anzugreifen.[241] Daraus ergab sich aus der Perspektive Wiecks zwangsläufig ein Gesamtbild, und es zeigte sich, daß seine diesbezüglichen Befürchtungen, wie sie in der oben angegebenen Bedingung ihren Ausdruck fanden, nicht ganz unbegründet waren.[242]

Zusammenfassend stellt sich hier die Frage, warum Schumann auch dieser Bedingung nicht zustimmte, da ihm unmittelbar schließlich nichts verloren ging. Die einschlägigen Briefstellen belegen, daß er gar nicht die Absicht hatte, Wieck aufzusuchen.[243] Der Grund seiner Ablehnung scheint hier wiederum weniger substantieller, sondern vielmehr taktischer Art gewesen zu sein: Seine beiden spezifischen, materiellen An-

---

[236] Dec. 28 von 1746, (C.C.A.I. 358). Vgl. Berger, 1804, Bd. III, S. 154. Dieses Gesetz bezog sich zwar konkret auf uneheliche Kinder der Söhne oder Töchter, um so mehr galt diese großväterliche Verpflichtung für eheliche Enkelkinder.

[237] BW II, S. 518 (7.5.1839).

[238] Vgl. Kapitel I.2.2. «Rechte und Pflichten der Ehegatten».

[239] Vgl. Kapitel I.2.2. «Rechte und Pflichten der Ehegatten».

[240] Vgl. hierzu die ausführliche Darstellung zu Schumanns Verdiensten aus eigener Erwerbstätigkeit zum damaligen Zeitpunkt im Kapitel II.4.1. «Detaillierte Klage-Erwiderung und Deductionsschrift Friedrich Wiecks», Abschnitt «Erwerbsberuf».

[241] Vgl. hierzu die ausführliche Darstellung zu Schumanns finanzieller Situation im Kapitel II.4.1. «Detaillierte Klage-Erwiderung und Deductionsschrift Friedrich Wiecks», Abschnitt «Kapitalvermögen».

[242] Vgl. hierzu auch die Ausführungen im Kapitel III.2. «Vergleich der Befürchtungen Wiecks mit der tatsächlichen Eherealität».

[243] BW I, S. 139 (13.4.1838). Vgl. hierzu die Ausführungen zur ersten Bedingung Wiecks (Wohnort außerhalb von Sachsen), die im folgenden besprochen wird.

sprüche - wie oben gezeigt - hinter dem Vorhang einer pauschalen Ablehnung aller fünf Punkte zu verbergen. Er steuerte auf einen Prozeß zu. In diesem Zusammenhang wirkt auch die Verkürzung von Wiecks Forderung auf die Verweigerung der Kontaktaufnahme wie ein weiterer Versuch, schlicht eine Inszenierung über diese Tatsache zu breiten: War es oben der Topos 'entwürdigter Bewerber', ist es hier der 'verstoßene Sohn'.

Daß es allerdings nicht ausschließlich um den harten Kern 'Geld' ging, sondern um einen noch wesentlich härteren, zeigte die erstaunliche Reaktion Schumanns in der Ablehnung der ersten Bedingung, in der es sich nicht um Geld handelte, sondern um die Frage des Wohnorts. Für diese Bedingung - einen Wohnsitz außerhalb von Sachsen zu nehmen - nannte Wieck zwei Gründe: Zum einen erwähnte er, daß eine feste Niederlassung in Sachsen die Fortsetzung von Claras Virtuosenkarriere nahezu unmöglich machen würde. Zum andern betonte er, daß ein solcher Wohnsitz nie Claras Wille gewesen sei.[244]

Die Bedingung der Wohnortwahl wurde allerdings bereits im März 1838 zwischen Vater, Tochter und Robert debattiert, war somit nicht neu und Robert hatte ihr - dem Wohnort Wien - zugestimmt.[245] Es ist unerläßlich zum Verständnis des späteren Verlaufs, zunächst Claras diesbezüglichen Brief in großen Auszügen hier zu zitieren, da er ihre Entschlossenheit wiedergibt, in Wien zu leben, selbstbewußt ihre gesellschaftliche Stellung zu bewahren und vor allem: Nie in Leipzig zu leben, da sie dort nichts verdienen kann.

„Heut sprach ich viel mit dem Vater von Dir und da sagte er mir, er wäre gesonnen ganz freundlich mit Dir zu seyn wenn wir zurückkämen. Du solltest ganz wieder unser Hausfreund werden nur müßte er sicher seyn, daß ich nicht wieder unglücklich wäre und das wir vernünftig wären. Er sagte mir, er hätte von Dresden aus heimlich an Dich geschrieben und zwar, daß er *in Leipzig nie* seine Einwilligung gäbe, jedoch gewiß, wenn wir in eine andere größere Stadt zögen und ich habe ihm versprochen, daß auch dieß mein Wille wäre, und daß ich *nie* in Leipzig bleiben würde, doch aber *keinen* Anderen als Dich je lieben könnte. Er gab mir seine Einwilligung und schrieb sie in mein Tagebuch. Ich bleibe Dir, das weißt Du, doch das wichtigste hab ich Dir noch nicht gesagt. *In Leipzig entschließ ich mich durchaus nicht zu leben unter diesen Umständen.* Bedenke, lieber Robert, in Leipzig kann ich durch meine Kunst nicht einen Dreyer verdienen, [...] Nein, lass es uns machen wie ich Dir sagen werde: Wir ziehen hieher oder Du gehst vorher, giebst Deine Zeitung an Diabelli, Haslinger (eine sehr honette Handlung) oder Mechetti ein junger rüstiger unternehmender Mann. Erstlich wird Dir Deine Arbeit hier noch einmal so gut bezahlt, zweitens bist Du sicher weit mehr anerkannt und geachtet als in Leipzig [...] und dann bin ich gleichfalls hier weit mehr angesehen als in Leipzig, eingeführt bei dem höchsten Adel, beliebt bei Hofe und beim Publikum. Jeden Winter kann ich ein Concert geben welches mir 1000 cf[246] trägt, (mit Leichtigkeit) [...] Dann kann ich, will ich, jeden Tag eine Stunde geben, das trägt wieder das Jahr hindurch 1000 cf und Du hast 1000, was wollen wir mehr? Auch ist es bei meinen Connectionen die ich bereits schon gewonnen nicht unwahrscheinlich, daß Du bald eine Stelle vielleicht die eines Professors der Musik

---

[244] Vgl. Wiecks Brief an Clara vom 7.5.1839, BW II, S. 517.

[245] BW I, S. 118 (19.3.1838).

[246] cf = Conventionstaler bzw. Konventionsfuß-Taler. Vgl. Verdenhalven, 1998, S. 109.

erhielst. Mit einem Wort, wir können hier das glücklichste Leben führen, [...] Glaube nicht etwa, daß ich übertrieben habe; alles was ich Dir geschrieben hat mir der Vater heute eine Stunde lang auseinandergesetzt und gesagt, er würde Dir in Leipzig alles selbst sagen und Dir dazu verhelfen, da er alle diese Leute hier kennt. Sogar das sagte er 'will Schumann nicht gern lange Zeit in Wien ohne Dich sein, nun so werd ich ihm auch das thun, das ich mit Dir nach Wien gehe'. [...] er will uns wohl, und ich danke es ihm ewig daß er uns vor 2 Jahren getrennt. [...] ich bin sicher, Du stimmst ganz überein mit mir und hast doch nicht etwa die Idee, es erst in Leipzig zu versuchen? Vater meinte mir diesen Deinen Plan voraus sagen zu können und fürchtet, Du wirst mich bereden in Leipzig zu bleiben, doch ich fürchte das nicht, denn was fesselt Dich an Leipzig? *und ich bleibe n i e* daselbst."[247]

Roberts Antwort darauf lautete: „Also Deine Hand, es ist beschloßen, reiflich von mir bedacht, mein sehnlichster Wunsch, unser Ziel - Wien. [...], *wir gehen.*"[248]

Hier sind drei Dinge festzuhalten:

1. Wiecks erste Ehekonsensbedingung vom Mai 1839 hinsichtlich des Wohnorts war nicht neu, denn bereits im März 1838 hatte er ausdrücklich seine Einwilligung davon abhängig gemacht, daß Clara und Robert nicht in Leipzig leben würden.[249]
2. Aus Claras Brief geht weiterhin hervor, daß die Beziehung zwischen Vater und Tochter außerordentlich stabil gewesen zu sein scheint, vielleicht gestärkt durch den glänzenden beruflichen Erfolg, der Clara und Friedrich an die Spitze der Wiener Gesellschaft geführt hatte.[250]
3. Robert willigte ein. Diese Zustimmung zur Wahl des Wohnortes Wien sollte noch eine wichtige Rolle spielen.

Aus welchen gesellschaftlichen Positionen diese 'Verhandlungen' 1838 geführt wurden, belegen Claras bereits zitierte Äußerungen sowie Schumanns Antwort darauf.[251] Darüber hinaus muß in diesem Zusammenhang nüchtern die Frage gestellt werden, welche Alternative er zu diesem Zeitpunkt gehabt hätte. Ich behaupte: Keine.

---

247 BW I, S. 108-110 (3.3.1838).

248 BW I, S. 118 (19.3.1839). Vgl. BW I, S. 98 (11.2.1838).

249 Tatsache ist außerdem, daß Wieck diese Einwilligung schriftlich in ihrem Tagebuch festgehalten hat. In diesem Tagebucheintrag fordert er darüber hinaus - und das muß ebenfalls als Bedingung aufgefaßt werden - daß sie 2000 Taler jährlich benötigen würde. Vgl. Litzmann I, S. 187, Anm. **, der den Tagebucheintrag Wiecks vom 3.3.1838 zitiert.

250 Höhepunkt der Wiener Konzerttournee war die Auszeichnung Claras zur k.&k. Kammervirtuosin. Die Urkunde vom 15.3.1838 befindet sich heute im RSchH. Vgl. dazu Tagebuch II, S. 475, Anm. 173.

251 Schumann schrieb: „Uebrigens, Kaiserl. Kammervirtuosin, bist Du ein rechter Schalk, und wußtest schon bei Deinem vorletzten Briefe um Deine Ernennung, thatest aber so unschuldig wegen des Ziehens nach Wien, daß es mich doch überraschte, als ich es für gewiß hörte, aber auch innig freute - die drei dummen Tage ausgenommen, wo ich wie gesagt hypochondrisch war u. immer an den Kaiser schreiben wollte, mich doch auch zu etwas zu machen." BW I, S. 136/37 (13.4.1838); vgl. dazu auch Schumanns Tagebucheintrag vom 20.3.1838: „...heute kam die Nachricht, daß meine Clara Kammervirtuosin geworden - eine Nachricht die ich erwartete u. die mir doch auch wieder keine rechte Freude gab. Warum denn? Weil ich gar so wenig bin dem Engel [ge]genüber." Tagebuch II, S. 52 (20.3.1838).

Denn wie oben in Kapitel I.2. bereits dargestellt - gab es in bezug auf einen Konsenskonflikt nur drei Möglichkeiten:[252] Die Bedingung zu akzeptieren oder zu verzichten oder zu prozessieren. Das galt auch für Robert in dieser Situation: Prozessieren konnte er nicht, verzichten wollte er nicht, also mußte er akzeptieren. Hier muß kurz darauf eingegangen werden, warum die Prozeß-Alternative im Frühjahr 1838 für ihn ausgeschlossen war: Als Schwiegersohn in spe hatte er nicht die Möglichkeit, ohne die Braut auf Erteilung des Ehekonsenses zu klagen.[253] Die Klage gegen ihren Vater hätte Clara unterzeichnen müssen, und damit war zu diesem Zeitpunkt nicht zu rechnen, wie der oben zitierte Brief belegt.[254]

Auch wenn Robert lieber in Sachsen bleiben wollte, hatte er zu diesem Zeitpunkt keine andere Möglichkeit, als den Bedingungen Wiecks und Claras zuzustimmen. Das mußte er allerdings nur, solange beide übereinstimmten. In dem Moment jedoch, in dem Clara diesen Anspruch aufgeben würde, brauchte Schumann nicht mehr auf die Wieck'sche Forderung einzugehen, da sie im Konsensprozeß - ohne Claras Unterstützung - keine Rolle spielen würde.[255] Vor dem Hintergrund dieser Zwangslage für Schumann stellt sich allerdings die Frage nach der Bewertung seiner damaligen Entscheidungsrichtung bzw. der Ernsthaftigkeit seiner Zusage.

Im Hinblick auf die nun folgende Entwicklung ist eine Passage aus Claras Brief vom 3. März 1838 in Erinnerung zu rufen: Wieck sagte bereits im März 1838 voraus, Schumann werde Leipzig nicht verlassen wollen und sogar Clara gegen ihr Interesse überreden, dort zu bleiben.[256] Daß Wieck hier nicht etwa einem Vorurteil folgte, sondern der realistischen Beurteilung der Interessenlage, wird im folgenden zu zeigen sein.

Etwa ein halbes Jahr später, im Herbst 1838, ging Robert nach Wien mit der Absicht einer Existenzgründung - entsprechend Claras Vorschlag - und blieb dort bis zum April 1839.[257] Während dieses Aufenthalts zeigte sich in seiner Strategie Clara gegenüber eine merkwürdige Doppelgleisigkeit, wie sie hier an einigen Beispielen dokumentiert werden soll. Am 10. März 1839 hatte Schumann an seinen Mitarbeiter Zuccalmaglio geschrieben:

„Mein theurer Herr und Freund, Wie lange ich Ihnen nicht geschrieben habe, so [habe ich] doch viel mit Ihnen geistig verkehrt. Dann wollte ich Ihnen auch gern Bestimmtes wegen meines und der Zeitung Hierbleibens mittheilen. Ich kann es jetzt. Weder die Zeitung noch ich bleiben hier, wir passen im Grunde auch nicht hierher. Die Sache hat sich nach genauer Erwägung von allen Seiten als nicht vortheilhaft herausgestellt. Das Haupthinderniß ist die Censur. Bis spätestens Ende April hoffe ich wieder in Leipzig zurück zu sein, mit neuer Kraft, mit mancher Erfahrung mehr mich der Zeitung

---

[252] Vgl. dazu Kapitel I.2. «Juristischer Kontext als Hintergrund der Konfliktlage».

[253] Vgl. hierzu ausführlich das Kapitel II.2. «Klage auf Supplierung des elterlichen Ehekonsenses».

[254] Vgl. BW I, S. 108-110 (3.3.1838). Vgl. auch Claras Ernennung zur k.&k. Kammervirtuosin.

[255] Vgl. dazu Kapitel II.4.1. «Detaillierte Klage-Erwiderung und Deduktionsschrift Friedrich Wiecks».

[256] In diesem Zusammenhang sei daran erinnert, daß Clara und Robert tatsächlich die ersten zehn ihrer vierzehn gemeinsamen Ehejahre in Leipzig bzw. Dresden - also in Sachsen - verbrachten und erst im Jahre 1850 nach Düsseldorf zogen.

[257] Abreisetag war der 27.9.1838, vgl. Tagebuch II, S. 68. Vom 4.10.38 bis zum 4.4.1839 hielt sich Schumann in Wien auf, am 8.4.1839 kehrte er nach Leipzig zurück.

anzunehmen, die während meiner Abwesenheit allerdings gelitten hat. So bleibt alles beim Alten..."[258]

Aus dem Brief geht klar hervor, daß Schumann spätestens zu diesem Zeitpunkt weder daran dachte, in Wien zu leben noch seine Zeitung dort herauszugeben. Seine Äußerung: „So bleibt alles beim Alten" deutet vielmehr darauf hin, Robert würde in Leipzig leben und auch weiterhin dort seine Zeitung herausgeben. Wie er seine Braut auf die Tatsache vorbereitete, daß auch sie nicht in Wien, sondern in Sachsen leben würde, dokumentieren folgende Briefpassagen.

Am 11. März 1839 - einen Tag nach dem Schreiben an Zuccalmaglio - erklärt er seiner Braut: „Ich *denke doch wir ziehen einmal ganz nach Wien...*"[259]

Am 13. März 1839 schrieb er begeistert an sie: „... dann flögen wir aus, und zwar für immer nach Wien, oder nach England - in Leipzig ganz zu bleiben, da hast Du doch sehr Recht, was Du mir früher einmal aus Wien darüber schriebst, und was ich auch gleich einsah,[260] *das geht doch nicht gut*, Deiner Eltern wegen und dann wegen unsrer ganzen Verhältniße. [...] für uns [gibt es] keine günstigere Stadt als Wien."[261]

Am 16. März 1839 schwärmte Robert: „...nach meiner Ueberzeugung gibt es keine Stadt in der Welt, wo wir (außer in Zwickau) so *angesehen, so wohlfeil, so angenehm* leben könnten *und uns so viel erübrigen, als Wien* - Mit der Zeitung, daß sie hier erscheint, muß es schon auch noch gehen, wenn wir einen Vortheil sehen. Im Uebrigen kümmere Dich ja nicht, wenn es auch ohne Zeitung sein müßte; die Zeit, die sie mich kostet, kann ich am Ende beßer anwenden."[262] Robert schien Clara gegenüber - auch zu diesem Zeitpunkt noch - offenbar unabhängig von der Herausgabe seiner Zeitung - also auch ungeachtet der oben beklagten Zensur - eine Existenz in Wien anzuvisieren.[263]

Am Ostermontag, dem 1. April 1839 schließlich, deutete er Clara gegenüber zum ersten Mal an, daß sie nicht in der Kunstmetropole Wien, sondern möglicherweise in Sachsen leben wird.

„ich hab einen kleinen Triumph gehabt neulich ... Haslinger, ich war *drei* Monate lang nicht bei ihm im Laden, ... - ist ganz Liebenswürdigkeit und Freundlichkeit - ... - Sagt dann daß er wohl geneigt wäre, meine Zeitung zu übernehmen, wenn ich sie *im Ausland* redigieren wolle, und, (als ich ihm sagte, daß wir noch später darüber sprechen wollten), daß ich ihm eine Summe angeben solle, die er mir für Besprechung

---

258 Vgl. Jansen NF, 2/1904, S. 147.

259 BW II, S. 436 (11.3.1839).

260 Robert beginnt hier, seine Einwilligung zum Wohnort Wien vom 19.3.1838 abzuschwächen, als habe es sich damals weniger um eine 'Zustimmung' als vielmehr um ein 'Einsehen' gehandelt. Wie noch zu zeigen sein wird, würde seine damalige Zustimmung handfeste rechtliche Konsequenzen gehabt haben.

261 BW II, S. 439/440 (13.3.1839).

262 BW II, S. 444 (16.3.1839). Vgl. auch Roberts Brief vom 13.3.1839, in dem er ebenfalls angedeutet hatte, „auch ohne Zeitung in Wien" bleiben zu wollen. BW II, S. 440.

263 Und in der Tat waren Schumanns Einkünfte aus der Redaktionstätigkeit so gering, daß sie für eine Existenzgründung keine wesentliche Rolle spielten. Vgl. dazu ausführlich die Darstellung von Schumanns Einkommensverhältnissen in Kapitel II.4.1. «Detaillierte Klage-Erwiderung und Deduktionsschrift Friedrich Wiecks», Abschnitt «Erwerbsberuf».

seiner guten Verlagsartikel jährlich zahlen wolle - das letztere schlug ich natürlich rundum ab - [...] Und wart nur, sind wir nur einmal zusammen in Wien, wie wir sie sämmtlich unter den Pantoffel bekommen wollen - ... Die Hauptsache bleibt: *Du mußt durchaus, meine liebe Klara, vor unsrer Verbindung noch nach Wien;* gefällt es Dir *dann* nicht, und es scheint Dir nicht gut für uns, dann bleiben wir in Sachsen (vielleicht auch in Berlin, wenn Haslinger die Zeitung vielleicht dort drucken laßen wollte).“[264]

Allerdings stellte er ihr hier scheinbar noch eine Entscheidungsmöglichkeit in Aussicht, von der drei Tage später kaum mehr die Rede war: „*Den* Trost kann ich Dir noch geben, daß ich fest glaube, Haslinger übernimmt die Zeitung, wenn ich sie in Leipzig (vielleicht auch in Berlin - ich spreche noch heute mit ihm) wenn ich sie mit einem Wort im Ausland [von Wien aus gesehen] redigiren will. Das wäre doch auch nicht übel.“[265] Claras Brief vom 9. April 1839 aus Paris zeigt, daß sie jedoch nach wie vor an eine gemeinsame Existenz in Wien glaubte.[266]

Im Brief vom 17. April 1839 erfuhr sie dann zum ersten Mal, daß Robert definitiv entschieden hatte, daß sie in Leipzig leben würde, hier allerdings noch zeitlich begrenzt auf eineinhalb Jahre: „Da wir bis Ende 1840 jedenfalls doch in Leipzig bleiben, so miethe ich von nächsten Weihnachten an unser Logis und richte es für Dich ein; ich kann Dir keine Frist mehr gestatten und muß durchaus unser Schlaf- und Traumstübchen bald sehen.“[267]

Auch am 27. April 1839 war Clara offenbar noch immer der Ansicht, daß sie langfristig in Wien leben würden, wenn auch mit einjähriger Zwischenstation in Leipzig.[268] In seinem Brief vom 29. April schien er diese Hoffnung Claras zu bestätigen: „Ich habe manchen guten Gedanken, glaub’ ich, wie man verdienen könnte. Wir könnten deshalb immer in Wien leben, und auch dort Schätze sammeln; kurz ich zweifle nicht an goldnen Bergen und zukünftigen Rittergütern und Doctorpallästen.“[269]

Drei Tage später jedoch erfuhr Clara von seiner festen Absicht, in Sachsen bleiben zu wollen, die er in einer - vor dem Hintergrund der Diskussion um die Fortsetzung ihrer beruflichen Karriere - grotesk anmutenden Doppelbotschaft mitteilt:

„Ueberall geh’ ich mit Dir hin; *nur hier* [Leipzig] *laß uns die erste Zeit nicht bleiben*. Denke, wie traurig! Es sähe aus wie Trotz! Und dann die Menschen! Es wird, fürchte ich, ein unseliges Gerede machen! Dresden ist jetzt *wie eines* mit Leipzig; in 3 Stunden ist man da. Dann die schönere Gegend, wo ich manchmal nach Loschwitz mit Dir gehe, manchmal nach Maxen! Denke, wie schön! Und auch billiger ist es ja. Der

---

264 BW II, S. 463/64 (1.4.1839). „Ausland“ bedeutete aus der Perspektive Haslingers beispielsweise Preußen (Berlin) oder Sachsen (Leipzig), nicht aber Wien. Eine interessante Mitteilung erscheint hier zwischen den Zeilen, und zwar gleich im ersten Satz: Robert hat sich nach eigener Angabe drei Monate bei dem Mann, den bereits Wieck bzw. Clara in ihrem Brief vom 3.3.1838 als äußerst hilfreich für eine Existenzgründung in Wien in Aussicht gestellt hatten, nicht gemeldet. Hier muß die Frage gestellt werden, wie ernsthaft er sich darum bemüht hat. Diese Frage kann im Rahmen der vorliegenden Arbeit jedoch nicht weiter vertieft werden.

265 BW II, S. 472 (4.4.1839).

266 BW II, S. 476 (9.4.1839).

267 BW II, S. 488 (17.4.1839).

268 BW II, S. 503 (27.4.1839).

269 BW II, S. 505/6 (29.4.1839).

Zeitung schadet es gar nichts; ich kann sogar die Correctur besorgen. Schreib mir wie Du meinst."[270]

Aus dieser Passage geht hervor, daß Claras berufliche Existenz als Virtuosin Schumann spätestens zu diesem Zeitpunkt nicht mehr interessierte; denn die Voraussetzungen für die Fortsetzung ihrer Künstlerkarriere von europaweiter Geltung waren weder in Leipzig noch in Dresden gegeben, eine Tatsache, die für Wieck wie auch für Clara, die es ja wissen mußten, fest stand und auch Robert bekannt war. Insofern war die von Schumann in Aussicht gestellte Alternative 'Dresden' unter dem Gesichtspunkt von Claras Interessen eine Scheinalternative. Und noch in Claras Brief vom 7. Juni 1839 kam ihre diesbezügliche Einschätzung zum Ausdruck: „... bleib ich ein Jahr in Dresden, so bin ich als Künstlerin vergessen ... und es ist sehr schwer sich von Neuem wieder einzuführen."[271]

Die Antwort Schumanns darauf zeigt, daß er Claras künstlerische Laufbahn als beendet betrachtete, ihren Erfolg „verachte[te]" und sich bereits zu diesem Zeitpunkt erlauben konnte, das ihr gegenüber auch 'unverblümt' zu äußern:

„...würdest Du auch als Künstlerin vergeßen, wirst Du denn nicht als Weib geliebt? - Gib mir die Hand, daß Du mir so etwas nicht wieder sagst? - Das erste Jahr in unserer Ehe *sollst* Du die Künstlerin vergeßen, *sollst* nichts als Dir u. Deinem Haus und Deinem Mann leben, und warte Du nur, wie ich Dir die Künstlerin vergeßen machen will - nein, das *Weib* steht doch noch höher als die Künstlerin, und erreiche ich nur das, daß Du gar nichts mehr mit der Oeffentlichkeit zu thun hättest, so wäre mein innigster Wunsch erreicht. Deshalb bleibst Du doch immer die Künstlerin, die Du bist. Das bischen Ruhm auf dem Lumpenpapier, was Dein Vater als höchstes Glück auf der Welt betrachtet, verachte ich."[272]

Daß es hier nicht allein um ihre künstlerische Laufbahn ging, sondern um das tägliche Brot, belegen spätere, verzweifelte Tagebucheintragungen Claras, in denen sie bereits nicht mehr wagte, darüber mit Robert zu sprechen: „Unsere Zukunft beschäftigt mich jetzt auch sehr. Ich möchte nicht alle Sorgen auf Robert ruhen lassen, und möchte ihm gern durch Stunden geben auch etwas abnehmen, was ich aber in dem Falle, wir

---

270 BW II, S. 509 (2.5.1839). Schumann knüpft hier an Andeutungen an, die er Clara bereits Anfang April hinsichtlich seiner Wohnortvorstellungen gemacht hatte. Vgl. BW II, S. 472 (4.4.1839).

271 BW II, S. 550 (7.6.1839).

272 BW II, S. 571 (13.6.1839). Mit dem Pejorativ 'Lumpenpapier' ist Claras Auszeichnung durch den kaiserlichen Hof zur k.&k. Kammervirtuosin gemeint, eine Beleidigung des Hofes, des Vaters und Claras. Diese Briefstelle belegt, daß Wiecks Vorwurf, Schumann sei darauf aus gewesen, dem Vater das Kind zu entfremden, nicht ganz unberechtigt war. Vgl. dazu das Schreiben Friedrich Wiecks an das Appellationsgericht zu Leipzig vom 14.12.1839, Prozeßakten, fol. 35v. An dieser Stelle muß außerdem gesagt werden, daß die angebliche Ruhmverachtung Schumanns - und das ist durch Briefstellen belegt - nicht glaubhaft ist, und er von dieser Haltung abrückte, sobald es sich um die eigene Person handelte. Vgl. z.B. BW I, S. 137 (13.4.1838).Nicht verschwiegen werden darf, daß Clara sowohl die Beleidigung als auch ihre Rolle als 'Weib' außerordentlich glücklich akzeptierte, wie ihre Antwort vom 21.6.1838 belegt. Vgl. BW II, S. 582. Allerdings ist in diesem Zusammenhang auch auf Diskrepanzen hinzuweisen zwischen Briefen an Robert und ihren Tagebucheinträgen, die im folgenden teilweise zitiert werden.

bleiben in Leipzig, nicht könnte."[273] Und auch noch im April 1840 heißt es: „Ach Gott, es kommt gar keine Ruhe in mich! Robert will in Leipzig bleiben, wo ich gar nichts verdienen kann - werden wir denn genug haben ohne Sorgen zu leben? Nein der Himmel helfe!"[274] Die Voraussage Friedrich Wiecks vom März 1838 - Schumann plane, in Leipzig zu bleiben und würde Clara gegen ihre Interessen ebenfalls dazu überreden - hat sich als realistisch erwiesen.

Die Wohnortbedingung - und das zeigt sich hier in aller Schärfe - scheint der härteste Kern der Auseinandersetzung gewesen zu sein. Daß Wieck in dieser Beziehung kaum anders hätte formulieren können,[275] erscheint angesichts der oben geschilderten Briefe bzw. Tagebuchaufzeichnungen verständlich. Aber die Wohnortfrage war darüber hinaus von noch größerer Sprengkraft, und Wieck war im März 1838 mit seiner Voraussage keineswegs Prophet, sondern Realist. Er dachte - und das darf mit an Sicherheit grenzender Wahrscheinlichkeit angenommen werden - an den rechtlichen Hintergrund, den er aus seinem Ehealltag kannte: Schumann als Ehemann würde das Recht haben, über den Wohnort zu bestimmen - sofern dieser nicht vorher vertraglich festgelegt war -,[276] über die Berufstätigkeit der Frau, und das hieß im Fall von Clara, Konzerte und Konzertreisen zu erlauben oder zu verbieten,[277] und auf diese Weise mittelbar auch über ihre Reisebegleitung zu bestimmen: d.h. Friedrich Wieck als ihren' Manager' zuzulassen oder nicht.[278]

Dabei ist jedoch kaum anzunehmen, daß Robert die 'kaiserlich-königliche Kammervirtuosin' in einer Weltstadt wie Wien in die Rolle einer „Hausfrau Klara"[279] hätte drängen oder ihr das Üben verbieten können, ohne als aufstrebender Komponist in der Wiener Gesellschaft den Ruf eines Provinzlers zu riskieren. Gleichzeitig hätte er im Schatten einer solchen Berühmtheit die Rolle des 'Prinzgemahls' fürchten müssen - so bekannt und erfolgreich wie Clara in Wien damals war. In Leipzig oder Dresden sah das anders aus, wie aus den Schilderungen Claras oben hervorgeht und wie auch die Ehetagebücher der ersten Jahre belegen.[280]

---

[273] Jugendtagebücher Clara Schumann Bd. IV, Tagebuch 9, S. 98, (7.10.1839). Vgl. auch folgende Einträge: Jugendtagebücher Bd. IV, Tagebuch 9, S.169/70, (7.4.1840) sowie Bd. IV, Tagebuch 9, S. 182, (30.5.1840).

[274] Jugendtagebücher Clara Schumann, Bd. IV, Tagebuch 9, S. 169/70, (7.4.1840).

[275] Vgl. die Wieck'schen Bedingungen vom 7.5.1839, erste Bedingung. Daß Wieck im Vergleich zum März 1838 Leipzig durch Sachsen ergänzt hat, ist von sekundärem Gewicht, da die Kernfrage lautete, Clara müsse in einer Großstadt leben, wie z.B. in der Kunstmetropole Wien.

[276] Vgl. Hartitzsch, 1836, §80, S. 88/89. Vgl. auch Weber, 1829, Thl. II, Abthl. 3, S. 1216, Anm. 18.

[277] Vgl. dazu Kapitel I.2.2. «Rechte und Pflichten der Ehegatten».

[278] Wenn Wieck hier in diesem Punkt zweifellos auch in seinem eigenen Interesse gekämpft hat, muß berücksichtigt werden, daß Clara in dieser Verbindung als Pianistin unbestritten ebensoviel profitierte.

[279] BW I, S. 254 (7.10.1838). In diesem Zusammenhang ist nochmals darauf hinzuweisen, daß die Differenzierung der Zeitperspektiven hier dringend erforderlich ist. Die spätere Konzerttätigkeit Claras als 'Hohepriesterin' Schumanns ist davon zu unterscheiden.

[280] Es ist kaum anzunehmen, daß er ihr in Wien z.B. hätte verbieten können zu üben. Vgl. dazu das Kapitel III.2. «Vergleich der Befürchtungen Wiecks mit der tatsächlichen Eherealität».

Wenn Robert diese Wohnortbedingung ebenfalls ablehnen würde, der er vor gut einem Jahr zugestimmt hatte, wäre Wieck als Manager 'erledigt' und Clara würde damit in eine umfassende Abhängigkeit von Robert geraten - wiederum, wenn nicht voreheliche vertragliche Vereinbarungen getroffen worden wären, wie oben gezeigt. Die Wohnort- und die oben angegebene Geldfrage waren von existentieller Bedeutung für Schumann, Clara und Wieck, so wie sie aus der Perspektive von 1839 gesehen werden mußten. Zu Roberts Verteidigung ist allerdings zu sagen, daß er sich mit seinen Vorstellungen auf den Schienen der geltenden Rechtsnormen bewegte und daß Clara ihrerseits sich offenbar auf die Rolle des „baldige[n] Hausweib[s]" freute.[281] Der oben schon zitierte Brief vom 7. Juni 1839 dokumentiert, daß ihr die Konsequenzen ihrer Entscheidung vollkommen klar waren und sie sich innerlich damit abgefunden hatte, wie die folgende Passage bezeugt: „... Ich, lieber Robert, weiß nicht was thun, Du bist ja mein Mann, ich thue Alles was Du willst, Du sollst in mir immer Dein Dir ganz ergebenes Weib finden."[282] Hier ging es um die Frage ihrer in Aussicht genommenen Konzertreisen.

Am 2. Juni 1839 nun erhielt Schumann die Wieck'schen sechs Ehekonsensbedingungen vom 7. Mai 1839, wies sie zurück mit Ausnahme der letzten und forderte von Clara - was er nun im Gegensatz zum März 1838 konnte - ihre Unterschrift, um vor Gericht gegen den Vater vorgehen zu können.[283] Diese sechs Bedingungen galten seither als Ursache, die Robert und Clara in den Prozeß hineingezwungen habe.[284]

Bei differenzierterer Betrachtung ergibt sich jedoch ein etwas anderes Bild: Schumann wußte spätestens seit dem 10. März 1839,[285] daß er auf einen Prozeß gegen Wieck zusteuerte, da er in Leipzig leben würde und zugleich auf Clara nicht verzichten wollte. Denn genau dazu hatte Wieck seine Einwilligung bereits 1838 verweigert. Und auch in diesem Fall kann Wieck nicht als alleiniger Verursacher einer zwangsläufigen Prozeßanbahnung betrachtet werden, denn zu diesem Zeitpunkt hatte Clara – selbstbewußt und erfolgreich auch die eigenen Interessen vertretend - Wien als Voraussetzung nicht nur für die eigene Karriere, sondern auch für Schumanns berufliches

---

[281] Vgl. BW II, S. 534 (23.5.1839).

[282] BW II, S. 551 (7.6.1839).

[283] „Die Hauptsache bleibt jetzt der Brief an das Gericht [die Vollmacht für Anwalt Einert]; ich schicke Dir bald eine Reinschrift davon. Du mußt aber Deine Unterschrift in Paris *recogsnosciren* laßen, [...] ich glaube, ein Notar reicht hin und hat Gültigkeit bei der hiesigen Behörde. Ohne diese Recognition aber, liebe Klara, würde unser Schreiben uns wieder unbeantwortet zurückgeschickt werden und Du müßtest es später doch recognosciren laßen. Dies nimmt aber Zeit weg. Darum bitte ich dringend, betreibe es schnell schon jetzt." BW II, S. 540 (2.6.1839).
Die Untersuchung von Claras Persönlichkeitsentwicklung zwischen 1838 und ihrer Verehelichung 1840 ist ein eigenes Thema und kann im Rahmen dieser Arbeit nicht behandelt werden. Tatsache ist daß Clara am 15.6.1839 ihre Unterschrift notariell beurkundet hat und sich über die Konsequenzen dieses Schrittes völlig im klaren war: „Der Augenblick des Unterschreibens war der Wichtigste meines Lebens, doch ich unterschrieb fest und entschlossen und war unendlich glücklich, so glücklich, daß ich jetzt büßen muss, indem ich mir durch die Aufregung ein Unwohlsein zugefügt, und jetzt im Bett liegen muß, ...." Vgl. BW II, S. 572 (15.6.1839).

[284] Vgl. Kapitel V. «Das Image Friedrich Wiecks».

[285] Vgl. Brief an Zuccalmaglio vom 10.3.1839, Jansen NF, 2/1904, S. 147.

Vorwärtskommen als Komponist geschildert und ausdrücklich zur Bedingung gemacht.

Das heißt, Schumann ging auf einen Prozeß zu, noch ehe die Wieck'schen Bedingungen (in der Form vom 7. Mai 1839) geschrieben worden waren. Das wiederum bedeutet, daß er allein um den Wohnort Leipzig zu prozessieren bereit war. Und genau das ist es, was er in einer beeindruckenden Doppelstrategie[286] vor seiner Braut zwei Monate lang verbergen mußte, wie der oben dargestellte Briefwechsel beweist, da er ja seinerseits dieser Bedingung mit der speziellen Wohnortwahl Wien bereits ihr gegenüber schriftlich zugestimmt hatte und daher an sein Wort gebunden war.[287]

Wieck kann somit keinesfalls als der einzige Verursacher des Prozeßgeschehens angesehen werden, denn Schumann hatte sich vorher schon - da er sich aus seiner Zusage löste - seinerseits auf einen Prozeß zubewegt. Und hier muß umgekehrt einmal die Frage berührt werden, warum wollte Schumann unbedingt nach Leipzig zurück bzw. dort bleiben - die Zeitung war, wie er Clara gegenüber mehrfach betont hatte, kein zwingender Grund.[288] Er wußte, es würde nicht ohne Prozeß abgehen und damit zwangsläufig die Trennung von Vater und Tochter bedeuten sowie - zumindest aus der Sicht von 1839 - das Ende von deren europaweiter Karriere.

Der abschließenden Bewertung sei zusammenfassend noch einmal die gekürzte Auflistung der gegensätzlichen Positionen vom Mai/Juni 1839 vorangestellt: Auf Friedrich Wiecks Seite bleibt festzuhalten unter:

| | |
|---|---|
| Bedingung 1: | Wohnortfrage - Verteidigung der Position Claras bzw. seiner eigenen als Manager |
| Bedingung 2: | Receptitien - Verteidigung des Vermögens seiner Tochter Clara |
| Bedingung 3: | Beglaubigung von Schumanns Einkommen - Absicherung seiner Tochter bzw. der zu erwartenden Enkelkinder |
| Bedingung 4: | Ablehnung von Unterhaltsansprüchen bzw. von Kontaktaufnahme - Absicherung der Familie Wieck |
| Bedingung 5: | Pflichtteilsverzicht - Verteidigung der Interessen von Claras Geschwistern bzw. seiner zweiten Frau |
| Bedingung 6: | Hochzeitstermin - (unstrittig) |

[286] Doppelstrategie heißt hier: Einerseits ließ er sie im Glauben, es ginge nach Wien, und andererseits kreiste er - wie schon gezeigt wurde - schrittweise zunächst Sachsen und zuletzt Leipzig ein.

[287] Vgl. dazu Hartitzsch: „Auch steht der Frau das Recht zu, wenn sie sich in Betreff des Aufenthaltsorts bereits vor Schließung der Ehe besondere Bedingungen gemacht, von dem Ehemann zu verlangen, daß er solche erfülle." Hartitzsch, 1836, §80, S. 88/89. Die Wohnortbedingung konnte u.U. sogar zur Nichtigerklärung einer Ehe führen, „wenn der Mann die von der Frau vor der Ehe ausdrücklich gemachte Bedingung wegen des Aufenthalts=Orts arglistiger Weise, d.h. ohne durch die Nothwendigkeit dazu bestimmt zu werden, unerfüllt läßt." Vgl. Weber, 1829, Thl. II, Abthl. 3, §124, S. 1216, Anm. 18.

[288] BW II, S. 444 (16.3.1839). Vgl. auch Roberts Brief vom 13.3.1839, in dem er ebenfalls angedeutet hatte, „auch ohne Zeitung in Wien" bleiben zu wollen. BW II, S. 440.

Zusammenfassend ergibt sich, daß Wieck mit Bedingung 2 bis 5 die Position Claras bzw. seiner Familie vertrat, zu der er als Vater verpflichtet war. Mit der Bedingung 1 - der Wohnortfrage - vertrat er die Position Claras und gegebenenfalls seine eigene.

Für Robert Schumann bedeuteten die o.a. Forderungen Folgendes:

| | |
|---|---|
| Bedingung 1: | außerhalb Sachsens leben zu müssen bzw. seiner berühmten Frau in eine der Kunstmetropolen folgen zu müssen mit den o.a. Konsequenzen |
| Bedingung 2: | Verlust seiner ehemännlichen Rechte am Vermögen Claras |
| Bedingung 3: | Offenlegung seiner Einkommensverhältnisse durch einen neutralen [!] Notar bzw. Rechtsanwalt |
| Bedingung 4: | keine Unterhaltsansprüche stellen zu dürfen an die Familie Wieck |
| Bedingung 5: | Verzicht auf seine Rechte am Pflichtteil Claras aus dem Erbe Wiecks |
| Bedingung 6: | Hochzeitstermin - (unstrittig) |

Abschließend darf behauptet werden, daß Wieck von den Punkten 2 bis 5 keine Vorteile hatte. Es darf weiter behauptet werden, daß er versuchte, als Vater seine Pflicht zu erfüllen. Auf Schumanns Seite scheinen sich in bezug auf die Punkte 1 bis 5 Nachteile zu ergeben, allerdings nicht mehr für den Fall - und darauf fokussierte sich alles -, daß Clara, wie oben schon angedeutet, von ihrer Wohnortbedingung vom Frühjahr 1838 ablassen würde. In diesem - und nur in diesem Fall - würde keine der Wieck'schen Forderungen Bestand haben im Rahmen einer gerichtlichen Auseinandersetzung. Es bleibt festzuhalten, daß Schumann mit der Ablehnung der Bedingungen 1, 2 und 5 vor allem auf seinen Rechten als zukünftiger Ehemann beharrte, die ihm im Prozeßfall von seiten Wiecks nicht streitig gemacht werden konnten. Wieck war aus diesem Grund auf eine gütliche außerprozessuale Einigung angewiesen.

Bei näherer Betrachtung allerdings ist noch ein weiterer Gesichtspunkt hinzuzuziehen: Clara hätte auch zum Zeitpunkt ihrer Volljährigkeit - wie ihr Selbstverständnis als Eheweib mit an Sicherheit grenzender Wahrscheinlichkeit vermuten läßt - Schumann ohnehin ihr Vermögen bzw. ihre Zinsen überlassen, so daß er den Punkt 2 eigentlich hätte akzeptieren können. Darüber hinaus wäre er zum Einkommensnachweis gerichtlich ohnehin verpflichtet gewesen, wenn auch nicht unter den strengen, von Wieck geforderten Auflagen; und den Kontakt zum Hause Wiecks (Bedingung 4) wollte er nicht.[289] Punkt 6 (Hochzeitstermin) war unumstritten. Es blieben also Punkt 5 (Pflichtteilsverzicht) und Punkt 1 (Wohnortfrage).

Die Ablehnung des Verzichts auf den Nießbrauch am Pflichtteil seiner Frau erscheint unverständlich: Denn mit der Ablehnung dieses Punkts bestand er darauf, den

289 „...wenigsten warte ich wie gesagt nicht auf ihn [Wieck], wenn ich Deine Einwilligung so bald wie möglich nach Wien zu gehen, nur habe. Auch werde ich ihn nicht aufsuchen nirgends; er weiß mich zu finden." BW I, S. 139 (13.4.1838).

benachteiligten Geschwistern Claras einen Interessenausgleich zu verweigern. Es ist kaum vorstellbar, daß dieser Anspruch - zumal er sich auf einen Zeitpunkt in ferner Zukunft bezog, den er selbst oder auch Clara u.U. nicht würden erleben können[290] - ausschlaggebend für Schumanns pauschale Ablehnung der sechs Bedingungen gewesen sein kann. Bleibt als wichtigster Grund für die Ablehnung allem anderen voran die Wohnortfrage, die bereits eingehend und mit allen Konsequenzen behandelt wurde und die den harten Kern des Interessenkonflikts gebildet zu haben scheint. Robert Schumann konnte Punkt 1 - wie oben gezeigt - aus seiner Sicht nicht zustimmen. Bei Ablehnung dieser ersten Bedingung fielen ihm darüber hinaus zugleich die Vorteile anderer Punkte auch zu, die im Falle einer prozessualen Auseinandersetzung keine Rolle spielen würden, da es sich um die gesetzlich formulierten Rechte des Ehemanns handelte. Daß er ernstlich einen Prozeß vermeiden wollte, muß nach diesen Erkenntnissen zumindest in Zweifel gezogen werden.

Es soll hier nicht kritisiert werden, daß Robert Schumann auch um den Preis eines Prozesses seine Interessen vertrat. Aufgabe dieser Arbeit ist jedoch nachzuweisen, daß Friedrich Wieck nicht die alleinige Schuld an dem tragischen Konflikt aufgebürdet werden kann.

Zusammenfassend bleibt festzuhalten: Auf der Seite Wiecks ging es darum, die ihm aus seiner Vaterrolle erwachsenden Pflichten gegenüber seiner Familie zu erfüllen, und Sachsen als Wohnsitz im Interesse von Claras Karriere auszuschließen, eine Forderung, die sich in diesem Punkt mit seinen persönlichen Interessen gedeckt haben mag.[291] Auf der Seite Schumanns ging es vor allem um die ihm zustehenden ehemännlichen Rechte am Vermögen Claras, was allerdings - wie oben gezeigt wurde - bei näherer Betrachtung auch anders hätte gelöst werden können; weiterhin ging es um den Wohnsitz Leipzig/Sachsen. Ob Schumann allerdings unter dem Vorwand seiner ehemännlichen Rechtsansprüche den eigentlichen Zankapfel - Wohnort Leipzig/-Sachsen mit allen daraus erwachsenden Konsequenzen - verbarg und damit zwangsläufig auf einen Prozeß sowie unheilbaren Bruch zwischen Vater und Tochter zusteuerte, sei hier zur Diskussion gestellt. Daß Wieck umgekehrt unter dem Vorwand der Pflichterfüllung sein Interesse an der Laufbahn seiner Tochter Clara verbarg, die ja mit seiner eigenen verknüpft war, darf verneint werden, denn Wieck hatte dieses Interesse bereits mehrfach deutlich zum Ausdruck gebracht. Allein schon nach den bisherigen Ausführungen bedarf das Bild Friedrich Wiecks als einer rücksichtslosen Persönlichkeit, die aus starrsinnigem Egoismus auf einen Prozeß zusteuerte, dringender Korrektur.

---

[290] Friedrich Wieck hat Schumann um siebzehn Jahre überlebt.

[291] Die Verknüpfung der Wohnortbedingung an die eigene Lebenszeit - „solange *ich lebe und in Sachsen wohnen bleibe*" - Wieck wollte sich das aus seiner Sicht zu Erwartende offenbar nicht aus der Nähe ansehen müssen. Vgl. BW II, S. 517 (7.5.1839).

### I.3.2. Eskalation im Sommer 1839

Schumann hatte zwar erst am 2. Juni 1839 die Ehekonsensbedingungen Friedrich Wiecks in Händen, sich aber bereits vier Wochen zuvor mit dem oben schon erwähnten Juristen Herrmann in Verbindung gesetzt, was er Clara in seinem Brief vom 2. Mai wie folgt angekündigt hatte: „Zu heut Abend hab ich mir den Actuar Hermann bestellt daß er mir alle sächsischen Gesetzbücher mitbringt, damit ich Dir dann Alles sicher berichten kann. Auch will Hermann den hiesigen Appellationsrath befragen, natürlich ohne Namen zu nennen.“[292] Auf dieses Treffen geht er in seinem Brief vom 4. Mai detailliert ein:

„Tags vorher sprach ich schon mit Hermann ein Langes und Breites über die Maßregeln, die wir nehmen müßen - und Du kannst über alles so ruhig sein - H.[errmann] sagte ‘es wäre nicht daran zu denken, daß uns unser Gesuch verweigert würde - natürlich müßten wir aber Documente über unser Auskommen beibringen’ ... Dein Vermögen hab’ ich auch mit in Anschlag gesetzt, ebenfalls auf Hermann’s Versicherung, daß Dir da Dein V.[ater] nicht vorenthalten könnte; er rieth durchaus, daß wir diesen Gegenstand gleich bei unserer Eingabe an das Gericht mit zur Sprache brächten. Sage mir jetzt genau, liebe Clara, steht Dein Capital in Deines V. Büchern, oder in den Büchern des Banquiers *auf Deinen Namen*? Oder steht es im Geschäft Deines Vaters? Mit einem Worte, wo ist es? - Zwar schrieb ich Dir früher, wir müßten bei unserer Verheirathung von Deinem Geld nichts erwähnen - doch warum solltest Du Dein Dir redlich erworbenes, mit Deinen Händen erworbenes Eigenthum nicht zurückverlangen? Die Summe ist ja auch zu bedeutend.“[293]

An dieser Stelle müssen zwei Dinge festgehalten werden: Erstens, daß Schumann bereits hier auf eine gerichtliche Auseinandersetzung zugeht,[294] und zweitens, daß Schumann - nachdem der Wohnsitz Leipzig oder Dresden für ihn feststand - nun die Frage von Claras Vermögen in den Vordergrund rückte. Wiecks Bedingungen lagen zu diesem Zeitpunkt noch nicht vor.

Zwischen dem 4. und 19. Mai scheint Robert Clara eine Selbstmordabsicht angedroht zu haben, als sie - nicht zuletzt aufgrund ihrer finanziellen Situation, der Parisaufenthalt hatte sie einen großen Teil ihres Vermögens gekostet - ihren Entschluß mitteilte, noch einmal eine Konzertreise mit dem Vater zu unternehmen, um eine breitere finan-

[292] BW II, S. 510 (2.5.1839). Schumann spricht hier von seinem Freund Dr. jur. Friedrich August Herrmann, Advocat und Gerichtsassessor in Leipzig, später in Dresden. In der Regel hat Schumann den Namen seines Freundes mit einem „r“ geschrieben; in den Personenregistern der Schumann'schen Tagebücher, an denen ich mich in der vorliegenden Arbeit orientiere, ist Herrmann jedoch mit „rr“ aufgeführt. Vgl. dazu Tagebuch II, S. 614 sowie Tagebuch III, S. 869.

[293] BW II, S. 514 (4.5.1839). Vgl. dazu auch Schumanns Brief vom 2.5.1839 an Clara, aus dem hervorgeht, daß er sich mehrfach von Herrmann in der Prozeßangelegenheit beraten ließ. Vgl. BW II, S. 510.

[294] Vgl. dazu seine bereits oben zitierte Prozeßankündigung vom 18.9.1837; BW I, S. 27. Das ausführliche Zitat findet sich zu Beginn von Kapitel V.2. «Später hinzutretende Prägungen des Wieck-Images durch Robert Schumann». Vgl. weitere diesbezügliche Äußerungen Schumanns in Briefen an Clara: „Laß uns den Augenblick benutzen und vorwärts gehen und uns *schon jetzt* den Schutz des Gesetzes in Anspruch nehmen.“ BW I, S. 253 (7.10.1838). Vgl. ebenso BW I, S. 260 (9.10.1838).

zielle Basis für ihr gemeinsames Leben zu schaffen.[295] Mehrere Briefe wurden in diesem Zusammenhang vernichtet.[296] Ein Hinweis auf diese Selbstmordabsicht Roberts findet sich jedoch in seinem Brief vom 18.5.1839: „Zwar wollte ich mich noch vor einigen Tagen aus der Welt schaffen auf die schnellste Weise, wartete aber doch noch erst die Briefe ab. Sie erinnerten mich sehr an ein Mädchen, das ich einmal geliebt zu haben glaube."[297] Einen Tag später, am 19. Mai, schickte er an Clara den Klageentwurf (hier als „Gesuch" bzw. „Bitte" bezeichnet), ausgearbeitet von dem bereits mehrfach erwähnten Actuar Herrmann, verbunden mit Roberts wiederholter Nachfrage hinsichtlich ihres Vermögens.[298]

Nachdem Schumann nun die sechs Bedingungen Friedrich Wiecks in Händen hielt,[299] war also kaum zu erwarten, daß er zustimmen würde,[300] denn die Wohnortfrage stand seit spätestens März 1839 für ihn fest,[301] die Vermögensfrage spätestens seit Anfang Mai. Am 15. Juni 1839 unterzeichnete Clara die entscheidende Vollmacht für den Leipziger Anwalt Wilhelm Einert, die für einen Prozeß gegen den Vater notwendig war und die Robert ihr am 8. Juni bereits zugeschickt hatte. Am 30. Juni nun wandte er sich an Anwalt Einert mit besagter Vollmacht, der Schilderung von Wiecks Bedingungen und den Nachweisen über seine Einkommensverhältnisse, um konkrete Schritte für die Klage einzuleiten.[302] Der Brief an Einert dokumentiert, daß beide - Robert und Clara - diese Bedingungen ablehnten: „Auf diese Bedingungen (die letzte ausgenommen) konnten wir natürlich *nicht* eingehen und entschlossen uns daher, den Weg Rechtens gegen ihn zu ergreifen."[303] Eine Begründung für die Ablehnung enthielt der Brief nicht.

Daß Schumann nie die Absicht gehabt hat, sich mit Wieck gütig zu einigen, dokumentiert unter anderem ein Brief, der hier kurz behandelt werden soll.[304] Bereits am 19. Mai hatte er Clara zugleich mit dem Klageentwurf einen an den Vater adressierten Briefvorschlag geschickt, der den Vater noch einmal um Konsenserteilung bitten sollte und hier im Wortlaut zitiert werden muß:

„Noch einmal trete ich im Verein mit Klara vor Ihnen mit der Bitte um Ihre Einwilligung zu unsrer Verbindung nächste Ostern. Zwei Jahre sind seit meiner ersten Anfrage vorüber. Sie zweifelten, ob wir uns treu bleiben würden; wir sind es uns geblieben; nichts kann uns in unserem Glauben an unser zukünftiges Glück wankend machen.

---

295 BW II, S. 512 (2.5.1839).

296 Vgl. dazu Tagebuch II, S. 496, Anm. 343; Litzmann I, S. 327; Borchard, 1992, S. 221.

297 Vgl. BW II, S. 523 (18.5.1839).

298 BW II, S. 525 ff. (19.5.1839).

299 BW II, S. 539 (2.6.1839).

300 Wieck seinerseits hatte bereits angekündigt, daß er von diesen Bedingungen nicht abweichen werde: „Von meinen Bedingungen gebe ich Nichts nach." Vgl. BW II, S. 518 (7.5.1839).

301 Vgl. Roberts Brief an Zuccalmaglio vom 10.3.1839, Jansen NF, 2/1904, S. 147. Zitat im Kapitel I.3.1. «Die sechs Ehekonsensbedingungen Friedrich Wiecks im Mai 1839».

302 Vgl. Brief Robert Schumanns an Wilhelm Einert vom 30.6.1839; Jansen NF, 2/1904, S. 160.

303 Vgl. Schumanns Brief an Einert vom 30.6.1839, Jansen NF, 2/1904, S. 160.

304 Ein weiteres Dokument für diese Behauptung wird im Kapitel V.2. «Später hinzutretende Prägungen des Wieck-Images durch Robert Schumann» behandelt. Vgl. BW I, S. 24 ff. (18.9.1837).

Was ich Ihnen früher über mein Vermögen schrieb, war der Wahrheit getreu, es hat sich jetzt Alles noch günstiger und gesicherter gestellt; wir können der Zukunft getrost entgegen sehen. Hören Sie die Stimme der Natur; zwingen Sie uns nicht zum Aeußersten! In wenigen Tagen ist Klara's zwanzigster Geburtstag: geben Sie Frieden an diesem Tage; sprechen Sie das Ja aus. Wir bedürfen der Ruhe nach so fürchterlichen Kämpfen; Sie sind es Sich, Klara'n und mir schuldig. Mit Verlangen seh' ich Ihrer bestimmtesten Antwort entgegen. Ihr von Alters her noch immer anhänglicher und vertrauender R.S."[305]

Bei der Bewertung dieses Briefes ist zu berücksichtigen, daß dieser Anfragebrief als Nachweis eines gütlichen Einigungsversuchs formal unerläßliche Voraussetzung war, um die Klage einzuleiten und daher als Teil seiner Prozeßvorbereitungen einzuschätzen ist.[306] Auch ging es darin kaum um eine Konsensanfrage, da an die 'Bitte' eine Drohung geknüpft war - „zwingen Sie uns nicht zum Aeußersten!" -, d.h. einen Prozeß anzustrengen. Darüber hinaus dokumentieren die dazwischen liegenden Zeilen, daß Schumann nicht bereit war, auf die dem Streit zugrunde liegenden 'Geldansprüche' einzugehen, was sich hinter den Appellen 'Treue, Glaube, Natur' verbarg. Auf Claras Einwand hin, den Satz - „zwingen Sie uns nicht zum Aeußersten!" nicht zu schreiben,[307] lesen wir am 24. Juni, welchen Brief Robert tatsächlich an Wieck abgeschickt hat:

„Verehrtester Herr, Klara schreibt mir, Sie wünschten selbst, daß wir zu einem Ende gelangten; ich biete gern die Hand zum Frieden. Theilen Sie mir Ihre Wünsche mit; was davon zu erfüllen in meinen Kräften steht, bin ich mit Freuden zu thun bereit. Schweigen Sie bis heute über acht Tage auf meine Anfrage, so nehme ich es als Ihr bestimmtes Nein der Weigerung.
Ihr ergebenster R.S."[308]

Der Brief dokumentiert, daß Schumann in diesem Moment wußte, daß er über Wiecks Bedingungen nicht mehr zu verhandeln brauchte, denn Clara hatte bereits die Vollmacht an Einert zur Klageeinreichung unterschrieben. Auf dem Wege eines Prozesses würden ihm aller Wahrscheinlichkeit nach Clara zugesprochen, und damit auch ihr Vermögen sowie ihr Pflichtteil. So erklärt sich seine freudige Reaktion am 2. Juni, dem Tag, als er die sechs Bedingungen Wiecks von Clara erhalten hatte:

„Nun ich aber Deines Vaters Brief vor mir habe, ist es mir wieder wohl zu Muthe; hat man das Gesicht seines Feindes einmal vor Augen, so kämpft es sich leicht - Mit einem Wort, Du glaubst kaum, wie wenig mich der Brief Deines V. berührt hat; was ich darauf empfand, war wirklich wahres Mitleiden mit ihm
Ueber Einiges hätte ich aber geradzu lachen mögen; das Mitleiden war aber überwiegend. ... stelle Dich mit Deinem Vater wegen der einzelnen Puncte *ganz wie Du willst* - bleibe es nur dabei, ..., daß Du mir vorher Deine Unterschrift zum Schreiben an das Gericht schickst ..."[309]

---

[305] BW II, S. 529/30 (19.5.1839).

[306] Das gleiche galt für die Tochter. Vgl. BW II, S. 525 ff. (19.5.1839).

[307] BW II, S. 535 (27.5.1839).

[308] BW II, S. 595 (24.6.1839).

[309] BW II, S. 539 (2.6.1839). Diese Anheimstellung wurde von Schumann weiter unten im Brief eingeschränkt. Vgl. BW II, S. 540/ 41. Daß Clara seine diesbezügliche Ansicht bereits kannte, geht aus seinem Brief vom 19.5.1839 hervor: „Thue wie Du willst in dieser Sache [Vermögen]; nur

Die bisherigen Ausführungen über den juristischen Kontext belegen, daß Wieck mit seinen Bedingungen - und das waren hauptsächlich finanzielle Regelungen zugunsten Claras und seiner übrigen Kinder - auf einen Verhandlungsweg, d.h. eine gütliche Einigung, angewiesen war, vor allem mit seiner Tochter Clara, die zustimmen mußte. Auf dem Wege eines Prozesses konnte er diese Forderungen gar nicht durchsetzen, und sie haben im Verlauf des Prozeßgeschehens - ausgenommen der Einkommensnachweis - keine Rolle gespielt. Schumann dagegen brauchte einen Prozeß, wenn er seine Ansprüche - und zwar uneingeschränkt - durchsetzen wollte, einen Prozeß, der ihm auf den Schienen der vorgeformten rechtlichen Bestimmungen alles einbringen würde - immer vorausgesetzt, er hatte Claras Unterschrift, er könne ein ausreichendes Einkommen nachweisen und Wieck gelänge es nicht, anderweitige erhebliche Verweigerungsgründe geltend zu machen.[310]

Im folgenden gilt es, die Rolle Claras zu beschreiben, in der Entwicklung vom 23. Mai 1839, dem Tag, an dem sie offensichtlich von den Bedingungen des Vaters Kenntnis hatte, bis zum 9. Juni 1839, dem Tag, an dem sie dem Vater mitteilte, daß sie seine sechs Bedingungen ablehnen würde. Zunächst faßte sie diese Bedingungen als Einwilligung auf.[311] Im folgenden Brief detaillierte sie, daß sie sich dem Vater gegenüber nicht mit der Wohnortbedingung - von der sie ja wußte, daß sie Roberts Wünschen folgen mußte - wohl aber mit der zweiten und fünften (Vermögen und Pflichtteil) „zufrieden“ gezeigt habe.[312] Möglicherweise ist aber auch ihre Zustimmung zu Roberts Klageentwurf im selben Brief als ein generelles Anheimstellen zu bewerten. Ihre Haltung im Hinblick auf eine in Aussicht genommene Wienreise bestätigt diese Interpretation: „Du meinst also, ich soll nicht nach Wien gehen? ich dachte es doch gut, aber wenn Du nicht meinst, nun so gehe ich nicht…“[313]

Es wundert nicht, daß diese sich unter anderem in obigem Brief ausdrückende Haltung Robert gegenüber am 9. Juni 1839 in einem Brief an den Vater zu ihrer Ablehnung sämtlicher Bedingungen führte,[314] schließlich am 15. Juni zu ihrer Unterschrift unter die Vollmacht zur Klageeinreichung gegen den Vater[315] - sowie wenig später zu der Reaktion Wiecks, über die sie Robert am 2. Juli berichtete, einen Brief der Mutter zitierend: Wieck fühle sich aufgrund ihrer Ablehnung nun seinerseits nicht mehr an seine Versprechungen gebunden, die ja nur an diese Bedingungen geknüpft seien. Er wolle ihr Kapital einbehalten als „geringe Entschädigung für die Opfer,“ welche er Clara gebracht habe.[316]

nicht, daß Du so ohne weiteres Deinen Anspruch darauf aufgäbest. […] Es wäre mir das schmerzlich um Deinetwillen, wenn Du das wegen mir verlieren solltest; ich muß doch darauf sehen, daß Dir meiner guten Klara immer ihr Recht geschieht.“ Vgl. BW II, S. 527 (19.5.1839).

[310] Vgl. dazu Kapitel II.3. «Konsensverweigerung aus erheblichen Gründen».

[311] BW II, S. 532 (23.5.1839).

[312] BW II, S. 536 (27.5.1839).

[313] BW II, S. 536 (28.5.1839).

[314] BW II, S. 565 (11.6.1839).

[315] BW II, S. 572 (15.6.1839).

[316] BW II, S. 610 (2.7.1839).

Wieck hatte zu diesem Zeitpunkt, im Juli 1839, offensichtlich vor - da Clara den Pflichtteilsverzicht nicht unterzeichnet hatte -, sie auf dem Wege der Einbehaltung ihres Vermögens zu zwingen, ihren Geschwistern das ihnen seiner Ansicht nach Zustehende zu erstatten. Diese Handlungsform darf nicht als Teil einer langfristigen Strategie bewertet werden, vielmehr als der hilflose Versuch eines Vaters, der einsehen mußte, daß er im Mai 1839 die Situation verkannt hatte. Seine Unterschrift unter die sechs Bedingungen dokumentiert, daß er Clara das Kapital nicht nehmen wollte, denn er hatte es ausdrücklich als ihr Vermögen bezeichnet. Die Unterschrift dokumentiert weiterhin, daß er nicht davon ausgegangen war, Clara würde den Geschwistern den Interessenausgleich verweigern und beides fordern, ihr Kapital und ihr Erbe, denn dann hätte er diese Bedingungen anders formuliert. Er hatte blindes Vertrauen in die Tochter gesetzt.

Die spätere Ankündigung, Claras Vermögen einbehalten zu wollen, erscheint vor diesem Hintergrund als verzweifelter Versuch, doch noch einen Interessenausgleich zwischen seinen Kindern zu erzwingen, nun allerdings ohne jede rechtliche Grundlage, also zu spät. Wieck war zu diesem Zeitpunkt ein enttäuschter und verbitterter Vater. Das erklärt die Härte und Ziellosigkeit seiner Reaktion. Was sie keinesfalls belegt, ist Geldgier und Egoismus.[317]

In Claras Reaktion darauf spiegelt sich ein Hin und Her. Zunächst heißt es: „Was mein Kapital betrifft so meine ich sollen wir nobler sein als der Vater und es ihm lassen, das ist die beste Strafe, daß der Vater so unedel sein konnte; ich wenigstens erwähne nichts wieder davon. Schmerzlich ist es denn doch, daß ich das Wenige was ich mir in Jahren verdient auf *solche* Weise nehmen lassen muß!"[318] Weiter unten scheint sie nach wie vor auf den Pflichtteil verzichten zu wollen, indessen - ihre 'noble' Position verlassend - Überlegungen anzustellen, wie ein Nachweis über ihr Kapital geführt werden könnte, um am Schluß die bereits oben beobachtete Haltung des Anheimstellens einzunehmen:

„Und noch wegen der Erbschaft: sey mir nicht bös, ich kann aber keine Ansprüche darauf machen, daß wäre doch, glaub ich, nicht recht von mir, wenn ich meinen Geschwistern Etwas entziehen wollte, die der Vater um Meinetwillen vernachlässigen mußte, und dann würde auch so wenig auf meinen Theil kommen daß es besser ist ich erwähne davon nichts, es würde auch nichts helfen, denn wenn ich mich mit Dir vereinige ohne seine Einwilligung, so enterbt er mich *jedenfalls*, und was könnte ich denn thuen? das wäre eine zu große Demüthigung. Uebrigens hoffe ich nun ganz gewiß, daß er sich doch noch mit uns versöhnt und sollte er noch reich werden,[319] so

[317] Vgl. dazu die Bewertung dieser Einbehaltung im Kapitel II.6. «Strategien und Verhalten während des Prozesses». Daß Schumann diesen 'Fehler' seines Schwiegervaters in spe sofort erkannt hatte, belegt sein Brief vom 2.6.1839; BW II, S. 539. Ebenso sein Brief vom 12.7.1839: „Schicke mir *gleich* den *Schluß* des Briefes von Deinem Vater vom 7ten Mai (wo ich den Anfang habe); seine Unterschrift könnte wichtig werden. Er soll Dir doch nicht Dein Geld so ohne Weiteres nehmen wollen. Und in diesem Brief steht es klar, daß Dir das Geld ist." BW II, S. 640. Vgl. auch BW II, S. 834 (30.12.1839).

[318] BW II, S. 610/11 (2.7.1839).

[319] Diese Äußerung Claras bezieht sich auf einen oben schon zitierten Brief, in dem Robert seiner Braut nahe gelegt hatte, auf keinen Fall auf ihren Pflichtteil zu verzichten. BW II, S. 604/5 (27.6.1839). Das ausführliche Zitat findet sich im Kapitel I.2.2. «Rechte und Pflichten der Ehegatten».

wird er mich nicht vergessen. Zwingen kann ich ihn *keinenfalls* zu irgend Etwas, auch nicht zu den 2500 cf. die mir noch gehören, da ich keine schriftliche Versicherung seinerseits davon in Händen hab, und ich noch nicht mündig bin, und vor der Mündigkeit der Vater Recht hat auf das was ich verdiene, doch kannst Du es allerdings bei Gericht mit erwähnen, und willst Du so bin ich Alles zufrieden, nur von der Erbschaft lass uns nichts erwähnen."[320]

Dieser letzte Satz ist allerdings in diesem Fall als Prätention zu bewerten, denn ihre Handlungsformen belegen, daß sie dem Vater gegenüber in ihrem Brief von 9. Juni auch seine fünfte Bedingung (Pflichtteilsverzicht) bereits abgelehnt hatte: „Deine Bedingungen habe ich nicht unterschrieben, und ich sage Dir, ich unterschreibe sie *nie*, dazu hab ich zu viel Ehrgefühl; überhaupt wie konntest Du denken, daß ich eine Schrifft unterschreiben würde, in der lauter Schlechtigkeiten des Mannes stehen, den ich liebe? [...] zu so Etwas bringst Du mich *nie*."[321]

Derartige Beleidigungen von Seiten Wiecks sind jedoch in dem uns vorliegenden Dokument - dem Brief mit seinen sechs Ehekonsensbedingungen - nicht ersichtlich. Die einzige Äußerung, die in diese Richtung weisen könnte, ist Wiecks Behauptung, daß Schumann nie eine feste Anstellung haben würde. Dazu muß auf die Tatsache hingewiesen werden, daß er eine solche bis zu diesem Zeitpunkt und auch in den kommenden Jahren - ausgenommen die problematische Düsseldorfer Zeit - nie hatte.

Auch diese Äußerung Claras ist als - vielleicht naiver - 'Nebelwerfer' zu bewerten, hinter dem sich die nüchterne Tatsache verbirgt, daß Clara beides, sowohl Vermögen als auch Pflichtteil, forderte. Denn ihr 'Ehrgefühl' hätte ihr durchaus auch erlauben können, zugunsten ihrer durch sie benachteiligten Geschwister auf den Pflichtteil zu verzichten. Davon unberührt wäre ihr die Möglichkeit geblieben, zugleich etwaigen Beleidigungen und Kränkungen in bezug auf ihren Bräutigam energisch entgegenzutreten.[322] Wie groß die Kluft in der Beziehung zwischen Vater und Tochter seit März 1838 geworden war, zeigt die Klage Claras über ihn in dem oben schon teilweise zitierten Brief vom 2. Juli 1839, in welchem sie auch Wieck selbst zu Worte kommen läßt:

„Eine Stelle die mich so sehr gekränkt hat in Vaters Brief theile ich Dir mit, damit Du nur siehst wie lieblos er jetzt ist. Er schreibt ohngefähr: 'doch meine Liebe bewies ich stets durch Thaten nicht durch *Worte*. Ich muß Dich daher auch recht sehr bitten, mir nicht in Deinen Briefen Deine Liebe und Dankbarkeit zu versichern, Du weißt wie sehr ich Worte hasse, und wenn sie noch so schön sind - ich liebe nur *die Thaten*, und ein Mensch, der keine Thaten hat, gilt in meinen Augen gar nichts. So warst Du sonst nicht - warum immer das Schöne im Munde führen und nicht handeln? das hast Du von mir nicht gelernt - ... Ich kenne nur ein thätiges Christenthum und verachte eine Tugend aus Wörtern tief."[323]

---

320 BW II, S. 613 (2.7.1839).

321 BW II, S. 565 (11.6.1839). Sie hat tatsächlich nie unterschrieben. Statt dessen machte sie nach Wiecks Tod eine nicht unerhebliche Erbschaft. Wieck hat sie nicht enterbt. Vgl. Kapitel III.3. «"Tempora mutantur": Verhalten Friedrich Wiecks nach dem Prozeß».

322 Vgl. dazu den vollständigen Brief Friedrich Wiecks vom 7.5.1839, BW II, S. 517/18.

323 BW II, S. 615 (2.7.1839).

Es darf als sicher gelten, als 'Tat 'bzw. 'unterlassene Tat' hat Wieck die verweigerte Unterschrift unter den Pflichtteilsverzicht zugunsten ihrer Geschwister gesehen. Daß Clara diesen Vorwurf als Kränkung auffaßte, ist ein Hinweis auf ihre zu diesem Zeitpunkt bereits gänzlich verzerrte Perspektive. Sie hatte die Schumann'schen Negativbewertungen ihres Vaters übernommen und war für dessen Haltung ihren Geschwistern gegenüber blind. Diese letzten Briefzitate dokumentieren, wie tief - im Vergleich zum Frühjahr 1838 - Vater und Tochter einander entfremdet worden waren.[324] Darüber hinaus waren die Fronten zu diesem Zeitpunkt so verhärtet, daß ein Einigungsversuch nicht mehr erwartet werden konnte.

Die abschließende Bewertung der im Rahmen der Eskalation dargestellten Vorgänge zeigt: Erstens hatte Wieck kein Interesse an einem Prozeß, sondern war vielmehr auf eine gütliche Einigung angewiesen, die einen Konsens nach sich gezogen hätte. Damit soll keinesfalls behauptet werden, Wieck war ein Mann ohne Fehler. Zweitens beruht die einseitige Schuldzuweisung für das Zustandekommen des Prozesses nicht auf Tatsachen, sondern darauf, daß vor allem die Perspektive Schumanns übernommen wurde und gelegentlich auch die von Clara, welche sich zu diesem Zeitpunkt nicht mehr von derjenigen Roberts unterschied.[325] Die vorliegende Arbeit ist als Beitrag zu verstehen, bisher nicht berücksichtigte Tatsachen zu ergänzen bzw. die zugrundeliegende Interessenlage zu analysieren.

---

[324] Vgl. dazu Claras Brief vom 3.3.1838. BW I, S. 108 ff. Das Zitat findet sich am Anfang des Kapitels I.3.1. «Die sechs Ehekonsensbedingungen Friedrich Wiecks im Mai 1839».

[325] Darauf wird noch in Kapitel IV. «Rezeption des Prozesses» sowie in Kapitel V. «Das Image Friedrich Wiecks» zurückzukommen sein.

# II. Der Prozeß 1839/40

## II.1. Verfahren und Prozeßverlauf

Im folgenden werden einige verfahrensrechtliche Aspekte erörtert, die im Hinblick auf den hier behandelten Ehekonsensprozeß von zentraler Bedeutung waren. Es wird sich zeigen, daß der konkrete Prozeßverlauf in allen Details dem regulären Verfahren bei Ehekonsensstreitigkeiten entsprach und daher einige sich mit der gerichtlichen Auseinandersetzung befassende Darstellungen dieser Kontroverse einer Richtigstellung bedürfen.

Nach königlich-sächsischem Recht hatte die Ehe zu ihrer Gültigkeit zwei gesetzliche Erfordernisse, das Aufgebot und die kirchliche Trauung.[1] Ein diesbezügliches Gesetz - das «Regulativ wegen des Aufgebots und der Trauung» vom 15. Januar 1808 - definierte die gesetzlich vorgeschriebene Eheschließungsform: Dem obligatorischen Aufgebot hatte ein Gespräch mit dem zuständigen Pfarrer vorauszugehen, bei dem in der Regel die Trauung stattfinden sollte. Ziel dieser Unterredung war insbesondere die Feststellung möglicher Ehehindernisse, etwa des Mangels der elterlichen Einwilligung. Dabei hatte der Geistliche nicht nur kirchliche, sondern auch gesetzliche Hindernisse zu berücksichtigen.[2]

Sollten sich bei dieser Vorerörterung zwischen Pfarrer und Verlobten keine Ehehindernisse herausstellen, konnte das Brautpaar aufgeboten werden.[3] Zweck des in der Regel dreimaligen Aufgebots war es, neben der Fürbitte für die Verlobten durch öffentliche Bekanntgabe der Heiratsabsicht Dritten die Möglichkeit zu geben, bis zu diesem Zeitpunkt noch unbekannte oder verheimlichte Ehehindernisse aufzudecken.[4] Da die Eltern ihre Einwilligung in die Ehe der Kinder nicht ausdrücklich zu erklären hatten, sondern ihren Konsens auch in Form einer stillschweigenden Erklärung erteilen konnten, mußten sie spätestens beim öffentlichen Aufgebot ihre Abneigung gegen die

---

1 Weber, 1845, II.1. §32, S. 123. Diese beiden kirchlichen Handlungen waren konstituierende Elemente einer rechtsgültigen Eheschließung, da es in Sachsen um 1840 - anders als beispielsweise in Holland - keine sog. „Civilgesetzverbindungen" gab. Vgl. Ziehnert, 1826/27, §125, S. 243.

2 «Regulativ wegen des Aufgebots und der Trauung» vom 15.1.1808, §1 (III.C.C.A.I. 164). Im Rahmen seiner Untersuchung hatte er folgende Aspekte zu erörtern: 1) die Identität der Verlobten, 2) mögliche Verwandtschaftsverhältnisse zwischen den Verlobten, 3) das Vorliegen der elterlichen bzw. großelterlichen Einwilligung in die Ehe der Kinder resp. Enkel, 4) das Vorliegen der Ehefähigkeit, d.h. des gesetzlichen Heiratsalters der Verlobten, 5) eventuelle vorherige Eheverbindungen, 6) mögliche, in der Person eines Verlobten begründete Ehehindernisse wie Militärpflicht, Wahn- oder Blödsinn, Taubstummheit.

3 Dieses hatte i.d.R. an drei aufeinanderfolgenden Sonntagen vor versammelter Gemeinde zu geschehen. Vgl. «Regulativ wegen des Aufgebots und der Trauung» vom 15.1.1808, §31.

4 Hartitzsch, Eherecht, 1836, §66, S. 66. Das Aufgebot diente somit auch als „perem[p]torische Aufforderung", eventuell der Ehe entgegenstehende Umstände rechtzeitig, d.h. vor der Trauung anzuzeigen, da derartige Einwände andernfalls 'vernichtet', d.h. später nicht mehr berücksichtigt werden konnten. Vgl. Weber, 1845, II.1, §32, S. 125/6.

eheliche Verbindung bzw. Konsensverweigerung deklarieren, denn andernfalls konnte aufgrund der Bekanntgabe der Heiratsabsicht ihre Zustimmung vermutet werden.[5]

Sofern dagegen während des Aufgebots keine gesetzlich zu berücksichtigenden Hindernisse offenkundig wurden, konnten die Verlobten sich kirchlich trauen lassen und damit das zweite wesentliche Erfordernis für die Rechtsgültigkeit der Ehe erfüllen.[6] Nach erfolgter Trauung traten alle bereits oben dargestellten bürgerlichen und gesetzlichen Regelungen der Ehe in Kraft.[7] So weit zum konfliktlosen Ablauf einer Eheschließung.

Sollten sich jedoch bereits im Rahmen des Vorgesprächs zwischen Pfarrer und Verlobten oder während des Aufgebots Ehehindernisse herausgestellt haben, hatte der Geistliche - je nach Art des Hindernisses[8] - entweder der vorgesetzten Behörde durch den Superintendenten Anzeige zu erstatten oder die Verlobten unmittelbar an das zuständige Bezirksappellationsgericht zu verweisen.[9] Letzeres war insbesondere dann der Fall, wenn die Eltern den von ihnen geforderten Ehekonsens verweigerten.[10] Der Mangel der elterlichen Einwilligung war ein sog. vernichtendes Ehehindernis, welches die Schließung der Ehe nicht nur verhindern, sondern u.U. eine bereits geschlossene Ehe wieder aufheben konnte.[11] Daraus ergaben sich für die Heiratswilligen zwei Konsequenzen: Die Kinder durften sich also nicht über den elterlichen Willen hinwegsetzen und trotzdem heiraten. Auch konnten sie nicht einfach bis zu ihrer Mündigkeit warten, denn gemäß §7 des Regulativs vom 15. Januar 1808 war der elterliche Ehekonsens auch über die Volljährigkeit der Kinder hinaus obligatorisch.[12] Wollten sie

---

5 Hartitzsch, 1836, §46, S.44; Weber, 1829, II.3., §124, S. 1114. Insofern bestimmte das königlich-sächsische Recht eine detaillierte Regelung der Aufgebotsorte, die sich insbesondere am Wohnort bzw. dem wesentlichen Aufenthaltsort der noch lebenden Eltern orientierte und dort das Aufgebot vorschrieb, um letzteren so die Möglichkeit zum Widerspruch zu bieten. Vgl. Regulativ vom 15.1.1808, §§23-30. Vgl. dazu die ausführliche Darstellung bei Weber, 1845, §32, S. 126, Anm. 19 und §33, S. 131-137.

6 Kirchenordnung vom 1.1.1580, Titel «Von der Trauung»; Regulativ vom 15.1.1808. Zentraler Akt der kirchlichen Trauung war die Erklärung des gegenseitigen Ehewillens von Braut und Bräutigam vor versammelter Gemeinde bzw. vor Pfarrer und Zeugen, sowie die darauffolgende priesterliche Einsegnung. Die Zuständigkeit des Pfarrers richtete sich i.d.R. nach dem wesentlichen Aufenthalts- bzw. Wohnort der Braut. Regulativ vom 15.1.1808, §33. Vgl. zu den Folgen bei Nichtbeachtung dieser Regelung Decisio 49 v. 1661. (C.A.I. 319).

7 Vgl. Kapitel I.2.2. «Rechte und Pflichten der Ehegatten».

8 Vgl. Hartitzsch, 1836, §26, S. 24.

9 »Verordnung, Anweisungen für die Geistlichen in Beziehung auf Verlöbnisse und Ehesachen enthaltend» vom 31.3.1835. G.V.Bl. Nr. 40, S. 234. Hier Ministerialverordnung vom 31.3.1835, unter Nr. 3).

10 Prinzipiell war nach königlich-sächsischem Recht der Ehekonsens beider Elternteile erforderlich. Im Falle einer Meinungsverschiedenheit zwischen den Eltern war jedoch die Stimme des Vaters ausschlaggebend. Vgl. Regulativ vom 15.1.1808, § 8. Vgl. auch Hartitzsch, 1836, §44, S. 42.

11 Vgl. Hartitzsch, 1836, §26, S. 24; §35, S. 30f; §44 ff, S. 41 ff. Danach hatten die Eltern bei Vorliegen von erheblichen Verweigerungsgründen sogar die Möglichkeit, eine gegen ihren Willen geschlossene Ehe der Kinder für nichtig erklären zu lassen. Darüber hinaus konnten sie den Töchtern die Ausstattung verweigern und die Kinder teilweise oder - je nach Verweigerungsgrund - gänzlich enterben. Vgl. dazu Hartitzsch, 1836, §49, S. 48f.

12 Diese Regelung findet sich bereits in der Kirchenordnung von 1580 (C.A.I. 536-543) sowie in der Eheordnung von 1624, (C.A.I. 1019-1030). Vgl. auch Berger, 1805, Bd. V, S. 84 bzw. 283.

ihren Ehewunsch dennoch auf legale Weise durchsetzen, hatten die Heiratswilligen sich an die kompetente Behörde zu wenden und auf Supplierung, d.h. gerichtliche Ergänzung des elterlichen Ehekonsenses, zu klagen.[13]

Durch die Reformgesetze von 1835 fand eine entscheidende Veränderung bezüglich der Ehegerichtsbarkeit statt.[14] Mit dem Ende der Konsistorialgerichtsbarkeit wurden die zu den sog. «Ehesachen» gehörenden «Verlöbnisstreitigkeiten» - also auch Klagen auf Supplierung des verweigerten elterlichen Konsenses - den weltlichen Justizbehörden übertragen.[15] Neben der Einschränkung der kirchlichen Machtbefugnisse und der damit verbundenen Verweltlichung bzw. Verstaatlichung des Eheschließungsrechts bewirkte diese Gesetzesänderung eine „Verstärkung des staatlichen Einflusses auf die Ausübung des elterlichen Konsensrechtes."[16] Es bestand die Tendenz zu einer Beschränkung der elterlichen Rechte und Interessen zugunsten der Ehewilligen.[17] Darüber hinaus ließe sich in diesem Zusammenhang von einer Verbürgerlichung der Ehe sprechen. Das Modell der 'Liebesheirat' gewann gegenüber der 'Vertragsehe' zunehmend an Bedeutung, wenn auch bestimmte Ehehindernisse - wie z.B. ein zu großer Standesunterschied[18] - nach wie vor das Recht auf freie Partnerwahl einschränkten.

---

13 Vgl. Hartitzsch, 1836, §26; Osterloh, 1847, §133, S. 361. Vgl. dazu ausführlich Kapitel II.2. «Klage auf Supplierung des elterlichen Ehekonsenses».

14 Gemeint sind in diesem Zusammenhang insbesondere folgende Gerichtsorganisationsgesetze: «Gesetz A. über Kompetenzverhältnisse zwischen Justiz- und Verwaltungsbehörden» vom 28.1.1835; G.V.Bl. Nr. 17, S. 55. «Gesetz B., die Justizbehörden und den Instanzenzug in Justizsachen betreffend» vom 28.1.1835; G.V.Bl. Nr. 18, S. 62. «Gesetz C. über privilegierte Gerichtsstände und einige damit zusammenhängende Gegenstände» vom 28.1.1835; G.V.Bl. Nr. 19, S. 75. Im Rahmen der Trennung von Verwaltungs- und Justizsachen (Gesetz A) ging mit der Aufhebung des Oberkonsistoriums und des Konsistoriums zu Leipzig deren Gerichtsbarkeit in Ehesachen auf die ordentlichen Gerichte über, vor denen nun grundsätzlich alle privatrechtlichen Streitigkeiten verhandelt wurden. Gesetz B begründete neue obere Gerichte - das OAG Dresden als oberste Instanz für das gesamte Land und die vier Appellationsgerichte in Dresden, Leipzig, Zwickau und Bautzen als Mittelgerichte - und schrieb einen festen Drei-Instanzenweg vor. Gesetz C hob bestimmte privilegierte Gerichtsstände und deren besondere Gerichtsbarkeit wie z.B. in Kirchen-, Schul- und Ehesachen auf. Vgl. Schmidt, 1966, S. 298-311.

15 Vgl. Osterloh, 1847, §130 ff., S. 356 ff. Vgl. auch Weber, 1843, §30, S. 93 sowie §31, S. 101.

16 Kleinheyer, 1979, S. 247; Kleinheyer bezeichnet dieses Phänomen als „Teilaspekt einer Intensivierung staatlicher Kontrolle der elterlichen Gewalt."

17 D.h. letztlich zugunsten des zukünftigen Schwiegersohns, von dem die Frau bezüglich ihrer Person und ihres Vermögens aufgrund der ehelichen Vormundschaft nach wie vor abhängig war. Hier stellt sich allerdings die Frage, ob eine derartige Begünstigung der Heiratswilligen staatlicherseits, bei der scheinbar die Orientierung am Kindeswohl dominiert, im Falle der Tochter tatsächlich einen Gewinn an persönlichen Rechten bedeutete oder u.U. eher die Gefahr, eine schützende - meist väterliche - Autorität zu verlieren, die i.d.R. bemüht war, die Interessen der Tochter bestmöglich zu vertreten.

18 Vgl. dazu Hartitzsch, 1836, §47, S. 45. Hartitzsch erwähnt einen zu großen Standesunterschied nach wie vor als Konsensverweigerungsgrund.

Ehestreitigkeitsverfahren gehörten zur Gruppe der sog. «bestimmten summarischen Prozeßarten»,[19] deren verfahrensrechtliche Charakteristika im Hinblick auf die für den vorliegenden Fall relevanten Aspekte kurz dargestellt werden sollen: Zum einen trat eine Verkürzung der Fristen ein, zum andern wurden bestimmte, teilweise vom ordentlichen Prozeß abweichende, Normen festgelegt, die je nach Qualität des Streitgegenstandes und der Prozeßart als angemessen erachtet wurden.[20] Bezüglich der Eheprozesse bedeutete das konkret:

1. Im Gegensatz zu dem sonst üblichen Drei-Instanzenzug fand bei Ehesachen lediglich ein zweifacher Instanzenzug statt und bewirkte damit eine Beschleunigung des Verfahrens.[21] Kompetentes Ehegericht war in erster Instanz das jeweilige Bezirksappellationsgericht.
2. Im Sinne einer Streitschlichtung hatten bei Eheprozessen grundsätzlich zwei Termine dem eigentlichen gerichtlichen Verfahren vorauszugehen: Ein «Sühneversuch» bei dem zuständigen Pfarrer[22] und der sog. «Gütetermin», welcher beim Appellationsgericht selbst abgehalten wurde.[23] Bei beiden Vorgängen war die persönliche Anwesenheit der beteiligten Prozeßparteien obligatorisch.[24]

Im Fall einer Klage auf Supplierung des verweigerten elterlichen Konsenses war jedoch der Sühneversuch nicht zwingend notwendig, sondern fand lediglich nach Ermessen und auf Anordnung des Ehegerichts statt.[25] Dieser Punkt wurde im hier behandelten Verfahren zum Gegenstand erheblicher Auseinandersetzungen und führte zu einer über den regulären Ehekonsensprozeß hinausgehenden, verfahrensrechtlichen Debatte zwischen den Prozeßparteien und den zuständigen Gerichten: Wieck verlangte aufgrund der Tatsache, daß er zum ersten Sühnetermin geschäftlich verhindert gewesen sei, die Anberaumung eines weiteren Sühneversuchs. Diesem Einspruch Wiecks wurde von Seiten des AG Leipzig mit Hinweis auf die oben genannte Ermessensregelung nicht statt gegeben.

Nach Scheitern des Sühneversuchs hatte der Pfarrer ein entsprechendes Sühnezeugnis auszustellen, welches dem Gericht ungeöffnet eingereicht werden mußte.[26] Ziel des Gütetermins vor dem Appellationsgericht war ebenfalls, vorab zu einem Vergleich,

[19] «Verordnung, die Ausführung innenbemerkter Gesetze betreffend» vom 28.3.1835; G.V.Bl. Nr. 36, S. 212. Hier §34 der Verordnung vom 28.3.1835. Dieses summarische Verfahren wurde aber auch bereits früher in der Konsistorialgerichtsbarkeit angewendet. Vgl. Weber, 1843, §31, S. 107.

[20] Osterloh, 1847, §1, S. 2; §6, S. 9.

[21] Gesetz C. vom 28.1.1835, §59 und Gesetz B. vom 28. Januar 1835, §15, sowie Verordnung zu diesen Gesetzen vom 28.3.1835, §14. Vgl. Weber, 1843, §30, S. 94.

[22] Gesetz C. vom 28.1.1835, §56; Vgl. Osterloh, 1847, §136, S. 366.

[23] Gesetz C. vom 28.1.1835, §55. Vgl. Osterloh, 1847, §140, S. 376.

[24] Das ergibt sich sinngemäß aus Gesetz C. vom 28.1.1835, §§55, 56 sowie aus §18 der «Verordnung, die Anwendung einiger Bestimmungen in den Gesetzen vom 28sten Januar 1835 über höhere Justizbehörden und privilegirte Gerichtsstände betreffend» vom 9.4.1836; G.V.Bl. Nr. 19, S. 85. Vgl. auch Osterloh, 1847, §135, S. 365 sowie §140, S. 376, Anm. 2.

[25] Das folgt aus dem Gesetz C. vom 28.1.1835, §56, in dem nur von Ehescheidungsursachen die Rede ist. Vgl. auch Osterloh, 1847, §136, S. 367.

[26] «Verordnung, in Bezug auf das Verfahren der Pfarrer bei dem von ihnen in Ehesachen vorzunehmenden Sühneversuch» vom 9.7.1835; G.V.Bl. Nr. 78, S. 402, sub 1).

d.h. einer gütlichen Einigung der Parteien, zu gelangen. Im Rahmen eines summarischen Verfahrens forderte daher das Ehegericht auf der Grundlage der eingereichten Klage und des vorliegenden Sühnezeugnisses vom Beklagten eine 'bestimmte Erklärung'. Im weiteren Verlauf mußten Kläger und Beklagte unmittelbar zu den vorgebrachten Punkten der gegnerischen Partei Stellung nehmen. Das Gericht konnte durch gezielte Fragen zur Feststellung des Streitgegenstandes beitragen und entschied, wann dieser hinreichend erörtert war.[27]

Sollten beide Parteien derart auf ihren Positionen beharren und wurde offensichtlich, daß sie in diesem Verhör nicht zu einer gütlichen Einigung gelangen würden, konnte das Gericht in erster Instanz - je nach Sachverhalt - ein definitives, d.h. endgültiges Urteil oder aber ein sog. interlocutorisches Urteil fällen, welches auf Beweis und Gegenbeweis lautete.[28] Kläger und Beklagte hatten dann ihre Vorwürfe durch Zeugnisse oder Ähnliches entsprechend zu beweisen.[29] Im vorliegenden Ehekonsensprozeß war das Urteil des AG Leipzig interlocutorisch, so daß dem Beweisverfahren, also den Argumentationen der Prozeßparteien, eine zentrale Bedeutung zukam.[30]

Gegen das Urteil in erster Instanz konnte eine einmalige Appellation stattfinden.[31] Daraufhin wurde von protestantischen Ehegerichten an das OAG Dresden als höchster und letzter Instanz in Ehesachen berichtet.[32] Wurde das vorhergehende Urteil in dieser Instanz bestätigt, so waren weitere Rechtsmittel dagegen unzulässig.[33] Das OAG verwies die Rechtsangelegenheit dann an das betreffende AG zurück und beauftragte letzteres mit der Urteilsverkündung. So weit zu den im vorliegenden Fall relevanten Aspekten des summarischen Verfahrens in Ehesachen.

Im Falle eines Prozesses um Erteilung des Ehekonsenses konnte das Gericht die verweigerte Einwilligung der Eltern supplieren, sofern diese aus unerheblichen Gründen geschah, andernfalls wurde die Klage abgewiesen.[34] Die Überprüfung der Gründe, aus denen ein Elternteil seinen Konsens in die vom heiratswilligen Kind beabsichtigte Ehe

---

27 Osterloh, 1847, §140, Anm. 10, S. 377.

28 Vgl. dazu Osterloh, 1846, Bd. II, §241, S. 120f; Osterloh, 1847, §142, S. 383.

29 Das Beweismittel des «Schiedseides» war in Eheprozessen nur subsidiär, d.h. nachrangig und war i.d.R. ausgeschlossen, sofern die Richter auf andere Weise zu einer Beurteilung des Sachverhalts gelangen konnten. Vgl. Osterloh, 1847, §143, S. 388. Diese Tatsache war im vorliegenden Fall hinsichtlich der Einkommensnachweise Schumanns von erheblicher Bedeutung. Vgl. Kapitel II.4.1. «Detaillierte Klage-Erwiderung und Deduktionsschrift Friedrich Wiecks».

30 Vgl. dazu ausführlich das Kapitel II.4. «Überprüfung der Argumente unter Einbeziehung des juristischen Kontexts».

31 Gesetz B. v. 28.1.1835, §18. Vgl. Osterloh, 1847, §144, S. 390.

32 Gesetz C. v. 28.1.1835, §59.

33 Gesetz B. v. 28.1.1835, §18. Wurde dagegen die Gerichtsentscheidung aus erster Instanz vom OAG revidiert, konnte diejenige Partei, zu deren Nachteil das Urteil in zweiter Instanz verändert wurde, dagegen Einspruch erheben und um eine sog. 'Leuterung' vor dem OAG ersuchen. Dieses Urteil wurde dann von einem anderen Senat gesprochen und war endgültig. Gesetz B. vom 28.1.1835, §18; Gesetz C. vom 28.1.1835, §§ 59, 62. Vgl. auch Weber, 1843, §33, S.113/14; Osterloh, 1847, §144, S. 391.

34 Osterloh, 1847, §141, S. 381. Weitere Ansprüche - wie z.B. Herausgabeforderungen - gehörten nicht zum summarischen Verfahren und wurden vor den zuständigen Gerichten verhandelt.

verweigern durfte, gehört in das materielle Eherecht[35] und wird weiter unten in Kapitel II.3. ausführlich behandelt.

Bei der Auswertung der Prozeßakten hat sich gezeigt, daß die hier behandelte Ehekonsensauseinandersetzung in allen verfahrensrechtlichen Aspekten - hinsichtlich der Schlichtungsversuche, durchlaufenen Instanzen, Fristen, verwendeten Rechtsmitteln usw. - exakt dem oben erörterten Ehekonsensverfahren entsprach.

Eine detaillierte Schilderung des gesamten Aktenvorgangs würde den Rahmen dieses Kapitels überschreiten und wäre Gegenstand einer eigenen Forschungsarbeit.[36] Daher wurde im vorliegenden Fall die Darstellungsform einer tabellarischen Übersicht gewählt, die darüber hinaus eine bessere Vergleichsmöglichkeit sowie schnellere Orientierung gewährleistet.[37] Aus dem Vergleich des konkreten Prozeßverlaufs mit dem oben beschriebenen regulären Ehekonsensverfahren ergeben sich folgende Beobachtungen:

1. Anders als in zahlreichen Darstellungen der Schumann-Biographie handelte es sich bei dem gerichtlich angeordneten Sühneversuch[38] nicht um ein „Versehen“ oder gar einen „Irrtum“ seitens des AG Leipzig.[39] Vielmehr lag diese Vorgehensweise im Ermessen der Richter,[40] die in diesem konkreten Fall einen Sühneversuch vor dem zuständigen Geistlichen für angemessen erachteten.

2. Auch handelten die Richter des AG Leipzig nicht aus Unsicherheit - weil der Fall angeblich so „selten“ gewesen sei[41] -, als sie das OAG Dresden über ihre diesbezügliche Entscheidung informierten. Dieses Vorgehen entsprach vielmehr ebenfalls dem regulären Verfahren in Ehesachen, welches im Falle einer

---

35 Vgl. dazu insbesondere Hartitzsch, 1836, §44 ff, S.41 ff sowie Weber 1829, II.3., § 130, S. 1200 ff. sowie §131, S. 1234 ff.

36 In diesem Zusammenhang sei auf die Studie von Hans John hingewiesen, der sich mit den Ehekonsensverfahren unter Berücksichtigung der Prozeßakten befaßt hat, allerdings - wie im Kapitel V.2. dargestellt werden wird - unter einseitiger Parteinahme für Schumann. Vgl. Kapitel V.2. «Später hinzutretende Prägungen des Wieck-Images durch Robert Schumann».

37 Vgl. dazu die Tabelle «Vergleich des konkreten Prozeßverlaufs mit dem regulären Verfahren bei Ehekonsensstreitigkeiten» im Anhang I.2. der vorliegenden Arbeit.

38 Bescheidung des AG Leipzig vom 19.7.1839. Vgl. dazu die Eheprozeßakten, Sächsisches Staatsarchiv Leipzig - SächsStAL Appellationsgericht Leipzig Nr. 765, fol. 8r. Der gesamte Aktenvorgang wird im folgenden als „Prozeßakten“ zitiert.

39 Vgl. Borchard, 1992, S. 169; Wustmann, 1896, S. 512/13; Litzmann I, S. 345/46; Wasielewski, 1906, S. 263 u.a.

40 Das folgt aus Gesetz C. vom 28.1.1835, §56, wo im Zusammenhang mit dem obligatorischen Sühneversuch lediglich von Klage auf Annullation oder Scheidung der Ehe die Rede ist. Vgl. auch Osterloh, 1847, §136, S. 367. Daß die Richter auf die Appellation Wiecks, der während des ersten Sühnetermins nach eigener Aussage geschäftlich verhindert war, keinen zweiten Termin anordneten, steht dazu nicht im Widerspruch, da sie - anders als z.B. bei Ehescheidungen - im Fall von Konsensstreitigkeiten dazu nicht verpflichtet waren, sondern nur in Analogie zu §56 Gesetz C. vom 28.1.1835 einen Sühneversuch nach eigenem Ermessen anordnen konnten.

41 Vgl. Wustmann, 1896, S. 512, Borchard, 1992, S. 329, Anm. 11.

Appellation gegen das Verfahren eine Berichterstattung an die übergeordnete Instanz vorsah.[42]

3. In einem gerichtlichen Verfahren, in dem beide Parteien auf ihren Positionen beharrten, war prozeßrechtlich ein bestimmter Ablauf vorgeschrieben, dessen Fristen und Termine ebenfalls gesetzlichen Regelungen unterworfen waren und in der Regel nicht beschleunigt werden konnten.[43] Die häufig anzutreffende Schilderung, Wieck habe mit seiner Appellation bzw. seinem Antrag auf Fristverlängerung des Beweisverfahrens eine Verzögerungstaktik angewendet, nur um den Prozeß in die Länge zu ziehen,[44] entspricht nicht den Fakten, sondern geht auf die Interpretation einer Seite, derjenigen Robert Schumanns, zurück.[45]

Tatsächlich haben beide Parteien die ihnen zur Verfügung stehenden Rechtsmittel ausgeschöpft.[46] Auf Seiten Wiecks ist in diesem Zusammenhang die ihm regulär zustehende Appellation gegen das Urteil aus erster Instanz zu nennen.[47] Auch sein Antrag auf Fristverlängerung des Beweisverfahrens entsprach der regulären Prozeßordnung, nach der üblicherweise bei Angabe triftiger Gründe eine einmalige Verlängerung zugebilligt wurde.[48]

Festzuhalten bleibt, daß sogar hinsichtlich scheinbar nüchterner Sachverhalte, wie z.B. Verfahrensfragen, in der Schumann-Literatur perspektivische Verzerrungen zum Nachteil Wiecks zu beobachten sind, welche auf eine einseitige Parteinahme für Robert Schumann zurückgehen.[49]

## II.2. Klage auf Supplierung des elterlichen Ehekonsenses

Die in der Biographik häufig anzutreffende Lesart, Schumann sei aufgrund der beharrlichen und ungerechtfertigten Ehekonsensverweigerung Friedrich Wiecks zu einer Klage gegen seinen nachmaligen Schwiegervater gezwungen worden, legt die

---

42 Gesetz C. vom 28.1.1835, §59; Gesetz B. vom 28.1.1835, §15. Vgl. auch Osterloh, 1847, §144, S. 390 f.

43 So bestand etwa die zehntägige Frist für Appellationen, die fünfundvierzigtägige (sog. sächsische) Frist für Beweisverfahren. Vgl. Käuffer, 1840, §4, S. 7f; §36, S. 71f. Vgl. Osterloh, 1846, §91, S. 106.

44 Vgl. u.a. John, 1988, S. 43.

45 Vgl. dazu die Refutationsschrift, Prozeßakten, fol. 61v. Auf die Übernahme der Perspektive Schumanns wird im Kapitel V. «Das Image Friedrich Wiecks» ausführlich eingegangen.

46 Schumann reichte beispielsweise Zeugnisse und Dokumente ein, noch ehe er dazu aufgefordert wurde (21.12.1839). Vgl. Prozeßakten, fol. 47r-48r. Darüber hinaus unternahm er einige über das eigentliche Verfahren hinausgehende Schritte, z.B. die persönliche bzw. briefliche Kontaktaufnahme zu den Gerichtspräsidenten des AG Leipzig und des OAG Dresden, um seine Position zu stärken. Vgl. dazu Kapitel II.6. «Strategien und Verhalten während des Prozesses».

47 Nach dem bestätigenden Urteil aus zweiter Instanz durch das OAG Dresden bestand diese Möglichkeit für Wieck nicht mehr.

48 Gesetz B. vom 28.1.1835, §18. Erl.Pr.Ord. Ad. Tit. X, §4. Vgl. Berger, VII, 1805, S. 266/67. Vgl. auch Osterloh, 1846, §92, S. 107 sowie Osterloh, 1847, §144, S. 390.

49 Vgl. dazu die im Kapitel V. «Das Image Friedrich Wiecks» noch darzustellenden Rezeptionsurteile hinsichtlich des Prozeßverlaufs sowie die weiteren diesbezüglichen Ausführungen im Kapitel IV. «Rezeption des Prozesses».

Vermutung nahe, es habe sich um einen Prozeß 'Schumann vs. Wieck' gehandelt.[50] Nach Auswertung der Prozeßakten ergibt sich jedoch ein anderes Bild und es zeigt sich, daß diese Annahme nicht den historischen Tatsachen entspricht. Um zu verstehen, was prozeßrechtlich bei einem derartigen - in unseren heutigen Rechtsordnungen nicht mehr existenten - Ehekonsensverfahren ablief, seien drei Punkte in Erinnerung gebracht:

1. Nach königlich-sächsischem Recht war - wie bereits im vorhergehenden Abschnitt dargestellt - der elterliche Ehekonsens auch über die Volljährigkeit der Kinder obligatorisch.[51]
2. Der Mangel der elterlichen Einwilligung war ein vernichtendes Ehehindernis und konnte nur durch Supplierung, d h. gerichtliche Ergänzung von staatlicher Seite geheilt werden.[52]
3. Da es sich bei der Konsensverweigerung darüber hinaus um ein privates Ehehindernis handelte, das - im Gegensatz zu den öffentlichen Hindernissen, wie z.B. zu nahen verwandtschaftlichen Verhältnissen - nicht von Amts wegen, sondern nur auf Antrag der Interessenten durch die Richter berücksichtigt wurde, mußten die an der Eheschließung gehinderten Kinder ihre Ansprüche vor dem kompetenten Ehegericht geltend machen, d.h. eine Klage gegen die verweigernden Eltern einreichen.[53]

Hier stellt sich nun die Frage, wer konnte bzw. mußte in einem solchen Verfahren klagen? Nach königlich-sächsischem Recht konnte diese Klage nur von dem Kind, dessen Eltern die Einwilligung verweigerten, oder evt. auch von beiden Ehewilligen gemeinsam angestrengt werden, in keinem Fall aber von dem „andern Theile", d.h. vom potentiellen bzw. zukünftigen Schwiegersohn oder der Schwiegertochter allein. Der bereits oben vorgestellte renommierte Eherechtler Hartitzsch führt dazu aus: „Das Gesuch kann zwar von beiden Theilen gemeinschaftlich, allein aber nur von demjenigen, dessen Aeltern die Einwilligung versagen, (nicht auch vom andern Theile allein) angebracht werden."[54]

---

[50] Daß Schumann dieses Bild von Wieck als Prozeßtreiber maßgeblich geprägt hat, wird im Kapitel V.2. «Später hinzutretende Prägungen des Wieck-Images durch Robert Schumann» ausführlich dargestellt. Vgl. dazu auch BW II, Vorwort S. XXIX: „[Robert Schumann] Reicht seine [sic!] Klage beim Leipziger Appellationsgericht ein."

[51] Vgl. «Regulativ wegen des Aufgebots und der Trauung» vom 15.1.1808, §7, (III.C.C.A.I. 164). Diese Regelung findet sich bereits in der Kirchenordnung von 1580, (C.A.I. 536-543), Titel «von den Ehegelöbnissen» sowie in der Eheordnung von 1624, (C.A.I. 1019-1030). Vgl. auch Berger, 1805, Bd. V, S. 84 bzw. S. 283. Vgl. auch Kapitel II.1. «Verfahren und Prozeßverlauf».

[52] Vgl. Hartitzsch, 1836, §26, S. 24. Vgl. Haan, 1844, S. 46. Gesetz C. vom 28.1.1835, §54. Verordnung vom 31.3.1835, sub 3.)

[53] Vgl. Hartitzsch, 1836, §26, S. 24. Osterloh, 1847, §133, S. 361; §134, S. 363, Anm. 4) bzw. §136, S. 367. Zuständig war das Appellationsgericht, dem die Eltern unterstanden. Gesetz C. vom 28.1.1835, §54.

[54] Hartitzsch, 1836, §48, S. 46. In anderen Veröffentlichungen zum Eherecht sowie zum Kirchenrecht finden sich sogar Darstellungen, daß ausschließlich derjenige Teil, dessen Eltern ihren Ehekonsens verweigerten, sich mit einer entsprechenden Klage auf Supplierung der elterlichen Einwilligung an die zuständige Behörde wenden konnte, sofern nicht Partikulargesetze ausdrücklich

Diese Darstellung belegt, welche Rollenkonstellation zwischen Vater, Kind und Schwiegersohn bzw. Schwiegertochter in einem solchen Ehekonsensprozeß vorlag. Kläger war das Kind, dessen Eltern die Einwilligung verweigerten, Beklagte waren die Eltern. Der potentielle oder zukünftige Schwiegersohn resp. Schwiegertochter war im Grunde lediglich an der Seite des klagenden Kindes an dem Konflikt beteiligt; allein konnte er oder sie gar nichts ausrichten.

Für den in dieser Arbeit untersuchten Ehekonsensprozeß heißt das konkret: Clara Wieck - als Tochter des verweigernden Elternteils - mußte gegen ihren Vater klagen. Das Vorliegen dieser Klage war für das Gericht zwingend notwendig, um in dieser Angelegenheit überhaupt aktiv zu werden. Das bedeutet wiederum: Ohne Claras Einwilligung bzw. Unterschrift hätte es keinen Prozeß gegeben.[55]

Als Minderjährige konnte Clara sich nicht allein vor Gericht vertreten, hierzu benötigte sie einen Curator oder Bevollmächtigten. Im Normalfall war der Vater als sog. «natürlicher Vormund» befugt, für seine noch minderjährige Tochter vor und außer Gericht zu handeln.[56] Da Clara im vorliegenden Fall einen Prozeß gegen den eigenen Vater führte, mußte sie eine andere Person zu ihrer Vertretung benennen. Die Funktion des Curators übernahm im vorliegenden Fall der Leipziger Anwalt Wilhelm Einert.[57]

In dem notariell beurkundeten Schreiben vom 15. Juni 1839 erteilte Clara nun Wilhelm Einert ausdrücklich die Vollmacht, „für sie und in ihrem Namen in der in Sachsen gewöhnlichen Form die Einwilligung ihres Vaters in die Heirath nach zusuchen,

---

eine andere Regelung vorsahen, wie z.B. im ALR für die Preußischen Staaten von 1794. Vgl. ALR, Theil. II, 1. Titel, 1. Abschnitt, §68. So ist etwa bei Schott zu lesen: „Nur allein das Kind, dessen Eltern nicht einwilligen wollen, kann diese Ergänzung des elterlichen Consenses von der Obrigkeit verlangen". Vgl. Schott, 1786, §94, S.189. Auch Wiese führt in seinem Handbuch des Kirchenrechts diesbezüglich aus: „Hierum muß der Theil, dem die älterliche Einwilligung versagt wird, selbst beym Ehegericht oder Consistorium nachsuchen, der andere Theil ist hierzu nicht berechtigt, wenn die Gesetze es ihm nicht gestatten." Wiese, 1802, §419, S. 390. Und schließlich findet sich bei Hartitzsch: „Das Gesuch zu dieser Ergänzung kann nur von demjenigen Theile geschehen, dessen Aeltern die Einwilligung versagen, wenn nicht Partikulargesetze auch dem andern Theile die Erlaubniß ertheilen." Hartitzsch, 1829, §129, S. 139/40. Auch in den *«Entwurf eines bürgerlichen Gesetzbuchs für das Königreich Sachsen»* von 1852 findet diese Regelung noch Eingang: „Wird die Zustimmung von den Eltern oder dem Vormunde ohne zureichenden Grund versagt, so kann sie auf Ansuchen des [sic!] Betheiligten von dem zuständigen Gerichte ergänzt werden." (§1407) In dieser Norm ist vom Ansuchen d e s Beteiligten [Singular], nicht etwa von den Beteiligten [Plural], also nicht von beiden Ehewilligen die Rede.

55 Dieser Sachverhalt erklärt Schumanns Drängen bzw. Insistieren auf Claras Unterschrift. Vgl. BW II, S. 526, 531 (19.5.1839), S. 539 (2.6.1839), S. 554 (8.6.1839). Es wundert angesichts der oben beschriebenen Interessenlage nicht, daß Schumann - entgegen seiner vorherigen Ankündigung [BW II, S. 554 (8.6.1839)] - sofort nach Kenntnis der Tatsache, daß Clara unterzeichnet hatte, weitere Schritte in Richtung Prozeß unternahm und unmittelbar nach Erhalt des von Clara unterzeichneten Schreibens Gebrauch davon machte. Vgl. BW II, S. 595 (24.6.1839); BW II, S. 607 (30.6.1839).

56 Erl.Pr.Ord. ad tit. IX, §1. Vgl. Berger, 1805, Bd. VII, S. 260f. Vgl. auch Haubold, 1847, §89, S. 88/89. Vgl. Kapitel I.2.1. «Rechte und Pflichten des Vaters».

57 Vgl. BW II, S. 652 (18.7.1839). Vgl. auch BW II, S. 607 (30.6.1839).

welche sie mit dem Componisten[58] Herrn Robert Schumann [...] zu schließen beabsichtigt; Im Fall der Verweigerung dieser Einwilligung, den in Sachsen üblichen legalen Weg zu betreten, um die erforderliche Autorisation zur Ergänzung der verweigerten Einwilligung zu erlangen und ohne dieselbe zur Abschließung der gedachten Heirath zu verschreiten."[59] Aus dem Wortlaut der Vollmacht - „den in Sachsen üblichen legalen Weg zu betreten" - geht eindeutig hervor, daß Clara ihren Anwalt beauftragte, für sie die Klage gegen den Vater einzuleiten, um eine gerichtliche Supplierung des väterlichen Ehekonsenses zu erwirken. Mit der Unterzeichnung dieser Vollmacht konnte die gerichtliche Auseinandersetzung ihren Lauf nehmen. Denn Claras Vollmacht war für das AG Leipzig von ausschlaggebender Bedeutung, um überhaupt die Klage anzunehmen.[60] Die eigentlichen Prozeßgegner waren demnach Clara Wieck als Klägerin und Friedrich Wieck als Beklagter. Dafür gibt es weitere Belege:

Die Prozeßakten enthalten neben Claras Vollmacht für Anwalt Einert auch diejenige für Wilhelm Brandt, den Anwalt Friedrich Wiecks.[61] Wilhelm Einert trat zwar als gemeinsamer Interessenvertreter für Clara und Robert auf,[62] eine entsprechende Vollmacht Schumanns ist jedoch nicht in den Prozeßakten vorhanden. Sie war aus der Perspektive der Richter nicht notwendig, da nach sächsischem Recht das Klagebegehren von Claras Seite für eine Aufnahme des Verfahrens ausreichend war. Auch anhand der Vollmachten läßt sich also ersehen, wer die eigentlichen Prozeßgegner waren: Clara und Friedrich Wieck. Auf eine Kurzformel gebracht könnte das Verfahren lauten: «Wieck vs. Wieck», denn vom juristischen Standpunkt aus war es Clara, die mit ihrer Unterschrift die Klage gegen ihren Vater einleitete. Entsprechend nannte das OAG Dresden, als höchster Instanz in Ehesachen, in seiner ersten Stellungnahme - der Verordnung vom 24. Oktober 1839 - Clara Wieck auf seiten der Kläger vor Robert Schumann.[63]

---

[58] Die Vollmacht bzw. die Klage wurden auf der Grundlage eines Vorentwurfs von Schumann bzw. dessen Freund Herrmann formuliert und sind Ausdruck von Schumanns Selbstverständnis als Komponist. Im Gegensatz dazu spielte seine Kompositionstätigkeit vor Gericht keine Rolle. Berücksichtigt wurden lediglich seine Einkünfte aus der Redaktionstätigkeit sowie Zinseinkommen aus diversen Erbschaften. Vgl. dazu Kapitel II.4.1. «Detaillierte Klage-Erwiderung und Deduktionsschrift Friedrich Wiecks».

[59] Prozeßakten, fol. 5v - 6r.

[60] Das belegt der ausdrückliche Hinweis am Ende der Klageschrift, in der Clara nochmals hervorhebt, daß sie ihren „Bevollmächtigten durch die beigehende an meinem dermaligen Aufenthaltsort ausgestellte Vollmacht legitimire". Vgl. Prozeßakten, fol 2r - 2v.

[61] Prozeßakten, fol. 45r - 46r.

[62] Vgl. BW II, S. 607 (30.6.1839).

[63] Prozeßakten, fol. 24r - 24v. Vgl. auch die Anberaumung eines neuen Verhörstermins vom 1.11.1839, Prozeßakten, fol. 27r - 27v, und die Widerlegungsschrift der Kläger vom 23.1.1840, Prozeßakten, fol. 54r - 54v, in denen Clara an erster Stelle genannt wird. Wenn die Gerichte im Verlauf des weiteren Prozesses von dieser Reihenfolge wieder abgingen, mag das ein Ergebnis des gesellschaftlichen Rollenverständnisses sein. Ein Ehemann wurde i.d.R. nicht nach seiner der ehelichen Vormundschaft unterstehenden Frau genannt. Bereits in der Klageschrift wurde der Tatsache, daß Schumann der zukünftige Ehemann sein würde, durch die Reihenfolge der Namensnennung Rechnung getragen.

Abgesehen von der Tatsache, daß Friedrich Wieck in diesem Verfahren als Beklagter auftrat, werfen diese - allein auf der Auswertung der Prozeßakten beruhenden - Forschungsergebnisse ein völlig neues Licht auf Claras Rolle in dem Ehekonsenskonflikt. Festzuhalten bleibt: Clara war keinesfalls Opfer oder lediglich 'Gegenstand' der Auseinandersetzung, sondern aktiv und entscheidend an der Klage gegen ihren Vater beteiligt. Ob oder inwiefern diese Entscheidungsrichtung von Robert herbeigeführt wurde, muß einer anderweitigen Untersuchung vorbehalten bleiben.

## II.3. Konsensverweigerung aus erheblichen Gründen (Juristischer Kontext III)

Tenor der Klage war, daß Wieck trotz wiederholter Bitten seinen Ehekonsens nicht erteilen wolle. Da Clara und Robert sich keiner Pflichtverletzung ihm gegenüber bewußt seien und insbesondere die „Vermögensverhältnisse so gesichert" wären, daß sich die ablehnende Haltung Wiecks nur aus „persönliche[m] Widerwillen" gegen Schumann erklären lasse, er mit anderen Worten für seine Verweigerung „keine gegründete Veranlassung" habe, werde das Gericht als zuständige Autorität angerufen, um den väterlichen Konsens zu supplieren.[64]

Die materiellrechtliche Überprüfung der Erheblichkeit, d.h. der Rechtmäßigkeit von den Konsensverweigerungsgründen Friedrich Wiecks, lag beim zuständigen Appellationsgericht. Daher werden im folgenden die zentralen Streitpunkte der vorliegenden Ehekonsensauseinandersetzung - wie z.B. die bereits mehrfach angesprochene finanzielle Situation und der Lebenswandel Robert Schumanns - auf dem juristischen Hintergrund der Zeit, d.h. unter Einbeziehung von Rechtslehre und Praxis um 1840, erörtert und in ihrer Bedeutung für den konkreten Prozeßverlauf diskutiert.

Vorab seien jedoch noch einige Bemerkungen zu den Kriterien der richterlichen Entscheidungsfindung erlaubt. Hauptanliegen der Richter in einem Ehekonsensprozeß war die „Verhütung unzufriedener und unglücklicher Ehen".[65] Zu den Entscheidungskriterien bezüglich der Erheblichkeit von elterlichen Verweigerungsgründen führte das OAG Dresden - als höchste Instanz für das Königreich Sachsen - in seinem Grundsatzurteil von 1844 folgendes aus:

„Je strenger die Grundsätze sind, welche hinsichtlich der Ehescheidungen die Praxis befolgt, um so weniger darf sie Heirathen begünstigen, hinsichtlich deren selbst der Richter sich versichert hält, die Besorgniß der Aeltern, es werde die Ehe unglücklich in dem angegebenen Sinne ausfallen, sei vollkommen begründet. Für ein Verfahren, das zu sich selbst im Widerspruch steht, dürfte es gelten, supplirte ein Richter die älterliche Einwilligung, obschon unverkennbar er nicht vermöchte, die Verweigerung derselben zu tadeln, vielmehr sich sagen müßte, an die Stelle des verklagten Vaters oder der verklagten Mutter gesetzt, würde gewissenhafter Weise auch er nicht umhin gekonnt

---

[64] Prozeßakten, fol. 1v. Die Tatsache, daß Schumann detaillierte juristische Kenntnisse hinsichtlich der Relevanz von Verweigerungsgründen hatte, wurde bereits in Kapitel I.2.2. nachgewiesen und ist noch anhand der Analyse seines Briefes vom 18.9.1837 ausführlich in Kapitel V.2. zu behandeln. Vgl. Kapitel V.2. «Später hinzutretende Prägungen des Wieck-Images durch Robert Schumann».

[65] Weber, 1829, II.3., §129, S. 1194.

haben, mit allen ihm zu Gebote stehenden erlaubten Mitteln die Heirath zu behindern."[66]

Diese Passage enthält zwei wesentliche Aspekte:

1. Einen Appell an die Richter, sich in die Lage des beklagten Elternteils zu versetzen, um die Perspektive des verweigernden Vaters bzw. der Mutter bei der Beurteilung des Sachverhalts zu berücksichtigen und zu klären, ob es sich im konkreten Fall um begründete Besorgnisse seitens der Eltern handelt.
2. In diesem Grundsatzurteil wird auf den inhaltlichen Zusammenhang zwischen Ehekonsensstreitigkeiten und Scheidungsprozessen hingewiesen, der einen wesentlichen Einfluß auf die Beurteilungskriterien der elterlichen Verweigerungsgründe nahm: Diejenigen Gründe, welche eine richterliche Trennung der Ehe rechtfertigten - ob es sich hierbei um Annullation oder Ehescheidung handelte -, waren bei einer Verweigerung der elterlichen Einwilligung in die Ehe der Kinder um so mehr zu berücksichtigen.

Insofern wurden in eherechtlichen wie kirchenrechtlichen Darstellungen zur Trennung von Verlöbnissen, Ehescheidungen, Nichtigkeitserklärungen oder auch Ehekonsensverweigerungen nahezu identische Gründe aufgeführt. Entsprechend beschreibt Hartitzsch den Gerichtsbrauch: „Als erheblich betrachtet man im Allgemeinen diejenigen Gründe, aus welchen eine vernünftige und wahrscheinliche Besorgniß entsteht, daß die Ehe unglücklich und mißvergnügt seyn dürfte."[67] Allerdings waren die elterlichen Verweigerungsgründe einer strengen Prüfung zu unterziehen. Sie durften nicht allein aus persönlichen Animositäten oder Feindseligkeiten gegenüber dem potentiellen Schwiegersohn resultieren, vielmehr mußten die Eltern eine „objective Veranlassung" zu ihrer verweigerten Einwilligung vorweisen können.[68]

---

[66] Urteil OAG Dresden 1844; «*Wochenblatt für merkwürdige Rechtsfälle*», Bd. IV, (1844), S. 411.

[67] Hartitzsch, 1836, §47, 45. Vgl. hierzu das bereits oben zitierte Grundsatzurteil des OAG Dresden 1844; «*Wochenblatt für merkwürdige Rechtsfälle*», Bd. IV, (1844), S. 411. Vgl. auch Wiese, 1800, §419, S. 389. Darüber hinaus galt nach Weber, Kirchenrecht, 1829, „daß der Richter - aus Rücksichten auf die Nothwendigkeit und Räthlichkeit der zeitigen Verhütung unzufriedener und unglücklicher Ehen im allgemeinen es weniger streng und genau als bey Trennung bereits geschlossener Ehen zu nehmen, und daher insbesondere auch solche weniger dringende Umstände, deren Eintritt bey Eingehung des Ehegelöbnisses oder resp. erst nachher erhaltene Kenntniß einem Theile der Verlobten die Vollziehung derselben verleiden, zu beachten hat, obschon sie die Nichtigerklärung einer bereits vollzogenen Ehe nicht begründen würden." Vgl. Weber, 1829, II.3., §129, S. 1194. Diesen Ausführungen ist zu entnehmen, daß die Richter angehalten waren, eine möglicherweise unglücklich verlaufende Ehe zu verhindern, auch wenn der vermutete 'Stein des Anstoßes' nicht als Trennungsgrund anerkannt würde. Die Richter hatten - kurz gesagt - nicht nur auf gravierende Ehehindernisse zu achten, sondern waren darüber hinaus angehalten zu bedenken, ob die zu schließende Ehe glücklich verlaufen würde. Hier zeigt sich ein Ermessensspielraum für die Richter über die 'regulären' Konsensverweigerungsgründe hinaus, der sich allerdings an den rechtlich fixierten Rollenbildern orientierte. Das Urteil im Rahmen des hier behandelten Ehekonsensprozesses beweist jedoch, daß die Richter im vorliegenden Fall keine unglückliche Ehe vermuteten, Wieck dagegen aus seinen Kenntnissen von Claras bisherigem Lebensstandard genau das befürchtete.

[68] Urteil OAG Dresden 1844; «*Wochenblatt für merkwürdige Rechtsfälle*», Bd. IV, (1844), S. 411.

Es stellt sich nun die Frage, welche Gründe wurden nach königlich-sächsischem Gerichtsbrauch als so erheblich angesehen, daß sie eine Verweigerung des Ehekonsenses - mit allen Konsequenzen - rechtfertigten. Keines der im untersuchten Zeitraum für das Königreich Sachsen geltenden Gesetze schrieb hierzu definitive Normen vor.[69] Auch in der neueren Gesetzgebung, dem Gesetz C. vom 28. Januar 1835, §54, wurde mit der Formulierung - „Verweigern Ascendenten [d.h. die Eltern od. Großeltern] ihre Einwilligung zu einer Ehe, so kann i n  g e e i g n e t e n  F ä l l e n, statt ihrer das Appellationsgericht, welchem sie untergeben sind, die Einwilligung ertheilen" - auf die Bedeutung des richterlichen Ermessens hingewiesen.[70]

In der zeitgenössischen juristischen Literatur zum königlich-sächsischem Ehe- bzw. Kirchenrecht um 1840 fanden sich vielfach Aufzählungen der im Gerichtsbrauch anerkannten Verweigerungsgründe. Eine dieser Publikationen war das mehrfach aufgelegte Standardwerk von Carl Gottlieb Weber:[71] *«Systematische Darstellung des im Königreiche Sachsen geltenden Kirchenrechts»*, auf das sich Juristen aus Rechtslehre und Praxis immer wieder bezogen, übrigens auch der Anwalt Friedrich Wiecks.[72] Auch in dem bereits erwähnten Grundsatzurteil des OAG Dresden von 1844 wurde auf folgende Passage aus Webers kirchenrechtlicher Darstellung mehrfach hingewiesen:

„Der Gesetzgeber hat die Erheblichkeit der Gründe, weshalb Eltern ihren Consens zu Ehe ihrer Kinder mit Erfolg verweigern können, um so mehr dem Ermessen des Richters überlassen, als hierbey so viel auf die besondern Umstände jedes einzelnen Falles ankommt. Folgende Gründe werden indessen im allgemeinen dem Gerichtsbrauche zufolge namentlich als erheblich angesehen: a) Ungleichheit oder Unreifheit des Alters; b) völlige Unfähigkeit, sich den zum Lebensunterhalt erforderlichen Erwerb zu verschaffen; c) eine durch unsittliches lasterhaftes Betragen oder durch Verübung bürgerlicher Verbrechen verschuldete Anrüchigkeit; d) Behaftung mit einer den Zweck der Kinderzeugung störenden und sich leicht fortpflanzenden Krankheit,

---

69 Weder die Kirchenordnung von 1580 noch die Eheordnung von 1624 gaben eine abschließende Aufzählung der Verweigerungsgründe, vielmehr wurde die Entscheidung dem richterlichen Ermessen überlassen. Vgl. Berger, 1805, Bd. V, S. 284/85. Im Gegensatz dazu legte das ALR für die Preußischen Staaten einen konkreten Kanon von Verweigerungsgründen fest. Vgl. ALR, 2. Theil, 1. Titel, 1. Abschnitt, §§59-67. In einigen Partikulargesetzgebungen wie der «Altenburgischen Eheordnung» von 1837 wurden ebenfalls konkrete Ehescheidungsgründe definiert. Vgl. Heimbach, 1848, §88, S. 156 f., Anm. 2.

70 Gesetz C. vom 28.1.1835, §54. Hervorhebung durch die Verfasserin. Anliegen des OAG Dresden als der höchsten Instanz in Ehesachen war es, mit den in seinem Grundsatzurteil genannten „Gesichtspunkten" den Richtern feste Kriterien für ihre Entscheidungsfindung an die Hand zu geben. Denn die Beurteilung, ob im konkreten Einzelfall für die Nichterteilung des Ehekonsenses eine begründete, d.h. objektive Veranlassung seitens der Eltern gegeben ist, unterlag dem richterlichen Ermessen.

71 Carl Gottlieb Weber, Vizepräsident des Königlich-Sächsischen Appellationsgerichts und als Mitglied der «Commission zu neuer Organisation der Justizbehörden» maßgeblich beteiligt an den Ausarbeitung der Gesetze von 1835, [Vgl. Weber, 1843, §33, 114, Anm. 47] war Autor des mehrbändigen Standardwerks, *«Systematische Darstellung des im Königreiche Sachsen geltenden Kirchenrechts»*, das in der Rechtspraxis eine wichtige Rolle gespielt hat und im Rahmen zahlreicher Gerichtsentscheidungen zur Urteilsbegründung herangezogen wurde, so auch im hier verhandelten Fall hinsichtlich der erheblichen Konsensverweigerungsgründe.

72 Vgl. Hartitzsch 1836, Haubold 1847 u.v.a. Vgl. auch Deduktionsschrift, Prozeßakten, fol. 55v.

Gemüthszerrüttung, Taubstummheit u.s.w. e) Beleidigung der Eltern durch grobe Beschimpfungen oder Thätlichkeiten."[73]

Im folgenden werden einzelne für den konkreten Ehekonsensprozeß relevante Verweigerungsgründe aus der juristischen Perspektive um 1840 erörtert, um im Anschluß daran die Argumentationen der Prozeßparteien überprüfen und die richterliche Entscheidung nachvollziehen zu können.[74] Dabei wird neben zeitgenössischen Urteilen zur Konsensverweigerung auch auf Ehescheidungsverfahren einzugehen sein, da - wie oben erwähnt - die Gründe für eine richterliche Ehetrennung um so mehr bei der Beurteilung der Rechtmäßigkeit einer elterlichen Konsensverweigerung zu berücksichtigen waren.

**«Mangel künftigen nothwendigen Unterhalts»**

Alle zeitgenössischen juristischen Darstellungen enthalten den Hinweis auf die Bedeutung der gesicherten Vermögensverhältnisse des zukünftigen Ehepaares. Insofern wurde dieser Aspekt im Rahmen der Aufzählung erheblicher Verweigerungsgründe häufig an erster Stelle genannt.[75] Mit der Formulierung „Mangel künftigen nothwendigen Unterhalts" wurde nicht etwa auf das Existenzminimum Bezug genommen. 'Notwendigkeit' bedeutete hier vielmehr die Verpflichtung des zukünftigen Ehemannes, seiner Frau eine 'standesgemäße Existenz' zu ermöglichen.[76] Diese standesgemäße Existenz konnte in mehrfacher Hinsicht gefährdet sein: Der Gerichtsbrauch nannte in diesem Zusammenhang an erster Stelle die Tatsache, daß der Brautwerber resp. Ehemann nicht in der Lage sei, „sich den zum Lebensunterhalt

---

73 Weber, 1829, II.3., §124, S. 1116, Anm. 35. Diese Aufzählung deckt sich mit der Darstellung von Hartitzsch, einem im Raum Leipzig-Dresden maßgeblich wirkenden Rechtsgelehrten und Praktiker, der u.a. folgende erhebliche Verweigerungsgründe nennt: „...den Mangel künftigen nothwendigen Unterhalts, grobe Laster und Ausschweifungen des andern Theils, [...] chronische oder ansteckende Krankheiten, [...] gar zu große Ungleichheit des Standes und des Alters." Hartitzsch, 1836, §47, S. 45. Diese Punkte sollen im folgenden detailliert erläutert werde. Vgl. dazu auch Haubold, 1847, §57, S. 58; Curtius, 1807, §95 ff, S. 93 ff; Hartitzsch, 1829, §129 ff, S. 139/40; Ziehnert, 1826/27, §157, S. 315; Hänsel, 1828, §95, S. 97 ff.

74 Vgl. dazu auch die Kapitel II.4. «Überprüfung der Argumente unter Einbeziehung des juristischen Kontexts» sowie II.5. «Urteil und Urteilsbegründung».

75 Vgl. Hartitzsch, 1836, §47, S. 45.; Curtius, 1807, §95, S. 93, Anm. c); Ziehnert, §157, S. 315 etc. Auch das ALR für die Preußischen Staaten von 1794, eine der wenigen Rechtsordnungen, die explizit Verweigerungsgründe aufzählt, nennt diesen Aspekt an erster Stelle; vgl. ALR, 2. Theil, 1. Titel, 1. Abschnitt, §60.

76 D.h. die Frau „ihrem Rang gemäß zu ernähren" und ihr „standesgemäße Alimente" zu geben, „wobei selbst ein mäßiger, den Standesverhältnissen angemessener Putz nicht ausgeschlossen wird." Vgl. Urteil OAG Dresden 1935, zitiert bei Emminghaus, 1851, S. 266, Nr. 38; Hartitzsch, 1829, §191, S. 211; Hartitzsch, 1836, §79, Anm. 79, S.87. Hartitzsch führt diesbezüglich aus: „Dem Ehemann liegt ob, seine Frau, sie mag sich etwas verdienen können, oder nicht, Vermögen eingebracht haben, oder nicht, zu ernähren, ihr standesgemäße Kleidung und Wohnung geben. Dieser Verbindlichkeit kann er sich auch nicht dadurch entziehen, daß er ihr die Benutzung ihres eigenen, zur standesgemäßen Existenz aber nicht ausreichenden Vermögens überläßt." Hartitzsch, 1836, §79, S. 87.

erforderlichen Erwerb zu verschaffen",[77] er insofern aus der Perspektive der Eltern berechtigterweise abzulehnen und eine Heirat unter diesen Umständen aus juristischer Sicht nicht zu begünstigen sei.

Ein zweiter die gesicherte wirtschaftliche Situation des zukünftigen Ehepaares bedrohender Umstand bestand in dem Fall, wenn der Ehemann bzw. potentielle Schwiegersohn über seine Verhältnisse lebte, d.h. mehr ausgab, als er in der Lage war zu erwerben, mit andern Worten das Kapital nicht vermehrte, sondern von der Vermögenssubstanz zehrte, mit der Folge, daß sich auch zukünftige Zinseinkommen verringerten oder er sogar gezwungen war, Schulden zu machen. Diese Aspekte - «kein Erwerbsberuf» und «Verringerung der Vermögenssubstanz bzw. Schuldenlast» - waren für das OAG Dresden von ausschlaggebender Bedeutung, um eine Klage auf Supplierung des elterlichen Konsenses endgültig abzuweisen.[78]

Ein dritter die finanzielle Situation betreffender Grund zur Annullation der Ehe - und damit erst recht zur Verweigerung des elterlichen Ehekonsenses - konnte darin bestehen, daß ein Irrtum über die Vermögensverhältnisse vorlag. Das war insbesondere dann der Fall, wenn dieser auf falschen Angaben eines Ehepartners beruhte.[79] So weit zu den die finanzielle Situation betreffenden rechtmäßigen Verweigerungsgründen der Eltern aus juristischer Perspektive. Alle drei erwähnten Punkte sollten in dem hier untersuchten Ehekonsensprozeß eine erhebliche Rolle spielen, wobei auf die konkreten Argumente der Prozeßparteien ausführlich in Kapitel II.4. eingegangen wird.

### «Grobe Laster und Ausschweifungen» bzw. «Neigung zum Trunke»

Eine zweite Gruppe von Ehescheidungs- bzw. erheblichen Konsensverweigerungsgründen bezog sich auf die bisherige Lebensweise des Ehemanns resp. potentiellen Schwiegersohns bzw. der Schwiegertochter und wurde mit der Kurzformel „grobe Laster und Ausschweifungen des andern Theils" umschrieben.[80] Das betraf insbe-

---

[77] Weber, 1829, II.3., §124, S. 1116, Anm. 35. Genau dieser Aspekt spielt in dem bereits mehrfach zitierten Grundsatzurteil des OAG Dresden von 1844 eine entscheidende Rolle bei der Abweisung der Klage auf Supplierung des elterlichen Ehekonsenses: Obwohl im dort verhandelten Fall der Kläger über ein so erhebliches Kapitalvermögen verfügte, daß allein aus den Zinseinkünften aller Wahrscheinlichkeit nach der notwendige Lebensunterhalt gewährleistet gewesen wäre, maß das OAG Dresden der Tatsache, daß der Kläger „keinen Erwerbsberuf gewählt" habe, und daher „ohne jede Erbschaft der Hülfslosigkeit preisgegeben wäre" eine derartige Bedeutung bei, daß es den verweigerten elterlichen Konsens nicht supplierte. Urteil OAG Dresden 1844; *«Wochenblatt für merkwürdige Rechtsfälle»*, Bd. IV, (1844), S. 412.

[78] Urteil OAG Dresden 1844; *«Wochenblatt für merkwürdige Rechtsfälle»*, Bd. IV, (1844), S. 413.

[79] Diesbezüglich entschied das OAG Dresden 1835: „Die Nichtigkeit der Ehe wegen Irrthums über die Vermögensverhältnisse kann a) wenn er auf falschen Vorspiegelungen beruhte, vorzüglich dann von der betrogenen Gattin geltend gemacht werden, wenn der Mann selbst mit Hülfe des Nießbrauchs vom eheweiblichen Vermögen nicht in Stande ist, die Frau ihrem Range gemäß zu ernähren.... Noch günstiger für die Frau, nemlich ohne obigen Umstand zu erfordern [die Einbeziehung des eheweiblichen Vermögens], entschied das AGericht 1808. 1809. 1824. b) Dagegen wurde bloßer Irrthum, obschon veranlaßt durch Unkenntniß des andern befragten Theils 1825 für unzulänglich erklärt." Zitiert nach Emminghaus, 1851, S. 266, Nr. 38.

[80] Hartitzsch, 1836, §47, S. 45.

sondere den Fall, „wenn ein Ehegatte [resp. Schwiegersohn] durch Trunk oder Verschwendung eine solche unordentliche und lasterhafte Lebensweise führt[e], daß die Gesundheit oder das Vermögen des andern Theils mit Gefahr und gänzlichem Verluste bedroht [war]“, und konnte, sofern „ die von der Obrigkeit erfolgten Ermahnungen nicht fruchte[te]n“, nach dem sächsischen Gerichtsbrauch sogar zur Ehescheidung führen.[81] Entsprechende Definitionen finden sich in zahlreichen anderen juristischen Erörterungen zu dieser Problematik.[82]

Nach Auffassung des AG Leipzig war Trunksucht dann ein Scheidungs- bzw. Konsensverweigerungsgrund, wenn durch Handlungsweisen des alkoholisierten Ehegatten resp. Brautwerbers, beispielsweise durch „fahrlässige[n] Umgange mit Feuer und Licht“, für den (zukünftigen) Ehegatten eine existentielle Gefährdung ausgehen konnte:

„Obschon die Entscheidung über die Zulänglichkeit der angeführten Thatsachen in einem concreten Falle lediglich dem Ermessen des Richters anheimzugeben ist, da der Natur der Sache nach besondere Regeln nicht aufgestellt werden können, so wird doch stets vorausgesetzt, daß ein wirklicher Hang zum Trunke vorhanden, und dieser längere Zeit hindurch, und wenigstens ein Jahr lang gedauert, so wie daß der Genuß geistiger Getränke, wenn auch nicht täglich, doch zu sehr oft wiederholten Malen stattgefunden hat, und dadurch der Trunkenbold gewöhnlich in einen solchen Zustand geistiger Abwesenheit versetzt worden ist, wodurch die Existenz des anderen Ehegatten leicht in Gefahr gerathen konnte, wie dies z.B. bei fahrlässigem Umgange mit Feuer und Licht der Fall ist.“[83]

In diesem Zusammenhang ist darauf hinzuweisen, daß die Schumann vorgeworfene „Neigung zum Trunke“ in dem hier verhandelten Ehekonsensprozeß eine zentrale Rolle gespielt hat. Ohne auf die Argumentationen der Prozeßparteien im einzelnen näher eingehen zu wollen, sei an dieser Stelle daran erinnert, daß Schumann sich in alkoholisiertem Zustand mehrfach in lebensgefährliche Situationen gebracht hat, z.B. beinahe im Bett verbrannt wäre.[84]

Der zweite vom Gerichtsbrauch zu berücksichtigende Tatbestand einer ‘lasterhaften’ Lebensweise betraf «verschwenderische Neigungen» und die davon ausgehende Gefahr für das Vermögen des anderen Ehegatten bzw. für die wirtschaftliche Situation

---

[81] Hartitzsch, 1829, §318, S. 338.

[82] Vgl. z.B. Wiese, 1802, III, §424, Nr. 8, S. 421; Weber, 1829, II.3., §130, S. 1232, Anm. 46.

[83] Hartitzsch, 1840, S. 412. Vgl. Emminghaus, 1851, S. 272, Nr. 57. Einige Rechtslehrer erkannten die Trunksucht nur dann als Scheidungsgrund an, wenn sie einer die Ehezwecke hindernden „böslichen Verlassung“ gleichkam. Ein solcher Zusammenhang zwischen dem Tatbestand der «böslichen Verlassung» und dem der «Neigung zum Trunke» ließ sich allerdings nur schwer nachweisen. Vgl. Weber, 1829, II.3., §139, S. 1232, Anm. 46; Hartitzsch, 1840, S. 412.

[84] Tagebuch I, S. 231, (1.3.1830). Vgl. auch Tagebuch I, S. 201 (19.6.29), 202 (20.6.1829), 225 (3.2.1830), 226 (9.2.1830), 231 (1.3.1830), 169 (23.1.1829), 185 (3.4.1829). Offenbar war Schumann nicht der einzige, wie aus dem Urteil des AG Leipzig hervorgeht. Es ist allerdings darauf hinzuweisen, daß die zitierten Tagebucheintragungen bereits etwa zehn Jahre zurücklagen. Vgl. dazu jedoch Claras diesbezügliche Sorge noch im Jahre 1840, BW III, S. 1049/50 (27.5.1840). Vgl. dazu die Ausführungen zur Trunksuchtsbeschuldigung gegenüber Schumann im Kapitel II.4.1. «Detaillierte Klage-Erwiderung und Deduktionsschrift Friedrich Wiecks», Abschnitt «Persönlichkeiten».

der Familie.[85] Dieser Aspekt ist auf dem Hintergrund folgender eherechtlicher Regelung zu sehen: „Die Ehefrau [war] verpflichtet, den verarmten Mann zu ernähren".[86] Insofern wundert es nicht, daß in dem oben zitierten Grundsatzurteil des OAG Dresden von 1844 auch der Tatbestand der «Verschwendung» und des «Schulden-machens» im Rahmen der Diskussion um die Rechtmäßigkeit der Verweigerungsgründe erörtert und als erheblich, somit als ausschlaggebend für die Abweisung einer Supplierungsklage betrachtet wurde.[87]

### «Chronische oder ansteckende Krankheiten»

Chronische oder ansteckende Krankheiten gehörten zur dritten Gruppe von Verweigerungsgründen, die vom Gerichtsbrauch im Hinblick auf die Gesundheit und den Fortbestand der Familie als erheblich eingestuft wurden.[88] In diesem Zusammenhang ist anzumerken, daß Schumanns syphilitische Infektion im Rahmen der gerichtlichen Auseinandersetzung zwar nicht thematisiert wurde, für den Prozeßverlauf dennoch eine erhebliche Rolle spielte, wie im folgenden gezeigt werden wird. Bekanntwerden oder Verschweigen konnten über den Ausgang des Konflikts entscheiden. Darüber hinaus ist nicht auszuschließen, daß Schumanns gesundheitlicher Zustand diesbezüglich auch für Friedrich Wieck im Rahmen seiner Ehekonsensverweigerung entscheidungsbestimmend war.[89] Insofern ist es unerläßlich, auch diesen gerichtlich anerkannten Konsensverweigerungsgrund aus juristischer Perspektive zu erörtern.

Die Gesundheit beider Ehepartner war notwendige Bedingung für eine von richterlicher Seite zu begünstigenden Ehe. Weber nennt daher in seinem Kapitel „Gesetzliche Bestimmungen insbesondere über die Schliessung und Vollziehung der Ehe" folgende, die körperliche Konstitution der Heiratswilligen betreffende Voraussetzungen:

„... Freyheit des Körpers von solchen Krankheiten und Gebrechen, welche dem ersten Zweck der Ehe wesentlich hinderlich oder der Gesundheit des andern Theils wegen der Ansteckung gefährlich, oder auch für die zu zeugenden Kinder als Erbübel besorglich sind, als wohin den Beyschlaf hindernde Brüche, Muttervorfall, weißer Fluß, übel-

---

85 Urteil OAG Dresden 1844; «*Wochenblatt für merkwürdige Rechtsfälle*», Bd. IV, (1844), S. 412. Vgl. auch Wiese, 1802, §424, Nr. 8, 421. Hartitzsch 1829, §318, S. 338 ff; Heimbach 1848, §90, Nr. 21, S. 161.

86 Hartitzsch, 1836, §80, S. 89. Ebenso Hartitzsch 1829, §198, S. 215/16. Vgl. Emminghaus, 1851, S. 272, Nr. 55; Urteil der Fakultät Leipzig nach Saalfeld 1838.

87 Urteil OAG Dresden 1844; «*Wochenblatt für merkwürdige Rechtsfälle*», Bd. IV, (1844), S. 412/13.

88 Vgl. dazu Hartitzsch 1836, §47, S. 45; Weber 1829, II.3., §124, S. 1116, Anm. 35; Heimbach, 1848, §88, Anm. 2, S. 156f.

89 Eric Sams stellt in seinem Aufsatz «*Schumann's Hand Injury*» die Überlegung an, daß Wieck von dessen Syphilis-Behandlung gewußt haben kann, und ist der Ansicht, dies sei einer der Hauptgründe für Wiecks erheblichen Widerstand gegen die Heirat gewesen. Vgl. Sams, 1971, S. 1156-59. Eine ähnliche Vermutung ist in dem von Gerald Abraham verfaßten Artikel «*Robert Schumann*», GROVE I, Bd. 16, S. 835 zu lesen: „... he [Wieck] may well have suspected that Schumann had contracted syphilis." Vgl. dazu auch Wieck, 1912, S. 369/70; Reich, 1997, S. 87.

riechender Athem oder Schweiß, ekelerregender Ausschlag oder offne Schäden, Epilepsie, Schwindsucht und syphilitische Uebel gehören."[90]

Bei dieser Definition spielen drei Aspekte eine wesentliche Rolle:

1. die gesundheitliche Gefährdung des zukünftigen Ehepartners,
2. die Gefahr einer Vererbung der Krankheit auf die zu erwartenden Kinder,
3. die weitreichenden Konsequenzen für die gesamte Familiensituation.[91] Der Ehemann würde im Falle einer unheilbaren Krankheit oder gar des darauffolgenden Tods nicht mehr in der Lage sein, seinen Pflichten als Familienvater nachzukommen und den Unterhalt von Frau und Kindern zu gewährleisten.[92]

Auf das Kriterium der Unheilbarkeit einer ansteckenden Krankheit ist an dieser Stelle kurz einzugehen: Hierbei müssen unbedingt die juristische und die medizinischen Perspektive getrennt betrachtet werden. Ebenso wie es in der vorliegenden Arbeit um die Beurteilung der elterlichen Verweigerungsgründe auf dem Hintergrund der Gesetzgebung um 1840 geht, muß in diesem Zusammenhang auch der damalige medizinische Kenntnisstand, d.h. insbesondere aus der Zeit der ersten Hälfte des 19. Jahrhunderts, berücksichtigt werden.

Ohne tiefer in die medizinhistorische Diskussion eintreten zu wollen, sind dennoch zumindest folgende Aspekte zu erwähnen: Die damalige medizinische Forschung des 19. Jahrhunderts zeichnete sich durch intensive Bemühungen um gesicherte Erkenntnisse bezüglich der Ansteckungswege und möglicher Krankheitserreger aus. Daher wurden zahlreiche Gruppen- und Reihenimpfungen vorgenommen, die zu divergierenden Positionen führten.[93] Dauer der Ansteckungsgefahr, Heilbarkeit und mögliche Wege der hereditären, d.h. angeborenen Syphilis wurden kontrovers debattiert. Dabei wurde insbesondere die Frage nach der väterlichen Vererbung gestellt und vielfach bejaht.

„Von vielen Aerzten ist die Erblichkeit der Syphilis bestritten, von anderen dieselbe angenommen worden. Die letzteren waren wiederum darüber verschiedener Meinung, ob sie nur allein durch die Mutter während der Schwangerschaft, oder aber auch schon bei der Zeugung vom Vater dem Keime übertragen werden könne. Theoretische Gründe rechtfertigen nicht allein die Annahme beider letzteren Meinungen, sondern die Erfahrung hat auch die Wahrheit derselben hinreichend dargethan. Leidet der Vater an allgemeiner Lues, so muss sein Saame nothwendig eine kranke Mischung haben, und entweder zur Befruchtung gänzlich untauglich sein, oder doch dem Keime eine krankhafte Bildungsrichtung geben."[94]

---

[90] Weber, 1829, II.3., §123, S. 1106. Vgl. auch das bei Weber in Anm. 16 dort erwähnte Rescript vom 9.5.1821 bezüglich der „Eheannullierungen wegen Epilepsie und anderer muthmaßlicher Erbübel".

[91] Vgl. Fournier 1881, S. 25; Schuster-Aachen, 1890, S. 23.

[92] Abgesehen davon, daß neben der Schädigung der materiellen Verhältnisse eine solche krankheitsbedingte Situation darüber hinaus eine persönliche bzw. menschliche Tragödie für die gesamte Familie bedeuten würde. Vgl. Hartitzsch 1836, §130, S. 148.

[93] Vgl. Schönfeld 1954, S. 114. Vgl. dazu auch Kläui, 1977, S. 2 ff.

[94] Bonorden, 1834, S. 393. Vgl. auch Michaelis, 1859, S. 327. Auch Ende des 19. Jahrhunderts wurde noch auf die Gefahr der Vererbung durch syphilitisch infizierte Väter hingewiesen und das

Zwar wurde von etlichen Medizinern angenommen, die Syphilis sei bei rechtzeitiger und konsequenter, d.h. unter Umständen jahrelanger Therapie heilbar. Sie mußten jedoch immer wieder feststellen, daß auch bei als 'geheilt' eingestuften Personen Ansteckungen der Ehepartner und Vererbung auf die Kinder zu beobachten waren. Schuster-Aachen bemerkte diesbezüglich noch im Jahre 1890:

„Diese Schwierigkeit in der Bestimmung der Heilung von der Syphilis hat auch darin ihren Grund, weil es sich selbst nach bestverlaufenen antisyphilitischen Kuren in manchen Fällen gezeigt hat, dass scheinbar Geheilte dennoch wieder von neu hervorbrechenden Krankheitserscheinungen befallen wurden, oder aber, dass sie, selbst wenn keine erkennbaren Zeichen der Krankheit mehr bestanden, dieselbe dennoch durch das eheliche Zusammenleben auf die Frau und auf die der Ehe entsprossenen Kinder zu übertragen befähigt waren."[95]

Die mit einer syphilitischen Erkrankung zusammenhängende Frage nach der Heiratsfähigkeit junger Männer fand ebenfalls Eingang in die medizinische Debatte. Eine Vielzahl von Titeln oder Kapitelüberschriften spiegelte die gesellschaftliche Brisanz dieses Themas. So diskutierte Giraudeau de Saint-Gervais in seiner Abhandlung *«Die syphilitischen Krankheiten mit vergleichender Prüfung ihrer verschiedenen Heilmethoden ...»* von 1841 die Frage - „Ist die Syphilis ein Ehescheidungsgrund? Gerichtlicher Beweis dieser Krankheit." - und kam zu folgender Einschätzung:[96]

„Der Gesetzgeber erklärte in der Berathschlagung über diesen Artikel, daß er unter 'excès, sévices et injures graves' Alles verstehe, was das Zusammenleben dem Einen durch die Fehler des Andern unerträglich macht. Und sollte darunter nicht eine Krankheit begriffen sein, die nicht allein das Leben des Ehegatten, sondern auch das künftiger Generationen untergräbt? Beim Weibe ist noch die Furcht vor der Beschuldigung des Ehebruchs ein Zügel seiner niedrigen Leidenschaften, aber welches Mittel steht ihr gegen einen Mann zu Gebote, der, außer dem Hause angesteckt, ohne sein Wissen oder weil er sich vielleicht geheilt glaubt, die Krankheit seiner Frau mittheilt oder vielleicht gar ein treues Weib beschuldigt? [...] Die Gesundheit der Ehegatten, die Erhaltung der Kinder, der Friede der Familien, das gute Beispiel, das Interesse der Sitten und das des Staats machen es zum Gesetz, die syphilitische Ansteckung als legitimen Grund zur Ehescheidung anzunehmen."[97]

Auch in der ca. 50 Jahre später erschienenen Publikation *«Wann dürfen Syphilitische heiraten?»* von Schuster-Aachen wurde die oben angesprochene Problematik noch erörtert:

„...der Hauptgrund, der bei syphilitisch Erkrankten die Frage der Heiratsfähigkeit so schwer und wichtig macht, liegt darin, dass sie in einem gewissen Stadium ihrer Krankheit, ohne äusserlich erkennbare Krankheitserscheinungen darzubieten, durch

---

vor allem in dem Zusammenhang, wann ein Syphilitischer heiraten dürfe. Fournier, 1892, S. 23. Fournier widmete dieser Fragestellung ein ausführliches Kapitel und stellte einen strengen Kriterienkatalog für die Erlaubnis zur Heirat aus medizinischer Sicht auf. Vgl. Founier, 1881, S. 99. Ebenso lieferte Fournier „drei Reihen von Beweisen" für die Möglichkeit einer „Vererbung der Syphilis mit langer Frist", einer „Vererbbarkeit, die sich bis weit in das tertiäre Stadium zu erstrecken vermag". Fournier 1892, S. 56 ff.

95 Schuster-Aachen, 1890, S. 1.

96 Giraudeau de Saint-Gervais, 1841, S. 336 ff.

97 Giraudeau de Saint-Gervais, 1841, S. 339/40.

das eheliche Zusammenleben die Krankheit auf die Frau und die mit ihr erzeugten Nachkommen übertragen können."[98]

Der für die Syphilis typische Krankheitsverlauf in drei Stadien mit langer Latenzzeit erschwerte aufgrund des teilweisen Nicht-Vorhandenseins von Krankheitssymptomen die Diagnose sowie die Klärung der Frage, wann ein Syphilitiker als geheilt angesehen werden konnte.[99] Fournier gab daher in seinen Vorlesungen für angehende junge Ärzte den Ratschlag, daß auch ein über lange Jahre als 'geheilt' eingeschätzter Patient als zukünftiger Ehemann „seinen Körper fortdauernd auf das Peinlichste überwachen soll, der Art, dass ihm nichts entgeht, was so gedeutet werden könnte, als ob der offensive Character der Diathese von Neuem zum Durchbruch gekommen sei."[100] Als Konsequenz seiner langjährigen beruflichen Erfahrung im Umgang mit Syphilitikern erarbeitete Fournier einen Richtlinienkatalog für die Eheerlaubnis Heiratswilliger, welche er an fünf wesentliche Bedingungen knüpfte. Nach wie vor handele es sich jedoch hinsichtlich der Beurteilung des gesundheitlichen Zustands des Patienten um eine Art „Wahrscheinlichkeitsrechnung".[101]

Fournier nennt in diesem Zusammenhang folgende Motive für einen Syphilitiker, trotz Krankheit nicht von einer Heirat Abstand zu nehmen, sondern statt dessen eine mögliche Ansteckung des zukünftigen Ehepartners zu riskieren: Die Aussicht auf eine „Mitgift", in „gute Verhältnisse zu kommen", sich „eine 'Stellung' zu verschaffen", „Furcht vor einem Scandal" oder auch die Sorge des Bräutigams, seine Schwiegereltern würden die Einwilligung zurückziehen, wenn sie von seiner Krankheit erführen.[102] Insofern appelliert er: „Möge das den Familien zur Warnung dienen, die nicht genügend auf die Gesundheit ihrer zukünftigen Schwiegersöhne achten und es unterlassen, ihre Töchter vor diesen leichtfertigen, indifferenten oder cynischen Männern zu schützen, welche sich wenig daraus machen, Syphilis an den häuslichen Herd zu verpflanzen."[103]

---

98 Schuster-Aachen, 1890, S. 8.

99 Vgl. Schönfeld, 1954, S. 119, 130. Erst die Entdeckung des Syphiliserregers (treponema pallidum) durch Fritz Richard Schaudinn und Erich Hoffmann um 1905 sowie die Entwicklung des Penicillins 1942 machten eine erfolgreiche Bekämpfung der Krankheit möglich, so daß heute eine (unbehandelte) Spätsyphilis im Tertiärstadium äußerst selten vorkommt. Vgl. Pschyrembel, 1986, S. 1631 ff. Artikel *«Syphilis»*.

100 Fournier, 1881, S. 147.
Fournier gibt im folgenden Beispiele für Fälle, die belegen, mit welchen schwerwiegenden Entscheidungen und der daraus resultierenden moralischen Verantwortung sich ein behandelnder Arzt angesichts der persönlichen Schicksale der von der Krankheit Betroffenen konfrontiert sah. Seine Schilderungen geben darüber hinaus einen Hinweis auf die gesellschaftlichen Ursachen für die extreme Tabuisierung sowie auf die Motive für ein Verschweigen der sogenannten „Lustseuche". Diese Tabuisierung konnte erst Ende des 19. Jahrhunderts durch ernstzunehmende Schritte der Aufklärung durchbrochen werden, u.a. mit der Gründung der «Société Française de prophylaxie sanitaire et morale» durch Fournier 1901 sowie der «Deutsche[n] Gesellschaft zur Bekämpfung der Geschlechtskrankheiten» auf Anregung von Neisser. Vgl. Schönfeld, 1954, S. 127.

101 Fournier, 1881, S. 147-149.

102 Fournier, 1881, S. 101 ff.

103 Fournier, 1881, S. 26.

Die Sichtweise der Mediziner - in ihrer Funktion als Sachverständige - hat gewiß Einfluß auf die juristische Beurteilung der venerischen Krankheiten genommen. Dennoch unterschied sich die juristische von der medizinischen Perspektive in ihrer differenzierten Bewertung von Wahrscheinlichkeit bzw. Möglichkeit der von einem syphilitisch Infizierten ausgehenden Gefahr. Im Gegensatz zu Medizinern, die - um den Patienten die Hoffnung auf eine vollständige Gesundung nicht zu nehmen - von Wahrscheinlichkeiten sprachen, mußten Juristen bei der Beurteilung von Ehescheidungs- bzw. Konsensverweigerungsgründen alle Gefahren einer luetischen Infektion berücksichtigen, die aus Sicht der damaligen Zeit nur möglicherweise auftreten können.

Die Gefährdung von Frau und Kindern mußte nicht erst wahrscheinlich werden oder sogar in Form einer konkreten Ansteckung vorliegen, vielmehr reichte die Möglichkeit einer Gefahr für Leib oder Leben des Ehepartners resp. der Kinder aus, um von den Richtern als erheblicher Verweigerungsgrund bzw. nach vollzogener Eheschließung als Trennungsgrund anerkannt zu werden. Der Beweis in Form einer tatsächlichen Ansteckung durch den Ehepartner wäre im Falle einer unheilbaren Krankheit nicht zumutbar gewesen.[104] Weber führt hierzu aus:

„Aus gleichem Grunde erscheint aber auch die Klage der Frau auf Nichtigerklärung der Ehe in der Regel als begründet, wenn der Mann vor der Ehe durch unkeuschen Umgang, ohne daß es ihr bekannt worden, sich eine venerische Krankheit zugezogen hat, weil eine solche Krankheit im allgemeinen [...] nachtheilige Folgen von dem etwa zurückgebliebenen Krankheitsstoff für die letztre und die Kinder mit Grund besorgen läßt.“[105]

Zahlreiche Urteile innerhalb des untersuchten Zeitraums belegen, daß nach königlich-sächsischem Gerichtsbrauch - wie ebenfalls nach anderen Rechtsordnungen - die Syphilis, auch bei aus medizinischer Sicht als geheilt geltenden Kandidaten, aufgrund des durch den zurückbleibenden „Krankheitsstoff“ bestehenden Restrisikos als unheilbar bewertet wurde.[106] Das OAG Dresden legte hierzu als höchste Instanz in Ehesachen folgende grundsätzliche Bewertungsmaßstäbe fest:

„Was Trennung der Ehe wegen ansteckender Krankheiten betrifft, so befolgt das OAGericht in Dresden die Regeln, daß 1) dergleichen, wenn der eine Theil ohne Wissen des andern damit vor der Ehe behaftet war, Nichtigkeit zu Gunsten des letztern wirkt: 2) dasselbe aber bezüglich solcher Krankheiten jener Art, womit der Gatte während der Ehe befallen ward, nur von der unheilbaren Lustseuche gilt.“[107]

---

[104] Vgl. Urteil OAG Dresden 1845, vgl. Emminghaus, 1851, S. 268, Nr. 45. Vgl. auch Weber, 1929, II.3. §131, S. 1274 ff.

[105] Weber, 1829, II.3., §130, S. 1229 ff, sowie Anm. 45. Ebenso weist Ziehnert darauf hin, daß „venerische Uebel, wenn sie gleich geheilt sind“ das Verlöbnis trennen, mit andern Worten auch Verweigerungsgrund sind. Ziehnert 1826/27, §171, S. 348. Vgl. auch Heimbach 1848, §88, Anm. 2), S. 157.

[106] Vgl. u.a. Urteil des OAG Dresden 1845; vgl. Emminghaus, 1851, S. 268, Nr. 45. Urteil des OAG Dresden, vgl. Emminghaus, 1851, S. 266, Nr. 39. Dabei verweist der Ausdruck „zurückbleibende[r] Krankheitsstoff“ vorsichtig auf die zum damaligen Zeitpunkt nach wie vor bestehende Ungewißheit bzw. die noch unvollständiger Kenntnis hinsichtlich der tatsächlichen Übertragungswege und des Krankheitsverlaufs.

[107] Vgl. Urteil OAG Dresden; zitiert nach Emminghaus, 1851, S. 266, Nr. 39.

Abschließend bleibt zu bemerken, daß Verweigerungsgründe, die in der Persönlichkeit der Heiratswilligen lagen, vom Gericht in der Regel nicht berücksichtigt wurden, da es im wesentlichen die „factischen Momente“ waren, welche als Grundlage der Entscheidungsfindung dienten.[108] Im Leugnungsfall waren die Gründe von dem Elternteil zu beweisen, der nicht gewillt war, seinen Ehekonsens zu erteilen.[109]

Diese rechtliche Situation bedeutete für Schumann folgendes: Die Klage einer Minderjährigen auf gerichtliche Konsenserteilung zu einer Verehelichung mit einem syphilitisch infizierten Mann wäre mit an Sicherheit grenzender Wahrscheinlichkeit abgewiesen worden. Zusammenfassend bleibt festzuhalten: Es ist dokumentiert, daß Robert von seiner Krankheit wußte.[110] Belegt ist ebenfalls, daß er die rechtlichen Konsequenzen kannte.[111] Die Syphilis war ein Konsensverweigerungsgrund.[112] Darüber hinaus ist anzunehmen, daß die Vertrautheit mit den Konsensverweigerungsgründen ihn ebenfalls bekannt gemacht hat mit den Ehetrennungsgründen, die sich in diesem Punkt - wie oben dargestellt - logischerweise nicht unterschieden.[113]

Daß Wieck von der luetischen Infektion Schumanns wußte, ist auszuschließen. Nach Eric Sams darf allerdings angenommen werden, daß er zumindest eine Vermutung

---

[108] Urteil OAG Dresden 1844; *«Wochenblatt für merkwürdige Rechtsfälle»*, Bd. IV, (1844), S. 412. Auch diesem Aspekt würde im vorliegenden Konsensprozeß zentrale Bedeutung zukommen, da einige Argumente Wiecks sich insbesondere auf Roberts bzw. Claras Persönlichkeit bezogen. Vgl. dazu Kapitel II.4.1. «Detaillierte Klage-Erwiderung und Deduktionsschrift Friedrich Wiecks».

[109] Hartitzsch 1829, §129, S. 140.

[110] Vgl. dazu auch die Mitteilungen des Schumann behandelnden Arztes Dr. Richarz, aus dessen Krankenbericht hervor geht, daß Schumann sich seiner syphilitischen Infektion im Jahre 1831 bewußt war. Dr. Richarz hielt im Rahmen seines Verlaufsberichts für den 12.9.1855 folgende Äußerung Schumanns fest: „1831 war ich syphilitisch und ward mit Arsenik curirt.“ Vgl. Franken, 1994, S. 21. Im Mai 1831 sprach Schumann in seinem Tagebuch mehrfach von einer Wunde am männlichen Glied, die mit Narzissenwasser behandelt wurde. Vgl. die Tagebucheinträge Schumanns: Tagebuch I, S. 331 (12.05.1831); 331 (13.05.1831); 332 (14.05.1831); 332 (24.05.1831); 336 (4.6.1831); 343 (16.06.1831). Diese Tatsache wird im Zusammenhang mit den heute vorliegenden Forschungsergebnissen bezüglich der Auswertung der Schumann'schen Krankenakte von medizinischer Seite als deutlicher Hinweis auf einen syphilitischen Primäraffekt bewertet. Vgl. dazu u.a. Engel, 1995, S. 10, 80; Franken, 1994, S. 14; Franken, 1997 [II], S. 114.

[111] Bereits im September 1837 hatte Robert seiner Verlobten angekündigt: *„Es darf ein Vater nur dann sein Jawort verweigern, wenn er äußerste Demoralisation oder Geldmangel nachweist.“* BW I, S. 27 (18.9.1837). Vgl. dazu das vollständige Zitat und dessen Analyse zu Beginn von Kapitel V.2. «Später hinzutretende Prägungen des Wieck-Images durch Robert Schumann».

[112] Vgl. dazu Hartitzsch 1836, §47, S. 45. Weber, 1829, II.3., §124, 1116, Anm. 35. Vgl. dazu auch Heimbach, 1848, §88, S. 157, Anm. 2, bezogen auf die Altenburgische Eheordnung.

[113] Daß er diesbezüglich über exakte juristische Kenntnisse verfügte und sich mit sämtlichen Aspekten eines Ehekonsensprozesses vertraut gemacht hatte, belegen zahlreiche Äußerungen in Briefen an Clara aus der Zeit vor und während der gerichtlichen Auseinandersetzung. Am 2.5.1839 schrieb er beispielsweise an seine Braut: „Warum sollte man uns das Ja nicht geben? Wir haben zu Zwey so viel und noch mehr, als Dein eigener V. mit einer ganzen Familie, und an Deinem und meinem moralischen Ruf wird doch niemand etwas auszusetzen haben. Alt sind wir auch genug, gesund auch mit des Himmels Willen. Also wie sollte das zugehen, daß man uns abwiese?“ BW II, S. 508 (2.5.1839). Schumann spricht hier die vier zentralen Ehehindernisse und damit auch Konsensverweigerungsgründe an: 1. mangelnde Einkommensverhältnisse - 2. Demoralisation - 3. mangelndes Heiratsalter - 4. Krankheit eines Ehepartners.

hatte.[114] Schumann lebte zum Zeitpunkt der Ansteckung im Wieck'schen Hause und eine Tagebuchnotiz scheint auf Teilnahme seines damaligen Lehrers hinzudeuten.[115] Die Beweisbarkeit der Erkrankung hätte sich allerdings mit Sicherheit als noch schwieriger herausgestellt als die später von Wieck geforderten Belege zur Trunksuchtsbeschuldigung und ihm vermutlich eine weitere Verleumdungsklage eingetragen.[116] Mit anderen Worten, Wieck hätte in diesem Punkt schweigen müssen, auch wenn er möglicherweise einen Verdacht hegte.

Mit Sicherheit mußte Schumann davon ausgehen, daß er als Brautwerber bei Bekanntwerden seiner gesundheitlichen Verfassung nicht nur von Wieck, sondern auch durch das Gericht abgewiesen worden wäre.

Ob er zumindest Clara gegenüber verpflichtet war, sie von seiner früheren Infektion explizit in Kenntnis zu setzen, und zwar unabhängig davon, welche Richtung der erhoffte oder befürchtete Krankheitsverlauf einschlagen würde, soll hier nicht erörtert werden. Angesichts der als vage zu bewertenden Äußerung vom Juni 1839 - „Es haben eine Menge Leidenschaften in mir gestürmt ..." - ist zu vermuten, daß er die furchtbare Konsequenz dieser Lebensweise unerwähnt ließ.[117] Es darf angenommen werden, daß Schumann sich an dieser Stelle - vor der Eheschließung - gegen eine möglicherweise spätere Trennungsklage etwas 'abpolstern' wollte. Die unbestimmte Formulierung „Leidenschaften" schützte ihn dabei in doppelter Hinsicht: Einerseits hatte er nicht explizit zugegeben, sich syphilitisch infiziert zu haben, andererseits würde er sich im Fall eines möglichen Bekanntwerdens seiner Krankheit während bestehender Ehe darauf berufen können, daß er damit etwas in diese Richtung deutendes gemeint habe.[118]

Im Fall des Verschweigens ging er allerdings das Risiko einer späteren Trennungsklage ein, sollten Symptome und Krankheitsverlauf auf seine frühere syphilitische Infektion hindeuten. Zwar konnte eine solche Klage nach geschlossener Ehe nur von Clara eingereicht werden.[119] Es war jedoch zu befürchten, daß Wieck als Vater in diesem Fall erheblichen Einfluß auf seine Tochter geltend machen würde. Robert saß auf einem 'Pulverfaß' und wußte es, wie seine Bemerkung - „Sehr alt werde ich ohnedies nicht; dies weiß ich genau."[120] - belegt. Daß er angesichts dieser latenten Gefahren seinen Schwiegervater nicht gerne sah, liegt auf der Hand.

---

[114] Vgl. Sams, 1971, S. 1158/59. Vgl. auch den von Gerald Abraham verfaßten Artikel «*Robert Schumann*», GROVE I, Bd. 16, S. 835; Wieck, 1912, S. 369/70.

[115] Tagebuch I, S. 334 (27.5.1831).

[116] Vgl. dazu die Ausführungen zur zweiten Klage gegen Friedrich Wieck im Kapitel II.6. «Strategien und Verhalten während des Prozesses».

[117] Vgl. BW II, S. 553 (8.6.1839).

[118] Vgl. dazu Weber, 1829, II.3., §130, S. 1229 ff, sowie Anm. 45, S. 1231.

[119] Diese Klage konnte von Clara jedoch auch nur in dem Fall eingereicht werden, daß Robert nicht nachzuweisen vermochte, sie vor der Eheschließung über seine luetische Erkrankung aufgeklärt zu haben.

[120] BW II, S. 553 (8.6.1839).

## II.4. Überprüfung der Argumente unter Einbeziehung des juristischen Kontexts

Nachdem die zentralen Punkte der Auseinandersetzung - wie z.B. Vermögensverhältnisse und Lebensweise Robert Schumanns - bereits mehrfach angesprochen und deren Relevanz aus juristischer Sicht erörtert wurden, sollen im folgenden die konkreten, bei Gericht vorgetragenen Argumente beider Prozeßparteien näher beleuchtet werden. Es gilt, die Perspektiven beider Seiten aus der Situation um 1839/40 zu berücksichtigen. Die eine Seite, Clara Wieck und Robert Schumann, machte sich Hoffnungen auf eine glückliche und zufriedene Ehe - für ein junges Liebespaar eine durchaus verständliche Haltung - und klagte auf gerichtliche Supplierung des Ehekonsenses. Die andere Seite, Friedrich Wieck als Beklagter, befürchtete, die Ehe werde aufgrund unzureichender finanzieller Absicherung unglücklich, und versuchte, durch Konsensverweigerung die eigene Tochter vor einem zukünftigen, von materiellen Sorgen geprägten Eheleben zu bewahren. Beide Parteien waren bemüht bzw. wurden im Rahmen des interlocutorischen Urteils[121] später dazu aufgefordert, Beweise für ihre Position vorzulegen.

In diesem Abschnitt werden die Argumente beider Seiten unter Einbeziehung heute zur Verfügung stehender Dokumente und des bereits dargestellten juristischen Kontexts analysiert und auf ihre Stichhaltigkeit bzw. Glaubwürdigkeit überprüft. Ziel dieser Analyse ist weder die Anfechtung bzw. Widerlegung der Gerichtsurteile noch der Beweis, daß eine Seite - etwa die Friedrich Wiecks - Recht hatte. Vielmehr geht es um die Klärung der Frage, ob das Verhalten Wiecks tatsächlich so boshaft, seine Befürchtungen so abwegig und unbegründet, die Perspektive Roberts und v.a. die Claras dagegen so über jeden Zweifel erhaben war, daß sie eine einseitige Parteinahme zugunsten letzterer rechtfertigte, wie in sämtlichen Darstellungen der gerichtlichen Auseinandersetzung bisher geschehen.[122]

Als Quellenmaterial der Analyse dienen in erster Linie die Originalhandschriften der Prozeßunterlagen.[123] Darüber hinaus werden Tagebücher und Briefwechsel herangezogen, insbesondere von Clara und Robert Schumann, die nicht im Verdacht stehen können, Partei für Wieck ergriffen zu haben, deren unmittelbare Aussagen jedoch für die Beurteilung der strittigen Punkte sehr aufschlußreich sind. Besondere Bedeutung kommt in diesem Zusammenhang den Haushaltsbüchern zu, welche nicht allein aufgrund der Kontinuität der Notizen über beinahe zwei Jahrzehnte einzigartig sind, sondern wegen ihrer detaillierten Aufzeichnungen Rückschlüsse auf den Lebensstil, den persönlichen und beruflichen Umgang sowie die wirtschaftliche Lage der Schumanns zulassen, um nur einige Gesichtspunkte möglicher Auswertung dieser Dokumente zu nennen.[124] Insofern werden im Rahmen der folgenden Analyse teilweise Ereignisse

[121] Vgl. dazu Kapitel II.1. «Verfahren und Prozeßverlauf».

[122] Vgl. dazu die Ausführungen im Kapitel V.2. «Später hinzutretende Prägungen des Wieck-Images durch Robert Schumann», insbesondere die Darstellung Gustav Wustmanns aus dem Jahre 1896 sowie die mehrfach zitierte Untersuchung von Hans John von 1988.

[123] Hier insbesondere die sog. «Vorstellung Beklagtens» vom 14.12.1839, die «Deduktionsschrift» vom 26.1.1840 sowie die «Refutationsschrift» der Kläger vom 13.2.1840. Vgl. Prozeßakten fol. 28r - 40v, fol. 55r - 59v und fol. 61r - 70r.

[124] Vgl. Tagebuch III, Vorwort S. 9 ff.

oder Entwicklungen angesprochen, die nicht unmittelbar den Zeitraum der gerichtlichen Auseinandersetzung betreffen, jedoch für das Verständnis der unterschiedlichen Positionen der Prozeßgegner entscheidend sind. Das gilt beispielsweise für die steigende Tendenz von Schumanns Kompositionshonoraren, die seine Angaben vor Gericht bei weitem übertrafen und seine Hoffnung auf wachsende Anerkennung nachträglich bestätigten; es gilt aber auch für jene Aspekte, die eine einseitig positive Sichtweise und Parteinahme zugunsten der Schumanns als nicht angemessen erscheinen lassen.

Grundsätzlich ist darauf hinzuweisen, daß keine der beiden Seiten wissen konnte, welchen Lauf die Geschichte tatsächlich nehmen würde, sondern ihre Perspektive letztlich auf Mutmaßungen, d.h. Hoffnungen oder Befürchtungen gründete, gleichzeitig aber gezwungen war, mit dem Wissen und den Erfahrungen von 1839/40 Entscheidungen zu treffen und zu handeln.

### II.4.1. Detaillierte Klage-Erwiderung und Deduktionsschrift Friedrich Wiecks

Besonders aufschlußreich für das Verständnis der Position Friedrich Wiecks sind zwei seiner bei Gericht eingereichten Dokumente: Die sog. „Vorstellung Bekl[agtens]" und seine „Deduktionsschrift".[125] Wiecks Schreiben an das AG Leipzig vom 14. Dezember 1839 war aus chronologischer Sicht das erste der oben erwähnten Prozeßdokumente, in dem er ausführlich zum Sachverhalt Stellung nahm. Angesichts des bevorstehenden Gütetermins versuchte er, dem Gericht seine Argumente plausibel zu machen und warb um Verständnis für seine Perspektive. Dabei ging er insbesondere auf die Persönlichkeiten der Verlobten sowie deren finanzielle Hintergründe ein. In der Deduktionsschrift, mit der er seinen Einspruch gegen das Urteil aus erster Instanz begründete und eine Erweiterung der Beweisaufnahme forderte,[126] konzentrierte er sich vorwiegend auf materielle Aspekte, welche die in der Vorstellung bereits genannten Gesichtspunkte ergänzten bzw. detaillierten. Da beide Schreiben Wiecks dieselbe Argumentationsrichtung verfolgen, werden sie in dieser Arbeit nicht getrennt untersucht, sondern bei der Analyse der Perspektive Wiecks gemeinsam berücksichtigt.

Die Klärung folgender Fragen war für Wieck bei seiner Entscheidung, ob er als Vater die Erteilung des gewünschten Ehekonsenses verantworten könne, von ausschlaggebender Bedeutung:

1. „Ob beide die zu ihrem Leben nöthigen pekuniären Mittel besitzen oder erwerben können?"
2. „Ob beide vermöge ihres Charakters und ihrer Individualität nach fähig erscheinen, zusammen glücklich zu leben und in der Welt wirken zu können?"[127]

---

[125] Vgl. dazu die Auflistung im Innern des Aktendeckels. Prozeßakten. fol. 0. «Vorstellung Beklagtens» vom 14.12.1839, Prozeßakten, fol. 28r - 40v. «Deduktionsschrift» vom 26.1.1840, Prozeßakten, fol. 55r - 59v.

[126] Das Gericht hatte - wie oben im Kapitel II.1. dargestellt - mit Ausnahme der Trunksuchtsbeschuldigung sämtliche Verweigerungsgründe Wiecks abgelehnt. Vgl. Kapitel II.1. «Verfahren und Prozeßverlauf».

[127] Prozeßakten, fol. 29r.

Während die Frage nach den pekuniären Mitteln Ausdruck der väterlichen Sorge um eine materiell abgesicherte Zukunft seiner Tochter und der zu erwartenden Enkel war, klang in der zweiten Frage bereits an, daß es sich in den Augen Wiecks bei einer ehelichen Verbindung zwischen Clara und Robert um einen besonderen Fall handelte. Welcher Vater des 19. Jahrhunderts würde gefragt haben, „ob beide" [d.h. Bräutigam und Braut] „zusammen ...in der Welt wirken ... können?" Aus der Formulierung des 'in-der-Welt-Wirkens' geht hervor, daß Wieck für seine Tochter Clara eine von dem gesellschaftlichen Ehe- und Familienverständnis der ersten Hälfte des 19. Jahrhunderts grundlegend abweichende Vorstellung hatte.[128]

Doch zunächst zu den Fragen, die sich jeder Vater um 1840 stellen mußte, der mit sich um die Erteilung des Ehekonsenses zu einer von der Tochter gewünschten Heirat zu ringen hatte. Hier war in erster Linie - wie auch der Gerichtsbrauch mehrfach betonte[129] - die finanzielle Situation der Ehewilligen ausschlaggebend, welche von zwei Faktoren wesentlich geprägt war: erstens vom Verdienst aus eigener Erwerbstätigkeit und zweitens von dem evt. vorhandenen Kapitalvermögen und dem daraus resultierenden Zinseinkommen.

Schumann selbst nannte vor Gericht als wesentliche Erwerbsquellen:

1. diverse Zinseinkommen aus dem Besitz von Staatspapieren und aus den von der väterlichen Erbschaft herrührenden Guthaben bei den Brüdern,
2. seine Tätigkeit als Redakteur der NZfM,
3. Einkünfte aus dem Verkauf der zur Rezension eingereichten Musikalien,
4. Kompositionshonorare.

### «Erwerbsberuf»

Da das OAG Dresden - als höchste Instanz in Ehesachen - im Zusammenhang mit Ehekonsensstreitigkeiten mehrfach auf die zentrale Bedeutung des Erwerbsberufs, d.h. der Einkünfte aus selbständiger Erwerbstätigkeit hingewiesen hatte, sollen diese Einkommensquellen Schumanns hier an erster Stelle behandelt werden.

Wieck äußerte grundsätzliche Zweifel, daß Schumann in der Lage sei, „sich den zum Lebensunterhalt erforderlichen Erwerb zu verschaffen",[130] und argumentierte hinsichtlich der Haupterwerbsquelle Schumanns - der Redaktionstätigkeit für die NZfM - folgendermaßen:

„Daß H. Schumann sein einziges, irgend einen, wenn auch nur sehr geringen - Ertrag versprechendes musikalisches Unternehmen die Neue Zeitschrift für Musik (*Ein Bogen*

---

[128] Auf diesen Aspekt wurde bereits hingewiesen. Vgl. u.a. die Ausführungen zur 'Wohnortfrage' in Kapitel I.3.1. «Die sechs Ehekonsensbedingungen Friedrich Wiecks im Mai 1839». Im Rahmen der Rekonstruktion bzw. Bewertung der Perspektive Wiecks wird auf diese Tatsache noch ausführlich einzugehen sein. Es wird sich zeigen, daß seine Vorstellung auch im 20. Jahrhundert noch außergewöhnlich und hart umkämpft war.

[129] Vgl. dazu die Bewertungen des OAG Dresden im Kapitel II.3. «Konsensverweigerung aus erheblichen Gründen».

[130] Prozeßakten, fol. 55v.

in jeder Woche) mit höchster Vernachlässigung, Trägheit und solchem Eigendünkel geführt hat und noch führt, daß die pekuniären Vortheile nicht blos höchst *unsicher* und *unbedeutend* (wie sich auch bei seinem frühern Commissionär Herrn Ambrosius Barth herausgestellt hat) seyn müssen, sondern auch, daß diese Zeitschrift, welche seit einem Jahre weit weniger Abonnenten zählt, binnen kurzer Zeit nicht Verleger, nicht Publikum mehr finden wird und daher eingehen muß, um so eher, als dieß jetzt öfter bei Zeitschriften Statt findet - die mit Thätigkeit und Fleiß redigirt werden."[131]

Neben den konkret auf die Zeitung bezogenen Vorwürfen beinhaltet diese Äußerung Wiecks eine grundsätzliche Kritik an Schumanns Arbeitshaltung und Leistungsfähigkeit, eine Kritik, die zwar bereits in früheren Jahren von seiten Wiecks angeklungen war,[132] die jedoch angesichts von Schumanns Bewerbung um Clara und seinem Anspruch, eine Familie unterhalten zu wollen, einen zentralen Platz einnahm: Nunmehr ging es nicht allein um Schumann, sondern - aus der Perspektive Wiecks - um das Schicksal seiner Tochter und der zu erwartenden Enkelkinder.

Die Zweifel hinsichtlich Schumanns Redaktionstätigkeit als ernstzunehmender Einkommensquelle werden in frappierender Weise von Robert Friese, dem langjährigen Verleger der NZfM bestätigt, welcher sich Schumann gegenüber immer loyal verhalten hat[133] und nicht in Verdacht stehen kann, die Zeitung in einem schlechten Licht erscheinen lassen zu wollen, da er an deren Absatz ein vitales Interesse haben mußte. In zahlreichen Briefen - teilweise an Schumann in Wien gerichtet - beklagte Friese dessen mangelndes Engagement und warf ihm Vernachlässigung der Redaktionstätigkeit vor:

„Jedenfalls bitte ich Sie herzlich, mehr u fleißiger für die Zeitung selbst wieder zu arbeiten u namentlich die Critik der Pianofortesachen aufs Schnellste vorzunehmen. [...] Becker arbeitet viel, aber ich kann ja nicht immer *seine* Sachen bringen; Wenzel ist sehr talentvoll, aber er hat noch nicht eine Zeile seit ihrer Abreise geschrieben. Sie selbst sind das einzig belebende Princip, u Sie ---- schweigen beinahe ganz! [...] Aus dem Monatsbericht bestelle ich jetzt nichts, denn die Musichändler liefern mir jetz[t] gewöhnlich die Sachen mit bittern Anmerkungen, weil so wen[ig] bei uns recensirt würde u Sie ja nicht mehr die Sache führten."[134]

---

[131] Vorstellung, Prozeßakten, fol. 30v - 31r.

[132] Vgl. dazu Kapitel I.1.2. «Robert Schumann im Hause Friedrich Wiecks».

[133] Darüber hinaus dokumentiert Frieses Brief vom 16.2.1839, daß er Friedrich Wieck in der Manier Schumanns als „Der Alte" bezeichnete und damit offensichtlich die Perspektive Schumann übernommen hatte. Vgl. Corr. Bd. 8, Nr. 1214. Korespondencja Schumanna, Biblioteka Jagiellonska Kraków, Polen, zitiert auf der Grundlage der freundlicherweise von der Robert-Schumann-Forschungsstelle Düsseldorf e.V. zur Verfügung gestellten Mikrofilme und Kopien bzw. Transkriptionen der Korrespondenz Robert Schumanns. [zitiert als „Corr., Bd. *, Nr. *"].

[134] Friese an Schumann vom 23.11.1838, Corr. Bd. 8, Nr. 1141 b. Vgl. auch Frieses Brief vom 10.11.1838, Corr. Bd. 8, Nr. 1137: „Lieber, guter Schumann. Ich warte nun täglich mit Schmerzen auf ein Paar Zeilen von Ihnen u. habe mit Lorenz beschlossen, wenn bis Dienstag nicht einige Worte zur 4ten Beilage von Ihnen kommen, diese in 8 Tagen mit Lorenzschen Begleitschein hinauswandern zu lassen, damit die Leute nur eine Freude wieder an der Zeitung haben." Vgl. auch den vorhergehenden Brief vom 9.11.1838, Corr. Bd. 8, Nr. 1136, sowie die Briefe vom 3.12.1838, Corr. Bd. 8, Nr. 1143 und vom 16.2.1839, Corr. Bd. 8, Nr. 1214: „Daß Sie selbst so wenig für das Blatt arbeiten, fällt ja *Allen* auf! Warum schreiben Sie keine ClavierRecensionen? warum nicht einmal eine Novelle?"

Daß Friese nicht ohne Grund über Vernachlässigung der Zeitung und deren Folgen klagt, belegt ebenfalls eine Tagebuchnotiz Schumanns vom 10. März 1839: „Für die Zeitung im Ganzen wenig gethan."[135] Im Grunde schien Robert Schumann bereits 1839 das Interesse an diesem Unternehmen verloren zu haben. Kurz nach seiner Rückkehr aus Wien schrieb er an seinen alten Lehrer, Heinrich Dorn:

„Ich bin im Grund sehr glücklich in meinem Wirkungskreis; aber könnte ich erst die Zeitung ganz wegwerfen, ganz der Musik leben als Künstler, nicht mit so vielem Kleinlichen zu schaffen haben, was eine Redaction ja mit sich bringen muß, dann wär ich erst ganz heimisch in mir und auf der Welt. Vielleicht bringt dies die Zukunft noch."[136]

Das mangelnde Engagement für die Zeitung fiel auch anderen Zeitgenossen auf, wie aus Schumanns 'Rechtfertigung' gegenüber Gustav Adolph Keferstein[137] hervorgeht:

„Die Redaktion der Zeitung kann nur Nebensache sein, mit so großer Liebe ich sie auch hege. ... Ich schreibe Ihnen das, mein verehrter Freund, weil ich in Ihren letzten Zeilen einen kleinen Vorwurf über meine Redactionsverwaltung zu sehen glaube, den ich wahrhaftig nicht verdiene, eben weil ich so viel außerdem arbeite, und weil dieses das Wichtigere ist und die höhere Bestimmung, die ich in diesem Leben zu erfüllen habe."[138]

Der oben zitierte Brief Frieses vom 23. November 1838 enthält darüber hinaus einen wichtigen Hinweis auf die fatalen Konsequenzen von Schumanns mangelndem Engagement für die Zeitung: Die Musikalienhändler lieferten nur noch bedingt, d.h. „mit bittern Anmerkungen", da auch sie - aufgrund der Tatsache, daß nur so wenige Rezensionen in der NZfM erschienen - ihrerseits das Interesse an der Zeitung verloren. Das wiederum hatte unmittelbare finanzielle Auswirkungen, denn damit verringerte sich auch der Gewinn aus dem Verkauf der zur Rezension eingereichten Musikalien. Weiterhin beklagte Friese mehrfach, daß andere musikalische Zeitungen florierten

135 Tagebuch II, S. 87 (20.3.1839).

136 Schumann an Heinrich Dorn vom 14.4.1839. Jansen NF, 2/1904, S. 153. Vgl. auch Wasielewski, 1906, S. 348. Tatsächlich stellte Schumann bereits acht Monate nach seiner Heirat Überlegungen hinsichtlich seines Nachfolgers für die Zeitung an. Vgl. dazu den Brief vom 9.5.1841 an Carl Koßmaly, einen Mitarbeiter der NZfM; Jansen, NF, 2/1904, S. 205.

137 Keferstein hatte Schumann maßgeblich unterstützt bei der Erlangung der Doktorurkunde im Februar 1840. Die Redaktionstätigkeit für die Zeitung war insofern von erheblicher Bedeutung, da sie nicht nur aus juristischer Sicht als zentraler Einkommensnachweis diente, sondern in dieser Situation von Schumann auch als Begründung für seinen Anspruch auf eine derartige Auszeichnung an erster Stelle genannt wurde: „Erlauben Sie mir nun die Frage: ist es schwer, in Jena Doctor zu werden? Müßte ich ein Examen bestehen, und welches? An wen wendet man sich deshalb? Mein Wirkungskreis als Redacteur eines 7 Jahre nun bestehenden angesehenen Blattes, mein Standpunkt als Componist... sollte mir das nicht behülflich sein, jene Würde zu erlangen?" Vgl. Brief an Keferstein vom 31.1.1840. Jansen, NF, 2/1904, S. 178/79. Vgl. auch den Brief an den Dekan der philosoph. Fakultät zu Jena vom 17.2.1840. Jansen NF, 2/1904, S. 182.

138 Brief an Keferstein vom 19.2.1840; vgl. Jansen, NF, 2/1904, S. 184. Vgl. auch den Brief vom 31.1.1840 an Keferstein: „... Hr. Organist Becker sagte mir, daß Sie ihm geschrieben, 'die Zeitschrift ginge ein'. Daran ist nicht zu denken, so lange ich nicht durch andere Verhältnisse gezwungen bin, die Redaction niederzulegen. Im Gegentheil die Zeitschrift hat jährlich an Einfluß gewonnen und steht so, daß es auch nichts schadet, wenn einmal 100 Abonnenten wegblieben." Vgl. Jansen, NF, 2/1904, S. 178.

bzw. sogar expandierten, während die NZfM dagegen zurückginge und sogar einen Verlust an Abonnenten zu verzeichnen habe:

„Ein neuer Unstern für unsre Zeit[un]g. ist 1.) die größre Ausdehnung der Finkschen, welche jetzt 1 1/2 bis 2 Bogen p Woche liefert, 2.) die große Verbesserung des Hasslingerschen Anzeigers, welcher hier in den diesjährigen Nummern Sensation erregt und offenbar in Wien uns Schaden thun muß, 3.) giebt Dr. Schilling in Stuttgart mit Spohr, Gathy und vielen Andern eine allgemeine deutsche NationalMusic-Zeit[un]g. heraus, wovon Clara ihrem Vater Probeblätter gesandt haben soll, und nun nehmen Sie dagegen an, wie sehr die unsre zurückgeht und an Abnehmern verliert, - nehmen Sie an, daß sie für mich wirklich mit Opfern verbunden ist, und sehen Sie selbst ein, daß ich sie in Wien wahrhaftig nicht fortverlegen kann. Ich kann jetzt manche Nacht gar nicht vor Sorgen darum schlafen.“[139]

Diese Tendenz wurde auch in einem Beitrag der in Nürnberg erscheinenden Zeitung «Der Korrespondent von und für Deutschland» angesprochen: „Die musikalischen Zeitungen haben sich im Vergleich zu früher in ein umgekehrtes Verhältniß gesezt. Die neue unter Schumann's Redaktion ist träg und farblos geworden, die alte Fink'sche lebendiger und entschiedener.“[140] Konsequenz der oben dargestellten Situation war, daß Friese regelmäßig Verlustgeschäfte zu beklagen hatte:

„Sie aber verlangen in ihrem Briefe, daß ich meine ganze Mühe und Arbeit, Maculatur und Verpackungsspesen umsonst geben und außerdem schlechte Schulden, die bei der Unsolidität der Buchhändler nur zu sehr entstehen, noch ca. p 30 im halben Jahr! also im Jahr p 60 baar einbüßen soll und wenn ich also nicht der literarischen Welt ein solches Opfer bringen will, wollen Sie von der Redaction abgehen. Ich glaube wohl, daß ich keinen Begriff habe, wie viel Ihnen die Sache Mühe macht, aber Sie bekommen dafür im Jahr p 624, während ich außer meiner Arbeit nur den baaren Verlust haben soll!“[141]

Aus diesem Brief geht hervor, daß Schumann Friese offenbar vertraglich in der Hand hatte. Das bedeutete, für sämtliche Kosten und sogar Schulden des Verlags trug Friese das Risiko, während Schumann ein festes Einkommen garantiert war, scheinbar ohne

---

139 Friese an Schumann vom 11.2.1839, Corr. Bd. 8, Nr. 1209. Vgl. auch die Klage vom 16.2.1839, Corr. Bd. 8, Nr. 1214: „Ich meine es gewiß recht gut und ehrlich mit Ihnen und eben darum sage ich es auch gerade heraus. Der Alte [Wieck] sagt unsrer Zeitung schon lange den sichren Tod voraus und meint dann stets: ‘es ist doch Schade um das schöne Institut!’ pp., aber das stört *mich* nicht! [...] Die Hamburger mus.[ikalische] Zeitung ist allerdings eingegangen, aber alle die Andren, wie Breitkopf & Härtel, Hasslinger, Groos in Carlsruhe rühren sich jetzt gewaltig, und machen mehr Glück für den Augenblick als ich - Ihr armer, trauriger Verleger Robert Friese.“

140 Diese Bemerkung findet sich am Schluß einer längeren „musikalischen Notiz“ in der Zeitung *«Der Korrespondent von und für Deutschland»*, Nr. 131 vom 11.5.1839, S. 782f. Über diesen Artikel ärgerte sich Schumann so maßlos, daß er in einer Erwiderung die „Notiz“ als eine diffamierende, rein persönliche und böswillige Attacke von „de Knapp und Cons.“ ‘enttarnte’. Er spielte damit auf den mit Wieck in Kontakt stehenden Komponisten und Musikschriftsteller Carl Banck an, von dem er behauptete, dieser mache sich zum Handlanger und Sprachrohr von Wieck. Vgl. dazu Schumanns ‘Antwort’ vom 15.5.1839 in der Nr. 140 vom 20.5.1839, S. 837 derselben Zeitung sowie den Hinweis auf seine Erwiderung in der NZfM, Bd. X, Nr. 43 vom 28.5.1839, S.172. Zitiert nach Tagebuch II, S. 496, Anm. 352.

141 Friese an Schumann vom 27.3.1838, Corr. Bd. 7, Nr. 908. Vgl. auch Frieses Briefe an Schumann vom 23.1.1838, Corr. Bd. 6, Nr. 833; vom 3.12.1838, Corr. Bd. 8, Nr. 1143; vom 16.2.1839, Corr. Bd. 8, Nr. 1214; vom 2.10.1843, Corr. Bd. 16, Nr. 2708. u.a.

eine schriftlich fixierte Mindestleistung erbringen zu müssen bzw. mit der unverbindlichen Möglichkeit, seine Arbeit an andere delegieren zu können. Daß Schumann unter Umständen weder für die Zeitung arbeiten noch für die entsprechenden Ersatzbeiträge sorgen würde, hatte Friese offensichtlich nicht bedacht. Anfang 1839 - Schumann befand sich zu diesem Zeitpunkt gerade in Wien - wurde die Lage für Friese so prekär, daß er den Gedanken äußerte, die Verlegertätigkeit für die NZfM ganz aufzugeben, wie aus seinem Folgebrief zu entnehmen ist: „Nicht das Beschwerliche der Administration, nicht die kleinen Mühen und Arbeiten dabei, sondern lediglich die sichere Aussicht, daß ich bei der Zeitung zu großen Verlust haben muß, wenn sie in Wien gedruckt würde, haben meinen Lossagebrief ins Leben gerufen."[142]

An dieser Stelle ist ein kleiner Exkurs notwendig, dessen Grund im Rahmen der Analyse der Ehekonsensbedingungen bereits angelegt wurde. Anhand der 'Wohnortbedingung' konnte gezeigt werden, daß Schumann spätestens seit März 1839 (Brief Zuccalmaglio vom 10.3.1839) nicht die Absicht hatte, in Wien zu leben. Nun muß angesichts von Schumanns mangelndem Engagement für die NZfM - belegt durch die zum Teil verzweifelten Appelle Frieses - die Frage gestellt werden, ob er je die Absicht gehabt hat, die Zeitung in Wien herauszugeben.[143] Die Klagen Frieses belegen mittelbar, daß Schumann in Wien - im Winter 1838/39 - kaum hat für eine Zeitung eintreten können,[144] für die er so gut wie gar nicht bereit war zu schreiben. Daraus folgt zwingend die nächste Frage: Welchem Zweck diente der Wienaufenthalt bzw. die auch im Frühjahr 1839 noch Clara gegenüber vorgetragene Behauptung, nicht in Sachsen, sondern in Wien mit ihr leben zu wollen?

Die Aussage Frieses, er mache Konkurs, wenn er die Zeitung in Wien herausgebe, steht in eklatantem Widerspruch zu Schumanns Behauptung, daß er nach Wien ginge, um eine Existenzgründung vorzubereiten. Der Wienaufenthalt sollte offensichtlich den Eindruck vermitteln, daß Schumann bereit war, sein im Frühjahr 1838 gegebenes und ihn rechtlich bindendes Versprechen einzulösen. Angesichts der oben beschriebenen Tatsachen muß festgestellt werden, daß er diese Absicht nicht gehabt haben kann, jedoch zum damaligen Zeitpunkt noch gezwungen war, den Schein zu wahren, weil die Wohnortbedingung von beiden Seiten - von Vater und Tochter - unerläßliche Voraussetzung für den Ehekonsens war; von der Seite Wiecks und - was noch wichtiger war - auch von der Seite Claras, die explizit gefordert hatte, *„ich bleibe nie* daselbst

---

[142] Friese an Schumann vom 16.2.39, Corr. Bd. 8, Nr. 1214. Diese Äußerung Frieses bezieht sich zwar auf die Zeit von Schumanns Wienaufenthalt, die Briefe Robert Frieses vor und auch nach dieser Reise Schumanns unterscheiden sich jedoch nicht und enthalten gleichermaßen Klagen über Absatzprobleme (27.3.1838, Corr. Bd. 7, Nr. 908; 24.10.1843, Corr. Bd. 16, Nr. 2723), Verlustgeschäfte (23.1.1838, Corr. Bd. 6, Nr. 833; 20.10.1842, Corr. Bd. 14, Nr. 2380; 22.10.1843, Corr. Bd. 16, 2721), sinkende Abonnentenzahlen (2.10.1843, Corr. Bd. 16, Nr. 2708) usw.

[143] Vgl. u.a. die Briefe Frieses vom 9.11.1838, Corr. Bd. 8, Nr. 1136; vom 10.11.1838, Corr. Bd. 8, Nr. 1137; vom 23.11.1838, Corr. Bd. 8, Nr. 1141 [b]; vom 3.12.1838, Corr, Bd. 8, Nr. 1143; vom 11.2.1839, Corr. Bd. 8, Nr. 1209; vom 16.2.1839, Corr. Bd. 8, Nr. 1214.

[144] Vgl. in diesem Zusammenhang die Aussage Schumanns, sich drei Monate nicht bei Haslinger gemeldet zu haben, einer einflußreichen Persönlichkeit des Wiener Musiklebens sowie Verleger, den Clara bereits in ihrem Brief vom 3.3.1838 als äußerst hilfreiche Kontaktperson für eine Existenzgründung in Wien genannt hatte. BW II, S. 463/64 (1.4.1839).

[Leipzig]“,[145] und ohne deren Unterschrift Schumann den Konsens gerichtlich nicht erzwingen konnte.[146]

Zu wenig berücksichtigt wurde in diesem Zusammenhang ebenfalls die Tatsache, daß Friese ganz offensichtlich allein haftete im Falle der Verschuldung bzw. des Auflagenrückgangs oder auch mangelnder Schriftbeiträge, wie aus den Briefen Frieses eindeutig hervor geht.[147] Diese Tatsache führte schließlich zu seinem ‘Lossagebrief’ vom Februar 1839, der zwar verschollen zu sein scheint, dessen Inhalt aber unschwer erschlossen werden kann aufgrund des noch erhaltenen Dokumentenmaterials. Da Friese Schumann ganz offensichtlich nicht zwingen konnte, die erforderlichen Beiträge für die Zeitschrift zu liefern, sah er sich angesichts der katastrophalen finanziellen Situation in Leipzig genötigt, sich von dem gemeinsamen Vorhaben loszusagen, die Zeitung in Wien herauszugeben. Diese Tatsache wird allerdings von Schumann seiner Braut gegenüber in einem anderen Licht dargestellt. In seinem Brief vom 10. Februar 1839 erscheint nicht er selbst, sondern Friese als Verursacher eines sich bereits hier abzeichnenden ‘Rückzugs’ nach Leipzig:

„Da kam gestern ein Brief von Friese [...] Der Brief war zwar freundlich wie immer; aber Fr. erklärt mir ganz unumwunden, daß er unter den jetzigen Verhältnißen die Zeitung nicht länger als zum nächsten July fortsetzen könne. Verdenken kann ich ihm das nicht: es ist Alles zu weitläufig und umständlich. Aber er fügt auch hinzu, daß er sich überhaupt nicht dazu verstehen könne, Verleger der Zeitung zu bleiben, wenn ich nicht nach L.[eipzig] zurückkäme - also mit anderen Worten, auch wenn ich die Concession zur Herausgabe hier bekäme und die Zeitung hier gedruckt werden könne, könne er nicht Verleger bleiben, weil ihn das zu viel koste. Auch das seh ich ein, daß er Recht hat und daß er dabei nur zusetzen muß.“[148]

Unerwähnt bleibt allerdings bei Schumann, daß er mit seiner die Existenz der Zeitung gefährdenden Untätigkeit Friese dazu gezwungen hatte, ihn nach Leipzig zurückzurufen. Diese Beobachtungen werfen insgesamt die Frage auf, ob Schumann je die Absicht gehabt hat, in Wien eine Existenz zu gründen, oder ob die ganze Wienreise - und nicht erst, wie bereits oben gezeigt, seit März 1839 - als ein Teil der Strategie ge-

---

[145] BW I, S. 110 (3.3.1838).

[146] Es geht hier nicht darum, Schumann zu ‘entlarven’ bzw. seine Brautwerbungsstrategien unter ethischen Gesichtspunkten zu be- oder gar verurteilen. Es geht hier allein um die Frage, ob die Behauptungen, Wieck habe Schumann nach Wien getrieben bzw. Wieck sei der unerbittliche Prozeßtreiber gewesen, angesichts der Fülle des neu gesichteten Materials noch aufrecht erhalten werden können; denn der juristische Hintergrund hat gezeigt, daß Schumann - um seine Ziele durchzusetzen - Clara bzw. ihre Einwilligung zur Klage brauchte. Und solange Clara auf ihrer Forderung ‘Wien’ bzw. der Einlösung seines Versprechens bestehen würde, hatte Schumann keine Aussicht, eine Verehelichung zu erwirken. Hier lag das Hindernis. Wie sich zeigen würde, sollte Schumann, sobald Clara ihren Widerstand aufgab, sein Ziel erreichen können, trotz und gegen den Willen des Vaters. Diese Tatsache erklärt auch die groß angelegte Inszenierung Schumanns gegenüber seiner Braut, eine Inszenierung, die er noch im April 1839 - zurückgekehrt nach Sachsen - fortführte, allerdings dann - wie oben gezeigt wurde - mit der allmählichen Einkreisung des Wohnbezirks Sachsen bzw. Dresden oder Leipzig. Vgl. dazu die Analyse der Wohnortbedingung im Kapitel I.3.1. «Die sechs Ehekonsensbedingungen Friedrich Wiecks im Mai 1839».

[147] Vgl. Frieses Brief vom 27.3.1838, Corr. Bd. 7, Nr. 908.

[148] BW II, S. 407 (10.2.1839).

genüber Clara anzusehen ist, deren Unterschrift er für die Klage gegen den Schwiegervater benötigte.[149]

Einen für den vorliegenden Zusammenhang zentralen Aspekt belegt der Lossagebrief Frieses in jedem Fall, daß nämlich die Behauptung Wiecks, Schumann vernachlässige die Zeitung, nicht ungerechtfertigt war. Darüber hinaus hatte Friese Unzuverlässigkeiten von seiten Schumanns zu beklagen, der sich offensichtlich nicht an Vereinbarungen hielt:

„Ich habe gegen 200 eigenhandige Briefe geschrieben, ich habe ca. 600 Portoblätter ausgegeben, ich habe in 17 Zeitungen mit bedeutendem Kostenaufwand die Zeitschrift zum 2.n Male inserirt, ich habe unsre Beilage königlich, wie David ausgestattet, ich denke Tag und Nacht daran, u. immer höre ich, daß mein Schumann hinter'm Rücken klagt, grau in grau, sogar *schwarz* malt, und ---- Wie viel eher könnte *ich* klagen, denn ich geben mein *baares* Geld noch immer bei der Zeitung zu, - ich sollte durch meinen Redacteur den Vorkauf aller guten Manuscripte haben u. sah noch kein Einziges; - ich sollte anfangs die besten Sachen vom Sortiment mit 25% haben, aber später hieß es, daß ich nur Alles oder Nichts erhalten könne; - ich sollte aus dem Einzelnverkauf der mus.[ikalischen] Beilage nach drucken, aber man ficht mir schon jetzt mein Verlagsrecht an!"[150]

In diesem Zusammenhang ist noch einmal kurz auf den Vertrag mit Friese zurückzukommen, den Schumann bei Gericht als Einkommensnachweis vorlegte. Wie aus dem bereits oben zitierten Brief vom 27. März 1838 hervorgeht, hatte Schumann - dem nach Ansicht von Gerd Nauhaus „eine Spur kaufmännischen Erbes" nicht abgesprochen werden kann[151] - einen für ihn sehr geschickten Vertrag mit Friese ausgehandelt, der ihm jährlich 624 Taler garantierte, während Friese das gesamte Risiko zu tragen hatte.[152] Allerdings entsprach die dem Gericht vorgetragene Darstellung eines festen Redaktionshonorars in Höhe von 624 Talern nur der halben Wahrheit, denn von diesem Betrag hatte Schumann sämtliche Korrespondenten zu bezahlen, wie aus seinen detaillierten Honorarabrechnungen zu ersehen ist.[153] Das bedeutete, je weniger er selbst für die Zeitung arbeitete, desto mehr mußte er den Mitarbeitern zahlen und hatte einen entsprechend geringeren Verdienst. Unter Einnahmen - „Von Friese erhalten" - verbuchte Schumann pro Band, d.h. halbjährlich ca. 310 Taler.[154] Abzüglich der

---

[149] Die Wienreise Robert Schumanns ist ein eigenständiges Thema und bedarf einer separaten Untersuchung. Es sollte jedoch im Zusammenhang mit der Redaktionstätigkeit Schumanns nicht versäumt werden, zumindest auf die für die vorliegende Fragestellung wesentlichen Aspekte dieser Reise einzugehen.

[150] Friese an Schumann vom 23.1.1838, Corr. Bd. 68, Nr. 833.

[151] Vgl. Tagebuch III, Vorwort S. 9.

[152] Vgl. den Brief vom 27.3.1838, Corr Bd. 7, Nr. 908.

[153] Vgl. Tagebuch III, S. 79-103, 117-120, 292-326. Vgl. dazu auch die Darstellung von Jochen Michael Lebelt über *«Robert Schumann als Redakteur der 'Neuen Zeitschrift für Musik'. 1834 bis 1844»*, so der gleichnamige Titel seiner Dissertation. Lebelt, 1988, S. 271.

[154] Vgl. Tagebuch III, S. 137, 142-145, 257-263. Diese von Friese erhaltenen Beträge gingen teilweise unregelmäßig ein, [vgl. seine diesbezüglichen Klagen über Geldmangel], teilweise verbuchte Schumann aber auch monatlich exakt 52 Taler, also genau 1/12 des Jahreshonorars von 624 Talern. Vgl. z.B. Tagebuch III, S. 261. Vgl. auch seine Gewinnberechnung, die zusammen mit den Honorarausgaben i.d.R. pro Halbjahr 311 bis 312 Taler ergeben.

Honorarzahlungen an die Korrespondenten errechnet sich Schumanns tatsächlicher Gewinn:

An den Bänden VII bis XII (Juli 1837 - Juli 1840) verdiente Schumann - je nach Umfang der eigenen Redaktionstätigkeit - zwischen 164 und 209 Taler pro Band. Der Gewinn von 209 Talern für den Band VIII (Jan. 1838 - Juli 1838) war ein Spitzenverdienst, den Schumann während seiner gesamten Zeitschriftenlaufbahn nie wieder erzielte.[155] Damit lag der durchschnittliche Verdienst in dem genannten Zeitraum bei 183 Talern pro Band. Auch in den folgenden Jahren zeigte sich diesbezüglich keine gravierende Änderung. Es war eher eine geringfügige Gewinneinbuße zu verzeichnen. Die für die Bände XIII bis XIX erzielten Honorare lagen zwischen 151 und 189 Talern. Der durchschnittliche Gewinn betrug damit 166 Taler.[156] An allen in den Haushaltsbüchern aufgeführten Bänden (VII-XIX) verdiente Schumann insgesamt ca. 2265 Taler; der durchschnittliche Jahresgewinn lag bei ca. 348 Talern und war damit wesentlich geringer als das vor Gericht angegebene feste Redaktionshonorar von 624 Talern.[157]

Zusammenfassend bleibt bis hierher festzuhalten: Die Zeitung stand bei weitem nicht so glänzend da, wie Schumann vor Gericht glaubhaft machen konnte. Nach Aussagen Frieses gingen die Abnehmerzahlen tatsächlich zurück, die Musikalienhändler verloren ihr Interesse an der Zeitung - mit den oben beschriebenen Konsequenzen. Für Friese bedeutete die Zeitung ein Verlustgeschäft, das er auch in späteren Jahren immer wieder beklagte. So bemühte er sich 1843, als die NZfM nur noch 340 Abonnenten zählte, also mittlerweile einen Rückgang von nahezu 25% zu verzeichnen hatte, eine Honorarkürzung Schumanns bzw. Umstellung auf prozentuale Absatzbeteiligung durchzusetzen.[158]

---

[155] Vgl. Tagebuch III, S. 79 ff, 117 ff, 292 ff. Für die einzelnen Bände konnte Schumann folgende Gewinne verbuchen: Bd. VII: 180 th (Taler), Bd. VIII: 209 th, Bd. IX: 184 th; Bd. X: 178 th; Bd. XI: max. 188 th [vgl. Tagebuch III, S. 102; Schumann hielt lediglich die Ausgaben fest, evt. waren noch Rechnungen zu begleichen]; Bd. XII: 164 th.

[156] Bd. XIII: 184 th; Bd. XIV: 174 th; Bd. XV: ca. 153 th; Bd. XVI: 154 th; Bd. XVII: 189 th; Bd. XVIII: 157 th; Bd. XIX: 151 th. Für den Band XV notierte Schumann keinen Gewinn. Sein realer Verdienst errechnet sich analog zu den anderen Honoraraufstellungen: Bei Ausgaben in Höhe von etwa 158 Talern betrug der Gewinn aus dem Band XV ca. 153 Taler. Vgl. hierzu auch die Darstellung bei Borchard, 1992, S. 245.

[157] Vgl. dazu Schumanns „Recapitulation" der einzelnen Bände ab 1842: S. S. 311, S. 316 und S. 321. Auf Seite 316 seines Haushaltsbuchs addiert er beispielsweise für das Jahr 1842 die Gewinne von Band XVI und Band XVII und errechnet einen Jahresgewinn von 343 Talern. Lebelt geht ebenfalls von einem durchschnittlichen Verdienst von 170 Talern pro Band aus. Vgl. Lebelt, 1988, S. 274.

[158] Vgl. die Briefe Frieses vom 2.10.1843, Corr. Bd. 16, Nr. 2708 und vom 24.10.1843, Corr. Bd. 16, Nr. 2723. Zwischenzeitlich hatte es wegen der für Friese unhaltbaren Situation ein „Zerwürfniß" zwischen Schumann und Friese gegeben, wie aus dem Brief vom 20.10.1842 hervorgeht. Corr. Bd. 14, Nr. 2380. Angesichts der aus den Briefen ablesbaren, bereits in den Anfangsjahren bestehenden, ungünstigen Konditionen für Friese mag man sich fragen, warum er die Zeitung so lange behalten hat. Das Verhältnis zwischen Schumann und seinem Verleger Friese ist jedoch nicht Gegenstand dieser Arbeit.

Der Eindruck Wiecks, Schumann vernachlässige die Redaktionstätigkeit, deckt sich nicht nur mit der Wahrnehmung anderer Zeitgenossen,[159] sondern mit den von Verleger Friese selbst geschilderten Tatsachen. Daß Schumanns realer Verdienst aus der Zeitung allerdings nur 340 bis 350 Taler jährlich betrug - und damit lediglich gut der Hälfte des vor Gericht angegebenen Einkommens von 624 Talern entsprach (ca. 55%) -, hat vermutlich keine der am Prozeß beteiligten Personen, auch nicht Anwalt Einert bei Abfassung der Refutationsschrift gewußt, ausgenommen Schumann.[160] Diese Tatsache bestätigt jedoch in frappierender Weise den Vorwurf Wiecks, die Zeitung werfe einen so geringen Ertrag ab, daß sie in keiner Weise geeignet sei, den Lebensunterhalt einer zukünftigen Familie zu sichern.

Der aus dem Verkauf von zur Rezension eingereichten Musikalien resultierende Verdienst Schumanns war im Gegensatz zu seinem festen Redaktionshonorar unmittelbar an den wirtschaftlichen Erfolg der Zeitung gebunden. Wie sich aus den Aufzeichnungen der Haushaltsbücher ergibt, erhielt Schumann ca. 25% vom Gesamterlös der verkauften Musikalien. Seine Einnahmen schwankten zwischen 64 Talern für Band VII (Juli - Dezember 1837) und 17 Talern für den Band XII (Januar - Juni 1840).[161] In Band XII wurden wesentlich weniger Rezensionen gedruckt als in Band VII; entsprechend niedrig war Schumanns Verdienst. Diese Tendenz deckt sich mit den Klagen von Verleger Friese, daß Schumann zu wenig Rezensionen schreibe und die Musikalienhändler daher nur noch unter „bittern Anmerkungen" lieferten.[162] Der durchschnittliche Gewinn Schumanns aus dem Verkauf der Musikalien betrug pro

---

159 Vgl. hierzu die bereits oben zitierten Briefe Robert Schumanns an Keferstein vom 31.1.1840 und 19.2.1840 sowie die ebenfalls zitierte Notiz im «Nürnberger Korrespondent».

160 Zwar hatte der Vertrag zwischen Schumann und Friese den Prozeßakten beigelegen, es ist jedoch nicht anzunehmen, daß die oben geschilderte Diskrepanz bezüglich des angegebenen Gehalts und der tatsächlichen Honorierung Schumanns aus diesem Dokument hervorging. Andernfalls hätten die Richter vermutlich von der im summarischen Eheprozeß üblichen Regel Abstand genommen, keine Vereidigung durchzuführen, und sich statt dessen auf diesem Weg ein Urteil gebildet. Vgl. dazu Kapitel II.1. «Verfahren und Prozeßverlauf». Der Vertrag Frieses schien jedoch nach Ansicht der Richter als Nachweis für den Verdienst Schumanns ausreichend gewesen zu sein. Vgl. hierzu die Überlegung von Borchard, Friese habe möglicherweise „auf Schumanns Bitten hin falsche Aussagen gemacht", die m. E. so nicht zutrifft, da in dem privaten Brief an Schumann vom 27.3.1838 ebenfalls von einem jährlichen Betrag in Höhe von 624 Talern die Rede ist. Vgl. Corr. Bd. 7, Nr. 908. Vgl. dazu Borchard, 1992, S. 179. Möglicherweise hat Friese jedoch verschwiegen, daß es sich bei Schumanns 'Redaktionshonorar' nur bedingt um ein festes Einkommen Schumanns handelte, das sich gegebenenfalls auch halbieren konnte.

161 Die Gewinne aus dem Verkauf der zur Rezension eingereichten Musikalien waren für die einzelnen Bände folgende: Bd. VII: 64 th; Bd. VIII: 39 th; Bd. IX: 40 th; Bd. X: 42 th; Bd. XI: 40 th, davon 1/8 abzuziehen; Bd. XII: ca. 17 th. Für Band XII hat Schumann - aus welchen Gründen immer - weder eine Addition der eingegangenen Erlöse noch eine Berechnung seines Gewinns vorgenommen. Der Betrag läßt sich jedoch aus den vorangegangenen Aufstellungen errechnen und liegt bei ca. 17 th (25% von 68 th Gesamterlös). Vgl. für die folgenden Bände Borchard, 1992, S. 245.

162 Friese an Schumann vom 23.11.1838, Corr. Bd. 8, Nr. 1141 [b].

Band etwa 40 Taler und lag damit ebenfalls deutlich unter dem von ihm vor Gericht angegebenen Netto-Ertrag von 150 Talern.[163]

Für den Zeitraum 1837 bis 1840 konnte Schumann mit einem jährlichen Verdienst aus der Zeitung in Höhe von ca. 428 Talern rechnen (348 Taler für die Redaktionstätigkeit + 80 Taler aus dem Verkauf der Musikalien). Dieser Betrag entsprach lediglich ca. 55% des in der Refutationsschrift versicherten Einkommens (624 Taler NZfM + 150 Taler Musikalien). Berücksichtigen wir, daß der aus Redaktionstätigkeit - incl. Musikalienverkauf - resultierende Netto-Ertrag einen wesentlichen Anteil von Schumanns Gesamterwerb ausmachte (ca. 77,4%),[164] und erinnern wir uns an die von den Richtern hervorgehobene Bedeutung des Erwerbsberufs, wird die Tragweite dieser Zahlen deutlich: Die NZfM war für Schumann alles andere als eine sichere und ergiebige Einnahmequelle und reichte bei weitem nicht als stabiles Fundament für die Existenzgründung einer Familie. Gerd Nauhaus, exzellenter Kenner und verdienter Herausgeber der Schumann'schen Tagebücher, gelangt in diesem Zusammenhang zu folgender Einschätzung: „Die Redaktion der Neuen Zeitschrift für Musik hat Schumann ebenfalls keine namhaften Verdienstsummen eingebracht, war aber wenigstens kein Verlustgeschäft und ergab zusammen mit dem Erlös aus dem Verkauf der zur Rezension eingereichten Musikalien einen Zuschuß zur Lebensführung."[165] In diesem Zusammenhang ist anzumerken, daß Schumann zumindest seine nicht unerheblichen Ausgaben für Zigarren und das tägliche Essen bzw. die Bierchen bei Rost und Poppe[166] - die mit ca. 200 bis 240 Talern jährlich damals in etwa dem Preis eines Flügels entsprachen[167] - von seinem Redaktionshonorar bestreiten konnte. Es sei

---

[163] Auch diesen Betrag von 150 Talern stellt Schumann vor Gericht als eher noch zu gering veranschlagt dar, dabei erreichte er gerade einmal 53,3% des angegebenen Einkommens. Vgl. Refutationsschrift, Prozeßakten, fol. 64v.

[164] Vgl. die von Schumann in der Refutationsschrift angegebenen Beträge als Berechnungsgrundlage seines Einkommens aus selbständiger Erwerbstätigkeit: 624 Taler für die Redaktionstätigkeit, 200 Taler für Kompositionshonorare, 150 Taler aus dem Verkauf von Musikalien; 26 Taler für „andere Nebenarbeiten" ergeben insgesamt 1000 Taler. Vgl. Prozeßakten, fol. 64v - 65r.

[165] Tagebuch III, Vorwort S. 10. Vgl. dazu auch Lebelt, der in seiner Dissertation ebenfalls zu dem Urteil kommt, daß mit der Redaktionstätigkeit für Schumann - „zumindest im Verlag Frieses - kein Verlustgeschäft" verbunden war. Lebelt, 1988, S. 274.

[166] Als exemplarische Berechnungsgrundlage dienten in diesem Fall die monatlichen Ausgaben bei Poppe bzw. Rost von Januar bis Mai 1840, die sich durchschnittlich auf knapp 19 Taler (18 Taler 18 Groschen) beliefen: Im Januar gab Schumann gut 20 Taler, im Februar ca. 20 Taler, im März gut 16 Taler, der April fällt aufgrund von zeitweiliger Abwesenheit mit knapp 6 Talern heraus, im Mai ca. 19 Taler aus. Die Beträge wurden jeweils (ab)gerundet. Festzuhalten bleibt, die täglichen Ausgaben in Höhe von bis zu 20 Groschen [Tagebuch III, S. 110, 115] überstiegen nicht selten den Betrag von 14 bis 16 Groschen, den ihn ein Essen mit seiner Braut kostete. Vgl. Tagebuch III, S. 157: „Mit Klara in Möckern zu Tisch" - 14 Groschen; „Abendessen f. mich u. Klara" - 16 Groschen.

[167] Der Preis eines Flügels lag zwischen 200 und 400 Talern: Schumann kaufte 1831 seinen Melzer'schen Flügel für 225 Taler [Tagebuch I, S. 342]. Für den Härtel'schen bezahlte er mit 400 Talern im Juli 1840 vergleichsweise viel [Tagebuch III, S. 155] und verkaufte ihn im Mai 1846 mit großem Verlust für nur 200 Taler [Tagebuch III, S. 270]. Wieck hatte in Wien für einen Graf'schen Flügel - ebenfalls ein gutes Instrument - einen günstigen Preis von 300 Gulden, d.h. etwa 184 Taler, ausgehandelt. Vgl. BW II, S. 503 (27.4.1839) sowie Tagebuch III, S. 55 für die Relation zwischen Gulden und Talern im Jahr 1838.

jedoch ausdrücklich an dieser Stelle darauf hingewiesen, daß Schumann weder sein Zigarrenkonsum noch sein Biergenuß vorgeworfen werden soll. Hier geht es allein um die Feststellung der Relation zwischen Ausgaben und Einnahmen.

Eine dritte Einnahmequelle - neben Redaktionstätigkeit und Verkauf von Musikalien - waren für Schumann die Honorare für seine Kompositionen. Diesbezüglich kritisierte Wieck:

„Daß pp. Schumann als musikalischer Komponist nicht die Fähigkeit besitzt noch je besessen hat, sich die Theilnahme des Publikums erworben zu haben oder noch zu erwerben und also sein pekuniäres Einkommen *hierfür gar nicht* zu rechnen ist. Wie unbekannt seine unklaren und kaum auszuführenden Klaviercompositionen[168] (er hat nur für Klavier geschrieben - berühmte Sinfonien für Orchester aber will er erst *nach eigener Aussage* in der Ehe schreiben), welche übrigens dem Kenner Mangel eines wahren und soliden Studiums verrathen, sowohl die älteren als die neueren, geblieben sind und noch bleiben, das wird *jeder* seiner Verleger mit Schmerzen bezeugen können."[169]

Auf einen Aspekt der Aussage Wiecks ist jedoch im Rahmen der vorliegenden Untersuchung einzugehen: Wieck verwies auf mangelnde „Theilnahme des Publikums" und die daraus resultierenden Absatzschwierigkeiten, daher könne die Kompositionstätigkeit Schumanns ebenfalls nicht als ernstzunehmende Erwerbsquelle gelten. Auch Clara war der Zusammenhang zwischen „Theilnahme", d.h. Anerkennung durch das Publikum, und erfolgreicher Veröffentlichung, d.h. finanziellem Gewinn, durchaus bewußt. Dieses Thema wurde zwischen Clara und Robert häufig debattiert. Clara nannte das aus dem Schwierigkeitsgrad der Kompositionen resultierende Unverständnis des Publikums als Ursache für die fehlende bzw. mangelnde Anerkennung. Daher forderte sie Robert auf, verständlicher, d.h. leichter zu komponieren, was Robert wiederum als Kränkung auffaßte.

„Auf die 2te Sonate freue ich mich unendlich, sie erinnert mich an viele glückliche und auch schmerzhafte Stunden. Ich liebe sie, so wie Dich, Dein ganzes Wesen drückt sich so klar darin aus. auch ist sie nicht all zu unverständlich. Doch eins: willst Du den letzten Satz ganz so lassen wie er ehemals war? ändere ihn doch lieber etwas und erleichtere ihn, denn er ist doch gar zu schwer. Ich versteh ihn schon und spiele ihn auch zur Noth, doch die Leute, das Publikum selbst die Kenner, für die man doch eigentlich schreibt verstehen das nicht."[170]

---

168 Hier ist anzumerken, daß Wieck sich mit dieser letzten Behauptung zu einem eklatanten Fehlurteil hinreißen ließ. Sogar Schumann führte in seiner Refutationsschrift an, „daß er [Wieck] seine Tochter diese Compositionen auf das Eifrigste studiren ließ". Vgl. Prozeßakten, fol. 66r. In diesen Zusammenhang sei zum einen auf anderweitige Äußerungen Wiecks verwiesen, in denen er die Werke Schumanns äußerst positiv beurteilte, zum andern auf die Tatsache, daß er Clara nie daran gehindert hatte, die Kompositionen Schumanns aufzuführen. Vgl. Tagebuch I, S. 384 (4.5.1832), 395 (23.5.1832). Vgl. auch Steegmann, 2001, S. 38/39. Es stellt sich die Frage, ob die Behauptung Wiecks in dem Schreiben an das AG Leipzig in dieser Form ernst zu nehmen ist oder situationsbedingt relativiert werden muß.

169 Prozeßakten, fol. 31r.

170 BW I, S. 108 (3.3.1838). Vgl. auch Jugendtagebücher Clara Schumann, Bd. IV. Tagebuch 8, S. 90 (29.9.1839): „Es schmerzt mich oft sehr, daß Roberts Compositionen nicht anerkannt werden, wie sie es verdienen. Ich würde sie ja gern spielen, doch das Publikum versteht sie nicht. Wie bangt

Dieser Brief Claras belegt, daß Wieck in seiner Einschätzung der Schumann'schen Kompositionen nicht allein dastand. Auf Roberts Vorwurf, sie spiele seine Kompositionen zu selten, reagierte Clara 1839 wie folgt: „Ich weiß gar nicht, lieber Robert, warum Du mir immer sagst, ich spiele nicht gern von Deinen Compositionen, das ist recht Unrecht, und schmerzt mich; eben weil ich Deine Compositionen so sehr verehre und liebe, darum spiele ich sie nur Auserwählten."[171] Auch 1840 war die mangelnde Anerkennung für die Kompositionen Robert Schumanns noch ein wunder Punkt, wie Claras 'Trostbrief' zu entnehmen ist:

„Du schriebst neulich einmal, es habe Dich betrübt, daß Deine Sonate in Berlin so wenig gefallen, - da irrst Du, daß sie dem allgemeinen Publikum nicht gefallen würde, das wußten wir, an dem kann Dir auch nichts liegen, aber an den Kennern wohl, und die waren keineswegs kalt, sie ahndeten wenigstens welcher Schatz von schönen Gedanken in dieser Sonate liegt und welch großer Geist und Fantasie-Reichthum, aber das kann man nicht verlangen, daß ihnen solch ein Werk sogleich ganz klar erscheinen soll wie z.B. Sonaten etc: von Beethoven, die sie früher auch nicht verstanden hatten. Betrübe Dich also nicht darüber, mit der Zeit werden auch Deine Compositionen immer mehr Eingang finden und der Anfang ist ja schon gemacht, das Einzige was so Viele, die sie wirklich schon verstehen, abhält sie zu kaufen, sind die Schwierigkeiten darin, die für Dillettanten fast unüberwindlich sind."[172]

Diese Passage Claras bestätigt den von Wieck angesprochenen Zusammenhang zwischen der mangelnden Teilnahme des Publikums und den daraus resultierenden Absatzschwierigkeiten. Tatsächlich waren noch 1843 Kompositionen von Clara bei den Verlegern teilweise begehrter als die Roberts.[173] Wie wichtig die Anerkennung und das Verständnis des Publikums für den finanziellen Erfolg einer Komposition waren, belegen die Honorare für einige äußerst populär gewordenen Werke Schumanns. Gerd Nauhaus bemerkt diesbezüglich im Vorwort zu den Haushaltsbüchern:

---

mir, wenn Robert einmal später Zeuge sein muß wie seine Compositionen wenig gegen andre Fade ansprechen. Das denke ich mir schrecklich für ihn."

171 BW II, S. 424 (1.3.1839). Im Juli 1839 heißt es dann: „Du wirst mir wohl oft in Stillen vorwerfen daß ich sie so wenig öffentlich spiele, doch nicht wahr, das siehst Du ein, daß das Liszt besser kann, der schon so lange hier [Paris] ist und so sehr bekannt ist, als ich, die ich erst anfange? ich thäte es so sehr gern oft, doch die Angst es möge nicht verstanden werden schreckt mich immer zurück..." BW II, S. 613 (2.7.1839). Aus dieser Passage geht auch hervor, daß es für Virtuosen nach wie vor ein Risiko bedeutete, Schumanns Kompositionen öffentlich zu spielen, man es sich mit andern Worten erst leisten können mußte, diese aufzuführen. Vgl. dazu Shitomirski: „In jener Zeit, als die öffentliche Aufführung von Werken Mendelssohns, Chopins und Liszts bereits selbstverständlich war, blieb der Name Schumanns auf den Konzertprogrammen - für den Komponisten selbst und seine Verehrer erfreulich, aber überaus 'riskant' für den Interpreten - noch lange eine Seltenheit." Shitomirski, 1961, S. 19.

172 BW III, S. 939 (19.2.1840).

173 Schumann hatte mit seinem Schreiben vom 6.8.1843 dem Verleger Härtel sein op. 48, «Dichterliebe» angeboten. Die Reaktion Härtels war, „daß es ihnen eine besondere Ehre sein wird, die Lieder seiner Frau Gemahlin zu verlegen." Zitiert nach Borchard, 1992, S. 337, Anm. 59. Borchard zitiert aus der Gedenkschrift des Verlagshauses Breitkopf & Härtel: „Mehr noch wurde von aller Welt, zumal aber von seinen und ihren Verlegern die bewundert, deren Wirken und Geist durch alle seine Briefe weht, seine echte deutsche Muse Clara Schumann selbst." Ebenda. Schumanns «Dichterliebe» wurde dagegen erst 1844 verlegt.

„Am besten honoriert wurden - wobei auch der Umfang der Werke zu berücksichtigen ist - 'Das Paradies und die Peri' op. 50 (1844) und die Oper 'Genoveva' op. 81 (1850) mit jeweils 550 Talern. Im Vergleich dazu sind die Honorare für einige 'kleinere', aber gut verkäufliche Werke wie das Klavier- und das Liederalbum für die Jugend, op. 68 und 79, die vierhändigen Klavierstücke op. 85 sowie den 'Kinderball' op. 109 (zwischen 220 und 280 Talern) unverhältnismäßig hoch."[174]

Insgesamt gelangt Gerd Nauhaus zu folgender Einschätzung: „Für die Zeit bis 1849 kommen die Kompositionshonorare [...] als Unterhaltsquelle kaum ernsthaft in Betracht."[175]

Daß Clara dennoch mit ihrer Einschätzung in dem oben zitierten 'Trostbrief' richtig lag, zeigt ein Blick auf die Kompositionshonorare der folgenden Jahre: Von 1840-1848 lagen die jährlichen Einkommen aus Schumanns Kompositionstätigkeit zwischen 225 und 575 Talern und übertrafen damit eindeutig die vor Gericht veranschlagten 200 Taler pro Jahr. Eine erfreuliche Entwicklung ließ sich auch für die folgende Zeit beobachten: Von den 1275 Talern im Jahr 1849 stiegen die Einnahmen aus Kompositionshonoraren kontinuierlich auf 1925 Taler für das Jahr 1853;[176] jedoch sogar „diese Summe würde noch nicht zum Unterhalt einer acht-, rsp. neunköpfigen Familie ausgereicht haben",[177] wie Gerd Nauhaus resümierend festhält. Diese Beurteilung der wirtschaftlichen Lage Schumanns wird durch eine Aussage Claras gegenüber ihrem Enkel bestätigt. Ferdinand Schumann veröffentlichte in seinem Beitrag *«Erinnerungen an Clara Schumann»* folgende Tagebuchnotiz:

„28. April [1895]. Über das Componieren stellte Großmutter heute so ihre Betrachtungen an. Das Componieren sei nie einträglich gewesen. Der Großvater hätte nie ein Jahr gehabt, in dem er so viel Geld durch seine Compositionen verdiente, seine Familie anständig zu erhalten. Erst Brahms und Simrock hätten die Honorare in die Höhe getrieben."[178]

Abschließend läßt sich festhalten, daß trotz eindeutig steigender Tendenz der Honorareinnahmen auch Schumanns dritte Einkommensquelle aus selbständiger Erwerbstätigkeit bei weitem nicht ausreichend war für die Existenzsicherung der Familie.

### «Kapitalvermögen»

Neben den Einkünften aus selbständiger Erwerbstätigkeit führte Schumann als zweite Säule seiner finanziellen Absicherung ein Kapital in Höhe von ca. 12.000 Talern an, welches sich aus Staatspapieren sowie den vom väterlichen Erbe herrührenden Guthaben bei seinen Brüdern zusammensetze und ihm ein jährliches Zinseinkommen von ca. 500 Talern garantiere.

---

[174] Tagebuch III, Vorwort S. 10/11.

[175] Tagebuch III, Vorwort S. 9.

[176] Tagebuch III, S. 669.

[177] Tagebuch III, Vorwort S. 11. Nauhaus gelangt zu dem Schluß: „Erst alle genannten Einnahmequellen zuzüglich der Konzerthonorare Claras garantieren zusammengenommen die materielle Sicherstellung der Familie Schumann." Ebenda, 11. Wie diese „Sicherstellung" tatsächlich aussah, wird u.a. in den folgenden Abschnitten dieses Kapitels behandelt.

[178] NZfM, 84. Jg. (1917), Nr. 12, (22.3.1917), S. 93.

Hinsichtlich dieses Vermögens kamen von Seiten Wiecks zwei Einwürfe:

1. Der von Schumann angegebene Vermögensumfang sei weder korrekt noch ausreichend nachgewiesen.[179]
2. Schumann habe - wie die Erfahrung der vergangenen Jahre zeige - von der Kapitalsubstanz gezehrt und damit seine Vermögensverhältnisse bedeutend verschlechtert. Es seien keine Anzeichen für eine Verbesserung seiner finanziellen Situation zu erkennen, insofern würden jegliche Voraussetzungen für die Existenzgründung einer Familie fehlen.[180]

In seiner Refutationsschrift vom 13.2.1840 erwähnte Schumann ein väterliches Erbe in Höhe von 9.500 Talern sowie ein Erbe mütterlicherseits von 3.600 Talern. Diese Angaben werden allerdings nur teilweise durch Zeugnisse (Tagebücher und Briefe) aus den vorangehenden Jahren bestätigt, wobei aufgrund des fragmentarischen Charakters der Schumann'schen Tagebuchaufzeichnungen vor 1837[181] einige Fragen offen bleiben.

Eines der frühesten Dokumente, das uns einen Hinweis auf Schumanns Vermögenshintergrund gibt, ist das Testament seines Vaters, August Schumann, aus dem Jahr 1826.[182] Danach erbten dessen Gattin Christiane und die vier gemeinsamen, noch lebenden Kinder zu gleichen Teilen: Sie erhielten je ein Fünftel des Nachlaßvermögens.[183]

Das Testament August Schumanns enthält keine festen Beträge.[184] Nach Mitteilung von Robert Schumanns Enkel Ferdinand hinterließ August Schumann seiner Familie

---

179 Prozeßakten, fol. 29v sowie fol. 56r.

180 Prozeßakten, fol. 29v - 30v sowie 57r - 57v.

181 Für die Zeit nach 1837 stehen uns die detaillierten Aufzeichnungen der Haushaltsbücher zur Verfügung. Frühe Vermögensaufstellungen Schumanns, wie z.B. die vermutlich im Jahr 1829 vorgenommene, bleiben dagegen teilweise mißverständlich. Auf Seite 67 seines Tagebuches findet sich z.B. - ohne genaue Datumsangabe - die Berechnung von Zinseinkommen eines Kapitals in Höhe von 10000 Talern, eines von 5000 Talern, darüber hinaus Auflistungen der bar an ihn geleisteten Zahlungen von Seiten der Brüder in Höhe von knapp 490 Talern sowie einer Bücherrechnung von 500 Talern, aus der nicht ersichtlich ist, ob sie zu den Zahlungen der Brüder zu addieren ist. Diese Frage zeigt ein typisches Problem der unvollständigen Bilanzierung Schumanns, insbesondere aus der frühen Zeit vor Beginn der Aufzeichnungen in den Haushaltsbüchern. Vgl. Tagebuch I, S. 67.

182 Das Testament wurde am 6.6.1826 aufgesetzt. Schumanns Vater starb am 10.8.1826.

183 Aus dem Testament von August Schumann: „...soll gedachte meine liebe Ehegattin noch überdies, weil ich überzeugt bin, daß sie unsern gemeinschaftlichen Kindern, die ihr eben so sehr als mir am Herzen liegen, von ihrem Vermögen so viel ihr möglich nichts entziehen wird, von meinem nachzulassenden Vermögen, Kindes Theil, oder mit andern Worten, eben so viel erhalten, als auf iedes Kind als reiner Erbantheil ausfällt.[...] Das was nun nach Abzug dessen, was ich vorstehend einen oder dem andern ausgesezet und legiret habe, und alles anderm, was an der erbschaftlichen Actio Masse zu kürzen ist, übrig bleibet, sollen meine Kinder zu gleichen Theilen theilen." Stadtarchiv Zwickau, Testamente, A.- Sign.: A6' 4112, Bl. 76b und Bl. 77a. Bei dieser Kürzung scheint es sich u.a. um Schumanns Studiengeld (ca. 900 Taler für ein auf drei Jahre angesetztes Studium) gehandelt zu haben.

184 August Schumann legte in seinem Testament mit Ausnahme des Kaufpreis für sein Wohnhaus in Höhe von 1800 Talern keine Beträge fest. Das ist insofern einleuchtend, da er vor seinem Ableben

ein Vermögen im Wert von ca. 60.000 Talern.[185] Demnach wäre jedem Erben ein Anteil von ca. 12.000 Talern zugefallen.[186] Da Robert bei Ableben seines Vaters noch minderjährig war, wurde sein Erbteil in den Buchhandlungen der Brüder festgelegt, das ihm ein jährliches Zinseinkommen garantierte und in teilweise unregelmäßigen Beträgen ausgezahlt wurde.[187] Darüber hinaus hatte August Schumann für die Ausbildung seines jüngsten Sohns vorgesorgt und per Vermächtnis bestimmt, daß Robert unabhängig von seinem Erbteil jährlich 300 Taler zur Vollendung seines dreijährigen Studiums zufließen sollten.[188]

Von seiner Mutter, die neben Rückerstattung der von ihr in die Ehe eingebrachten 400 Taler und lebenslangem Wohnrecht ein Fünftel aus dem Nachlaß ihres Gatten August Schumann erhalten hatte, erbte Robert im Jahre 1836 nach eigener Angabe 3.600 Taler. Geht man davon aus, daß auch Christiane Schumann ihre Kinder - zu diesem Zeitpunkt lebten noch Eduard, Carl und Robert - zu gleichen Teilen beerbt hat, müßte sie ein Vermögen von ca. 10.800 Talern hinterlassen haben.[189] Sofern sie auch den

---

nicht wissen konnte, welchen Wert beispielsweise die aktuellen Buchbestände zum Zeitpunkt seines Todes haben würden.

[185] Vgl. NZfM, 78. Jg. (1911), Heft 22/23, S. 354. Diese Äußerung erfolgte ca. achtzig Jahre nach Ableben des Urgroßvaters.

[186] Zu einer ähnlichen Berechnung gelangt Eismann. Er gibt Schumanns Erbe mit ca. 10.323 Talern an, wobei die exakte Quelle seiner Angabe nicht ersichtlich ist, da die von ihm genannte Bezugsquelle, das Testament August Schumanns - wie oben erwähnt - keine definitiven Beträge enthält. Vgl. dazu Eismann, 1956, S. 28.

[187] Vgl. dazu u.a. die Vermögensaufstellung Schumanns im Tagebuch I, S. 67. In zahlreichen Briefen thematisierte Schumann diese Guthaben bei den Brüdern. So geht beispielsweise aus seinem Brief an die Mutter vom 15.5.1831 hervor, daß Bruder Carl den von Robert erhaltenen Betrag mit 5%, einem für die damalige Zeit großzügigen Satz, verzinste. (Normal wären 4% gewesen.) Vgl. dazu die zahlreichen Berechnungen von Zinseinkommen aus Staatspapieren in Schumanns Tagebuch I, S. 149 ff). Im Gegensatz zur Refutationsschrift, in der Schumann eine ursprüngliche Schuld Carls von 5000 Talern angab, ist in diesem Brief an die Mutter jedoch von einem Betrag in Höhe von 8000 Talern die Rede. Vgl. Jugendbriefe, S. 143.
Auch 1838 erwähnte Schumann noch seine Guthaben bei den Brüdern: Am 13.4.1838 schrieb er seiner Braut, daß er Carl und Eduard aufgefordert habe, ihm seine Guthaben auszuzahlen. Sie sollten ihm neben den anfallenden Zinsen jährlich 1200 Taler zukommen lassen, dann hätten sie innerhalb von acht Jahren ihre Schuld abgeglichen. Vgl. BW I, S. 135 (13.4.1838). Zu diesem Zeitpunkt hatte Schumann offensichtlich noch ein in den brüderlichen Buchhandlungen festliegendes Guthaben in Höhe von 9600 Talern einzufordern. Vgl. dazu auch die Briefe an Eduard und Carl Schumann vom 19.3.1838 sowie an Schwägerin Therese vom 25.3.1838. Jansen, NF, 2/1904, S. 113 ff und 115 ff.

[188] Aus dem Testament August Schumanns: „Soll mein iüngster Sohn Robert, wenn er studiren will, solange er sich zur Vollendung seines dreyiährigen cursus academici annoch auf einer Universität befindet 1.) alliährlich Zweyhundert Thaler und 2.) zur Bestreitung der Kosten seines Examinis Einhundert Thaler 3.) den in meinem Nachlaß befindlichen Wiener Flügel als ein Praecipuum, als Legat im Voraus erhalten." Stadtarchiv Zwickau, Testamente, A.- Sign.: A6' 4112, Bl. 75b. Diese Passage wird ebenfalls bei Eismann zitiert. Vgl. auch Eismann, 1956, S. 28.

[189] Christiane Schumann hätte dann - bei einem angenommenen Erbe von 12000 Talern aus dem Nachlaß ihres Gatten - in zehn Jahren nebst Zinsen lediglich 1200 Taler dieses Vermögens ausgegeben.

Kindern ihres mittlerweile verstorbenen Sohnes Julius eine entsprechende Summe vermacht hatte, müßte sie dagegen über ca. 14.400 Taler verfügt haben.

Nach Schumanns eigener Aussage (Refutationsschrift) waren ihm folgende Vermögen zugeflossen: 9.500 Taler aus dem Nachlaß seines Vaters, 3.600 Taler aus dem Nachlaß seiner Mutter und 3.333 Taler aus dem Nachlaß seines Bruders Eduard. Daraus ergibt sich eine Summe von 16.433 Talern, das Legat seines Vaters zur Finanzierung seines Studiums (ca. 900 Taler) eingerechnet, von etwa 17.333 Talern. Ein Gesamtvermögen von 19.833 Talern ergäbe sich allerdings für den Fall, daß die väterliche Erbschaft nicht 9.500 Taler, sondern 12.000 Taler betragen hätte.[190] Diese Summe entspräche in etwa dem von Wieck behaupteten ursprünglichen Vermögen Schumanns in Höhe von 20.000 Talern.[191] Aufgrund der unzureichenden Quellenlage läßt sich dieser Punkt nicht definitiv klären. Vielleicht finden sich in Zukunft Dokumente, welche die eine oder andere Position detailliert belegen werden. An dieser Stelle war lediglich auf gewisse Unstimmigkeiten hinzuweisen. Der exakte Umfang des elterlichen Erbes bleibt ungewiß. Daher sollen im folgenden die eigenen Angaben Schumanns, der ein verständliches Interesse hatte, sich vor Gericht in ein günstiges Licht zu setzen, dazu dienen, seine Vermögensverhältnisse nachzuvollziehen.

Bei der Überprüfung von Wiecks zweitem Vorwurf - Schumann sei nicht in der Lage, trotz seiner Zinseinkünfte und den Verdiensten aus selbständiger Erwerbstätigkeit seinen Lebensunterhalt als Junggeselle zu bestreiten, und habe daher bereits in der Vergangenheit von der Vermögenssubstanz gezehrt - sind zwei Aspekte zu berücksichtigen: zum einen der tatsächliche Kapitalumfang, zum andern die Höhe des jährlichen Zinseinkommens.

Schumann selbst gab, wie oben erwähnt, ein Erbe von 9.500 Talern väterlicherseits und von 3600 Talern mütterlicherseits an. Demnach konnte er einen jährlichen Zinsgewinn in folgender Höhe abschöpfen: Von dem väterlichen Erbe lagen ursprünglich 5.000 Taler als Guthaben bei Bruder Carl, die mit 5% jährlich 250 Taler an Zinsen einbrachten.[192] Der Restbetrag von 4.500 Talern ergab nach dem damals üblichen Zinssatz von 4% einen jährlichen Gewinn von 180 Talern. Schumann erhielt also insgesamt allein aus dem väterlichen Erbe jährlich 430 Taler an Zinsen. Das bedeutete: In dreizehn Jahren (1826-1839)[193] konnte er Zinsen in Höhe von 5.590 Talern, in vierzehn Jahren (1826-1840) einen Betrag von 6.020 Talern ausgeben, ohne überhaupt das Stammkapital angreifen zu müssen.[194] Hinsichtlich des mütterlichen Erbes errechnen sich die Beträge analog: Bei einer Anlage mit 4% erhielt Schumann von 3.600 Talern

---

[190] Vgl. dazu die obigen Rückschlüsse aus den Angaben Enkel Ferdinands über das Vermögen August Schumanns in Verbindung mit dessen Testament. Vgl. NZfM, 78. Jg. (1911), Heft 22/23, S. 354.

[191] Vgl. Prozeßakten, fol. 29r - 29v.

[192] Auch nach Carls Tod im Jahre 1849 und selbst in den Jahren 1855/56 bestand dieser hohe Zinssatz noch, wie die regelmäßigen Zahlungseingänge von Schwägerin Pauline belegen. Vgl. Tagebuch III, S. 667/68. Vgl. auch den Brief an seine Schwägerin Pauline vom 7.4.1850. NZfM, 117. Jg. (1956), Heft 7/8, S. 396.

[193] Vgl. dazu Schumanns Vermögensberechnungen, die mit dem Jahr 1827 beginnen. Tagebuch I, S. 67.

[194] Immer unter der Voraussetzung, daß nicht ein Teil des Gewinns stehengelassen wurde und somit höhere Zinsen zu erwarten waren.

ein jährliches Zinseinkommen in Höhe von 144 Talern, das in drei Jahren (bis 1839) einen Gewinn von 432 Talern, in vier Jahren (bis 1840) einen Gewinn in Höhe von 576 Talern ausschüttete. Schumann konnte demnach im Zeitraum von 1827 (Beginn des väterlichen Erbes) bis 1839 mindestens 6.022 Taler,[195] bis 1840 (Vermögensaufstellung in der Refutationsschrift) sogar 6.596 Taler allein an Zinsen ausgeben, ohne die Vermögenssubstanz zu verringern.

Bezüglich des Kapitalumfangs ist folgendes festzuhalten: Im Februar 1840 (Refutationsschrift) waren an Vermögensbeständen, die definitiv auf das elterliche Erbe zurückzuführen waren, noch folgende Posten zu nennen: 2.272 Taler an Staatspapieren sowie Guthaben in Höhe von 4.192 Talern bei Carl und 2.083 Talern bei Eduard (bzw. dessen Erben). Das ergab insgesamt 8.547 Taler.[196] Von dem ursprünglichen elterlichen Erbe in Höhe von 13.100 Talern hatte Schumann demnach um 1840 bereits 4.553 Taler ausgegeben. Trotz der oben dargestellten Zinseinkünfte und den Einnahmen aus selbständiger Erwerbstätigkeit, die Schumann bereits 1837 mit 920 Talern jährlich[197] und 1840 mit ca. 1.000 Talern veranschlagte,[198] hatte sich die Vermögenssubstanz um nahezu 35% verringert.[199]

In diesem Zusammenhang muß auf eine zweite Inkonsistenz hingewiesen werden: Wenn Schumann - unabhängig von seinen Zinseinkünften aus Kapitalvermögen - nach eigenen Angaben aus selbständiger Erwerbstätigkeit ein Jahreseinkommen von 920 bzw. sogar 1.000 Talern erzielte, seinen eigenen Verbrauch jedoch nur mit 600 bis 700 Talern veranschlagte,[200] hätte er allein aus seinen selbständigen Einkünften mindestens 300 Taler sparen, sein Kapital demnach vermehren können. Statt dessen hat sich sein Vermögen - trotz der regelmäßigen Zinseinkünfte - erheblich verringert. Hierfür sind zwei mögliche Erklärungen zu nennen:

---

[195] Für den Zeitraum bis 1839 errechnet sich der (hypothetische) Zinsgewinn folgendermaßen: 5.590 Taler aus dem väterlichen Erbe und 432 Taler aus dem mütterlichen Erbe ergeben insgesamt 6.022 Taler. Für den Zeitraum bis 1840 ergibt sich folgende Summe: 6.020 (väterl. Erbe) + 576 (mütterl. Erbe) = 6.596 Taler (Gesamtzinsen aus elterlichem Erbe).

[196] Die bis 1839 geleisteten Abzahlungen Eduards hat Schumann teilweise in Form von Staatspapieren erhalten. Vgl. Tagebuch III, S. 147. Auch nach dessen Tod erhielt Robert auf einen Wechsel Eduards von Barth 600 Taler in Papieren. Vgl. Tagebuch III, S. 141. Der Nachlaß Eduards (3.333 Taler) ist in diese Berechnung nicht einzubeziehen, da er nichts mit Schumanns Anteil des elterlichen Erbes zu tun hat. Die Posten des Commissionscontos (658 Taler) und die Außenstände (150 Taler) sind ebenfalls zu vernachlässigen, da sie nicht definitiv auf das elterliche Erbe zurückgehen und darüber hinaus angesichts eines Gesamtvermögens von 12.688 Talern einen sehr geringen Anteil ausmachen. (ca. 6%).

[197] Vgl. BW II, S. 517 (7.5.1839). Die 1.000 Taler für das Jahr 1840 gehen aus der Refutationsschrift hervor.

[198] Refutationsschrift vom 13.2.1840. Prozeßakten, fol. 64v - 65r.

[199] Hinsichtlich dieser Einkommensberechnung, insbesondere der Zinsen, ist zu berücksichtigen, daß bei einer Reduzierung der Vermögenssubstanz sich auch die Zinseinkünfte entsprechend verringerten. Eine exakte Aufstellung der jährlichen Ausgaben Schumanns, insbesondere aus der frühen Zeit, ist aufgrund des lückenhaften Datenmaterials und der unregelmäßigen Angaben nicht möglich.

[200] Vgl. BW I, S. 70 (4.1.1838).

1. Die von Schumann angegebene Höhe seiner Einkünfte war nicht korrekt.[201]
2. Schumann hat erheblich mehr als den angegeben Betrag von 600 bis 700 Talern ausgegeben.[202]

Wenn allerdings beide Erklärungsmöglichkeiten zutrafen, Schumann also zum einen weniger verdiente als veranschlagt, zum andern mehr ausgab als ihm zur Verfügung stand, mit andern Worten überwiegend von der Substanz lebte, ist leicht nachvollziehbar, warum sich sein Vermögen in relativ kurzer Zeit derartig reduziert hat.

Der familiäre Hintergrund Robert Schumanns läßt sich als durchaus wohlhabend bezeichnen.[203] Daß Robert nicht gewohnt war, sich einzuschränken, dieses angesichts seines familiären Hintergrundes auch nicht mußte, sondern viel Geld ausgeben konnte, teilweise über seine Verhältnisse lebte, geht aus seinen Briefen und Tagebuchaufzeichnungen hervor. Für die Heidelberger Zeit liegen uns im Rahmen des Briefwechsels mit seinem Vormund Johann Gottlob Rudel verläßliche Daten vor, die im folgenden kurz analysiert werden: Bis April 1829 - also während des Leipziger Studiums - erhielt Robert monatlich 25 Taler durch seinem Vormund.[204] In den Folgemonaten bat er um vierteljährliche Anweisung von 75 Talern und erreichte sogar eine Erhöhung auf 180 Taler halbjährlich.[205] Bereits in seinem Brief vom 6. August 1829 kündigte Robert jedoch an, mindestens 280 Taler pro Halbjahr zu benötigen, sollte er nicht gezwungen sein, Schulden zu machen. Die Briefe an Rudel sind geprägt von Klagen über hohe Lebenshaltungskosten sowie dringende Bitten um ausreichende Geldanweisungen.[206]

Aufgrund der wiederholten Androhungen von seiten Roberts, teure Kredite aufzunehmen, um seine Schulden begleichen zu können, schickte Rudel, der als verant-

---

[201] In diesem Zusammenhang ist ein Brief an Clara vom 8.6.1839 von Interesse, in dem Robert äußerte, Wieck habe seinen Brief mit den sechs Ehekonsensbedingungen deshalb geschrieben, „weil er sich gar zu sicher glaubt in der Meinung, es wäre uns unmöglich seine Bedingungen einzugehen, was auch theilweise wirklich unmöglich. Namentlich gilt das in Hinsicht meines Einkommens, von dem er im Stillen überzeugt ist, es betrüge nicht die Hälfte, als ich es angegeben früher." Vgl. BW II, S. 553 (8.6.1839). Hier sei an die dritte Bedingung erinnert, in der Wieck die Beglaubigung von Schumanns Einkünften durch einen von ihm bestimmten Anwalt forderte. Vgl. BW II, S. 518 (7.5.1839). Vgl. auch Kapitel I.3.1. «Die sechs Ehekonsensbedingungen Friedrich Wiecks im Mai 1839».

[202] Vgl. BW I, S. 70 (4.1.1838). Die scheinbar so peniblen Auflistungen von täglichen Ausgaben sind unter Umständen doch unvollständig, und das nicht nur aufgrund von Reisen, zu denen Schumann bekanntlich weniger voluminöse Notizhefte mit sich führte, also keine Eintragungen in die Haushaltsbücher vornehmen konnte.

[203] Einen Eindruck seines Lebensstandards vermittelt der Brief an die Mutter vom 17.7.1829. Vgl. Jugendbriefe, S. 63/64.

[204] Brief an Rudel vom 24.2.29; vgl. Erler I, 1887, S. 12. Diese 25 Taler monatlich entsprachen den testamentarischen Anordnungen von Schumanns Vater. (12 x 25 Taler = 300 Taler). Robert sollte drei Jahre lang jährlich 200 Taler für seinen Lebensunterhalt und zusätzlich 100 Taler für Examina erhalten.

[205] Brief an Rudel vom 10.6.1829 (Erler I, 1887, S. 14).

[206] Vgl. hierzu die Briefe an Johann Gottlob Rudel vom 6.8.1829 (Erler I, 1887, S. 17/18); 28.11.1829 (Erler I, 1887, S. 24/25); 26.3.1830 (Erler I, 1887, S. 25/26); 21.8.1830 (Erler I, 1887, S. 29) und 18.9.1830 (Erler I, 1887, S. 31/32).

wortungsvoller Vormund derartige Kosten vermeiden wollte, erhebliche Geldbeträge, welche die väterlichen Anordnungen bei weitem überstiegen. Für den Zeitraum vom Mai 1829 bis September 1830 erhielt Robert allein durch seinen Vormund nachweislich mindestens 825 Taler.[207] Darüber hinaus schickte er 'Bettelbriefe' an seine Brüder und bekam von ihnen gewisse Zuwendungen, deren exakter Umfang sich zwar nicht feststellen läßt, die aber - wie aus Briefen an die Familie hervorgeht - nachweislich erfolgt sind.[208] Trotz der umfangreichen Geldanweisungen von Brüdern und Vormund, war Schumann, nachdem er im September 1830 einen Teil seiner offenen Rechnungen bezahlt hatte, gezwungen, bei seiner Abreise aus Heidelberg 'durchzubrennen' und hinterließ einen nicht unerheblichen Schuldenberg von ca. 306 Talern.[209] Demnach hat er in der Heidelberger Zeit mindestens 1.131 Taler ausgegeben, 825 Taler von Rudel und 306 Taler an verbleibenden Schulden, abgesehen von den nicht dabei eingerechneten brüderlichen Zuwendungen. Sein monatlicher Verbrauch lag damit bei etwa 63 Talern, seine jährlichen Ausgaben - bereits als Student - bei mindestens 750 Talern.[210]

Die Neigung, Schulden zu machen - also mehr auszugeben, als ihm zur Verfügung stand -, war jedoch nicht nur in der Heidelberger Zeit zu beobachten.[211] In diesem Zusammenhang ist folgende Selbsteinschätzung Schumanns von Interesse. Angesichts seiner bevorstehenden Volljährigkeit und der daraus resultierenden Möglichkeit, selbständig über sein Vermögen verfügen zu können, schrieb er seiner Mutter: „Hast Du irgend Einfluß auf Karl und Rosalie, so bitte sie, daß sie mir nie jährlich mehr schicken, als meine gesetzlichen Interessen. Sonst wird's eine Sudelei ohne Ende, die endlich schlecht enden würde."[212]

---

[207] Vgl. die in folgenden Briefen erwähnten Beträge: 100 Taler in einem auf den 5.4.1829 datierten Brief von Rudel (Erler I, 1887, S. 16), 100 Taler am 6.8.1829 erhalten (Erler I, 1887, S. 15), 100 Taler am 25.10.1829 erhalten (Erler I, 1887, S. 25), 100 Taler lange vor dem 26.3.1830 erhalten (Erler I, 1887, S. 25), 125 Taler zwischen den 26.3. und 28.4. 1830 erhalten (Erler I, 1887, S. 27), mindestens 100 Taler am 30. 7.1830 erhalten (Erler I, 1887, S. 28), 200 Taler am 22.9.1830 erhalten (Tagebuch I, S. 318). Ob noch weitere Zahlungen durch Rudel geleistet wurden, kann aufgrund der u.U. unvollständigen Quellenlagen nicht definitiv geklärt werden.

[208] Vgl. Brief an Therese vom 16.9.1829, Jansen NF 2/1904, S. 21; Brief an Carl vom 30.6.1830, Jugendbriefe, S. 112.

[209] Vgl. Tagebuch I, S. 318: Restschulden: 537,45 fl [Gulden] = ca. 306 Taler. Die Relation von 1,75:1 zwischen Gulden und Talern ergibt sich aus Schumanns Angaben: „287 fl = 164 th". Seinen Freund Lemke fragt er im Januar 1831: „Spricht man von mir, von meinen Schulden, meinem Durchbrennen? und wie? schreibe mir von allem." Brief an Lemke vom 11.1.1831; Jansen NF 2/1904, S. 30.

[210] Um diesen Zahlen eine Vergleichsgröße an die Seite zu stellen, sei an die bereits oben erwähnten Preise für einen Flügel zwischen 200 und 400 Talern oder den von August Schumann 1826 testamentarisch festgelegten Kaufpreis für das Zwickauer Wohnhaus in Höhe von 1.800 Talern erinnert. Vgl. dazu auch Borchard, 1992, S. 254, die von etwa 800 Talern jährlich ausgeht.

[211] Zu berücksichtigen ist, daß in die Heidelberger Zeit auch die kostentreibende Reise in die Schweiz und nach Oberitalien fiel, die Schumann offenbar gegen erheblichen Widerstand seines Vormunds durchgesetzt hatte, der ihm Vernachlässigung seines Studiums vorgeworfen hatte. Vgl. dazu Schumanns Antwortbrief an Rudel vom 6.8.1829, (Erler I, 1887, S. 17/18).

[212] Brief an die Mutter vom 15.5.1831. Jugendbriefe, S. 144.

Nach seiner Mündigsprechung beglich Schumann am 15. Juni 1831 sämtliche Schulden.[213] Dennoch ist in Briefen an Clara wiederholt von Problemen im Umgang mit Geld bzw. Schulden die Rede. Am 12. Februar 1838 schrieb Robert seiner Braut: „Verschwenderisch war ich nie - aber an der Besiegung einer grenzenlosen Gleichgültigkeit gegen alles Kaufmännische habe ich noch viel zu thun. Das ist etwas bombastisch ausgedrückt [...] ich meine, ich weiß nicht mit dem Geld umzugehen.“[214] Im April 1839 gestand er ihr: „Ueberhaupt hab' ich viel Schulden -“[215]

Schumann muß also nach Begleichung sämtlicher offenen Rechnungen im Juni 1831 neue Schulden gemacht haben. Aus den oben erwähnten Dokumenten, deren Wahrheitsgehalt ebensowenig wie Schumanns Vermögensnachweise aus späterer Zeit angezweifelt werden sollen, geht eindeutig hervor, daß er nicht nur als Student, sondern auch als ein im Berufsleben stehender Junggeselle mehr verbrauchte, als ihm zur Verfügung stand und darum sein Kapital angreifen mußte. Friedrich Wieck führt hierzu in seiner Deduktionsschrift aus:

„Wenn ich, wie ich behauptet, nachweise, daß Herr Schumann in der besten Blüthe körperlicher und geistiger Kräfte nicht im Stande gewesen ist, von seinem Verdienste sich zu erhalten, wenn ich nachweise, daß selbst die Zinsen des von ihm behaupteten Kapitals, neben diesem Verdienste nicht ausgereicht haben, seine Bedürfnisse zu decken, daß vielmehr ein wesentlicher Theil jenes Kapitalvermögens zu diesem Behufe hat verwendet werden müssen und so Herr Schumann in seiner finanziellen Lage, anstatt vorwärts zu kommen oder mindestens stehen zu bleiben, rückwärts gegangen ist, so muß doch darin der sicherste Beweis gefunden werden, daß meine Besorgnisse gerecht meine Behauptung, der Kläger vermöge nicht sich den zum Lebensunterhalt erforderlichen Erwerb zu verschaffen, gegründet ist. Und wird sie sich nicht um so gegründeter ausweisen, wenn man erwägt, daß künftig nicht bloß der Unterhalt und die sonstigen Bedürfnisse eines ohne eignen Haushalt einzeln da stehenden jungen Mannes in Frage sind, sondern daß es sich um Etablissement und Erhaltung eines durch das beabsichtigte Ehebündniß bedingten Familienhaushaltung handelt, welches, welche des Klägers eigner und meiner Tochter Stellung im Leben präsumtiv entsprechen muß?“[216]

Daß die Prognosen und Befürchtungen Wiecks nicht vollkommen unbegründet waren, zeigt - neben den bereits geschilderten Erfahrungswerten - die spätere wirtschaftliche Lage der jungen Familie Clara und Robert Schumanns. Trotz nur mäßig gestiegener Haushaltskosten war eine weitere Verringerung der Kapitalsubstanz zu verzeichnen. In den Jahren 1841-43 erhielt Schumann durch Georg Friedrich Fleischer, den zweiten Gatten von Therese Schumann, umfangreiche Auszahlungen auf das Erbe von Eduard, nachdem zuvor in den Jahren 1839-40 größere Beträge von Johann Ambrosius Barth auf die brüderliche Buchhandlung bei Schumann eingegangen waren.[217] Dennoch war

---

213 Tagebuch I, S. 342.

214 BW I, S. 102 (12.2.1838).

215 BW II, S. 507 (29.4.1839). Vgl. hierzu Schumanns Brief an Einert vom 3.7.1839: „...wobei ich nur noch erwähne, daß ich nicht etwa Schulden habe, ausgenommen vielleicht jene kleinen häuslichen, die man erst nach Monatsfrist zahlt, und die sich mit zwanzig Thalern decken lassen.“ Jansen NF 2/1904, S. 161.

216 Prozeßakten, fol. 57r - 58r.

217 Tagebuch III, S. 141 ff und 272 ff.

Schumann immer wieder gezwungen, Wertpapiere zu verkaufen oder auf Staatspapiere von anderen Geld zu leihen.[218] Die im Haushaltsbuch vorgenommenen Vermögensaufstellungen zeigen eine eindeutig negative Entwicklung der finanziellen Situation: Das ursprüngliche Vermögen von 12.688 Talern betrug 1843 lediglich noch 5.456 Taler und hatte sich damit in weniger als vier Jahren um mehr als die Hälfte reduziert.[219] Das Ehepaar Schumann hat also - bezogen auf den hier behandelten Zeitraum - im Durchschnitt ca. 1.800 Taler jährlich verbraucht. Zusammen mit den Kapitalzinsen, welche zumindest im Jahr 1840 noch ca. 500 Taler betragen haben müssen, ergeben sich damit durchschnittliche Jahresausgaben von mindestens 2.000 Talern.[220] Diese Berechnungen belegen, daß die jährlichen Ausgaben der Schumann'schen Familie genau den Forderungen Friedrich Wiecks entsprachen, die er anläßlich von Roberts Brautwerbung aufgestellt hatte: 2.000 Taler.[221] Damit darf als widerlegt gelten, daß Wieck als Vater harte oder gar unrealistische Bedingungen hinsichtlich der finanziellen Absicherung der jungen Familie genannt hat.

Das Ehepaar Schumann lebte bei weitem über seine Verhältnisse und so sah sich Robert 1843 veranlaßt, von „Sorgen über unser bürgerliches Leben" zu sprechen. „Denn wir brauchen mehr als wir verdienen", wie er am 17. Februar 1843 im Ehetagebuch notierte.[222] Und noch in der Düsseldorfer Zeit, obwohl Schumann zum ersten Mal

---

[218] Tagebuch III, S. 202, 208, 241, 229, 236, 249. z.B. von Voigt.

[219] Konnte Schumann im Jahr 1840 noch ein disponibles Vermögen in Höhe von 12.688 Talern vorweisen, so hatte sich sein Kapital 1841 bereits auf 8.493 Taler reduziert. Diese Tendenz setzte sich in den folgenden Jahren fort. 1842 verzeichnete Schumann noch 6.452 Taler, 1843 nur noch 5.456 Taler. Eine kurzzeitige Besserung der Finanzlage resultierte aus Claras erheblichen Konzerteinnahmen der Rußlandtournee, so daß Ende 1844 wieder 8.699 Taler an Vermögen zu verbuchen waren. 1845 hatte sich das Kapital wieder auf 7.899 Taler verringert, 1846 auf 6.410 Taler, 1847 auf 5.944 Taler. Aus der Zeit 1848/49 sind die Jahreseinnahmen nicht vollständig aufgezeichnet. Vgl. dazu Tagebuch III, S. 242 ff. bzw. S. 664 ff. Vgl. auch Borchard, 1992, S. 248.

[220] Im Jahr 1840 betrug - bei einem durchschnittlichen Zinssatz von 4% - die Rendite 507 Taler. Bei Kapitalverlust verringerten sich die Zinseinkünfte allerdings entsprechend und betrugen im Jahr 1843 bei einer durchschnittlichen Verzinsung von 4% lediglich noch 218 Taler.

[221] Vgl. den Eintrag Friedrich Wiecks in Claras Tagebuch vom 3.3.1838. In diesem Tagebucheintrag forderte Wieck darüber hinaus - und das muß ebenfalls als Bedingung aufgefaßt werden - daß sie 2.000 Taler (cf) jährlich benötigen würde. Vgl. Litzmann I, S. 187, Anm. **, der den Tagebucheintrag Wiecks vom 3.3.1838 zitiert.
Verglichen mit der 2.000-Taler-Forderung vom Frühjahr 1838 mag die in den sechs Ehekonsensbedingungen Friedrich Wiecks vom Mai 1839 geforderte Summe von 1.320 Talern als Entgegenkommen gewertet werden. Es handelte sich aber wohl mehr um die Einsicht, daß die übrigen Bedingungen kaum auf dem Prozeßweg durchzusetzen waren. Wieck versuchte damit offensichtlich zu retten, was zu retten war.

[222] Tagebuch II, S. 254. Vgl. auch Tagebuch III, Vorwort S. 10 sowie Litzmann II, S. 59. Das ist allerdings eine Entwicklung, die nicht erst während der Ehe eintrat, sondern Schumann vertraut gewesen sein dürfte. Die von Schumann scheinbar lückenlos verbuchten Ausgaben für das Jahr 1843 beliefen sich auf 1.877 Taler. Borchard kommt in ihrer Bilanzierung der Einnahmen und Ausgaben auf den gleichen Betrag. Vgl. Borchard, 1992, S. 253. Der monatliche Verbrauch von ca. 156 Talern lag damit im Durchschnitt der Schumann'schen Ausgaben. Einer der regelmäßig auftretenden Posten war auch 1843 noch der beinahe tägliche Gang zu Poppe, Schumanns Stammkneipe. Hatten sich die Beträge im Vergleich zu früheren Jahren nach der Heirat zwar verringert, so machten sie nach wie vor einen nicht unerheblichen Teil der Bilanzen aus. Abge-

ein regelmäßiges Gehalt bezog und sich seine jährlichen Honorareinnahmen für Kompositionen erfreulich steigerten, war die finanzielle Situation der Familie Schumann alles andere als glänzend. Im September 1850 vertraute Clara ihrem Tagebuch an: „Noch nie haben mich die materiellen Sorgen so gequält als jetzt, dazu der Umstand, daß ich nichts verdiene ...“[223]

Die oben anhand der Selbstzeugnisse Schumanns dargestellten Tatsachen belegen, daß die Befürchtung Wiecks, seine Tochter werde ein von materiellen Sorgen geprägtes Ehe- und Familienleben führen, durchaus begründet war. Als realitätsbezogener Mensch und erfahrener Familienvater, der darüber hinaus seinen potentiellen Schwiegersohn seit mehr als zehn Jahren kannte und mit ihm zeitweise unter einem Dach gelebt hatte, sah oder vermutete Wieck zumindest, daß Schumann nicht so glänzend dastand, wie ihm dem Gericht glaubhaft zu machen gelang. In diesem Zusammenhang ist darauf hinzuweisen, daß bei der Frage nach dem notwendigen Lebensunterhalt im Falle eines Vermögens von der Größenordnung Schumanns nicht vorrangig das Zinseinkommen zu berücksichtigen war, sondern es in erster Linie auf den Verdienst

---

sehen von der Tatsache, daß im Gegensatz zu den Jahren seiner Junggesellenzeit die ebenfalls nicht zu unterschätzenden Ausgaben für Zigarren von Schumann in den späteren Jahren nicht mehr regelmäßig aufgeführt wurden, sondern sich diesbezüglich teilweise lediglich Eintragungen über Porto oder Steuern für Zigarren bzw. Einkäufe von Viertelkisten finden. Vgl. z.B. Tagebuch III, S. 110, 240, 359. Hier zeigt sich wiederum eine Schwierigkeit hinsichtlich der Nachvollziehbarkeit der Schumann'schen Bilanzierungen.

[223] Litzmann II, S. 226. Die Klagen über die Finanzsituation können nicht durch den in diese Zeit fallenden Umzug nach Düsseldorf verursacht sein. Zwar hatte die Familie aufgrund der Umsiedlung an den Rhein Ausgaben von insgesamt 452 Talern, incl. der sonstigen Reiseauslagen von 82 Talern und Einrichtungskosten von ca. 118 Talern von Schumann exakt bis auf die Kosten für jeden Stuhl (20 Groschen) oder das Polieren der Möbel aufgelistet. Vgl. Tagebuch III, S. 538, 542. Schumann hatte jedoch im April und Juli 1850 jeweils ein Quartalsgehalt von 162 Talern und 15 Groschen bezogen, obwohl er erst Mitte September in Düsseldorf eintraf, und darüber hinaus ein Reisegeld in Höhe von 50 Talern erhalten. Vgl. Tagebuch III, S. 525, 668. Der Umzug nach Düsseldorf hatte somit lediglich etwa 77 Taler Mehrkosten verursacht.
Die Finanzmisere des Ehepaars Schumann blieb auch dem Freundes- und Bekanntenkreis nicht verborgen. Daß Roberts Schwierigkeit, die Familie standesgemäß zu ernähren, auch Mitte der 1850er Jahre noch ein wunder Punkt in Claras Leben war, zeigt folgende Reaktion auf einen gutgemeinten Vorschlag des befreundeten Komponisten Ferdinand Hiller. Clara notierte am 15.3.1854 in ihrem Tagebuch: „Besuch von Hiller ... er meinte ... ich solle nach Köln ziehen, dort könne ich mehr verdienen als hier ... ich lehnte natürlich entschieden ab, ich sagte Hiller, daß ich die mir teuer gewordenen Räume nicht verließe ohne gewichtigen Grund, als einige Stunden mehr ... daß ich es ferner meines guten Mannes unwürdig fände, einen Schritt zu tun, der ihn als Familienvater in ein falsches Licht der Welt gegenüber stellen würde, denn man müßte ja glauben, er habe mich aller Habe entblößt zurückgelassen, was ja durchaus nicht der Fall ist.“ Vgl. Litzmann II, S. 307.
Die das syntaktische Verständnis des Textes nahezu zerstörenden Auslassungen wurden von Litzmann bzw. auf Veranlassung von Marie Schumann, der ältesten Tochter Claras und Roberts, vorgenommen. Auf die Tatsache der zensierten und verstümmelten Dokumente wird im Kapitel IV. «Rezeption des Prozesses» noch einzugehen sein. Man kann angesichts der vielen Auslassungen nur erahnen, was darüber hinaus in Claras Tagebuch gestanden haben mag. Es ist ohnehin erstaunlich, daß Passagen wie „noch nie haben mich die materiellen Sorgen so gequält als jetzt“ überhaupt bei der strengen Zensur durch Marie Schumann in der Litzmann-Biographie 'überlebt' haben.

aus selbständiger Erwerbstätigkeit ankam. Entsprechend hatte das OAG Dresden in dem bereits mehrfach zitierten Grundsatzurteil von 1844 die Bedeutung des «Erwerbsberufs» hervorgehoben. Auch Friedrich Wieck argumentierte in seiner Deduktionsschrift demgemäß:

„Ueberhaupt aber kann der Vermögensbesitz, wenn er nicht so erheblich ist, daß die Zinsen davon allein zu standesgemäßem Unterhalte ausreichen, bei der Erwägung der in Frage stehenden Subsistenzmittel nur in untergeordnete Rücksicht kommen. Vielmehr ist es der muthmaaßliche Erwerb und die Erwerbsfähigkeit des Kläger, welche dabei von wesentlichem Einflusse ist. Und eben darauf beziehen sich hauptsächlich meine auf *Thatsachen* gegründeten Zweifel, gerade die Erwerbsfähigkeit des Kläger muß ich in Abrede stellen.“[224]

In diesem Zusammenhang ist anzumerken, daß Wieck eine Verbindung zwischen Clara und Robert nicht kategorisch ablehnte, sondern den Vorschlag machte, bis zu Claras Volljährigkeit zu warten[225] und Schumann damit in diesem Zeitraum die Möglichkeit eines Nachweises zu bieten, daß er tatsächlich eine Familie standesgemäß zu ernähren vermochte. Schumann dagegen konnte nicht warten, denn die Zeit hätte erwiesen, daß er aus eigener Kraft nicht annähernd in der Lage war, den Unterhalt von Frau und Kindern zu gewährleisten. Er wußte, daß der Schwachpunkt seiner Argumentation die Finanzen waren.[226] Um Mißverständnissen vorzubeugen, soll an dieser Stelle noch einmal eindringlich betont werden, daß es in der vorliegenden Arbeit trotz der nüchternen - oder wie Schumann es ausdrücken würde ‘prosaischen’ - Betrachtungen nicht darum geht, Schumann Unehrlichkeit oder falsche Aussagen nachzuweisen. Ebensowenig wie ihm vorzuwerfen ist, daß er viel Geld ausgegeben hat. Es war schließlich sein Geld.[227]

Auch sollen die für manchen vielleicht desillusionierenden oder zumindest ermüdenden Einkommensberechnungen nicht einfach beweisen, daß Wieck mit seinen Mutmaßungen oder Prognosen für die kommenden Ehejahre recht hatte.[228] Anliegen dieser

---

224 Prozeßakten, fol. 56v.

225 Vgl. Prozeßakten, fol. 36r. Vgl. Jugendtagebücher Clara Schumann, Bd. IV, Tagebuch 8, S. 92 (2.10.1839).

226 Insofern versuchte Schumann in der Klageschrift, dann beim Sühnetermin und schließlich in der Refutationsschrift, insbesondere diesen Vorwurf zu widerlegen. Bereits in der Klageschrift bemühte er sich, eventuelle Zweifel an seiner Fähigkeit, die Rolle eines Familienvaters zu übernehmen, mit folgenden Worten zu entkräften: „...wir sind auch rücksichtlich unserer Vermögensverhältnisse so gesichert, daß Besorgnisse oder Zweifel an der Möglichkeit eines anständigen Auskommens nicht aufkommen können“. Prozeßakten, fol. 1v. Robert Schumann übergab dem Gericht eine Fülle an Berechnungen und Zeugnissen, die seine solide finanzielle Lage beweisen sollten und auf die im Kapitel II.4.2. «Refutationsschrift: Widerlegung der Klage-Erwiderung durch Advokat Einert» noch einzugehen sein wird.

227 Warum sollte er es nicht beispielsweise in Reisen investieren oder Auslandsaufenthalte (Wien) davon finanzieren. Es ist eine allgemein bekannte Tatsache, daß bei Reisen oder zeitweiligen Wohnortwechseln mit erhöhten Ausgaben zu rechnen ist. Diese Erfahrung hatte auch Clara während ihres Parisaufenthalts machen müssen, bei dem sich ihr Vermögen um nahezu die Hälfte reduzierte.

228 Daß Clara nach Roberts Tod ihre Konzerttätigkeit wieder aufnehmen und eine zweite Karriere als Interpretin Schumanns durchlaufen würde, konnte zum Zeitpunkt der gerichtlichen Auseinandersetzung niemand wissen. Die Entwicklung der Folgezeit von 1856-1896 verlangt eine differen-

Untersuchung ist vielmehr, zu zeigen, daß - auf dem Hintergrund der oben dargestellten, insbesondere die wirtschaftliche Lage Schumanns betreffenden Tatsachen - die Befürchtungen Friedrich Wiecks nicht nur begründet waren, sondern er als verantwortungsvoller Vater geradezu verpflichtet war, die Frage nach der materiellen Absicherung der zukünftigen Familie seiner Tochter zu stellen. Angesichts der oben bereits erörterten Rechtsstellung der Frau um 1840 mit allen daraus erwachsenden personen- sowie vermögensrechtlichen Konsequenzen innerhalb der ehelichen Vormundschaft[229] - wie z.B. die totale Abhängigkeit von der Erwerbstätigkeit des Ehemannes, während der Frau lediglich zugebilligt wurde, ein 'Zubrot' zu verdienen, und auch das nur mit Erlaubnis des Ehemannes - mußte jeder Vater die oben ausführlich behandelten Einwände vorbringen, um von seiner Seite aus, zumindest in materieller Hinsicht, alles für eine sorgenfreie Zukunft der ehelichen Verbindung getan zu haben.

Diese Tatsache war auch Clara bekannt. Sie wußte, daß ein wesentlicher Grund für die Ehekonsensverweigerung ihres Vaters in der ungeklärten finanziellen Zukunft der Tochter bestand. Entsprechend forderte sie ihren Bräutigam mehrfach auf, dem Vater Beweise für die eigene, d.h. von ihren Einkünften unabhängige Erwerbsfähigkeit zu liefern.[230]

Angesichts des oben beschriebenen Gerichtsbrauchs sowie des bereits mehrfach zitierten Grundsatzurteils von 1844 (OAG Dresden),[231] in welchem der wirtschaftlichen Lage der Verlobten und insbesondere der Erwerbsfähigkeit des zukünftigen Ehemanns bei der Entscheidung über die Rechtmäßigkeit der elterlichen Konsensverweigerungsgründe eine zentrale Bedeutung zuerkannt wurde, erscheint es als ungerechtfertigt, Wieck vorzuwerfen, daß er auf dem Nachweis der materiellen Absicherung des Brautpaares bestand.

---

zierte Betrachtung, die im Kapitel III. «Rekonstruktion der Perspektive Friedrich Wiecks» vorgenommen wird. An dieser Stelle soll lediglich ein Hinweis auf diese Problematik genügen.

229 Vgl. insbesondere Kapitel I.2.2. «Rechte und Pflichten der Ehegatten».

230 „Nun mein lieber Robert, arbeite nur muthig fort, und können wir dem Vater dann beweisen, daß Du auch Etwas thun kannst um Deiner Liebe willen, so wird er uns seinen Segen nicht versagen. Wir wollen noch alles Mögliche thun dem Vater seine Ansicht über dich zu benehmen, können wir ihm dann schlagende Beweise geben, so wird er wohl seine Gesinnung ändern. ... ich weiß, wir würden uns doch den Weg bahnen, aber wenigstens wollen wir vorher noch Alles gethan haben, ihn zu besänftigen, und das können wir nur, wenn wir ihm beweisen, daß wir unser gutes Auskommen haben..." Vgl. BW II, S. 469 (4.4.1839). Wenige Tage später schrieb sie: „Bis zu der Zeit unserer Verbindung laß uns noch Alles versuchen, ihm Beweise zu geben von unserm guten Auskommen (das ist wohl der Hauptgrund seines Zornes)...." Vgl. BW II, S. 476 (9.4.1839).
Daß Clara viel Geld verdienen konnte, stand für Friedrich Wieck außer Zweifel. Diese Fähigkeit hatte sie bereits vor der Ehe ausreichend bewiesen. Auch ihre 'zweite Karriere' nach 1856 belegt diese Tatsache. Während der Ehe allerdings hatte Clara aus verschiedenen Gründen, auf die noch einzugehen sein wird, kaum Gelegenheit, von den auf ihrem pianistischen Talent beruhenden Verdienstmöglichkeiten Gebrauch zu machen.

231 Urteil OAG Dresden 1844; «*Wochenblatt für merkwürdige Rechtsfälle*», Bd. IV (1844), S. 411.

**«Persönlichkeiten»**

Wie zu Beginn dieses Kapitels angedeutet, bezog sich die Ehekonsensverweigerung Friedrich Wiecks nicht ausschließlich auf die wirtschaftliche Situation des zukünftigen Paares. Vielmehr forderte Wieck mit seinem Schreiben vom 14. Dezember 1839 das Gericht auf, auch diejenigen Aspekte in die Bewertung der Rechtmäßigkeit seiner Verweigerungsgründe einzubeziehen, welche die Persönlichkeiten sowie bestimmte charakterliche Eigenschaften bzw. Verhaltensweisen der Heiratswilligen betrafen, da aus seiner Sicht eine eheliche Verbindung zwischen Clara und Robert die „sichere Quelle namenlosen Familienunglücks" werden müsse.[232]

Hinsichtlich der Persönlichkeit Robert Schumanns führte Wieck eine seit Jahren zu beobachtende „Neigung zum Trunke" an. Diesem Einwand kam im vorliegenden Ehekonsensprozeß eine zentrale Bedeutung zu, da er der einzige von Wiecks Vorwürfen war, der von den Gerichten als erheblicher Verweigerungsgrund anerkannt und im Rahmen des Beweisverfahrens zugelassen wurde. Die Trunksuchtsbeschuldigung betraf jedoch nicht nur Schumanns Lebenswandel, sondern auch die daraus erwachsenden Konsequenzen für das eheliche Zusammenleben.

In diesem Zusammenhang ist an die bereits oben dargestellten Klagen Schumanns zu erinnern, der aufgrund seines teilweise exzessiven Trinkens nicht in der Lage war, regelmäßig zu arbeiten, seine Neigung wie einen „Teufel" zu bekämpfen hatte und die Phasen der Nüchternheit als „Wonneleben" oder „größte Seligkeit" bezeichnete.[233] Allerdings war diese „Neigung zum Trunke" nicht nur während seiner Studienzeit zu beobachten. Auch in den folgenden Jahren beschrieb Schumann in seinem Tagebuch häufig Situationen, die belegen, daß er sein Alkoholproblem nach wie vor nicht gelöst und trotz sicherlich vorhandenen guten Willens immer wieder Rückfälle zu beklagen hatte:

„am 5ten October ... bei Poppe [...] Bis spät gesessen - leider.[...] am 6ten. Welch fürchterlicher Tag gestern wieder.[...] Nachmittag vergebens zum Arbeiten angestrengt - [...] Bei Poppe der Alte [Wieck] mit ekelhafter Höflichkeit - ich ziemlich stark getrunken [...] Das kann nicht so fort gehen; nimm dich zusammen u. packe eine Arbeit mit aller Kraft an! Das darf nicht so fort gehen. Wie würdest Du erbärmlich erscheinen, wie überaus erbärmlich.[...] Am 7ten. [...] Nichts ordentliches gearbeitet. [...] Am 8ten. Im Ganzen ruhiger gestern. Doch unfähig zur Arbeit."[234]

Im Gegensatz zur Studienzeit war eine derartige 'Neigung' im Berufsleben jedoch nicht mehr tragbar und würde einen Gelderwerb im Rahmen einer regelmäßigen Anstellung bzw. Berufstätigkeit, so wie sie aus der Sicht Friedrich Wiecks zur Versor-

---

232 Prozeßakten, fol. 40v.

233 Vgl. Tagebuch I, S. 354 (22.7.1831), 346 (5.7.1831), 329 (11.5.1831). Vgl. auch die zahlreichen in Kapitel I.1.2. «Robert Schumann im Hause Friedrich Wiecks» zitierten Tagebuchnotizen.

234 Tagebuch II, S. 36/37 (5. bis 8.10.1837). Vgl. auch für die Zeit September/Oktober 1836: Tagebuch II, S. 26, 28, 29. Die Tagebuchaufzeichnungen sind sehr knapp und lückenhaft. Es darf vermutet werden, daß es noch weitere derartige Situationen in dieser Zeit gegeben hat, über die Schumann nicht regelmäßig Tagebuch geführt hat, sondern nur retrospektiv einige Ereignisse festgehalten hat. Und auch in späteren Jahren beklagte Schumann seinen Alkoholkonsum. Vgl. beispielsweise seine Eintragungen im April 1842. Tagebuch III, S. 210 ff.

gung einer Familie unerläßlich war, kaum möglich machen. Daß Schumann durch seine Kompositionstätigkeit nie ausreichend verdiente, um seine Familie davon ernähren zu können, belegen die bereits zitierten Äußerungen von Clara gegenüber ihrem Enkel Ferdinand.[235]

Doch nicht nur Schumann reflektierte die Folgen seines erheblichen Alkoholkonsums. Auch anderen Personen aus seinem näheren Umfeld blieb seine Lebensweise nicht verborgen. Aus einem Brief an Clara vom 12. Februar 1838, dem Robert ein Schreiben seiner Wirtin Madame Devrient beilegte, geht hervor, daß es zwischen ihm und seiner Vermieterin Auseinandersetzungen über seinen Lebenswandel gegeben hatte.[236] In Claras Briefen wird ebenfalls deutlich, daß Roberts 'Trinken' nicht nur von ihm selbst als sein spezifisches Problem wahrgenommen wurde. Bereits in ihrem Geburtstagsbrief vom 8. Juni 1834 ging sie auf seine 'Neigung' ein:

„Das erste was ich schreibe, ist, daß ich meine Wünsche anbringe, nähmlich, 'daß Sie nicht immer von allem das Gegentheil thun möchten, - weniger bairsches Bier trinken, - nicht sitzen bleiben, wenn andere fortgehen - aus Tag nicht Nacht machen und umgekehrt, - Ihren Freundinnen beweisen, daß Sie an sie dächten - fleißig componieren - mehr in die Zeitung schreiben, weil es die Leser wünschen ...“[237]

Mag diese Perspektive der vierzehnjährigen Clara noch geprägt gewesen sein durch die Sichtweise ihres Vaters, dem sie gewisse Dinge einfach 'nachplapperte', so läßt sich doch in ihrer Äußerung ein bestimmter Kern nicht verleugnen, der zum Gesamtbild von Schumanns Lebensweise beiträgt. Denn auch in späteren Jahren, als bereits der innige Wunsch zu einer ehelichen Verbindung mit Schumann feststand, und sich damit zunehmend eine Distanz zur väterlichen Sichtweise einstellte, kamen von seiten Claras Aufforderungen, „das Eine“ nicht mehr zu tun, bzw. Ermahnungen, weniger zu trinken: „Also Robert, ich beschwöre Dich, das *Eine* – thue es nicht mehr. [folgt Streichung von ca. 32 Worten] Hab ich Dir etwas hart geschrieben, so verzeih ...“[238] Sie machte sogar zur Bedingung, daß er seinen Alkoholgenuß einzuschränken habe, andernfalls könne sie ihn nicht heiraten: „Noch einmal sag ich es Dir, kannst Du Deine Leidenschaft durchaus nicht bezähmen, so kann ich nie die Deine sein, dann will ich lieber einem ehelichen Glück entsagen.“[239] Die Worte Claras haben Robert so getroffen, daß er ihre Bemerkung in seinem zu dieser Zeit sonst sehr knapp geführten Tagebuch festhielt.[240]

Einige Monate später schrieb Clara ihrem Bräutigam: „Du sollst doch einmal sehen wenn ich mich mit Deinem Bild laut unterhalte, wenn ich um 10 Uhr Dich mahne nicht

---

[235] Schumann, Ferdinand: *«Erinnerungen an Clara Schumann. Tagebuchblätter ihres Enkels Ferdinand Schumann.»* In: NZfM, 84. Jg. (1917), Nr. 12, S. 93.

[236] „Im März vorigen Jahres packte mich die Erinnerung, daß ich Dich verloren, einmal wieder mit aller Macht - ich blieb die Nächte lang auf, kam spät nach Haus, spielte noch Stundenlang Clavier, machte viel Lärm u. Spektakel, schalt das Dienstmädchen - Kurz, die Devrient schrieb mir einen sehr strengen Brief....“ BW I, S. 101 (12.2.1838).

[237] BW I, S. 12 (8.6.1834).

[238] BW I, S. 36. Keine Datumsangabe - Robert erhielt diesen Brief am 11.10.1837.

[239] BW I, S. 35.

[240] 6.11.1837 im Tagebuch II, S. 47. Vgl. auch Tagebuch II, S. 471, Anm. 141.

zu *viel baiersches Bier* zu trinken und nun bald zu Haus zu gehen ..."[241] Aus zahlreichen Briefen geht Claras Sorge um den gesundheitlichen Zustand Roberts hervor: „... was macht Deine Gesundheit? schone Dich doch ja, trinke recht viel Wasser, das ist das Beste seine Gesundheit zu erhalten - doch auch Bier sollst Du trinken, aber ich bitte Dich nicht viel. Das Bier untergräbt die Gesundheit."[242] Eine Passage Claras ist in diesem Zusammenhang von besonderem Interesse: „Ach, lieber bester Robert, neulich hab ich wieder eine schreckliche Geschichte gehört von Einem, Der im Bett geraucht. Du fielst mir gleich ein, und ein Schauder überkam mich. Sey doch ja recht vorsichtig, ich bitte Dich, oder gewöhne es Dir ganz ab ..."[243] Robert hatte seiner Geliebten offensichtlich von seinen dramatischen Erlebnissen der Vergangenheit erzählt, bei denen er fast im Bett verbrannt wäre. In seinem Tagebuch liest sich dieses Ereignis folgendermaßen: „allgem.[eine] Knillität - um 4 Uhr zu Hause - um 5 Uhr furchtbares Erwachen im Stikdampfe - Feuer bey mir u. plötzliche Nüchternheit - gelöscht mit Glück - furchtbarste Nacht."[244] Daß diese durch Kombination von Alkoholkonsum und Rauchen bedingte lebensgefährliche Situation kein Einzelfall war, belegen mehrere Tagebucheinträge.[245] Schumanns Angewohnheit, in alkoholisiertem Zustand noch im Bett zu rauchen oder gar nicht bis dorthin zu kommen, sondern z.B. vor der Tür liegen zu bleiben und sich Löcher ins Bein zu brennen,[246] lassen die Befürchtungen Claras als durchaus begründet erscheinen. In diesem Zusammenhang ist an das Urteil des AG Leipzig zu erinnern, das einen „Hang zum Trunke", sofern er „bei fahrlässigem Umgehen mit Feuer und Licht" zu einer ernsthaften Gefahr für Gesundheit oder Leben der Ehepartner werden konnte, sogar als Scheidungsgrund anerkannte.[247]

Aus zahlreichen Dokumenten - Tagebüchern, Briefen, Prozeßakten - ist ersichtlich, daß sowohl Robert und Clara als auch Friedrich Wieck wußten, um welches die Lebenssteuerung gefährdendes Problem es sich bei Schumanns Trinkgewohnheiten handelte.[248] Darüber hinaus stellt sich die Frage, inwiefern Roberts exzessiver Alkoholgenuß auch Leipziger Bürgern bekannt gewesen ist. Aufgrund regelmäßiger Wirtshausbesuche im Zeitraum von 1830 bis 1840 darf vermutet werden, daß sich vieles in der Öffentlichkeit, d.h. vor den Augen der Leipziger, abgespielt haben muß. Die Stadt Leipzig zählte zum Zeitpunkt der hier behandelten Auseinandersetzung etwa 45.000

---

241 BW I, S. 115 (8.3.1838).

242 BW II, S. 513 (2.5.1839). Diese Sorgen um Roberts Gesundheit finden sich ebenfalls in zahlreichen Tagebucheinträgen Claras. Vgl. z.B. Jugendtagebücher Clara Schumann, Bd. IV, Tagebuch 8, S. 85 (24.8.1839); S. 86 (19.9.1839).

243 BW III, S. 1049/50 (27.5.1840).

244 Tagebuch I, S. 231 (1.3.1830).

245 Tagebuch I, S. 201 (19.6.29), 202 (20.6.1829), 225 (3.2.1830), 226 (9.2.1830), 231 (1.3.1830). Vgl. auch Tagebuch I, S. 169 (23.1.1829), 185 (3.4.1829).

246 Tagebuch I, S. 226 (9.2.1830). „...Champagner - Austern im Museum, von d. ich keine Silbe weiß - Lauf - vor der Thür gefunden worden - Löcher in's Bein gebrannt...".

247 Emminghaus, 1851, S. 272, Nr. 57; Urteil des AG Leipzig vor 1840. Vgl. auch Hartitzsch, 1840, S. 412. Vgl. dazu die Ausführungen im Kapitel II.3. «Konsensverweigerung aus erheblichen Gründen».

248 Vgl. dazu u.a. die oben zitierten Briefe Claras. BW I, S. 12 (8.6.1834), 35/36 (11.10.1837), 115 (8.3.1838); BW II, S. 513 (2.5.1839). Vgl. auch Jugendtagebücher Clara Schumann, Bd. IV, Tagebuch 8, S. 85 (24.8.1839), S. 86 (19.9.1839) sowie Bd. IV, Tagebuch 9, S. 137 (6.1.1840).

Einwohner und wird im Brockhaus von 1838 wie folgt beschrieben: „Die innere Stadt Leipzig ist von geringem Umfange; man kann in drei Viertelstunden bequem auf der Promenade, welche sie wie ein Kranz umschließt, um sie herumgehen.“[249] Es handelte sich mit anderen Worten nach heutigen Maßstäben um eine Kleinstadt. Diese Umstände dürften erklären, warum Friedrich Wieck bezüglich seiner Trunksuchtsbeschuldigung nicht mit einer Gegenklage gerechnet hat, die für Schumann doch erhebliche Risiken bergen mußte.

Wieck selbst betonte in seinem Schreiben an das Gericht, aufgrund von „genauer Kenntniß der betreffenden Persönlichkeiten“ zu seiner Entscheidung der Konsensverweigerung gelangt zu sein.[250] Gleichzeitig gab er zu erkennen, daß ihm die Beweisschwierigkeiten hinsichtlich der Trunksuchtsbeschuldigung durchaus bewußt waren. Es sollte sich herausstellen, daß Wieck nicht nur Schwierigkeiten haben würde, seinen Vorwurf zu beweisen. Vielmehr brachte ihm dieser gerichtlich vorgetragene Verweigerungsgrund, obwohl allen Beteiligten die Trunksucht Schumanns bekannt war, darüber hinaus eine zweite Klage - diesmal seines Schwiegersohns - ein, die schließlich zu einer Verurteilung von achtzehn Tagen Gefängnis führte. Auf diese zweite Klage wird noch im Rahmen des Kapitels II.6. einzugehen sein.

Doch zunächst zu weiteren die Persönlichkeiten der Verlobten betreffenden Verweigerungsgründen Friedrich Wiecks, deren Aufzählung er mit dem Hinweis auf Schumanns Handverletzung begann. Die diesbezügliche Auseinandersetzung zwischen Lehrer und Schüler, in deren Verlauf Wieck ausdrücklich vor einem übermäßigen Gebrauch der sog. ‘Cigarrenmechanik’ gewarnt und Schumann wider besseres Wissen auf seiner ‘Methode’ beharrt hatte, wurde bereits eingehend in Kap. I.1.2. dargestellt.[251] In seinem Schreiben an das AG Leipzig spielte Wieck nun auf diese Diskussion mit Schumann an und erwähnte, daß dieser „aus Dummheit, Trotz und unsinnigen Widerspruch einen Finger lähmte und unbrauchbar machte, der es auch geblieben.“[252]

Was hier lediglich als eine Darstellung von Charaktereigenschaften anmutet, enthält jedoch einen weiteren für den vorliegenden Zusammenhang wesentlichen Gesichtspunkt: Schumann war bewußt, daß er - wie jeder Komponist der damaligen Zeit - für die Verbreitung und Bekanntheit seiner Werke selbst zu sorgen hatte, indem er als Pianist seine Kompositionen zur Aufführung brachte. Durch seine gewaltsame ‘Übe-Methode’ hatte er jedoch mutwillig eine dauerhafte Schädigung seiner Hand herbeigeführt und damit seine Existenzgrundlage zerstört, und zwar noch vor der Zeit der Bewerbung um Ernestine von Fricken, d.h. zu einem Zeitpunkt, an dem nicht davon ausgegangen werden konnte, daß Clara oder Ernestine das ‘Fehlende’ mittels pianistischer Fähigkeiten oder auch durch außerordentlichen, unabhängig machenden Reichtum ersetzen konnten bzw. auch nur bereit dazu waren. Auf diese Differen-

---

[249] *Bilder-Conversations-Lexikon für das deutsche Volk. Ein Handbuch zur Verbreitung gemeinnütziger Kenntnisse und zur Unterhaltung.* In vier Bänden. Leipzig: F.A. Brockhaus 1838. Bd. 2, Artikel «Leipzig», S. 728.

[250] Prozeßakten, fol. 39v.

[251] Vgl. Tagebuch I, S. 416 (7.10.1832).

[252] Prozeßakten, fol. 33r.

zierung der Zeitperspektiven ist zum Verständnis der Sicht Friedrich Wiecks unbedingt hinzuweisen. Clara sollte bzw. würde - so die Perspektive Wiecks - die Rechnung 'bezahlen' müssen für diesen Fehler, nachdem Baron von Fricken via Adoption Ernestines sich dieser 'Bezahlung', 'Versorgung' oder 'Rente' entzogen hatte, wie schon gezeigt worden ist.[253] Dieser unmittelbare Zusammenhang zwischen Handverletzung und erheblicher Einschränkung der Erwerbsfähigkeit war Friedrich Wieck vermutlich so selbstverständlich, daß er in seinem Schreiben an das Gericht versäumte, explizit darauf hinzuweisen. Die Richter konnten jedoch aufgrund der Unkenntnis hinsichtlich der spezifischen Probleme einer Musikerexistenz die gravierenden Konsequenzen einer derartigen Handverletzung nicht ermessen, insofern blieb dieser Einwand Wiecks unberücksichtigt.

Daß es sich so verhielt, wurde bereits im Kapitel I.1.2. angedeutet und soll hier zum besseren Verständnis der Position Wiecks genauer dargestellt werden. Im Frühsommer 1834 entwickelte sich eine Liebesbeziehung zwischen Robert und Ernestine, welche im Hause Friedrich Wiecks Klavierunterricht nahm. Nicht nur die siebzehnjährige Ernestine, auch Robert schien ernsthaft an eine (eheliche) Verbindung zu denken. Seiner Mutter schilderte er die Auserwählte als „Tochter eines reichen böhmischen Barons“, mit anderen Worten als 'gute Partie'.[254] Die Tatsache der Annäherung zwischen seiner Tochter und Robert Schumann war offensichtlich auch Baron von Fricken zu Ohren gekommen, der Friedrich Wieck diesbezüglich um Aufklärung bat. Wiecks Antwort ließ keinen Zweifel daran bestehen, daß Ernestine eine tiefe Zuneigung gegenüber Schumann empfand.[255] Der Baron kündigte daraufhin seinen Besuch sowie den Entschluß an, Ernestine nach Hause zu holen. In der Zwischenzeit war es zur heimlichen Verlobung zwischen Ernestine und Robert gekommen.[256] Auch von Fricken schien der Ernst der Situation bewußt geworden zu sein. Im November 1834 signalisierte er offensichtlich seine Zustimmung zu einer Verbindung zwischen Schumann und Ernestine,[257] die als uneheliches Kind seiner Schwester in seinem Hause und unter seinem Namen aufgewachsen war, jedoch nicht ohne gleichzeitig Schritte zu deren offizieller Adoption einzuleiten. Konsequenz dieses formellen Aktes - der übrigens wenige Tage nach Schumanns 'Antrittsbesuch' in Asch stattfand[258] - war, daß von Fricken aufgrund der offiziellen Bekanntgabe der 'Illegitimität' Ernestines ihr gegenüber weder zu Mitgift noch Erbe verpflichtet war.[259] Ob von Fricken seiner Tochter mit dieser Maßnahme diejenigen Bewerber ersparen wollte, die

[253] Vgl. dazu Kapitel I.1.2. «Robert Schumann im Hause Friedrich Wiecks».

[254] Brief an die Mutter vom 2.7.1834; Jugendbriefe, S. 243.

[255] Vgl. den Brief Friedrich Wiecks an Hauptmann von Fricken vom 1.8.1834. Joß, 1902, S. 44/45.

[256] Vgl. den Brief Ernestines an Clara, bei Joß auf den (7.9.)1836 datiert. Vgl. Joß, 1902, S. 49. Vgl. auch die Mitteilung von Schumanns vertrauter Freundin Henriette Voigt an ihren Gatten vom 31.8.1834: „Um 6 Uhr kam Ernestine mit Schumann (die nun Verlobte sind, was ich aber allein weiß) ...“ Gensel, 1892, S. 7.

[257] Vgl. Schumanns Brief an seine Freundin Henriette Voigt vom 1.-7.11.1834. Synofzik, 1993, S. 16.

[258] Nach Angabe von Burger besuchte Schumann die Familie von Fricken am 4.12.1834, Ernestine wurde am 13.12.1834 adoptiert. Vgl. Burger, 1999, S. 126.

[259] „Was die Ausstattung einer unehelichen Tochter betrifft so ist diese stets eine bloß freiwillige...“ Hartitzsch, 1829, §251, S. 260.

lediglich auf ein Vermögen spekulierten, oder ob er auch Schumanns Bereitschaft prüfen wollte, mit allen Konsequenzen für die Versorgung der zu gründenden Familie aufzukommen, ist nicht Gegenstand dieser Arbeit. Fest steht jedoch, daß Baron von Fricken durchaus im Falle Schumann die Möglichkeit offen gestanden hätte, Ernestine auch als Adoptivkind freiwillig mit einer Mitgift auszustatten bzw. ihr ein Erbe zu hinterlassen.

Der weitere Verlauf ist bekannt: Als Schumann bewußt wurde, daß Ernestine aufgrund ihrer Herkunft weder ein Erbe noch eine Mitgift zu erwarten hatte - mit anderen Worten kein Vermögen in die Ehe einbringen würde -, darüber hinaus auch nicht in der Lage war, selbst Geld zu verdienen, erlosch sein Interesse an dieser Beziehung. Ohne Ernestine über seine Gründe aufzuklären,[260] trennte er sich von ihr, allerdings gleichzeitig den Vorwurf machend, daß sie ihm „ihre Armuth ... so lange verschwiegen hatte."[261] Aus dem bereits oben zitierten 'Rechenschaftsbrief' vom 11. Februar 1838 an Clara - also etwa zwei bis drei Jahre nach der Trennung von Ernestine -, in dem er seiner zweiten Braut retrospektiv Auskunft über sein früheres Verhältnis zu Ernestine gab, gehen jedoch eindeutig seine Motive für diese Trennung hervor: Ernestines „Armuth", ihre „unglücklichen Familienverwicklungen", d.h. die aufgrund ihrer Herkunft ausbleibende Erbschaft, weiterhin die Tatsache, daß Ernestine nichts verdienen konnte und die damit verbundene Aussicht, „für's tägliche Brod wie ein Handwerker nun arbeiten" zu müssen, d.h. selbst für den Unterhalt der Familie zu sorgen, ließen ihn nach eigener Aussage „kälter" werden.[262]

Gleichzeitig begann Schumann 1835 ein heimliches Verhältnis zu der ebenfalls noch minderjährigen Clara. Bei ihr war zwar zu diesem Zeitpunkt noch kein großes Vermögen vorhanden, dafür besaß sie jedoch den Vorzug, selbst (viel) Geld verdienen zu können, und war darüber hinaus in der Lage, durch ihre pianistischen Fähigkeiten seine Werke bekannt zu machen. Eine eheliche Verbindung mit Clara Wieck brachte für Schumann in doppelter Hinsicht erhebliche Vorteile und lag damit sehr in seinem Interesse.

An diesem Punkt ist auf die Perspektive Friedrich Wiecks zurückzukommen. In seinem Schreiben vom 14. Dezember 1839 schilderte er dem Gericht, wie Schumann unter seinen Augen plötzlich das Interesse an Ernestine verloren und sich aus den oben genannten Gründen von ihr getrennt hatte. Ohne einen Zusammenhang zur Adoption Ernestines herzustellen,[263] erwähnte Wieck jedoch Schumanns Begründung für diese

---

[260] Vgl. Ernestines Brief an Clara vom 10.9.1836(?). Vgl. Joß, 1902, S. 54.

[261] BW I, S. 96 (11.2.1838). Hier stellt sich allerdings die Frage, warum hat Schumann Ernestine seinerseits über die eigenen Motive derart im unklaren gelassen? Hätte er ihr zu Beginn des Verhältnisses mitgeteilt, daß er nicht gewillt sei „für's tägliche Brod" zu arbeiten, d.h. einem Erwerbsberuf nachzugehen, sondern eine Partnerin suche, die so viel Geld in die Ehe einbringe, daß nicht er gezwungen sein würde, für den Erhalt der Familie zu sorgen, hätte sich dieses Mißverständnis vermutlich leicht ausräumen lassen.

[262] BW I, S. 96 (11.2.1838). Das vollständige Zitat findet sich in Kapitel I.1.2. «Robert Schumann im Hause Friedrich Wiecks».

[263] Wieck konnte diesen Zusammenhang nicht thematisieren, ohne sich der Gefahr einer Verleumdungsklage auszusetzen.

Trennungsentscheidung - „indem er [Schumann] sich selbst nicht ernähren könne“[264] - und gab damit gleichzeitig einen deutlichen Hinweis auf dessen Interesse, seinen Lebensunterhalt im wesentlichen durch das Geld oder die Arbeit anderer zu bestreiten, sich - mit andern Worten - ernähren zu lassen. Die Beobachtung der Tatsache, wie schnell Schumann seine Braut fallen ließ, sobald dieses Interesse bedroht schien, er also Gefahr lief, sich und die zukünftige Familie selbst ernähren zu müssen, war allerdings im vorliegenden Ehekonsensstreit von erheblicher Bedeutung und wird Wieck mit an Sicherheit grenzender Wahrscheinlichkeit auf den Gedanken gebracht haben, seine Tochter Clara für den Fall eines Scheiterns der Ehe bestmöglich abzusichern.

In diesem Zusammenhang ist folgende Episode bemerkenswert: Clara hatte sich im Januar 1840 durch ein Mißgeschick an der Hand verletzt und solche Schmerzen, daß sie ein Konzert verschieben mußte, was Robert zu folgender Nachfrage veranlaßte:

„Gestehe mir einmal, was ist denn damit? Hast Du keinen Arzt? Ist sie [die Hand] entzündet, geschwollen? Gegen 14 Tage ist's nun schon her. Klara, Du willst mir doch nichts verschweigen? Ich bitte Dich, lasse lieber Deine Soireen, wenn sie nicht ganz geheilt ist. Denk' an mich. Vernachlässigung und Ueberanstrengung könnten, wie bei mir, das Uebel ja immer verschlimmern. Schone Dich doch, phantasire nicht; ich bitte Dich, Klärchen, und ich nehme Dich auch nicht zur Frau, wenn Du nicht mehr Clavier spielen kannst mit Deinen zehn gesunden Fingern. Du solltest überdies schon eilf haben, da mir ja einer fehlt - und nun schonst Du Dich am Ende nicht einmal!“[265]

Schumanns ehrliche Besorgnis um den Gesundheitszustand seiner Braut soll nicht in Abrede gestellt werden, und doch erinnert diese Briefpassage an den Parallelfall der Brautwerbung um Ernestine, mit dem Unterschied, daß Claras Kapital in ihren Händen lag. Daß beide jungen Damen allerdings mit Freuden bereit waren, dem Bräutigam ihre Güter 'zu Füßen zu legen', war für einen Realisten wie Friedrich Wieck Ausdruck hilfloser Verblendung, die bei ihm - wie übrigens auch bei Baron von Fricken - ein adäquates und nüchternes Einschreiten notwendig zu machen schien, nicht zuletzt aufgrund seiner gesetzlich verankerten Verpflichtung als 'natürlicher Altersvormund' bzw. Vater.

In diesem Zusammenhang ist auf den letzten gütlichen Einigungsversuch seitens Friedrich Wiecks vom September 1839 einzugehen, in dessen Rahmen er sich bemühte, seine Tochter auf folgende Weise abzusichern: Wieck kündigte seinen Ehekonsens unter der Bedingung an, daß Schumann „ein Kapital von 8000 rth in die Hände eines Dritten sichern Mannes deponiren solle, wovon beide die Interessen zögen, was aber an Clara fiele, sobald sie sich wieder trennten.“[266] Darüber hinaus

[264] Prozeßakten, fol. 37r.

[265] BW III, S. 876 (17.1.1840).

[266] Prozeßakten, fol. 35r. Eine solche Forderung war für die damalige Zeit eine durchaus übliche Bedingung für die elterliche Einwilligung, wie andere Eheverträge belegen: Als die spätere Lebensgefährtin von Frédéric Chopin, George Sand, den ausgesprochen vermögenden Baron Dudevand heiraten wollte, erhielt sie den Ehekonsens ihrer damals noch lebenden Mutter nur unter der Bedingung, daß George im Falle der Trennung eine jährliche Rente in Höhe von 3000 Francs erhalten würde. Diese Summe entsprach - eine Verzinsung von fünf Prozent zugrundegelegt - der Rendite eines Gesamtbetrags von ca. 60.000 Francs, dem derzeitigen Vermögen des Baron Dudevand, die später zu erwartenden Einkünfte aus seinen Gütern nicht gerechnet. Vgl. dazu die

sollte Schumann Clara als Universalerbin einsetzen. Von Clara wiederum verlangte Wieck, sie solle ihren Brüdern 2.000 Taler aus eigenem Vermögen im Sinne eines Interessenausgleichs überlassen.[267] Als Gegenleistung bot er seiner Tochter an, noch einmal gemeinsam eine dreimonatige Konzerttournee zu unternehmen, und garantierte ihr einen Reingewinn von 6.000 Talern.[268] Dieses 'Paket' von Angebot und Forderungen diente - wie bereits die sechs Ehekonsensbedingungen vom Mai 1839 - in erster Linie der Absicherung von Clara; denn Wieck war bewußt, daß seine Tochter die 6.000 Taler aus den Konzerteinnahmen in die Ehe einbringen und das Geld damit letztlich Robert Schumann als Paraphernalvermögen zufließen würde, es sei denn, Clara - indessen volljährig geworden - würde es als Receptitien deklarieren.[269] Und damit war zum gegenwärtigen Zeitpunkt - 1839 - nicht (mehr) zu rechnen.

In Anbetracht von Schumanns plötzlichem Interesseverlust an Ernestine mochte Wieck sich die Frage gestellt haben, welches Schicksal seine Tochter erwartete, wenn sie während bestehender Ehe - möglicherweise verletzungsbedingt - berufsunfähig würde, mit andern Worten ihre Hände, d.h. ihr Kapital verlöre. Insofern erscheint insbesondere die '8.000-Taler-Forderung' nicht als Schikane gegenüber den Verlobten, sondern vielmehr als wohlüberlegter Absicherungsversuch zugunsten Claras. Abschließend bleibt festzuhalten, daß die scheinbar reine „Privatverhältniße"[270] betreffende Trennung von Ernestine durchaus finanzielle Aspekte aufwies. Sie stand in einem direkten Zusammenhang mit der mangelnden Bereitschaft Schumanns, einem Erwerbsberuf nachzugehen, und dokumentierte darüber hinaus seine ablehnende Haltung gegenüber zukünftigen Verpflichtungen als Familienoberhaupt, aus juristischer Perspektive ein ausgesprochen relevanter Gesichtspunkt für eine Ehekonsensverweigerung.[271] Es sei an dieser Stelle wiederholt darauf hingewiesen, daß es hier nicht um die Darstellung des Künstleregoismus Robert Schumanns geht, der angesichts seiner genialen Begabung subjektiv als berechtigt erscheinen mag, daß aber diese mögliche Rechtfertigung meines Erachtens keineswegs zugleich gestattet, die Perspektive Friedrich Wiecks - wie bisher geschehen - völlig zu ignorieren.

Friedrich Wieck führte einen weiteren sich auf Schumanns Sozialverhalten beziehenden Konsensverweigerungsgrund an: Ein „Mangel aller höheren Erziehung, verbunden mit einem unbeholfenen linkischen Benehmen" hindere Schumann daran,

---

Darstellung von Casimir Carrère in seinem biographischen Roman «*George Sand als Liebende und Geliebte*», Düsseldorf 1970, S. 16. Daß Clara diesen Vorschlag Wiecks offensichtlich überhaupt nicht verstanden hat, belegen ihr diesbezüglichen Bemerkungen in ihrem Tagebuch. Vgl. Jugendtagebücher Clara Schumann, Bd. IV, Tagebuch 8, S. 88 (26.9.1839).

[267] Vgl. dazu die diesbezügliche Ausgleichsregelung in Form eines Erbschaftsverzichts zugunsten der Geschwister, den Clara bereits abgelehnt hatte und der weiter oben im Zusammenhang mit Wiecks sechs Ehekonsensbedingungen vom Mai 1839 diskutiert wurde. Vgl. Kapitel I.3.1. «Die sechs Ehekonsensbedingungen Friedrich Wiecks im Mai 1839».

[268] Jugendtagebücher Clara Schumann, Bd. IV, Tagebuch 8, S. 92 (2.10.1839).

[269] Vgl. dazu die ehelichen Vermögensverhältnisse im Kapitel I.2.2. «Rechte und Pflichten der Ehegatten».

[270] Prozeßakten, fol. 69r.

[271] Vgl. dazu die Ausführungen zum «Erwerbsberuf» in Kapitel II.3. «Konsensverweigerung aus erheblichen Gründen».

„weder eine bürgerliche Stellung in seinem Fache als Musiker einzunehmen und pflichtgemäß zu verwalten, noch überhaupt sich darum mit Erfolg zu bewerben.“[272] Schumann selbst war der Zusammenhang zwischen gesellschaftlichen Umgangsformen, beruflichem Erfolg und den dazu notwendigen Kontakten ebenso bewußt wie sein Unvermögen, sich in Gesellschaft angemessen zu verhalten. Die Diskrepanz zwischen seinem Anspruch, an der Spitze der Musikwelt zu stehen, und seinen beschränkten Mitteln, diesem Anspruch gerecht werden zu können, wurde bereits im Kapitel I.1.2. ausführlich dargestellt.[273]

Eine genauere Betrachtung von Schumanns beruflichem Werdegang scheint die oben zitierte Einschätzung Friedrich Wiecks zu bestätigen. Als Musiklehrer hatte Schumann sich kaum hervorgetan; zu erwähnen wären hier lediglich einige Privatschüler und die relativ kurze Unterrichtstätigkeit am 1843 neu gegründeten Leipziger Konservatorium.[274] Wilhelm Joseph von Wasielewski, zum damaligen Zeitpunkt Student des oben genannten Instituts, beschreibt in seiner umfangreichen Biographie über Robert Schumann dessen pädagogische Unzulänglichkeiten. Es habe ihm vor allem an derjenigen Eigenschaft gemangelt, „ohne welche das Lehramt kaum gedacht werden kann, nämlich eine beredte Mitteilsamkeit, überhaupt die Fähigkeit, sich mit Entschiedenheit und Sicherheit in jedem Augenblicke verständlich zu machen.“[275] Darüber hinaus brachte die Lehrtätigkeit einen relativ geringen Verdienst.[276]

Die Tatsache, daß Schumann bei der Neubesetzung des Dirigats für die Gewandhauskonzerte - trotz seiner Freundschaft zu Mendelssohn - nicht einmal gefragt, geschweige denn berücksichtigt wurde, ist ein deutlicher Hinweis darauf, daß er kaum geeignet schien, eine derartige Position auszufüllen und den damit verbundenen, auch gesellschaftlichen, d.h. repräsentativen Verpflichtungen nachzukommen.[277] Die sich sehr schnell abzeichnenden Probleme bei Schumanns erster und einziger Festanstellung in Düsseldorf hatten ebenfalls nicht nur mit seinen beschränkten Fähigkeiten als Dirigent zu tun. Sie waren nach Aussage von Wasielewski, der zum damaligen Zeitpunkt als Mitglied des Düsseldorfer Orchesters häufig persönlichen Kontakt zu Robert Schumann hatte, in hohem Maß auf dessen Persönlichkeit zurückzuführen. Den Darstellungen Wasielewskis ist zu entnehmen, daß Schumann den ausführenden Musikern seine Interpretationsvorstellung nicht nahezubringen vermochte. Auch schien er Schwierigkeiten zu haben, sich einem Orchester - geschweige denn einer Chorgesell-

---

272 Prozeßakten, fol. 34r bzw. 30v.

273 Vgl. Tagebuch I, S. 416 (7.10.32); vgl. auch Tagebuch I, S. 332 (23.5.31).

274 Die Eröffnung dieses Ausbildungsinstituts war am 2.4.1843, Leiter war Felix Mendelssohn.

275 Wasielewski, 1906, S. 323. „Als damaliger Zögling der Leipziger Musikschule hatte ich Gelegenheit, dies aus eigener Anschauung wahrzunehmen, indem ich in eine der von Schumann zu erteilenden Klavierstunden beordert wurde, um die Violinstimme in dem B-Dur Trio von Franz Schubert, op. 99, auszuführen, welches einer der Schüler spielen sollte. Die Stunde verging aber, ohne daß Schumann kaum den Mund geöffnet hatte, obwohl, wie ich mich genau erinnere, genug Veranlassung dazu vorhanden war.“ Ebenda.

276 Tagebuch III, S. 272/73 und 676.

277 Vgl. dazu die Darstellung bei Litzmann II, S. 76.

schaft - gegenüber durchsetzen zu können.[278] Weiterhin beschreibt Wasielewski das „Hervortreten einer gewissen Indolenz", die bereits „gegen Schluß des ersten Konzertwinters" zu einer „Verstimmung in den musikalischen Kreisen, welchen Schumann leitend vorstand" geführt hatte.[279] Die Äußerungen Wasielewskis lassen Schumann nahezu als kommunikationsunfähig erscheinen - eine Disposition, die selbst für einen freischaffenden Künstler unhaltbar ist - und decken sich teilweise mit den von Wieck beschriebenen charakterlichen Eigenschaften Schumanns.

Den Einwand, Schumann sei aufgrund seiner Persönlichkeit als Konzertreisebegleiter für Clara gänzlich ungeeignet, begründet Wieck folgendermaßen:

„Kunstreisen zu unternehmen ist für eine Frau überhaupt schon sehr bedenklich, aber in Begleitung *dieses* Mannes mit Erfolg Concert geben zu können ist für meine Tochter gerade zu *unmöglich*, was sie auch selbst *jetzt schon* geständlich einsieht. Noch nie habe ich einen Mann kennen lernen, der aller derjenigen Eigenschaften *so gänzlich* ermangelt, die dazu gehören, um die überaus schwierigen und vielseitigen Concertbesorgungen, was eine Dame nie - am wenigsten meine Tochter - übernehmen kann, ausführen zu können *als er*! Wie soll sich ein Mann, der im höchsten Grade träge, unzuverläßig, unfügsam, trotzig, widerspenstig, eigensinnig, kindisch, unmännlich, mit einem Worte für das sociale Leben völlig verloren ist, der nicht *verständlich* sprechen und nicht *leserlich* schreiben, sich in kein Verhältniß fügen und nichts zu rechter Zeit thun kann, der seine Zusagen und Versprechungen nicht hält und der musikalischen Virtuosität abhold ist, als Begleiter der Clara auf Kunstreisen geriren? – – Müßte er ihr nicht vielmehr auf jede Weise im Wege stehen?"[280]

Auch diese Einschätzung sollte sich in nicht geringem Maß bestätigen. Bereits in Paris hatte Clara die schmerzhafte Erfahrung machen müssen, daß sie als alleinstehende junge Frau bei der Organisation ihrer Konzertreise ohne männliche Begleitung auf erhebliche Schwierigkeiten stieß.[281] Allerdings hatte sie auch gravierende Fehler begangen, wie aus ihren Briefen an den Vater bzw. Robert zu entnehmen ist.[282] Friedrich

---

[278] „Schumann hatte ebensowenig entschiedenes Talent zur Direktion, wie zur musikalischen Pädagogik. Zu beidem fehlten ihm die wesentlichen Eigenschaften, zunächst aber das Vermögen, sich mit andern in engen Rapport zu versetzen, ihnen seine Intentionen klar und anschaulich zu machen; dies deshalb, weil er entweder gar nicht, oder doch so leise sprach, daß er nur selten dem Wortlaute nach verstanden wurde. Dann auch mangelte ihm die physische Ausdauer und Energie zu einem Direktorialposten; er war immer sehr bald erschöpft, und mußte von Zeit zu Zeit ausruhen im Verlaufe einer Probe. Endlich entbehrte er Massen gegenüber der erforderlichen Um- und Übersicht." Wasielewski, 1906, S. 448/49; vgl. auch S. 340.

[279] Wasielewski, 1906, S. 449. Vgl. dazu auch Kast, 1981, S. 29 ff.

[280] Prozeßakten, fol. 31v - 32r.

[281] Ihrem Bräutigam schrieb sie aus Paris: „...ich war ja entschlossen alle diese Reisen allein zu machen, doch man ist schon überall mehr angesehen in männlicher Begleitung." BW II, S. 512 (2.5.1839).

[282] Bei ihrem ersten Konzert wollte die neunzehnjährige das Publikum belehren und stellte absichtlich den Veranstalter, Moritz August Schlesinger, eine einflußreiche Persönlichkeit des Pariser Kulturlebens, bloß. Vgl. BW II, S. 451 (21.3.1839). Fataler noch als Claras undiplomatisches Fehlverhalten war jedoch die Tatsache, daß sie ihrem Geliebten gegenüber stolz berichtete, Schlesinger als Banausen vorgeführt zu haben, und nicht einmal zu merken schien, was sie mit ihrem schlechten Benehmen angerichtet hatte. Konsequenz dieser Episode war, daß Clara von der Pariser Kunstszene gemieden wurde, und sie sich naiverweise darüber beklagte. Vgl. dazu auch

Wieck beobachtete aus der Ferne die ersten selbständigen Schritte seiner Tochter und mußte feststellen, daß Clara mit den über die rein künstlerischen Leistungen hinausgehenden Anforderungen einer Konzertreise - zumindest zum damaligen Zeitpunkt - überfordert war und ihr ein realitätsbezogener, im gesellschaftlichen Umgang erfahrener Manager fehlte.[283]

Daß Robert dazu in keiner Weise geeignet war, zeigte sich nicht zuletzt auf der Rußlandtournee, auf der Clara noch in erster Linie als Virtuosin und nicht, wie in späteren Jahren, „vorrangig als Frau und Interpretin ihres Mannes" auftrat.[284] Während Clara neben ihrer künstlerischen Tätigkeit auch die mit der Konzertorganisation verbundenen gesellschaftlichen Verpflichtungen übernahm, machte sie sich zusätzlich noch Sorgen um „Roberts immerwährendes Unwohlsein, was eigentlich die ganze Reise dauerte".[285] Trotz erfolgreicher Aufführung seiner Werke litt er unter „melancholische[m] Befinden" und war eher eine Belastung als eine Unterstützung.[286] Offenbar mißfiel Schumann die Rolle des Konzertreisebegleiters im Schatten der gefeierten Virtuosin, eine Erfahrung, die er bereits 1842 im Rahmen der kleinen Norddeutschlandtournee beklagt und die ihn letztlich dazu veranlaßt hatte, nicht mit Clara nach Dänemark weiterzureisen. Auf die Problematik der Konkurrenz zu Claras Ruhm wird noch im folgenden Kapitel einzugehen sein.[287] Angesichts der Tatsache, daß der wirtschaftliche Erfolg einer Konzertreise nicht ausschließlich von künstlerischen Leistungen, sondern in erheblichem Maß auch von einer geschickten Organisation sowie der Förderung durch Persönlichkeiten der Kunstwelt und damit ebenfalls von angemessenen gesellschaftlichen Umgangsformen abhing, zeigt sich, daß auch die Frage nach Schumanns Eignung zum Reisebegleiter unmittelbar finanzielle Aspekte berührte.

Insgesamt bleibt festzuhalten, daß alle sich scheinbar ausschließlich auf die Persönlichkeit Schumanns beziehenden Verweigerungsgründe Wiecks - d.h. Trunksucht, Handverletzung, Verhältnis zu Ernestine von Fricken, Sozialverhalten Schumanns, Nichteignung als Reisebegleiter - in einem direkten oder indirekten Zusammenhang mit der zukünftigen Vermögenssituation des jungen Paares standen und bis auf den letzten Punkt insbesondere die Erwerbsfähigkeit Schumanns betrafen.

Im letztgenannten Einwand deutet sich dagegen ein zweiter wesentlicher Gesichtspunkt der Position Friedrich Wiecks an, nämlich die Tatsache, daß es sich bei Clara

---

den Brief an den Vater vom 19.3.1839, in dem Clara erwähnte, daß Schlesinger sie ausdrücklich gebeten hatte, die Variationen von Henselt nicht zu spielen. Vgl. Litzmann I, S. 300/301.

[283] Wenn Wieck um 1839/40 behauptete, Clara könne die Konzertorganisation nicht allein bewältigen, dann ist davon die Situation um 1856 und der Folgezeit zu unterscheiden, als Clara sich die dazu erforderlichen Fähigkeiten angeeignet hatte. Daß sie sich sogar noch 1850 nicht durchsetzen konnte, und auch Robert als Manager nicht geeignet war, zeigt das Düsseldorfer Konzert im Jahre 1850. Clara erhielt für ihren Auftritt kein Honorar, sondern als 'Gage' einen Blumenkorb, ärgerte sich zwar darüber, aber weder sie noch Robert wehrten sich dagegen.

[284] Borchard, 1992, S. 284/285.

[285] Dieser retrospektive Tagebucheintrag Claras ist nach Litzmann zitiert. Vgl. Litzmann II, S. 75.

[286] Tagebuch II, S. 284 (29.2.1844). Vgl. auch die Darstellung der gemeinsamen Rußlandreise bei Steegmann, 2001, S. 70/71.

[287] Vgl. hierzu die Darstellungen im Kapitel III.2. «Vergleich der Befürchtungen Wiecks mit der tatsächlichen Eherealität».

nicht um irgendeine Braut, sondern um die europaweit gefeierte Virtuosin Clara Wieck handelte. Mit dem Appell - „Ich frage die ganze Welt, ob solch ein Mann befähigt ist, überhaupt ein *Ehebündniß einzugehen*, geschweige eine Clara Wieck zu heirathen?“[288] - versuchte Wieck, den Richtern für diese Perspektive die Augen zu öffnen und argumentierte wie folgt:

Claras „Stellung in der musikalischen Welt“ sei mit erheblichen Ansprüchen verbunden und setze eine standesgemäße Lebensweise voraus. Um die Fortsetzung ihrer Karriere zu garantieren und damit zur Absicherung der Familienexistenz beitragen zu können, sei die Führung eines ‘halböffentlichen’ Künstlerhaushalts notwendig, bei dem mit entsprechenden finanziellen Belastungen zu rechnen sei: Der Empfang von Besuchen durchreisender Künstler oder die Veranstaltung von Konzerten vor geladenen Gästen erforderten einen „ungewöhnlichen Aufwand an Bedienung usw.“,[289] der in keiner Weise mit den Ansprüchen eines gewöhnlichen bürgerlichen Haushalts zu vergleichen sei. Darüber hinaus sei Clara als Künstlerin gewohnt, sich finanziell unabhängig zu bewegen, und benötige neben ihrem regulären Lebensunterhalt jährlich einen Betrag von 700 bis 800 Talern für die mit ihrer Stellung verbundenen Sonderausgaben. Wieck betonte, er habe seine Tochter „zwar zur *berühmten* Künstlerin aber nicht zu gleicher Zeit zur *einfachen, anspruchslosen* Hausfrau erziehen können.“[290] Tatsächlich war in Claras bisherigem Leben alles auf ihre Virtuosenkarriere ausgerichtet: Aufgrund ihrer besonderen Position in der Familie wurde sie von Haushaltsverpflichtungen frei gestellt und ihr alles aus dem Weg geräumt, was sie an der Verfolgung dieses hochgesteckten Ziels hindern könnte.[291] Nach Ansicht Wiecks waren die für eine Hausfrau charakteristischen Betätigungsfelder bzw. familiären Verpflichtungen mit den Anforderungen eines Virtuosenlebens vollkommen unvereinbar, was sich auch in der Erziehung Claras widerspiegelte.[292] In der Frage - „Können Sie sich meine Clara mit dem Kinderwagen denken?“[293] - kommt seine realistische Einschätzung der weiblichen Aufgaben innerhalb eines bürgerlichen Ehealltags auf pointierte Weise zum Ausdruck.

Tatsächlich hatte Clara bereits vor der Heirat die Sorge, in der Ehe aufgrund von zu erwartenden Schwangerschaften nicht mehr erfolgreich konzertieren zu können: „Bin

---

[288] Prozeßakten, fol. 36v.

[289] Prozeßakten, fol. 31v.

[290] Prozeßakten, fol. 31v.

[291] Schumann bemerkte in seinem Tagebuch kritisch, daß Clara bereits in jungen Jahren das Leben einer Primadonna bzw. Diva führe. Vgl. Tagebuch I, S. 402 (1.6.1832), 405 (4.6.1832).

[292] Das geht ebenfalls aus seiner humoristischen Publikation *«Clavier und Gesang»* hervor, in der er sogar Dilettant(inn)en vor „anstrengende[n] weibliche[n] Arbeiten“ warnte, die sich „schlechterdings nicht mit einem *ernstlichen* praktischen Clavierspiel“ vertrügen, da sie „den Fingern die nöthige lockere Geschmeidigkeit und Gewandtheit“ raubten. Vgl. Wieck, 1853, S. 20. Bezog sich diese Bemerkung Wiecks zwar unmittelbar auf stricken, häkeln, sticken usw., so ist kaum vorstellbar, daß Clara diejenige war, die für Familie Wieck „Bohnen“ geschnibbelt hat. Anders sollte es in der Familie Schumann zugehen: „Klara [...] schneidet auch Bohnen, wenn's sein muß“, wie Schumann im Tagebuch festhielt. Tagebuch II, S. 179 (45 - 47. Woche, vom 18.7. bis 8.8.1841).

[293] Erler I, 1887, S. 74.

ich erst verheirathet so können tausend Hindernisse eintreten, daß ich nicht reisen kann."[294] Einige Wochen später lesen wir: „Ich habe nämlich die Idee, ich will vor unserer Verheirathung noch nach Petersburg [...Streichungen...] Als Frau mache ich nicht so viel dort wie als Mädchen, und wer weiß, ob ich als Frau hinkäme!"[295] Angesichts der Tatsache, daß Clara in vierzehn Ehejahren zehn mal schwanger war und acht Kinder zur Welt brachte,[296] bestätigte sie, daß Wiecks Befürchtungen über die Fortsetzung ihrer Karriere nicht unbegründet waren. Sogar in den uns nur noch in fragmentarischer bzw. zensierter Form vorliegenden Tagebuchaufzeichnungen Claras sind mehrere Klagen über ihre zahlreichen Schwangerschaften erhalten. Als im Mai 1847 feststand, daß sie wieder ein Kind erwartete, vertraute sie ihrem Tagebuch an: „Was wird aus meiner Arbeit?! Doch Robert sagt: 'Kinder sind Segen', und er hat recht, denn ohne Kinder ist ja auch kein Glück, und so habe ich mir denn vorgenommen, mit möglichst heiterm Gemüth der nächsten schweren Zeit wieder ins Auge zu sehen. Ob es immer gehen wird, das weiß ich nicht."[297] Ende 1853 - wenige Monate vor der Einlieferung Roberts in die Irrenanstalt bei Endenich Anfang März 1854 - klagte sie angesichts einer weiteren Schwangerschaft: „Meine letzten guten Jahre gehen hin, meine Kräfte auch - gewiß Grund genug, mich zu betrüben. ... Ich bin so entmutigt, daß ich es gar nicht sagen kann."[298]

Kernstück der Argumentation Friedrich Wiecks war, daß Robert Schumann aufgrund seiner geringen Einkünfte nicht in der Lage sein würde, Clara von sämtlichen Haushaltsverpflichtungen freizustellen, so daß - abgesehen von den möglichen bzw. wahrscheinlichen Schwangerschaften - unter den zu erwartenden Eheverhältnissen an eine Fortsetzung von Claras Virtuosenlaufbahn nicht zu denken sei. Damit entfiele wiederum eine wesentliche Einnahmequelle zur Absicherung der Familie. Ein Blick in die Haushaltsbücher bestätigt diese Prognose: Während sich in den ersten Ehejahren noch eine Rubrik „Von Clara Eingebrachtes und Verdientes" fand, fehlte eine solche Aufstellung nach dem Mißerfolg der Wienreise 1846/47 ganz.[299] Clara hatte zu diesem Zeitpunkt ihre Stellung als Spitzenvirtuosin eingebüßt und trat in der Folgezeit vorwiegend als Gattin und Interpretin von Robert Schumann in Erscheinung.[300] Die

---

[294] Jugendtagebücher Clara Schumann, Bd. IV, Tagebuch 9, S. 170, (7.4.1840).

[295] Jugendtagebücher Clara Schumann, Bd. IV, Tagebuch 9, S. 176, (3.5.1840).

[296] Zwei Fehlgeburten: Vgl. Tagebuch III, S. 284/85 (20.7.1846) Norderney. Tagebuch II, S. 438, Anm. 781 (9.9.1852) Scheveningen.

[297] Notiz vom Mai 1847. Vgl. Litzmann II, S. 125. Sohn Ludwig wurde am 20.1.1848 geboren.

[298] Litzmann II, S. 279. Vgl. dazu den sich unmittelbar an Claras Tagebucheintrag anschließenden Kommentar von Litzmann: „Sie ahnte nicht, daß dieser Kummer von allem Schweren, das ihr das Leben noch bescheren sollte, der am leichtesten zu tragende war, daß sie erst an der Schwelle ihrer eigentlichen Künstlerlaufbahn stand..." Auf diese Bewertung wird noch im Rahmen der Rezeptionsanalyse insbesondere im Kapitel IV.5. «Resultat nach 160 Jahren: Die 'Königskinder-Legende'» einzugehen sein.

[299] Vgl. Tagebuch III, S. 417 ff.

[300] Vgl. Borchard, 1992, S. 285. Die Tatsache, daß Schumann sein op. 44 (Klavierquintett) mit der Widmung „Clara Schumann, geb. Wieck" versah, zeigt, welche 'Zugkraft' der Name „Wieck" im Jahre 1843 noch hatte. Auch Clara versuchte in späteren Jahren - je nach Aufführungsort - durch den Zusatz „geb. Wieck" auf manchen Konzertankündigungen an ihre früheren Erfolge anzuknüpfen oder sich zumindest auf diese Weise in Erinnerung zu bringen.

daraus resultierenden Konsequenzen zeigten sich beispielsweise 1850 anläßlich eines Düsseldorfer Konzerts: Clara erhielt für ihren Auftritt kein Honorar, sondern als 'Gage' einen Blumenkorb.[301] Bis auf vereinzelte Konzertgewinne hatte sie im Verlauf der Ehe keine nennenswerten Einkünfte. Der außerordentliche künstlerische und wirtschaftliche Erfolg der nach langen ehelichen Auseinandersetzungen schließlich im Jahre 1844 durchgeführten Rußlandtournee war in dieser Hinsicht eine absolute Ausnahme.[302] Von der europaweit gefeierten und ebenso finanziell äußerst erfolgreichen Spitzenvirtuosin Clara Wieck war spätestens 1846/47 - wie aus dem Fiasko der Wienreise erkennbar ist - keine Spur mehr vorhanden.

An dieser Stelle muß daran erinnert werden, daß Wieck und zunächst auch seine Tochter Clara 1838 gefordert hatten, das Brautpaar solle in Wien leben, einer Kunstmetropole, in der Clara eine glanzvolle Stellung eingenommen hatte, mit der Möglichkeit, ohne größere Mühe 2.000 Taler Jahreseinkommen allein in die Ehe einzubringen. Die Entwicklung der ersten sieben Ehejahre hat gezeigt, daß Wiecks Befürchtungen begründet waren.[303] In diesem Zusammenhang soll auch der letzten Frage nicht ausgewichen werden: Warum hat Schumann seine Frau gezwungen, in Leipzig bzw. Dresden zu leben? Dieser Aspekt wurde bereits teilweise im Kapitel I.3.1 behandelt und wird im Kapitel III.2 noch einmal aufgegriffen werden.[304]

Abgesehen von dem konkreten Anliegen, die Interessen seiner Tochter bestmöglich zu vertreten, zeichnet sich die von Wieck eingenommene Position durch zwei wesentliche Aspekte aus:

1. Die Vorstellung von einer unabhängigen Erwerbstätigkeit seiner Tochter, und nicht allein seiner Tochter, wie im Kapitel III noch zu zeigen sein wird.
2. Den Anspruch - bei außerordentlicher Begabung - auf eine eigenständige Karriere der Frau.

Daß diese für seine Zeit bemerkenswert unabhängige geistige Haltung Wiecks mit dem Rollenverständnis eines Ehemanns des 19. Jahrhunderts kollidieren mußte, kann angesichts der oben dargestellten juristischen Hintergründe nicht erstaunen. Auf die Frage, wie die Position Wiecks aus heutiger Sicht zu bewerten ist, wird noch ausführlich einzugehen sein.[305] In dem nun folgenden Kapitel soll jedoch zunächst das konkrete Prozeßgeschehen weiter verfolgt werden.

---

301 Vgl. Tagebuch III, S. 543 (25.10.1850). Vgl. auch Tagebuch III, S. 787, Anm. 778.

302 Auf die näheren Umstände der Dänemarkreise im Jahr 1842, der einzigen größeren Konzertreise, die Clara während ihrer Ehe allein unternommen hatte, wird im Kapitel III.2. «Vergleich der Befürchtungen Wiecks mit der tatsächlichen Eherealität» noch einzugehen sein.

303 Die Details der Schumann'schen Ehe - beispielsweise die Arbeitsbedingungen von Clara - werden im Kapitel III.2. «Vergleich der Befürchtungen Wiecks mit der tatsächlichen Eherealität» ausführlich besprochen.

304 Vgl. dazu Kapitel I.3.1. «Die sechs Ehekonsensbedingungen Friedrich Wiecks im Mai 1839» bzw. III.2. «Vergleich der Befürchtungen Wiecks mit der tatsächlichen Eherealität».

305 Vgl. dazu Kapitel III. «Rekonstruktion der Perspektive Friedrich Wiecks» und VI.2. «Heutige Bedeutung Friedrich Wiecks unter Einbeziehung von gleichstellungsrelevanten Gesichtspunkten».

## II.4.2. Refutationsschrift: Widerlegung der Klage-Erwiderung durch Advokat Einert

Wilhelm Einert begann seine Refutationsschrift mit dem Vorwurf, die von Wieck geforderte Erweiterung des Beweisthemas diene lediglich dazu, „den Proceß möglichst in die Länge zu ziehen", und müsse daher entschieden zurückgewiesen werden.[306]

Anschließend ging Einert auf den von Wieck angesprochenen und - wie bereits oben dargestellt[307] - vom Gerichtsbrauch als erheblich anerkannten Verweigerungsgrund des «Mangels künftigen nothwendigen Lebensunterhalts» ein. Mit dem Hinweis, daß diesem Einwand Wiecks bereits im Rahmen des Gütetermins durch Vorlage von entsprechenden Dokumenten begegnet worden sei, die Schumanns derzeitiges disponibles Vermögen sowie seinen Verdienst als Komponist und Redakteur belegen würden, argumentierte Einert in bezug auf die finanzielle Situation Schumanns folgendermaßen: Sowohl das Zeugnis Robert Frieses als auch der Vertrag mit dem Verleger der NZfM wiesen ein festes Redaktionshonorar in Höhe von 624 Talern jährlich nach. Darüber hinaus gehe aus dem Zeugnis sub K. [wahrscheinlich auch von Friese] ein jährlicher Netto-Ertrag aus dem Verkauf der zur Rezension eingereichten Musikalien von mindestens 150 Talern hervor. Schumann beziehe somit ein regelmäßiges Einkommen aus seiner Tätigkeit als Redakteur der NZfM. Bei einer Anzahl von 443 Abonnenten und einem - nach Aussage Frieses - jährlichen Netto-Ertrag von 1550 Talern bedeute die Zeitung eine sichere Einnahmequelle und stehe bei weitem nicht so schlecht da, wie Friedrich Wieck versuche, dem Gericht glaubhaft zu machen. Angesichts der Tatsache, daß Friese verzweifelte Briefe an Schumann unter anderem auch nach Wien geschrieben hatte, in welchen er die NZfM als Zusatz- bzw. Verlustgeschäft beklagte, wirken Frieses Angaben vor Gericht mehr als befremdlich. Wie bereits oben gezeigt wurde, war Wieck die finanzielle Situation der Zeitschrift bekannt.[308] Darüber hinaus belegen die Klagen Frieses eindeutig,[309] daß Friedrich Wieck - bezogen auf den damaligen Zeitpunkt - die geschäftliche Lage der Zeitschrift in seiner Klage-Erwiderung durchaus realistisch einschätzte. An dieser Stelle sei weiterhin an die bereits oben dargestellte Diskrepanz zwischen Schumanns gerichtlichen Angaben bezüglich seiner Einkünfte aus selbständiger Erwerbstätigkeit und den in seinen Haushaltsbüchern dokumentierten, tatsächlichen Verdiensten aus der Redaktionstätigkeit erinnert. Es wird deutlich, daß die von Schumann vorgelegten Dokumente in eklatantem Widerspruch zu seinen realen Einkommensverhältnissen standen.

Als weiteren Beleg dafür, daß Schumann als Persönlichkeit des öffentlichen Musiklebens und Redakteur der Zeitung großes Ansehen genieße, führte Einert die Tatsache an, daß einige in- und ausländische Musikvereine ihn zum (korrespon-

---

306 Prozeßakten, fol. 61v.

307 Vgl. Kapitel II.3. «Konsensverweigerung aus erheblichen Gründen».

308 Prozeßakten fol. 30v - 31r.

309 Vgl. dazu Kapitel II.4.1. «Detaillierte Klage-Erwiderung und Deduktionsschrift Friedrich Wiecks» Abschnitt «Erwerbsberuf». Darüber hinaus hat es offensichtlich auch mehrfach Gespräche zwischen Friedrich Wieck und Robert Friese gegeben, u.a. auch über die Situation der NZfM, wie einige an Schumann gerichtete Briefe Frieses belegen. Vgl. z.B. die Briefe vom 9.10.1838, Corr. Bd. 8, Nr. 1117; vom 3.12.1838, Corr. Bd. 8, Nr. 1143; vom 16.2. 1839, Corr. Bd. 8, Nr. 1214.

dierenden) Ehrenmitglied ernannt hätten.[310] Mit seinem Schreiben vom 3. März 1840 übergab Schumann dem Gericht die entsprechenden Diplome sowie die inzwischen erhaltene Doktorurkunde aus Jena als Nachweis seiner gesellschaftlich respektablen Existenz.[311]

Um seinen Verdienst als Komponist zu belegen, reichte Schumann mehrere Zeugnisse von Verlegern ein, bei denen er zu diesem Zeitpunkt bereits eigene Werke veröffentlicht hatte,[312] und wies darauf hin, er könne „eine große Menge von öffentlichen Aussprüchen solcher wie der eben genannten competensten Kunstrichter, die sich wohl eben so gut ein Urtheil zutrauen dürfen, beilegen, wenn dieß nicht seinen Begriffen von Künstlerwürde zuwiderliefe."[313] Um sein Renommee als anerkannter Komponist zu unterstreichen, fügte er dennoch seinem Schreiben vom 3. März 1840 an das Gericht „zwei Urtheile des gerade jetzt Epoche machenden berühmten Künstlers Franz Liszt über Kläger's künstlerische Leistungen" bei, eine Rezension zu seinen Werken op. 5, 11, und 14 aus dem Jahre 1837 sowie einen Brief von Liszt an Berlioz vom Oktober 1839.[314] Mit einem abschließenden Hinweis auf die Tatsache, daß „er [Wieck] seiner Tochter diese Compositionen auf das Eifrigste studiren ließ", glaubte Schumann, auf einen Widerspruch in der Haltung Wiecks aufmerksam zu machen und

---

[310] In den Gerichtsunterlagen finden sich die Diplome der niederländischen Gesellschaft zur Beförderung der Tonkunst in Rotterdam, des Musikvereins Euterpe in Leipzig sowie das Mitgliederverzeichnis des deutschen Nationalvereins in Stuttgart, in dem Schumann als korrespondierendes Mitglied aufgelistet wird. Vgl. Prozeßakten, fol. 77r, 77v, 88v.

[311] Schumann äußerte mehrfach, daß er sich im Vergleich zu Clara gesellschaftlich nicht anerkannt fühle. Anläßlich Claras Ernennung zur k.&k. Kammervirtuosin bat er seine Schwägerin Therese, sich bei dem befreundeten Leipziger Universitätsprofessor Hartenstein nach den Möglichkeiten einer Ehrenpromotion zu erkundigen. Bereits am 25.3.1838 schrieb er Therese: „Clara ist durch die Ernennung zur Kammervirtuosin zu einem ziemlich hohen Rang gekommen; zwar bin [ich] auch beehrentitelt, doch kommt das nicht gleich....Nun möcht' ich durch Hartensteins Güte erfahren, ob eine Ernennung der philosophischen Facultät viel Umstände mache; viel Zeit könne ich freilich nicht daran setzen, da ich von Berufsarbeiten aller Art gedrängt würde; er möchte Dir schreiben, wie ich es nun anzufangen habe; ich bezweckte damit nichts als einen Titel und würde mich dann von Leipzig ganz wegwenden ..." Brief an Therese Schumann vom 25.3.1838; Jansen NF 2/1904, S.116.
Vgl. auch den bereits oben teilweise zitierten Brief an Keferstein vom 31.1.1840: „... Sie wissen vielleicht, daß Clara meine Verlobte ist, vielleicht auch, welche ..... Mittel ihr Vater angewandt, die Verbindung zu hindern. ... Wie dem sei, verzögern kann er die Verbindung noch eine Weile, hindern aber nicht. Claras bedeutende Stellung als Künstlerin hat mich nun oft über meine geringe nachdenklich gemacht, und weiß ich auch, wie sie schlicht ist, wie sie in mir nur den Musiker und Menschen liebt, so glaub' ich doch, würde sie es erfreuen, wenn ich etwas für eine höhere Stellung im staatsbürgerlichen Sinne thäte. Erlauben Sie mir nun die Frage: ist es schwer, in Jena Doctor zu werden? [...] Sagen Sie mir darüber Ihre aufrichtigste Ansicht und erfüllen mir meine Bitte, gegen Jedermann darüber vor der Hand zu schweigen." Vgl. Jansen NF, 2/1904, S. 178/79.

[312] Es handelte sich offenbar um Zeugnisse von Breitkopf & Härtel, Haslinger und Mechetti, Anlage sub. G, H und J der Refutationsschrift. Vgl. Prozeßakten, fol. 64v.

[313] Prozeßakten, fol. 66r.

[314] Brief von Schumann an das AG Leipzig vom 3.3.1840, Prozeßakten, fol. 74r. Bei den Urteilen Franz Liszts handelt es sich um Nr. 46 der *«Revue et Gazette Musicale de Paris»,* 4. Jg., 12.11.1837 sowie die Nr. 53 der *«Revue et Gazette Musicale de Paris»,* 6. Jg., 24.10.1839. Prozeßakten, fol. 83r - 86v bzw. 79r - 82v.

so dessen Vorwurf - die Kompositionen Schumanns seien „unklar pp." - zu entkräften.[315]

Zentraler Gesichtspunkt der Kritik Friedrich Wiecks war jedoch nicht die Qualität der Kompositionen, sondern vielmehr die Tatsache, daß Schumann mit seinen schwer auszuführenden Klavierwerken[316] nicht die Anerkennung des Publikums zu gewinnen vermochte, und aufgrund der daraus resultierenden Absatzschwierigkeiten sowie der Unbekanntheit seiner künstlerischen Persönlichkeit die relativ geringen Kompositionshonorare nicht als eine ernst zu nehmende Erwerbsquelle zu rechnen seien. Daß Wieck dennoch seiner Tochter die Kompositionen Schumanns zum Studium vorlegte, und sie auch in der späteren, konfliktbelasteten Zeit nicht daran hinderte, Schumanns Werke aufzuführen,[317] zeugt vielmehr von Wiecks künstlerischem Urteilsvermögen, der sich trotz seiner distanzierten Haltung gegenüber Schumann als potentiellem Schwiegersohn mehrfach über dessen Kompositionen positiv geäußert hatte.[318]

Hinsichtlich der finanziellen Situation seines Klienten räumte Einert ein, daß sich Schumanns Vermögen „um etwas verringert" habe.[319] Dafür nannte er folgende Gründe: Schumann habe „die zu seinem ein Mal gewählten Berufe nöthige Ausbildung" allein vom väterlichen Erbe finanzieren müssen, da er „von keiner Seite her irgend eine Unterstützung" erhalten habe. „Die bedeutenden Kosten, die seine Studien, die zu weiterer Ausbildung nöthigen Reisen pp. erforderten" habe er nicht allein von den Zinsen bestreiten können, vielmehr sei er gezwungen gewesen, „einen Theil des Capitals aufzuopfern, um seine Ausbildung vollenden zu können und sich in den Stand zu setzen, künftig seinen Lebensunterhalt selbst zu erwerben." Darüber hinaus hätten „kleine erlittene Verluste, Schenkungen pp" und „die Gründung der musikalischen Zeitschrift" zur Schmälerung seines Vermögens beigetragen.

Angesichts des von Einert angeführten Arguments der zum „ein Mal gewählten Berufe nöthige[n] Ausbildung" stellt sich allerdings die Frage, welche Berufsausbildung damit gemeint war, das nahezu sechssemestrige Jurastudium oder die Musikausbildung. In beiden Fällen hatte Schumann nie zielstrebig seine Studien verfolgt, geschweige denn eine Ausbildung abgeschlossen. Zu den juristischen Kollegien war er größtenteils nicht erschienen, wie den Erinnerungen seines Studienfreundes Emil Flechsig zu entnehmen ist.[320] Statt dessen führte er nach eigener Aussage ein „Schlaraffenleben"[321] und ver-

---

315 Prozeßakten, fol. 66r.

316 Vgl. hierzu die bereits zitierten Bewertungen von Clara im Kapitel II.4.1. «Detaillierte Klage-Erwiderung und Deduktionsschrift Friedrich Wiecks». BW I, S. 108 (3.3.1838). BW III, S. 939 (19.2.1840).

317 Vgl. Steegmann, 2001, S. 39.

318 Vgl. z.B. Wiecks Brief an Baron von Fricken vom 1.8.1834. Joß, 1902, S. 44. Vgl. auch die diesbezüglichen Tagebucheinträge Schumanns. Tagebuch I, S. 384 (4.5.1832), 395 (23.5.1832).

319 Refutationsschrift vom 13.2.1840, Prozeßakten fol. 63r. Alle folgenden Zitate beziehen sich - soweit nicht anders vermerkt - ebenfalls auf dieses Dokument. Prozeßakten, fol. 61r -70r.

320 Vgl. dazu die Aussage seines Studienfreundes Emil Flechsig. Flechsig. NZfM, 117. Jg. (1956), 7./8., S. 393. Vgl. auch Eismann, 1956, S. 43. Seinem Freund Gisbert August Rosen schrieb Schumann am 14.8.1828: „Hier habe ich ohnehin noch kein Collegium besucht." Vgl. Jansen, NF, 2/1904, S. 9.

321 Vgl. Schumanns Brief an Rosen vom 5.6.1828; Jansen NF 2/1904, S.4.

suchte, Mutter, Brüdern und Vormund glaubhaft zu machen, daß er diszipliniert studiere. Aber auch nach dem selbstgewählten Studienwechsel war er im Rahmen seiner Musikausbildung nicht in der Lage, konsequent zu arbeiten, eine Tatsache, die er immer wieder selbst beklagte, wie aus seine Tagebucheinträgen hervorgeht.[322]

Die Darstellung, Schumann habe von keiner Seite irgend eine Unterstützung erfahren und sei zum damaligen Zeitpunkt noch nicht in der Lage gewesen, „viel selbst zu verdienen", übergeht erstens die Tatsache, daß Schumann zusätzlich zum väterlichen Erbe per Vermächtnis jährlich 300 Taler zur Finanzierung seines Studiums erhalten hatte,[323] und täuscht zweitens darüber hinweg, daß er weder studiert noch gearbeitet und nicht einmal regelmäßig Klavier geübt hat, sondern statt dessen - trotz der erheblichen Zuwendungen durch Brüder und Vormund - über seine Verhältnisse gelebt und nichts dafür getan hat, diese Situation zu ändern. Von Vollendung einer Ausbildung mit dem Ziel, sich seinen künftigen Lebensunterhalt selbst zu verdienen, konnte somit keine Rede sein. Vielmehr hatte er nahezu ausschließlich von dem ererbten elterlichen Vermögen gezehrt und so die Kapitalsubstanz erheblich verringert.

Trotz dieser Lebensform war Schumann 1839 noch immer in der Lage, ein gewisses Vermögen durch „Production von Documenten" nachzuweisen, welches sich im wesentlichen aus den von der elterlichen Erbschaft herrührenden Guthaben bei den Brüdern sowie der Erbschaft von Eduard zusammensetzte. Anhand dieser Zeugnisse bemühte sich Einert nun, den Nachweis zu führen, daß Schumann durch seinen Erwerbsberuf sowie ein gewisses Zinseinkommen aus Kapitalvermögen sehr wohl zur Bestreitung des nötigen Lebensunterhalts fähig sei und damit eine finanziell abgesicherte, bürgerliche Existenz führen könne. Daß Schumann aber gerade nicht „für's tägliche Brod wie ein Handwerker" arbeiten wollte, hatte er Clara bereits im Februar 1838 erklärt.[324] Welche Vorstellung er statt dessen von seinem zukünftigen Eheleben hatte, geht u.a. aus seinem Brief vom 16.3.1839 hervor:

„Liebe Klara, wenn ich und je mehr ich unserem ersten Ehesommer in Zwickau nachsinne, desto mehr will sich mir die ganze Welt wie eine Rosenlaube über mich zusammenschlagen ... Erstens... müßen junge Frauen gehörig kochen und wirthschaften können, wenn sie zufriedene Männer haben wollen, das könntest Du aber unter Lachen und Scherzen bei Theresen lernen - sodann dürfen junge Frauen nicht gleich große Reisen machen, sondern müßen sich pflegen und schonen, namentlich solche, die ein ganzes Jahr vorher für ihren Mann gearbeitet und sich aufgeopfert haben - drittens wären wir aller lästigen und neugierigen Besuche ledig - viertens würden wir sehr spatziren gehen können und ich Dir alle Plätze zeigen, wo man mich als Jungen durchgeprügelt - fünftens könnte uns Dein V.[ater] nichts anhaben - sechstens und siebentens brauchten wir blutwenig und brauchten höchstens nur die Coupons abzuschneiden - achtens würde ich Alles componiren und Du spielen ..."[325]

Dieser Brief dokumentiert eine Lebensauffassung, die in krassem Gegensatz zu der vor Gericht propagierten stand. Auch wird verständlich, daß Wieck in seinen Ehekonsensbedingungen vom Mai 1839 zur Überprüfung der Schumann'schen Einkommens-

---

[322] Vgl. dazu die Zitate im Kapitel I.1.2. «Robert Schumann im Hause Friedrich Wiecks».
[323] Vgl. Testament August Schumanns; Stadtarchiv Zwickau, Testamente, A.- Sign.: A6' 4112, Bl. 75 b.
[324] BW I, S. 96 (11.2.1838).
[325] BW II, S. 443 (16.3.1839).

verhältnisse einen durch Wieck selbst zu benennenden Advokaten forderte, um eine derartige Inszenierung auszuschließen.[326]

Den zweiten von Wieck vorsichtig als 'Neigung zum Trunke' bezeichneten Verweigerungsgrund wies Einert als „angedichtet" zurück und behielt sich ausdrücklich „besondere Anträge" hinsichtlich aller „ in der erwähnten Eingabe Beklagtens ihm [Schumann] gemachten Beleidigungen" vor.[327] Bezüglich der Trinkgewohnheiten Schumanns, die mit Ausnahme der Richter vermutlich allen Prozeßbeteiligten bekannt gewesen sein dürften, verfiel Einert in eine verharmlosende Darstellung von „manch schöne[m] Abend in erlaubter Heiterkeit",[328] der in Gesellschaft von Künstlern und Gelehrten zugebracht wurde, und ließ dabei alle bereits genannten Details der Behinderung bis hin zur Gefährdung von Leib und Leben durch (maßlosen) Alkoholkonsum unerwähnt. Statt dessen führte Einert an, Wieck habe denselben Kreis selbst täglich besucht, sei sogar meist der Letzte gewesen, der ihn verlassen habe. Das beweise hinlänglich, daß Wieck diesen Kreis „nicht für so unwürdig und schändlich" habe halten können, wie er ihn jetzt darzustellen versuche.

Tatsächlich aber hatte Wieck das Ausmaß von Schumanns Trinkgewohnheiten, nicht etwa die Gesellschaft kritisiert, in der Schumann die alkoholischen Getränke zu sich nahm. Weder die Erwähnung der Tatsache, daß Wieck sich ebenfalls in dem oben genannten Kreis bewegt habe, noch die Behauptung, Wieck sei meist der Letzte gewesen, entkräftete den eigentlichen Vorwurf der Trunksucht; denn allein die Dauer des Kneipenaufenthalts ließ keine Aussage über die konsumierte Menge an Bier oder den Zustand Wiecks bei Verlassen des Lokals zu.[329] Und daß auch Friedrich Wieck in der Gesellschaft von Musikern, Komponisten und Musikschriftstellern verkehrte, war schon aufgrund seiner beruflichen Interessen naheliegend.

Als Beleg dafür, daß Schumann „nicht der trunksüchtige, unordentliche Mensch" sei, den Wieck „zu Erreichung seines unstatthaften Zweckes auf die unschönste Art zu schildern" suche, wurden dem Gericht bereits im Dezember 1839 zwei Atteste der Leipziger Behörden eingereicht, „die sich über Klägers langjährige Lebensweise und dessen Individualität auf das Günstigste aussprechen und dadurch Herrn Wiecks Äußerungen über Klägern nur als Verläumdungen im gehässigsten Lichte und völlig unwahr erscheinen … laßen."[330] Bei den beiden Dokumenten handelte es sich um zwei Führungszeugnisse, die Schumann anläßlich seiner Wienreise 1838/39 vom „Rath der Stadt Leipzig" sowie der Sicherheitsbehörde ausgestellt wurden. Diese Atteste

---

326 Vgl. dazu Kapitel I.3.1. «Die sechs Ehekonsensbedingungen Friedrich Wiecks im Mai 1839».

327 Refutationsschrift vom 13.2.1840. Prozeßakten, fol. 67r. Tatsächlich sollte es zu einer weiteren Klage gegen Friedrich Wieck wegen Verleumdung kommen. Vgl. dazu die Ausführungen im Kapitel II.6. «Strategien und Verhalten während des Prozesses».

328 Vgl. dazu Schumanns Brief an Einert vom 3.7.1839: „Einige lustig durchschwärmte Nächte, bevor ich Clara kannte, ist alles, was ich mir vorwerfen könnte." Jansen NF 2/1904, S. 161.

329 Von Friedrich Wieck ist meines Wissens nicht bekannt, daß er nach einem Kneipenbesuch bei Poppe vor der Haustür gefunden wurde und sich Löcher ins Bein gebrannt hatte. Vgl. dazu Tagebuch I, S. 226 (9.2.1830) und die Darstellungen im Kapitel II.4.1. «Detaillierte Klage-Erwiderung und Deduktionsschrift Friedrich Wiecks».

330 Refutationsschrift vom 13.2.1840. Prozeßakten, fol. 68r - 68v.

bescheinigten Schumann zwar, daß er „sich stets ruhig und wohl verhalten und den Gesetzen gemäß bezeigt“ sowie „nicht den entferntesten Verdacht einer politischen Gefährlichkeit wider sich erregt“ habe, besagten aber nichts über seinen privaten Lebenswandel, der aus öffentlicher Sicht vollkommen unauffällig verlief, und waren daher ebenfalls zur Entkräftung des Wieck'schen Vorwurfs ungeeignet.[331]

Unmittelbar im Zusammenhang mit der Behandlung der Trunksuchtsfrage glaubte Einert, einen Widerspruch zwischen Wiecks früheren positiven Äußerungen über Schumann und seiner jetzigen ablehnenden Haltung gegenüber letzterem aufdecken zu können, indem er folgende Passage aus einem Brief Friedrich Wiecks zitierte: „... *'daß er [Wieck] die höchste Achtung vor s e i n e r* [Schumanns] *P e r s o n u n d s e i n e m T a l e n t e* und aufrichtige Theilnahme für seine künftige glückliche Stellung' hege.“[332]

Abgesehen von der Tatsache, daß auch dieser Brief Wiecks verschollen ist und damit der Zusammenhang der zitierten Passage unbekannt bleibt, bezog sich die von Wieck geäußerte Wertschätzung auf die Person und das Talent Robert Schumanns, nicht aber auf dessen Eignung als zukünftiger Ehemann für Clara. Daß Wieck aus seiner Abneigung gegenüber Robert Schumann als Schwiegersohn keinen Hehl gemacht hatte, geht u.a. aus dessen Brief vom 18. September 1837 - also ungefähr aus der Zeit des von Einert vorgelegten Dokuments - hervor, in dem Robert über seine erste offizielle, aber erfolglos verlaufene Werbung um Claras Hand berichtete.[333] Wieck war offensichtlich zu einer differenzierten Bewertung der Persönlichkeit Robert Schumanns gelangt. Er achtete durchaus dessen künstlerische Leistungen, lehnte ihn jedoch gleichzeitig als zukünftigen Ehemann seiner Tochter ab. Diese Haltung Wiecks, zwischen Mensch und Künstler zu trennen, wurde bereits in frühen Tagebuchaufzeichnungen von Schumann erwähnt.[334] Insofern waren die von Einert zitierten positiven Äußerungen nicht geeignet, Friedrich Wieck ein widersprüchliches Verhalten oder sogar willkürlichen Gesinnungswandel nachzuweisen.

Auf die von Wieck erwähnte selbst herbeigeführte Handverletzung Schumanns ging Einert überhaupt nicht ein. Mag eine gewisse Disposition Schumanns zur Schwäche des zweiten und dritten Fingers sich bereits in jungen Jahren gezeigt haben, wie mehrere Gutachten anläßlich der Einberufung Schumanns zum Kommunalgarde-Dienst im Jahre 1841 belegen,[335] so trat die definitive Schädigung der Hand erst im Zusammenhang mit seiner gewaltsamen Übemethode und nach den Experimenten mit der sog. Cigarrenmechanik ein.[336] Nach außen stellte Schumann seine Behinderung als

---

331 Führungszeugnisse des Stadtraths zu Leipzig sowie der dortigen Sicherheitsbehörde. Prozeßakten, fol. 49r und 50r. Trotz der von Schumann vorgelegten Führungszeugnisse haben die Gerichte den Parteien jeweils auferlegt, den Vorwurf der Trunksucht zu beweisen resp. zu widerlegen, da auch die Richter diese Dokumente offensichtlich nicht als ausreichenden Gegenbeweis ansahen. Vgl. dazu Kapitel II.5. «Urteil und Urteilsbegründung».

332 Zitat aus einem Brief Wiecks an Schumann vom 19.10.1837; vgl. Refutationsschrift, Prozeßakten, fol. 67v.

333 BW I, S. 24 (18.9.1837). Das vollständige Zitat befindet sich zu Beginn des Kapitels V.2. «Später hinzutretende Prägungen des Wieck-Images durch Robert Schumann».

334 Tagebuch I, S. 383 (3.5.1832).

335 Vgl. Rothe, 1967, S. 5 ff, sowie Rothe, 1970, S. 318 ff.

336 Vgl. Tagebuch I, S. 386, 388, 394, 409, 410. Vgl. hierzu auch die Ausführungen zu Schumanns Handverletzung im Kapitel I.1.2. «Robert Schumann im Hause Friedrich Wiecks».

einen unverschuldeten Schicksalsschlag dar, wie aus seinem Brief an Simonin de Sire vom 15. März 1839 hervorgeht:

„Ich selbst bin durch ein unglückliches Geschick des vollkommenen Gebrauches meiner rechten Hand beraubt worden und spiele meine Sachen nicht, wie ich sie in mir trage. Das Uebel der Hand ist nichts, als daß einige Finger (wohl durch zu viel Schreiben und Spielen in früherer Zeit) ganz schwach geworden, so daß ich sie kaum gebrauchen kann.“[337]

Aus den Klagen gegenüber seiner Braut wird jedoch deutlich, daß Schumann der Zusammenhang zwischen seiner Handverletzung und der Unmöglichkeit, selbständig zur Verbreitung seiner Kompositionen beitragen zu können und somit seinem Werk zum Erfolg zu verhelfen, durchaus bewußt war:

„Unglücklich fühle ich mich manchmal, und hier gerade, daß ich eine leidende Hand habe. Und Dir will ich's sagen, es wird immer schlimmer. Oft hab' ich's dem Himmel geklagt und gefragt, 'Gott, warum hast Du *mir* gerade dieses gethan.' Es wäre mir hier von so großem Nutzen; es steht alle Musik so fertig und lebendig in mir, daß ich es hinhauchen müßte. Und nun kann ich es nur zur Noth herausbringen, stolpere mit einem Finger über den anderen. Das ist gar erschrecklich und hat mir schon viele Schmerzen gemacht. Nun ich habe ja meine rechte Hand an Dir, und Du, schone Dich ja recht, Daß Dir nichts widerfährt. Die glücklichen Stunden, die Du mir bereiten wirst durch Deine Kunst, ich denke oft daran.“[338]

Darüber hinaus dokumentiert bereits dieser Brief und nicht erst die oben zitierte Äußerung vom Januar 1840[339] das im Zusammenhang mit der Aufführung seiner Kompositionen bestehende erhebliche Interesse an Claras pianistischen Fähigkeiten.

Dem Vorwurf, Schumann habe die Beziehung zu Ernestine von Fricken, welcher er zuvor „ewige Treue“ geschworen, mit der Erklärung abgebrochen, daß er „sich selbst nicht ernähren könne“,[340] begegnete Einert folgendermaßen:

„Die Verhältniße und Verbindungen, welche Beklagter als solche erwähnt, waren rein freundschaftlicher Art. Nie hat Kläger um das Jawort zu einer Verbindung mit Fräulein von F., seit November 1838. verheirateten Gräfin v.Z., den Vater derselben angegangen, welchem Letzteren übrigens Herr Wieck Klägern mit den glänzendesten Farben geschildert und gerühmt hatte, wie Kläger aus eigenen Briefen des Herrn Wieck beweisen kann.“[341]

Daß Schumanns Verhältnis zu Ernestine von Fricken anderer als „rein freundschaftlicher Art“ war, belegen die bereits oben zitierten Briefe von Ernestine an Clara

337 Brief an Simonin de Sire vom 15.3.1839; Jansen NF 2/1904, S. 149.

338 BW I, S. 307 (3.12.1838). Vgl. auch Schumanns Brief an Hauptmann v. Fricken im September 1834: „Ohne Finger gibt es keine Kunst, gäbe es keinen Raphael, keinen Mozart.“ Jugendbriefe, S. 255.

339 „... ich nehme Dich auch nicht zur Frau, wenn Du nicht mehr Clavier spielen kannst ...“ Vgl. BW III, S. 876 (17.1.1840). Das ausführliche Zitat sowie die Darstellung des Zusammenhangs finden sich in Kapitel II.4.1. «Detaillierte Klage-Erwiderung und Deduktionsschrift Friedrich Wiecks», Abschnitt «Persönlichkeiten».

340 Vorstellung des Beklagten vom 14.12.1839, Prozeßakten fol. 37r.

341 Refutationsschrift vom 13.2.1840. Prozeßakten, fol. 68v - 69r.

sowie einige Selbstzeugnisse Schumanns.[342] In einem Punkt entsprach die Darstellung Einerts jedoch der Realität: Schumann hatte tatsächlich nie offiziell bei Hauptmann von Fricken um die Hand Ernestines angehalten, sondern dessen Haltung durch deren 'Stiefmutter' erkunden lassen.[343] Diese Entgegnung Einerts traf allerdings nicht den Kern des Wieck'schen Vorwurfs, der sich im wesentlichen auf die Art und Weise der Trennung von Ernestine und insbesondere auf die von Schumann dafür genannten Gründe bezog. Alle anderen von Einert erwähnten Details der Beziehung zu Ernestine betrafen lediglich Nebenaspekte: So etwa die Tatsache, daß Wieck zwar seinen ehemaligen Schüler gegenüber Hauptmann von Fricken in positiver Weise geschildert hatte, jedoch nicht, ohne letzteren auf die offensichtliche Zuneigung zwischen Ernestine und Schumann aufmerksam zu machen,[344] was Einert in seiner Refutationsschrift allerdings überging. Schumann bemühte sich dagegen, auch diese letzte Tatsache durch einen nachträglich bei Gericht eingereichten, wohlwollenden Brief Hauptmann von Frickens zu widerlegen, der für den vorliegenden Zusammenhang jedoch unerheblich bleibt: Angesichts der Tatsache, daß der Baron trotz der formellen Adoption Ernestine freiwillig ein bestimmtes Vermögen als Aussteuer hätte vermachen und ihr so die gewünschte Beziehung zu Schumann ermöglichen können, klingt dieser Brief Hauptmann von Frickens beinahe so, als sei er froh gewesen, daß ihm Schumann als Schwiegersohn erspart geblieben war.[345]

Auf einen für den vorliegenden Konflikt zentralen Aspekt in der Argumentation Wilhelm Einerts ist an dieser Stelle unbedingt einzugehen. Einert hob hervor, daß Clara

„wohl im Stande ist, durch Anwendung der ihr inwohnenden bedeutenden künstlerischen Fähigkeiten, die ja in Deutschland und Frankreich bereits auf die ehrenvollste Weise anerkannt sind, der Oeconomie des Haushaltes ebenfalls förderlich zu sein. Kläger wird dessen zwar nicht bedürfen, aber dessen ohngeachtet kann durchaus nichts Ungehöriges oder Unpaßendes darin gefunden werden, wenn eine Hausfrau, vermag sie es nur, auch positiv den Erwerb des Mannes vermehren hilft, und daß Frl. Wieck dieß wirklich im Stande ist, wird wohl auch Beklagter zugeben, der es selbst aus mehrjähriger Erfahrung weiß."[346]

---

[342] Vgl. Ernestines Briefe bei Joß, 1902, 46 ff. Vgl. auch Schumanns Brief an seine Mutter vom 2.7.1834, Jugendbriefe S. 243, sowie den an Freundin Henriette Voigt vom 1.-7.11.1834; Synofzik, 1993, S.16.

[343] Vgl. Schumanns Brief an seine Freundin Henriette Voigt vom 1.-7. 11.1834; Synofzik, 1993, S. 16.

[344] In seinem Brief an Baron von Fricken hatte Wieck geschrieben: „Wie viel müßte ich schreiben, um diesen etwas launigen, störrischen, aber noblen, herrlichen, schwärmerischen, hochbegabten, bis in's Tiefste geistig ausgebildeten genialen Tonsetzer und Schriftsteller Sch. näher zu beschreiben!" In demselben Brief heißt es: „Zwischen E. und Sch. besteht eine - ich will nicht sagen - innige, doch große Zuneigung. Davon bin ich überzeugt und gehe nicht weiter in's Einzelne. [...] Sie fragen, was macht E., wenn sie nicht spielt? - Nie was Unrechtes! Aber sie trödelt oft träumerisch und liest fast gar nichts - denn sie liest und studirt zu viel auf Sch.s Gesicht, und was sind todte Buchstaben gegen ein lebendiges Gesicht!" Vgl. dazu den Brief Friedrich Wiecks vom 1.8.1834 an Baron von Fricken. Joß, 1902, S. 44/45. In seinem Schreiben an das Gericht vom 14.12.1839 äußerte Wieck: „Er [Schumann] ...weiß des Vaters Jawort, den ich auf seine vorgängige Anfrage über pp Schumann vergebens gewarnt hatte, zu erhalten." Prozeßakten, fol. 36v.

[345] Vgl. Brief Hauptmann von Frickens an Robert Schumann vom 29.2.1840. Prozeßakten, fol. 75r - 76r.

[346] Refutationsschrift. Prozeßakten, fol. 65r - 65v.

Die Darstellung von Clara als Hausfrau, die durch ein 'Zubrot' den Erwerb des Mannes vermehrt, war eine groteske Verzerrung dessen, was Clara tatsächlich durch ihre Virtuosentätigkeit verdienen konnte. Ihre Konzerteinnahmen überstiegen bei weitem die Einkünfte, die Robert je durch seine Redaktionstätigkeit und Kompositionshonorare zu erzielen vermochte.[347] Wie schon beschrieben, würden Claras Verdienstmöglichkeiten in der Ehe allerdings an zwei Voraussetzungen gebunden sein: Erstens war sie aufgrund der gesetzlichen Bestimmungen der ehelichen Vormundschaft von der Einwilligung ihres Mannes zu jedweder Erwerbstätigkeit abhängig, ohne dessen Erlaubnis sie nicht einmal ein einzelnes Konzert geben durfte.[348] Zweitens war ihre Virtuosenlaufbahn - wie bereits eingehend dargestellt - an einen bestimmten Lebensstandard mit wesentlich höheren Ansprüchen als an einen gewöhnlichen bürgerlichen Familienhaushalt gebunden.[349] Darüber hinaus waren ihre Verdienste aus eventueller Unterrichtstätigkeit an bestimmte Standorte, z.B. eine Metropole wie Wien geknüpft, und fielen - wie Clara selbst mehrfach betont hatte - in Städten wie Leipzig oder Dresden schon aufgrund eines unzureichenden Schülerklientels aus.[350]

Den Ausführungen der Refutationsschrift ist jedoch zu entnehmen, daß weder Einert noch Schumann eine Fortsetzung von Claras Virtuosenlaufbahn überhaupt in Betracht gezogen haben. Sie sollte vielmehr ihre Karriere aufgeben, ihre Fähigkeiten in den Dienst des Mannes stellen und ansonsten ihren Pflichten als Hausfrau nachkommen. Wie Schumann sich die Aufgabenverteilung innerhalb der Ehe vorstellte und welche Rolle er Clara in dieser Lebensgemeinschaft zudachte, geht aus zahlreichen seiner Briefe hervor, von denen an dieser Stelle einige exemplarisch zitiert werden: „Nichts fehlt zu meinem Glück, als Deine Nähe, und, was sie mitbringen wird, häusliche Ordnung, Ruhe und Sicherheit."[351] In einem anderen Brief an Clara ist zu lesen: „Wüßt' ich nur, weshalb man Dich am meisten lieben müßte. Du könntest eine Menge Männer auf einmal beglücken, jeden mit etwas Besonderem (nimm den Gedanken nicht übel) - ich aber wähle mir an Dir die Behaglichkeit und Häuslichkeit zur Braut - Du mein liebes Hausweib Klara."[352] Auf Claras Sorge um die Fortsetzung ihrer Karriere reagierte Robert wie folgt:

---

[347] Bereits 1838 hatte Clara in Wien für ein Konzert ca. 1000 Taler verdient. Vgl. Litzmann I, S. 187 und BW I, S. 109 (3.3.1838). Vgl. auch die Spitzengewinne während ihrer Rußlandreise, auf der sie beispielsweise in einem Petersburger Konzert ebenfalls ca. 1000 Talern erzielte. Vgl. Tagebuch III, S. 268. Vgl. dazu auch die Analyse der Einkommensverhältnisse Robert Schumanns im Kapitel II.4.1. «Detaillierte Klage-Erwiderung und Deduktionsschrift Friedrich Wiecks».

[348] Vgl. dazu die Darstellung der eherechtlichen Machtverhältnisse in Kapitel I.2.2. «Rechte und Pflichten der Ehegatten». Vgl. auch Hartitzsch, 1840, S. 122; Hartitzsch, 1836, §79, S. 86.

[349] Vgl. dazu Kapitel II.4.1. «Detaillierte Klage-Erwiderung und Deduktionsschrift Friedrich Wiecks».

[350] Vgl. hierzu auch Claras Klagen in ihrem Tagebuch, in Leipzig nichts durch Unterrichten verdienen zu können. Jugendtagebücher Clara Schumann, Bd. IV, Tagebuch 9, S. 98 (7.10.1839) und S. 169/70 (7.4.1840).

[351] BW II, S. 553 (8.6.1839).

[352] BW III, S. 843/44 (2.1.1840). Vgl. hierzu auch bereits den Brief vom 29.11.1837: „Am liebsten möchte ich meine jetzige unabhängige Stellung noch einige Zeit behalten, ein hübsches Haus nicht weit von der Stadt haben - Dich bei mir, - arbeiten, - selig und still mit Dir leben. Deine große Kunst würdest Du natürlich pflegen, wie immer, doch weniger für Alle und des Erwerbes wegen,

„Das erste Jahr in unserer Ehe *sollst* Du die Künstlerin vergeßen, *sollst* nichts als Dir u. Deinem Haus und Deinem Mann leben, und warte Du nur, wie ich Dir die Künstlerin vergeßen machen will - nein, das *Weib* steht doch noch höher als die Künstlerin, und erreiche ich nur das, daß Du gar nichts mehr mit der Oeffentlichkeit zu thun hättest, so wäre mein innigster Wunsch erreicht."[353]

Nachdem er seiner Braut unmißverständlich das Ende ihrer Karriere angekündigt hatte, malte Robert ihr wenige Tage später ein 'idyllisches Bild' vom 'trauten Heim', um sie so auf die Rolle der Haufrau einzuschwören:

„Wie werd ich stolz auf Dich sein, wie wirst Du Dich an mich anschmiegen, da ich Dich nun beschützen und wehren soll. ... Weißt Du, ich werde Dir auch manchmal erlauben, Dich in meinem Studierstübchen neben mir zur Seite zu setzen; da kannst Du dann stricken und was Du willst, nur nicht zu oft stören durch Küße, weil mich das in meinen Gedanken auch stören würde. Wirst Du wohl manchmal in mein Stübchen kommen? Schöne Häubchen können wir in Schneeberg bekommen die Menge und Du wirst recht schlau darunter hervorsehen, Du liebes angehendes Weib..."[354]

In den darauffolgenden Briefen suggerierte er seiner Verlobten, daß ihre eigentliche Berufung nicht in der Rolle der Virtuosin, sondern in der des treuen Eheweibes liege und sie als 'Braut von Robert Schumann' weit höher geachtet sei als die 'Kammervirtuosin Clara Wieck', eine Strategie, die bereits im Rahmen der Wohnortbedingung analysiert wurde.[355]

„...ja, Klara, ich glaube manchmal, Künstlerinnen wie Du könnte man vielleicht noch finden, aber Mädchen so von innigem und starken Gemüth wie Du - wohl wenige. ... ich glaube Du wirst, wie Du ein tugendhaftes Mädchen bist, so auch ein freundliches treues Weib, das ganz durchdrungen ist von diesem hochwürdigen Beruf im Leben. Täusch' ich mich in Dir?"[356]

Und fünf Tage später: „...glaub mir, daß Du jetzt so fest an mir hängst, dies hebt Dich gar hoch in den Augen der Welt ... Jetzt sehen sie, daß Du nicht blos eine Kammervirtuosin bist, obgleich ich Dich gern mit diesem Titel geziert sah. Nun hast Du Dich

---

als für einzelne Auserlesene und unseres Glücks halber." BW I, S. 49 (29.11.1837). Vgl. auch BW I, S. 334 (29.12.1838).

353 BW II, S. 571 (13.6.1839). Sperrung durch die Verfasserin. Das vollständige Zitat findet sich im Rahmen der Diskussion um die Wohnortfrage in Kapitel I.3.1. «Die sechs Ehekonsensbedingungen Friedrich Wiecks im Mai 1839». Claras Antwort darauf zeigt einmal mehr, daß sie spätestens zu diesem Zeitpunkt die Vertretung ihrer Interessen sowie jeden eigenen Standpunkt aufgegeben hatte: „Ich bleibe wo Du willst mein geliebter Robert, und ganz Recht hast Du, als Weib geliebt zu sein ist ja das Höchste! ja, nur Dir will ich leben, und Dich glücklich machen! Meinst Du, ich wollte Dir wehe thun als ich von einem verlorenen Jugendjahr sprach? oh Nein, ich meinte nur für meine Kunst, hatte aber auch darin Unrecht, in Dir lebe ich ja auch meiner Kunst...." BW II, S. 582 (21.6.1839).

354 BW II, S. 581 (17.6.1839). Erinnert man sich, welche Einstellung Wieck hinsichtlich der Unverträglichkeit von monotonen Haushaltsarbeiten - insbesondere des Strickens - für die pianistische Fingerfertigkeit vertreten hat, erscheint dieser Vorschlag Schumanns geradezu grotesk. Vgl. dazu Friedrich Wiecks Publikation *«Clavier und Gesang»*, 1853, S. 20.

355 Vgl. Kapitel I.3.1. «Die sechs Ehekonsensbedingungen Friedrich Wiecks im Mai 1839».

356 BW II, S. 587 (22.6.1839).

der Welt auch als ein treu liebendes Mädchen gezeigt; dies wird man Dir nicht vergeßen, und ich es Dir auch nicht.“[357]

Die Reihe derartiger Äußerungen ließe sich mühelos fortsetzen, doch auch aus den bereits zitierten Briefpassagen geht hervor, daß Robert seine Vorstellungen hinsichtlich des künftigen gemeinsamen Ehelebens Clara gegenüber unmißverständlich artikuliert hatte: Ihm schwebte eine angenehme Atmosphäre häuslicher Ruhe und Ordnung vor, in der er ungestört würde komponieren können, während Clara kochen und stricken lernen sollte, im übrigen für den reibungslosen Ablauf des Haushalts zuständig war und ihn ab und zu durch ihr Spiel erfreuen würde. Von Üben oder gar Konzertieren war zu dieser Zeit nicht mehr die Rede.[358]

Entsprechend zeichnete Wilhelm Einert in seiner Refutationsschrift nicht etwa das Bild einer Künstlerehe, in der beide Partner ihrer Berufung nachgehen, sondern hob eindeutig auf das Modell einer bürgerlichen, den herrschenden Ehevorstellungen konformen Existenz ab, nach welchem Schumann als Familienoberhaupt mittels Erwerbsberufs ein geregeltes Einkommen erzielen und so den gemeinsamen Lebensunterhalt bestreiten würde, während Clara die Rolle der Hausfrau zukam, die bestenfalls etwas hinzuverdiente.

Angesichts der bereits oben erörterten Wieck'schen Vorstellung von der beruflichen Karriere seiner Tochter einerseits und des von Einert beschriebenen bürgerlichen Ehemodells andererseits, wird offensichtlich, daß in diesem Konflikt zwei vollkommen konträre Lebenskonzepte aufeinanderstießen. Da Schumann sich mit dem Seinen – allerdings allein bezogen auf die Rolle Claras - auf den Bahnen der gesellschaftlich anerkannten und rechtlich fixierten Normen bewegte, hatte er weitaus bessere Chancen, den Prozeß zu gewinnen,[359] allerdings nur dann, wenn es ihm gelingen würde, seine oben beschriebene eigene Lebensplanung gleichzeitig zu verschleiern.[360] Dieser Widerspruch, der sich erst aus dem Vergleich der Schumann'schen Selbstdarstellung vor Gericht mit seinen bereits oben zitierten Briefen bzw. Tagebuchaufzeichnungen erschließt, mußte insofern den Richtern verborgen bleiben.

Abschließend seien einige Bemerkungen zur Argumentationsstrategie Wilhelm Einerts erlaubt. Die Analyse der Refutationsschrift, welche auf der Grundlage von Schumanns

---

[357] BW II, S. 603 (27.6.1839).

[358] Vgl. dazu die Ausführungen zur Schumann'schen Eherealität im Kapitel III.2. «Vergleich der Befürchtungen Wiecks mit der tatsächlichen Eherealität». Wie Robert über eine Frau dachte, die ein von seinen Ehevorstellungen abweichendes, d.h. selbständiges und unabhängiges Leben führte, kommt deutlich in seinem Brief an Clara zum Ausdruck, in dem er über George Sand schreibt: „Das ist ein sauberes Weib, die man mit Ruthen aus der Welt peitschen sollte.“ BW I, S. 154 (22.4.1838). Welche Bedeutung er dieser Mitteilung an Clara beimaß, geht aus der Tatsache hervor, daß er die Briefpassage wörtlich in seinem sonst sehr knapp geführten Tagebuch notierte. Vgl. Tagebuch II, S. 54.

[359] Daß Schumann diese Tatsache bewußt war, zeigt nicht zuletzt sein noch ausführlich zu zitierender Brief vom 18.9.1837. Vgl. dazu Kapitel V.2. «Später hinzutretende Prägungen des Wieck-Images durch Robert Schumann».

[360] Es wurde bereits ausführlich dargestellt, daß Schumann die vor Gericht propagierte Rolle des Ehemannes, der mittels 'Brotberufs' den Lebensunterhalt der Familie zu bestreiten hatte, für sich nachweislich ablehnte. Vgl. BW I, S. 96 (11.2.1838).

Vorgaben abgefaßt und teilweise von ihm korrigiert wurde,[361] läßt sich auf folgende Weise beschreiben:

In einigen Punkten ging Einert scheinbar auf die Argumente Wiecks ein, behandelte jedoch nicht die zentralen Vorwürfe, sondern lenkte die Gedankenrichtung - wie oben gezeigt werden konnte - auf ein 'Seitengleis'. Das gilt beispielsweise für Wiecks Zweifel hinsichtlich der Bewertung von Schumanns Kompositionstätigkeit als ernstzunehmender Erwerbsquelle oder auch bezüglich der Darstellung von Schumanns (heimlichen) Verlöbnis mit bzw. der Trennung von Ernestine. Andere - aus der Perspektive Wiecks - zentrale Aspekte thematisierte Einert gar nicht: Hier sind in erster Linie die Voraussetzung eines standesgemäßen Lebens zur Fortsetzung von Claras Virtuosenkarriere, Schumanns Nicht-Eignung als Begleiter auf Claras Konzertreisen und schließlich seine Handverletzung und deren Konsequenzen für seine Erwerbsfähigkeit zu nennen.

Auf den Vorwurf der Trunksucht - den einzigen vom Gericht als erheblich anerkannten, aber schwer nachweisbaren Verweigerungsgrund - konterte Einert lediglich mit einer Gegenbehauptung, ohne auf die aus juristischer Sicht relevanten Aspekte einzugehen. Gleichzeitig behielt er der eigenen Partei eine Verleumdungsklage gegen Wieck vor, zu der es im weiteren Verlauf des Prozesses tatsächlich kommen sollte.[362] Schließlich führte Einert Beweise an, die - wie ebenfalls gezeigt werden konnte - einer gründlichen, alle zur Verfügung stehenden Dokumente einbeziehenden Überprüfung nicht standhalten. Das betrifft insbesondere den vom Gericht als wesentlich anerkannten Aspekt der selbständigen Erwerbstätigkeit Schumanns.

Insgesamt bleibt festzuhalten, daß Einert in seiner Refutationsschrift letztlich keinen der Vorwürfe Wiecks tatsächlich entkräftete, allerdings in einer äußerst geschickten Weise auf der Ebene einer bürgerlichen Existenz argumentierte, die den Richtern aufgrund der ihnen geläufigen Ehevorstellungen einleuchtend erscheinen mußte.[363] Darüber hinaus ist darauf hinzuweisen, daß wichtige von Schumann eingereichte Dokumente in den Prozeßakten nicht mehr vorhanden sind. Dies gilt insbesondere für die Zeugnisse Robert Frieses, die als Nachweis für Schumanns Verdienst aus der Redaktionstätigkeit gerichtlich anerkannt wurden. Aus diesem Grund zeigt sich der Nachweis einer Diskrepanz zwischen Selbstäußerungen in Tagebüchern oder Briefen einerseits und der Selbstdarstellung vor Gericht andererseits als schwierig, jedoch nicht unmöglich. Etwa ein Jahr nach Prozeßende - am 31. August 1841 - wurden diese Dokumente Schumann zurückgegeben, wie aus seiner handschriftlichen Bestätigung auf dem letzten Blatt der Refutationsschrift hervorgeht.[364]

---

361 Vgl. dazu Wustmann, der die Manualakten von Wilhelm Einert durchgesehen hat und einige Zusätze Schumanns zitiert, von denen allerdings einige teilweise wieder durch Einert gestrichen wurden. Wustmann, 1896, S. 516 ff.

362 Vgl. dazu die Ausführungen zur zweiten Klage Schumanns im Kapitel II.6. «Strategien und Verhalten während des Prozesses».

363 Vgl. Kapitel II.5. «Urteil und Urteilsbegründung».

364 Vgl. Prozeßakten, fol. 70r.

Auffällig ist allerdings, daß diejenigen Zeugnisse, die Schumann in einem positiven Licht erscheinen lassen, nach wie vor - oder möglicherweise wieder[365] - den Prozeßakten beiliegen. Das betrifft z.B. die Führungszeugnisse, den Brief Hauptmann von Frickens, die Diplome verschiedener Musikvereine, die positiven Urteile von Franz Liszt sowie Schumanns Doktorurkunde und ist um so erstaunlicher, als diese Dokumente ausdrücklich auf Anordnung des OAG Dresden dem Kläger gemäß §26 des Mandats vom 13. März 1822[366] wieder zurückgegeben werden sollten.[367] Dagegen sind sämtliche Dokumente, die unter Umständen die Position Friedrich Wiecks erhellen oder sogar bestätigen könnten, in den Prozeßakten nicht mehr enthalten. Diese ungleiche Quellenlage mag die Rezeption des Prozesses geprägt haben, wobei allerdings noch weitere Aspekte, auf die im Kapitel IV und V noch ausführlich einzugehen sein wird, eine entscheidende Rolle gespielt haben.[368]

## II.5. Urteil und Urteilsbegründung

Um das Urteil des AG Leipzig bzw. des OAG Dresden nachvollziehen zu können, ist in Erinnerung zu rufen, daß die richterlichen Entscheidungen auf dem Hintergrund der geltenden juristischen Normen getroffen wurden, welche Ausdruck der ethischen Wertvorstellungen der Gesellschaft waren. Rechtsinstitute wie das der «väterlichen Gewalt» oder der «ehelichen Vormundschaft» spiegelten die in dieser Zeit herrschenden, auf Erhaltung der Machtverhältnisse innerhalb einer ehelichen Gemeinschaft zugeschnittenen und in der Regel nicht hinterfragten Vorstellungen über ein 'intaktes', d.h. funktionierendes bzw. den erklärten Zielen der Ehe konformes Familienleben wider. Die im Eherecht festgelegten geschlechtsspezifischen Rechte und Pflichten der jeweiligen Ehepartner wurden bereits im Kapitel I.2.2. eingehend dargestellt. Angesichts der Tatsache, daß dem Ehemann die Rolle des Familienoberhaupts zukam, in der er standesgemäßen Unterhalt von Frau und Kindern zu gewährleisten hatte, der Frau dagegen nach herrschender Meinung im wesentlichen die Aufgabe der Haushaltsführung und Kindererziehung zufiel - eine unabhängige Berufstätigkeit derselben nicht vorgesehen war, ihr vielmehr lediglich zugebilligt wurde, den Erwerb des Ehemanns positiv zu vermehren -, ist verständlich, daß der Gerichtsbrauch bei seiner Überprüfung auf Erheblichkeit der elterlichen Verweigerungsgründe der ausreichenden Erwerbsfähigkeit des Ehemanns besondere Bedeutung beimaß. Zentraler Gesichtspunkt bei der richterlichen Entscheidungsfindung war die materielle Absicherung der Familie.

---

365 Heute liegt lediglich noch die Empfangsbestätigung Schumanns vor. Welchen Weg die einzelnen Dokumente tatsächlich genommen haben, läßt sich aufgrund der lückenhaften Quellensituation nicht mehr nachvollziehen. An dieser Stelle sollte jedoch zumindest auf diese Unstimmigkeit hingewiesen werden.

366 «Mandat, die in verschiedenen Gegenständen der Gerichtsverfassung und des Prozeßverfahrens beschlossenen Abänderungen und Einrichtungen betreffend» vom 13.3.1822. G.S. Nr. 17, S. 205.

367 Vgl. Anweisung des OAG Dresden an das AG Leipzig vom 12.3.1940, Prozeßakten, fol. 92r - 92v; Bescheid der Urteilsverkündung vom 18.3.1840, Prozeßakten, fol. 91r - 91v.

368 Vgl. Kapitel IV. «Rezeption des Prozesses» sowie Kapitel V. «Das Image Friedrich Wiecks».

Bereits aus dem Verhörsprotokoll des Güteternnins vom 18. Dezember 1839 geht hervor, daß das AG Leipzig im vorliegenden Fall daher insbesondere den Vorwurf der mangelnden Subsistenzmittel und der unzureichenden Erwerbsfähigkeit zu berücksichtigen gedachte. Darüber hinaus mußten die Richter auf die von Wieck angeführte 'Neigung zum Trunke' Schumanns eingehen, da bei einem übermäßigen Alkoholkonsum eines Ehepartners möglicherweise eine Gefährdung für Leib und Leben des anderen Ehepartners bestehen konnte.[369]

Zu dem besagten Gütetermin erschien Robert Schumann gut vorbereitet: Er legte dem Gericht bereits zu diesem Anlaß eine Reihe von Dokumenten vor, die ihm gewisse Einkünfte aus Kapitalvermögen, aus seinen Kompositionshonoraren und - was den Hauptanteil ausmachte - aus seiner Redaktionstätigkeit bestätigten, und präsentierte sich so als eine respektable Persönlichkeit des öffentlichen Musiklebens.[370] Damit hob Schumann von vorn herein nicht auf eine künstlerische, sondern bürgerliche Existenzform ab, in der er als Familienoberhaupt durch eigenständige Erwerbstätigkeit den zukünftigen gemeinsamen Lebensunterhalt bestreiten würde, während seine Frau keine eigene berufliche Karriere verfolgen, sondern - wie Einert in der Refutationsschrift später erklärte - „positiv den Erwerb des Mannes vermehren"[371] würde. In diesem Zusammenhang ist darauf hinzuweisen, daß Schumann sich auch Einert gegenüber nicht als Komponist, sondern als Redakteur eingeführt hatte. Er unterzeichnete beispielsweise seinen ersten Brief mit „Robert Schumann, Redacteur d. Neuen Zeitschr. für Musik" und sprach im Folgebrief u.a. bezüglich seiner Kompositionen von „meine[n] kleinen Einkünfte[n]."[372]

Entsprechend dieser oben ausführlich beschriebenen Selbstdarstellung Robert Schumanns[373] gingen die Richter weder bei ihm von einem genialen Komponisten noch bei Clara von einer Spitzenvirtuosin aus. Sie hatten nicht etwa das Bild einer Künstlerehe vor Augen, sondern stellten vielmehr die für eine bürgerliche Existenzform ausschlaggebenden Aspekte in den Vordergrund ihrer Bewertung. Hierzu zählte in erster Linie die finanzielle Absicherung der zukünftigen Familie durch selbständige Erwerbstätigkeit, wie das OAG Dresden in seinem Urteil vom 12.3.1840 ausführt:

„Wenn man nun auch von den über seinen Erwerb als Künstler beigebrachten Privatzeugnissen und Privaturkunden in dem beiliegenden Fascikel absieht, so steht er

---

369 Vgl. dazu Kapitel II.3. «Konsensverweigerung aus erheblichen Gründen».

370 Die ihm ebenfalls bereits damals zur Verfügung stehenden Zeugnisse des Leipziger 'Stadtraths' und der Sicherheitsbehörde legte Schumann zu diesem Zeitpunkt noch nicht als Nachweis seiner untadeligen Lebensweise vor, da ein solches Vorgehen verdächtig erschienen und möglicherweise als Eingeständnis seiner Neigung bewertet worden wäre. Sein Brief an Wilhelm Einert vom 3.7.1839, in dem Schumann die zu diesem Zeitpunkt noch nicht ausgesprochene Trunksuchtsbeschuldigung Wiecks jedoch bereits thematisiert, zeigt allerdings, in welchem Maß ihm damals schon bewußt war, daß seine 'Neigung zum Trunke' ihm vor Gericht gefährlich werden könnte. Vgl. Jansen, NF, 2/1904, S. 161.

371 Refutationsschrift. Prozeßakten, fol. 65v.

372 Vgl. dazu Schumanns Briefe an Wilhelm Einert vom 30.6.1839 und 3.7.1839; Jansen, NF, 2/1904, S. 160 bzw. S. 162.

373 Vgl. dazu insbesondere die Ausführungen in Kapitel II.4.2. «Refutationsschrift: Widerlegung der Klage-Erwiderung durch Advokat Einert».

doch als Redacteur einer musikalischen Zeitschrift nach dem Attest des Raths zu Leipzig fol. 49. in gutem Rufe und ist nach allgemeiner Wahrscheinlichkeit im Stande, sich ein nicht unbedeutendes Einkommen durch seine künstlerische Thätigkeit zu erwerben, wie denn ein Gleiches auch von der Mitklägerin bei ihrem vom Publicum anerkannten Kunsttalente zu erwarten steht."[374]

In dieser Begründung kommt zum Ausdruck, daß nicht etwa Schumanns Verdienst als Komponist, sondern in erster Linie sein Einkommen aus der Redaktionstätigkeit für die Urteilsfindung von entscheidender Bedeutung war. Hinsichtlich der wirtschaftlichen Situation der Kläger war bereits das AG Leipzig in erster Instanz zu folgender Einschätzung gelangt: Schumann habe den ihm vorgeworfenen „Mangel der erforderlichen Subsistenzmittel" ausreichend widerlegt, indem er durch die bereits zum Verhörstermin eingereichten Zeugnisse einen „Besitz von Capitalvermögen"[375] sowie durch „Production mehrerer auf seinen Verdienst als Componist und Redakteur einer musikalischen Zeitschrift Bezug habende Dokumente" einen „hinlänglichen Erwerb"[376] habe nachweisen können. Die Befürchtungen Wiecks, daß die Zeitung „ihre Abnehmer verlieren" könne und Schumanns musikalische Werke „weniger ansprechend seyn",[377] wurden angesichts des eingereichten Beweismaterials vom Gericht als unerheblich betrachtet.

Ebenso seien sämtliche auf der Persönlichkeit der Kläger beruhenden Einwände Friedrich Wiecks als unbegründet abzuweisen, da „ das weitere Anführen, wie Kläger und Mitklägerin jedes früher eine andere Neigung gehabt, Kläger durch seine Persönlichkeit nicht geeignet erscheine der Mitklägerin auf Kunstreisen förderlich zu seyn, Mitklägerin nicht zur Hausfrau gebildet sey und ähnliche gleichen Gehaltes nach ihrer Beschaffenheit einigen Einfluß auf die Beurtheilung der Vorlage nicht gewinnen mögen."[378] Damit könne lediglich die von Wieck angeführte „Neigung Klägers zum Trunke" als erheblicher Verweigerungsgrund angesehen werden. Kläger wie Beklagter wurden dementsprechend aufgefordert, innerhalb einer sächsischen Frist, d.h. sechs Wochen und drei Tagen, Beweise für ihre Position zu erbringen.

Der von Wieck erhobene Einspruch gegen dieses Urteil sowie seine Forderung auf Erweiterung des Beweisthemas wurde vom OAG Dresden abgelehnt und das ergangene Urteil in zweiter Instanz bestätigt: „Denn die von ihm [Wieck] behauptete Unvermögenheit Klägers zu Unterhaltung eines angemessenen Hausstandes ist bereits durch die aus den Acten sich ergebenden Umstände widerlegt."[379] Es blieb bei der richterlichen Aufforderung an beide Seiten, Beweis bzw. Gegenbeweis einer 'Neigung zum Trunke' zu erbringen. Die von Schumann eingereichten Führungszeugnisse des Stadtrats und der Sicherheitsbehörde Leipzigs scheinen offensichtlich nach Einschätzung der Gerichte seinen untadeligen Lebenswandel nicht ausreichend belegt zu haben. Dennoch war Wieck schlecht beraten, die Trunksuchtsbeschuldigung aufrecht-

[374] Urteil des OAG Dresden, Entscheidungsgründe. Prozeßakten, fol 94v - 95r.
[375] Urteil des AG Leipzig vom 4.1.1840. Prozeßakten, fol. 51r.
[376] Verhörsprotokoll des Gütetermins vom 18.12.1839. Prozeßakten, fol. 42r.
[377] Urteil des AG Leipzig vom 4.1.1840. Prozeßakten, fol. 51v.
[378] Urteil des AG Leipzig vom 4.1.1840. Prozeßakten, fol. 51v.
[379] Urteil OAG Dresden vom 12.3.1840. Prozeßakten, fol. 94v.

zuerhalten. Abgesehen davon, daß sich eine diesbezügliche Beweisführung äußerst schwierig gestaltete - eine Tatsache, auf die er in seinem Schreiben vom 14. Dezember 1839 selbst hingewiesen hatte -, riskierte er eine Gegenklage Schumanns, die dieser sich auch bereits in seiner Refutationsschrift ausdrücklich vorbehielt.[380]

Nach einmaliger Fristverlängerung erkannte Wieck schließlich, daß es ihm nicht möglich sein würde, den erforderlichen Nachweis für die 'Neigung zum Trunke' Schumanns zu erbringen, und er verzichtete in seinem Schreiben vom 6. Juli 1840 auf die ihm zugestandene Beweisführung. Mit der Verkündung des abschließenden Urteils am 1. August 1840 wurde die elterliche Einwilligung durch das Gericht suppliert und Clara erhielt die Erlaubnis, „daß sie die Ehe mit Klägerm nach vorgängigem gewöhnlichen Aufgebote durch priesterliche Trauung vollziehe."[381]

Im Kontext anderer - bereits in Kapitel II.3. eingehend dargestellter – Gerichtsentscheidungen zur Ehekonsensproblematik ist das Urteil zum hier untersuchten Konflikt folgendermaßen zu bewerten: Angesichts der von Schumann bzw. Einert eingereichten Dokumente fällten die Richter ein den geltenden Gesetzen entsprechendes Urteil. Aufgrund des aus juristischer Perspektive wesentlichen Entscheidungskriteriums einer selbständigen Erwerbstätigkeit kam daher den Zeugnissen von Verleger Friese eine zentrale Bedeutung zu. Die Richter konnten jedoch nicht wissen, daß der tatsächliche Verdienst Schumanns weit unter dem von ihm angegebenen festen Redaktionshonorar lag. Sie hatten keinen Anlaß, die Korrektheit dieser Angaben in Zweifel zu ziehen, solange Robert Frieses Zeugnisse über die Höhe des Schumann'schen Einkommens vorlagen. Es muß allerdings hier die Frage gestellt werden, ob die Richter bei Kenntnis des vollständigen Sachverhalts - d.h. der offensichtlichen Widersprüche zwischen den angegebenen und realen Einkünften Schumanns, den mehrfach aufgetretenen lebensgefährlichen Situationen aufgrund seines exzessiven Alkoholkonsums und auch den Details über seinen Gesundheitszustand, d.h. insbesondere den zum Zeitpunkt der ersten offiziellen Werbung um Clara gerade einmal fünf Jahre zurückliegenden syphilitischen Primäraffekt - das Beweisthema nicht auf die 'Neigung zum Trunke' beschränkt, sondern unter Umständen auch die anderen von Wieck vorgebrachten Verweigerungsgründe einer genaueren Prüfung unterzogen hätten.

Auf dem Hintergrund des bereits oben dargestellten, sich in den juristischen Normen dokumentierenden, bürgerlichen Ehemodells ist jedoch verständlich, daß das von Schumann (nach außen hin) propagierte Lebenskonzept einer bürgerlichen Existenz bei den Richtern auf Akzeptanz stieß und offenbar mit deren Vorstellungen hinsichtlich einer zu begünstigenden ehelichen Gemeinschaft übereinzustimmen schien. Angesichts dieser Tatsache und des von Schumann eingereichten Beweismaterials konnten die Richter zu keiner anderweitigen Entscheidung gelangen.

Zwar bezogen sie - Einerts Darstellung gemäß - die Verdienstmöglichkeiten Claras in die Bemessung des künftigen Lebensunterhalts ein. Sie hatten jedoch aufgrund ihrer

---

380 Vgl. dazu die Darstellung im Kapitel II.6. «Strategien und Verhalten während des Prozesses», in dem diese zweite Klage gegen Friedrich Wieck ausführlich behandelt wird.

381 Urteil AG Leipzig vom 1.8.1840. Prozeßakten, fol. 102r.

Unkenntnis bezüglich der Voraussetzungen für eine erfolgreiche Konzerttätigkeit kaum eine Vorstellung davon, daß eine Claras künstlerischem Rang entsprechende Virtuosenlaufbahn eine bestimmte Lebensform erforderte und hielten es für irrelevant. Vielmehr sahen sie in Clara eine zukünftige Hausfrau, die neben ihren Verpflichtungen als Gattin und Mutter 'zwischendurch' konzertierte und auf diese Weise zum gemeinsamen Lebensunterhalt beitragen konnte. Wie bereits im Kapitel I.2.2. dargestellt, war der Sonderfall einer unabhängigen beruflichen Karriere einer Frau gesetzlich nicht vorgesehen. Daher waren die Wieck'schen Forderungen - wie z.B. nach einem Claras Stellung in der Musikwelt angemessenen Lebensstandard und den damit verbundenen Extra-Ausgaben in Höhe von jährlich 700 bis 800 Talern oder auch nach einem geeigneten Konzertreisebegleiter - von den Richtern nicht in Betracht zu ziehen. Die Position Wiecks in bezug auf Claras Karriere stand, rechtlich gesehen, überhaupt nicht zur Diskussion.

Das endgültige Urteil wurde am 1. August 1840 verkündet. An dieser Stelle sei an die Schumann'sche Bemerkung aus seinem Brief an Clara vom September 1837 erinnert: „Mit Gründen, wie Concertgeben u. Reisen [...] kommt er [Wieck] nicht durch. *Dann traut uns die Obrigkeit.*“[382]

Der Prozeßausgang zeigt, daß Schumann die rechtliche Situation bereits 1837 realistisch eingeschätzt hatte.[383] Angesichts der Tatsache, daß er dem Gericht gegenüber die gesellschaftlich etablierten Ehevorstellungen glaubhaft zu vertreten vermochte, war seine langfristig angelegte Strategie, die eigenen Interessen auf dem Wege eines Prozesses durchzusetzen, schließlich aufgegangen.[384] Resultat der nahezu drei Jahre währenden Auseinandersetzung war:

1. Sämtliche Ehekonsensbedingungen Friedrich Wiecks waren erfolgreich abgewehrt.
2. Es war zu keiner gütlichen Einigung mit Friedrich Wieck gekommen, vielmehr war die ehemals so stabile Beziehung zwischen Vater und Tochter erheblich gestört, um nicht zu sagen zerstört.
3. Schumann konnte Clara als Minderjährige heiraten - mit allen oben beschriebenen rechtlichen Konsequenzen.[385]
4. Und schließlich hatte er seine Braut von ihrem 'Kunstthron' heruntergeholt, die nun bereit war, jegliche Ansprüche auf eine eigenständige Karriere aufzugeben.

Der Prozeßausgang bedeutete somit für Schumann einen umfassenden Erfolg, hatte allerdings noch eine weitere Konsequenz: Die Tatsache, daß Schumann - auf seiten der Kläger - Recht zugesprochen worden war, versetzte ihn nun zusätzlich in die Position, sich selbst als Opfer darstellen zu können, das durch einen verleumderischen

---

[382] BW I, S. 27 (18.9.1837). Das vollständige Zitat findet sich zu Beginn des Kapitels V.2. «Später hinzutretende Prägungen des Wieck-Images durch Robert Schumann».

[383] Auf diese Tatsache wird noch im Kapitel V.2. «Später hinzutretende Prägungen des Wieck-Images durch Robert Schumann» ausführlich einzugehen sein.

[384] Vgl. die Analyse der Schumann'schen Strategie im Kapitel I.3.1. «Die sechs Ehekonsensbedingungen Friedrich Wiecks im Mai 1839», bezüglich der Wohnortbedingung sowie zu Beginn des Kapitels V.2. «Später hinzutretende Prägungen des Wieck-Images durch Robert Schumann».

[385] Vgl. Kapitel I.2.2. «Rechte und Pflichten der Ehegatten».

Schwiegervater in einen Prozeß gezwungen worden war,[386] mit der Möglichkeit, die zielstrebige Verfolgung der eigenen Interessen sowie das konsequente Zusteuern auf eine gerichtliche Auseinandersetzung dahinter erfolgreich zu verbergen, wie die Analyse der Prozeßrezeption bzw. des Images Friedrich Wiecks noch zeigen wird.[387]

## II.6. Strategien und Verhalten während des Prozesses

Neben dem offiziellen Prozeßgeschehen gab es zahlreiche Interaktionen unter den Beteiligten, die in Form von Briefen oder auch persönlicher Kontaktaufnahme stattfanden. In diesem Zusammenhang ist an den bereits oben angesprochenen Versöhnungsversuch Friedrich Wiecks vom September 1839 zu erinnern, welcher sich noch vor dem eigentlichen Gütetermin bemühte, mit einem 'Paket' von Bedingungen, unter denen er sich bereit erklärte, doch noch seinen Ehekonsens zu erteilen,[388] eine Eskalation des für beide Seiten tragischen Konflikts zu vermeiden, in dem – unabhängig vom Ausgang des Prozesses - sowohl Vater als auch Tochter nur verlieren konnten.

Auf diesen Versöhnungsversuch scheint Schumann - wie im Mai 1839, als er angesichts einer sich abzeichnenden Einigung zwischen Vater und Tochter sogar mit einem Selbstmord gedroht hatte - sehr heftig reagiert zu haben. In seinem Tagebuch hält er fest: „Klara's Zusammenkunft mit dem Vater. Meine Härte dann."[389] Nachdem Clara nun auch diese Bedingungen Wiecks abgelehnt hatte, war der letzte Einigungsversuch ebenfalls gescheitert. Von seiten Schumanns waren keine Versöhnungsbestrebungen zu erkennen. Er schien vielmehr fest entschlossen, den Prozeß durchzufechten, und kündigte Clara bereits im Oktober 1839 an, sich auf keinen Fall mit dem Vater einigen zu wollen, auch nach der Heirat niemals mit Wieck in eine „Gemeinschaft" gelangen zu können.[390]

„Nur das Eine noch, glaubst Du vielleicht später einmal mich mit Deinem V. versöhnen zu können, so gib daran alle Hoffnung auf. Der leiseste Wunsch von Dir solcher Art würde mich beleidigen. Ich rede jetzt schon von der Zukunft, weil ich Dich zu kennen glaube. Du bist leicht zu versöhnen, glaubst es von Anderen auch. Wirst Du Dich unglücklich fühlen, wenn ich Dir für diese Bitte für mein Leben, für meine Ewigkeit taub bleibe? Prüfe Dich. Es gibt Gesetze der Ehre, die denen der Liebe gleich kommen. Versprich mir, daß Du die ersten anerkennst. Schließe mit Dir ab über diesen einen Punct, der sonst einmal unserem Glück gefährlich werden könnte. Ich schreib Dir streng, meine Klara; soll ich Dir sagen, was mich nachdenklich gemacht? In

[386] Vgl. dazu die Ausführungen im Kapitel V.2. «Später hinzutretende Prägungen des Wieck-Images durch Robert Schumann».

[387] Vgl. Kapitel IV. «Rezeption des Prozesses» sowie Kapitel V.2. «Später hinzutretende Prägungen des Wieck-Images durch Robert Schumann».

[388] Vgl. Kapitel II.4.1. «Detaillierte Klage-Erwiderung und Deduktionsschrift Friedrich Wiecks». Wie bereits im Kapitel I.3.1. dargestellt, war Wieck mit seinen Vorstellungen hinsichtlich der persönlichen und beruflichen Zukunft seiner Tochter auf eine gütliche Einigung angewiesen. Robert dagegen konnte seine Interessen nur auf dem Wege eines Prozesses durchsetzen.

[389] Tagebuch II, S. 94; Vgl. auch Tagebuch II, S. 497, Anm. 360. In seinem Brief vom 28.9.1839 entschuldigte er sich bei Clara für sein Benehmen. Vgl. BW II, S. 725 (28.9.1839).

[390] BW II, S. 735 (10.10.1839).

Deinem Brief an Ernestinen las ich zufällig durchs Papier eine Stelle; Du wirst wissen was ich meine. Ich habe Deine Gefühle nie mit Gewalt zu leiten gesucht; liebe also Deinen V. Von mir aber verlange nie anderes als die tiefste Verachtung, wie sie solcher systematischen Niederträchtigkeit gebührt."[391]

Auch diese an eine Erpressung erinnernde Androhung ehelicher Konflikte belegt die bereits mehrfach zu beobachtende Reaktionsweise Schumanns, angesichts einer - auch nur möglichen -Annäherung zwischen Vater und Tochter massiven Druck auf Clara auszuüben. Entsprechend lehnte er mehrfach angebotene Vermittlungsversuche von seiten Dritter ebenfalls ab, da sie eine Gefahr für seine Strategie bedeuteten, Wieck durch einen Prozeß aus seinem Einflußbereich zu drängen und mittels gerichtlicher Auseinandersetzung die Trennung von Vater und Tochter herbeizuführen.

Im Verlauf des Prozeßgeschehens fanden sich auf beiden Seiten Illoyalitäten wie das heimliche Lesen von Briefen oder emotionale Entgleisungen, die in diesem Zusammenhang nicht unerwähnt bleiben sollen. Wieck schrieb offenbar an Persönlichkeiten des Berliner Musiklebens, Clara keine Instrumente zur Verfügung zu stellen, und äußerte, „er hoffe von dem edlen König von Preußen, daß er mich [Clara] nicht zum öffentlichen Auftreten kommen lassen würde da ich ohne seinen (Vaters) Willen nach Berlin gegangen sey", wie Clara, die einen dieser Briefe zu Gesicht bekommen hatte, in ihrem Tagebuch festhielt.[392] Weiterhin hatten die Eltern laut Claras Aufzeichnungen ihren „Briefkasten erbrochen" und - vermutlich anläßlich des bevorstehenden Gütetermins am 18. Dezember 1839 - die an ihre Tochter gerichteten Briefe gelesen.[393] Als Clara anläßlich ihrer Berlinreise nach ihrem Mantel schickte, ließ Wieck sich in seiner Verbitterung zu folgender emotionalen Äußerung hinreißen: „... wer ist denn die Mamsell Wieck? ich kenne zwei Fräulein Wieck nur, das sind meine beiden kleinen Töchter hier, eine andere kenne ich nicht".[394] Mit seiner sog. 'Erklärung', auf die noch einzugehen sein wird, versandte Wieck Begleitbriefe, die Zeugnis seiner Resignation und Verbitterung sind. Clara, die ein von Wieck an Cranz gerichtetes Schreiben zu lesen bekam, zitiert in ihrem Brief an Robert folgende Passage:

„... wie ich gehört, hat es Clara übernommen, ihre Mutter mit dem Manne und 5 Kindern zu ernähren; da wird es nicht lange dauern bis sie vor meiner Thüre betteln kommen, wie es die Mutter bereits schon einmal gethan. (Das ist doch gar zu schlecht!) Meine Clara, dieses abgefallene, verworfene boshafte Mädchen, soll mit

---

391 BW III, S. 865 (12.1.1840).

392 Clara Schumann, Jugendtagebücher, Bd. IV, Tagebuch 8, S. 96, (13.10.1839); vgl. ebenda S. 110, (12.11.1839): „D. 12 zeigte mir der alte Behrends einen Brief vom Vater, der ihm bittere Vorwürfe macht, daß er mir sein Instrument geliehen. Er schreibt unter anderem : 'Aus Rücksicht gegen mich und mein Geschäft hätten Sie mein Instrument schon nicht noch einmal dem Rellstabschen Raisonnement aussetzen sollen, wozu Ihnen ein von einem elenden demoralisirtes Mädchen ohne Schaam die Hand bietet'. Ferner schreibt er: 'Bewahren Sie Louise Lässig, daß sie nicht von diesem Mädchen, das sich auf so unnatürliche und empörende Weise ihrem Vater entgegenstellt, vergiftet werde'."

393 Clara Schumann, Jugendtagebücher, Bd. IV, Tagebuch 8, S. 129, (16.12.1839). In diesem Zusammenhang ist zu erwähnen, daß auch Schumann an Clara gerichtete Briefe geöffnet bzw. deren angeblich durchscheinenden Inhalt aus Argwohn gelesen hatte. Z.B. einen Brief von Emilie List, BW II, S. 834 (30.12.1839) oder von Ernestine, BW II, S. 865 (12.1.1840).

394 Clara Schumann, Jugendtagebücher, Bd. IV, Tagebuch 8, S. 93 (3.10.1839).

ihrer Mutter nach London gehen wollen, da kommt sie aber zu spät schon und wird dort in größtem Elend einsehen lernen was sie an ihrem Vater verloren und wie schwer sie gesündigt. Sie irren sich ganz in mir wenn Sie glauben ich gräme mich; ich bin so resigniert, daß an Gram, (worauf sich Sch. was zu Gute thut) von meiner Seite *gar nicht* zu denken ist - denn ich bin Philosoph pp. Freund, sie haben Clara blos gehört, die die Schule der Prüfung jetzt durchmacht, und bereits den Lohn findet für ihre schändliche That, daß sie Diesem [- (---)] gefolgt, und ihren Vater und seine Freunde (den edlen Banck wahrscheinlich) verspottet hat."[395]

Neben Briefen, in denen Schumann sich abfällig über seinen zukünftigen Schwiegervater äußerte,[396] waren von seiner Seite noch andere gegen Wieck gerichtete Aktivitäten zu beobachten, die sogar Claras Mißfallen erregten, so daß sie den Mut fand, ausnahmsweise ihre Kritik zu artikulieren:

„... ein großes Unrecht ist es aber, daß man dem Vater kein Billett geschickt hat; Jahrelang hat er mit größter Bereitwilligkeit seine Flügel hergegeben, hat mehr Schaden als Nutzen gehabt, hat sich die Mühe, die er oft dabei gehabt, nicht verdrießen lassen, und nun, weil man ihn nicht braucht, beachtet man ihn nicht! weißt Du, das hat mir bittere Thränen gekostet, und ist von Euch doch nicht Recht."[397]

Schumann hatte offensichtlich dafür gesorgt, daß Wieck - entgegen der sonst üblichen Regelung - für das von Franz Liszt veranstaltete Gewandhauskonzert Eintritt zahlen mußte.[398] Ob es neben dem - durch Claras Kritik nur zufällig überlieferten - Verhalten Schumanns noch weitere derartige Aktionen von seiner Seite her gegeben hat, entzieht sich aufgrund der mangelhaften Quellenlage der Kenntnis. Von Friedrich Wieck sind keine diesbezüglichen Klagen erhalten. Die erwähnten Illoyalitäten und emotionalen Entgleisungen beider Seiten sind angesichts einer vom Prozeßgeschehen aufgeladenen Atmosphäre in gewissem Maß verständlich, wenn auch diejenigen Verhaltensweisen, die Wieck in einem negativen Licht erscheinen lassen, von seiten der Schumann-Rezeption bezeichnenderweise überliefert werden, wohingegen die für das idealisierte Schumannbild ungünstigen Tatsachen - z.B. seine anonymen Aktivitäten - in der Regel übergangen oder entschuldigt werden. Auch auf diesen Aspekt wird noch in Kapitel IV. und V.2. einzugehen sein.[399]

Darüber hinaus nahm Robert Schumann Kontakt zu den Gerichtspräsidenten des AG Leipzig (Beck) und des OAG Dresden (Schumann) auf und versuchte, im persönlichen Gespräch oder durch Briefe die vorsitzenden Richter positiv für sich einzunehmen, was ihm offensichtlich zumindest im Fall von Beck auch gelang. Bereits am 3. September 1839 statteten Robert, Clara und deren Mutter dem Gerichtspräsidenten

---

[395] BW III, S. 966/67 (4.3.1840), Zitat aus einem Schreiben von Wieck an Cranz in einem Brief Claras an Schumann. Die [-(- - -)] repräsentieren nicht lesbaren, gestrichenen Text, d.h. die vermutliche Anzahl der Wörter.

[396] Vgl. dazu u.a. Schumanns Briefe an Ernst A. Becker. Jansen NF, 2/1904, S. 162/63 (6.7.1839); S. 165 (4.8.1839); S. 165/66 (7.8.1839); 166 (11.8.1839); 172/73 (22.9.1839) sowie den Brief an H. Dorn vom 5.9.1839; Jansen NF, 2/1904, S. 170. Vgl. ebenfalls den Brief an Wilhelm Einert vom 3.7.1839, Jansen NF, 2/1904, S. 161.

[397] BW III, S. 1002 (24.3.1840).

[398] Vgl. auch Clara Schumann, Jugendtagebücher, Bd. IV, Tagebuch 9, S. 163 (23.4.1840).

[399] Vgl. dazu Kapitel IV. «Rezeption des Prozesses» sowie Kapitel V.2. «Später hinzutretende Prägungen des Wieck-Images durch Robert Schumann».

Beck einen persönlichen Besuch ab; Marianne Bargiel scheint eigens zu diesem Anlaß aus Berlin angereist zu sein, da sie erst am Nachmittag des 31. Augusts in Leipzig eintraf, nachdem der Sühnetermin bei dem zuständigen Geistlichen bereits stattgefunden hatte.[400] Bei diesem einen Zusammentreffen mit dem Präsidenten des AG Leipzig blieb es nicht; sowohl Clara als auch Robert nahmen in verschiedenen Phasen des Prozesses mehrfach Kontakt zu Beck auf, um sich mit ihm zu beraten. Es kam zu Besuchen und Gegenbesuchen.[401] Um vor Gericht in einem positiven Licht zu erscheinen, schickte Robert dem Präsidenten sogar einige Aufsätze, die seine „künstlerische Stellung" bestätigen sollten.[402] Auch zum vorsitzenden Richter des OAG Dresden nahmen die Kläger Kontakt auf.[403] Robert diktierte Clara einen an den OAG-Präsidenten gerichteten Brief, in dem sie sowohl um Sympathie als auch um wohlwollende Aufnahme ihres Gesuches bat und ein Bild zweier junger Menschen zeichnete, die durch willkürliche und böswillige Verleumdungen eines störrischen Vaters an ihrem vom Schicksal bestimmten Liebesglück gehindert wurden.

„Hochwohlgeborener Herr, Hochverehrtester Herr Präsident,
Sie möchten zweien schwer Geprüften verzeihen, daß sie sich mit einer Bitte an Sie wenden. Jahrelang schon in einer Unruhe lebend, die Geist und Körper auf das Heftigste angreift, gedachten wir in unserer Angelegenheit, die s. Hochwohlgeboren bereits aus früheren Verhandlungen kennen, bald zu Ruhe und Frieden zu kommen; aber der verläumderische Vorwurf, den leider mein eigener Vater meinem Verlobten gemacht, droht die letzte Entscheidung noch auf lange zu verzögern. Das Urtheil des hohen Appellationsgerichts in Leipzig war übrigens so gerecht und freundlich für uns, daß wir uns keineswegs darüber beschweren können; aber mein Vater hat, nur um uns Leiden zu machen, von Neuem dagegen appellirt. Wenn diese Appellation, wie unsere Gegenschrift für Hochwohlgeboren in diesen Tagen vorkommen sollten, so gedenken Sie menschenfreundlich zweier Menschen, die schon mehr um einander gelitten, als Worte sagen können, und laßen geneigtest beide Schriften einer recht baldigen Prüfung unterwerfen. In jedem anderen Zwiespalt, wie menschliche Verhältnisse sie erzeugen, würde solch eine Bitte vielleicht als unstatthaft erscheinen; in diesem aber, der die liebsten und zartesten Saiten des Lebens berührt, möchte es Verzeihung finden, daß ich mich in meiner Bedrängniß unmittelbar an den hohen Richter selbst gewendet habe,

---

400 Tagebuch II, S. 94. BW II, S. 708 (5.9.1839).

401 Clara Schumann, Jugendtagebücher, Bd. IV, Tagebuch 8, S. 130, (20.12.1839). BW III, S. 881 (20.1.1840), 884 (21.1.1840), 894/95 (29.1.1840).

402 „Von Beck muß ich Dir gleich berichten. Heute früh war ich bei ihm; er war gar zu gut und gemüthlich - sagte, 'wir möchten uns *durch nichts* irre machen lassen - er hätte zwar geglaubt, Dein V. würde nach diesem Urtheil absehen von seinem Einspruch, sähe aber nun freilich, daß er *alle* Mittel aufbieten würde, die Sache so lang als möglich zu verzögern.' Der Hauptzweck meines Besuches war eigentlich, um B. um Rath zu bitten, ob es nicht gut wäre, wenn ich auf Deines V. Eingabe eine Gegenschrift aufsetzte. Er erwiderte aber 'die Eingabe könne mir nichts schaden, und eine Gegenschrift würde mir also auch nichts helfen' - ich möchte ganz ruhig sein' ... Beim Abschied dankte er mir noch für die Aufsätze (die gedruckten), die ihn sehr interessiert (!) und sagte noch, was mich sehr freute: *ich habe immer nur Gutes von Ihnen gehört'...*" BW III, S. 894/95 (29.1.1840).

403 Ob Wieck ähnliche Schritte unternommen hat, ist aus dem heute vorliegenden Quellenmaterial nicht ersichtlich; erhalten ist lediglich eine diesbezügliche Vermutung Schumanns. BW III, S. 919 (9.2.1840).

und verharre in dieser Hoffnung Euer Hochwohlgeboren ergebenste Dienerin Klara Wieck."[404]
In dem melodramatisch anmutenden Brief an den OAG-Präsidenten - als einer Autorität des öffentlichen Lebens - wurde die hier gezeichnete Opfer-Perspektive Clara und Robert Schumanns nun auch 'offiziell', d.h. nach außen hin propagiert und so auf den Rezeptionsweg gebracht.

Neben der nachweislichen Kontaktaufnahme zu den vorsitzenden Richtern seitens der Kläger gab es von beiden Prozeßparteien mehr oder weniger erfolgreiche Versuche, mögliche Zeugen der Gegenseite für sich zu gewinnen. Nach einer persönlichen Mitteilung der ehemaligen Vermieterin Schumanns, Frau Devrient, an den Biographen Wilhelm Joseph von Wasielewski habe Wieck sich bemüht, „diese zu bestimmen, vor Gericht gegen Schumann wegen dessen angeblicher Trunksucht auszusagen, was sie indessen von sich wies."[405] Auch von seiten Schumanns sind in dieser Hinsicht zahlreiche derartige Aktivitäten belegt. So versuchte er durch werbende Briefe Einfluß auf die Hauptzeugen Friedrich Wiecks zu nehmen, sie mit Drohungen einzuschüchtern oder - wie noch am Fall von Ulex ausführlich beschrieben werden soll[406] - durch teilweise doppelt anonymisierte Schreiben deren gerichtliche Vernehmung zu verhindern. Offenbar war er doch der Ansicht, daß die von Wieck benannten Zeugen vor Gericht ihn möglicherweise belastende Aussagen machen könnten, und versuchte daher, den einzigen noch gegen ihn bestehenden Vorwurf - die Trunksuchtsbeschuldigung - nicht etwa zu widerlegen, sondern dessen Beweisführung zu vereiteln.[407] In demselben Brief vom 16. Februar 1840, in dem Robert seiner Braut bereits das Schreiben an den Gerichtspräsidenten Schumann diktiert hatte, formulierte er für Clara einen weiteren Brief an den in Amerika weilenden Hauptzeugen Wiecks, den Pianisten Louis Rakemann:

„Da ich gleich im Briefeaufsetzen für mein Kind bin, so gleich noch den an Rakemann: ... Lieber H.R.,...Wir haben viel leiden müssen durch meinen V. Sie würden erschrecken und es nicht für möglich halten, wenn ich Ihnen von seinen Handlungen erzählen wollte; Sie kennen ihn ja, wenn er leidenschaftlich ist. Um die Entscheidung des Gerichts, bei dem jetzt die Sache anhängig ist, zu *verzögern*, will er sogar, daß man in allen Welttheilen über Sch. Erkundigungen einziehen soll, u. A. soll man auch an Sie schreiben; Sie sollen ihm bestätigen, daß Sie oft mit ihm zusammengesessen und getrunken und geschwärmt pp. Daß Sie zu so einer Intrigue ihm die Hand bieten sollten, glaub' ich nicht von Ihnen. Indeß sehen Sie sich, wenn Sie ihm vielleicht einmal schreiben, wenigstens vor in Ihren Aussprüchen. Sie wissen ja, wie er oft aus einem kleinen Wort eine Weltwahrheit machen will, und wie er kein Mittel

---

404 BW III, S. 930 (16.2.1840). Vgl. auch BW III, S. 919 (9.2.1840), 927 (14.2.1840), 947 (24.2.1840).

405 Wasielewski, 1906, S. 267.

406 Vgl. Kapitel V.2. «Später hinzutretende Prägungen des Wieck-Images durch Robert Schumann». Darüber hinaus spannte Schumann sogar seine Schwiegermutter in spe, Marianne Bargiel, für seine Zwecke ein. Er schickte ihr einen Briefentwurf, den sie an den möglicherweise von Wieck zu benennenden Zeugen Carl Banck, welcher ehemals ein Verhältnis zu Clara gehabt hatte, schreiben sollte. Vgl. BW III, S. 877 (17.1.1840). Vgl. auch BW III, S. 880 (20.1.1840), 884 (22.1.1840), 894 (28.1.1840).

407 Auch das ist Schumann übrigens gelungen, wie der Verlauf des Prozesses gezeigt hat. Vgl. dazu Kapitel II.5. «Urteil und Urteilsbegründung».

scheut, seinen Willen durchzusetzen. Daß ihm dies nun gelinge, daran ist nun nicht zu denken, aber man möchte doch auch nach so vielen Kämpfen *bald* zur Ruhe kommen… pp pp p
Gott - ich bin dieser Schreiberei herzlich satt. Bedenke nur, Klärchen. Ein Paar Zeilen d. Rakemann können uns ein Monat vorwärts bringen. Das sind mit diesem Brief an Sch.[umann. OAG-Präsident Dresden] schon 6 Wochen. Wir sind doch erstaunlich politisch....“[408]

Wie schon bei dem Brief an den OAG-Präsidenten gezeigt, arbeitete Schumann auch hier mit dem Instrument der Anonymisierung. Der emotional gehaltene Brief - für den Adressaten scheinbar aus der Feder Claras stammend - sollte seine eigene Autorenschaft verschleiern, um keinen Verdacht der Einflußnahme auf einen Zeugen der Gegenpartei aufkommen zu lassen. Hätten die Richter von dieser Zeugenmanipulation in irgendeiner Weise Kenntnis erhalten, würde das fatale Konsequenzen für den Prozeßausgang gehabt haben. Diese Tatsache war auch Clara bewußt, so daß sie an der taktischen Klugheit zweifelte, Rakemann auf derartig direkte Weise beeinflussen zu wollen, da er den Brief eventuell an ihren Vater weiterleiten könnte.[409] Diese strategischen Überlegungen Claras beweisen, daß sie sich über die möglichen Konsequenzen ihres Handelns sehr genau bewußt war. Ihre realistische Situationseinschätzung belegt weiterhin, daß sie nicht mehr die naive zwanzigjährige Braut war, die sich blind von ihrem Geliebten Briefe diktieren ließ.

Darüber hinaus bedrohte Schumann die Empfänger der sog. ‘Erklärung’ Friedrich Wiecks mit einer Klage, falls sie sich an der Verbreitung oder Weitergabe dieser Schrift beteiligten: „Ich schrieb an Rakemann, *warnte* ihn vor Verbreitung des Pasquills, sagte ihm, daß er sich dadurch zum ‘Handlanger der Gemeinheit und Lüge mache’, und daß ich ihn verklagen würde. Den Brief hab’ ich an Töpken geschickt und gebeten, mir im Nothfall einen Sachwalter zu suchen.“[410]

Ähnliches widerfuhr denjenigen, welche - wie Cranz in Hamburg - nicht einseitig Partei für Schumann ergriffen, sondern sich bemühten, eine Vermittlerrolle einzunehmen. Schumann drohte: „Von mir wird Alles jetzt verklagt, was mich scheel ansieht. […] Was soll den Cranz damit? Laß ihn merken, daß ich jetzt Passion zum Verklagen habe. Zeigt er sie irgend Jemand, und ich erfahre es, so kann ich nicht helfen.“[411]

Im Zusammenhang mit dieser Erklärung ist auf ein Vorurteil, das sich auch in neueren Biographien über Schumann hartnäckig hält, ausführlicher einzugehen: Wieck habe „anonyme Briefe und gegen Schumann gerichtete lithographierte Schmähschriften versandt.“[412] In Kapitel V.2. wird gezeigt werden, daß es keine Belege für Wiecks angebliche Autorenschaft derartiger anonymer Schreiben gibt. Dagegen wird sich an-

---

[408] BW III, S. 931 f. (16.2.1840). Vgl. auch BW III, S. 904 (2.2.1840).
[409] Vgl. BW III, S. 949 (24.2.1840).
[410] BW III, S. 946 (24.2.1840).
[411] BW III, S. 955/56 (27.2.1840).
[412] Ernst Burger, 1999, S. 189. Die Behauptung der angeblich lithographierten Schmähschriften bzw. Anschuldigungen Friedrich Wiecks findet sich in zahlreichen Darstellungen der Schumann-Literatur. Vgl. z.B. Abraham, 1994, S. 35. Vgl. ebenso Weißweiler, 1998, S. 145; Meier, 2001, S. 71.

hand mehrerer Fälle herausstellen, daß Schumann nachweislich mit dem Instrument der Anonymisierung gearbeitet hat.[413]

Hinsichtlich des Wieck gemachten Vorwurfs, lithographierte Schmähschriften versandt zu haben, lassen sich anhand des intensiven Briefwechsels zwischen Clara und Robert sowie Claras Tagebuchaufzeichnungen folgende Fakten rekonstruieren: Friedrich Wieck verschickte seine sog. 'Erklärung' an ausgewählte Adressaten und bat in entsprechenden Begleitbriefen darum, sein Schreiben an von ihm benannte oder nach Einschätzung des Empfängers geeignete Personen weiterzugeben.[414] Die von Wieck versandte Erklärung ist bis heute verschollen, nach allgemeiner Auffassung geht die Schumann-Biographik jedoch davon aus, daß es sich bei diesem Dokument um eine Kopie bzw. ein gleichlautendes Schreiben mit der von Wieck beim AG Leipzig eingereichten «Vorstellung» vom 14. Dezember 1839 handelt.[415] Insofern läßt sich der Inhalt anhand der Prozeßakten dennoch erschließen. Auch die tatsächlichen Empfänger der Erklärung sind uns dank des überlieferten Briefwechsels zwischen Clara und Robert bekannt. Nachweislich haben folgende Personen das Schreiben Wiecks erhalten: Das Ehepaar Carl in Leipzig (Mitte Januar 1840),[416] Trautwein in Berlin (Anfang Februar),[417] Rakemann in Bremen (Mitte Februar)[418] und schließlich Cranz in Hamburg (Anfang März).[419]

Auf dringende Aufforderung Roberts, dieser Erklärung habhaft zu werden - eine Tatsache, deren Bedeutung im Zusammenhang mit der bereits mehrfach erwähnten zweiten Klage gegen Friedrich Wieck noch zu erörtern sein wird -, versuchte Clara während ihrer gesamten Konzertreise durch Norddeutschland, dieses Schreiben zu Gesicht zu bekommen. Da sich das Dokument jedoch entweder an einem von ihrer jeweiligen Konzertstation verschiedenen Ort befand oder von den Empfängern direkt wieder an Friedrich Wieck zurückgesendet wurde,[420] hatte sie erst nach ca. einem Monat die Gelegenheit, die Erklärung bei Cranz in Hamburg zu lesen, der - noch immer um Vermittlung bemüht - zunächst nicht bereit war, ihr das Schreiben zu überlassen.[421] Schließlich gelang es ihr, Cranz zu überreden, und sie konnte Robert am

---

[413] Vgl. u.a. die bereits zitierten Briefe an Rakemann und den OAG-Präsidenten. Der Vorwurf der Anonymisierung gegenüber Wieck ist so schwerwiegend und hat maßgeblich zu seinem Image als verleumderischer Schwiegervater beigetragen, daß er ausführlicher im Kapitel V.2. «Später hinzutretende Prägungen des Wieck-Images durch Robert Schumann» behandelt wird.

[414] BW III, S. 967 (4.3.1840).

[415] Vgl. Abraham, Artikel *«Robert Schumann»*, GROVE I, Bd. 16, S. 837. Vgl. Daverio, Artikel *«Robert Schumann»*, GROVE II, Bd. 22, S. 771; Jansen NF 2/1904, S. 509, Anm. 229. Vgl. dazu Schumanns Brief an Einert vom 26.2.1840, Jansen, NF, 2/1904, S. 186.

[416] BW III, S. 868/9 (14.1.1840).

[417] BW III, S. 916 (7.2.1840). Clara Schumann, Jugendtagebücher, Bd. IV, Tagebuch 9, S. 143 (3.2.1840).

[418] BW III, S. 935 (16.2.1840). Clara Schumann, Jugendtagebücher, Bd. IV, Tagebuch 9, S. 148 (19.2.1840).

[419] BW III, S. 961 (2.3.1840). Clara Schumann, Jugendtagebücher, Bd. IV, Tagebuch 9, S. 156 (2.3.1840).

[420] Rücksendung Trautwein: Vgl. BW III, S. 916 (7.2.1840). BW III, S. 983 (14.3.1840). Rücksendung Rakemann: Vgl. BW III, S. 961 (2.3.1840). Carls geben die Erklärung bereits im Januar an Wieck zurück: Vgl. BW III, S. 868 (14.1.1840).

[421] Vgl. BW III, S. 966 (4.3.1840); Clara Schumann, Jugendtagebücher, Bd. IV, Tagebuch 9, S. 156 (2.3.1840).

9. März 1840 mitteilen: „Die Erklärung hab ich Cranz durch vieles Beschwatzen abgezwungen und sie ist nun glücklich eingepackt."[422]

Die allgemeine Empörung der Schumann-Rezeption über das Verhalten Friedrich Wiecks gründet sich insbesondere auf den Vorwurf, er habe seine Erklärung als Pamphlet in lithographierter Form verbreitet. Analysiert man den Briefwechsel zwischen Clara und Robert genau, ergeben sich jedoch deutliche Hinweise darauf, daß dieser Vorwurf nicht auf Tatsachen, sondern lediglich auf Vermutungen bzw. Irrtümern beruht. Wiecks Erklärung ist aller Wahrscheinlichkeit nach aus folgenden Gründen nicht lithographiert gewesen. Der Ursprung der Annahme, Wieck habe sein Schreiben lithographiert, läßt sich anhand des Braut-Briefwechsels rekonstruieren; er geht auf eine Äußerung Claras vom 17. Februar 1840 zurück: „Mit Eggers unterhielten wir uns schon lange, und er erzählte, daß er die Erklärung, die Vater an den ältesten Rackemann geschickt, gelesen, auch Riem, der aber bis jetzt deren weitere Versendung nicht zuließ. Lithographiert ist sie, denk Dir - es ist doch zu abscheulich. Wir wollen versuchen sie zu lesen zu bekommen, wenn sie Rackemann herausgiebt."[423] Auf die dringende Anfrage Roberts, ob Clara die Erklärung selbst gesehen habe und diese wirklich lithographiert sei, korrigierte sich Clara in ihrem folgenden Brief und nahm ihre Äußerung teilweise wieder zurück: „Die Erklärung, lieber Robert, hab ich nicht selbst gesehen, doch Eggers sagte mir, es habe ihm geschienen als sey sie lithographiert, es habe gar nicht wie geschrieben ausgesehen."[424] Diese beiden Stellen sind die einzigen Passagen innerhalb des gesamten Briefwechsels, in dem von seiten Claras in irgend einer Form die Rede von 'Lithographie' ist. Als sie schließlich die Wieck'sche Erklärung selbst vor Augen hatte (2. März 1840), bestätigte sie weder im Tagebuch noch in ihrem folgenden Brief an Robert, daß es sich tatsächlich um eine Lithographie handelte. Auffällig ist, daß in Claras Tagebuch an keiner Stelle das Wort 'Lithographie' auftaucht,[425] und auch Robert nach Erhalt von Claras zweitem Brief nichts mehr von einer Lithographie erwähnt. Diese Tatsachen lassen den Schluß zu, daß es sich bei Claras anfänglicher Vermutung um einen Irrtum gehandelt haben muß, der auf eine etwas vorschnelle und unvorsichtige Äußerung Eggers zurückging.

Wäre die Erklärung tatsächlich lithographiert gewesen, hätte Wieck gleichzeitig mehrere Exemplare an die unterschiedlichen Adressaten versenden und so die offensichtlich aufgetretenen Probleme bei der von ihm beabsichtigten Übergabe des Schreibens von einem zum nächsten Empfänger vermeiden können.[426] Für die Hypothese, daß es sich jedoch nicht um zahlreiche Exemplare gehandelt haben kann, spricht die Tatsache, daß Clara trotz ihrer intensiven Bemühungen, der Erklärung habhaft zu

[422] BW III, S. 974 (9.3.1840).

[423] BW III, S. 935 (17.2.1840).

[424] BW III, S. 951 (25.2.1840).

[425] Durchführung einer vollständigen Recherche a) im Autograph der Jugendtagebücher b) Kontrolle der Übertragung in der Computerdatei mit verschiedenen Schreibweisen, z.B. litograph*, lithograph*, litograf* etc.

[426] Wiecks Plan, die Erklärung von Bremen (Rakemann) nach Hamburg (Cranz) weitergeben zu lassen, scheint offensichtlich mißlungen, so daß er Anfang März an Cranz schreibt: „Daß Sie meine Erklärung noch nicht erhalten ist mir unbegreiflich, ich schicke sie Ihnen aus Vorsorge direct..." Zitiert in Claras Brief an Robert vom 4.3.1840; vgl. BW III, S. 967.

werden, nicht in der Lage war, diese auch nur zu Gesicht zu bekommen.[427] Mag Wieck sich bei der Versendung seiner Erklärung auch an der Reiseroute seiner Tochter orientiert und durch einen Irrtum über die Reihenfolge von Claras Konzertstationen seine Erklärung zunächst nach Bremen geschickt haben, so daß Clara bei ihrem ersten Hamburg-Aufenthalt nicht in der Lage war, etwas über dieses Schriftstück in Erfahrung zu bringen, kann man angesichts ihrer erheblichen Schwierigkeiten, auch nur einen Blick in die angebliche Schmähschrift zu werfen, davon ausgehen, daß es sich - wenn überhaupt um mehrere - dann um vereinzelte Exemplare gehandelt haben muß. Der 'Reiseweg' der von Wieck verschickten Erklärung läßt sich anhand von Claras Briefen nachvollziehen.[428] Angesichts der Tatsache, daß alle aus dem Briefwechsel uns bekannten Empfänger das Schreiben jeweils an Wieck zurückgeschickt haben - bis auf Cranz, der dieses Clara schließlich aushändigte -, wäre es sogar möglich, daß es sich lediglich um ein oder zwei Exemplare der Wieck'schen Erklärung gehandelt hat.

Bedenkt man den erheblichen Kostenaufwand für die Lithographie eines dreizehn Doppelseiten, d.h. sechsundzwanzig Seiten umfassenden Dokuments[429], erscheint ein solches Verfahren nur bei einer hohen Auflage rentabel. Angesichts der nachweislich geringen Anzahl von Empfängern ist davon auszugehen, daß Friedrich Wieck - als nüchtern rechnender Geschäftsmann - ein solches Reproduktionsverfahren nicht angewendet hätte, sondern entweder selbst oder durch andere Kopien anfertigen ließ. Gegen die Überlegung, daß ein Schriftstück von diesem Umfang nur in lithographierter Form vervielfältigt worden sein kann, läßt sich anführen, daß aufgrund der mangelnden Quellenlage niemand den tatsächlichen Umfang des Dokuments kennt und es sich unter Umständen auch um einen Auszug der wesentlichen Argumente seines bei Gericht eingereichten Schreibens gehandelt haben könnte, abgesehen von der Tatsache, daß bei einer so kleinen Anzahl benötigter Exemplare die handschriftliche Vervielfältigung mit einem relativ geringen Aufwand zu bewältigen gewesen wäre.

Im übrigen ist ein weiterer Faktor zu nennen, der gegen die Anwendung eines lithographischen Verfahrens spricht: Wieck hätte die Genehmigung der Zensurbehörde benötigt, um seine Erklärung auf diese Weise zu verbreiten, eine Tatsache, die auch Schumann bereits an der Richtigkeit von Claras Vermutung zweifeln ließ: „Daß das Pasquill lithographirt sein soll kann ich doch nicht glauben. Wie sollte das Deinem Vater ohne Censur gelungen sein! Und dann hätte es ja enorm viel gekostet; es sind ja gegen 40 Seiten."[430]

---

[427] Am 6.2.1840 schreibt sie an Robert: „Die Erklärung hat er noch nicht doch soll er sie in einigen Tagen über Bremen (da hat er sie also hingeschickt) erhalten." Vgl. BW III, S. 912. In Bremen heißt es dann: „Die Erklärung können wir durchaus nicht zu lesen bekommen, es heißt, sie sey schon zu Cranz, der sie uns aber jedenfalls sogleich zu lesen giebt." Vgl. BW III, S. 944 (22.2.1840). Und schließlich in Hamburg: „Die Erklärung können wir nicht zu lesen bekommen, in Bremen sagten sie, sie sey schon nach Hamburg und Cranz sagt, er hat sie noch nicht, ... Es ist sehr ärgerlich, ich möchte sie so gern lesen." Vgl. BW III, S. 949 (24.2.1840).

[428] Vgl. BW III, S. 917 (Trautwein), 961 (Rakemann), 869 (Carls).

[429] Vgl. Prozeßakten, fol 28r - 40v.

[430] BW III, S. 956 (27.2.1840). Seinem Anwalt schreibt Robert allerdings einen Tag zuvor: „Wir werden den Alten (zum 3ten mal) verklagen müssen. Sie glauben es gewiß nicht, was ich Ihnen jetzt sage: Er hat seine Schrift *lithographiren* lassen und verschickt sie nach allen Weltgegenden.

Aus diesen vorangegangenen Überlegungen ergibt sich die begründete Vermutung, daß Wiecks sog. 'lithographierte Schmähschrift' nichts anderes war als eine Abschrift seiner bei Gericht eingereichten «Vorstellung» vom 14. Dezember 1839, die er an ausgewählte Personen verschickte, um ihnen auf diese Weise seine Position und Sichtweise des Interessenkonflikts anzuzeigen.

Das angeblich verleumderische und boshafte Verhalten Wiecks erscheint in einem völlig anderen Licht, wenn berücksichtigt wird, daß auch Schumann seine Refutationsschrift kopieren ließ und diese an Clara mit der Aufforderung, sie anderen zu zeigen, nach Hamburg schickte: „Zeige auch unsere Gegenschrift Allen, und sag daß ich Deinen V. wegen aller Lügen der Reihe nach verklagt. In meinem Brief nach Kiel findest Du mehr darüber."[431] Entsprechend bat er seinen Anwalt mehrfach, eine Abschrift der Refutationsschrift anfertigen zu lassen, da er sie „Klara'n und einigen Freunden zeigen" wolle.[432] Bis hierher bleibt festzuhalten, daß beide Seiten ihre Position mit Hilfe der beim Gericht vorgelegten Argumentationen nach außen hin vertraten und auf diese Weise um Sympathie und Verständnis für ihre Perspektive warben. Das Vorurteil, Wieck habe lithographierte Schmähschriften verbreitet, läßt sich unter Berücksichtigung der oben genannten Tatsachen nicht mehr aufrechterhalten.

Es gibt jedoch noch einen weiteren für den vorliegenden Konflikt zentralen Aspekt, auf den im Zusammenhang mit der Wieck'schen Erklärung einzugehen ist: Schumann war bereits nach dem Urteil aus erster Instanz - der Begrenzung auf die Trunksuchtsbeschuldigung - fest entschlossen, seinen zukünftigen Schwiegervater zusätzlich zur Ehekonsenserteilung auch noch wegen Verleumdung zu verklagen.[433] Dazu unternahm er mehrere Anläufe, es fehlte ihm nur noch das entsprechende Beweismaterial.[434] Die Tatsache, daß Wieck seine Vorbehalte gegenüber Schumann in Form

---

Gewiß ist das doch ohne Censur geschehen...." Brief an Wilhelm Einert vom 26.2.1840; Jansen NF 2/1904, S. 186.

[431] BW III, S. 975 (10.3.1840). Vgl. auch BW III, S. 927 (14.2.1840), 957 (28.2.1840), 961 (2.3.1840), 964 (3.3.1840).

[432] Brief an Einert vom 18.2.1840. Acta privata Einert, zitiert nach der Abschrift durch Gustav Jansen aus dem Jahr 1902. Archiv des Robert-Schumann-Hauses Zwickau, Arch.-Nr. 1794 - A3c. Dieser Brief wurde nicht in Jansens «Neue Folge» aufgenommen, wohl aber der Folgebrief vom 26.2.1840: „Euer Wohlgeboren ersuche ich um die Abschrift unserer Refutationsschrift. Clara drängt mich darum und will sie in Hamburg dem und jenem zeigen. Womöglich bis morgen schicken Sie mir sie." Jansen NF 2/1904, S. 186.

[433] BW III, S. 865 (12.1.1840).

[434] Bereits im Januar 1840 hatte Schumann im Zusammenhang mit der sog. „Dünz'sche[n] Annonce" den ersten Schritt in Richtung einer weiteren Klage gegen Friedrich Wieck unternommen. Bei dieser Annonce handelte es sich vermutlich um einen - heute allerdings verschollenen – Zeitungsartikel, durch den sich Schumann offenbar beleidigt fühlte und als dessen Urheber er Friedrich Wieck deklarierte. Seinem Anwalt schickte er eine Abschrift - wohlgemerkt nicht das Original - dieser Anzeige, und drängte ihn mehrfach, eine diesbezügliche Klage gegen seinen zukünftigen Schwiegervater anzustrengen. Bereits in dem Brief vom 17.1.1840 an Wilhelm Einert heißt es: „Beifolgend ... eine Abschrift der Annonce, von der ich Ihnen gestern sprach. Ich ersuche Sie, eine Klage danach aufzusetzen. Ist es nöthig, das Original jener Annonce beizubringen, so will ich sie mir zu verschaffen suchen. Der Mann [Wieck] glaubt über Gesetz und Staat zu stehen; wir

einer schriftlichen Erklärung an Dritte gegeben - mit andern Worten 'öffentlich' verbreitet - hatte, gedachte Schumann nun gegen ihn zu verwenden, und machte erhebliche Anstrengungen, diese Erklärung als Beweismaterial in seine Hände zu bekommen. Seiner Braut schrieb er diesbezüglich: „Erkundige Dich bei Trautwein nach der Erklärung gleich, und hast Du sie, so *gib sie nicht wieder von Dir*."[435] Wenige Tage später heißt es:

„Wenn Du die Erklärung nicht mehr brauchst, so schicke sie mir, ich möchte sie zu meiner Denunciation, um seine eigenen Worte auch genau hineinzusetzen. Er muß durchaus den Lohn bekommen, den er verdient, und Du müßtest mich gar nicht achten und lieben können, wenn ich hier nicht auf das Unerbittlichste und Strengste mich zeigte."[436]

Im weiteren Verlauf des Briefwechsels zwischen Clara und Robert ist mehrfach die Rede von dieser zweiten Klage gegen Wieck.[437] Tatsächlich reichte Robert die Klage jedoch erst am 2. Juni 1840 beim Dresdner Stadtgericht ein, wie aus seinem Briefverzeichnis hervorgeht.[438] Die Akten dieses zweiten Prozesses gegen Wieck sind trotz intensiver Bemühungen und mehrfacher Recherchen nicht mehr auffindbar.[439] Dennoch lassen Schumanns Notizen in seinem Briefverzeichnis Rückschlüsse sowohl auf den Klageinhalt als auch den Prozeßverlauf zu. Von besonderem Interesse sind in diesem Zusammenhang die Einträge Schumanns zu den Briefen an seinen Dresdner Anwalt Krause, da sämtliche Briefe an und von Krause bis auf dessen erste Antwort an

---

müssen ihm einmal zusetzen. Stehen Sie mir bei..." Jansen, NF, 2/1904, S. 175. Vgl. auch die Briefe an Einert vom 12.2.1840 und 26.2.1840, Jansen, NF, 2/1904, S. 182, 186.

Seiner Braut gegenüber schob Robert jedoch die 'Autoritäten' des sie gemeinsam vertretenden Anwalts und des von ihr bewunderten Felix Mendelssohn vor, um seine zweite Klage gegen Wieck zu rechtfertigen und darüber hinaus jegliche Verantwortung von sich zu weisen, eine Verhaltensweise, die uns bereits mehrfach begegnet ist: „Ich sagte ihm [Mendelssohn] auch Einiges von Deines V. letzten Thaten, zeigte ihm auch die Dünz'sche Annonce - 'da müssen Sie ihn verklagen' sagte er. Erschrick nicht, Klärchen. Die Klage ist bereits von Einert aufgesetzt (schon ehe Mendelssohn das sagte) Einert bestand darauf und ich willigte gleich ein." BW III, S. 904 (2.2.1840). Vgl. auch BW III, S. 909 (5.2.1840).

Angesichts der Briefe Schumanns an seinen Anwalt wird deutlich, daß er Clara hier etwas vormachte. Die Darstellung von Einert, der angeblich auf eine Klage gegen Wieck gedrängt habe, und Robert als dem lediglich Einwilligenden, erscheint angesichts der bestehenden Interessenkonstellation geradezu grotesk, so daß selbst Clara - die ihrem Geliebten in der Regel alles glaubte - diesbezüglich Unverständnis äußerte: „... ich begreife Einert nicht, daß er für diesen Schritt gestimmt." BW III, S. 906 (2.2.1840). Wilhelm Einert hat sich offensichtlich nicht auf diesen zweiten Prozeß gegen Wieck eingelassen, denn seine Manualakten enthalten keinen Hinweis auf eine weitere gerichtliche Auseinandersetzung. Vgl. Jansen, NF, 2/1904, S. 507, Anm. 219.

435 BW III, S. 975 (10.3.1840).

436 BW III, S. 980 (13.3.1840).

437 BW III, S. 936 (19.2.1840), 941 (22.2.1840), 975 (10.3.1840), 980 (13.3.1840), 1093 (22.8.1840), 1101 (26.8.1840).

438 Vgl. BV 665 [a] „Denunciation"; vgl. auch Tagebuch III, S. 116 sowie S. 700, Anm. 129.

439 Vgl. Tagebuch II, S. 514, Anm. 466. Diese Feststellung wurde durch ein persönliches Gespräch mit Herrn Dr. Gerd Nauhaus bestätigt, der jüngst anläßlich einer Neuordnung bzw. Inventarisierung des Dresdner Staatsarchivs nochmals versuchte, den Unterlagen auf die Spur zu kommen.

Schumann - wie der gesamte Aktenvorgang - ebenfalls verschollen sind.[440] Wie sich aus dem Briefverzeichnis ergibt, stand in diesem «Denunciationsprozeß» die sog. «Injurialklage» im Vordergrund.[441] Am 10. Dezember 1840 notierte Schumann in seinem Briefverzeichnis: „Die Injurialklage ließe ich keinesfalls fallen; anders wäre es mit d. Klage wegen Kl.[aras] Geld. Er möge davon zu sprechen suchen."[442] Im Zentrum von Schumanns Klage standen die ihm seiner Ansicht nach durch Friedrich Wieck zugefügten Ehrbeleidigungen, nicht etwa die Herausgabe von Claras Vermögen bzw. ihres Flügels, welche am 27. Februar 1841 erfolgte.[443]

Aus Schumanns bereits oben zitierten Ankündigungen einer zweiten Klage sowie der Refutationsschrift lassen sich die wesentlichen Aspekte dieser Injurialklage rekonstruieren.[444] Seiner Äußerung vom 12. Januar 1840 ist zu entnehmen, daß es zumindest auch um die sog. 'Neigung zum Trunke' gegangen sein muß: „... das Gericht hätte Deinem V. keinen ärgeren Possen thun können, als mit dieser Beweisauflage, und außerdem verklage ich ihn später noch, daß er Strafe bezahlen und Abbitte thun muß. Die letzte schenk' ich ihm, die erste nicht."[445]

Darüber hinaus scheint die elterliche bzw. brüderliche Buchhandlung - d.h. vermutlich deren finanzielle Situation - eine Rolle gespielt zu haben, da Clara sowohl ihren Geliebten als auch dessen Bruder Carl bat, die Klage fallen zu lassen.[446] Bereits ein Jahr zuvor - im Juli 1839 - war die finanzielle Situation seiner Brüder ein Konfliktthema.[447] Als Beweismaterial für die angebliche Verleumdung durch Friedrich Wieck reichte Schumann beim Gericht mehrere Dokumente ein, u.a. einen von dessen Briefen an

---

[440] Vgl. den Brief von Wilhelm Ernst Krause vom 9.11.1840; Corr. Bd. 11, Nr. 1715. Bei diesem Anwalt handelte es sich um einen entfernten Vetter Schumanns, der sich auf eine „vorläufige Anfrage" hin bereit erklärte, den Fall zu übernehmen. BV 711 [b] vom 8.11.1840.

[441] «Denuntiationsprozeß» bedeutet Verleumdungsprozeß, die «Injurialklage» eine Klage wegen Ehrbeleidigung.

[442] BV 729 [b] an Krause vom 10.12. 1840.

[443] Vgl. Tagebuch II, S. 150 (27.2.1841) bzw. Tagebuch II, S. 160 (27.4.1841) bezüglich der restlichen Sachen Claras. Vgl. auch Tagebuch III, S. 700, Anm. 129.

[444] BW III, S. 865 (12.1.1840), 975 (10.3.1840), 980 (13.3.1840).

[445] BW III, S. 865 (12.1.1840).

[446] BW III, S. 1093 (22.8.1840).

[447] Schumann schreibt: „Da Dein V. überall von dem Bankerott meines Bruders spricht, so hab' ich den Barth, den Buchhändler, zu Deinem V. geschickt, der ihn in freundlichster Weise übrigens *gewarnt* hat, nicht mehr dergleichen zu sagen, indem er ihn sonst belangen würde vor Gericht. Dein V. hat sich nun von einer Ecke in die Ecke retirirt, bis endlich herausgekommen 'Eduard hätte einmal von Probst ein Capital geliehen pp - ' die Wahrheit ist, daß Eduard *vor sieben Jahren* einmal von Probst 1000 Th. geliehen, und ihm das Jahr darauf mit vielen Procenten wieder gegeben - das was der Banquerott - Nun, Du kennst ja Deinen V. Es ist aber zu empörend." Auf der folgenden Seite heißt es dann aber: „Von meinem Bruder Carl kann ich Dir nichts Gutes melden; er steckt sehr in Schulden und muß unausgesetzt arbeiten, wenn er wieder zu Plus kommen will. Wir sind dabei nicht gefährdet; aber es wäre doch traurig, wenn ich scharfe Maßregeln gegen ihn gebrauchen und auf Verkauf seines Grundstü[c]kes dringen müßte. Doch hoffe ich nimmt er sich zusammen und arbeitet sich wieder heraus." BW II, S. 627/28 (10.7.1839). Hier stellt sich die Frage, von welchem Bankrott Wieck tatsächlich gesprochen hat.

Emilie List sowie vermutlich ein Schreiben an Cranz.[448] Er brach sogar das Clara zuvor gegebene Versprechen, nach der Heirat die Klage fallenzulassen, und war im August 1840 nicht mehr bereit, von dem zweiten Prozeß gegen Wieck Abstand zu nehmen.

„Ich versprach Dir einmal in der Aufwallung, ich wolle die Klage, die mich betrifft, nach unserer Trauung zurücknehmen. Es ist aber gar zu viel, was er meiner Ehre angethan. Ich nehme sie nicht zurück. Du darfst es selbst nicht verlangen, wenn Du willst, daß mich die Menschen achten sollen. Beleidigungen im Zorn, in der Leidenschaft verzeiht man gewiß bald; aber so systematische Frechheit, wie sie Dein V. mit mir getrieben, *nicht - nimmermehr*."[449]

Der Prozeß endete im April 1841 mit einer Verurteilung Friedrich Wiecks zu 18 Tagen Gefängnis. Schumann war mit dem Ausgang offensichtlich zufrieden und hielt am 25. April 1841 im Ehetagebuch fest: „Ein Schatten fällt manchmal in unser Glück, der Gedanke an die Feindseligkeit von Klara's Vater, der doch auch unser Vertrauen nimmer verdient, so daß wir es auch nicht ändern können. Der Injurienprocess gegen ihn ist übrigens zu Ende; er hat ihm 18 Tage Gefängniß gebracht, und mir die Genugthuung, die ich mir schuldig war."[450]

Angesichts dieser zweiten Klage gegen Friedrich Wieck stellen sich folgende Fragen:

1. Warum hat Clara die zweite Klage gegen ihren Vater zugelassen? Die bisherigen Dokumente belegen, daß die Trunksuchtsbeschuldigung begründet war und den Beteiligten als Tatsache bekannt.
2. Warum hat Robert seiner Braut nicht erspart, bei einem Prozeß zuzusehen, der ihrem Vater unter Umständen eine Gefängnisstrafe einbringen würde?

---

[448] Bei dem Brief an Cranz handelte es sich vermutlich um das bereits oben erwähnte Begleitschreiben, das Wieck zusammen mit seiner Erklärung Anfang März 1840 nach Hamburg geschickt hatte. Vgl. BW III, S. 961 (2.3.1840), 966/67 (4.3.1840). Vgl. BV 739 [b] Brief an Krause vom 10.1.1841: „...daß ich W's Brief an Cranz aufweisen könne".
Der von Schumann im August 1840 beim Stadtgericht Dresden eingereichte „Originalbrief" Friedrich Wiecks war möglicherweise ein Schreiben an Emilie List, das diese in Gegenwart von Clara am 1.5.1839 in Paris erhalten hatte. Vgl. BV 680 d (8.8.1840). BW II, S. 512 (2.5.1839). Nach Aussage Claras muß Wieck sich in diesem Brief offenbar auch über die finanzielle Situation eines der Schumann'schen Brüder ausgelassen haben. Vgl. BW II, S. 536 (27.5.1839), 528 (19.5.1839). Da auch dieses Dokument verschollen ist, läßt sich die Frage, ob Wieck tatsächlich über Eduard - wie von seiten Schumanns behauptet - oder möglicherweise doch über den nachweislich verschuldeten Carl gesprochen hat, nicht mehr definitiv klären, abgesehen von der Tatsache, daß eine Aussage hinsichtlich eines 'Bankrotts' letztlich nur Lebende betreffen kann, während in bezug auf Tote in der Regel von '(verschuldeten) Nachlässen' die Rede ist. Dieser Brief an Emilie wurde schließlich Gegenstand erheblicher Auseinandersetzungen zwischen Friedrich Wieck, Emilie List bzw. deren Vater und Robert Schumann. Friedrich List forderte seine Tochter auf, den besagten Brief vom Gericht zurückzuverlangen, um nicht in die Angelegenheit hineingezogen zu werden - ein Anliegen, dem Schumann vehement entgegentrat. Vgl. BW III, S. 1092 (22.8.1840), 1100 (26.8.1840), 1107 (28.8.1840), 1116 (31.8.1840). Aufgrund der unzureichenden Quellenlage bleibt der Zusammenhang mit der Verleumdungsklage zum gegenwärtigen Zeitpunkt ungeklärt. Allein die Verurteilung Wiecks zu 18 Tagen Gefängnis ist eine Tatsache.

[449] BW III, S. 1101 (26.8.1840).

[450] Tagebuch II, S. 160 (April 1841).

Clara war sich bewußt, ihre ganze künstlerische Existenz ihrem Vater zu verdanken: „... denn ohne ihn wäre ich als Künstlerin gar nichts geworden.“[451] Angesichts dieser Selbsteinschätzung und den Erfahrungen des Konsensprozesses berührt es eigentümlich, daß Clara dem zweiten Klagebegehren Roberts nicht entschiedener widersprach. Zwar bat sie ihn, den Vater nicht zu verklagen, ließ sich aber von ihrem Bräutigam einschüchtern:[452] „Wie Du mir abreden kannst, begreif' ich auch gar nicht. Du müßtest darauf bestehen, daß ich ihn verklagte.“[453] Wenige Tage später erkundigte sie sich lediglich noch wie jemand, der nach dem Wetter fragt: „Wie ist's mit Deiner Klage? ist sie eingereicht?“[454] Ende August 1840, als der Weg zur Heirat längst geebnet war, bat Clara ihren zukünftigen Ehemann ein letztes Mal, die Klage gegen ihren Vater zurückzunehmen: „Noch einmal wage ich es Dich und Deinen Bruder zu bitten, daß Ihr nach unserer Verheirathung diese Klagen fallen laßt. Du hast es mir ja auch schon versprochen, und ich küsse Dich recht viel, vielmals dafür. Hm! Robert? sag mir ein Wörtchen.“[455] Auch mit dieser Bitte hatte Clara keinen Erfolg. Robert bestand auf dem zweiten Prozeß. Er wußte, daß von Claras Seite mit keinem ernstzunehmenden Widerstand zu rechnen war.[456]

Nachdem der Ehekonsensprozeß in vollem Gange und das Urteil erster Instanz bereits gesprochen war, wurde Clara ihre totale Abhängigkeit von Robert bewußt: „Nun, das Eine muß Dich doch beglücken, daß ich so ganz Dein Eigen, daß mein ganzes Seyn an dir hängt. Du bist mir doch mein Einzigstes, mein Alles! meinen Vater hab ich verloren, ich kann ihn nur noch bemitleiden; wo die Achtung nicht mehr da ist, kann auch keine rechte Liebe sein, das fühl ich immer klarer.“[457] Die Frage, ob sie unter Umständen auch ihre Selbstachtung meinte, erscheint angesichts der Tatsache, daß sie sich von ihrem Geliebten in einen Prozeß gegen den Vater hat drängen lassen, nicht vollkommen abwegig. Ist die erste Klage gegen den Vater - wegen des dringenden Wunsches, so schnell wie möglich heiraten zu wollen - noch nachfühlbar, bleibt Claras Verhalten im zweiten Prozeß unverständlich. Sie selbst flüchtete sich in eine Opfer-Perspektive, lehnte jede Verantwortung ab und rechtfertigte ihr Verhalten, als habe es sich um ein unverschuldetes Schicksal gehandelt, das von ihr nicht zu verhindern war: „Du weißt es ja, ich habe Alles erst erfahren, als die Sache schon im Gange war.“[458]

---

451 BW II, S. 614 (2.7.1839). Vgl. auch BW I, S. 61 (26.12.1837). BW II, S. 584 (21.6.1839).

452 Vgl. BW III, S. 896 (29.1.1840), 906 (2.2.1840).

453 BW III, S. 909 (5.2.1840).

454 BW III, S. 936 (17.2.1840).

455 BW III, S. 1093 (22.8.1840).

456 Welchen Widerstand sollte er auch von einer Frau erwarten, die an einem Tag beteuert, ihre Kunst nicht aufgeben zu wollen, wenige Tage später jedoch - wohlgemerkt auf den „innigste[n] Wunsch“ ihres Geliebten, sie solle „gar nichts mehr mit der Oeffentlichkeit zu thun“ haben und in dem ersten Ehejahr die Künstlerin ganz vergessen - sämtliche vorher genannten Ambitionen verneint und ihre mühsam erarbeitete Künstlerkarriere 'zu Füßen' des künftigen Ehemannes legt. Vgl. dazu BW II, S. 550/51 (7.6.1839), 571 (13.6.1839), 582 (21.6.1839).

457 BW III, S. 866 (13.1.1840).

458 BW III, S. 1092 (22.8.1840). Vgl. auch Litzmann I, S. 425. „Ich fühle, Robert mußte so handeln, und hege doch wieder Mitleid für den Vater.“

Bezüglich der Frage, warum Schumann seiner Braut die zweite Klage nicht ersparte, ist folgendes vor Augen zu führen: Aufgrund der intensiven und ehemals außerordentlich stabilen Vater-Tochter-Beziehung bedeutete Friedrich Wieck aus der Sicht Robert Schumanns eine ständige Gefahr. Wieck hätte trotz der Ehekonsensauseinandersetzung noch immer einen starken Einfluß auf Clara ausüben können. Robert hatte sich beispielsweise angesichts des von Wieck ausgehenden Versöhnungsversuchs Ende September 1839 gezwungen gesehen, seiner Braut gegenüber mit „Härte", d.h. Repressalien zu reagieren.[459] Diese Gefahr bestand nach realistischer Einschätzung Schumanns insbesondere während der Brautzeit, d.h. solange Clara und Robert noch nicht verheiratet waren: „Dein V. ist so lange zu fürchten, so lange Du mir nicht angetraut bist."[460] Nach der Verehelichung würde für Friedrich Wieck zwar die rechtliche Möglichkeit der Einflußnahme nahezu ausgeschlossen sein, während er vor der Heirat seiner noch minderjährigen Tochter sogar befugt war, für diese zu handeln und Entscheidungen zu treffen.[461] Wollte Schumann aber nun die für sich angestrebte (Macht-)Position des Familienoberhaupts einnehmen, hatte er Wieck langfristig aus seinem Einflußbereich zu drängen. Dazu mußte er eine dauerhafte Trennung von Vater und Tochter herbeiführen; denn welche Rolle hätte er als unbekannter Komponist, der die eigenen Werke nicht einmal selbst aufführen konnte, neben dem 'Erfolgs-Duo' Clara & Friedrich Wieck spielen sollen, ganz abgesehen von seiner syphilitischen Infektion, die wie ein Damokles-Schwert über ihm hing, welches gegebenenfalls - wie oben schon gezeigt - gegen ihn instrumentalisiert werden konnte.[462] Wie bereits oben dargestellt, konnte er die eigenen Interessen nur auf dem Wege eines Prozesses durchsetzen und war sich der daraus resultierenden Konsequenzen genau bewußt.[463]

---

[459] Details dieser Auseinandersetzung zwischen Clara und Robert sind nicht bekannt, erhalten ist lediglich der zu Beginn dieses Kapitels zitierte Tagebucheintrag Schumanns sowie eine diesbezügliche Bemerkung im Briefwechsel. Vgl. BW II, S. 725 (28.9.1839). Vgl. auch Tagebuch II, S. 94.

[460] BW III, S. 844 (2.1.1840).

[461] Vgl. dazu die detaillierten Ausführungen in Kapitel I.2.1. «Rechte und Pflichten des Vaters». So konnte z.B. eine voreheliche syphilitische Infektion des Mannes nach der Heirat nur noch von der Ehefrau selbst als Scheidungs- bzw. Nichtigkeitsgrund angeführt werden, nicht aber vom Schwiegervater, abgesehen von den zahlreichen personen- und vermögensrechtlichen Aspekten, die bereits ausführlich im Kapitel I.2.2. «Rechte und Pflichten der Ehegatten» dargestellt wurden.

[462] Vgl. dazu Kapitel II.3. «Konsensverweigerung aus erheblichen Gründen», Abschnitt «Chronische oder ansteckende Krankheiten».

[463] Vgl. dazu insbesondere Kapitel I.3.1. «Die sechs Ehekonsensbedingungen Friedrich Wiecks im Mai 1839». Angesichts der Strategien und Selbstinszenierungen Roberts sowie der Tatsache, daß er auch für die Nachwelt schrieb - vgl. Kapitel V. «Das Image Friedrich Wiecks» - ist die Glaubhaftigkeit folgender Zeilen zu bezweifeln und eher als Rückversicherung oder 'Spurenverwischung' zu bewerten: „Ich habe doch eine große Schuld auf mir, daß ich Dich von Deinem V. getrennt habe - und dies foltert mich oft; aber das wollte ich nicht, sondern ich wollte, als ich um Dich warb, nur Frieden und Eintracht und Dein Glück, und Deinem V. den höchsten Beweis meiner Hochachtung geben. Daß mir dies Alles nicht gelungen, daß ich so geringschätzig dafür behandelt worden bin, macht mir freilich viel Herzeleid - Nun nichts mehr davon." BW II, S. 650 (18.7.1839). Zu Claras Glück wäre beigetragen worden, wenn er zumindest auf die spätere zweite Klage verzichtet hätte. Seine angebliche Hochachtung für Wieck wird im Kapitel V.1. «Die Prägungen des Wieck-Images durch Robert Schumann vor der Brautwerbung» widerlegt.

Angesichts der Tatsache, daß Clara nach Einschätzung Roberts „leicht zu versöhnen" war, bestand jedoch weiterhin die Gefahr, daß Clara und Friedrich Wieck sich nach der Heirat dennoch aufeinander zubewegen konnten, auch ohne Robert. Daher war seine Ankündigung, niemals mit dem Schwiegervater in eine Gemeinschaft gelangen zu wollen, nicht ausreichend. Robert mußte vielmehr Wieck unversöhnlich stimmen, und zwar möglichst gegen Clara. Und genau diese Funktion hatte der zweite Prozeß, durch den die Gefahr einer Annäherung zwischen Vater und Tochter gebannt oder zumindest reduziert schien. Die frühen Ankündigungen, sich niemals mit dem Schwiegervater einigen zu wollen, sowie die unmittelbar nach Verkündung des Urteils aus erster Instanz ausgesprochene Prozeßandrohung geben einen deutlichen Hinweis auf diese Strategie Robert Schumanns.

Das Ziel der Heirat war spätestens mit dem Urteil aus zweiter Instanz in nächste Nähe gerückt, da ein Trunksuchtsbeweis sich nach Kenntnis aller Beteiligten als äußerst schwierig gestalten würde. Dennoch beharrte Robert auf einer Klage gegen seinen zukünftigen Schwiegervater. Nachdem er Clara bereits durch seine Suiziddrohung - zumindest mittelbar - in den ersten Prozeß getrieben hatte, zwang er sie durch die zweite Klage gegen Wieck - diesmal ohne Not - in eine Position, in der sie sich aufgrund ihrer nunmehrigen totalen Abhängigkeit von Robert nicht mehr vor den Vater stellen konnte, ohne ihre künftige Ehe zu gefährden. Mit der zweiten Klage gegen Wieck nahmen die im Rahmen des Prozeßgeschehens zu beobachtenden Illoyalitäten eine andere 'Qualität' an: Schumann erreichte nicht nur die Verurteilung seines Schwiegervaters, sondern auch eine dauerhafte Schädigung der Beziehung zwischen Tochter und Vater. Ob Clara in die allgemein akzeptierte Rolle der 'selbstlos dienenden Ehefrau' flüchtete, um sich vor dem zu fürchtenden Image des 'undankbaren Kindes' zu schützen, wird insbesondere in Kapitel VI.1.3. diskutiert werden.

# III. Rekonstruktion der Perspektive Friedrich Wiecks

Auf dem Hintergrund der in den vorangehenden Kapiteln ausführlich diskutierten Argumentationen beider Prozeßparteien sowie des ebenfalls bereits dargestellten juristischen Kontexts geht es in diesem Teil der Arbeit um die Klärung folgender Fragen:

Welche Position hat Friedrich Wieck in dem Interessenkonflikt mit Clara und Robert Schumann vertreten? Worin bestand das Außergewöhnliche an der Perspektive Wiecks und aus welchen Gründen konnte er die Vorstellung einer eigenständigen beruflichen Karriere seiner Tochter langfristig nicht verwirklichen? Scheiterte er ausschließlich am gesellschaftlichen Verständnis eines bürgerlichen Ehelebens oder gab es noch weitere unter Umständen in den Persönlichkeiten der Beteiligten liegende Gründe, die ihn sein Ziel nicht erreichen ließen? Wie ist seine Haltung im historischen Kontext zu bewerten und wie der ungeheure Widerstand gegen die von ihm eingenommene Position zu erklären? Gibt es andere bisher nicht berücksichtigte Gesichtspunkte, welche die Rezeption der Ehekonsensauseinandersetzung geprägt haben und möglicherweise auch unsere heutige Wahrnehmung des Interessenkonflikts noch beeinflussen?

## III.1 Historischer Kontext der Position Friedrich Wiecks

Die Wieck'sche Position bzw. Haltung in dem hier untersuchten Interessenkonflikt mit Clara und Robert Schumann zeichnet sich im wesentlichen durch zwei Anliegen aus:

1. Materielle Absicherung seiner Tochter: Wieck mußte sich die Frage stellen, ob Clara und die zu erwartenden Enkel durch Schumann standesgemäß versorgt sein würden, eine Frage, mit der sich jeder Vater angesichts eines von ihm geforderten Ehekonsenses auseinanderzusetzen hatte.
2. Claras Künstlerlaufbahn: Vor allem aber versuchte Wieck, die hart erarbeitete und vielversprechende Virtuosenkarriere seiner Tochter zu verteidigen.

Im Rahmen der Ehekonsensauseinandersetzung mußte Wieck beobachten, wie Clara zunehmend die eigenen Interessen aufgab, so daß er als verantwortungsbewußter Vater ihren Wunsch bzw. den von ihr eingeschlagenen Weg zunächst kaum respektieren konnte. Weiterhin hatte er die Sorge, daß Schumann mit der angestrebten Heirat auf Claras Namen, ihr Talent und ihr bereits erworbenes sowie noch zu erwartendes Vermögen spekulierte.[1] Diese Befürchtung war - wie oben bereits ausführlich dargestellt - angesichts der beruflichen und persönlichen Ausgangssituation seines potentiellen Schwiegersohns um 1839/40 nicht unbegründet und wurde im übrigen durch zahlreiche Äußerungen und Selbstzeugnisse Schumanns bestätigt.[2] So geht beispielsweise

---

[1] Nach den auf ein persönliches Gespräch mit Clementine Wieck zurückgehenden Aussagen Wasielewskis hatte Clara bis zu ihrer Parisreise bereits ein Vermögen von ca. 7000 Talern erspart, das sich allerdings auf dieser ersten von ihr allein unternommenen Konzertreise erheblich verringerte. Vgl. Wasielewski, 1906, S. 260.

[2] Claras pianistische Fähigkeiten - d.h. die Möglichkeit, auf diesem Weg seine Kompositionen dem Publikum vorzustellen - waren für Schumann von so existentieller Wichtigkeit, daß er seiner Braut gegenüber äußerte: „Nun ich habe ja meine rechte Hand an Dir, und Du, schone Dich ja recht, daß

aus mehreren Briefen an Clara eindeutig hervor, daß er ein erhebliches Interesse an ihrem Vermögen hatte:

„Sage mir jetzt genau, liebe Clara, steht Dein Capital in Deines V. Büchern, oder in den Büchern des Banquiers *auf Deinen Namen*? Oder steht es im Geschäft Deines Vaters? Mit einem Worte, wo ist es? - Zwar schrieb ich Dir früher, wir müßten bei unserer Verheirathung von Deinem Geld nichts erwähnen - doch warum solltest Du Dein Dir redlich erworbenes, mit Deinen Händen erworbenes Eigenthum nicht zurückverlangen? Die Summe ist ja auch zu bedeutend.“[3]

Noch vor der Verkündung des 1. Urteils forderte er Clara auf: „Schicke mir doch gleich das Verzeichniß Deiner Sachen in Deinem Hause hier; vergiß nichts (die Kupferstiche auch nicht) Einert soll schon in nächster Woche zu Deinem V. gehen, u. sie wie den Flügel verlangen.“[4]

Aufgrund der oben angedeuteten Beobachtung bzw. Sorge bemühte sich Wieck im Rahmen mehrerer Versöhnungsversuche, durch seine Ehekonsensbedingungen doch noch Claras Interessen zu schützen, wohlwissend, daß er seine Forderungen nur auf dem Wege einer gütlichen Einigung und mit Claras Zustimmung würde durchsetzen können.[5] Die häufig als ‘willkürlich und ‘immer wieder neu’ bezeichneten Bedingungen Wiecks - so etwa sein Vorschlag, Clara im Falle der Trennung 8000 Taler auszuzahlen bzw. sie als Universalerbin einzusetzen[6] - dienten dagegen konsequent einem einzigen Ziel: der Absicherung seiner Tochter. Angesichts der bereits oben dargestellten Rechtsstellung der Ehefrau und der gesellschaftlichen Behandlung, welche sie als Witwe zu erwarten hatte, belegt nicht zuletzt das Schicksal von Schumanns Schwägerin Therese die Notwendigkeit einer derartigen ehevertraglichen Absicherung: Aufgrund mangelnder ehe- bzw. erbrechtlicher Vereinbarungen - Eduard hatte kein Testament hinterlassen - erhielt Therese lediglich den regulären Erbteil, der ‘Rest’ des nicht unerheblichen Nachlasses ging an Robert Schumann, seinen Bruder Carl und Julius’ Kinder. Von dieser Erbschaft konnte sie nicht leben und war wegen ihrer abhängigen Position innerhalb der Familie nicht in der Lage, Forderungen zu stellen,

Dir nichts widerfährt“ und einige Zeit später drohte, sie nicht zu heiraten, wenn sie nicht mehr Klavier spielen könne. BW I, S. 307 (3.12.1838). Vgl. dazu BW III, S. 876 (17.1.1840). Daß Schumann ebenfalls sicher war, von Claras Namen, d.h. ihrer Berühmtheit zu profitieren, geht beispielsweise aus einem Brief an seine Brüder hervor: „Der schönsten Aussichten ist meine Zukunft voll - meine Zeitung nehme ich mit dorthin [nach Wien] - Clara ist dort hoch angesehen - kann sich spielend dort soviel verdienen, auch ich habe einen Namen dort - Clara schreibt mir, daß es mir nicht schwer fallen wird, eine Stelle als Professor am Wiener Conservatoire zu erhalten (die Kaiserin hat Clara'n persönlich gern -)....“ Jansen NF 2/1904, S. 113/114.

3 BW II, S. 514 (4.5.1839). Vgl. dazu auch BW II, S. 568 (13.6.1839).

4 BW III, S. 844 (2.1.1840).

5 Vgl. dazu die ausführliche Darstellung der Wieck'schen Ehekonsensbedingungen im Kapitel I.3.1. «Die sechs Ehekonsensbedingungen Friedrich Wiecks im Mai 1839» sowie im Kapitel II.4.1. «Detaillierte Klage-Erwiderung und Deduktionsschrift Friedrich Wiecks».

6 Vgl. dazu das im Kapitel II.4.1. «Detaillierte Klage-Erwiderung und Deduktionsschrift Friedrich Wiecks» beschriebene Gesamtpaket an Bedingungen, das u.a. auch das Angebot einer dreimonatigen gemeinsamen Konzertreise beinhaltete sowie einen garantierten Reingewinn von 6.000 Talern.

sondern mußte sich mit dem zufrieden geben, was ihr zugeteilt wurde.[7] Als 'Angeheiratete' gehörte die kinderlose Therese nach Eduards Tod offenbar nicht mehr zur Familie, wie den Äußerungen Schumanns zu entnehmen ist, dem es angemessen schien, das Geld „in der Familie" zu halten:

„Therese kann eine gewiße Unzufriedenheit, daß ihr Eduard nicht sein ganzes Vermögen vermacht, doch nicht ganz verheimlichen. Sieh, hier hast Du gleich einen Fall, Klärchen! Wie leicht hätte mich Eduard, als er noch lebte, unter irgend einer Bedingung dazu bereden können, nie Anspruch machen zu wollen etwas von ihm zu erben. Jetzt aber würde es mich doch kränken; denn mein Vater hat doch sicher lieber gewollt, daß sein Vermögen in der Familie bleibt, als in fremde Hände übergeht. Und dann ist es ja auch eine wirkliche Hülfe, da wir nun einmal leben müßen."[8]

Mit „fremde[n] Hände[n]" meinte Robert an dieser Stelle Eduards Ehefrau und Witwe Therese. Das Schicksal von Schumanns Schwägerin ist ein Beispiel dafür, was einer Frau widerfahren konnte, wenn sie weder durch einen Ehevertrag noch testamentarisch abgesichert war. Hierbei handelte es sich um eine allgemein akzeptierte gesellschaftliche Praxis im Umgang mit verwitweten Frauen, nicht etwa um ein willkürliches Verhalten der Erben. Schumann handelte vollkommen legal und es ist ihm kein Vorwurf daraus zu machen, daß er auf seinem Erbteil beharrte. Unverständlich bleibt jedoch, daß er angesichts dieser Erfahrungen im engsten Familienkreis die von Wieck an ihn selbst gestellten Bedingungen zu Claras Absicherung für diesen Fall so vehement ablehnte.

Die bereits oben ausführlich beschriebenen personen- und vermögensrechtlichen Konsequenzen der Eheschließung, welche sowohl Wieck als auch Schumann nachweislich bekannt waren,[9] veranlaßten ersteren zu seiner Konsensverweigerung, mit der er seine Tochter davor bewahren wollte, als Ehefrau eines Komponisten mit ungewisser Zukunft all ihre berechtigten Ansprüche auf eine glänzende Karriere aufzugeben und statt dessen als Hausfrau in die Lücke zwischen Kindererziehung und Stunden- bzw. Konzertgeben geschoben zu werden, je nachdem, ob gerade Häuslichkeit oder Sanierung der finanziellen Situation benötigt wurde. Darüber hinaus glaubte er, daß Clara in der Rolle als Hausfrau nicht ausgefüllt, sondern ihre Stellung als Künstlerin, d.h. ein von Konzertreisen und gesellschaftlichem Glanz geprägtes Virtuosenleben, vermissen würde.

---

7 Clara gegenüber lobte Schumann das Verhalten Thereses: „Mit Rührung denk ich daran, wie schön wie gut sie [Therese] war 'Gebt mir was ihr wollt - ich bin mit Allem zufrieden' sagte sie; Carl u. ich haben sie so herzlich lieb gewonnen, weil sie gar so sanft und willig sich zeigte." BW II, S. 528 (19.5.1839). In einem anderen Brief an Clara heißt es: „Eduard hat kein Testament hinterlassen, und ich muß es an Theresen loben, daß sie nicht unzart in ihn gedrungen." BW II, S. 486 (17.4.1839).

8 BW II, S. 605 (27.6.1839).

9 Vgl. dazu die Analyse der Wieck'schen Ehekonsensbedingungen, die belegen, daß Wieck sich zumindest über die rechtliche Stellung seiner Tochter als Ehefrau im Klaren war. Auch auf Seiten Schumanns geben zahlreiche Äußerungen innerhalb des Briefwechsels mit Clara einen deutlichen Hinweis auf dessen detaillierte juristische Kenntnisse. Vgl. u.a. BW II, S. 488 (17.4.1839), 493 (21.4.1839), 506 (29.4.1839), S. 510 (2.5.1839), 514 (4.5.1839).

Dieser zweite Aspekt der Wieck'schen Position - die Verteidigung von Claras Virtuosenkarriere - bildete den harten Kern der Auseinandersetzung und sollte im übrigen auch in späteren Jahren zu ehelichen Konflikten führen, als Clara darauf drängte, Konzertreisen zu unternehmen, um durch ihre Erwerbstätigkeit zum Familienunterhalt beitragen zu können.[10] Den im Rahmen der gerichtlichen Auseinandersetzung vorgetragenen Argumenten Wiecks ist zu entnehmen, daß er sich im Fall von Clara einen ganz anderen Lebensweg als den einer Hausfrau vorstellte, die neben ihren Pflichten als Gattin und Mutter ein paar Stunden unterrichtete und 'am Rande' ein Konzert gab. Er hatte frühzeitig Claras Hochbegabung erkannt, war bis zu ihrem zwanzigsten Lebensjahr ihr einziger Klavierlehrer und erzog sie zu einer umfassend gebildeten Künstlerin, so daß sie bereits als Achtzehnjährige eine außerordentlich erfolgreiche Karriere als Pianistin vorweisen konnte. Clara erhielt höchste Auszeichnungen und wurde mit den bedeutendsten Virtuosen ihrer Zeit wie Thalberg, Henselt und Liszt verglichen. Mit seinem auf Selbständigkeit ausgerichteten Erziehungs- und Ausbildungskonzept[11] ermöglichte Wieck seiner Tochter die Stellung einer europaweit gefeierten Virtuosin, welche ihr nicht nur ein erhebliches Einkommen, sondern mit ihrer finanziellen Unabhängigkeit auch eine weitestgehend gesellschaftlich unabhängige Position versprach.

Bereits im Zusammenhang mit der ersten Konsensbedingung, einen Wohnort außerhalb von Sachsen zu wählen - mit andern Worten die Notwendigkeit, sich in einer der Kunstmetropolen anzusiedeln, um die Fortsetzung von Claras Virtuosentätigkeit zu ermöglichen -, wurde deutlich, daß in diesem Interessenkonflikt zwei vollkommen konträre Lebenskonzepte aufeinanderstießen.[12] Zahlreiche Selbstzeugnisse Schumanns und nicht zuletzt seine Ausführungen in der Refutationsschrift geben einen eindeutigen Hinweis darauf, daß er Claras berufliche Karriere mit der Eheschließung für beendet hielt und ihre verbleibenden Fähigkeiten in den Dienst des Haushalts bzw. seiner Musik zu stellen beabsichtigte.[13]

Durch seine langfristig angelegte Strategie, die (emotionale) Beziehung zwischen Tochter und Vater so weit zu zerstören, daß Clara schließlich bereit war, gegen den eigenen Vater zu prozessieren, gelang es Schumann, seine Interessen vollständig durchzusetzen, ohne auf die Ehekonsensbedingungen seines zukünftigen Schwiegervaters vom Mai 1839 eingehen zu müssen. Wie oben gezeigt,[14] konnte Schumann sich dabei auf die gesellschaftlich etablierten sowie gesetzlich normierten Ehevorstellungen stützen und so Friedrich Wieck mit seiner Vision von einer beruflichen Spitzenposition seiner genial begabten Tochter zunehmend in eine Außenseiterrolle drängen; denn eine unabhängige Erwerbstätigkeit der Frau war während bestehender Ehe gesetzlich nicht

---

[10] Siehe dazu Kapitel III.2. «Vergleich der Befürchtungen Wiecks mit der tatsächlichen Eherealität»

[11] Vgl. dazu den Tagebucheintrag zu Claras Konfirmation, der weiter unten in diesem Kapitel zitiert wird. Vgl. Clara Schumann, Jugendtagebücher; Bd. II, Tagebuch 3, S. 50/51. Vgl. auch den ebenfalls dort zitierten Brief Friedrich Wiecks an Clara vom 22.8.1867. Vgl. Wieck, 1912, S. 41.

[12] Auf diesen Aspekt wurde bereits mehrfach hingewiesen. Vgl. Kapitel I.3.1. sowie Kapitel II.4.2.

[13] Vgl. dazu Schumanns diesbezügliche Ankündigungen, die im Kapitel I.3.1. bzw. II.4.2. zitiert werden.

[14] Auf diese Strategie Schumanns wurde bereits im Kapitel II.4.2. eingegangen. Sie wird darüber hinaus detailliert in Kapitel V.2 behandelt.

vorgesehen. Wie in zahlreichen anderen Rechtsordnungen,[15] wurden ebenfalls in der königlich-sächsischen Gesetzgebung die patriarchalen Herrschaftsstrukturen innerhalb der bürgerlichen Ehe festgeschrieben und dienten der Erhaltung der ehemännlichen Machtposition. So zählte nach königlich-sächsischem Eherecht zu den „Wirkungen, welche blos den Ehemann betreffen", beispielsweise auch das „Recht des Erwerbs aus den Arbeiten der Frau":

„Der Ehemann ist Dirigent des Hauswesens, in wiefern nicht die gewöhnlichen Haushaltungsbedürfnisse in Frage kommen, welche als weibliche Geschäfte der Ehefrau zu überlassen sind, er ist berechtigt, von seiner Frau zu verlangen, daß sie sich sämmtlicher häuslichen, ihrem Stande angemessenen Arbeiten selbst unterziehe, und ihn bei Betreibung seiner Kunst oder seines Handwerks auf die geeignete Art unterstütze. Treibt die Frau eine eigene Kunst, so ist zu unterscheiden, ob sie die häusliche Wirthschaft vernachlässigt, oder nicht. Im letztern Falle zieht sie den Gewinn allein, ohne dem Manne etwas geben zu müssen, vernachlässigt sie dagegen die schuldigen Arbeiten, so muß sie den Mann schadlos halten, und ihm dasjenige, was er deshalb mehr ausgegeben, wiedererstatten. Der Gerichtsbrauch befolgte bisher in dergleichen Fällen den Grundsatz, daß er der Ehefrau, sobald nicht Verträge oder Verjährung entgegenstehen, das Eigenthum des durch ihre Kunst Erworbenen, dem Ehemanne dagegen die Verwaltung und Nutznießung desselben, unter Abzug des zur Ausübung der Kunst erforderlichen Aufwandes, zuerkannte. Die Wahl eines besondern Gewerbes von Seiten der Frau kann aber nur mit Genehmigung des Mannes geschehen."[16]

Im Rahmen der vorliegenden Fragestellung - nach den Möglichkeiten einer eigenständigen Erwerbstätigkeit der Frau - sind drei dieser von Hartitzsch angesprochenen Aspekte der königlich-sächsischen Ehegesetzgebung von zentraler Bedeutung: Die Frau war zu unentgeltlicher Arbeit im Haushalt sowie gegebenenfalls lohnloser Mitarbeit im Gewerbe des Mannes verpflichtet. Darüber hinaus stand ihr bei einer außerfamiliären Betätigung zwar rechtlich das Eigentum an ihrem Verdienst zu, Verwaltung und Nießbrauch des von ihr erwirtschafteten Einkommens gingen jedoch auf den Mann über. Sie konnte de facto nicht über das aus eigener Arbeit verdiente Geld disponieren. Diese Regelung entsprach im wesentlichen dem auf eine prägnante Kurzformel gebrachten §211 des ALR von 1794: „Was die Frau in stehender Ehe erwirbt, erwirbt sie, der Regel nach, dem Manne."[17] Jegliches Einkommen der Frau wurde mit diesem Gesetz quasi dem Vermögen des Mannes, zumindest aber dem Eingebrachten, zugerechnet.[18] Zudem durfte sie ohne Einwilligung des Ehemannes kein besonderes, d.h. außerfamiliäres Gewerbe betreiben.

Mit diesen Regelungen wurde der eigenständigen weiblichen Berufstätigkeit ein - um nicht zu sagen der entscheidende - Riegel vorgeschoben. Das generelle Wirksamkeitserfordernis der ehemännlichen Einwilligung bot dem Mann die rechtliche Möglichkeit, eine selbständige Berufstätigkeit und die damit verbundene wachsende finanzielle

[15] Vgl. z.B. ALR für die Preußischen Staaten, II. Teil, 1. Titel, 4. Abschnitt, §§ 194, 195, 196 bzw. Code civil, art. 217.

[16] Hartitzsch, 1836, §79, S. 86/87.

[17] ALR für die Preußischen Staaten, II. Teil, 1. Titel, 5. Abschnitt, §211.

[18] Mit Ausnahme der Receptitien, die jedoch im Zweifel nicht vermutet wurden. Vgl. dazu die ausführlich diskutierte Rechtsstellung der Ehefrau im Kapitel I.2.2. «Rechte und Pflichten der Ehegatten».

Unabhängigkeit der Frau grundsätzlich zu verhindern; statt dessen konnte er seine Gattin in die engen Grenzen ihres innerfamiliären Aktionsraums verweisen und die Erfüllung sämtlicher ihr obliegenden häuslichen Pflichten verlangen.

Dieser Aspekt der sächsischen Ehegesetzgebung sollte in der Schumann'schen Ehe von zentraler Bedeutung werden, wie die zahlreichen Auseinandersetzungen um die von Clara gewünschten Konzertreisen belegen.[19] Nach der Heirat war sie diesbezüglich auf die Zustimmung Roberts angewiesen, gegen dessen Willen sie keine Konzerttournee unternehmen durfte. Mit welchen Schwierigkeiten sie bereits zu Beginn ihrer Ehe zu kämpfen hatte und auf welchen erheblichen Widerstand von seiten Roberts sie in diesem Zusammenhang stieß, ist unter anderem Gegenstand des folgenden Kapitels.

Die in bürgerlichen Familien als Zeichen des Wohlstands deklarierte 'Freistellung' der Hausfrau vom Erwerbsleben bewirkte de facto eine Verhinderung der partiellen weiblichen Unabhängigkeit sowie deren Beschränkung auf den häuslichen Wirkungskreis. Entsprechend betonte Schumann, Clara könne zwar durch ihre künstlerischen Fähigkeiten „der Oeconomie des Haushaltes ... förderlich" sein, er würde dessen aber „nicht bedürfen".[20] Die mit Hilfe der Gesetzgebung legalisierte Fixierung der innerfamiliären Machtverhältnisse wurde in Jurisprudenz[21] und anderen Disziplinen - wie z.B. der Staatswissenschaft - häufig mit dem 'Wesen der Ehe', der 'natürlichen Vorrangstellung des Mannes' oder der naturgegebenen „Bestimmung des Weibes zur Gattin, Hausfrau und Mutter" begründet.[22] In Carl Theodor Welckers Staatslexikon von 1838 findet sich z.B. folgende Argumentation:

„Kaum bedarf es nun wohl noch besonderer Beweisführungen, daß bei solchen Verschiedenheiten der Geschlechter, bei solcher Natur und Bestimmung ihrer Verbindung, eine völlige Gleichstellung der Frau mit dem Manne in den Familien- und in den öffentlichen Rechten und Pflichten, in der unmittelbaren Ausübung derselben, der menschlichen Bestimmung und Glückseligkeit widersprechen und ein würdiges Familienleben zerstören würde, daß dabei die Frauen ihrer hohen Bestimmung im häuslichen Kreise und für die Bildung der nachfolgenden Geschlechter, daß sie dem Schmucke und der Würde der Frauen, der wahren Weiblichkeit und ihrem schönsten Glücke entsagen und sich den größten Gefahren blosstellen müßten ...

Jene Theorien, die gleichgültig gegen die Rechte der Frauen dieselben despotisch als Mittel für die Männer und ihren Verein mißbrauchten, mußten auf das edelste Gut für die Männer und den Staat, auf ein häusliches oder Familienleben und sittliche Familienerziehung der Kinder, verzichten. Die, welche, bei einseitiger Verfolgung einer abstracten Gleichheitsregel die Gesetze und Schranken der Natur übersehend, für die Frauen mehr Rechte in Anspruch nahmen, als diese nach jenen Gesetzen und

---

[19] Vgl. dazu Kapitel III.2. «Vergleich der Befürchtungen Wiecks mit der tatsächlichen Eherealität».

[20] Vgl. Prozeßakten, fol. 65v.

[21] Vgl. z.B. ALR für die Preußischen Staaten, II. Teil, 1. Titel, 4. Abschnitt, §§ 194, 195, 196; Code civil art. 217: Die Frau kann „ohne Autorisation weder Prozesse führen noch Verträge schließen", ist mit anderen Worten nicht voll geschäftsfähig und kann ohne die Einwilligung des Mannes keiner Erwerbstätigkeit nachgehen. Vgl. Dörner, 1974, S. 144. Vgl. auch den Entwurf eines bürgerlichen Gesetzbuchs für das Königreich Sachsen von 1852: IV. Theil, 1. Abtheilung, 2. Abschnitt, 1. Capitel, §§ 1429, 1430, 1433, 1437 Vgl. ebenfalls die diesbezügliche Darstellung der kontroversen Diskussion im Rahmen der Schaffung des BGB bei Dörner, 1974, S. 100 ff.

[22] Diese Formel wurde 1789 von Joachim Heinrich Campe verwendet. Zitiert nach Hausen, 1976, S. 373.

Schranken nur wollen können, zerstören diese heiligste, festeste Grundlage menschlicher und bürgerlicher Tugend und Glückseligkeit auf's Neue."[23]

Gerade gegen den angeblich naturbedingten, mit unterschiedlichen „Geschlechtscharaktere[n]"[24] begründeten Ausschluß der Frauen aus dem Erwerbsleben wandte sich die von Welcker als Verfechter einer „abstracten Gleichheitsregel" bezeichnete Frauenbewegung. Die zentralen Forderungen der sich Anfang der 1840er Jahre in Leipzig um Louise Otto formierenden Emanzipationsbewegung waren: *«Das Recht der Frauen auf Erwerb»* [25]- so der gleichnamige Titel einer späteren Publikation von Louise Otto -, darüber hinaus die dazu notwendige Verbesserung der weiblichen Berufsausbildung, die auch eine Zulassung zu den bisher nur Männern vorbehaltenen wissenschaftlichen Studiengängen einschloß. Bereits 1843 forderte Louise Otto die „Teilnahme der weiblichen Welt am Staatsleben".[26] Mit ihrer Eingabe an das sächsische Innenministerium - der *«Adresse eines deutschen Mädchens»* von 1848 -, in der sie „die Herren, die zur Prüfung und Regelung der Arbeiterverhältnisse berufen sind", ermahnte, „bei der Organisation der Arbeit" die Frauen nicht zu vergessen, machte sich Louise Otto auch über die Landesgrenzen Sachsens hinaus einen Namen.[27] In zahlreichen Artikeln der von ihr herausgegebenen Frauen-Zeitung wandte sie sich entschieden gegen die Behinderung weiblicher Erwerbstätigkeit und die daraus resultierende rechtliche Benachteiligung von Frauen. Sie unterstützte die Gründung von Frauenvereinen, die sich programmatisch für eine bessere und berufsorientierte Ausbildung von Frauen und Mädchen sowie für eine Demokratisierung der Gesellschaft einsetzten.[28]

Es ist zweifelhaft, ob Wieck in seiner eher konservativen Haltung insgesamt mit den Zielen der Frauenbewegung sympathisierte. Er war grundsätzlich kein Anhänger einer Bewegung oder Verfechter einer Ideologie, sondern sah sich selbst als Pragmatiker bzw. 'Mensch der Taten'.[29] Durch die gezielte und umfassende Ausbildung Claras sowie sein unermüdliches Engagement für ihre Karriere verwirklichte Wieck allerdings - ohne es recht eigentlich zu wissen oder gar zu intendieren - eine zentrale Forderung der Frauenbewegung. Mit der vorurteilsfreien Förderung seiner Tochter schuf er die Voraussetzungen zu deren unabhängiger beruflicher Existenz und setzte sich damit über eine gesellschaftliche Realität hinweg, in der die Bestimmung der Frau auf ihre Rolle als 'Gefährtin des Mannes, Vorsteherin des Hauses und Mutter ihrer Kinder' beschränkt wurde.[30] Wie sehr Friedrich Wieck sich mit dieser Haltung von den zu seiner Zeit propagierten und praktizierten Erziehungskonzepten für 'höhere Töchter' abhob, welche im wesentlichen auf die Tauglichkeit der jungen Mädchen zur

---

23 C. Welcker, Artikel «Geschlechtsverhältnisse», in: K. Rotteck, C. Welcker (Hg.), Staatslexicon oder Encyclopädie der Staatswissenschaften, Bd. 6, Altona 1838. Zitiert nach Hausen, 1976, S. 376.

24 Vgl. Hausen, 1976, S. 377.

25 Otto, Louise: *«Das Recht der Frauen auf Erwerb. Blicke auf das Frauenleben der Gegenwart».* Hamburg, 1866.

26 Otto, 1979, S. 29.

27 Otto, 1979, S. 16.

28 Vgl. dazu ausführlich Otto, 1979, Einleitung S. 7-30.

29 Vgl. BW II, S. 615 (2.7.1839).

30 Vgl. dazu Hausen, 1976, S. 363 ff.

künftigen Ehefrau ausgerichtet waren, belegen nicht zuletzt die damals populären Werke der sog. 'Hausväterliteratur'.[31]

Wieck durchbrach mit der Vision einer eigenständigen beruflichen Spitzenposition seiner Tochter sowie der Forderung, diese Stellung auch innerhalb der Ehe zu verteidigen, ein Tabu bzw. einen Machtraum und stieß daher auf erheblichen gesellschaftlichen Widerstand, wie sich nicht zuletzt in den vernichtenden Rezeptionsurteilen zu seinem Verhalten in der Ehekonsensauseinandersetzung zeigen sollte.[32] Ohne sich als 'Vorkämpfer der Frauenbewegung' zu sehen, handelte er aus Sicht der Gleichstellung für seine und auch die nachfolgende Zeit außergewöhnlich vorurteilsfrei. Diese Tatsache zeigt, daß es nicht unbedingt einer politischen Ausrichtung bedarf, um sich für die Durchbrechung eines Tabus bzw. die Durchsetzung eines hart umkämpften Rechts - dem Anspruch auf eine selbständige Erwerbstätigkeit bzw. unabhängige gesellschaftliche Position der Frau - entschieden einzusetzen.

Bemerkenswert ist, daß Wieck trotz seiner Enttäuschung über Clara, die ihn am Sinn einer Berufsausbildung für Frauen hätte zweifeln lassen können, sich derselben Mühe mit seiner zweiten begabten Tochter Marie unterzog, die immerhin die Stellung einer fürstlichen hohenzoller'schen Hof- und Kammerpianistin erreichte.[33] Doch Friedrich Wieck setzte sich nicht nur für die eigenen Töchter, sondern auch für andere hochbegabte Frauen bzw. Mädchen ein, wie die Beispiele der elfjährigen Alwine Ohm oder seiner 'Pflegetochter' Minna Schulz belegen,[34] und ließ sich durch keinen gesellschaftlichen oder sonstigen Widerstand von seiner diesbezüglichen Überzeugung abbringen. Vielmehr engagierte er sich unermüdlich für die Förderung von musikalischen Hochbegabungen, und zwar unabhängig vom Geschlecht seiner Zöglinge, zu denen gleichermaßen männliche und weibliche Talente zählten.[35] Mit dieser vorurteilslosen Haltung trug er wesentlich zur berufsorientierten Ausbildung der von ihm unterrichteten Frauen bei und ermöglichte ihnen eine unabhängige gesellschaftliche Position.

---

31 Vgl. z.B. die mehrfach aufgelegte Publikation von Joachim Heinrich Campe, *«Väterlicher Rath für meine Tochter»* von 1789, die bereits 1796 in der 5. Auflage erschien, sowie das weit verbreitete Buch von Adolf Freiherr Knigge *«Über den Umgang mit Menschen»* von 1788, in denen ein ganz bestimmtes Erziehungsideal für Töchter bzw. angehende Ehefrauen vertreten wurde.

32 Vgl. die ausführliche Analyse des Wieckbildes im Kapitel V. sowie die im Kapitel IV. dargestellten Rezeptionsmechanismen, die zu diesem Image geführt haben.

33 Vgl. die entsprechende Widmung in der Publikation von Joß, 1902. Vgl. auch Köckritz, Artikel *«(Johanna) Marie Wieck»*, GROVE II, Bd. 27, S. 363.

34 Für Alwine organisierte er u.a. zur Finanzierung ihrer Ausbildung ein sog. Subscriptions-Konzert, zu dem er sogar die Unterstützung des sächsischen Königshauses zu gewinnen vermochte. Er öffnete ihr die Dresdner Musikkreise, vermittelte Alwine die für ihre Karriere wichtigen Kontakte und nahm regen Anteil an ihrer künstlerischen Entwicklung, wie die überaus positiven und dankbaren Äußerungen von Alwines Vater belegen. Vgl. Joß, 1900, 78 ff. Seine Gesangsschülerin und Pflegetochter Minna Schulz führte er erfolgreich beim Leipziger Publikum ein. Vgl. Tagebuch III, S. 733/34, Anm. 417, 419, 420. Im Winter 1846/47 unternahm er mit ihr eine Konzertreise nach Wien, bereitete dort ihre öffentlichen Auftritte sorgfältig vor, so daß es ihm gelang, Minna auch die Wiener Kunstszene erfolgreich zu erschließen. Vgl. Tagebuch III, S. 336, S. 735 Anm. 429.

35 Vgl. die Liste seiner dankbaren Schülerinnen und Schüler anläßlich der Gründung der Friedrich-Wieck-Stiftung. Joß, 1900, S. 86.

In seinem bereits mehrfach erwähnten Tagebucheintrag zu Claras Konfirmation versuchte Wieck, seiner Tochter die eigene - von Verantwortungsgefühl und Unabhängigkeit geprägte - Lebenseinstellung zu vermitteln:

„Meine Tochter! Du sollst nun selbständig werden; das ist von der höchsten Bedeutung. Ich habe Dir und Deiner Ausbildung fast 10 Jahre meines Lebens gewidmet; bedenke, welche Verpflichtungen Du hast. Bilde denn Sinn für ein nobles und uneigennütziges Wirken, für Wohlthun und für eine wahre Humanität immer mehr und bei jeder Gelegenheit aus und halte die Ausübung der Tugend für die - wahre Religion. Laß Dich, wenn Du bitter verkannt und verleumdet und beneidet wirst, nicht irre machen in Deinen Grundsätzen. Ach, das ist ein schwerer Kampf und doch - besteht darin die wahre Tugend. - Ich bleibe Dein rathender und helfender Freund. Friedrich Wieck."[36]

Das sich in diesen Zeilen ausdrückende Verantwortungsbewußtsein erklärt, warum Friedrich Wieck nach den Prozessen - trotz der sicherlich maßlosen Enttäuschung und Verbitterung über Claras Verhalten[37] - seine Tochter nicht einfach ihrem Schicksal überließ, sondern seinen Grundsätzen als pflichtbewußter Vater treu blieb und versuchte, auch in dieser von ihm selbst subjektiv als 'Verkennung' wahrgenommenen Situation ihre Interessen bestmöglich zu vertreten, eine Haltung, die er im übrigen bis zu seinem Tode beibehielt.[38]

Friedrich Wieck scheiterte mit der Vision einer eigenständigen beruflichen Existenz seiner Tochter nicht unmittelbar an den bürgerlichen Ehevorstellungen seiner Zeit, an denen er sich - soweit bekannt - im engeren familiären Kreis selbst orientierte. Er scheiterte vielmehr in erster Linie an der Haltung seiner Tochter, die nicht mit ihm 'an einem Strang zog' und in bezug auf ihre Rolle als Frau seiner unabhängigen und geradezu 'modernen' Sicht nicht folgen mochte. Trotz der in entgegengesetzte Richtung weisenden Erziehung seitens ihres Vaters hatte Clara - nicht mit siebzehn, aber nach dreijähriger Beziehung zu Robert - die bürgerlichen Vorstellungen einer weiblichen Bestimmung der Frau zur Gattin, Hausfrau und Mutter derart verinnerlicht, daß sie bereit war, jegliche Ansprüche auf eine individuelle Karriere aufzugeben oder zumindest während der Ehe vorzugeben, dieses zu tun.[39] Claras Verhalten sowie ihre persönliche Entwicklung während der Ehejahre zeigen sie als eine Frau, welche ihr Talent, ihre Arbeitskraft und Lebensenergie vollständig in den Dienst des Ehemannes stellte und sämtliche ihrer Interessen und geistigen Positionen seinen Bedürfnissen unterordnete.

Es wurde bereits im Kapitel I.3. darauf hingewiesen, daß diese totale Aufgabe ihrer individuellen Ansprüche erst im Laufe der Entwicklung von 1837 bis 1840 zu beob-

---

[36] Clara Schumann, Jugendtagebücher, Bd. II, Tagebuch 3, S. 50/51, (12.1.1834). Vgl. dazu auch Litzmann I, S. 66 und Wendler, 1996, S. 1.

[37] Vgl. z.B. den Brief an Cranz in Hamburg. BW III, S. 966/67 (4.3.1840). Das Zitat findet sich in Kapitel II.6. «Strategien und Verhalten während des Prozesses».

[38] Vgl. dazu Kapitel III.3. «"Tempora mutantur": Verhalten Friedrich Wiecks nach dem Prozeß».

[39] Vgl. dazu die Überlegungen hinsichtlich der späteren beruflichen Entwicklung Claras am Ende von Kapitel III.2. «Vergleich der Befürchtungen Wiecks mit der tatsächlichen Eherealität».

achten ist.[40] Inwiefern diese Tatsache zurückzuführen sein mag auf ihr jugendliches Alter von siebzehn Jahren, in welchem sie den Argumentationsstrategien Robert Schumanns nicht gewachsen sein konnte, muß - wie schon mehrfach erwähnt - einer gesonderten Untersuchung vorbehalten bleiben. Diese Strategien bewegten sich zwischen extremem Lob und Huldigung einerseits, wenn Clara seinen Forderungen und Vorstellungen folgte, und Tadel oder gar Schmähung andererseits, wenn sie eigene Interessen vortrug. Beides wurde zunehmend perspektivisch verzerrt, die Huldigung zur marienhaften Höhe verklärt, der Tadel ins Häßliche gedeutet mit dem Bild Wiecks als bösem Vater und Schädiger. Auch mögen Verlustangst - aufgrund oben schon beschriebener Selbstmorddrohungen - sowie Liebesentzug Clara zunehmend in eine zunächst passive und schließlich selbstverleugnende Rolle gedrängt haben.[41]

In der Schumann-Forschung erhielt Clara für ihre Haltung großes Lob. Friedrich Wieck dagegen wurde dafür, daß er die Karriere seiner Tochter retten wollte, verdammt und verkannt. Die Rezeption des Interessenkonflikts zwischen Clara, Robert und Friedrich zeigt, mit welchem Widerstand ein Vater zu rechnen hatte, der für seine Tochter derartige Ansprüche zu stellen wagte.[42]

## III.2. Vergleich der Befürchtungen Wiecks mit der tatsächlichen Eherealität

Clara und Robert Schumann sind als das ideale romantische Künstlerehepaar in die Musikgeschichte eingegangen, wobei Clara als aufopferungsvolle Gattin des genialen Komponisten Robert Schumann 'überlebte', die ihre pianistischen Fähigkeiten in den Dienst seines Werkes gestellt hatte und für ihre Haltung einschlägig mit großem Lob bedacht und als Vorbild gepriesen wurde.[43]Diese zu einem 'Simultanbild' verkürzte Sichtweise ist allerdings zu differenzieren. Es gilt die unterschiedlichen Lebensphasen und Zeitperspektiven zu trennen. Die konkrete Ehesituation in den Jahren 1840 bis 1856 zeigt vielmehr, daß die zum Zeitpunkt der gerichtlichen Auseinandersetzung von Friedrich Wieck geäußerten Befürchtungen sich in nicht geringer Weise bestätigt haben. Angesichts dieser Tatsache erscheint das vernichtende Urteil über die von Wieck eingenommene Position ungerechtfertigt bzw. dringend revisionsbedürftig und macht eine Neubewertung nicht nur der Perspektive Wiecks, sondern des gesamten Interessenkonflikts notwendig.

Eine umfassende Aufarbeitung des Schumann'schen Ehealltags erfordert zumindest eine eingehende psychologische und soziologische Untersuchung der ehelichen Beziehung zwischen Clara und Robert, kann jedoch nicht Gegenstand dieser Arbeit sein. Vielmehr sollen einzelne für die vorliegende Fragestellung relevante Aspekte

---

40 Vgl. dazu insbesondere das Kapitel I.3.1. «Die sechs Ehekonsensbedingungen Friedrich Wiecks im Mai 1839», die Anmerkungen zur Wohnortbedingung betreffend.

41 Vgl. dazu u.a. Kapitel I.3.2. «Eskalation im Sommer 1839», in dem diese Strategie Schumanns geschildert wurde.

42 Vgl. dazu die Ausführungen in Kapitel IV. «Rezeption des Prozesses» sowie Kapitel V. «Das Image Friedrich Wiecks».

43 Diese Tatsache sagt vor allem etwas über die bis heute stattgefundene Rezeption aus und soll daher ausführlich im Kapitel IV behandelt werden.

einer genaueren Betrachtung unterzogen werden. Das betrifft insbesondere den Einfluß der Ehesituation auf Claras Arbeitsbedingungen und ihre berufliche 'Entwicklung'.

Zwar äußerte Robert auch nach der Heirat, in Clara weiterhin die Künstlerin zu sehen. Die Eherealität der Schumanns zeugt jedoch eindeutig von anderen Rollenschwerpunkten in Claras Leben, welche Schumann als notwendig und unveränderbar darstellte: Er habe nun einmal sein „Talent zu pflegen", „Kinder haben und einen immer phantasirenden Mann, und componiren geht nicht zusammen. [...] Klara kennt aber selbst ihren Hauptberuf als Mutter, daß ich glaube, sie ist glüklich in den Verhältnissen, wie sie sich nun einmal nicht ändern lassen."[44]

Die Aufgabenverteilung innerhalb der Ehe hatte Schumann bereits vor der Heirat angekündigt: Robert wollte ungestört komponieren, während Clara Haushalt und Kinder zu versorgen hatte. Dabei war ein umfangreiches Aufgabenpensum zu bewältigen: Clara unterlag die Direktion des Hauswesens, zu der u.a. die Anweisung und Kontrolle des Personals gehörte, die Verwaltung des von Robert zugeteilten Wochenbudgets, die Bewirtung von Gästen sowie repräsentative Pflichten, Beaufsichtigung der Kindererziehung etc. Auch wenn Clara bestimmte Tätigkeiten delegieren konnte, blieben noch immer zahlreiche Verpflichtungen, die ihr kaum Zeit zum Üben, geschweige denn für ein ernsthaftes Klavierstudium ließen. Rieb Clara sich vor der Heirat und zu Beginn der Ehe noch mit „Hausfrau-Aengsten"[45] auf, waren diese bald kein Thema mehr und sie fügte sich in die ihr zugewiesene Rolle: „Klara [...] schneidet auch Bohnen wenn's sein muß", wie Schumann im Tagebuch festhielt.[46] Die mit steigender Anzahl der Familienmitglieder wachsenden Haushaltsverpflichtungen sowie die ständige Sorge um Roberts Gesundheit beanspruchten Claras volle Aufmerksamkeit und stellten eine derartige Belastung dar, daß an Üben oder gar Konzertieren nicht zu denken war, wie beispielsweise aus einem Brief an ihre langjährige Freundin Emilie List hervorgeht:

„Meine theure Mila, Du kannst Dir wohl denken, welche große Freude mir Dein letzter soeben empfangener Brief gemacht, und nur durch das Eine wird die Freude getrübt,

---

44 Tagebuch II, S. 250 (October 1842); 255 (17.2.1843).

45 Tagebuch II, S. 103 (20.9.1940); Vgl. auch die voreheliche Diskussion um Claras Kochkünste sowie Schumanns Geschenk: ein Kochbuch. Seine Bemerkung „Im Kochen wirst Du in Wien auch keine großen Fortschritte machen" wirkt angesichts der gleichzeitigen Auszeichnung Claras zur k.&k. Kammervirtuosin geradezu hämisch. BW I, S. 101 (12.2.1838). Die Tatsache, daß er sich erlauben konnte, überhaupt die beiden Tätigkeiten in Vergleich zu bringen, dokumentiert seine Einschätzung Claras im Hinblick auf ihr Selbstwertgefühl sowie ihre Kritikfähigkeit in bezug auf seine Person. Claras selbstbewußter Brief vom 3.3.1838, der oben im Kapitel I.3.1. zitiert wurde, dokumentiert allerdings, daß sie zu diesem Zeitpunkt durchaus noch fähig und willens war, ihre Interessen den seinen gegenüber abzugrenzen.

46 Tagebuch II, S. 179 (45.-47. Woche, vom 18.7. bis 8.8.1841). Daß es hier nicht ums 'Bohnenschneiden' ging, sondern um das Ende eines Kampfes, beweist die Tatsache, daß Clara bekannt war, welche Auswirkungen eine mechanische Hausarbeit auf die Feinmotorik der Finger haben kann. Nach Auskunft von Tochter Eugenie vermied Clara in späteren Jahren jede Beschäftigung, „die auch nur die geringste Steifheit befürchten ließ." Vgl. Schumann, Eugenie, *«Erinnerungen»*, 1999, S. 119. Darüber hinaus darf mit an Sicherheit grenzender Wahrscheinlichkeit angenommen werden, daß diese Tatsache auch Robert bekannt war. Mit derartigen Tagebucheinträgen werden die Adressaten über mehr unterrichtet, als übers 'Bohnen schneiden'.

daß mein armer Robert seit 5 Wochen sehr leidend ist, und zwar nervös in Folge großer geistiger Anstrengungen. Du kannst es nicht glauben welch schwere Tage und Nächte, ich in dieser Zeit durchgemacht! er ist immer so trübe, so geplagt von hypochondrischen Gedanken, kann nicht das Kleinste thun, und fast keine Minute darf ich ihn verlassen, will ich ihn nicht gleich wieder den trübsten Gedanken verfallen sehen. Nun sagt der Arzt, er habe gar keine Sorge, sein Körper sey ganz gesund und die nervöse Verstimmung werde sich nach und nach wieder geben, er solle aber entweder in's Seebad oder in eine Kalt-Wasser-Anstalt. Zu Beidem aber hat er keine Lust, und natürlich ich auch nicht, da wir vom 15-21 August umziehen müssen, und am 1ten Septbr: zwei neue Leute bei uns einziehen, ferner Eugenie am selben Tag entwöhnt werden soll. Mir steht der Kopf still, wenn ich denke, was Alles vor sich gehen soll und vielleicht Alles das in meiner Abwesenheit!"[47]

Diese Sorgen waren Clara nicht unbekannt, hatte sie doch bereits vor ihrer Heirat die von finanziellen und familiären Belastungen geprägte Situation ihrer Mutter erlebt, die ebenfalls einen kranken Mann zu pflegen hatte, und gehofft, daß ihr in der eigenen Ehe derartige Verhältnisse erspart bleiben würden.[48] Clara brachte in vierzehn Jahren des gemeinsamen Ehelebens acht Kinder zur Welt. Mit den zwei Fehlgeburten war sie fast jedes Jahr schwanger, eine Situation, die sie deutlich als Behinderung empfand, wie einige ihrer diesbezüglichen Klagen in den uns heute nur noch fragmentarisch erhaltenen Tagebuchnotizen bei Litzmann belegen.[49] An eine Fortsetzung ihrer Karriere war unter diesen Umständen nicht zu denken; es ist sogar erstaunlich, wie viele Konzerte Clara dennoch während ihrer Ehe gab.

Da die wachsenden Ansprüche bzw. hohen Lebenshaltungskosten allerdings bereits zu Beginn der Ehe das tatsächliche Schumann'sche Einkommen überstiegen, waren neben den familiären Belastungen materielle Sorgen vorprogrammiert.[50] Insofern ist es naheliegend und mehr als verständlich, daß Clara durch ihre Konzerttätigkeit zum gemeinsamen Lebensunterhalt beizutragen wünschte. Bereits in den ersten Ehemonaten entspann sich eine Diskussion um Claras Berufstätigkeit. Sie wollte den Winter für eine Konzertreise nutzen, war aber als Ehefrau auf die Einwilligung ihres Mannes angewiesen. Robert wiederum dachte „mit Schrecken" an die im übrigen bereits vor der Ehe heftig debattierte Rußlandreise und mochte nicht aus seinem „kleinen warmen Nest" heraus.[51] Die Reise nach Petersburg scheiterte schließlich auch an äußeren Umständen, vor allem daran, daß Franz Liszt ebenfalls für den kommenden Winter eine Konzerttournee durch Rußland geplant hatte, und Clara nicht mit ihm konkurrieren wollte.[52] Doch Clara gab nicht auf und strebte zumindest eine kleinere Kunstreise mit Robert an. Ihre dringende Bitte richtete sie via Tagebuch an den geliebten Ehemann:

---

47 Brief an Emilie List vom 7.8.1852; Wendler, 1996, S. 172/73.

48 Vgl. Clara Schumann, Jugendtagebücher, Bd. IV, Tagebuch 9, S.182 (30.5.1840). Vgl. auch die ausführliche Schilderung der Ehesituation bei Borchard, 1992, Teil V, S. 235 ff.

49 Vgl. dazu die Zitate im Kapitel II.4.1. «Detaillierte Klage-Erwiderung und Deduktionsschrift Friedrich Wiecks». Zur Problematik der zensierten bzw. vernichteten Quellen siehe Kapitel IV.4. «Verschollene, vernichtete und zensierte Dokumente».

50 Vgl. Claras Klage Anfang der 1850er Jahre. Vgl. Litzmann II, S. 226.

51 Tagebuch II, S. 107 (3. Woche; 27. Sept.- 4. Okt. 1840).

52 Tagebuch II, S. 120/21 (6.11.1840).

„Könnte ich nur den Robert bewegen mit mir nach Holland und Belgien zu reisen, damit ich doch nächsten Winter benutze - es ist mir schrecklich ihm gar nichts mit meinem Talente nützen zu können, jetzt, wo ich die besten Kräfte dazu besitze. Ueberlege es Dir doch noch einmal, mein lieber Mann! laß uns *nur ein paar* Winter noch benutzen - ich bin es ja auch meinem Rufe schuldig, daß ich mich jetzt noch nicht ganz zurückziehe. Es ist ein Pflichtgefühl gegen Dich und mich, das in mir spricht."[53]

Diese 'Bettelhaltung' bestätigt die oben bereits ausführlich behandelte Tatsache der totalen Abhängigkeit der Ehefrau von ihrem ehemännlichen Curator in bezug auf die Zustimmung zur Berufstätigkeit. Zu dieser Rußlandreise sollte es erst nach heftigen ehelichen Auseinandersetzungen und Mendelssohns Parteinahme 'zugunsten' Claras im Jahre 1844 kommen.[54] Mit welchen Behinderungen der für ihre Pianistenlaufbahn notwendigen Konzertreisen Clara zu kämpfen hatte, soll exemplarisch an der sog. 'Dänemarkreise' gezeigt werden. Im Februar/ März 1842 unternahmen Clara und Robert eine Konzerttournee nach Bremen und Hamburg. Sie planten zunächst, die Reise gemeinsam nach Kopenhagen fortzusetzen, und hatten bereits entsprechende Konzertvorbereitungen in Auftrag gegeben. Als der Zeitpunkt der Abreise nach Dänemark näher rückte, nahm Robert von seinem ursprünglichen Vorhaben Abstand.[55] Beinahe wäre die Reise nach Kopenhagen nicht zustande gekommen; Clara konnte Robert jedoch zur Zustimmung bewegen und setzte ihre Konzerttournee allein fort, während Robert nach Leipzig zurückkehrte. Offizielle Begründung für seine Entscheidung waren die Verpflichtungen als Redakteur der NZfM.[56] Im Tagebuch erwähnt Robert jedoch noch eine andere Motivation für seine Rückkehr: Er hatte grundsätzlich keine Lust, Clara auf Konzertreisen zu begleiten, sondern wollte lieber ungestört komponieren.[57] In Leipzig angekommen, stellte er jedoch fest, daß er auch dort - in Abwesenheit Claras - nicht arbeiten konnte; statt dessen trank er regelmäßig zu viel und beklagte sein „miserables" Leben.[58] Im Haushaltsbuch finden sich zahlreiche Einträge wie „Trübsinnszeit" - „Fürchterlich viel getrunken" - „Schlechtes Leben das ich führe" - „Katzenjammer" - „Ich trinke zu viel. Robert!" - „Nichtswürdiges Leben".[59]

---

[53] Tagebuch II, S. 110 (7.10. 1840); vgl. auch Tagebuch II, S. 121 (7.11.1840).

[54] Tagebuch III, S. 253 (11.6.1843). „Ernste Auftritte mit Klara" hält Robert im Juni 1843 im Haushaltsbuch fest. Vgl. auch Tagebuch III, S. 360 (13.12.1843). „Ewige Melancholie wegen d. Reise" - Tagebuch III, S. 362 (1.1.1844). Vgl. auch Tagebuch III, S. 729, Anm. 374 sowie S. 743, Anm. 488. Vgl. auch Claras Brief an Mendelssohn vom 9.12.1843, Teilabdruck bei Litzmann II, S. 85.

[55] Vgl. hierzu Claras Darstellung in ihrem Brief an Emilie List vom 30.5. 1842; Wendler, 1996, S. 111. Vgl. Litzmann II, S. 43, 35; Tagebuch II, S. 203 (25.2. bzw. 26.2.1842), 208/9 (Retrospektive vom 14.3.1842).

[56] Vgl. den Brief Claras an Emilie List vom 30.5.1842, Wendler, 1996, S. 111; Tagebuch II, S. 206 (14.3.1842). Die Begründung erscheint jedoch kaum glaubhaft angesichts der Tatsache, daß Konzertreisen sowie die damit verbundenen Strapazen nicht Roberts Sache waren - was ihm nicht vorgehalten werden soll -, was allerdings Friedrich Wieck bestätigt, der diesen Punkt vergeblich im Interesse der beruflichen Laufbahn seiner Tochter dem richterlichen Urteil unterbreitete.

[57] Tagebuch II, S. 206.

[58] Tagebuch II, S. 215 (20.3.1842).

[59] Tagebuch III, S. 209- 212 (März/ April 1842).

Auch in Briefen an Clara ließ er seiner Stimmung freien Lauf und versuchte mehrfach, sie von ihrer Konzertreise abzubringen bzw. sie zu einer sofortigen Rückreise zu bewegen.[60] Dabei versäumte er nicht, sie auf ihre Mutterpflichten hinzuweisen.[61] Seine Klagen über angebliche Verleumdungen Wiecks sowie die Tatsache, in ihrer Abwesenheit nicht arbeiten zu können, blieben nicht ohne Wirkung und versetzten Clara in eine äußerst zwiespältige Situation, welche ihr die Konzertvorbereitungen nicht gerade erleichterten, sondern sie durch ihre Sorge um Robert zusätzlich Energie kosteten. Clara stand unter dem ständigen Druck, ihre Konzertreise vor sich und anderen rechtfertigen zu müssen.[62]

„Mein guter Robert, laß diese dummen, albernen Menschen reden, jeder Vernünftige wird das Guthe unseres Thuens anerkennen, und dann, Dein Bewußtsein kann Dich darüber am besten beruhigen. Hast Du es gewollt, daß ich ging? Nein, es war ja mein eigener Wille, und ich meinerseits weiß, daß ich es nur in guter Absicht, nur that, um Dir, der Du das ganze Jahr für Deine Familie arbeitest, auch einmal mit meinem geringen Talente einen kleinen Dienst zu erzeigen; ich möchte Dir zur Hand gehen, es wäre Sünde von mir, mein Talent nicht für Dich und unser Kind benutzen zu wollen.“[63]

Darüber hinaus war Clara den Doppelbotschaften ihres Mannes ausgesetzt: Einerseits fragte er, ob sie „gute Concertaussichten“, d.h. Gewinne zu erwarten habe, nahm Berechnungen der gemeinsamen wirtschaftlichen Situation vor und kam zu dem Schluß, es seien zwar „noch immer hübsche Mittel da. Aber eine Veränderung muß doch in diesem Jahr vorgehen.“[64] Das hieß, es mußte Geld verdient werden, und zwar von Clara, da Schumann - wie schon in früheren Jahren - noch immer von der Vermögenssubstanz lebte. Andererseits mochte er Clara die Position des Versorgers der Familie nicht zugestehen. Und so enthalten die folgenden Worte zwischen den Zeilen den unverkennbaren Tadel weltlicher Eitelkeit, welcher zugleich die löblichen Verdienste um die Familie - den Gelderwerb - mit einem Makel überschattete:

„Daß sich das Opfer nun auch lohne und Dir Freude bringen möge als Künstlerin. Du bist so jung noch und ich kann es Dir ja gar nicht verdenken, daß Du für den Fleiß Deiner Jugend noch nicht als Künstlerin vergeßen sein willst, mit einem Worte, daß Du Dich freust, wenn Du die Menschen durch Dein schönes Talent noch erfreuen kannst.“[65]

Clara hat den Vorwurf sehr genau wahrgenommen und fühlte sich gezwungen, ihre Konzerttätigkeit aufs Neue zu rechtfertigen: „Du irrst aber sehr, wenn Du glaubst, ich bin hierher gereist, um meines Namens Willen! nein, dafür bringe ich solch ein Opfer nicht, wie ich es that. Daß ich hierher reiste geschah nur, um Etwas zu verdienen - möchte es gelingen!“[66] Indem Robert ihre eigentliche Motivation - einen Beitrag zur

[60] Vgl. BW III, S. 1128, 1130, 1149, 1157, 1167, 1172.

[61] BW III, S. 1149. Vgl. auch Tagebuch II, S. 212.

[62] BW III, S. 1134, 1140, 1145, 1154, 1175.

[63] BW III, S. 1134 (21.3.1842).

[64] BW III, S. 1157/58 (1.4.1842). Schumann schreibt weiter: „Du willst gewiß meine Erwartungen nicht zu hoch spannen; aber es macht mich doch unruhig, und würde mich bitterlich kränken, wenn Dich die Opfer und Mühen, die Du dieser Reise brachtest, nicht ein wenig belohnten.“

[65] BW III, S. 1140 (24.3.1842).

[66] BW III, S. 1154 (31.3.1842).

gemeinsamen Haushaltsführung zu leisten - ignorierte, überging er ihre tatsächlichen Leistungen bzw. einkommenswirksame Arbeitskraft. Seine Bemerkung - „Meine liebe Kläre, kämst Du, wie Du gegangen bist, Deine That bliebe dieselbe - ich würde Dich nur mit liebenderen Armen empfangen, um Dich zu trösten“[67] - dokumentiert auch auf Roberts Seite eine zunehmende Verzerrung der realistischen Gegebenheiten - Schwund des Kapitals bzw. der tatsächlichen Verdienste um das tägliche Leben.

Roberts Sicht ihrer Verdienste um die materielle Sicherung der Familie belegt folgendes Zitat aus den Ehetagebüchern - „Was Klara erwirbt, verliere ich an Verdienst und Zeit“[68], eine völlige Verzerrung dessen, was Clara auf ihren Konzertreisen tatsächlich erwirtschaften konnte, sofern Robert sie ließ. Das Wort ‘Verdienst’ dokumentiert, welche Bedeutung das so der Nachwelt vermittelte Bild des Versorgers für ihn hatte, denn es kann kaum angenommen werden, daß angesichts der von ihm selbst notierten Einkünfte, die er täglich vor Augen hatte, ihm die Diskrepanz zwischen seinen eigenen und Claras Einkünften verborgen geblieben sein konnte. In sieben Wochen hatte Clara an reinen Einnahmen einen Betrag von 1155 Talern zu verzeichnen.[69] Trotz erheblicher Reise- und Aufenthaltskosten, einigen unglücklichen Umständen wie Verlusten durch krankheitsbedingte Konzertabsagen, wetterabhängige Reiseverschiebungen und anderen Behinderungen ihrer Konzerttätigkeit blieben Clara nach Abzug aller Kosten immerhin 100 Louisd’or. Robert notierte unter der Rubrik „von Clara Eingebrachtes und Verdientes“ als Erlös der dänischen Reise einen Gewinn von 600 Talern.[70] Damit hatte Clara in sieben Wochen fast doppelt so viel verdient wie Robert in einem ganzen Jahr mit seiner Redaktionstätigkeit.[71]

Neben der gesellschaftlichen Anerkennung, die Clara während ihrer Konzertreisen erfuhr, mögen auch diese Einkommensrelationen mit ein Grund dafür gewesen sein, daß Robert unter erheblichen Profilproblemen litt. Bereits vor der Heirat hatte er eine außerordentlich zwiespältige Haltung gegenüber Claras beruflichem Erfolg bewiesen, wie spätestens anläßlich ihrer Ernennung zur k.&k. Kammervirtuosin deutlich zum Ausdruck kam.[72] Doch auch während der Ehe war Claras Erfolg ein Stein des Anstoßes, der - wie oben gezeigt - den Tadel der Eitelkeit nach sich zog.[73] Anläßlich

---

67 BW III, S. 1186 (18.4.1842).

68 Tagebuch II, S. 206 (14.3.1842).

69 Tagebuch II, S. 227 (Retrospektive vom Mai 1842). Vgl. auch Tagebuch II, S. 220-225: 1. Konzert 3.4.1842: nach Abzug der Kosten ein Überschuß 228 Talern; 2. Konzert 10.4.1842: nach Abzug der Kosten ein Überschuß von 316 Talern; vom König für die Logen: 120 Taler; für das Hofkonzert 150 Taler; 3. Konzert 14.4.1842: nach Abzug der Kosten ein Überschuß von 196 Talern, Konzert in Kiel 20.4.1842: Nach Abzug der Kosten ein Überschuß von 74 Talern. Vgl. auch Litzmann II, S. 47.

70 Tagebuch III, S. 418.

71 Vgl. dazu Lebelt, 1988, S. 274, der einen Verdienst von 170 Talern pro Band - d.h. pro Halbjahr - errechnet. Vgl. dazu die detaillierten Berechnungen der Schumann’schen Einkommensverhältnisse im Kapitel II.4.1. «Detaillierte Klage-Erwiderung und Deduktionsschrift Friedrich Wiecks».

72 Vgl. z.B. Tagebuch II, S. 52 (20.3.1838). Vgl. auch BW I, S. 137 (13.4.1838).

73 Angesichts dieses Kampfes, der sich im Briefdialog wiederfindet, muß gefragt werden, ob Friedrich Wiecks Befürchtungen - wie oben detailliert dargestellt - als Vater nicht berechtigt waren und als realistisch bewertet werden müssen.

eines vom Publikum enthusiastisch aufgenommenen, gemeinsamen Konzerts mit Franz Liszt im Dezember 1841 - bei dem im übrigen auch Werke von Schumann aufgeführt wurden, jedoch offensichtlich nicht die gewünschte Anerkennung erhalten hatten - machte Robert Claras Klavierspiel schlecht und traf sie damit an ihrem empfindlichsten Punkt. Clara hielt deprimiert in ihrem Tagebuch fest: „Es machte Furore, und wir mußten einen Theil davon wiederholen. Ich war nicht zufrieden, sogar sehr unglücklich diesen Abend, und die folgenden Tage, weil Robert von meinem Spiel nicht befriedigt war, auch ärgerte ich mich, daß Roberts Symphonieen nicht besonders ausgeführt wurden, ...“[74] Diese Zeilen dokumentieren den unterschiedlichen Erfolg von Clara als Pianistin und Robert als Komponist, dessen Sinfonien nicht den gewünschten Durchbruch erzielt hatten. In der Konsequenz stellte Clara - und damit schloß sie sich Roberts Kritik an ihrem Spiel an - ihren eigenen Erfolg in den Schatten, um Robert den Platz einzuräumen, der ihm beider Auffassung nach gebührte. Daß Friedrich Wieck, diese Situation voraussehend, die selbstverneinende Haltung seiner hochbegabten und erfolgreichen Tochter weder als ihr Vater noch als ihr Manager gutheißen mochte, wird angesichts der sich anbahnenden Entwicklung verständlich.

Dabei handelte es sich - wie folgende Episode belegt - nicht allein um künstlerischen, sondern auch um gesellschaftlichen Erfolg: Im Rahmen der gemeinsamen Norddeutschlandtournee erhielt Clara eine Einladung zum Oldenburger Hof, nach Litzmann „allein“.[75] Das ist kaum vorstellbar, da Litzmann wenige Zeilen später Clara als „ganz befriedigt“ zu Robert nach Hause zurückkehrend schildert. Alle Reaktionen Claras auf Verletzungen Roberts belegen jedoch eine andere Haltung. Und insofern muß entweder die Einladung des Hofes in dieser Form oder die Reaktion Claras in dieser Form in Zweifel gezogen werden bzw. vor einer endgültigen Bewertung einer genaueren Untersuchung vorbehalten bleiben. Daß der Hof angesichts der allgemeinen rechtlichen Stellung der Ehefrau den Ehemann explizit ausgeladen haben könnte, muß an dieser Stelle ernsthaft in Zweifel gezogen werden.[76] Schließlich ist zu berücksichtigen, daß Claras gesellschaftliche Rolle Teil ihrer Berufstätigkeit als Pianistin war, zu deren Ausübung sie auf die Zustimmung ihres Ehemannes angewiesen war. Die Vorstellung, daß der Hof den Ehemann nicht implizit miteingeladen haben könnte, erscheint angesichts dieser obligatorischen Zustimmung seitens des Ehemannes geradezu absurd. Vielmehr hat es sich vermutlich darum gehandelt, daß Robert entweder nicht explizit mitgenannt worden war oder aber nicht als unerläßlicher ‘Prinzgemahl’ an der Seite seiner berühmten Gattin bei Hof erscheinen wollte[77] und aus diesem Grund Clara gestattete, allein aufzutreten.

Das folgende Zitat bestätigt diese Auffassung, wobei die Formulierung „auf meine Kosten“ - und damit sind offensichtlich seelische Kosten gemeint - euphemistisch anmutet, da es gerade hier um Claras Berufstätigkeit bzw. um das für die Familie so

---

74 Tagebuch II, S. 195 (6.12.1841).

75 Vgl. Litzmann, II, S. 41.

76 Vgl. dazu Kapitel I.2.2. «Rechte und Pflichten der Ehegatten».

77 Auf diese Haltung Schumanns im Bezug auf seine persönliche Geltung wurde bereits mehrfach hingewiesen. Tagebuch I, S. 416 (7.10.1832). Vgl. dazu Kapitel I.1.2. «Robert Schumann im Hause Friedrich Wiecks».

notwendige Geld ging, das Clara auf diesem Weg zu verdienen suchte und das Robert selbst weder in ausreichendem Maß beschaffen konnte noch erklärtermaßen wollte:[78] „Ausgleichung auf meine Kosten - es geschah aus gutmüthiger Schwäche von mir, da ich nun einmal nicht Streit u. Hader leiden kann - Clara fuhr also zu Hof u. kam erfreut über die Aufnahme zurück. Der Gedanke meiner unwürdigen Stellung in solchen Fällen ließ aber keine Freude in mir aufkommen."[79] Wiederum bestätigen sich hier die Befürchtungen Friedrich Wiecks hinsichtlich der Eignung beider Liebenden für ein gemeinsames berufliches Wirken.[80]

Ein derartiges Konkurrenzdenken von seiten Roberts war auch Mitte der 1840er Jahre noch zu beobachten, wie die Debatte über ein gemeinsames Portrait des Ehepaars zeigt: Gegen die Intention des Künstlers setzte Robert durch, daß bei dem berühmt gewordenen Doppelportrait Ernst Rietschels nicht - wie ursprünglich geplant - Clara, sondern er selbst im Vordergrund zu sehen ist.[81] Wie unerträglich es für Schumann gewesen sein muß, in Claras Schatten zu stehen, belegen seine Verhaltensweisen während der Rußlandtournee 1844 und die Tatsache, daß er sogar verletzt reagierte, als von dem befreundeten Komponistenkollegen Ferdinand Hiller ein Trinkspruch auf Clara erhoben wurde, die 1850 im Rahmen eines Düsseldorfer Konzertes nach langer Zeit einmal wieder öffentlich (auswendig) gespielt hatte.[82] Dieser Toast auf Clara war allein schon ein Gebot der Höflichkeit gegenüber der Solistin; dennoch wurde Hillers Verhalten von beiden Ehepartnern als Beleidigung Schumanns aufgefaßt.

An dieser Stelle sei daran erinnert, daß der Prozeß um die Streitpunkte und Forderungen Wiecks bereits mehr als zehn Jahre zurücklag und die von Wieck befürchteten Schwierigkeiten in bezug auf das gemeinsame berufliche Wirken sich noch immer be-

---

78 Vgl. Schumanns Ankündigung, nicht „für's tägliche Brod" arbeiten zu wollen. BW I, S. 96 (11.2.1838).

79 Tagebuch II, S. 209 (26.2.1842). Vgl. auch die weiteren Einträge vom 24. und 25.2.1842, die von der ehelichen Auseinandersetzung zeugen: „Hr. v Beaulieu, fein und zuvorkommend im Benehmen, zeigte sich Tags darauf in Hinsicht meiner ohne Lebensart. Eine fatale Geschichte - diese. Zur Warnung für gleiche Fälle.... Nach dem Concert der Brief des obenerwähnten Beaulieu. Zank u. Aufregung." Tagebuch II, S. 208/209. Vgl. auch Litzmann II, S. 40/41: „...so hatte doch schon ein kleiner Zwischenfall bei einem nach Oldenburg unternommenen Abstecher, wo Clara am 25. ein Konzert gab, einen peinlichen Mißklang geweckt: eine Einladung zu Hofe erfolgte an Clara allein, was Schumann mit vollem Recht als eine grobe Ungehörigkeit empfand. Da Clara schließlich doch hinging und auch ganz befriedigt zurückkam, so blieb ein Stachel zurück;...."

80 Vgl. Wiecks Schreiben an das AG Leipzig vom 14.12.1839: „Ob beide vermöge ihres Charakters und ihrer Individualität nach fähig erscheinen, zusammen glücklich zu leben und in der Welt wirken zu können?" Prozeßakten, fol. 29r.

81 Vgl. Steegmann, 2001, S. 74. Mit Hinweis auf einen Eintrag in den Schumann'schen Haushaltsbüchern findet sich auch die Darstellung, daß Schumann eine diesbezügliche Auseinandersetzung mit seinem Freund Ferdinand Hiller hatte. Vgl. Tagebuch III, S. 412 sowie S. 755/56, Anm. 573. Vgl. dazu auch Appel, 1994, S. 50. *«Clara und Robert Schumann - Zeitgenössische Portraits»*, Ausstellungskatalog.

82 Vgl. Litzmann II, S. 229. Robert hielt diese Episode sogar in seinem Haushaltsbuch fest. Vgl. Tagebuch III, S. 542. Seine Profilprobleme äußerten sich auch in Kleinigkeiten, wie z.B. der Tatsache, daß es ihn unangenehm berührte, wenn Clara auf einer Bergwanderung eine bessere Kondition zeigte als er und einige Schritte vor ihm ging. Vgl. Tagebuch II, S. 238 (12.8.1842).

stätigten - nicht zuletzt im Rahmen der Auseinandersetzungen um Roberts Tätigkeit als Dirigent und Chorleiter in Düsseldorf.

Robert befand sich in einer paradoxen Situation: Einerseits wollte er marktunabhängig komponieren - d.h. nicht für einen 'Brotberuf' arbeiten - und war so auf Claras pianistische Fähigkeiten zur Verbreitung seiner Kompositionen angewiesen. Andererseits hatte er große Schwierigkeiten, Claras beruflichen Erfolg und die damit verbundene öffentliche Anerkennung zu ertragen.[83] Daß er ihr nahezu keine Möglichkeit ließ, durch Ausübung ihrer Kunst einen ernsthaften Beitrag zur Erhaltung der Familie zu leisten, damit hatte vermutlich nicht einmal Friedrich Wieck gerechnet. Einzige Ausnahme war die von seiten Roberts lange blockierte Rußlandkonzertreise, der er erst angesichts seiner äußerst prekären finanziellen Lage und nach erheblichen ehelichen Konflikten schließlich im Dezember 1843 zugestimmt hatte. Dieser dauernde Kampf war einmal sogar nach außen getragen worden, so daß Mendelssohn 'eingegriffen' hatte.[84] Daß Friedrich Wieck diese Rolle für seine hochbegabte Tochter befürchtete bzw. verhindern wollte, erscheint angesichts dieser Entwicklung zumindest nachvollziehbar.

Das Tragische an der Situation war, daß Clara mit ihrem künstlerischen Talent sehr wohl in der Lage gewesen wäre, die Familie durch Konzertieren zu ernähren, Roberts Eitelkeit jedoch eine solche Rollenverteilung innerhalb der Ehe nicht zuließ. Lieber verzichtete er auf die außerordentlichen Verdienstmöglichkeiten aus Claras Berufstätigkeit und holte sie mit euphemistischen Phrasen wie der vom „hochwürdigen Beruf" eines treuen Eheweibes, das weit über der Virtuosin stehe, von ihrem 'Kunst-Thron' herunter.[85] Eine Situation, die Friedrich Wieck aufgrund der Kenntnis beider Persönlichkeiten vorausgesehen und die aufgrund des Widersinns zwischen der Notwendigkeit des Geldverdienens einerseits und der Unfähigkeit zur Akzeptanz der unvermeidlichen Begleitumstände andererseits (Applaus und Ruhm für Clara) bei ihm berechtigte Befürchtungen ausgelöst hatte, was sich unter anderem in seinem resigniert anmutendem Kommentar zu ihrer ehelichen Vereinigung zeigt: „... über das *Wie?* begebe ich mich aller Vorstellung und Erörterung".[86] Es darf behauptet werden, daß die Wieck'schen Befürchtungen von der Eherealität bestätigt wurden. Wieck hatte Robert vorgeworfen, er wolle sich Namen, Talent und Vermögen Claras zunutze machen. Die Eherealität zeigte dann, wie sehr Claras Erfolg von Robert als sogar störend bzw. verletzend empfunden wurde - eine Tatsache, die in einem konfliktträchtigen Gegensatz stand zu der Notwendigkeit des Geldverdienens für die Familie. Wiecks Befürchtungen wurden insofern übertroffen, als Robert nicht in der Lage war, Claras Ruhm und Beifall zu ertragen - wie aus den oben angeführten Dokumenten zu entnehmen ist. Es sei an dieser Stelle nochmals ausdrücklich betont, daß es hier nicht darum geht, die Lebenskonzepte der beiden sowie ihre Entscheidungen darüber nachträglich zu kritisieren. Es handelt sich allein darum, die Perspektive Friedrich Wiecks aufzuzeigen,

---

83 Vgl. Tagebuch I, S. 416 (7.10.1832).
84 Vgl. Claras diesbezüglichen Dankesbrief an Mendelssohn vom 9.12.1843, Litzmann II, S. 85.
85 Vgl. BW II. S. 587 (22.6.1839).
86 Vgl. BW II, S. 518 (7.5.1839).

und nur aus diesem Grund ist eine nüchterne Analyse der ehelichen Situation von Clara und Robert unvermeidlich.

Angesichts dieses Grundkonflikts und der tatsächlichen Verdienstmöglichkeiten erscheinen Claras Äußerungen im Zusammenhang mit der Dänemarkreise - wie z.B. „... um Dir, der Du das ganze Jahr für Deine Familie arbeitest, auch einmal mit meinem geringen Talente einen kleinen Dienst zu erzeigen“[87]- nicht mehr als reine Bescheidenheit oder aufopfernde Selbstverleugnung, sondern geradezu als demonstrative Unterwerfung, die an dieser Stelle nicht weiter kommentiert werden soll. Diese Briefzeilen sind ein Dokument der Demut, ja Selbsterniedrigung und verzerrter Realitätswahrnehmung, so daß sich der folgende Vergleich aufdrängt: Im Gegensatz zu Fanny Mendelssohn oder Johanna Kinkel, die eine - wenn auch vergebliche – Selbstbehauptung versuchten und sich heute hinter dem leuchtenden Nimbus einer Clara Schumann relativ schwach aus dem Grau der Geschichte abheben, ist die Tochter Friedrich Wiecks zu gesellschaftlicher Achtung gelangt, ja zu einem gesellschaftlichen Vorbild heroisiert worden. Hier stellt sich die Frage: aufgrund welchen Verhaltens? -[88]

Claras Selbstverachtung bzw. Geringschätzung der eigenen Konzerttätigkeit zeugen von einer Persönlichkeitsentwicklung und Aufgabe der individuellen Ansprüche, die in krassem Widerspruch zu ihrer selbstbewußten Haltung von 1838 stehen. Hatte Clara noch im Oktober 1838 geschrieben, Robert vom Kapital nichts „anreißen“ lassen zu wollen[89]- mit andern Worten Ansprüche auf ihre Verdienste erhoben -, ließ sie sich nun bestimmte Beträge des von ihr erwirtschafteten Einkommens zuteilen.[90] Anläßlich des Amerikaplans von Robert schrieb sie sogar aus Dänemark: „... *mich* findest Du zu Allem bereit, selbst zu dem Schwersten, mein Kind auf Jahre, vielleicht auf immer zu verlassen.“[91] In dieser Bemerkung deutet sich bereits an, wer die tatsächlichen Leidtragenden in dieser vermeintlich so idealen Künstlerbeziehung waren: Schumanns älteste Tochter Marie und ihre zu diesem Zeitpunkt noch ungeborenen Geschwister.[92]

Die häusliche Situation zeigte allmählich ihre Wirkung: Robert schuf in keiner Weise Voraussetzungen für die Fortsetzung von Claras Karriere. Vielmehr hatte sie neben den ohnehin auftretenden familienbedingten Aufgaben und Anforderungen - wie Schwangerschaften und Haushaltspflichten - mit weiteren Behinderungen ihrer Virtuosenlaufbahn zu kämpfen: Dreizehn Ehejahre lang stand ihr kein eigenes Arbeitszimmer zur Verfügung, so daß sie aus Rücksicht auf Robert, der sich durch ihr Klavierspiel gestört fühlte, nicht üben konnte - für sie als Pianistin eine katastrophale Situation.[93] Zu Beginn der Ehe klagte sie zwar - „Mein Clavierspiel kommt wieder ganz hintenan,

---

87 Vgl. BW III, S. 1134 (21.3.1842). Vgl. auch den Brief an Emilie List vom 30.5.1842 „...warum sollte ich nicht meinem Robert auch einmal mit meinem Talente ein kleines Scherflein spenden?“ Vgl. Wendler, 1996, S. 111.

88 Vgl. z.B. bei Litzmann II, S. 289. Auf diesen Aspekt wird im Rahmen der Rezeptionsanalyse noch einzugehen sein. Vgl. dazu insbesondere Kapitel IV. «Rezeption des Prozesses».

89 BW I, S. 285 (5.11.1838).

90 Vgl. z.B. Tagebuch III, S. 203 bzw. 272.

91 BW III, S. 1160 (2.4.1842).

92 Vgl. Tagebuch II, S. 206 (14.3.1842).

93 Tagebuch II, S. 103 (21.9.1840). Vgl. dazu Steegmann, 2001, S. 84.

was immer der Fall ist, wenn Robert componirt. Nicht ein Stündchen im ganzen Tag findet sich für mich! wenn ich nur nicht gar zu sehr zurückkomme!"[94] -, setzte jedoch keine Änderung ihrer Arbeitsbedingungen durch.[95] Sogar ihr Flügel - ein Geschenk von Graf - wurde vorwiegend von Robert benutzt, der bereits 1838 geäußert hatte, dieses Instrument für sich haben zu wollen.[96] Resultat war, daß Clara ihre technische Sicherheit verlor und sogar schließlich Angst bzw. Hemmungen hatte, im halböffentlichen Kreis aufzutreten.[97] Trotz gegenteiliger Ankündigung wurden jedoch auch in den folgenden Jahren keine diesbezüglichen Veränderungen an Claras Situation vorgenommen. Die Konsequenzen zeigten sich spätestens bei der gemeinsamen Wien-Konzerttournee.[98] Clara mußte feststellen, daß sie bereits sieben Jahre nach dem Prozeß und ausgerechnet in Wien, also dem Ort, an dem sie ihre größten Erfolge gefeiert hatte, das Publikum nicht mehr anzuziehen vermochte. Das dritte Konzert, bei dem Schumann sowohl seine B-Dur Sinfonie als auch sein Klavierkonzert - mit Clara als Solistin - selbst dirigierte, war der größte Mißerfolg ihres Lebens und brachte ihnen sogar einen Verlust von 155 Gulden ein.[99] Allein die Tatsache, daß Clara für ihr viertes und letztes Konzert die überaus populäre Sängerin Jenny Lind zur Mitwirkung gewinnen konnte, verhinderte eine finanzielle Katastrophe der gesamten Konzerttournee. Bei ihrer Rückkehr von der - mit kurzer Unterbrechung in Dresden - nahezu vier Monate währenden Konzertreise mit Stationen in Wien, Prag und Berlin berechnete Robert nach Abzug der Reisekosten Konzerteinnahmen in Höhe von 320 Talern (Wien und Prag) sowie 82 Taler für die Konzerte in Berlin.[100] Unter wirtschaftlichem Aspekt war die Reise ein ziemlicher Mißerfolg, aber auch in künstlerischer Hinsicht alles andere als ein Triumph. Resigniert berichtete Clara ihrer Freundin Emilie: „es war einestheils erfreulich, anderntheils aber auch betrübend für mich, daß

---

[94] Tagebuch II, S. 167 (2.6.1841). Vgl. auch Tagebuch II, S. 103, 132, 178.

[95] Eine Lösung hätte z.B. darin bestanden, entweder für sie oder Robert ein separates Studio zu mieten, eine Möglichkeit, die Robert vor der Ehe noch ernsthaft in Erwägung gezogen oder zumindest geäußert hatte. Vgl. BW I, S. 122 (19.3.1838).

[96] Vgl. BW I, S. 122 (19.3.1838). War zunächst noch von 2 Flügeln und auseinanderliegenden Zimmern die Rede, so meldete Robert bereits im März 1838 sein Interesse an dem Graf'schen Instrument an. Vgl. dazu auch Tagebuch II, S. 506, Anm. 420. Angesichts dieser Tatsache wundert es nicht, daß Wieck zunächst nicht bereit war, Clara den Flügel auszuhändigen. Zu der Herausgabe des Instruments, zu der Wieck im übrigen ohnehin verpflichtet war, kam es erst im Februar 1841. Vgl. Tagebuch II, S. 150 (27.2.1841).

[97] Clara hatte längere Zeit - nach Litzmann sieben Wochen - nicht geübt und war daher unvorbereitet, den letzten Satz von Beethovens f-moll Sonate vor einem geladenen Kreis zu spielen. Vgl. Litzmann II, S. 86. Vgl. Tagebuch II, S. 399 (29.3.1846), Tagebuch III, S. 273 sowie S. 729, Anm. 383. Claras diesbezügliche Tagebuchaufzeichnungen liegen allerdings wiederum nur in der 'zensierten' und fragmentarischen Form der Litzmann-Biographie vor. Bereits im Oktober 1840, ca. vier Wochen nach ihrer Verehelichung, hatte Clara im Tagebuch festgehalten: „Ich fühle überhaupt meine Angst bei'm Vorspielen immer mehr zunehmen; wovon das herrühren mag! ich weiß es nicht!" Tagebuch II, S. 111 (10.10.1840).

[98] Im Verlauf dieser Konzertreise brachte Clara auch bedeutende Kompositionen von Robert zur Aufführung, z.B. das Klavierquintett Es-Dur, Andante und Variationen für 2 Klaviere, Klavierkonzert a-moll. Vgl. Tagebuch III, S. 735/36, Anm. 433 und 438.

[99] Tagebuch III, S. 418.

[100] Tagebuch III, S. 419.

ein paar Lieder von der Lind mehr Publikum anzogen, als ich es in drei Concerten zusammen erreichte - das hatte ich mir von Wien nicht gedacht ...«[101] Diese Äußerung bestätigt Wiecks Befürchtungen im Hinblick auf die Konsequenzen der Eherealität für seine hochbegabte Tochter und Schülerin sowie seine Vermutung, daß Clara die ernüchternde Härte dieser Situation zum Zeitpunkt ihrer Verehelichung nicht richtig eingeschätzt bzw. vorausgesehen hatte.

Auch die Kritiken zu ihren Konzerten waren indifferent bis vernichtend.[102] Die *«Signale»* veröffentlichten gar folgende Notiz: „Clara Schumann hat drei kaum besuchte Conzerte gegeben, das vierte war voll, weil die *Lind* darin sang. In neun Jahren hat sich viel geändert, als Clara Wieck vergöttert, als Clara Schumann ignoriert. Mit Ausnahme der Wiener Musikzeitung haben die übrigen Wiener Blätter die geniale Künstlerin vernachlässigt."[103]

Eduard Hanslick schildert die Reaktion des Wiener Publikums auf die Konzerte des Ehepaar Schumanns in seiner Geschichte des Konzertwesens wie folgt:

„Robert Schumann ... erlebte bald darauf ein unläugbares Fiasko mit zwei seiner schönsten Compositionen: der B-Dur Sinfonie und dem Clavier-Concert A moll. Beide, von Schumann selbst dirigiert, wurden am 1. Jänner 1847 im Musikvereinssaal mit achtungsvollem Stillschweigen aufgenommen; die Achtung galt seiner Frau. [...] Als Schumann mit seiner Gattin 1846 Wien besuchte, sprach man von ihm nur als dem 'Mann der Clara Wieck', und seine wenigen Anhänger zitterten vor einer möglichen Wiederholung des Vorfalls bei einem auswärtigen Hofconcert, wo Serenissimus nach

---

101 Brief an Emilie List vom 27.1.1847, Wendler, 1996, S. 139. Vgl. auch Roberts Eintrag ins Haushaltsbuch: „Kl.[ara]'s Thränen". Tagebuch III, S. 340 (10.1.1847). Vgl. Litzmann II, S. 146.

102 So war etwa in der *«Wiener allgemeinen Musik-Zeitung»* zu lesen: „Viertes und letztes Konzert der Frau Clara Schumann.... Der Saal war zum Ersticken voll, kein Plätzchen leer, selbst die Orchesterbänke und der Raum vor denselben besetzt, vor dem Musikvereinssaale eine zahlreiche Menge Menschen - Die Billets waren lange - lange vergriffen und gegenüber dem schwachen Besuche der früheren Konzerte mußte das erfreulich sein, daß es in diesem von Menschen wogte. Was war der Grund? hat das Publikum seinen Glauben an die hohe Kunstmission der Frau Schumann wieder gefunden wie vor Jahren? war es das Programm, welches so mächtig anzog? - Jenny Lind sang; darin liegt der ganze Commentar; aber aufrichtig gesprochen hat es uns mit tiefer Wehmuth erfüllt, daß Clara Schumann nur mit einer solchen Beihülfe ein volles Haus erzielt hat." *«Wiener allgemeine Musik-Zeitung»*, 7. Jg. (1847), Nr. 6, vom 14.1.1847, S. 25.

103 *«Signale für die Musikalische Welt»* , 5. Jg. (1847), Nr. 4 vom 16.1.1847, S. 28 f. Zitiert nach Tagebuch II, S. 551, Anm. 729. Robert Schumann nutzte seine journalistischen Kontakte, um entsprechende Gegendarstellungen zu veröffentlichen und hatte offensichtlich Erfolg. Vgl. Claras Brief an Elise vom 8.2.1847. Wendler, 1996, S. 141 ff.
Um diesem Eindruck entgegen zu wirken, bat Clara ihre Freundin Emilie List, folgenden Text an einen befreundeten Zeitungsverleger mit der Bitte um Veröffentlichung weiterzureichen: „Wien d. 16. Jan. ... Die Concert-Saison, kaum angefangen, geht bereits ihrem Ende entgegen, das interessanteste war das letzte Concert von Madam Clara Schumann, in welchem auch Fräulein Lind mitwirkte. Leider hat das Concert der Concertgeberin, weil sie, wie wir hören, nicht allen Redactionen Billette zugesendet, Kränkungen von Seiten einiger Journalisten zugezogen, für die sie sich andererseits durch die innige Anerkennung aller gebildeten Künstler und Kunstfreunde Wien's entschädigt halten wird. - R. Schumann's »Peri« werden wir für jetzt nicht zu hören bekommen, da der Componist zur Aufführung derselben durch die Singacademie in Berlin eingeladen worden ist, wohin er nächstens mit seiner Gattin abreisen wird. ...". Vgl. Wendler, 1996, S. 141. Vgl. Claras Brief an Emilie vom 27.1.1847. Wendler, 1996, S. 139 ff. Vgl. auch Tagebuch III, S. 737, Anm. 442.

vielen Artigkeiten für Clara Schumann unsern Meister huldreichst fragte: 'Sind Sie *auch* musikalisch'."[104]

Auf das Fiasko der Wienreise erfolgte nicht etwa die Umgestaltung der Arbeitsbedingungen Claras mit einer entsprechend intensiven Übephase. Vielmehr begann Clara wenige Tage nach ihrer Rückkehr mit der Herstellung einer vierhändigen Bearbeitung von Schumanns C-Dur Sinfonie sowie eines Klavierauszugs der bis dahin komponierten Teile des *«Faust»,* eine Tätigkeit, die sie auch bereits für seine *«Peri»* und andere Werke übernommen hatte.[105] Es sei hier ausdrücklich nicht Schumann kritisiert, der als Ehemann das Recht hatte, von der Gattin in seiner Kunst oder seinem Handwerk (unentgeltliche) Dienste zu verlangen.[106] Bedenkt man jedoch, welche Ansprüche Wieck hinsichtlich der künstlerischen Tätigkeit seiner Tochter vertreten hatte, müssen diese Hilfsdienste Claras für ihn ebenso wenig nachvollziehbar gewesen sein wie die gesamten familiären Bedingungen, die eine erfolgreiche Konzerttätigkeit geradezu verhinderten. Angesichts der von Wieck im Rahmen der Ehekonsensauseinandersetzung geäußerten Sorgen um die persönliche und berufliche Zukunft seiner Tochter bleibt festzustellen, daß die konkrete Eherealität der Schumanns seine diesbezüglichen Befürchtungen nicht nur bestätigte, sondern übertraf.

An dieser Stelle ist Folgendes zusammenzufassen: Wieck hatte nie bezweifelt, daß Clara und Robert 'durchkommen' würden; wofür er aber seine Tochter erzogen hatte, war nicht das Leben, welches sie in den sechzehn Jahren ihrer Ehe führen sollte. Clara hatte die ihr von Robert zugewiesene Rolle bereits vor der Ehe akzeptiert, ohne sich jedoch der Härte der realistischen Konsequenzen völlig bewußt zu sein, von gelegentlichen angstvollen Äußerungen abgesehen.[107] Angesichts ihrer Ausgangssituation - als gefeierte Virtuosin, welche die denkbar beste Unterstützung ihres Vaters genoß - ist festzuhalten, daß Clara die Wahl zwischen einem Leben als Künstlerin oder als Hausfrau hatte und daher keinesfalls als Opfer betrachtet werden kann. Robert Schumann ist kein Vorwurf daraus zu machen, daß er seine eigenen Interessen vertrat; über Strategien und angewandte Mittel mag man streiten.

Claras Sicht der gemeinsamen Ehejahre mit Schumann wird jedoch nie auch nur annähernd aufgeklärt werden können, da ein Großteil ihrer persönlichen Tagebuchaufzeichnungen vernichtet wurde. Bei der Frage, wie sie ihren zweiten Lebensabschnitt gesehen hat, sind wir überwiegend auf die 'zensierten' Fragmente der Litzmann-Biographie angewiesen.[108] Die Tatsache, daß Clara nach Roberts Tod ihre Rolle als aufopferungsvolle Gattin wieder mit derjenigen der unabhängigen Künstlerin ver-

---

[104] Hanslick, *«Geschichte des Concertwesens in Wien»,* S. 371. Zitiert nach Borchard, 1992, S. 285.

[105] Gemeint sind die C-Dur Sinfonie op. 61 und die «Szenen aus Goethes Faust» sowie «Das Paradies und die Peri» op. 50. Vgl. Tagebuch III, S. 344 (31.3.1847) sowie S. 739, Anm. 454. Tagebuch III, S. 347 (1.5.1847) sowie S. 740, Anm. 463; Vgl. auch Tagebuch II, S. 179 (18. 7. bis 8.8.1841).

[106] Vgl. Kaptitel I.2.2. «Rechte und Pflichten der Ehegatten». Hartitzsch, 1828, §189, S. 210. Vgl. auch Hartitzsch, 1836, § 79, S. 86.

[107] Wie bereits mehrfach erwähnt, bedarf die Persönlichkeitsentwicklung Claras, die sich deutlich in ihren Briefen an Robert zeigt, einer eigenständigen Untersuchung, die nicht Gegenstand der vorliegenden Arbeit sein kann.

[108] Auf die Problematik der zensierten bzw. vernichteten Quellen wird noch ausführlich im Kapitel IV.4. «Verschollene, vernichtete und zensierte Dokumente» einzugehen sein.

tauschte, an ihre Virtuosenkarriere anknüpfte und ausgedehnte Konzerttourneen durch ganz Europa unternahm - in deren Rahmen sie vielfach auch Kompositionen Robert Schumanns zur Aufführung brachte -, belegt, daß Clara in ihrer Rolle als Hausfrau und Mutter, die ab und zu konzertierte, wohl doch nicht so ausgefüllt und zufrieden war, wie in der Schumann-Rezeption häufig zu lesen ist, sondern im Grunde andere Vorstellungen von ihrem Leben hatte. Offensichtlich hing sie so sehr am Konzertieren, daß sie den Unterhalt der Familie nicht durch eine pädagogische Tätigkeit bestreiten wollte, die ihr aufgrund ihrer Reputation als geniale Pianistin in einer der Kunstmetropolen - wie z.B. Wien - sicherlich einen großen Schülerkreis garantiert und die damit verbundene materielle Absicherung auch ihrer Kinder ermöglicht hätte.

Mag Claras Bedürfnis, zu konzertieren und durch ihre pianistischen Fähigkeiten den Werken ihres Mannes zur öffentlichen Anerkennung zu verhelfen, durchaus verständlich sein, bleibt eine andere Tatsache bisher unerklärt: Warum hat sie ihre Kinder, die den Vater bereits in jungen Jahren verloren und durch Claras ausgedehnte Konzerttätigkeit quasi zu Vollwaisen wurden, auch noch in weit voneinander entfernten Pensionen bzw. Internaten untergebracht und ihnen damit jegliche familiäre Anbindung genommen? Angesichts dieses uneinfühlbaren Verhaltens der Mutter gegenüber ihren Kindern sowie Claras bereits 1842 anläßlich des Amerikaplans angekündigte 'Opferbereitschaft', die damals noch einzige Tochter Marie möglicherweise für immer verlassen zu wollen,[109] drängt sich allerdings die Frage auf, ob die Kinder lediglich ein unerwünschtes 'Nebenprodukt' der glücklichen Beziehung zu Robert waren und als die eigentlich Leidtragenden dieser angeblich so idealen Künstlerbeziehung anzusehen sind.[110]

Die außerordentliche gesellschaftliche Akzeptanz, ja Verherrlichung der Persönlichkeit Claras, die sich wohl kaum auf ihre Rolle als Mutter beziehen kann, sowie das Schicksal der Schumann'schen Kinder wirft erneut die Frage auf, ob Friedrich Wieck nach wie vor weiterhin als egoistischer und böser Skeptiker dieser 'idealen Künstlerehe' betrachtet werden kann oder ob nicht vielmehr diese Beurteilung dringender Revision bedarf?

## III.3 „Tempora mutantur": Verhalten Friedrich Wiecks nach dem Prozeß

Trotz des auf beiden Seiten mit aller Härte und großer emotionaler Beteiligung geführten Prozesses kam es zu keinem vollständigen Bruch zwischen den Parteien. Vielmehr zeigt das spätere Verhalten Friedrich Wiecks, daß die Erfahrungen der gerichtlichen Auseinandersetzung die lebenslange Vater-Tochter-Beziehung nicht in dem Maße beeinflußt haben, wie man es hätte erwarten können. Bereits im August 1841 bewegten sich Vater und Tochter wieder aufeinander zu. Den Anfang scheint Wieck gemacht zu haben. Am 4. August 1841 erhielten Schumanns einen Brief von ihm. Ob das Schreiben nur an Clara oder an beide Ehepartner adressiert war, kann aufgrund der mangelhaften Quellenlage heute nicht mehr festgestellt werden, da auch dieser Brief Wiecks

[109] BW III, S. 1160 (2.4.1842).

[110] Vgl. hierzu die kritische Darstellung von Eva Weissweiler in ihrem Nachwort zu Eugenie Schumanns «*Erinnerungen*». Vgl. «*Claras Kinder*», Berlin 1999.

verschollen ist.[111] Trotz der zweiten Klage und seiner Verurteilung zu achtzehn Tagen Gefängnis scheint Wieck insgesamt einen versöhnlichen Ton angeschlagen und auch hinsichtlich der noch zu klärenden Geldangelegenheiten nachgegeben zu haben, wie Claras Tagebucheintragung zu entnehmen ist.[112] Clara reagierte mit einem Geburtstagsbrief, den sie - wohlgemerkt mit Erlaubnis von Robert - an den Vater richtete.[113]

Im folgenden Monat kühlte sich das Verhältnis zu Wieck offensichtlich wieder ab, nachdem Robert Schumann seinem Schwiegervater in einem Brief u.a. die Geburt seiner ältesten Tochter mitgeteilt hatte. Es ist nicht bekannt, was eventuell darüber hinaus in dem Brief gestanden hat bzw. in welchem Tonfall er abgefaßt war, da sowohl dieses Schreiben als auch Wiecks Antwort, die von Litzmann - wohlgemerkt ohne Quellenangabe - als eine „herbe Abweisung in schroffster Form"[114] bezeichnet wird, verschollen sind. Angesichts der gerade beginnenden Versöhnungsphase zwischen Vater und Tochter ist jedoch nicht anzunehmen, daß die von Schumann als „der lächerliche Brief aus Dresden"[115] erwähnte Reaktion Wiecks sich ausschließlich auf die Geburt seines Enkelkindes bezog, zumal er später mehrfach den Wunsch äußerte, seine älteste Enkelin kennenlernen zu wollen. Nach dieser Verstimmung, deren Ursache aufgrund mangelhafter Quellenlage nicht mehr definitiv geklärt werden kann, fand Anfang 1843 eine zweite von Wieck ausgehende Versöhnungsphase statt. Am 12. Januar richtete Wieck folgenden Brief an Clara:

„Ich liebe die Kunst immer noch aufrichtig und ungetrübt; folglich soll auch jetzt die Thätigkeit Deines talentvollen Mannes nicht unbeachtet und unerkannt von mir bleiben. Dies will ich Dir dadurch beweisen, daß ich Dich bitte, mir vorher anzuzeigen, wenn ich einige von Deines Mannes neuesten und von allen Kennern gerühmten Compositionen öffentlich hören kann. Ich komme deßwegen nach Leipzig. Dein Mann und ich, wir sind 2 harte Köpfe, - die muß man gehen lassen, aber gesinnungsvoll sind wir. Folglich kann es ihn nicht wundern, wenn ich, wie immer, seinem Fleiß und seiner Schöpferkraft Gerechtigkeit widerfahren zu lassen wünsche. Komme bald nach Dresden und führe hier Deines Mannes Quintett auf."[116]

Clara scheint auf diesen erneuten Versöhnungsversuch Wiecks positiv reagiert zu haben, wie der zweite Brief ihres Vaters belegt.

„Liebe Clara! Den 17. d. M. feierten wir Marias Geburtstag. Ich war freudig, sehr bewegt u. empfänglich gestimmt - schöne Erinnerungen an Deinen 11. Geburtstag lagen mir vor - da kam Dein Brief. [...] Du willst nach Dresden kommen u. Deines Mannes Quintett in einem Privatcirkel spielen - also nicht öffentlich? Kommt Dein Mann mit, so biete ich Euch meine geräumige Musikstube dazu an u. will dazu bitten, welche Ihr haben wollt. [...] Es versteht sich, Dein Kind bringst Du mit; Es wird auf der Eisen-

[111] Vgl. Tagebuch III, S. 189 (4.8.1841) sowie S. 713, Anm. 257.

[112] Tagebuch II, S. 182 (18.8.1841).

[113] Tagebuch II, S. 182; Vgl. Brief von Clara an Wieck vom 18.8.1841, abgedruckt bei Joß, 1902, S. 78.

[114] Litzmann II, S. 9. Litzmann nenn keine Quelle. Vgl. Tagebuch III, S. 713, Anm. 263.

[115] Tagebuch III, S. 193 (3.9.1841).

[116] Kohut, 1888, S. 150. Vgl. auch Tagebuch II, S. 256. Tagebuch III, S. 235 (13.1.1843); 725, Anm. 351. Vgl. auch Jansen NF 2/1904, S. 514, Anm. 287. Es scheint im Sommer 1842 ebenfalls Versöhnungsversuche von seiten Wiecks gegeben zu haben, der als neutralen Vermittler Ernst Adolph Becker einschaltete. Diese Versuche scheiterten allerdings, nicht zuletzt an Schumanns abweisender Haltung. Vgl. Tagebuch II, S. 236.

bahn nicht gerechnet. [...] Du mußt es uns nur vorher melden, damit wir Dich auch an der Eisenbahn empfangen können.
Daß wir von vergangenen 4 Jahren kein Wort sprechen, wirst Du wohl zufrieden sein. - Wir haben anderes genug zu sprechen. Bei dem Spiel will ich Dir übrigens umwenden, wenn Du noch zufrieden mit mir bist, denn mein Gesicht ist schwächer geworden. Kommst Du nicht, so bin ich zu seiner Zeit in Leipzig u. schreibe Dir wenn ich angekommen. Wir wollen uns doch wohl sprechen? Ueber das Wo? werden wir uns vereinigen u. auch, daß ich Dein Kind sehe.
Dein Mann wird mit mir einverstanden sein, daß wir von Allem was vorgeht, zu Niemand sprechen. Wenn man uns zusammen sieht - das ist der Welt auch egal, so wie alles. Die Welt ist viel zu egoistisch u. zu theilnahmlos u. jeder zu sehr selbst mit sich beschäftigt, als daß er nicht Familienverhältnisse nur als zu schnell vorübergehende Gegenstände seiner Neugierde betrachten sollte. ...“[117]

Friedrich Wieck war sich bewußt - wollte er seine Tochter Clara nicht ganz verlieren -, daß er ihre Entscheidung zu akzeptieren und sich mit der neuen Realität in Gestalt von Schumann als seinem rechtmäßigen Schwiegersohn zu arrangieren hatte. Wie ehemals in der vorprozessualen Phase des Ehekonsenskonflikts war er auch nach der Heirat an einer gütlichen Einigung bzw. einem einvernehmlichem Umgang interessiert und versuchte - trotz der weiterhin ablehnenden Haltung Schumanns -, die neue Situation bestmöglich zu gestalten. Daher bemühte er sich, auch seinen Schwiegersohn in den Prozeß der Annäherung einzubeziehen, wußte er doch, daß der Kontakt zu Clara von dessen Zustimmung abhing. Wohl nicht zuletzt aus diesem Grund richtete er im folgenden Brief seine Einladung nach Dresden an das Ehepaar Schumann gemeinsam und bot an, Schumanns Klavier-Quintett im Rahmen einer seiner Soireen aufzuführen, da Clara das Werk zunächst in einem „Privatcirkel“ spielen wollte. Darüber hinaus schlug er vor, die für beide Seiten unerfreuliche Auseinandersetzung der vergangenen Jahre nicht mehr zu thematisieren, sondern am ‘Jetzt’ anzuknüpfen. Clara reiste daraufhin - allerdings allein - nach Dresden und brachte Mitte Februar 1843 vor einem von Wieck geladenen Kreis aus Musikkennern Roberts Quintett zur Aufführung, das enthusiastisch aufgenommen wurde.[118] Insgesamt scheint der erste längere persönliche Kontakt zwischen Vater und Tochter für beide erfreulich gewesen zu sein, wie aus Claras Tagebuchnotizen und Briefen hervorgeht.[119] Das Verhältnis zum Vater hatte sich merklich gebessert. Im November 1843 kam es zu einem weiteren Besuch Claras in Dresden, bei dem sie wiederum Roberts Quintett - diesmal öffentlich - vor einem begeisterten Publikum aufführte.[120] Alle waren glücklich und zufrieden, nur Robert blieb allein in Leipzig und war am Abend des Konzerts ‘melancholisch’.[121] Schließlich richtete Wieck einen versöhnlichen Brief direkt an Schumann.

---

[117] Brief Friedrich Wiecks an Clara Schumann vom 20.1.1843, Vgl. Joß, 1902, S. 79 f. Bei Joß ist dieser fälschlich auf den 20.1.1841 datiert. Der Brief muß nach dem 17.1.1843, dem elften Geburtstag von Marie Wieck, geschrieben worden sein. Vgl. dazu auch Tagebuch III, S. 725, Anm. 351.

[118] Tagebuch II, S. 258 (14.2.1843).

[119] Tagebuch II, S. 257. BW III, S. 1199 (15.2.1843). Vgl. auch den positiven Geburtstagsbrief Claras an ihren Vater. Vgl. Wieck, 1912, S. 22.

[120] Tagebuch II, S. 272 (20.11.1843); Tagebuch III, S. 358 sowie S. 743, Anm. 485.

[121] Tagebuch III, S. 358 (20.11.1843).

„Lieber Schumann!
Tempora mutantur et nos mutamur in eis. Wir können uns, der Clara und der Welt gegenüber, nicht mehr fern stehen. Sie sind jetzt auch Familienvater - warum lange Erklärung? In der Kunst waren wir immer einig - ich war sogar Ihr Lehrer - mein Ausspruch entschied für Ihre jetzige Laufbahn. Meiner Theilnahme für Ihr Talent und Ihre schönen und wahren Bestrebungen brauche ich Sie nicht zu versichern. Mit Freuden erwartet Sie in Dresden
Ihr Vater Fr. Wieck.“ [122]

Während Robert diesen Brief im Gegensatz zu anderen Schreiben Wiecks in seinem Haushaltsbuch nicht erwähnte, hielt Clara überglücklich im Tagebuch fest: „D. 16 erhielt Robert vom Vater einen Brief versöhnenden Inhalt's, und so ging denn mein sehnlichster Wunsch in Erfüllung. Robert söhnte sich mit dem Vater in Dresden aus ...“[123] Das Ehepaar Schumann reiste zu einer «Peri»-Aufführung nach Dresden und verbrachte den Weihnachtsabend bei Familie Wieck. Insgesamt ist festzuhalten, daß sowohl Vater als auch Tochter ernsthaft an einer Versöhnung interessiert waren. Als Realist versuchte Wieck, den Kontakt zu Clara unter den gegebenen Umständen bestmöglich zu gestalten, und hatte kein Interesse an einer lebenslangen Feindschaft mit dem Ehepaar Schumann. Darüber hinaus war er bemüht, Clara in ihrer pianistischen Laufbahn tatkräftig zu unterstützen, indem er ihr Konzertgelegenheiten verschaffte, von denen im übrigen auch Schumann profitierte, da seine Werke auf diese Weise zur Aufführung gelangten.

Interessant ist Schumanns Reaktion auf die sich abzeichnende Versöhnung zwischen Vater und Tochter. Äußerlich legte er - spätestens nach 1843 - ein verbindliches Verhalten an den Tag. Seine innere Einstellung gegenüber Wieck kommt allerdings in Briefen und Tagebuchnotizen deutlich zum Ausdruck. Obwohl seine Werke in durch Wieck vermittelten Konzerten erfolgreich aufgeführt wurden, schrieb er Clara im Februar 1843 nach Dresden: „Es freut mich doch in Deinem Innern, daß Du da bist, wo Du jetzt bist. Ich werde freilich immer von fern sehen müßen; denn diese Wunden kann keine Zeit heilen.“[124] Bei Claras zweitem Dresden-Aufenthalt saß Robert melancholisch zu Hause und schrieb ihr am Konzertabend:

„Da auf einem Gang in die Stadt begegnet mir Einert - ich weiß nicht, ich bekam auf einmal andre Gedanken - dachte mir, wie Dein Vater, die anderen Deinigen die mir so sehr entfremdet sind, heute Abend um Dich sein würden und was ich dabei für eine fatale Rolle spiele - ich wurde immer mißmuthiger, war in einer ganz erbärmlichen zwiespältigen Stimmung.“[125]

Auf die Tatsache, daß seine Werke öffentlich aufgeführt wurden und auf diese Weise Anerkennung fanden, bezog sich Roberts zwiespältige Stimmung wohl nicht, sondern eher auf das sich insgesamt entspannende Verhältnis zwischen Vater und Tochter. Schumann hatte offensichtlich kein ernsthaftes Interesse an einer Versöhnung mit Wieck, wie aus einem Brief an Verhulst vom 19. Juni 1843 hervorgeht: „Es hat auch

[122] Brief von Wieck an Schumann vom 15.12.1843. RSchH Zwickau, Archiv-Nr. 6940-A2. Vgl. Eismann, 1956, S. 136.
[123] Tagebuch II, S. 274 (16.12.1843).
[124] BW III, S. 1197 (12.2.1843).
[125] BW III, S. 1214 (20.11.1843). Vgl. auch BW III, S. 1213 (19.11.1843).

eine Aussöhnung zwischen Cl[ara] und dem alten W[ieck] stattgefunden; was mir Claras wegen lieb ist. Auch mit mir suchte er wieder anzuknüpfen. Der Mann hat aber kein Gefühl, sonst würde er so etwas gar nicht wagen.“[126]

Auch wenn Schumann nach außen ‘gute Miene’ machte, führten zahlreiche seiner Bemerkungen über angebliche Intrigen Wiecks, für die er zwar keine Beweise hatte, Clara aber dennoch seine Position unkritisch übernahm, immer wieder zu Trübungen in der Beziehung zu Wieck.[127]

Es blieb jedoch nicht bei verbalen Angriffen gegen Wieck, auch in Schumanns Handlungsformen zeigte sich seine nach wie vor negative Einstellung zum Schwiegervater. Anläßlich des Bühnendebuts und eines Auftritts im Gewandhauskonzert von Wiecks Pflegetochter Minna Schulz, deren Leistungen insgesamt positiv bis enthusiastisch aufgenommen wurden,[128] erschienen allein in der NZfM vernichtende Kritiken, die

---

[126] Brief an Johannes Verhulst vom 19.6.1843; Jansen NF 2/1904, 230. Vgl. ebenda, S. 514, Anm. 287.

[127] Während der Dänemarkreise berichtete Schumann seiner Frau von angeblichen Intrigen seines Schwiegervaters. „Der Cranz'schen Sache kann ich noch nicht auf die Spur kommen. Alle wollen sich aus der Schlinge ziehen. Dahinter steht nur Dein V. boshaft lächelnd ...“ Vgl. BW III, S. 1192 (22.4.1842). Vgl. dazu auch BW III, S. 1180f, 1187, 1190, 1191.
Vgl. auch die in Kapitel V.2. noch ausführlich darzustellende Reaktion Schumanns auf eine negative Kritik während der Wienkonzertreise 1846/47, als deren Urheber er Wieck nachweislich falsch verdächtigte. Vgl. dazu seinen Brief an Moritz Emil Reuter vom 3.2.1847, Jansen NF 2/1904, S. 263. Vgl. dazu Reuters Antwort vom 6.2.1846; Corr. Bd. 19, Nr. 3326. Vgl. auch Claras diesbezüglichen Brief an Elise Pacher v. Theinberg [geb. List] vom 8.2.1847, Wendler 142/43. Die Zitate finden sich überwiegend im Kapitel V.2. «Später hinzutretende Prägungen des Wieck-Images durch Robert Schumann».

[128] «Signale», 4. Jg. (1846), Nr. 46, S. 362/63: „Erstes Auftreten von Fräulein Minna Schulz -Wieck im Theater zu Leipzig als Agathe im Freischütz. (Am 6. November 1846)
Die großen Erwartungen, welche man in der Erstlingsblüthe dieser in der Stille heranknospenden jungen Künstlerin auf der Bühne entgegen sah, wurden am 6. November auf die angenehmste Weise erfüllt. Wir sahen eine liebreizende Agathe, höchst liebenswürdig in ihrer äußeren Erscheinung, freilich noch sehr in jungfräulicher Schüchternheit befangen, aber dafür auch noch mit allem Reiz der ersten jugendlichen Blüthe geschmückt, und alle Keime zukünftiger Künstlerblüthe in sich tragend. Eine schöne frische Stimme, glockenrein und hell, eine sehr reine und richtige Aussprache und Declamation, ein wunderschönes Piano, ein sehr wohlthuendes Sprechorgan, das sind die Gaben, welche schon bei diesem ersten Versuch glänzend hervortraten, und die wenigen aus der Befangenheit natürlich entspringenden Mängel, (geringe Beweglichkeit der Action und des Ganges, und allzu langsames Tempo in den affectvollen Stellen) mehr als genügend bedeckten. Das volle Haus erkannte durch mehrmaliges Applaudiren und durch einstimmigen Hervorruf am Schlusse der Vorstellung diesen ersten Versuch als vollständig gelungen. Laßt nur das Probejahr vorüber sein, so tritt Euch diese Agathe nicht mehr als schüchterne Braut, sondern als geweihete Priesterin in Apollos Tempel entgegen. Großen Dank verdient Frau Günther=Bachmann, welche als Aennchen durch ihr überaus gewandtes Spiel auf liebenswürdige Weise der jungen Anfängerin zu Hülfe kam; den größten aber der Alte vom Berge [Friedrich Wieck], der das ‘Glöcklein im Thale’ die ‘Blüthe des Maien’ entdeckt, und, im Besitz geheimnisvoller Zauberkräfte, sie in seiner Klause zur Nachtigall großgezogen hat.“
«Signale», 4. Jg. (1846), Nr. 48. S. 378: „...In zweiten Theile war es von besonderem Interesse, in dem graziösen Rondo von Moscheles (Op. 30) Clara mit ihrer jüngeren Schwester Maria vereint zu hören. Maria entfaltete unter der schützenden Aegide der Künstlerin in ihrem Spiele so viel Anmuth, Fertigkeit und Sicherheit, daß die ganze Production wie als einem Gusse erschien. Unter

ausgerechnet Wiecks pädagogische Kompetenz in Frage stellten: „Nur längere Zeit und tüchtiges Studium unter guter Aufsicht und *nach besserer Methode* werden die Fehler verbessern, welchen Frl. Schulz-Wieck jetzt anheim gefallen ist."[129] Diese Bemerkungen wirken wie eine persönliche Diffamierung bzw. 'Abrechnung' mit Wieck als Lehrer und sind um so befremdlicher, als Schumanns eigene pädagogische Kompetenz auf dem Gebiet des Klavierspiels angesichts der Zerstörung seiner rechten Hand in Frage zu stellen ist.[130]

Abschließend läßt sich festhalten, daß Schumann offensichtlich nicht nur kein Interesse an einer Versöhnung mit seinem Schwiegervater gehabt hat, sondern durch sein Verhalten eine positive Entwicklung in der Beziehung zu Wieck geradezu verhinderte bzw. hintertrieb. Da Wieck seine Tochter in ihrer künstlerischen Tätigkeit zeitlebens unterstützte, mag Robert die damit verbundene Stärkung von Claras Selbstwertgefühl - begründet durch ihren Ruhm als Virtuosin - aufgrund seiner schon oben beschriebenen Probleme mit der gesellschaftlich exponierten Rolle seiner Frau als eine Schwächung seiner ehelichen Position empfunden haben.

Das kann jedoch nicht der alleinige Grund für sein Verhalten gewesen sein, da Clara ihm bei jeder Gelegenheit ihre Loyalität beteuerte sowie ihre dienende Unterlegenheit unter Beweis stellte. Angesichts der sich über Jahre nicht bessernden wirtschaftlichen Lage des Ehepaars Schumann mochte Robert ein enger Kontakt zum Schwiegervater unangenehm berührt haben, da Wieck ihm ständig - gewissermaßen als Spiegel - die Realität vor Augen führte, daß nämlich die auf seiner väterlichen Sorge um die materielle Absicherung seiner Tochter beruhende Ehekonsensverweigerung nicht unbegründet gewesen war. Auch diese Tatsache erscheint jedoch als Begründung für Schumanns ablehnende Haltung gegenüber einer Versöhnung zwischen Vater und Tochter nicht ausreichend, da Wieck ausdrücklich erklärt hatte, den Konflikt der vergangenen Jahre nicht mehr thematisieren zu wollen, und unter anderem durch die gemeinsame Einladung an das Ehepaar Schumann signalisierte, daß er Claras Entscheidung nunmehr respektierte. In diesem Zusammenhang ist nochmals daran zu erinnern, daß Schumanns negative Einstellung gegenüber Friedrich Wieck in eine wesentlich frühere Zeit als die Ehekonsensstreitigkeiten zurückreicht.[131]

Hier muß auf einen grundlegend neuen Aspekt bezüglich Schumanns generellem Kritikverhalten hingewiesen werden: Zu welchen unkontrollierten Entgleisungen bzw. unverständlichen und pauschalen Pejorativen Schumann sich hinreißen ließ, zeigt sich nicht zuletzt in der Bemerkung über den von Clara hoch bewunderten, genialen, kultivierten und vor allem erfolgreichen Felix Mendelssohn-Bartholdy, mit dem er sich in

---

den Liedern, welche Fräulein Minna Schulz-Wieck sang, hat uns die „Widmung" von Rob. Schumann, vorzugsweise angesprochen. ..."

[129] Zitiert nach Tagebuch III, S. 734, Anm. 420. Die Schumann'schen Kritiken zu Minnas Auftritten finden sich in NZfM, Bd. XXV, Nr. 39, S. 158; Nr. 42, S. 170 sowie NZfM, Bd. XXV, Nr. 43, S. 174.

[130] Vgl. Schumanns Eintrag im Haushaltsbuch über Wiecks Betroffenheit: „Früh d. Alte [Wieck] außer sich wegen L[ei]pz[ig] u. d. Recensionen ü.[ber] Minna [Schulz]." Tagebuch III, S. 332 (21.11.1846).

[131] Vgl. dazu die Ausführungen im Kapitel I.1.2. «Robert Schumann im Hause Friedrich Wiecks».

puncto 'Genialität' - als Komponist - sicherlich hat vergleichen dürfen, aber wohl kaum im Hinblick auf seine gesellschaftliche Stellung:

„Klara sagte mir, daß ich gegen Mendelssohn verändert schiene;
gegen ihn als Künstler gewiß nicht - das weißst du - hab' ich doch seit Jahren so viel zu seiner Erhebung beigetragen, wie kaum ein Anderer. Indeß - vergeßen wir uns selber nicht zu sehr dabei. Juden bleiben Juden; erst setzen [?] sie sich zehnmal, dann kömmt der Christ. Die Steine, die wir zu ihrem Ruhmestempel mit aufgefahren, gebrauchen sie dann gelegentlich um auf uns damit zu werfen. Also nicht zu viel, ist meine Meinung. Wir müßen auch für uns thun und arbeiten. Vor allem, laß uns nun immer dem Schönen und Wahren in der Kunst näher kommen."[132]

Diese Bemerkungen dokumentieren die Neigung Schumanns, auf Diskrepanzen zwischen Selbstbild einerseits und Konfrontation mit der Realität andererseits auf die oben beschriebene Weise mit Pejorativen zu reagieren, denn der damals noch unbekannte Schumann hat wohl kaum den zu diesem Zeitpunkt bereits außerordentlich erfolgreichen Felix Mendelssohn-Bartholdy fördern oder 'erheben' können. Im Rahmen der hier vorgenommenen Revision des Wieckbildes muß diese Tatsache in die Bewertung einbezogen werden.[133] Die „Wunden" im oben beschriebenen Zitat,[134] die Schumann mit der Auseinandersetzung im Rahmen des Prozesses begründet - wobei er ausschließlich seine eigenen Ansprüche als gerechtfertigt voraussetzt -, haben breitere, tiefere und weiter zurückreichende Wurzeln, wie in der Vorgeschichte bereits nachgewiesen wurde, was die augenscheinlich so plausible und alleinige Kausalität zum Prozeßgeschehen zumindest in Zweifel ziehen muß. Auch diese Seite macht eine Untersuchung der nachprozessualen, feindlichen Haltung Schumanns gegenüber seinem Schwiegervater erforderlich.[135]

In einer Hinsicht allerdings konnte die positive Beziehung von Clara zu ihrem Vater für Schumann gefährlich werden. Bei seiner genauen Kenntnis bestimmter juristischer Sachverhalte, wie z.B. den elterlichen Verweigerungsgründen, wußte Schumann, daß seine syphilitische Infektion - auch wenn sie bereits etliche Jahre zurücklag - wie ein Damokles-Schwert über ihm lastete, da eine solche ansteckende Krankheit auch im Nachhinein noch als Trennungsgrund anerkannt wurde. Wie schon dargestellt, konnte die Versöhnung zwischen Vater und Tochter für ihn zu einer Gefahr werden. Er mußte befürchten, daß Wieck - sollte er von der Krankheit seines Schwiegersohns erfahren - seinen in einer positiven Beziehung wachsenden Einfluß auf Clara geltend machen würde. Es läßt sich nicht ausschließen, daß Schumanns Distanz gegenüber Wieck, wie sie der weitere Verlauf der Ehejahre dokumentiert, diesen tieferen und handfesten

---

[132] Tagebuch II, S. 122/123 (14.11.1840). An dieser Stelle kommt zu wiederholten Malen eine mehr als befremdliche antisemitische Haltung zum Ausdruck, auf die in Kapitel V.1. «Die Prägungen des Wieck-Images durch Robert Schumann vor der Brautwerbung» noch eingegangen werden wird.

[133] Vgl. dazu das Kapitel V. «Das Image Friedrich Wiecks».

[134] Vgl. BW III, S. 1197 (12.2.1843).

[135] Fokus der vorliegenden Arbeit ist allerdings die Kontroverse Schumann - Wieck während des Prozesses. Die Haltung der Kontrahenten im späteren Lebensabschnitt muß - ebenso wie das Thema der Untersuchung der Entwicklung (der vorehelichen Beziehung) von Robert und Clara in den Briefen von 1837 bis 1840 - einer anderen Arbeit vorbehalten bleiben und kann nicht Gegenstand der vorliegenden Arbeit sein.

Grund hatte, der bisher in dieser Tragweite übersehen wurde. Diese Tatsache gibt zu der Frage Anlaß, ob Schumanns zurückhaltendes, ja feindseliges Verhalten gegenüber seinem Schwiegervater während der Ehejahre sich allein mit seinen Prozeßerfahrungen begründen läßt.

Trotz Schumanns abweisender Haltung ließ Wieck es sich dennoch nicht nehmen, die Entwicklung seiner Enkel mit reger Anteilnahme zu verfolgen. Im Januar 1843 freute er sich, endlich Marie kennenzulernen, die älteste Tochter von Clara und Robert.[136] Als Pragmatiker versuchte er, Clara in ihrer Doppelbelastung als ausübende Künstlerin und Mutter tatkräftig zu unterstützen. Während ihrer Konzertreisen nahm er die Kinder teilweise über Monate in sein Haus auf und versorgte sie.[137] Auch Eugenie und Felix scheinen - nach Roberts Tod - eine längere Zeit beim Großvater gelebt zu haben, wie aus Claras Brief vom 5. Juli 1861 hervorgeht, in dem sie die musikalische Erziehung der Kinder und deren Bezahlungsmodalitäten mit ihrem Vater bespricht.[138] Von Julie war Wieck so begeistert, daß er sie bei sich behalten wollte, um sie auszubilden.[139] Er machte den Kindern großzügige Geschenke. So erhielt Felix z.B. eine kostbare Geige, für die Clara sich herzlich bedankte.[140] Zeit seines Lebens war Wieck um die Zukunft seiner Enkel besorgt. In einem vorsichtigen Brief bot er Clara seine Unterstützung an:

„Meine liebste Klara! ... Nun gleich zur Sache! Daß Du Dich selbst ernähren und anständig erhalten kannst, weiß ich wohl und habe Dich dafür treulich gehegt und erzogen. Aber die Kinder! Es darf Dir zur Erziehung nicht an Mitteln fehlen, auch wenn Du nicht reist. Also sage mir alles, ich schicke Dir im Notfall Geld. Hätte ich nicht auf die neuen Eisenbahnen, die sich auf die Leipzig-Dresdner gründen, immer neue Einzahlungen zu machen, die ich doch nicht fahren lassen kann, so würde ich Dir schon jetzt jährlich Zuschuß von 500 Taler für die Kinder geben. Nun, es kommt Euch zu gut, doch brauchst Du etwa Geld zum Herbst, so schreibe mir ja gleich und wende Dich an niemand anderen, als nur an Deinen alten Fritzen."[141]

Bis zum Ende seines langen Lebens (1785-1873) versuchte Wieck, seine Tochter bestmöglich zu unterstützen. Auch mit seiner letzten Handlung blieb er diesem Grundsatz treu: In seinem Testament bedachte er Clara in großzügiger Weise, wie sie in ihren Briefen an Johannes Brahms und Emilie List etwas beschämt erwähnte. An Brahms schrieb sie:

---

[136] Vgl. Wiecks Brief vom 20.1.1843 an Clara: „Dein Kind bringst Du mit; ...über das Wo? werden wir uns vereinigen u. auch, daß ich Dein Kind sehe." Joß, 1902, 79 ff.

[137] Z.B. auf der Wien-Prag-Berlin-Reise waren Julie und Emil vom 24.11.1846 bis 25.3.1847 bei Wiecks. Vgl. Tagebuch II, S. 420. In späteren Jahren (1868) hat auch Ludwig eine Zeit beim Großvater verbracht. Vgl. *«Claras Kinder»*, 1999, Nachwort von Eva Weissweiler, S. 309.

[138] Vgl. Brief Clara an Wieck vom 5.7.1861; Kohut, 1888, S. 171.

[139] Vgl. Claras Brief an Emilie List vom 4.8.1859; Wendler, 1996, S. 222.

[140] Vgl. Claras Briefe an Wieck vom 28.9.1852 und 5.7.1861; Kohut, 1888, S. 167 bzw. 171.

[141] Wieck an Clara vom 22.8.1867; Wieck, 1912, S. 41. Die Zuneigung zu den Enkeln scheint auf Gegenseitigkeit beruht zu haben. Auch sie hingen an Wieck, wie etliche an ihn gerichtete Briefe belegen. Vgl. Wieck, 1912, S. 42 ff. Bei seinem Tode wünschten sie sich ein Andenken an den Großvater, wie Clara ihrer Mutter schrieb: „Die Kinder lassen Euch bitten, ob sie nicht irgend Etwas, das der Vater gebraucht, haben könnten? etwa einen Federhalter, oder eine Petschaft, oder sonst was Euch nicht zu schwer fällt herzugeben." Clara an Clementine Wieck vom 11.12.1873; Kohut, 1888, S. 173.

„Denke Dir, daß der, der selbst so einfach lebte, so wenig Ansprüche an des Lebens Komfort machte, stets (bis zum letzten Tage sogar) tätig für andre war, und jetzt ein ganz hübsches Vermögen (wohl an die 60000 Tlr.) hinterlassen hat, und meiner liebevoll Erwähnung getan hat, wie ich es nie gedacht hätte. Kannst Du mir nachfühlen, daß gerade dieses mich so unsäglich traurig gemacht?"[142]

Die Tatsache, daß Wieck trotz der erheblichen Belastungen durch die gerichtliche Auseinandersetzung als erster wieder in der Lage war, Kontakt zum Ehepaar Schumann aufzunehmen, und Clara Zeit seines Lebens tatkräftig unterstützte, kennzeichnen seine außergewöhnliche Persönlichkeit. Oberstes Prinzip seines Handelns war der Schutz und die Interessenvertretung seiner Familie und damit auch seiner Tochter. Die Haltung, auch in angespannten oder gar eskalierenden Konflikten den eigenen Grundsätzen treu zu bleiben und die Tochter nicht einfach ihrem Schicksal zu überlassen, sondern den ihm seiner Ansicht nach auferlegten Pflichten als Vater selbst in Extremsituationen nachzukommen, dokumentieren einen wesentlichen und meines Erachtens bewundernswerten Charakterzug der Wieck'schen Persönlichkeit, der bisher in der Rezeption vollkommen unbeachtet geblieben ist. Erst die rechtshistorische Kontextualisierung und nachfolgende Revision zahlreicher Dokumente ermöglichten diese vom tradierten Wieckbild abweichende Sichtweise und Neubewertung seiner Position.

[142] Brief Clara Schumanns an Johannes Brahms vom 12.12.1873. Vgl. Litzmann, 1927, Bd. II, S. 33. Vgl. auch Claras Brief an Emilie List vom 14.12. 1873; Wendler, 1996, S. 314.

# IV. Rezeption des Prozesses

Bereits in der Einführung wurde darauf hingewiesen, daß die Persönlichkeit Friedrich Wiecks im Rahmen der Schumann-Rezeption eine bis auf wenige Ausnahmen durchgehend negative Bewertung erfahren hat, welche insbesondere mit seinem Verhalten in der Ehekonsensauseinandersetzung begründet wurde.[1] Die Untersuchung der vorprozessualen Auseinandersetzung und des konkreten Prozeßgeschehens ergab jedoch, daß dieses Bild von Friedrich Wieck so nicht aufrechtzuerhalten ist. Vielmehr stellte sich heraus, daß es bei dem Ehekonsensstreit auf seiten Schumanns nicht etwa allein um Herzensangelegenheiten, sondern in erheblichem Maß auch um handfeste, materielle Interessen ging: seine ehemännlichen Rechte an Claras Vermögen und ihrem Pflichtteil aus dem nicht unbeträchtlichen Erbe Friedrich Wiecks.[2] Weiterhin konnte gezeigt werden, daß Wieck mit seinen Ehekonsensbedingungen auf eine gütliche Einigung angewiesen war, einen Prozeß also vermeiden mußte. Schumann dagegen steuerte bereits 1837 zielstrebig auf eine gerichtliche Auseinandersetzung zu, da er seinerseits nicht vorhatte, auf die Forderungen Wiecks einzugehen, und er daher seine Interessen nur auf dem Prozeßweg durchsetzen konnte.[3] Dieser Aspekt wird im Rahmen der Analyse eines bereits mehrfach erwähnten Schumann'schen Briefes vom 18. September 1837, aus dem eindeutig seine diesbezüglichen strategischen Überlegungen hervorgehen, ausführlich im Kapitel V.2 behandelt werden. Zunächst soll jedoch konkret die Rezeption der im Zentrum dieser Forschungsarbeit stehenden Ehekonsensauseinandersetzung untersucht werden.

Dabei sind folgende perspektivische Differenzierungen vorzunehmen: Zum einen ist zwischen öffentlicher und privater Rezeption zur Zeit des Prozeßgeschehens zu trennen, die sich auf sehr unterschiedliche Weise äußerten; sie reichten von einem Nicht-zur-Kenntnis-nehmen über eine indifferente Haltung oder den Versuch, eine unparteiische Position einzunehmen, bis hin zu einer unkritischen Übernahme der Perspektive Robert Schumanns.[4] Zum anderen sind spätere Rezeptionsstadien einer differenzierten Betrachtung zu unterziehen: So ist beispielsweise die nachprozessuale

---

1 Dieser Aspekt wurde bereits in der Einführung thematisiert und ist noch detailliert in Kapitel V.2. «Später hinzutretende Prägungen des Wieck-Images durch Robert Schumann» auszuführen.

2 Friedrich Wieck hinterließ - 1873 - nach Aussage Claras ca. 60.000 Taler, also ein nicht unbeträchtliches Vermögen, das in etwa mit dem Nachlaß von Robert Schumanns Vater vergleichbar war. Vgl. dazu Claras Brief an Johannes Brahms vom 12.12.1873. Litzmann, 1927, Bd. II, S. 33. Nach Mitteilung von Robert Schumanns Enkel Ferdinand hinterließ August Schumann seiner Familie ebenfalls ein Vermögen in Höhe von ca. 60.000 Talern. Vgl. NZfM, 78. Jg. (1911); Heft 22/23, S. 354.

3 Vgl. dazu die Darstellung der Schumann'schen Strategien in Kapitel I.3.1. «Die sechs Ehekonsensbedingungen Friedrich Wiecks im Mai 1839» und I.3.2. «Eskalation im Sommer 1839» sowie die ausführliche Analyse seines Briefes an Clara vom 18.9.1837 in Kapitel V.2. «Später hinzutretende Prägungen des Wieck-Images durch Robert Schumann». Vgl. BW I, S. 24-28 (18.9.1837).

4 Wobei in diesem Zusammenhang allerdings zu erwähnen ist, daß die private Wahrnehmung des Prozesses fast ausschließlich aus der Perspektive Claras und Roberts überliefert ist, während die Perspektive Wiecks nahezu gänzlich fehlt, sieht man von seinen Schreiben an das AG Leipzig ab.

Zeit bis zu Roberts bzw. Claras Tod von der Phase zu Beginn des 20. Jahrhunderts zu trennen.

Es wird sich zeigen, daß nach 1896, also dem Zeitpunkt, zu dem keine der unmittelbar am Prozeß beteiligten Personen mehr lebte, zunächst eine von den Schumann-Anhängern ausgehende, deutliche Polarisierung zwischen extremen Wieck-Gegnern und Wieck-Verteidigern stattgefunden hat. Während die Verteidiger Wiecks allmählich verstummten, nicht zuletzt durch den Tod von dessen Tochter Marie, wurde trotz unterschiedlichster Forschungsstandorte die Schumann'sche Perspektive übernommen und führte schließlich zu der Fixierung eines negativen Images Friedrich Wiecks, welches auch heute noch die Rezeption des Interessenkonflikts nachhaltig beeinflußt.[5] Angesichts dieser Tatsache erscheint es dringend notwendig, sich erneut mit dem Prozeßgeschehen und der nachfolgenden Rezeption zu befassen. Es gilt, im Rahmen einer Revision des Ehekonsensprozesses die eingeschliffenen Bahnen bzw. Bewertungsmuster aufzubrechen, um auf der Grundlage der in dieser Untersuchung gewonnenen Forschungsergebnisse zu einer Neubewertung des Interessenkonflikts und der daran beteiligten Persönlichkeiten, insbesondere der Persönlichkeit Friedrich Wiecks, zu gelangen.

## IV.1. Zeitgenössische Rezeption des Prozesses

### IV.1.1. Öffentliche zeitgenössische Rezeption

Es ist auffällig, daß in den zeitgenössischen Publikationsorganen um 1839/40 nahezu keine öffentliche Rezeption des Prozesses nachgewiesen werden kann. Da es sich bei den zu den sog. 'Ehesachen' gehörenden Ehekonsensstreitigkeiten um zivilrechtliche Prozesse handelte, war die öffentliche Resonanz auf den Konflikt relativ gering, auch wenn es sich sowohl bei Robert Schumann als auch bei Friedrich Wieck und insbesondere bei Clara Wieck um Persönlichkeiten des öffentlichen Musiklebens handelte. Nach Auswertung zahlreicher allgemeiner sowie musikalischer Zeitungen finden sich lediglich zwei Hinweise auf den Konflikt zwischen Clara, Robert und Friedrich.[6]

Im Februar 1840 - also noch während des Prozeßverfahrens - erschien in der NZfM eine „für die Eingeweihten"[7] deutlich erkennbare Anspielung auf die Auseinandersetzung mit Friedrich Wieck. Anläßlich einer Soiree von Clara, welche sich zu diesem Zeitpunkt - nicht zuletzt aufgrund des langwierigen Ehekonsensstreits mit dem Vater und den ständigen 'emotionalen Wechselbädern', die sie von der Seite Roberts zu ertragen hatte - in einem vermutlich seelisch und körperlich labilen Zustand befand, schrieb der Berliner Korrespondent der NZfM, Hieronymus Truhn, folgende Notiz:

---

[5] Vgl. dazu die zahlreichen Zitate im Kapitel V. «Das Image Friedrich Wiecks».

[6] Ausgewertet wurden u.a. die *Neue Zeitschrift für Musik, Unser Planet, Caecilia, Allgemeine musikalische Zeitung, Blätter für Musik und Literatur, Leipziger Tageblatt, Leipziger allgemeine Zeitung, Zeitung für die elegante Welt*. Bei der Nachforschung konnte ich teilweise auf die Auswertungsprotokolle der Robert-Schumann-Forschungsstelle e.V. in Düsseldorf zurückgreifen, in die mir dankenswerterweise Einsicht gewährt wurde.

[7] Litzmann I, S. 390.

„Ein böser Dämon wollte die erste Soiree durchaus nicht zu Stande kommen lassen. Wären wir Callot=Hoffmann, wir würden eine phantastische Novelle daraus machen, wie zuerst der tückische Geist der Künstlerin die Hand verletzt, so daß sie das Concert von einem Tage zum andern immer weiter hinaus verlegen muß; wie er unterdeß sie mit anonymen Briefen und anderen seinen Höllenkünsten quält; wie er zuletzt, als er doch sein Spiel verloren sieht, und die junge Tonheldin sich bereits rüstet, um vor's Publicum zu treten, sie mit wahrem Ingrimm in Krämpfen packt, sie ohnmächtig niederwirft, dann mit infernalischem Hohnlachen entflieht, und sie kampfunfähig glaubt. Alles umsonst! Die Künstlerin erhob sich wenig Augenblicke vor der Stunde des Anfanges, und trat noch sichtlich angegriffen vor das Auditorium, über das sich eine eigene Stille und Bangigkeit mit der Nachricht von ihrem Unwohlsein verbreitete. Aber in Beethovens B=Dur=Trio wohnen Geister, die auch den Schwächsten wieder beleben und auf den Wogen dieser Töne erhob sich die Künstlerin in neuer Kraft und Begeisterung."[8]

Diese von Litzmann als „hübsch, stimmungsvoll und anschaulich"[9] bezeichnete Schilderung des NZfM-Mitarbeiters ist geprägt von einer unkritischen Übernahme der Schumann'schen Perspektive sowie einer Vertrautheit mit den Details der Auseinandersetzung, die nur auf persönliche Mitteilung bzw. Einflußnahme Robert Schumanns zurückzuführen sein kann. Woher sollte Truhn Kenntnis von „anonymen Briefen" haben? Von Clara, die laut Litzmann mit „dieser Berührung ihrer persönlichen Verhältnisse vor der Öffentlichkeit keineswegs einverstanden" war, wohl kaum.[10] Der Artikel von Truhn in der NZfM ist ein Pamphlet gegen Friedrich Wieck, wohlgemerkt in der Zeitung Robert Schumanns, der als verantwortlicher Redakteur gegen diese öffentliche Dämonisierung seines zukünftigen Schwiegervaters offensichtlich nichts einzuwenden hatte.

Weiterhin erschien im August 1840 unmittelbar nach Abschluß des Prozesses in der Zeitschrift *«Unser Planet»* folgende relativ nüchtern gehaltene - Schumann aber durchaus positiv gesonnene - Notiz über den Ausgang der gerichtlichen Auseinandersetzung: „Der Prozeß, den der geniale Redacteur der neuen musikalischen Zeitschrift, Dr. Robert Schumann, mit dem Vater seiner Braut geführt hat, ist zu Gunsten Schumanns beendigt. - Wieck verweigerte ihm bekanntlich die Hand seiner berühmten Tochter 'Clara'; das Gericht hat ihn abgewiesen und in die Prozeßkosten verurteilt."[11] Schumann, der sich im Gegensatz zu dem Artikel von Truhn über diese Notiz im *«Planeten»* offenbar sehr ärgerte,[12] sorgte in der nächsten Ausgabe für folgende 'Korrektur':

„Die in Nr. 32 der 'Beiblätter' zum 'Planet' gegebene Notiz, eine Privatangelegenheit berührend, die sich übrigens nach der Meinung des Einsenders nicht wohl für öffentliche Besprechung eignet, ist der Wahrheit gemäß dahin zu berichtigen, daß der

---

[8] NZfM, 7. Jg. (1840), Nr. 18, 28.2.1840, S. 70 ff. Zitiert nach Litzmann I, S. 390/91.

[9] Litzmann I, S. 390.

[10] Litzmann I, 390, Anm. *.

[11] «Unser Planet» (Beiblätter für Literatur und Theater zum Dresdner Merkur, hrsg. von Ferdinand Philippi, Verlags-Comptoir Grimma) Nr. 32, August 1840, S. 126. Zitiert nach Tagebuch III, S. 704, Anm. 178.

[12] Vgl. Tagebuch III, S. 157 (2.8.1840): „Sehr alterirt v. Artikel im *Planet*", hält Schumann am 2.8.1840 im Haushaltsbuch fest.

darin erwähnte Prozeß allerdings zu Gunsten der klagenden Theile entschieden, die Kosten aber gegen einander aufgehoben sind. Ein genau Unterrichteter."[13]

Auch wandte sich Schumann mit folgender Bitte an den Leipziger Zensor, Prof. Friedrich Bülau, um weitere derartige öffentliche Äußerungen über seine „Privatangelegenheit" zu verhindern:

„Hochverehrtester Herr Professor,
Eine wohlwollende Gesinnung für mich voraussetzend, erlaube ich mir die ergebene Anfrage, ob es nicht außer Ihrem Einflusse liegt, die Erwähnung einer Privatangelegenheit in belletristischen Blättern, wie es noch in letzter Woche im 'Planet' geschehen ist, wenigstens in der Art zu verhindern, daß dadurch nicht noch mehr aufgereizt werde. Wie sehr würden Ihnen das die Betheiligten danken! Gehören Privatangelegenheiten überhaupt nicht für die Oeffentlichkeit, wie viel weniger gerade diese so zarte, deren Besprechung die Künstlerin, die es angeht, wie mich nur auf das Schmerzlichste verwunden muß. Entschuldigen Sie diese Zeilen, die nur der sehnliche Wunsch nach Frieden in mir hervorgerufen, und schenken ihnen gütige Beachtung. Euer Wohlgeboren ganz ergebener Robert Schumann."[14]

Angesichts dieser Zeilen stellt sich unwillkürlich die Frage, warum Schumann sich nicht an den Zensor gewendet hat, als - wie oben dargestellt - in seiner eigenen Zeitung über die „Privatangelegenheit" Claras geschrieben wurde, was er als verantwortlicher Redakteur allerdings ohnehin hätte verhindern können. Dieses evident widersprüchliche Verhalten zeigt, daß der eigentliche Störfaktor des Artikels im *«Planeten»* nicht das ohnehin sehr oberflächliche Berühren der Privatsphäre gewesen sein kann. Offensichtlich wurde ihm mit diesem Artikel eine unangenehme Realität - seine gesellschaftliche Reputation betreffend - vor Augen geführt: Clara erschien als 'Berühmtheit', während er nicht etwa als Komponist, sondern als „Redacteur" bezeichnet wurde, zwar mit dem Attribut 'genial', welches in diesem Zusammenhang jedoch als Höflichkeitsfloskel anmutet.[15] Zumindest zwischen den Zeilen geht hervor, daß Schumann nicht 'standesgemäß' heiratete, und das war der Streitpunkt seit Jahren gewesen. Allerdings ist seine Verletztheit in einem Punkt durchaus verständlich: Er sah seine geniale Schaffenskraft auf kompositorischem Gebiet von einem Journalisten, dem seine Werke offensichtlich nicht bekannt waren, gänzlich unbeachtet.

Der Brief an den Zensor Bülau läßt deutlich werden, worum es eigentlich ging: Zensiert werden sollte der „geniale Redacteur" (der 'auch' komponierte), denn die öffentliche Besprechung seiner bzw. Claras „Privatangelegenheit" hatte Schumann im Fall des NZfM-Artikels, der Friedrich Wieck bloßstellen sollte, offenbar nicht gestört.

---

13 «Unser Planet», Nr. 33, August 1840, S. 132. Zitiert nach Tagebuch III, S. 704, Anm. 178. Vgl. auch BW III, S. 1064 (9.8.1840). Vgl. auch Tagebuch III, S. 154: „Processkosten: Th. 62. Aufgebot u. Trauung. Th. 16. ⟨N.B. davon 48 Thaler durch Clara's Vater zurückerhalten, kommen auf Kl.[ara] nur 20 Th.⟩". Letztere Bemerkung ist durch Schumann gestrichen bzw. radiert, aber dennoch lesbar, daher in spitzen Klammern stehend. Vgl. Vorwort Tagebuch III.

14 Jansen NF 2/1904, S. 193.

15 Wie sehr Schumann die Berühmtheit seiner Frau auch in späteren Jahren noch gestört hat, zeigt u.a. die oben dargestellte beleidigte Reaktion auf den Trinkspruch von Hiller - und das zu einem Zeitpunkt, an dem Schumann bereits ein anerkannter Komponist war. Vgl. dazu die Darstellung in Kapitel III.2. «Vergleich der Befürchtungen Wiecks mit der tatsächlichen Eherealität». Vgl. auch Litzmann II, S. 229 sowie Tagebuch III, S. 542.

Angesichts der zum Zeitpunkt des Briefes (31. August 1840) gerade einmal knapp drei Monate zurückliegenden und weiterhin anhängigen zweiten Beleidigungsklage gegen Friedrich Wieck stellt sich die Frage, ob der „Wunsch nach Frieden" tatsächlich so sehnlich war, wie Schumann gegenüber dem Zensor Bülau beteuerte.[16] Weitere Belege für eine öffentliche Reaktion auf den Ehekonsensstreit sind bisher nicht bekannt. [17] Es bleibt festzuhalten, daß die zeitgenössische Rezeption des Prozesses weniger in der Öffentlichkeit als im privaten Umfeld der Beteiligten stattfand, auf die im folgenden Abschnitt eingegangen wird.

### IV.1.2. Private zeitgenössische Rezeption

Die private zeitgenössische Wahrnehmung des Prozeßgeschehens durch Familienangehörige, Freundes- und Bekanntenkreis sowie berufliches Umfeld war vielgestaltig und bestand bei weitem nicht in einer einseitigen Parteinahme zugunsten Clara und Robert Schumanns, sondern ließ auch Verständnis für die Position Friedrich Wiecks erkennen. In diesem Zusammenhang sind die Vermittlungsbemühungen von Personen aus völlig unterschiedlichen Kreisen zu nennen: So versuchte beispielsweise der Musikverleger und Musikalienhändler Cranz aus Hamburg, den Konflikt doch „noch im Guten abzumachen" und eine Annäherung zwischen Schumann und Wieck zu erreichen.[18] Auch der Schumann äußerst wohlgesonnene NZfM-Mitarbeiter Gustav Adolph Keferstein, dessen Vermittlung Schumann die Doktor-Urkunde aus Jena verdankte,[19] bot noch im März 1840 an, sich in einem direkten Brief an Friedrich Wieck zu wenden, um auf diese Weise eine Versöhnung zwischen den streitenden Parteien zu erwirken. Kefersteins Angebot lehnte Schumann ebenfalls ab.

„Dem alten Herrn [Wieck] bitte ich Sie, n i c h t zu schreiben. An eine Versöhnung zwischen uns ist n i e zu denken, wenigstens von meiner Seite nicht. Bei genauer Kenntniß seiner Handlungsweise würden Sie das natürlich finden. Es muß nun alles auf Wegen Rechtes entschieden werden. . . Leider ist es so. Übrigens danke ich Ihnen für die angebotene Vermittlung auf das Herzlichste."[20]

Weitere Hinweise auf eine uneinheitliche zeitgenössische Rezeption des Prozesses finden sich in Briefen, die Clara während ihrer Konzertreise durch Norddeutschland an Robert richtete. Selbst in Claras Freundes- und Bekanntenkreis waren die Ansichten durchaus geteilt und die Zeitgenossen schienen auch Verständnis für die Position Friedrich Wiecks entwickelt zu haben, wie aus ihren Klagen vom Februar 1840 un-

---

[16] Vgl. dazu insbesondere Kapitel II.6. «Strategien und Verhalten während des Prozesses».

[17] Diese Beobachtung wird bestätigt durch ein Gespräch mit Dr. Gerd Nauhaus, Direktor des Robert-Schumann-Hauses in Zwickau.

[18] BW III, S. 948 (24.2.1840).

[19] Vgl. dazu Schumanns Briefe an Keferstein vom 31.1.1840, 8.2.1840, 19.2.1840 und insbesondere vom 29.2.1840 sowie seinen Brief an den Dekan der philosophischen Fakultät zu Jena, Geh. Hofrath Reinold. Vgl. Jansen NF, 2/1904, S. 177- 187.

[20] Schumanns Brief an Keferstein vom 21.3.1840, Jansen NF 2/1904, S. 187/88. Vgl. dazu den bereits mehrfach erwähnten Brief Schumanns an Clara vom 18.9.1837, in dem er den Prozeß gegen Wieck quasi angekündigt hatte. Vgl. BW I, S. 27 (18.9.1837). Das ausführliche Zitat findet sich im Kapitel V.2. «Später hinzutretende Prägungen des Wieck-Images durch Robert Schumann».

zweideutig hervorgeht. So schrieb sie an Robert, daß „die Leute denn doch glauben, der Vater hat recht, [...] man hält mich für verblendet, wenn ich Etwas sage, und sagt ich sehe mit verliebten Augen ...“[21]

Andere entferntere bzw. unbeteiligte Zeitgenossen registrierten entweder den Prozeß gar nicht oder nahmen eine indifferente Haltung ein, wie die realistisch-humoristische Schilderung Wiecks in einem Brief an Clara einige Zeit nach Beendigung des Rechtsstreits zeigt, die hier aufgrund der wenigen erhaltenen Wieck-Zeugnisse etwas ausführlicher wiedergegeben werden soll:

„Dein Mann wird mit mir einverstanden sein, daß wir von Allem was vorgeht, zu Niemand sprechen. Wenn man uns zusammen sieht - das ist der Welt auch egal, so wie alles. Die Welt ist viel zu egoistisch u. zu theilnahmlos u. jeder zu sehr selbst mit sich beschäftigt, als daß er nicht Familienverhältnisse nur als schnell vorübergehende Gegenstände seiner Neugierde betrachten sollte.
Zwey Drittel der Menschen, die uns kennen, fragen gar nicht nach Dir u. Ein Drittel, die alles gewußt haben, od. merken konnten, führen ungefähr folgendes Gespräch mit mir:
Frage: Was mach ihre Fr. Tochter?
Antwort: Sie befindet sich so leidlich, sie kränkelt bisweilen.
Fr.: Haben Sie Nachricht von ihr?
A.: Jetzt lange nicht.
Fr.: Sie haben sie aber gesprochen?
A.: Ich war ohnlängst in Leipzig.
Fr.: Hat sie Kinder?
A.: Ja Eins - ein sehr hübsches.
Fr.: Hat es schon Klavierunterricht bey Ihrer Frau Tochter?
A.: Nein! ist aber eigentlich nicht nöthig, denn es ist gleich mit Klavier u. Tonleitern geboren.
Fr.: Spielt Ihre Fr. Tochter noch?
A.: Ja, das lesen Sie ja in den Zeitungen.
Fr.: Ja, das ist wahr. Wird sie Sie bald besuchen?
A.: Kann wohl kommen.
Fr.: Sie sollen sie sehr angestrengt haben?
A.: ‘S e y n - oder nicht seyn.’
Fr.: Sie haben noch eine Tochter, die gut spielt?
A.: Ja, meine Marie. Sie fängt erst an.
Fr.: Es ist erschrecklich wie sie der Himmel segnet mit talentvollen Kindern. Strengen Sie sie nur nicht an. Spielt sie gern?
A.: Seyn oder - Nicht seyn.
Fr.: Was mach Ihr Hr. Schwiegersohn?
A.: Er componirt.
Fr.: Seine Zeitung soll ihm sehr viel einbringen?
A.: Ich frage nicht darnach.
Fr.: Sind Sie mit Ihrer Frau Tochter ausgesöhnt?
A.: Schon lange.
Fr.: Das habe ich gleich gewußt. Wenn Sie schreiben, so empfehlen Sie mich.
A.: Ich empfehle mich Ihnen.
Geht es Dir etwa anders? Wie kurz lebt der Mensch, u. welche Zeit muß er noch in dieser Kürze verlieren?“[22]

---

[21] BW III, S. 937/38 (19.2.1840).

Zwei Eigenschaften Wiecks werden hier deutlich: sein trockener Humor sowie sein unbestechlicher Realismus. Darüber hinaus geht aus diesem Brief hervor, daß er weder ein Interesse an einer öffentlichen Besprechung noch an einer innerfamiliären Thematisierung des Konflikts hatte, sondern sich um Aussöhnung mit dem Ehepaar Schumann bemühte. Im Gegensatz dazu war Robert an einer Versöhnung nicht interessiert,[23] sondern ärgerte sich vielmehr über diejenigen Zeitgenossen aus dem engeren Vertrautenkreis, die sich entweder um Vermittlung bemühten oder auch nur versuchten, eine unparteiische bzw. neutrale Position einzunehmen. Über den gemeinsamen Freund Becker hielt Schumann beispielsweise in seinem Tagebuch fest:

„Zu Mittag aßen wir auf dem Linke'schen Bad mit Becker, von dem es höchst unschiklich war, daß er, als wir dann auf die Vogelwiese gingen, dort zurükblieb, weil Klara's Vater da war, dem Becker seine Neutralität wahrscheinlich zeigen wollte. Einestheils sind wir Becker für s.[eine] früheren sehr freundschaftlichen Bemühungen für unseren Bund Dank schuldig, anderntheils steht er uns aber auch nicht bedeutend genug da, um wegen solcher Versehen mit ihm anzubinden. Wir ließen's denn hingehen."[24]

Anders als bei Wieck zeigt sich in der Schumann'schen Sicht nach wie vor eine 'Freund-Feind-Polarisierung' - mit der Erwartung einer eindeutigen Parteinahme für ihn selbst und gegen Wieck - sowie die Tendenz, für ein 'Fehlverhalten' zumindest eine Rüge auszusprechen.[25] Es gibt kein Beispiel, in welchem Neutralität oder Vermittlungsbemühungen ihm willkommen gewesen wären, außer zu seinen Konditionen. In diesem Zusammenhang sind insbesondere auch die Schlichtungsversuche von Major Serre zu erwähnen, der mit beiden Seiten freundschaftlichen Kontakt hielt. Immer wieder besuchte Major Serre das Ehepaar Schumann und bemühte sich in zahlreichen Gesprächen, versöhnlich auf Clara und Robert einzuwirken.[26] Es ist anzunehmen, daß er sich auch Friedrich Wieck gegenüber ähnlich verhielt, denn Clara verdankte nach eigener Aussage dem Major die Herausgabe ihres Flügels sowie ihrer sonstigen Sachen.[27] Allein Schumann waren die Versöhnungsbestrebungen offenbar nicht recht. Lakonisch notierte er an dem Tag, als Clara ihre Sachen aus dem Hause Wieck zurückerhielt: „Abends Major Serre. Alteration", ein Beleg dafür, daß er sich scheinbar sehr über den Major geärgert hatte.[28] Im Ehetagebuch liest sich Claras

---

22 Brief von Friedrich Wieck an Clara Schumann vom 20.1.1843. Vgl. Joß, 1902, 80/81.

23 Vgl. die Darstellung in Kapitel III.3. «"Tempora mutantur": Verhalten Friedrich Wiecks nach dem Prozeß». Vgl. auch Schumanns Brief an Johannes Verhulst vom 19.6.1843. Jansen NF 2/1904, S. 230.

24 Tagebuch II, S. 236 (7.8.1842). Vgl. auch Jansen NF 2/1904, 514, Anm. 287, aus der hervorgeht, daß Becker tatsächlich versöhnlich gewirkt hat.

25 Diese Neigung Schumanns bestand bereits vor der Zeit der Brautwerbung und ist insofern nicht auf die Prozeßerfahrungen zurückzuführen. Vgl. dazu insbesondere die in Kapitel V.1. «Die Prägungen des Wieck-Images durch Robert Schumann vor der Brautwerbung» erwähnten Tagebuchpassagen Schumanns, in denen er sich in der 'Position des Richtens' zeigt.

26 Vgl. u.a. Tagebuch II, S. 147 (10.2.1841), 150 (27.2.1841), 160/61 (27.4.1841), 170 (Woche vom 21.-27.6.1841), 177/78 (17.7.1841).

27 Tagebuch II, S. 160/61 (27.4.1841), 150 (27.2.1841).

28 Tagebuch III, S. 181 (27.4.1841).

Beschreibung der Begegnung wie folgt und gibt einen deutlichen Hinweis auf Schumanns diesbezügliche Einstellung:[29]

„Er [Major von Serre] operirt unaufhörlich, uns mit dem Vater zu versöhnen, fängt es aber ganz verkehrt an. Meinen Mann beleidigte er einige Male so, daß, wäre er es nicht gewesen, dessen Freundschaft für uns Robert kennt, er ihm gewiß Feind geworden wäre. Dieser Mann glaubt den Vater durch und durch zu kennen, und läßt sich dabei von ihm immer an der Nase herumziehen. Etwas Gutes hatte er jedoch bewirkt - die Herausgabe meiner Sachen."[30]

Diese Reaktionsweise ist wiederum ein Hinweis darauf, daß für Schumann der Konflikt mit Wieck auch nach dem Ende der Prozesse und trotz der gerichtlich erwirkten Heiratserlaubnis nicht abgeschlossen war.[31] Angesichts der unterschiedlichen Verhaltensweisen aus dem privaten Umfeld der Beteiligten ist verständlich, daß das Ehepaar Schumann ein massives Interesse daran hatte, diese von Robert als „Privatangelegenheit"[32], von Clara als „Skandalgeschichte"[33] bezeichnete gerichtliche Auseinandersetzung mit Friedrich Wieck nach Abschluß der Prozesse aus der Öffentlichkeit herauszuhalten. Möglicherweise befürchteten sie, daß im Rahmen einer öffentlichen Besprechung des Prozeßgeschehens nicht allein die Seite Robert Schumanns gesehen würde, sondern auch die Position Friedrich Wiecks Berücksichtigung finden könnte, wie das Beispiel Wilhelm Joseph von Wasielewskis zu belegen scheint, der als Biograph Schumanns - 1858 - von Claras Seite auf heftige Ablehnung stieß. Diese Auseinandersetzung ist Gegenstand des folgenden Abschnitts.

## IV.2. Prozeß-Rezeption von 1856 - 1896 und nachfolgende Polarisierung in der Rezeptionshaltung

Die erste umfangreiche und über ein halbes Jahrhundert mehrfach aufgelegte Biographie Robert Schumanns stammt von Wilhelm Joseph von Wasielewski, der als Mitglied des Düsseldorfer Orchesters und zeitweiliger Vertrauter der Familie im Gegensatz zu nachfolgenden Biographen die Gelegenheit hatte, den Komponisten in seinem privaten sowie beruflichen Umfeld zu erleben.[34] Leitgedanke der bereits 1853

---

[29] Auch diese Passage aus dem Ehetagebuch ist wieder ein Beleg dafür, daß Clara während der Ehe keine von Roberts Position abweichende Haltung einnahm.

[30] Tagebuch II, S. 160 (27.4.1841).

[31] Vgl. dazu ebenfalls die Ausführungen in Kapitel III.3. «"Tempora mutantur": Verhalten Friedrich Wiecks nach dem Prozeß».

[32] Vgl. Schumanns Brief an den Leipziger Zensor Prof. Bülau vom 31.8.1840. Jansen NF 2/1904, S. 193.

[33] Vgl. den Briefe Gustav Jansens an den Schumann- Enkel Ferdinand vom 24.6.1902, RSchH Zwickau; Sign. 12269 - A2. Vgl. auch Jansens Brief an Helene von Vesque vom 7.4.1897, RSchH Zwickau; Sign. 8439, 12- A2.

[34] In der Düsseldorfer Zeit holte Wasielewski Schumann häufig zu gemeinsamen Spaziergängen ab. Auch nach Roberts Einlieferung in die Endenicher Heilanstalt hielt Wasielewski Kontakt zur Familie Schumann. Clara beauftragte den mittlerweile in Bonn als Dirigent wirkenden Wasielewski, ihr regelmäßig über Roberts Gesundheitszustand Bericht zu erstatten, wie aus ihrem Brief vom 10.3.1854 hervorgeht. Vgl. auch Hanslick, 1900, S. 317; Litzmann II, S. 305, 307. Vgl. dazu auch Federhofer-Königs, die das Verhältnis zwischen Clara Schumann und Wilhelm Joseph von

in Angriff genommenen, jedoch erst 1858 erschienenen und vielrezipierten Publikation von Wasielewski war nach Aussage des Verfassers eine „[h]istorische Treue, so weit der Mensch ihr überhaupt Genüge zu leisten vermag."[35] Das Anliegen dieser für ihren relativ frühen Erscheinungszeitpunkt - zwei Jahre nach Robert Schumanns Tod - und trotz erheblicher Behinderungen von seiten Clara Schumanns[36] erstaunlich sorgfältig recherchierten Biographie kommt sehr deutlich in Wasielewskis Vorwort zum Ausdruck:

„Die Thatsachen von R. Schumann's Leben festzustellen, ist in mehrfacher Hinsicht wünschenswerth. Bereits haben sich mancherlei ungenaue und unrichtige Nachrichten über den Lebensgang des Verewigten durch Wort und Schrift verbreitet. Darum schien eine möglichst unpartheiische Darstellung, gestützt auf sorgfältig geprüfte mündliche und urkundliche Berichte, nothwendig, und zwar schon jetzt, damit die Berichtigung unwissentlicher, etwa von mir begangener Irrthümer durch Zeitgenossen ermöglicht werde. Ich habe mich in dieser Darlegung aller Polemik enthalten; die Thatsachen werden für sich selbst Zeugniß geben."[37]

Hinsichtlich der Rezeption der gerichtlichen Auseinandersetzung unterscheidet sich die erste Auflage der Wasielewski'schen Biographie erheblich von der dritten bzw. vierten - eine Tatsache, auf die weiter unten noch eingegangen werden wird. Doch zunächst zur ersten Auflage: In seinem Bemühen um eine „unpartheiische Darstellung" des Interessenkonflikts bezog Wasielewski weder Position für die eine noch für die andere Seite, sondern zitierte vielmehr authentische Dokumente. So ließ er z.B. bezüglich der Wieck'schen Konsensverweigerungsgründe auch Schumann selbst zu Wort kommen:

„Friedrich Wieck glaubte seine Einwilligung zu der damit beabsichtigten Verbindung nicht ertheilen zu dürfen, und die ausweichenden Gründe, behufs Motivirung seiner desfallsigen Bedenken, scheinen auch von Schumann vorerst respectirt worden zu sein; unter dem 15ten December 1837 schreibt er seiner Schwägerin Therese: 'Der Alte will Clara noch nicht aus den Händen geben, an der er zu sehr hängt. Und dann hat er

Wasielewski untersuchte und einige Briefe der beiden veröffentlichte. Federhofer-Königs, 1975, S. 29 ff.

35 Vgl. Wasielewski, Vorwort zur 1. Auflage von 1858, S. VIII. Wasielewski hatte bereits zu Lebzeiten Schumanns den Entschluß gefaßt, „Eingehendes über des Meisters künstlerische Thätigkeit [...] aufzuzeichnen" und auf seinen Wunsch hin von diesem „bereitwilligst Material zur Ausführung" erhalten. Schumann war offensichtlich mit dem Vorhaben Wasielewskis einverstanden und schien diesen als eine durchaus geeignete Autorenpersönlichkeit für eine solche Veröffentlichung zu halten. Vgl. Vorwort zur 1. Auflage von 1858, S. VIII.

36 Vgl. Wasielewski, Vorwort zur 1. Auflage, S. XII: „Ich glaube es nicht übergehen zu dürfen, daß ich auch an Frau Clara Schumann, die dem Andenken ihres Gatten in der edelsten Weise lebt, mich gewendet, und sie gebeten habe, mir Beiträge für meine Arbeit zu geben, worauf mir die Antwort zu Theil wurde, 'daß sie aus Pietät für ihren Mann mich nicht mit unvollständigem Material unterstützen könne und dürfe.'" Diese Antwort deutet darauf hin, daß Clara das Anliegen des 'Freundes' - nämlich „historische Treue" - durchaus verstanden hatte, allerdings vehement ablehnte. Ihre Begründung - „aus Pietät für ihren Mann" - läßt einen Schluß zu, der ihrer Aufmerksamkeit offensichtlich entgangen sein muß.

37 Vgl. Wasielewski, Vorwort zur 1. Auflage von 1858, S. V-VI.

auch wohl einiges Recht, wenn er meint, wir müßten erst noch mehr verdienen, um anständig zu leben.'"[38]

Die erste Auflage von 1858 zeichnet sich durch eine demonstrative Übergehung sämtlicher mit dem Prozeßgeschehen zusammenhängender Aspekte aus. So betont Wasielewski ausdrücklich, aus Rücksicht gegenüber Clara Schumann auf die Darstellung des Konflikts zu verzichten.[39] Er erwähnt lediglich die bereits zu diesem Zeitpunkt - d.h. 1858 - bekannten Tatsachen:

„Also verblieb Schumann vor der Hand zu Leipzig in den gewohnten Verhältnissen, und sein ganzes Bestreben ging nun darauf hinaus, sich *hier* einen häuslichen Heerd zu gründen. Dies war mit mancherlei Schwierigkeiten für ihn verbunden, da Fr. Wieck, der Vater seiner Verlobten, bei der Verweigerung seiner Zustimmung zur Schließung der beabsichtigten Ehe glaubte beharren zu müssen. Schumann betrat hierauf den Weg Rechtens, und so wurde seine Verbindung mit Clara Wieck erst im Jahre 1840 möglich, da dann das Königl. Appellationsgericht zu Leipzig den väterlichen Consens supplirte."[40]

Trotz dieser Rücksichtnahme bzw. Wahrung der Persönlichkeitsrechte der Familie Schumann sowie anderer noch lebender Zeitgenossen, stieß Wasielewskis Biographie auf erhebliche Ablehnung, insbesondere von seiten Clara Schumanns. Letztere, um ein 'lupenreines' Image ihres verstorbenen Ehemannes bemüht, ärgerte sich angeblich über einige kritische Bemerkungen zu Schumanns mangelhaften musikpädagogischen und dirigentischen Fähigkeiten in der sonst sehr wohlwollenden und die Persönlichkeit des Künstlers durchaus würdigenden Biographie. Wasielewskis Darstellung von Schumanns Wirksamkeit als Dirigent und seiner 'Enthebung' durch die Düsseldorfer Konzertdirektion im Herbst 1853 wurde von Clara als Angriff auf Schumanns Künstlerehre aufgefaßt. In ihrem Brief an Eduard Hanslick, welcher in einem Feuilleton Wasielewskis Biographie besprochen hatte, beklagte sich Clara Schumann über einige 'Unrichtigkeiten' in dessen Artikel zu Wasielewskis Publikation und forderte ihn zu einer Berichtigung auf, da sie es nicht ertragen könne, „den teueren Mann mit einer Unehre behaftet zu wissen".[41] Gleichzeitig ließ sie sich in äußerst negativer Weise über Wasielewskis Publikation aus:

„Ich weiß nicht, ob Ihnen diese Irrungen durch Wasielewski gekommen, denn *ich las das Buch nie*, weil ich der Überzeugung bin, daß ein Charakter wie Wasielewski, dem mein geliebter Mann in seiner unaussprechlichen Milde und Güte nur gar zu viel

---

[38] Wasielewski, 1. Aufl. 1858, S. 163. Vgl. auch den ebenfalls zitierten Brief Schumanns an Therese vom 18.12.1838: „...Klara geht Anfang Januar nach Paris und später wahrscheinlich nach London. Da wären wir denn in ziemlicher Entfernung von einander. Manchmal ertrag ich es kaum. Aber Du weißt den Grund; sie will sich noch verdienen, und wir haben's nöthig." Wasielewski, 1. Aufl. 1858, S. 177.

[39] „Rücksichten machen es wünschenswerth, auf diesen Schritt, und das, was im Gefolge desselben war, für jetzt nicht näher einzugehen." Vgl. Wasielewski, 1. Aufl. 1858, S. 179, Anm. ***). Vgl. auch Wasielewski, 4. Aufl. 1906, S. 266, Anm. 1: „...Wenn Wasielewski, wie er mir [d. Herausgeber der 4. Aufl., Waldemar v. Wasielewski] seinerzeit mitteilte, erst in der vorliegenden Auflage alles Material, was ihm zur Verfügung stand, benutzte (was an vielen Stellen der Vorlage sichtbar war) so geschah dies aus persönlichen Gründen, vor allem in Rücksicht auf Clara Schumann."

[40] Wasielewski, 1. Auflage 1858, S. 179/80.

[41] Hanslick, 1900, S. 321.

traute, nie auch nur eine Ahnung haben könne von solch herrlichem Gemüte, noch von seiner schöpferischen Kraft, die zu begreifen er viel zu geringe musikalische Begabung und zu wenig Kenntnisse hat, nicht zu gedenken des mangelnden Gefühles."[42]

Claras Pauschalverurteilung der Wasielewski'schen Biographie zielte auf Charakter, Gaben und Geist des Autors, ohne dessen Buch angeblich gelesen zu haben, wie sie selbst behauptete. Mit der Bemerkung, daß er „ihre Autorität in allen Schumann betreffenden Thatsachen als entscheidend ansehe",[43] ging Hanslick - in einem ganz offensichtlich sarkastischen Tonfall - auf diese Pauschalverurteilung ein und veröffentlichte unverzüglich die gewünschte Berichtigung. In seiner Retrospektive «*Aus neuer und neuester Zeit*»[44] liest sich die Auseinandersetzung mit Clara Schumann wie folgt:

„Ich konnte die Bemerkung nicht unterdrücken, wie gut es wäre, wenn sie das nur vom Hörensagen ihr bekannte Buch Wasielewskis zur Hand nehmen und, was unrichtig darin, mir anzeichnen wollte. Gewiß werde man dann in strittigen Fällen *ihrem* Ausspruch glauben. Alle Verehrer Schumanns müßten ihr Dank dafür wissen, daß sie dem Andenken ihres Gatten zuliebe ihre Wehleidigkeit überwinde und endlich das Buch selbst durchlese. Diese Zumutung und der vielleicht unglücklich gewählte Ausdruck 'Wehleidigkeit' - ich wüßte auch heute keinen anderen - hat leider Frau Schumann in heftige Aufregung versetzt."[45]

Ob Clara die Biographie von Wasielewski tatsächlich nicht gelesen oder nur einen flüchtigen Blick hineingeworfen hat, ist heute nicht mehr definitiv zu klären; hierüber existieren widersprüchliche Aussagen.[46] Jedenfalls lehnte sie - ohne zu begründen - dieses Buch heftig ab und sann über eine Gegendarstellung nach, wie aus dem Briefwechsel mit Johannes Brahms hervorgeht. Dieser kritisierte ebenfalls die Publikation von Wasielewski und schrieb ihr am 27. Januar 1858:

„Die Wasielewskische Biographie habe ich wieder weggebracht. Ich will sie mir doch nicht kaufen, wie ich erst vorhatte. Man hat keine Spur von Genuß darin, und ich glaube, das wird sogar ganz unbeteiligten Lesern auch so gehn. Eine Biographie kann nach meinem Gefühl doch nur ein schöner Freund und Bewunderer schreiben. Unparteilichkeit ist gut (freilich auch schwer), aber sie darf nicht Kälte sein. Borniertheit vollends kann man nicht gebrauchen, wo die sich findet, wie hier sehr reichlich, da ist es eigentlich unnötig, über das andre Höhere zu streiten."[47]

Auch Johannes Brahms nannte in seinem Brief nur vage Gründe für die Ablehnung der Wasielewski-Biographie, die sich allerdings zwischen den Zeilen entnehmen lassen. Einige Wochen später äußerte er diesbezüglich:

„Daß ich beim Durchlesen der Biographie von Wasielewski beständig an eine etwaige Entgegnung usw. dachte, kannst Du wohl von selbst denken. Ich fand aber beim freilich flüchtigen Lesen nichts, das diese nötig oder auch nur passend machte. Ich dachte auch unter seinen Briefen an Sch. einen mit 'untertänigem Knecht' und dazu

---

42 Brief von Clara Schumann an Eduard Hanslick vom 19.1.1859. Hanslick, 1900, S. 321.

43 Hanslick, 1900, S. 322.

44 Hanslick, «*Aus neuer und neuester Zeit. (Der modernen Oper IX. Teil). Musikalische Kritiken und Schilderungen.*», Berlin 1900.

45 Hanslick, 1900, S. 322.

46 Vgl. dazu Claras Brief an Hanslick vom 19.1.1859, Hanslick, 1900, S. 321. Vgl. auch Litzmann III, S. 13, Anm. *** sowie Claras Brief an Deiters vom 26.12.1869, Litzmann III, S. 14.

47 Johannes Brahms an Clara Schumann vom 27.1.1858. Vgl. Litzmann, 1927, Bd. I, S. 213.

passenden Stil auszusuchen, und vielleicht als Anhang zu seinem Buch abdrucken zu lassen. Aber ehe man solchen Skandal anfängt, muß man doch erst überlegen."[48]

Erst anläßlich der sich nicht wesentlich von der ersten unterscheidenden zweiten Auflage von Wasielewskis Biographie kam es im Rahmen einer vernichtenden Kritik zu dieser Gegendarstellung, die von Clara mit „großer Freude und inniger Genugtuung" begrüßt wurde:[49]

„Ich fühle mich gedrungen", schreibt sie am 26. Dezember 1869 an den Rezensenten H.[ermann] Deiters, „Ihnen mit einigen Worten zu sagen, wie sehr Ihr Aufsatz über Wasielewskis Biographie mich erfreut hat. Wie oft hatte ich so im Stillen für mich gedacht, wie doch unter so manchen Freunden meines Mannes, die recht wohl die Mangelhaftigkeit dieser Biographie erkannten, kein Einziger das Wort gegen W.[asielewski] ergriffen hätte. ... Ich habe die Biographie nicht gelesen, weil ich W.s Unzulänglichkeit sowohl als Mensch, wie als Kritiker meinem Manne gegenüber kannte. Daß er aber nicht nur nicht den Charakter meines Mannes verstand, sondern ihn herabzusetzen suchte, das wußte ich nicht; und dafür, daß Sie gerade hierin meinen Mann vertreten, danke ich Ihnen aus vollstem Herzen."[50]

Wie kam es zu dieser überschwenglichen Dankesbezeugung von seiten Claras? Im Gegensatz zu dem Rezensenten der ersten Auflage von Wasielewskis Biographie, dem NZfM-Redakteur Franz Brendel,[51] ging Deiters auch auf den Interessenkonflikt zwischen Schumann und Wieck sowie dessen Ehekonsensverweigerung ein und stand dabei eindeutig auf seiten Schumanns.

„Die Gründe des Widerspruchs, den Friedrich Wieck diesem Verhältnisse entgegensetzte, und der nach jahrelangem Leiden und Kämpfen damit endete, dass die Einwilligung desselben gerichtlich supplirt werden musste, erfahren wir [bei Wasielewski] nicht; schuldige Rücksichten, sagt der Verfasser, verboten ein näheres Eingehen auf diese Verhältnisse.
Auch hier müssen wir wieder Halt machen; hier wenn irgendwo ist der Punkt, an welchem es aufs Deutlichste hervortritt, dass sich Wasielewski die Aufgabe des Biographen nicht völlig klar gemacht hat. Was kann mehr dem Charakter des Mannes Gelegenheit geben sich zu äussern, als die Art, wie er seine Herzensangelegenheiten betreibt? was kann tiefer einschneiden in sein Gemüthsleben, als Schwierigkeiten, die sich ihm hier bieten, Missverhältnisse, die daraus entspringen? was ist leichter der Missdeutung, dem Geklatsch der Mitlebenden ausgesetzt, als Familienzwiste, über die nur Weniges bekannt wird? Im gewöhnlichen Leben mag man die Leute klatschen lassen über Dinge, die sie nichts angehen; wer aber den Charakter eines hervorragenden Mannes, eines Mannes, der nicht einem kleinen Kreise, sondern der Nation angehört, zu schreiben unternimmt, hat sich die Frage vorzulegen, ob er im Stande ist, denselben in allen Beziehungen ins rechte Licht zu setzen, und nach keiner Seite hin Gelegenheit zu schiefer, wo nicht gar ungerechter Auffassung desselben zu geben. Sichtlich hat nun Wasielewski sich bemüht, in seiner Darstellung jede etwaige Missdeutung von Fr. Wieck fernzuhalten. Die Erzählung von seinem Widerspruche kleidet er in die mildeste Form ('er glaubte die Zustimmung verweigern zu müssen'),

[48] Johannes Brahms an Clara Schumann vom 28.2.1858. Vgl. Litzmann, 1927, Bd. I, S. 219. Vgl. auch den Brief von Clara Schumann an Johannes Brahms vom 12.2.1877, Litzmann, 1927, Bd. II, S. 92.

[49] Litzmann III, S. 13.

[50] Zitiert nach Litzmann III, S. 14.

[51] Brendel, Franz: «*Schumanns Biographie von J. W. v. Wasielewski*» In: NZfM, 48. Bd. (1858) Nr. 11-18; S. 113-14, S. 125-28, S. 137-41, S. 157-60, S. 169-71, S. 181-86, S. 193-95.

so dass man kaum erkennt, wie er selbst darüber urtheilt; alle Stellen in Schumann's Briefen, die sich darauf beziehen, die freilich mitunter hart und heftig gelautet haben mögen, sind sorgfältig ausgemerzt. Von Motiven der Weigerung ist auch nicht die leiseste Spur angegeben. Ob dieselben in einer Unterschätzung von Schumann's künstlerischer Bedeutung gegründet waren, wie man nach einem Artikel der Grenzboten von 1850, Nr. 40 zu glauben veranlasst ist, wissen wir nicht. Wir wollen gewiss der Pietät, die der Verfasser dem verdienten und würdigen Vater von Schumann's Gattin zollte, nicht zu nahe treten; Wasielewski hat hier nur vergessen, dass er nicht Wieck's, sondern Schumann's Biograph ist, und dass die Rücksicht, die er jenem erweist, diesem und noch mehr der edlen Gattin desselben entzogen wird. An der Voraussetzung, dass unseren Meister in einem scheinbar rücksichtslosen Vorgehen gegen den Vater ein Vorwurf treffe, dass wo möglich gar seine Gattin die Pietät gegen denselben verletzt, ist nun, bei dem Verschweigen aller näheren Motive, Niemand gehindert; nicht einmal den Verdacht der Unwahrheit in seinen Erzählungen an Andere ist der Verfasser ernstlich bemüht von Schumann abzuwenden (Vgl. S. 125). Wer in dieser Darstellung Pietät zu finden geneigt ist, wird auf keinen Fall sagen können, dass es Pietät gegen Schumann sei."[52]

Der Hymnen- bzw. Pamphletton erinnert an Schumanns frühere Äußerungen in Tagebüchern und Briefwechseln, auf die in Kapitel V noch detailliert eingegangen wird. Angesichts der begeisterten Aufnahme von Deiters' Rezension durch Clara Schumann stellt sich die Frage, ob ihre Ablehnung der Wasielewski-Biographie allein auf dessen kritischen Bemerkungen zu Schumanns Dirigententätigkeit beruhte oder sich auch auf die um Neutralität bemühte Darstellung des Interessenkonflikts mit Friedrich Wieck bezog. Claras überaus positive Reaktion auf Deiters' Kritik legt allerdings die Vermutung nahe, daß auch die Art und Weise, wie die Ehekonsensauseinandersetzung mit ihrem Vater aufgearbeitet wurde, eine wesentliche Rolle bei der Verurteilung von Wasielewskis Buch gespielt haben mag.

Obwohl Wasielewski auch in den folgenden Auflagen seiner Schumann-Biographie daran festhielt, das Prozeßgeschehen weitestgehend auszuklammern, und insgesamt eine sehr positive Haltung gegenüber Schumann einnahm,[53] wurde ihm mehrfach der Vorwurf gemacht, einseitig Partei zugunsten von Wieck zu ergreifen,[54] was auf dem

52 Deiters, H.[ermann]: *Robert Schumann. Eine Biographie von Jos. Wilh. v. Wasielewski. Zweite, verbesserte Auflage.* In: «Allgemeine Musikalische Zeitung», 4. Jg. (1869), Nr. 47, S. 372/73.

53 Vgl. hierzu beispielsweise Wasielewski, 3. Auflage von 1880 (1887), S. 141/42.

54 Vgl. z.B. den Brief Gustav Jansens an Helene von Vesque vom 7.4.1897: „Gewiß, die *Eingeweihten* wissen, daß Sch. wie ein Ehrenmann gehandelt, aber Wasielewski (über dessen Fähigkeiten als Schumann-Biograph Clara sich mit Recht sehr geringschätzig aussprach) hat geflissentlich dafür gesorgt, daß Sch. zum wenigsten in einem zweifelhaften Lichte erschien und *Wieck geschont wurde.* Claras gutes Vertrauen auf den Sieg der Wahrheit und das Gewährenlassen des albernen Wasielewski hat sich schwer gerächt, seine Unfähigkeit, Sch. überhaupt begreifen zu können, und seine unverantwortliche Leichtfertigkeit in Verbreitung der dümmsten und fadesten Anekdoten über Sch. haben den größten Schaden angerichtet. Es hätte dem lange schon [?] entgegengewirkt werden müssen, aber leider war das Clara nicht plausible zu machen. Wasielewski wurde immer zuversichtlicher und gerirte sich wie der Biograph en chef; seine letzten Leistungen sind wahrhaft unglaublich. [...] Ich habe bei einigen Anlässen nicht umhin gekonnt, ein par grobe Unrichtigkeiten des Stief-Biographen Schumanns zu corrigiren, und wußte, daß er mir nicht eben zärtlich gesinnt sei. Daher erwartete ich denn auch in seinen Lebenserinnerungen ein paar Sticheleien auf mich; aber das, was ich fand, zeigte mir bösem Manne, wie schwer ich ihn

Hintergrund der Forschungsergebnisse der vorliegenden Arbeit als nicht gerechtfertigt gelten muß.

Welche Rolle Clara für die Wieck-Rezeption gespielt hat, wird spätestens an dieser Stelle deutlich: Mit der Bemerkung, daß „wo möglich gar seine Gattin [Clara] die Pietät gegen denselben [Vater Wieck] verletzt", spricht Deiters nolens volens aus, daß nicht nur Schumanns, sondern auch Claras Verhalten zur Debatte gestellt wurde, und es sich bei Claras Entrüstung nicht allein um die pietätvolle Verteidigung ihres verstorbenen Gatten, sondern schlicht um eine als notwendig empfundene und präventive Selbstverteidigung gehandelt haben könnte. Es ist unerläßlich, Wasielewski selbst zu Wort kommen zu lassen, zumal nach Jansens ungeheuerlichen Anschuldigungen, die sich stilistisch in keiner Weise von Wahlkampfreden in der sog. 'heißen Phase' unterscheiden.[55] Wasielewski schreibt u.a. in der dritten Auflage seiner Schumann-Biographie:

„Fr.[iedrich] Wieck war ein Mann von mannichfachen nicht zu unterschätzenden Eigenschaften; allein sein leicht erregbarer Charakter führte ihn mitunter bis zu heftigen Entäußerungen, und in diesem Fall sogar bis zu einem, in seinen Consequenzen nicht mehr zu billigenden, hier aber aus naheliegenden Gründen nicht näher zu erörternden Verhalten.[56] Zuerst glaubte er die ganze Angelegenheit dadurch bei Seite schieben zu können, daß er Bedingungen stellte, die in der Hauptsache eben so unannehmbar wie unerfüllbar waren.[57] Als sich dadurch nichts erreichen ließ, versuchte er die Verbindung seiner Tochter mit Schumann zu verhindern. Nichts wurde verabsäumt, um ihn im Guten zur Ertheilung seiner väterlichen Zustimmung zu bewegen. Da diese aber nicht zu erlangen war, so blieb endlich kein anderer Ausweg für Schumann übrig, als eine Entscheidung seines Geschicks durch richterlichen Spruch herbeizuführen.[58] Fr. Wieck hatte sich nun vor der zuständigen juristischen Behörde zu verantworten. Die Gründe, durch welche er seine Handlungsweise zu motiviren suchte, wurden bis auf einen einzigen für unerheblich erklärt. Und wie unhaltbar auch dieser [Trunksucht] war, geht daraus hervor, daß Fr. Wieck schließlich

---

getroffen haben mußte, denn er schüttet seinen ganzen Zorn über mich aus im unverfälschten Stallknechts-Jargon. Er hat viele fatale Beurtheiler seiner Sch.-Biographie kennen lernen müssen, aber ich bin ihm doch der fatalste von allen. In der erwähnten Stuttgarter Revue nimmt er mich wieder vors Messer." RSchH Zwickau, Sign. 8439, 12 - A2. Vgl. auch Jansen NF 2/1904, Vorwort, S. VII; Litzmann I, S. 344 sowie Litzmann III, S. 12-14. Vgl. auch den Brief Gustav Jansens - auf dessen besondere Rolle in der Schumann-Forschung noch einzugehen sein wird - an Schumanns Enkel Ferdinand vom 24.6.1902; RSchH Zwickau, Sign. 12269 - A2.

[55] Vgl. u.a. den in der vorangehenden Anmerkung zitierten Brief Gustav Jansens an Helene von Vesque vom 7.4.1897. RSchH Zwickau, Sign. 8439, 12 - A2.

[56] Diese Darstellung läßt eine außerordentlich kritische Einstellung Wasielewskis gegenüber der Persönlichkeit Friedrich Wiecks erkennen. Festgehalten werden muß in diesem Zusammenhang, daß indessen - d.h. zwischen der ersten und der dritten Auflage - die vernichtende Rezension der zweiten Auflage von Deiters aus dem Jahre 1869 liegt.

[57] Hier vertritt Wasielewski explizit Ansichten, die in Kapitel I.3.1. - im Zusammenhang mit den sechs Ehekonsensbedingungen Wiecks - als die Position Roberts nachgewiesen wurden. Die tatsächlichen juristischen Hintergründe waren Wasielewski offensichtlich unbekannt, nach denen - wie schon bewiesen wurde - Wieck auf eine friedliche Einigung mit Schumann angewiesen war.

[58] Der noch ausführlich zu analysierende Brief Robert Schumanns vom 18.9.1837 belegt das Gegenteil. Auch hier trägt Wasielewski Schumanns wie auch Claras Selbstsicht vor.

darauf verzichtete, den ihm auferlegten Beweis für die Richtigkeit desselben zu führen."[59]

Wie die Rezension Deiters' von 1869 auf Wasielewski gewirkt haben muß, ist auf erschütternde Weise dem vorangegangenen Zitat zu entnehmen, das in jedem Punkt die Perspektive der 'Beschuldiger' übernimmt - von „historischer Treue"[60] kann hier nicht mehr gesprochen werden (vgl. dazu die vier sich auf das obige Zitat beziehenden Anmerkungen). Der Pamphletton in Jansens Brief an Helene von Vesque vom 7. April 1897 belegt allerdings, daß Wasielewskis 'Kniefall' vergeblich war: Er hatte sein Ideal der historischen Treue dem Druck geopfert, aber nur noch größere Mißachtung geerntet.

Andere bis 1896 publizierte Biographien über Robert Schumann zeichnen sich ebenfalls durch eine weitestgehende Auslassung des Prozeßgeschehens sowie eine dem Komponisten insgesamt wohlgesonnene Darstellungsweise aus.[61] 1888 veröffentlichte Adolph Kohut eine erste ausführliche Biographie über Friedrich Wieck.[62] Anliegen seiner Arbeit war ein erschöpfendes Lebens- und Künstlerbild der Persönlichkeit Wiecks sowie die Korrektur „allerlei Unrichtigkeiten"[63] in den bis zu diesem Zeitpunkt erschienenen Biographien über Robert Schumann. Hierzu publizierte Kohut u.a. eine große Anzahl bis dahin ungedruckter Briefe, die ein lebendiges Bild der Persönlichkeit Friedrich Wiecks vermitteln. Mit dem Hinweis, „[e]s ist hier nicht meine Absicht, diese Herzenskämpfe eingehender zu schildern",[64] überging Kohut die Ereignisse der gerichtlichen Auseinandersetzung vollständig und faßte in einem Satz das Ergebnis des Prozeßgeschehens zusammen: „Ohne väterlichen Consens fand nun endlich am 12. Sept. 1840 die kirchliche Trauung Robert Schumanns mit Clara Wieck in Schönefeld bei Leipzig statt."[65] Allerdings sprach Kohut als erster Biograph die beiden für Friedrich Wieck zentralen Aspekte der Konsensverweigerung - nach der materiellen Absicherung seiner Tochter und der Fortsetzung von Claras Virtuosenkarriere - direkt an:

„Ein Mann, wie Friedrich Wieck, welcher seine Tochter über Alles liebte, der Erzieher, Lehrer und Gönner Schumanns, konnte doch nur von z w i n g e n d e n G r ü n d e n geleitet werden, wenn er anfänglich seine Einwilligung zu der Verbindung der beiden Liebenden versagte.

---

59 Wasielewski, 3. Auflage von 1880 (1887), S. 141/42. Die Verhaltensweisen beider Parteien in bezug auf die Trunksuchtsbeschuldigung wurde im Kapitel II.6. «Strategien und Verhalten während des Prozesses» anhand der zweiten Klage gegen Friedrich Wieck ausführlich dargestellt.

60 Vgl. Wasielewski, Vorwort zur 1. Aufl. von 1858, S. VIII.

61 Vgl. z.B. Reissmann, 1865, S. 75/76; Spitta, 1882, S. 28/29; Reimann, 1887, S. 33 ff.

62 Kohut, Adolph: *Friedrich Wieck, Ein Lebens- und Künstlerbild. Mit zahlreichen ungedruckten Briefen.* Dresden und Leipzig 1888. Die bereits 1875 erschienene, relativ schmale Publikation über Friedrich Wieck von Meichsner ist insgesamt beschönigend, von einer beinahe gänzlichen Übergehung des Interessenkonflikts gekennzeichnet und trägt wenig zum Verständnis des komplexen Beziehungsgeflechts zwischen Clara, Robert und Friedrich bei; vielmehr bedient Meichsner - wie etliche andere Biographen vor und nach ihr - das Klischeebild der idealen Künstlerverbindung zwischen Clara und Robert. Vgl. Meichsner, 1875, S. 77/78.

63 Kohut, 1888, Vorwort S. VI.

64 Kohut, 1888, S. 107.

65 Kohut, 1888, S. 108.

Bei aller Liebe und Verehrung, welche Wieck für den außerordentlichen Jüngling hegte, konnte er sich nicht entschließen, als dieser 1836 Clara seine volle Liebe gestand und von dieser die Gewißheit erhielt, daß auch sie ihn liebe, die Hand seiner Tochter ihm zu geben, und zwar aus vielen Gründen. Der liebevolle Vater schrak vor dem Gedanken zurück, Schumann gegenüber, welcher schon damals nervöse Zustände hatte, die sich in Folge schlafloser Nächte noch verschlimmerten, das Jawort auszusprechen. Ganz abgesehen davon, daß bei einer Verheirathung die künstlerische Laufbahn öfter auf dem Spiele steht, was dem Vater und Lehrer gewiß ein schmerzhafter Gedanke sein mußte. Sein Wunsch war, daß die Ehe erst dann eingegangen werden sollte, wenn von beiden Seiten ein sicheres Einkommen die Garantien einer sorgenlosen Existenz bieten würde. Die Honorare, welche damals Schumann bezog, waren keine glänzenden und sein eigenes Vermögen war ein sehr geringfügiges geworden - mußte da der zärtlich=besorgte Vater für die Zukunft seines Kindes nicht bange werden?“[66]

Auch in Kohuts Argumentationsweise überwiegen (leider) emotionale Appelle gegenüber sachlichen Gründen, die es auf seiten Wiecks durchaus gab, und die in der vorliegenden Arbeit bereits aufgezeigt wurden.[67] Die eheliche Situation der Schumanns beurteilte Kohut außerordentlich positiv: So folgte er bereits auf der nächsten Seite seiner Darstellung dem Topos des idealen Künstlerehepaars und schien vergessen zu haben, daß er kurz zuvor von der Sorge des Vaters um die künstlerische Laufbahn seiner Tochter gesprochen hatte. Franz Liszt zitierend, schrieb er: „Es war keine glücklichere, keine harmonischere Vereinigung in der Kunstwelt denkbar, als die des erfindenden Mannes mit der ausführenden Gattin, des die Idee repräsentirenden Componisten mit der ihre Verwirklichung vertretenden Virtuosin.“[68]

Angesichts dieser überaus positiven Einschätzung der Schumann'schen Ehe muß die erbitterte Ablehnung, welche Kohuts Publikation von seiten Clara Schumanns erfuhr, außerordentlich verwundern und zu der Frage führen, welcher Stachel in Kohuts Biographie einen derartigen Schmerz verursachen konnte, daß Clara sogar einen Anwalt konsultierte und in Erwägung zog, das Buch gerichtlich verbieten zu lassen, wie aus mehreren ihrer Briefe an Emilie List und Johannes Brahms hervorgeht.

„Liebste Emilie! Ich wartete mit der Beantwortung Deiner Carte nur auf Brief v. meinem Advocaten, den ich heute erst erhielt. Nimm meinen Dank für Dein Interesse an der Sache; allerdings könnte es uns nur sehr erwünscht sein, wenn Du mit einem

---

[66] Kohut, 1888, S. 106.

[67] Vgl. insbesondere Kapitel II.4.1. «Detaillierte Klage-Erwiderung und Deduktionsschrift Friedrich Wiecks».

[68] Kohut, 1888, S. 108. Auch stellte Kohut das nachprozessuale Verhältnis zwischen Schumann und Wieck in einer beschönigenden Weise dar. Vgl. Kohut, 1888, S. 150 ff. So schreibt er z.B.: „Schumann ... siedelte 1844 mit seiner Familie nach Dresden über und verblieb daselbst bis 1850 und sein Verkehr mit Wieck war während dieser ganzen Zeit ein ununterbrochen freundschaftlicher.“ Kohut, 1888, S. 154. Gustav Jansen, Herausgeber zahlreicher Schumann-Briefe, kritisierte in dieser Beziehung ganz richtig, daß diese Darstellung Kohuts nicht den Tatsachen entsprach und Schumann zeitlebens eine - freundlich ausgedrückt - distanzierte Haltung gegenüber seinem Schwiegervater eingenommen hat. Vgl. Jansen, NF 2/1904, Vorwort S. IV ff. Jansens Briefe an den Schumann-Enkel Ferdinand belegen ebenfalls diese Einschätzung. Vgl. Jansens Briefe an denselben vom 24.6.1902, RSchH Zwickau, Sign. 12269 - A2, sowie vom 30.7.1902, RSchH Zwickau, Sign. 12270 - A2. Vgl. dazu auch die Darstellungen zum Schumann'schen Ehealltag im Kapitel III.2. «Vergleich der Befürchtungen Wiecks mit der tatsächlichen Ehereaütät».

Fachmann, also dem alten lieben Herrn Oldenbourg, einmal sprächest. Ich könnte mit vollem Rechte das Buch sofort confisciren; daran hinge aber ein unvermeidlicher Process, der für beide Theile peinliche Situationen nach sich ziehen würde, daher möchte ich auf anderem Wege mir Genugthuung verschaffen; erstens möchte ich dem Publicum zu wissen thun, dass ich von der Herausgabe dieser Briefe nichts gewusst habe, dann verhüten, dass es noch irgend Einem einfallen wollte ähnliches zu thun. - ich schicke Dir den Brief des Verlegers und den des Advocaten, obgleich der Advocat die Sache nach meinem Dafürhalten durchaus nicht richtig erkennt. Ob die Briefe interessant sind oder nicht (sie sind es nicht einmal) hat mit der Sache ja nichts zu thun. Es ist das empörende Unrecht, was mir geschehen ist. Der Titel des Buches ist: Friedrich Wieck, Ein Lebens- und Künstlerbild.
Mir liegt jetzt sehr daran, daß die Sache zum Abschluss komme, daher bitte ich Dich, thue, was Du mir so freundlich angeboten, bald.
Den Brief meiner Mutter [Clementine Wieck], den ich nach der ersten Anfrage des Advocaten erhielt, lege ich Dir bei. Schicke mir ihn aber ja wieder; Du sollst nur daraus ersehen, wie liebevoll sie ist u. in welcher Angst sie offenbar schweben. Wenn Du das Buch liest, wirst Du auch empört sein; Briefe eines Backfisches ohne jede Revision herauszugeben ist doch unglaublich. Dann die v. Ernestine über meinen Mann! Welche Roheit und ein Diebstahl dazu! Denn sie gehören ja mir!“[69]

An Johannes Brahms schrieb Clara diesbezüglich:

„Zu allem diesen kam nun noch eine große Alteration! Denke Dir, Marie Wieck hat ein Buch: ‘Friedrich Wieck und sein Lebens= und Künstlerbild’ unter dem Namen Dr. Kohut, dem sie dafür 300 Mark gezahlt, herausgegeben, und eine Anzahl Briefe von mir an meinen Vater und von Ernestine v. Fricken an mich darin veröffentlicht, ohne mich zu fragen, ohne daß ich nur eine Ahnung davon hatte, daß diese Briefe noch existierten. Ist das nicht empörend? Ich hätte das Buch sofort konfiszieren lassen können, aber das würde einen Prozeß nach sich ziehen, der zu peinlichen Situationen mit der Marie und der Mutter führen könnte, das will ich nicht, obgleich sie es verdient hätten. Der Verleger hat mich auf das dringendste gebeten, das Konfiszieren zu unterlassen, er wolle mir versprechen, keine 2. Auflage zu machen, ebenso bat die Mutter. … immer aber mich an ihre 83 Jahre erinnernd, um Unterlassung…“[70]

Angesichts eines drohenden Prozesses nahm Clara wieder Abstand von ihrem Vorhaben, das Buch konfiszieren zu lassen.[71] Eine rechtliche Beurteilung im Rahmen einer

---

69 Brief an Emilie List vom 6.7.1888, Wendler, 1996, S. 402/3.

70 Brief von Clara Schumann an Johannes Brahms vom 11.7.1888, Litzmann, 1927, Bd. II, S. 352; Vgl. auch den Brief von Johannes Brahms an Clara Schumann vom 24.7.1888, Litzmann, 1927, Bd. II, S. 354.

71 Vgl. hierzu auch die Darstellung von Marie Wieck in ihrer Publikation *Aus dem Kreise Wieck - Schumann*. Bezüglich der Auseinandersetzung um die Kohut-Biographie schreibt Marie Wieck: „… Das genügte ihr [Clara], um Justizräte und den ganzen Apparat der dabei sehr willfährigen Verwandtschaft, besonders ihren Schwiegersohn Sommerhoff als Retter der Familie, in Bewegung zu setzen. Ganz erstaunt war ich, als das Verbot des Buches mir und Herrn Dr. Kohut angekündigt wurde. Natürlich konnte der Versuch, das Buch zu verbieten, nur mißglücken, da nicht das geringste darin steht, was sie dazu veranlassen konnte. Es handelte sich um einige an sie gerichtete Briefe von Ernestine v. Fricken, die bei uns liegen geblieben waren und die ich Herrn Kohut zum Abdruck gegeben hatte, ohne sie vorher darüber zu befragen, weil ich als selbstverständlich voraussetzte, daß sie nichts dagegen haben würde. Zu meiner Verwunderung erfuhr ich nun, daß es ihr doch nicht gelegen war, aber ich konnte mich nur freuen, daß ich es ohne ihre Einwilligung tat und daß auf diese Weise die immerhin interessanten Briefe Ernestines von Fricken der Oeffent-

derartigen gerichtlichen Auseinandersetzung mit Kohut bzw. Marie Wieck hätte - 1888 - möglicherweise die Prozesse von 1839/40 bzw. 1840/41[72] aus der Distanz nüchterner Sachlichkeit betrachten lassen. Daß dabei einige Gesichtspunkte in einem neuen Licht erscheinen würden, die Clara auf keinen Fall wieder thematisieren wollte,[73] liegt auf der Hand, vor allem, da es sich um Claras Briefe sowie ihr Verhalten dem eigenen Vater gegenüber handelte. Nicht zuletzt aus diesem Grund mag sie sich insbesondere über Kohuts Veröffentlichung einiger ihrer Briefe geärgert haben, die sie 1839 in der Konfliktzeit an den Vater geschickt hatte. Aus diesen Dokumenten - etwa ihren Brief vom 1. Mai 1839 - geht hervor, daß Clara damals in einigen Punkten nicht die Ansicht Schumanns, sondern diejenige ihres Vaters geteilt hatte, z.B. die Notwendigkeit eines gesicherten Einkommens betreffend, und bereit gewesen war, noch einmal eine gemeinsame Konzerttournee mit dem Vater zu unternehmen.[74] Da ihre damalige Perspektive mit dem von Schumann propagierten Wieckbild und der einseitigen Täter-Opfer-Rollenzuweisung in krassem Widerspruch stand, ist leicht nachzuvollziehen, daß Clara - um ein 'lupenreines' Image ihres Gatten bemüht - die Veröffentlichung dieser Briefe unbedingt verhindern wollte.[75]

Wie es scheint, stand Clara angesichts der Kohut'schen Wieck-Biographie in der nicht beneidenswerten Situation, das kleinere Übel wählen zu müssen: Entweder die bereits gedruckten Bücher im Umlauf zu lassen oder auf dem Wege eines Prozesses - einer immerhin berühmten Frau - das Interesse an den darin veröffentlichten Briefen zu aktualisieren. Clara hat sich für den ersten Weg entschieden, in der berechtigten Hoffnung, daß diese eigentlich unwichtigen Briefe im Staub der Geschichte einer 'biographischen Randfigur' versinken würden. Und tatsächlich ist diese Perspektive - ihres Übereinstimmens mit dem Vater - überdeckt worden von dem Topos der jungen Liebenden, die auch bezüglich ihrer Ansichten zu allen Zeitpunkten miteinander verschmolzen.

---

lichkeit nicht vorenthalten geblieben sind.“ Wieck, 1912, S. 69 f. Hier lügt Marie Wieck offensichtlich, da nicht angenommen werden kann, daß ihr Claras Haltung - die Veröffentlichung von Dokumenten betreffend - verborgen geblieben ist.

[72] Vgl. dazu die Darstellung der zweiten Klage gegen Friedrich Wieck im Kapitel II.6. «Strategien und Verhalten während des Prozesses».

[73] Clara hatte sich schon in jungen Jahren Sorgen um die öffentliche Meinung gemacht. So stellte sie bereits 1839 angesichts der Tatsache, daß sie gerichtlich gegen den eigenen Vater aufzutreten hatte, die (realistische) Überlegung an, daß diese Verhaltensweise sich ungünstig auf ihre Reputation als Künstlerin auswirken könne. Vgl. BW II, S. 635 (12.7.1839).

[74] Diese Entscheidung Claras war Anlaß zu einer erheblichen vorehelichen Auseinandersetzung, und hatte - wie bereits oben dargestellt - zu Schumanns Selbstmordandrohung geführt, die Clara wiederum zum 'Einlenken', d.h. letztlich zur Einwilligung in die Klage gegen den eigenen Vater bewegt hatte. Vgl. dazu u.a. Kapitel I.3.2. «Eskalation im Sommer 1839».

[75] Diese Täter-Opfer-Rollenzuweisung bedarf einer eigenen Untersuchung und wird im Kapitel V behandelt. Vgl. dazu die ausführliche Analyse in Kapitel V. «Das Image Friedrich Wiecks». Claras ablehnende Haltung bezog sich ebenfalls auf Briefe Ernestine von Frickens an sie, in denen sich Ernestine bitter über Schumanns Verhalten während der Trennung von ihr beklagte und Charakterzüge ihres ehemaligen Verlobten beschrieb, die nicht zu dem idealisierten Schumannbild paßten.

Wenn die Publikation Kohuts auch zu einem innerfamiliären Konflikt zwischen Clara Schumann und Marie Wieck führte,[76] so rief sie doch keine Flut von Gegendarstellungen seitens der Schumann-Anhänger hervor, was Clara sicherlich noch weitaus mehr als beim Erscheinen der Wasielewski'schen Biographie bedauert haben mag.[77] Insgesamt bleibt in den Biographien über Schumann und Wieck bis 1896 die Tendenz zu erkennen, explizit oder stillschweigend die prozessuale Auseinandersetzung zu übergehen bzw. im wesentlichen auf die Darstellung von einigen Fakten zu beschränken. Setzte sich auch im Laufe der Zeit die Perspektive Schumanns durch, so blieben doch Friedrich Wieck zu Lebzeiten Claras direkte Schmähungen erspart.

Eine Änderung dieser Rezeptionshaltung trat im Jahr 1896 ein: Nach dem Tode Clara Schumanns war trotz der zeitlichen Distanz zum Prozeßgeschehen nicht etwa eine 'Ent-Emotionalisierung' der Diskussion, sondern eine von den Schumann-Anhängern ausgehende, deutliche Polarisierung in zwei Lager zu beobachten: Auf der einen Seite standen die „Freunde" Schumanns, die es als ihre „Pflicht" ansahen, dem Künstler „noch im Grabe Gerechtigkeit zu verschaffen", [78] und als deren Hauptvertreter zu Beginn des 20. Jahrhunderts Gustav Wustmann, Gustav Jansen und Berthold Litzmann galten.[79] Hatte Wasielewski 1858 noch ausdrücklich versucht, sich jeder Polemik zu enthalten, so waren die Publikationen Wustmanns, Jansens und zum Teil auch Litzmanns von einer extrem emotional aufgeladenen Darstellungsweise geprägt, wie noch am Beispiel von Gustav Jansen zu zeigen sein wird.

Ihnen gegenüber standen diejenigen Biographen, welche sich mit einer oder mehreren Publikationen über Friedrich Wieck an die Öffentlichkeit gewandt und die Aufgabe gestellt hatten, dessen Lebenswerk in künstlerischer sowie pädagogischer Hinsicht zu würdigen und die „zahlreichen unrichtigen Behauptungen" über das Verhältnis Wiecks zu seinem nachmaligen Schwiegersohn zu korrigieren.[80] Dazu zählen in erster Linie

---

[76] Vgl. dazu Claras Brief an Marie vom 12.6.1895, in dem sie anläßlich des Todes ihrer Stiefmutter den Wunsch äußert, „alles Vorgefallene ruhen" zu lassen und auch zu keiner mündlichen Aussprache bereit ist. Litzmann III, 596 f. Vgl. auch Marie Wiecks diesbezügliche Darstellung. Wieck, 1912, S. 69f.

[77] Erinnert sei in diesem Zusammenhang an die oben dargestellte überaus positive Reaktion Claras auf die vernichtende Kritik von H. Deiters zu Wasielewskis Biographie. Johannes Brahms signalisierte Clara unmittelbar nach ihrer Mitteilung über Kohuts Publikation, daß er nicht zu einer Gegendarstellung bereit sei: „Auf das übrige Deines lieben Briefes nächstens, für jetzt nur noch, daß ich in der Wieckschen Angelegenheit sehr für vollständiges Schweigen bin. Ich denke, das Buch wird so schlecht sein, daß es nicht ans eigentliche Tageslicht kommt. Ich weiß nicht, was man mir tun müßte, mich zu einer öffentlichen Auslassung zu bringen." Brief von Johannes Brahms an Clara Schumann vom 24.7.1888. Vgl. Litzmann, 1927, Bd. II, S. 354.

[78] Brief von Jansen an den Schumann-Enkel Ferdinand vom 24.6.1902. RSchH Zwickau, Sign. 12269 - A2. Vgl. dazu die Einschätzung bei Müller-Reuter, 1919, S. 89/90.

[79] Gustav Wustmann: *„Aus Clara Schumanns Brautzeit"*. In: «Die Grenzboten». 55. Jg. (1896), S. 506-522; Berthold Litzmann: *Clara Schumann. Ein Künstlerleben*. Bd. I - III. Leipzig 1902 ff; und diverse Publikationen Gustav Jansens, des Herausgebers zahlreicher Schumann-Briefe, vgl. beispielsweise das Vorwort zu «*Robert Schumanns Briefe. Neue Folge.*», 2. Aufl., Leipzig 1904.

[80] Joß, 1902, Vorwort S. VII.

die Veröffentlichungen von Adolph Kohut, Victor Joß und Marie Wieck.[81] Auch Richard Batka[82] ging in seinem Nachruf «*Zur Erinnerung an Clara Schumann*» kurz auf die Perspektive Friedrich Wiecks ein, gleichzeitig ausdrücklich seine Hochachtung vor Clara Schumann betonend. Hinsichtlich der Ehekonsensverweigerung bezog er - wie kaum ein anderer Biograph über Schumann oder Wieck - in deutlicher Weise Stellung:

„Indessen, so glücklich die Vereinigung des erfindenden Künstlers mit der ausführenden Interpretin schien und im Grunde auch war, so ungünstig ließen die äußeren Umstände sich an. Vater Wieck mit seinen Befürchtungen hatte Recht behalten. Bei dem reichen Kindersegen, der seiner Ehe entblühte, war Schumanns Einkommen viel zu klein. ... Kurzum, man begreife, daß es bei Schumanns - besonders in den ersten Jahren - viel, viel ärmer zuging, als gewöhnlich angenommen wird. Es galt auf Erwerb auszugehen: Robert componirte, Clara concertirte. Aber unter dem Zwange realer Bedürfnisse litt die Idealität ihres Wirkens ...“[83]

Die oben beschriebene Polarisierung wurde auch von nachfolgenden Musikwissenschafts-Generationen sehr deutlich wahrgenommen bzw. fortgesetzt. Theodor Müller-Reuter, welcher noch als Schüler persönlich im Hause Wieck verkehrt hatte und daher sowohl mit Clara Schumann als auch Marie und Friedrich Wieck persönlich bekannt war, veröffentlichte anläßlich von Claras hundertstem Geburtstag zwei umfangreiche Aufsätze, die ein deutliches Zeugnis dieser oben dargestellten Lagerbildung sind. In dem Aufsatz über Friedrich Wieck heißt es unter anderem:

„Durch Litzmanns 'Clara Schumann' ist der Schleier hinlänglich gelüftet, an dem Ergebnis der darin veröffentlichten Tagebuchaufzeichnungen können weder *Dr. Kohut* noch *Dr. Viktor Joß* etwas ändern. Es soll gern zugegeben werden, daß die Bücher der Genannten herzlich gut gemeint sind, aber ein treues Bild der Persönlichkeit Wiecks können sie nicht geben. Die Verfasser schöpfen ihre Kenntnisse aus zweckmäßig ausgesuchten Briefen und aus Erzählungen der Stiefschwester Clara Schumanns, *Marie Wieck*, sie standen dem alten Vater Wieck *nicht nahe*, waren mit der Luft seines Hauses und der Eigenart seines Wesens nicht vertraut. Man kann also diese Bücher nur mit großer Vorsicht genießen, kann sie nur in Verbindung mit den Untersuchungen und Schriften *Wustmanns, Jansens* und *Litzmanns* lesen. Hier haben wir uns auch nicht mit jenem Abschnitt aus Wiecks Leben, noch mit einer der genannten Veröffent-

---

81 Adolph Kohut: «*Friedrich Wieck. Ein Lebens- u Künstlerbild*». Dresden 1888. Victor Joß: «*Friedrich Wieck und sein Verhältnis zu Robert Schumann*». Dresden 1900. Ders.: «*Der Musikpädagoge Friedrich Wieck und seine Familie*». Dresden 1902. Marie Wieck: «*Aus dem Kreise Wieck- Schumann*». Dresden 1912.

82 Richard Batka, 1868-1922, machte sich als Musikschriftsteller, Herausgeber bzw. Musikreferent mehrerer Zeitschriften, als Dichter bzw. Übersetzer von Libretti zahlreicher neuerer Opern sowie Autor von musikhistorischen bzw. ästhetischen Abhandlungen und schließlich als Lehrer an der «Wiener Akademie der Tonkunst» einen Namen.

83 Batka, 1899, S. 40. Vgl. auch den Aufsatz von Richard Batka: «*Robert Schumann und Friedrich Wieck.*» In: «Neue Musikzeitung», Nr. 10, 1894, S. 113-114: „Und nun sollte sich dies Kleinod an jenen Robert ketten, den verbummelten Studenten, verpfuschten Klaviervirtuosen und unbeachteten Komponisten, den unpraktischen Träumer ohne sichere Lebensstellung und Aussicht für die Zukunft!“ Vgl. auch Wustmann, 1896, S. 507.

lichungen zu tun, versagen uns auch gern, auf deren letzte, von *Marie Wieck* verfaßte Bereicherung, die zum Teil wahrhaft bedauernswert ist, einzugehen."[84]

Wie für Robert Schumann selbst schien es offensichtlich auch für die sich als „Freunde Schumanns"[85] bezeichnenden Verehrer des Komponisten nur die Möglichkeit einer strikten Teilung in 'Freunde oder Feinde' des genialen Meisters zu geben. Diejenigen, welche sich um eine ausgewogene, d.h. beide Seiten berücksichtigende Beurteilung des Interessenkonflikts bemühten und in diesem Zusammenhang auch die Perspektive Friedrich Wiecks einbezogen, wurden trotz ihrer Schumann meist sehr positiv gesonnenen Haltung ausnahmslos und beinahe automatisch zu den 'Feinden' Schumanns gezählt.

Die zweite Rezeptionsphase nach 1896 zeichnet sich durch drei wesentliche Aspekte aus:

Von seiten der Schumann-Anhänger wurde betont, nach Claras Tod nun „endlich die Wahrheit" sagen zu können und keine Rücksicht mehr auf deren ausdrücklichen Wunsch nehmen zu müssen, die Prozeßangelegenheit nicht in der Öffentlichkeit zu behandeln. Wustmann meldete sich bereits 1896 zu Wort und schrieb diesbezüglich:

„Am 19. Mai dieses Jahres hat Clara Schumann für immer ihre Augen geschlossen, die letzte hohe Gestalt aus der Zeit und dem Kreise Mendelssohns und Schumanns. Damit ist wohl der Zeitpunkt gekommen, über einzelnes aus dem Leben Robert Schumanns und seiner Gattin, an das bisher die Wissenden nicht zu rühren gewagt hatten, endlich die Wahrheit zu sagen: vor allem über das Verhältnis Schumanns zu Wieck und über die Umstände, unter denen das Ehebündnis von Robert Schumann und Clara Wieck zu stande kam."[86]

Ein weiterer Gesichtspunkt bestand in der besseren Verfügbarkeit von wichtigen Dokumenten aus der Konfliktzeit, da die Persönlichkeitsrechte in der damaligen Zeit dreißig Jahre nach Ableben der betreffenden Personen erloschen, wie auch aus dem Brief von Gustav Jansen an den Schumann-Enkel Ferdinand hervorgeht: „Jetzt sind übrigens des alten Wiecks Briefe auch vogelfrei, was sie bei Herausgabe meines Briefbandes 1903 noch nicht waren."[87]

Hinzu kam, daß die Schumann-Nachfahren, insbesondere die Töchter Marie und Eugenie, offensichtlich kein Interesse an der Berücksichtigung der Perspektive Friedrich Wiecks hatten, sondern ausschließlich um die Vermittlung eines idealisierten Bildes der harmonischen Künstlerehe ihrer Eltern bemüht waren.[88] Die Konsequenz dieser

---

84 Müller-Reuter, 1919, S. 89/90.

85 Vgl. den Brief von Gustav Jansen an Ferdinand Schumann vom 24.6.1902. RSchH Zwickau, Sign. 12269 - A2.

86 Wustmann 1896, S. 506. Vgl. dazu auch Jansen NF, 2/1904, Vorwort S. III; Wasielewski, 4. Aufl. 1906, Vorwort S. XIII, und S. 266, Anm. 1. Vgl. auch die Briefe von Jansen an Ferdinand Schumann vom 24.6.1902, RSchH Zwickau, Sign. 12269 - A2, und an Helene von Vesque vom 7.4.1897, RSchH Zwickau, Sign. 8439, 12 - A2.

87 Brief von Gustav Jansen an Ferdinand Schumann vom 24.10.1905, RSchH Zwickau, Sign. 12282 - A2. Auf Sprache und Wortwahl Gustav Jansens wird noch weiter unten im Kapitel IV.4. «Verschollene, vernichtete und zensierte Dokumente» einzugehen sein.

88 Bezüglich der Veröffentlichung von Litzmanns Clara Schumann-Biographie äußerte Marie Wieck: „Sicherlich wäre die Veröffentlichung von einigen das Andenken ihres Vaters schädigenden

Rezeptionshaltung nach 1896 war eine verzerrte und einseitig negative Darstellung des Interessenkonflikts zuungunsten Friedrich Wiecks, die auch vor offenen Diffamierungen seiner Persönlichkeit nicht zurückschreckte.[89]

Die Biographen Friedrich Wiecks waren ebenfalls heftiger Kritik von seiten der Schumann-Anhänger ausgesetzt. Ihre Veröffentlichungen wurden als von Marie Wieck 'initiiert' angefeindet, sie selbst als „Parteigänger"[90] Wiecks bzw. als „Sprachrohr"[91] Marie Wiecks bezeichnet und ihnen jegliches Urteilsvermögen abgesprochen.[92] Die „Freunde" Schumanns wurden nicht müde zu betonen, daß die Publikationen von Kohut, Joß und Batka von Marie Wieck inspiriert seien. Allein der Hinweis darauf - Marie Wieck hatte tatsächlich in Verbindung mit Kohut und Joß gestanden, ihnen zumindest Dokumente zur Verfügung gestellt - schien in den Augen der Schumann-Anhänger zu genügen, um diese Bücher als unwissenschaftlich und parteiisch zu qualifizieren.

An dieser Stelle ist darauf hinzuweisen, daß die Litzmann-Biographie *«Clara Schumann»* von deren Tochter Marie in Auftrag gegeben[93] und als „urkundlich beglaubigte Darstellung"[94] bewertet wurde, obwohl sie auf von Marie Schumann zensiertem Quellenmaterial beruhte. Der von Müller-Reuter gegenüber Marie Wieck erhobene Vorwurf des zweckmäßigen Aussuchens darf in gleicher Weise für Marie Schumann gelten. Diese extrem gegensätzliche Bewertung der beiden 'Mariechen', die jeweils eine zentrale Rolle für die Rezeption des Interessenkonflikts zwischen Schumann und Wieck gespielt haben, ist Gegenstand des folgenden Abschnitts.

---

Briefen und Tagebuchstellen nicht im Sinne Klaras gewesen. Die Töchter Schumanns aber haben keine Rücksicht auf ihren Großvater, den sie gut kannten, bewiesen, da sie doch die Macht hatten, das Material für das Buch 'Klara Schumann' auszuwählen und Einzelheiten, die geeignet sind, ein schlechtes Licht auf Friedrich Wieck zu werfen, fortzulassen. Die Kalamitäten bei der Heirat brauchten nicht in solcher Breite beschrieben werden und die berechtigten Beweggründe zur Verweigerung seiner Einwilligung durften nicht unerwähnt bleiben." Vgl. Wieck, 1912, S. 363/64. Während sich die jüngste Tochter, Eugenie Schumann, mit eigenen Publikationen zu Wort meldete, beauftragte Marie Schumann, die älteste Tochter von Clara und Robert, den Literaturhistoriker Berthold Litzmann zunächst mit der Biographie über ihre Mutter, später auch mit der Herausgabe des Briefwechsels zwischen Clara und Johannes Brahms. In beiden Fällen hat Marie durch ihren rigorosen Umgang mit Originalquellen die Schumann/Wieck-Rezeption entscheidend beeinflußt, wie noch zu zeigen sein wird.

89 Vgl. z.B. Litzmann I, S. 374 bzw. 388; Litzmann II, S. 98/99.

90 Vgl. Jansen NF, 2/1904, Vorwort S. V. Exakt spricht Jansen in seinem Vorwort von „Wiecks Parteigängern".

91 Brief von Jansen an Ferdinand Schumann vom 30.7.1902, RSchH Zwickau, Sign. 12270 - A2.

92 Vgl. auch Litzmann III, S. 503; Müller-Reuter 1919, 89/90; Jansen NF, 2/1904, Vorwort S. IV bzw. VII; Brief von Jansen an Ferdinand Schumann vom 24.6.1902, RSchH Zwickau, Sign. 12269 - A2. So spricht Abert beispielsweise im Zusammenhang mit den o.g. Biographien über Friedrich Wieck von „modernen Ehrenrettungen". Abert, 2. Aufl. 1910, S. 39.

93 Vgl. Litzmann I, Vorwort, S. IV und V.

94 Jansen NF, 2/1904, Vorwort, S. III.

## IV.3. Marie Wieck und Marie Schumann

Vier Jahre vor ihrem Tod wandte sich Marie Wieck - als Achtzigjährige - mit ihrem 1912 erschienenen Buch «*Aus dem Kreise Wieck - Schumann*» direkt an die Öffentlichkeit. Anliegen dieser Publikation war die Korrektur des nach Einschätzung der Autorin falschen Wieckbildes, das in den bis zu diesem Zeitpunkt bereits zahlreich erschienenen Veröffentlichungen über Clara und Robert Schumann kolportiert worden sei. So beurteilte Marie Wieck beispielsweise die drei Bände umfassende Biographie von Berthold Litzmann folgendermaßen: „Gut, daß das Buch 'Klara Schumann' noch bei meinen Lebzeiten herausgekommen ist, sodaß ich den Irrtümern, die darin, besonders in Bezug auf unsern Vater, vorkommen, entgegentreten kann, wenn auch vielleicht diese Schrift nicht so viel gelesen werden wird, wie das Buch 'Klara Schumann'."[95]

Die Reaktionen auf Marie Wiecks Buch waren insgesamt negativ.[96] Wie die angeblich von Marie Wieck 'inspirierten' Veröffentlichungen von Kohut und Joß wurde auch ihre Schrift als „bedauernswert"[97] parteiisch abgelehnt. In seinem Vorwort zur zweiten Auflage der «*Neue[n] Folge*» von Schumann-Briefen äußerte Jansen diesbezüglich: „Ich würde zu einem Eingehen auf die genannten, von Frl. Marie Wieck inspirirten Schriften gar keine Veranlassung gehabt haben, wenn sie nicht dazu dienen sollten, die Meinung über Friedr. Wieck trotz allem günstig zu stimmen. Das zeigt viel Pietät für den Vater, aber wenig Anerkennung geschichtlicher Tatsachen."[98] Und Müller-Reuter scheute sich nicht, als Motiv für Marie Wiecks Veröffentlichung Minderwertigkeitskomplexe gegenüber der zweifelsohne genialbegabten, älteren Schwester zu unterstellen:

„Clara Schumann hatte eine solche vollendet entwickelte Klavierhand, die Schwester Marie nicht in gleichem Maße. Deshalb stand auch die rein handwerksmäßige Seite von der letzteren Spiel recht erheblich gegen die der älteren Schwester zurück. Die Ahnung dessen und die schmerzliche Gewißheit, daß sie keine Clara war und werden konnte, hat Marie wohl manches Wort und manche Handlungsweise eingegeben, die besser unterblieben wären."[99]

Einen Beweis für den hier hergestellten Kausalzusammenhang bleibt Müller-Reuter allerdings schuldig. Darüber hinaus wurde Marie jegliche Urteilsfähigkeit abgesprochen, da sie zum Zeitpunkt der Auseinandersetzung Schumann-Wieck noch ein Kind gewesen sei. Bei Jansen ist beispielsweise zu lesen:

„Litzmanns Buch ist überall mit tiefem Antheil aufgenommen worden, nur nicht von Clara Schumanns Halbschwester, Fräulein *Marie Wieck*, die ihm in einer öffentlichen 'Erklärung' nachsagt, es würfe 'ein gänzlich falsches unwahres Licht auf Friedr. Wieck.' Ohne diesen Vorwurf irgendwie zu begründen - denn die Berufung auf ihr

---

95 Wieck, 1912, S. 366.

96 Vgl. z.B. Müller-Reuter, 1919, S. 90. Noch heute sind Stimmen aus der Schumann-Forschung zu hören wie z.B.: „Das [die Veröffentlichung ihres Buches «*Aus dem Kreise Wieck - Schumann*»] hätte sie [Marie Wieck] besser mal gelassen", dabei allerdings vergessend, daß hier eine Tochter ihren Vater verteidigte, worauf Jansen zumindest hinwies.

97 Müller-Reuter, 1919, S. 90.

98 Jansen NF, 2/1904, Vorwort S. VII.

99 Müller-Reuter, 1919, S. 94/95.

eigenes *Miterleben* jener Zeit ist hinfällig, da sie während der Conflictsjahre noch im Kindesalter stand - verweist Fräulein Wieck auf *Kohuts* und *Joß'* Biographien, in denen 'die Verhältnisse richtig geschildert' seien."[100]

Dieser Einwand Gustav Jansens ist nicht plausibel, sondern belegt vielmehr, welche Vorstellung er von Kindern bzw. der Bedeutung von Kindheitserlebnissen im engsten Familienkreis hatte: keine. Abgesehen von der Tatsache, daß gerade Kinder familiäre Spannungen sehr genau - wenn auch vielleicht teilweise noch nicht bewußt – wahrnehmen, lebte Marie Wieck ca. vierzig Jahre mit ihrem Vater bis zu dessen Tode zusammen und wird seine Sicht bzw. Bewertung des Ehekonsensstreits vermutlich am unmittelbarsten und - im Gegensatz zu anderen Zeitgenossen - in einer relativ wenig 'gefilterten' Weise erfahren haben. Darüber hinaus war sie bei Prozeß-Ende bereits achteinhalb Jahre alt.

Jansen übersieht, daß Marie Schumann, deren Seite er verteidigt, zum Zeitpunkt der gerichtlichen Auseinandersetzung noch nicht einmal geboren war. Dennoch wurde Marie Schumann - allein aufgrund ihrer verwandtschaftlichen Verhältnisse - als 'Autorität in Sachen Schumann' anerkannt und die von ihr in Auftrag gegebene Biographie Litzmanns über ihre Mutter als authentische Darstellung bewertet.[101]

Die Entstehungsbedingungen dieser viel rezipierten Publikation[102] von Litzmann sind mittlerweile bekannt: Tochter Marie legte dem Biographen einen „stark zensierten und zusammengestrichenen Extrakt aus dem Briefwechsel Clara/Robert, Clara/Brahms und Claras Tagebüchern" vor.[103] Laut Aussage von Eugenie, der jüngsten Schumann'schen Tochter, wurde ein Großteil von Claras Tagebüchern nach der Auswertung durch Litzmann später von Marie Schumann vernichtet.[104] Angesichts des Vorwurfs an Marie Wieck, sie habe mit „zweckmäßig ausgesuchten Briefen"[105] zu einem verzerrten Schumannbild beigetragen, erscheint die positive Bewertung der Litzmann'schen Biographie aus den oben schon dargestellten Gründen gänzlich unverständlich.

Während Marie Wieck - wenn auch teilweise ohne das Wissen von Clara Schumann - Dokumente veröffentlichte und damit der Nachwelt zugänglich machte,[106] war Marie Schumann für eine beispiellose Vernichtung von wertvollen Quellen verantwortlich:

[100] Jansen NF 2/1904, Vorwort S. III/IV.

[101] Jansen NF, 2/1904, Vorwort S. III. Vgl. auch Müller-Reuter, 1919, S. 89.

[102] Der erstmals 1902 erschienene, I. Band erfuhr 1925 bereits seine achte Auflage.

[103] *Claras Kinder*, 1999, Nachwort S. 348. Eva Weissweiler, Herausgeberin des Briefwechsels zwischen Clara und Robert Schumann, beschreibt, wie deren Tochter Marie „mit Rotstift recht respektlos in den Autographen" des Braut- und Ehebriefwechsels herum gestrichen hat. Ebenda.

[104] Vgl. Tagebuch II, S. 501, Anm. 386, in dem von einem unveröffentlichten Brief Eugenies an den Geh. Justizrat R. Hübner die Rede ist, aus dem hervorgeht, daß Marie offensichtlich den wesentlichen Teil der Tagebücher vernichtete. RSchH Zwickau, Sign. 11713 - A2. Die Jugendtagebücher Clara Schumanns, die heute im Robert-Schumann-Haus Zwickau aufbewahrt werden, enthalten ebenfalls einen Schenkungsvermerk an Marie Schumann vom 6.6.1889. Die älteste Tochter hat offenbar eine zentrale Rolle bei der Nachlaßverwaltung gespielt.

[105] Müller-Reuter, 1919, S. 90.

[106] Das betrifft u.a. die erstmals bei Kohut veröffentlichten Ernestine-Briefe sowie zahlreiche andere Dokumente, die sonst möglicherweise unwiederbringlich verloren gegangen wären. Vgl. dazu Wieck, 1912, S. 69/70.

Von den siebenundvierzig Quartbände umfassenden Tagebuch-Aufzeichnungen Clara Schumanns sind lediglich noch vier Bände Jugendtagebücher und zwei Bände Ehetagebücher erhalten. Alle anderen Autographe wurden durch Marie Schumann vernichtet, mit der Konsequenz, daß die unmittelbare Darstellung der Ehejahre aus der Sicht Claras nahezu fehlt.[107] Hier stellt sich die Frage nach den Gründen für ein derartiges Vorgehen. Welche von der offiziellen Schumann'schen Darstellung möglicherweise abweichenden Erlebnisse hat Clara ihrem persönlichen Tagebuch anvertraut? Es ist nicht auszuschließen, daß das vernichtete Material tatsächlich abweichende Perspektiven bzw. Aussagen enthalten hat. Für diese Annahme könnten folgende Gründe sprechen:

In der Biographie Litzmanns ist die Tendenz zu erkennen, einseitig den Standpunkt Roberts zu berücksichtigen sowie die Schumann'sche Ehe zu einem glücklichen Idealfall zu stilisieren. Der Einwand, daß es sich bei dem vernichteten Material gewissermaßen um 'redundante' Informationen gehandelt habe, die insofern die erhaltenen Briefe und Tagebücher eigentlich nur bestätigten, kann nicht gelten, denn zahlreiche andere Dokumente - ebenfalls 'redundanter' Art - wurden sorgsam aufbewahrt, sofern sie geeignet waren, die 'offizielle Version' zu belegen. Darüber hinaus konnten sie sogar als wertvolle Autographe verkauft werden. Damit stellt sich erneut die Frage, warum die anderen Quellen vernichtet wurden.[108] Mit der Zerstörung - speziell von Claras Tagebüchern - wurde außerdem die Perspektive einer am Geschehen unmittelbar Beteiligten 'herausgeschnitten', und zwar in einem außerordentlichem Umfang, wie oben schon gezeigt.

Es darf behauptet werden, daß die Schumann-Tochter Marie mit ihrem Vorgehen zu einer Zementierung eines einseitig negativen Wieckbildes beigetragen hat, dessen nachträgliche wissenschaftliche Überprüfung aufgrund der Zerstörung von wertvollem Quellenmaterial erheblich behindert wird. Insbesondere die Vernichtung von Autographen hat für die wissenschaftliche Aufarbeitung des Interessenkonflikts zwischen Clara, Robert und Friedrich weitreichende Konsequenzen. Das führt uns zur Quellenlage und deren Bewertung durch die Musikwissenschaft.

## IV.4. Verschollene, vernichtete und zensierte Dokumente

Auffällig ist, daß diejenigen Dokumente, welche die Perspektive Friedrich Wiecks erhellen oder gar bestätigen könnten, häufig nicht erhalten sind oder als 'verschollen' gelten. Das betrifft sowohl Zeugnisse aus der vorprozessualen Phase des Konflikts als auch solche aus der Zeit während der gerichtlichen Auseinandersetzung.[109] Wie bereits

---

107 In den noch erhaltenen, gemeinschaftlich geführten Ehetagebüchern vertrat Clara - wie bereits anhand zahlreicher Beispiele dargestellt - keine von Roberts Perspektive abweichende Position.

108 Die Tatsache, daß dreißig oder vierzig Bände von Claras Tagebüchern in absehbarer Zeit ein Vermögen wert sein würden, kann weder Marie Schumann noch Litzmann als Professor für dt. Literaturgeschichte unbekannt gewesen sein. Das erlaubt mittelbar einen Schluß, von welcher Brisanz die vernichteten Quellen gewesen sein müssen.

109 Aus der vorprozessualen Zeit sind in diesem Zusammenhang insbesondere die Briefe Wiecks zu erwähnen, die Clara und Emilie List in Paris am 4.4.1839 sowie am 1.5.1839 erreichten, der be-

erwähnt, sind wichtige Prozeßunterlagen, die Wiecks Position bzw. seine Gründe für die Ehekonsensverweigerung stützen könnten, in den Prozeßakten nicht mehr enthalten, so etwa die Zeugnisse Robert Frieses, dessen Aussagen wesentlich zur richterlichen Beurteilung von Schumanns Einkommensverhältnissen beigetragen haben.[110] Aber auch zahlreiche Dokumente aus der Zeit nach der gerichtlichen Auseinandersetzung, die für das Verständnis des Interessenkonflikts und die spätere Einstellung der Beteiligten aufschlußreich wären, gelten heute als verschollen. Das betrifft beispielsweise diverse Briefe Wiecks, die seine versöhnliche Haltung gegenüber dem Ehepaar Schumann belegen könnten, oder aber auch seine angeblich schroffe Reaktion auf die Geburt seines ersten Enkelkindes, über die lediglich noch Litzmanns Darstellung erhalten ist.[111]

Zahlreiche Briefe Emilie Lists aus der umfangreichen Korrespondenz mit Clara sind ebenfalls nicht auffindbar.[112] In diesem Zusammenhang ist daran zu erinnern, daß Emilie die einzige war, die während der Ehekonsensauseinandersetzung den Bräutigam ihrer langjährigen Freundin Clara etwas distanzierter gesehen hat, ohne jedoch ihren Respekt, ja ihre Hochachtung gegenüber Schumann als Komponisten aufzugeben.[113] Angesichts des noch vorhandenen Materials,[114] das einen ausgesprochenen

---

reits ausführlich analysierte Brief mit den sechs Ehekonsensbedingungen vom 7.5.1839 sowie ein Schreiben Wiecks, das Clara vermutlich am 31.5.1839 erhielt. Vgl. BW II, S. 469 (4.4.1839), 512 (2.5.1839), 517 (7.5.1839), 550 (7.6.1839).
Auch die Korrespondenz zwischen Vater und Tochter vom September 1839, in der sich Wieck um eine Aussprache mit Clara bemühte, ist größtenteils nicht auffindbar. Das gilt für Wiecks Briefe vom 12.9.1839 und 21.9.1839 sowie Claras Brief vom 19.9.1839. Vgl. die diesbezüglichen Einträge in Claras Tagebuch: Clara Schumann, Jugendtagebücher, Bd. IV, Tagebuch 7, S. 86/87, Einträge vom 17.9.1839, 19.9.1839 und 21.9.1839. Vgl. dazu Tagebuch II, S. 497, Anm. 359. Vgl. Litzmann I, S. 369 f.

[110] Vgl. dazu auch Kapitel II.4.2. «Refutationsschrift: Widerlegung der Klage-Erwiderung durch Advokat Einert» und Kapitel II.5. «Urteil und Urteilsbegründung». Darüber hinaus war das gesamte Aktenmaterial des zweiten Prozesses gegen Wieck - trotz mehrfacher Bemühungen - nicht zu ermitteln. Vgl. Tagebuch III, S. 700, Anm. 129. Auch die Briefe von Schumanns Dresdner Anwalt Krause, der ihn bei diesem Rechtsstreit vertrat, sind bis auf den vom 9.11.1840 nicht mehr auffindbar. Es existieren lediglich noch die Notizen in Schumanns Briefverzeichnis.

[111] Vgl. Litzmann II, S. 9. Vgl. Tagebuch III, S. 713, Anm. 263. Dieser Brief Wiecks ist nicht erhalten, ebenso wenig derjenige, welchen das Ehepaar Schumann am 4.8.1841 empfing. Vgl. Tagebuch III, S. 189 (4.8.1841); vgl. auch Tagebuch III, S. 713, Anm. 257.

[112] Eugen Wendler, Herausgeber des Briefwechsels zwischen Clara und Emilie bzw. Elise List, vermutet, daß „Clara die von ihren Freundinnen erhaltenen Briefe entweder sofort oder zu einem späteren Zeitpunkt vernichtete", da sie „den Gegenbriefen weniger Bedeutung" beigemessen habe als die List-Töchter. Vgl. Wendler, 1996, S. 25.

[113] Vgl. dazu die Briefe Emilie Lists an Robert Schumann vom Mai bis Juli 1839. Wendler, 1996, S. 62 - 72.

[114] Insbesondere in ihrem Brief vom 2.5.1839 warb Emilie um Verständnis für die Position Friedrich Wiecks. Im Gegensatz zu anderen Schreiben Emilies zitiert Wendler dieses Dokument aus der Biographie Berthold Litzmanns. Es muß daher - auch nach Claras Tod - zumindest noch eine Abschrift, wenn nicht sogar das Original des Briefes existiert haben. Vgl. Wendler, 1996, S. 62-65. Darüber hinaus sind mehrere Briefe Schumanns an Emilie aus der Pariser Zeit verschollen. Vgl. Wendler, 1996, S. 18.

Realitätssinn und vorsichtige Kritik an Schumann dokumentiert, erstaunt es nicht, daß auch die Briefe von Emilie List vermutlich nicht mehr erhalten sind.

Von der Existenz zahlreicher authentischer Dokumente haben wir nur noch durch Hinweise aus Briefen oder Tagebüchern Kenntnis; die Autographe sind verschollen. Ob diese Quellen sich noch heute in Privatbesitz[115] befinden oder möglicherweise im Dienst einer 'Bereinigung' des offiziellen Schumannbildes ebenfalls Opfer eines rigorosen Vernichtungsprozesses geworden sind, läßt sich zum jetzigen Zeitpunkt nicht definitiv klären. Es soll hier nicht darüber spekuliert werden, was konkret in den möglicherweise vernichteten Dokumenten gestanden haben mag. Allerdings ist es unerläßlich, darauf hinzuweisen, daß das überwiegende Quellenmaterial der Schumann'schen Familie eine 'Bearbeitung' erfahren hat, die es angeraten sein läßt, das erhaltene mit der in diesem Fall gebotenen kritischen Distanz auszuwerten. In diesem Zusammenhang ist auch die Frage zu stellen - wobei dieser Aspekt ein weitaus dunkleres Gebiet betrifft als im Falle von gestrichenen Briefzeilen -, wie die verschollenen von den vernichteten Dokumenten unterschieden werden sollen. Angesichts der oben angedeuteten Vorgehensweise von Familie Schumann drängt sich weiterhin die Frage auf, wie hoch der Anteil der vernichteten unter den verschollenen Quellen wohl sein mag.

Einige Quellen wurden nachweislich vernichtet. Wie aus einem späteren Brief Eugenie Schumanns hervorgeht, zählt hierzu insbesondere ein Großteil der Tagebücher ihrer Mutter Clara, die uns - wie oben dargestellt - lediglich verkürzt in der Litzmann-Biographie zugänglich sind. Aus den noch erhaltenen Dokumenten der umfangreichen Korrespondenz Claras bzw. der dort veränderten Briefnumerierungen läßt sich ersehen, daß bereits zu Lebzeiten Claras und Roberts Autographe vernichtet wurden. Daß es sich dabei nicht durchaus nur um 'belangloses' Material gehandelt haben muß, zeigt die bereits angesprochene Vernichtung aus dem Briefwechsel zwischen Clara und Robert: So ist etwa die Tatsache, daß Robert auf Claras Ankündigung, noch einmal eine gemeinsame Konzertreise mit dem Vater zu unternehmen, mit einer Selbstmorddrohung reagiert hatte, welche schließlich Claras 'Einlenken', d.h. ihre Zustimmung zum Prozeß bewirkte, nur noch durch einen Hinweis im Folgebrief dokumentiert.[116] Das Autograph sowie Claras Antwortschreiben wurden durch die Hand Roberts

---

[115] Von zahlreichen Briefen gibt es lediglich noch Hinweise in Auktionskatalogen: So wurde z.B. der Originalbrief Robert Schumanns an Emilie List vom 8.9.1840 im Jahre 1969 bei J. A. Stargardt und 1992 bei Sotheby's versteigert; sein derzeitiger Eigentümer ist unbekannt. Momentan ist nur noch eine Abschrift im Besitz der Robert-Schumann-Forschungsstelle in Düsseldorf zugänglich. Vgl. Wendler, 1996, S. 76, Anm. 180. Von einem Brief Schumanns aus der Prozeßzeit, in dem er seinen Freund Ulex um ein Schreiben bat, existiert keine Abschrift, sondern nur noch eine kryptische Angabe im Auktionskatalog von Henrici aus dem Jahre 1927 sowie eine Notiz in Schumanns Briefverzeichnis. Vgl. BV Nr. 614 [b]. Dieser Brief an Ulex vom 21. oder 22. 11.1939 steht möglicherweise in einem Zusammenhang mit dem Clara diktierten, anonymisierten 'Blanko-Schreiben', das Schumann - wie oben erwähnt - von Ulex erbat und vor Gericht verwenden wollte. Vgl. u.a. BW III, S. 963 (2.3.1840). Vgl. dazu Kapitel V.2. «Später hinzutretende Prägungen des Wieck-Images durch Robert Schumann», in dem die anonymen Aktivitäten Schumanns noch ausführlich dargestellt werden.

[116] Vgl. BW II, S. 523 (18.5.1839).

vernichtet.[117] Es ist allerdings erstaunlich, welche Dokumente dem Vernichtungsprozeß dennoch entgingen: So 'überlebte' beispielsweise das Schreiben Friedrich Wiecks vom 7. Mai 1839 - in dem er die bereits ausführlich erörterten sechs Bedingungen für seinen Ehekonsens stellte - allein aufgrund der Tatsache, daß die von Moritz Emil Reuter gefertigte Abschrift des Briefes mit Randbemerkungen aus der Feder Robert Schumanns versehen ist, welche als Zeugnis der authentischen Situationseinschätzung des genialen Komponisten bewertet und daher aufgehoben wurde.[118] Das Original des Wieck'schen Briefes ist dagegen 'verschollen' oder ebenfalls vernichtet.

Darüber hinaus sind zahlreiche fragmentierte Dokumente erhalten, die Zeugnisse einer offensichtlichen Selbstinszenierung der Familie Schumann sind. Es wurden bestimmte Passagen einfach abgeschnitten oder durch Streichungen unkenntlich gemacht.[119] Wie im vorhergehenden Abschnitt dargestellt, kann nicht davon ausgegangen werden, daß allein die Information weggestrichen wurde, die 'redundant' oder unwichtig war.[120] Bei diesen Eingriffen scheint es nicht um ästhetische Gesichtspunkte, sondern vielmehr um eine 'Korrektur der Geschichte' gegangen zu sein, deren Ziel die Vernichtung von Material war, welches dem erstrebten offiziellen Bild widersprach.[121] Das aus heutiger Sicht Frappierende daran ist zum einen die demonstrative Offenheit, mit der diese Zerstörung von Autographen geschah - die Verantwortlichen gaben sich keine Mühe, ihr Vorgehen zu kaschieren -, zum andern die gleichgültige bzw. überwiegend wohlwollende Rezeptionshaltung - auch von musikwissenschaftlicher Seite -, die mit wenigen Ausnahmen das Ergebnis dieses rigorosen Vorgehens unkommentiert hinnahm und als 'authentisches Quellenmaterial' bewertete.[122]

In diesem Zusammenhang ist nochmals auf die Litzmann-Biographie einzugehen. Aufgrund der Tatsache, daß Litzmann als einziger die Möglichkeit hatte, einen Groß-

---

[117] Vgl. BW II, S. 525 (18.5.1839). BW II, S. 532 (23.5.1839). Vgl. Tagebuch II, S. 496, Anm. 343. Vgl. auch den Brief von Emilie List an Robert Schumann vom 17.5.1839, aus dem ebenfalls hervorgeht, daß er Claras zweiten Brief vernichtet hat. Vgl. Wendler, 1996, S. 66. Vgl. auch Litzmann I, S. 327.

[118] Vgl. dazu Kapitel I.3.1. «Die sechs Ehekonsensbedingungen Friedrich Wiecks im Mai 1839». Aufgrund der Tatsache, daß die Wieck'schen Bedingungen häufig falsch oder verkürzt dargestellt wurden - u.a. von Schumann in seinem Brief an Einert vom 30.6.1839 [vgl. Jansen NF 2/1904, S. 159/60] - hätten wir ohne Reuters Abschrift keine Kenntnis von den tatsächlichen Forderungen bzw. Argumenten Friedrich Wiecks.

[119] Vgl. die Anmerkungen Eva Weissweilers zum Briefwechsel zwischen Clara und Robert Schumann. Vgl. *Claras Kinder*, 1999, Nachwort S. 348. Vgl. auch Schumanns Konzeptbuch, in dem einzelne Teile herausgeschnitten sind, wie auf einer Photographie in der *'Lebenschronik'* Ernst Burgers deutlich zu erkennen ist. Vgl. Burger, 1999, S. 101 und 129. Auch in den Jugendtagebüchern Clara Schumanns finden sich erhebliche Streichungen, so z.B. von ca. siebenundzwanzig Zeilen in Bd. IV, Tagebuch 9, S. 152 (24.2.1840).

[120] Vgl. Kapitel IV.3. «Marie Wieck und Marie Schumann».

[121] In diesem Zusammenhang ist zu berücksichtigen, daß die Zensur eine gesellschaftliche Institution war, soweit es sich um Veröffentlichungen handelte. Vgl. dazu Schumanns Brief an den Zensor [Jansen NF 2/1904, S. 193] bzw. seine Äußerungen bezüglich der angeblich lithographierten Schrift von Wieck. BW III, S. 956 (27.2.1840).

[122] Vgl. Jansens Bewertung der Litzmann-Biographie als „urkundlich beglaubigte Darstellung". Jansen NF 2/1904, Vorwort S. III.

teil der - wenn auch bereits durch Marie Schumann gefilterten - Originalquellen auszuwerten, wurden nicht nur die von ihm zitierten Passagen aus Tagebüchern und Briefen, sondern auch seine biographischen Schilderungen und wertenden Aussagen als 'authentisches Material' benutzt. So ist z.B. die Darstellung, Wieck habe lithographierte Schmähschriften versandt, aus wissenschaftlicher Sicht - wie in Kapitel II.6. gezeigt wurde - nicht haltbar. Dennoch findet sich diese Behauptung - auch unter Berufung auf Litzmann - noch in der Schumann-Literatur der jüngsten Vergangenheit.[123]

Andere Schumann-Biographen übernahmen teilweise wörtlich die Litzmann'schen Formulierungen, ohne jedoch nach Begründungen oder gar Belegen für derartige Wertungen zu fragen.[124] Das Rezeptionsverhalten, subjektive Äußerungen Schumanns als 'Tatsachen' zu zitieren, ohne auf deren situationsbedingten Entstehungskontext einzugehen oder zumindest zu berücksichtigen, daß es sich bei diesen Dokumenten um die 'Einzelperspektive' einer an der Konfliktsituation beteiligten Person handelte, hat wesentlich zum negativen Image Friedrich Wiecks beigetragen.[125] Das Verfahren, sich lediglich auf eine Perspektive zu beschränken, ohne dabei andere - etwa die Friedrich Wiecks - einzubeziehen, soll hier zur Diskussion gestellt werden.

In diesem Zusammenhang ist die grundsätzliche Frage nach dem Wert dergestalt korrigierter Dokumente anzusprechen. Es ist bekannt, daß selbst kleinste Änderungen oder Auslassungen den Sinn der ursprünglichen Texte unter Umständen gänzlich entstellen können. Wenn derartige Papiere überhaupt einen Wert besitzen, dann weniger als Belege für historische Tatsachen, sondern vielmehr als Zeugnisse eines rigorosen Manipulationsprozesses. Es gilt hier erneut und eindringlich zu fragen, warum bestimmte Dokumente vernichtet wurden, andere dagegen der Zerstörung entgingen. Auf diesen Aspekt wird noch zurückzukommen sein.

Eine weitere perspektivische Verzerrung innerhalb der Schumann-Rezeption resultierte daraus, daß Schriftstücke, welche Friedrich Wieck ausnahmsweise in einem positiven Licht erscheinen ließen, als 'Fälschungen' beargwöhnt wurden, wie anhand des folgenden Briefes von Moritz Emil Reuter aus dem Jahre 1853 zu belegen ist. Reuter schrieb an Wieck:

---

[123] In diesem Punkt greift auch Ernst Burger in seiner von mir außerordentlich bewunderten und im übrigen beeindruckend sorgfältig recherchierten Publikation auf die Darstellung Litzmanns bzw. die noch zu analysierende Studie von Hans John zurück. Vgl. Burger, 1999, S. 189. Vgl. dazu auch Abraham, 1994, S. 35; Weissweiler, 1998, S. 145; Meier, 2001, S.71.

[124] Bezüglich der von Wieck versendeten Erklärung ist z.B. bei Litzmann zu lesen: „Inzwischen aber war das 'Gespenst' [Friedrich Wieck] nicht einen Augenblick müßig in seiner M i n i e r - a r b e i t , ein geschäftiger Maulwurf trotz Hamlets Geist. Jetzt begann er den Freunden seine gerichtliche Erklärung gegen Clara und Robert ins Haus zu senden." Vgl. Litzmann I, S. 388. Litzmann verwendet hier ein Bild aus dem Tierreich. Der Vergleich mit dem Maulwurf zielt auf die Assoziation 'Tier gleich Unmensch' und ist als bewußte Diffamierung Friedrich Wiecks zu bewerten. Die entsprechende Passage bei Abert lautet wie folgt: „Hatte er [Wieck] es bisher mit brutaler Hartnäckigkeit und hinterhältiger M i n i e r a r b e i t versucht, so scheute er jetzt selbst vor gehässigen Verleumdungen, nicht nur Schumanns, sondern auch seiner eigenen 'ehrlosen' Tochter, nicht zurück." Vgl. Abert, 2. Aufl. 1910, S. 39. [Sperrungen durch die Verfasserin].

[125] Vgl. dazu die diesbezüglichen Ausführungen in Kapitel V. «Das Image Friedrich Wiecks».

„Ich kann die Welt nicht verlassen," [...] „ohne noch vorher einmal an Sie zu schreiben und den innigsten Abschied zu nehmen. Meine Krankheit ist derart, daß sich das Schlimmste befürchten läßt. Nehmen Sie noch Dank für Alles und verzeihen Sie nur, wenn ich vielleicht in der Heirathssache Ihrer Tochter zu sehr auf deren Seite war. Die Erfahrung hat gelehrt, daß Sie in Vielem Recht hatten. Darum Ihr ewig dankbarer Dr. Reuter."[126]

Gustav Jansen bezweifelte die Echtheit des Schreibens an Wieck aufgrund der Tatsache, daß Reuter auch einen herzlichen Brief an das Ehepaar Schumann geschrieben hatte, und bemühte sich, anhand von unterschiedlichen Abschriften des Briefs in den Wieck positiv gesinnten Darstellungen von Kohut und Joß Widersprüchlichkeiten nachzuweisen.[127] In seiner einseitigen 'Freund-Feind-Haltung' hat Jansen offensichtlich versäumt, in Betracht zu ziehen, daß Reuter angesichts seines Todes an beide Seiten einen versöhnlichen Abschiedsbrief geschickt haben könnte. Im Robert-Schumann-Haus in Zwickau befindet sich ein Exemplar der Veröffentlichung von Joß, das mit (roter) Tinte vorgenommene Korrekturen und Bemerkungen Jansens enthält, in denen er das Schreiben von Reuter an Wieck ausdrücklich als „Fälschung" deklarierte.[128]

Mag das Bedürfnis der Nachfahren Robert Schumanns, den heute unumstritten genialen Komponisten ebenfalls als Menschen in bestem Licht erscheinen zu lassen, in gewissem Maß verständlich sein, so bleibt die im Rahmen der familiären Selbstinszenierung zu beobachtende Vernichtung von wertvollen Quellen aus wissenschaftlicher Sicht inakzeptabel. Wenig nachvollziehbar ist weiterhin die Haltung einiger Musikwissenschaftler, die diesen Umgang mit Autographen nicht nur stillschweigend registrierten, sondern teilweise aktiv einen Beitrag zur Fixierung eines perspektivisch verzerrten Schumann- resp. Wieckbildes leisteten, wie am Beispiel von Gustav Jansen, Herausgeber zahlreicher Schumann-Briefe, gezeigt werden soll: Jansen, der nach eigener Aussage eine umfangreiche Sammlung von authentischen Quellen aus dem Schumann-Umfeld besaß, entschied aus angeblichen Pietätsgründen gegenüber dem „edelsten Künstler"[129] Robert Schumann willkürlich, welche Dokumente der Nachwelt zugänglich gemacht, welche ihr dagegen vorenthalten werden sollten. In seinem Brief an Helene von Vesque schilderte er die Möglichkeit, daß diese wertvollen Quellen mit seinem Ableben verloren gehen könnten.[130] Darüber hinaus gab er in demselben Schreiben an, dreiundneunzig Briefe von Carl Banck zu besitzen, in den Clara sich

---

[126] Zitiert nach Joß, 1900, 46.

[127] Vgl. Jansen NF 2/1904, Vorwort S. IV - VII.

[128] Vgl. das dort vorhandene Exemplar von Joß, 1900, S. 46.

[129] Vgl. Jansens Brief an Ferdinand Schumann vom 24.6.1902, RSchH Zwickau, Sign. 12269 - A2.

[130] An Helene von Vesque schrieb Jansen: „Ich habe auch Materialien genug, die theilweise verloren sein würden, wenn ich einmal plötzlich abgerufen werden sollte." (7.4.1897). RSchH Zwickau, Sign. 8439, 12 - A2. Tatsächlich ist ein Teil des Jansen'schen Nachlasses verschollen. Die Begründung Jansens erscheint allerdings als ein 'non sequitur'. Denn er hätte durchaus die Möglichkeit gehabt, rechtzeitig einen Nachlaß festzulegen, um auf diesem Wege die in seinem Besitz befindlichen Dokumente in der ihm verbleibenden Lebenszeit von ca. dreizehn Jahren - er starb 1910 - der Nachwelt zu sichern, falls er das wollte bzw. die behaupteten Briefe wirklich gehabt hat.

während ihrer Jugend kurzzeitig verliebt hatte[131] - eine Tatsache, die Jansen allerdings vehement bestritt. Diese Briefe habe er als Beweismaterial quasi 'in der Hinterhand' und sei bereit, sie gegen solche Darstellungen zu verwenden, die seiner Ansicht nach die Persönlichkeit Robert Schumanns verunglimpften oder in einem falschen Licht erscheinen ließen.[132]

An diese Bemerkungen knüpfen sich verschiedene Fragen: Wie glaubhaft ist Jansens Aussage? Warum hat er die Briefe Carl Bancks nicht veröffentlicht, wenn sie doch angeblich das von ihm bestrittene Verhältnis widerlegten?[133] Oder handelte es sich bei der angeblich in seinem Besitz befindlichen Briefsammlung um eine nicht belegte Behauptung, der man glauben mag oder nicht? Angesichts seines ansonsten vehementen Eintretens für die Schumann'sche Seite müssen diese Briefe als Belege seiner Behauptung zumindest in Zweifel gezogen werden. Auf diesem Hintergrund ist es als Glücksfall zu betrachten, daß der Erbe von Wilhelm Einert, dem rechtlichen Vertreter Clara und Robert Schumanns, die Manualakten des Anwalts zum Ehekonsensprozeß - entgegen der ursprünglichen Vereinbarung - direkt der städtischen Bibliothek Leipzig zur Verfügung gestellt und nicht zunächst Gustav Jansen übergeben hat.[134]

Jansen hielt willkürlich möglicherweise Aufschlußreiches zurück und verlegte damit die für eine wissenschaftliche Forschung so wichtige Auswertung von Originalquellen in eine Nebelzone von unbelegten Behauptungen. Darüber hinaus drohte er gegenüber der von ihm als „meine Antipodin"[135] bezeichneten Marie Wieck mit der Veröffentlichung einiger Schriftstücke, die Friedrich Wieck in einem ungünstigen Licht erscheinen lassen würden. An Ferdinand Schumann, den Enkel von Clara und Robert, mit dem er regen Briefkontakt pflegte, schrieb Jansen diesbezüglich: „Jetzt sind übrigens des alten Wiecks Briefe auch vogelfrei, was sie bei Herausgabe meines Briefbandes 1903 noch nicht waren. Wenn nun Frl. M.W. nicht ganz artig ist, so kann ich (wenn ich wollte) einige Briefe des Alten, sowie ein paar Auszüge aus Sch.'s Tagebuch über ihn veröffentlichen, worüber ihr die Augen übergehen sollten."[136] An anderer Stelle betonte Jansen, Marie Wieck habe „keine Schonung verdient".[137] Angesichts der Aggressivität dieser Äußerungen stellt sich die Frage nach dem Grund für einen so aus-

---

131 Vgl. dazu die Bemerkung Wiecks in seinem Schreiben vom 14.12.1839 an das AG Leipzig, in dem er kurz auf diese Episode aus Claras Jugend anspielte. Vgl. Prozeßakten, fol. 38r. Vgl. weiterhin die Darstellung Wasielewskis, der im Gegensatz zu Jansen immerhin einige Briefausschnitte aus der Korrespondenz zwischen Clara und Banck veröffentlichte, welche deren Verhältnis zu bestätigen scheinen. Vgl. Wasielewski, 1906, S. 174 ff.

132 Vgl. den Brief an Helene von Vesque vom 7.4.1897. Jansen schreibt: „Schade, daß ich zufällig 93 Briefe von B.[anck] besitze, die aus [-?] Zeit stammen u. die thatsächlichen Angaben Wasielewskis Lügen strafen." RSchH Zwickau, Sign. 8439, 12 - A2.

133 Meines Wissens wurden durch Jansen keine diesbezüglichen Briefe veröffentlicht.

134 Vgl. Jansens Brief an Helene von Vesque vom 7.4.1897, RSchH Zwickau, Sign. 8439, 12 - A2.

135 Brief von Gustav Jansen an Ferdinand Schumann vom 24.6.1902, RSchH Zwickau, Sign. 12269 - A2.

136 Brief von Gustav Jansen an Ferdinand Schumann vom 24.10.1905, RSchH Zwickau, Sign. 12282 - A2. Jansen hatte also offensichtlich Briefe Friedrich Wiecks zur Verfügung.

137 Brief von Gustav Jansen an Ferdinand Schumann vom 30.7.1902, RSchH Zwickau, Sign. 12270 - A2.

geprägten und persönlich anmutenden Haß gegenüber Marie Wieck.[138] Wen eigentlich wollte Jansen schonen, da es offensichtlich nicht Marie Wieck war, die „Schonung verdient" hatte. Meines Wissens hat Jansen keine derartigen Briefe Wiecks veröffentlicht und die Tagebuchaufzeichnungen Robert Schumanns, die dank der bewundernswerten Arbeit von Gerd Nauhaus mittlerweile zugänglich sind, dokumentieren ein von Jansens Darstellungen vollkommen abweichendes Bild.[139] Unter Berücksichtigung der auf der Grundlage des noch erhaltenen Quellenmaterials in dieser Untersuchung bisher zusammengetragenen Forschungsergebnisse ist davon auszugehen, daß Jansen - sofern er die behaupteten Dokumente tatsächlich besessen hat - diese gar nicht veröffentlichen konnte, ohne aus seiner Sicht Clara und Robert einen 'Bärendienst' zu erweisen. Eine andere Lesart seiner Äußerung, Marie Wieck habe „keine Schonung verdient", wäre folgende: 'Ich [Gustav Jansen] habe zwar die Dokumente, aber ich möchte Clara und Robert schonen'.

Aus der Korrespondenz mit Ferdinand Schumann sind einige Briefe Gustav Jansens erhalten. Sie geben Aufschluß über dessen Rezeptionshaltung und Wissenschaftsverständnis, so etwa der Brief vom 24. Juni 1902, welcher daher an dieser Stelle in großen Auszügen zitiert wird.

„Warum drängt nun Frl. Marie W.[ieck] darauf, daß Sie den Doppelnamen annehmen? Will sie den Klang Ihres Namens noch *erhöhen*? Will sie *Ihnen* eine Wohlthat erweisen? Schwerlich. Sie handelt (nach *meinem* Dafürhalten) nur aus Egoismus: sie will den Namen ihres *Vaters* erhalten wissen, den sie mit allen erdenklichen Mitteln zu einem großen Mann stempeln möchte, während die musikalische Welt doch so ziemlich übereinstimmend der Meinung ist, daß der alte W. ein *guter* Musiklehrer war ('der erste Musikpädagoge der Welt', sagt Frl. M.[arie] W.[ieck]), aber die Erhaltung seines Namens doch nur dem Umstand zu verdanken hat, daß er der Schwiegervater Robert Schumanns und der Vater Clara Schumanns war.[140]
Das Verhältnis Wiecks u. Schumanns zu einander ist seit Jahren der Gegenstand litterarischer Kundgebungen gewesen, die von Frl. M.W. - inspirirt waren. Da diese bisher keine Widerlegungen gefunden haben (- ich selbst habe nur *gelegentlich* ein Wort dagegen sagen können-) so wurden diese Lobpreiser des alten W. immer kühner. Der letzte derselben - ein gewisser Joss - hat das Erstaunlichste geleistet. [...] Die Herren Kohut, Batka u. Joss dreschen immer dasselbe leere Stroh. [...] Wasielewski war ein Freund Wiecks, aber ein schlechter Biograph Schumanns, weil er bezüglich des Zerwürfnisses alles unterdrückte, was zu Ungunsten W.s und zu Gunsten Schumanns sprach, - eine unverzeihliche Parteilichkeit eines Biographen. Das wird in nicht zu ferner Zeit aufgedeckt werden, u. Frl. M.W. nebst ihren Trabanten werden sich wundern. Während Frau Clara Schumanns Lebzeiten mußte man aus Rücksicht

---

[138] Marie Wieck war die einzige, die es wagte, ihren Vater zu verteidigen und so dem offiziellen, beschönigten Schumannbild entgegen zu treten. Mit ihrem Buch *«Aus dem Kreise Wieck - Schumann»* unternahm sie den letzten Versuch, die Position Friedrich Wiecks zu berücksichtigen.

[139] Vgl. dazu die bisherigen Forschungsergebnisse der vorliegenden Arbeit.

[140] Hier bleibt festzustellen, daß die Verhältnisse zum Zeitpunkt des Prozesses ein völlig anderes Bild zeigten, und gerade diese Tatsache - nämlich Schumanns 'Un-Berühmtheit' als Komponist mit allen daraus erwachsenden Konsequenzen - hatte seinerzeit zu diesem Prozeß geführt. Der unbekannte Komponist Robert Schumann wurde Gatte der berühmten Virtuosin Clara Wieck. Im Hinblick auf das Vater-Tochter-Verhältnis sei angemerkt: Wer hier wen berühmt gemacht hat, der Vater die Tochter oder die Tochter den Vater, mag dem logischen Denken überlassen bleiben.

auf sie die ganze Conflictgeschichte unberührt lassen, da sie den Wunsch (u. die irrige Auffassung) hatte, daß die 'Skandalgeschichte' (wie sie sich ausdrückte) todtgeschwiegen werde könne. Nach ihrem Ableben steht die Sache anders, u. die Freunde Schumanns sehen es als ihre Pflicht an, ihm noch im Grabe Gerechtigkeit zu verschaffen. Es sind noch in diesem Jahre einige Publikationen zu erwarten, die diesen Zweck wesentlich fördern werden. Ich bin jetzt mit der Herstellung einer zweiten, stark vermehrten Auflage der 'Neuen Folge' von Schumanns Briefen beschäftigt, die auch über das Verhältniß Sch.s u. W.s zu einander das wünschenswerthe Licht verbreiten werden. Hatte ich in der ersten Auflage mehrere kräftige Äußerungen über W. aus Rücksicht auf Frau Clara gestrichen, so werden diese jetzt ganz abgedruckt werden; auch kommen noch andere Briefe hinzu, die früher zurückgehalten werden mußten. Ich lasse mich nur von der *Wahrheit* leiten und kann auf den künstlich herausgeputzten Nimbus W.s keine Rücksicht nehmen. Herr Joss u. Cons. müssen zum Schweigen gebracht werden."[141]

Ohne im Detail auf die stilistische Seite dieses Schreibens eingehen zu wollen, sei an dieser Stelle auf seine extrem emotionalisierte Wortwahl hingewiesen. Die Ausdrücke 'vogelfrei' bzw. 'zum Schweigen bringen' entlarven eine geradezu 'mittelalterliche' Haltung Andersdenkenden gegenüber und dokumentieren, wie groß der Einfluß der Schumann'schen Perspektive nicht nur innerhalb der eigenen Familie, sondern auch in der Rezeption war.[142]

Zwar betonte Jansen, sich „nur von der Wahrheit leiten" zu lassen, äußerte jedoch gleichzeitig die Absicht, die „Herr[en] Joss u[nd Cons.[orten]" - also diejenigen Biographen, die sich auch um die Berücksichtigung der Perspektive Wiecks bemühten - „zum Schweigen" bringen zu wollen.[143] Angesichts dieser Bemerkungen muß Jansen, der als Herausgeber von Briefen und Schriften Robert Schumanns durch zahlreiche Veröffentlichungen einen von musikwissenschaftlicher Seite viel beachteten Beitrag zur Schumann-Forschung geleistet hat,[144] sich nach seinem Wissenschaftsverständnis fragen lassen. Abgesehen davon, daß er weder seinen Selektionsprozeß noch dessen Kriterien offenbarte, schien es für ihn nur ein einziges 'wahres' Schumannbild gegeben zu haben, das der edlen und in jeder Hinsicht - menschlich wie künstlerisch - vollkommenen Persönlichkeit.[145] Andere Deutungen waren nicht zugelassen. Diese

[141] Brief von Gustav Jansen an Ferdinand Schumann vom 24.6.1902, RSchH Zwickau, Sign. 12269 - A2.

[142] Jansen greift auf den auch bei Schumann anzutreffenden Hymnen - bzw. Pamphletton zurück. Vgl. dazu Kapitel V. «Das Image Friedrich Wiecks».

[143] An anderer Stelle schreibt Jansen, es sei sein „brennender Wunsch, daß endlich einmal Schumann gerechtfertigt und der alte Wieck ins rechte Licht gerückt werde." Vgl. dazu den Brief von Gustav Jansen an Helene von Vesque vom 7.4.1897, RSchH Zwickau, Sign. 8439, 12 - A2.

[144] Aufgrund der über Jahrzehnte unzugänglichen bzw. noch heute teilweise verschollenen Originalquellen waren die Veröffentlichungen Gustav Jansens lange Zeit für die Forschung unverzichtbar. Insbesondere aus der zweiten Auflage von «*Robert Schumanns Briefe. Neue Folge*» aus dem Jahre 1904 werden noch heute zahlreiche Briefe Schumanns zitiert. Auch als Autor der vielrezipierten Publikation «*Die Davidsbündler*» und als Herausgeber der 4. Auflage von Schumanns «*Gesammelte[n] Schriften über Musik und Musiker*» aus dem Jahr 1891 machte Jansen sich einen Namen in der Schumann-Forschung.

[145] Vgl. dazu auch Jansen, 1883, Vorwort S. V. Dieses Bild von sich hatte nicht einmal Robert Schumann in jedem Moment geteilt. Vgl. z.B. „... ich habe auch oft ein Vergnügen, einen Menschen ohne meinen Willen zu quälen ..." Tagebuch I, S. 389 (15.5.1832).

Rezeptionshaltung hatte für eine wissenschaftliche und mehrere Perspektiven berücksichtigende Aufarbeitung des Interessenkonflikts Schumann-Wieck fatale Konsequenzen: Sie bewirkte im Zuge einer eindimensionalen Gut/Böse- bzw. Opfer/Täter-Perspektive die Fixierung eines einseitig negativen Wieckbildes und erschwerte im Laufe der Zeit die unvoreingenommene Überprüfung der unterschiedlichen Positionen.[146]

Hier nun stellt sich die zentrale Frage nach den Gründen für eine derartige Rezeptionshaltung. Wie ist die ausgesprochen aggressive Einstellung gegenüber der Persönlichkeit Friedrich Wiecks zu erklären? Welche Interessen verbergen sich möglicherweise hinter dem ungeheuren Widerstand gegen die von ihm eingenommene Position? Warum prägt das im Zuge dieser Rezeptionshaltung entstandene Wieckbild auch heute noch die Wahrnehmung des Interessenkonflikts zwischen Friedrich Wieck, Clara und Robert Schumann? Was wird mit den einseitig negativen Darstellungen der Persönlichkeit Friedrich Wiecks geschützt? Ein Blick auf das Ergebnis des langjährigen Rezeptionsprozesses beantwortet zumindest einige dieser Fragen.

## IV.5. Resultat nach 160 Jahren: Die 'Königskinder-Legende'

Die Rezeption des Interessenkonflikts zwischen Clara, Robert und Friedrich und insbesondere des Ehekonsensprozesses ist von einseitigen Rollenzuschreibungen geprägt.[147] Friedrich Wieck erscheint als boshafter Taktierer, der willkürlich und aus angeblich materiellem Egoismus das Glück des jungen Liebespaares zu verhindern suchte. Aufgrund persönlicher Abneigung gegen Robert Schumann habe er Clara und Robert zu einer gerichtlichen Auseinandersetzung gezwungen. Aus diesem Konflikt seien die Liebenden als 'ehrenvolle Sieger' hervorgegangen, während Wieck für sein boshaftes Verhalten - so die Sicht der Schumann-Anhänger - 'verdientermaßen' verurteilt worden sei. Die jüngste Schumann-Tochter, Eugenie, schilderte das Verhältnis zwischen Clara und Robert nicht nur als eine romantisierte Liebesbeziehung, sondern bemühte sogar das klischeehafte Märchenbild von den zwei Königskindern, die gegen einen bösen Zauberer anzukämpfen gehabt hätten.[148] So läßt sich in Kürze zusammenfassend die Rezeption des Ehekonsensprozesses beschreiben, welche von einer Auslassung jeglicher Schumann eventuell 'belastender' Aspekte geprägt ist.

Mit dem Topos der idealen Künstlerverbindung zwischen Clara und Robert wurde das makellose Image Robert Schumanns als eines der 'edelsten Künstler' und 'vollkommensten Menschen' fortgeschrieben. Das immer wieder aufgegriffene Urteil Franz Liszts über die Schumann'sche Ehe sei an dieser Stelle exemplarisch für zahlreiche ähnliche Darstellungen zitiert: „Keine glücklichere, keine harmonischere Vereinigung war in der Kunstwelt denkbar, als die des erfindenden Mannes mit der ausführenden

---

146 Vgl. dazu die Ausführungen im Kapitel V. «Das Image Friedrich Wiecks».

147 Diese Beobachtung wurde bereits in der Einführung thematisiert. Vgl. hierzu auch das folgende Kapitel V. «Das Image Friedrich Wiecks», in welchem dieser Sachverhalt ausführlich behandelt wird.

148 Schumann, Eugenie, 1931, S. 243f. Vgl. dazu auch die bereits in der Einführung zitierte Passage aus der Publikation von Eugenie Schumann.

Gattin, des die Idee repräsentierenden Komponisten mit der ihre Verwirklichung vertretenden Virtuosin."[149] In einem Punkt hatte Liszt zweifelsohne recht: Eine bessere Vertreterin seiner Werke als Clara konnte Schumann nicht finden.

Die Folge dieser von einer kritiklosen Übernahme der Schumann'schen Perspektive geprägten Wahrnehmung des Interessenkonflikts[150] waren einseitige Schuldzuschreibungen gegenüber Friedrich Wieck[151] und in gewisser Weise ein 'Umschreiben der Geschichte'. Spätestens mit der Litzmann-Biographie stand das negative Wieckbild endgültig fest, und die verzerrte Darstellung der Auseinandersetzung zwischen Clara, Robert und Friedrich erfuhr in der Folgezeit eine endlose Fortschreibung, die sich bis in die jüngste Vergangenheit beobachten läßt. Waren in den unterschiedlichen Rezeptionsstadien gewisse zeitbedingte, perspektivische Akzentuierungen zu erkennen, wie z.B. das während der NS-Zeit aufgegriffene Bild von Wieck als eines geldgierigen Menschen, der ein „jüdisches Benehmen"[152] an den Tag gelegt habe, so ist bis heute keine grundsätzliche Änderung in der Rezeptionshaltung ihm gegenüber festzustellen. Es scheint geradezu so, als sei der Konflikt zwischen Schumann und Wieck auch nach dem Tode der an der gerichtlichen Auseinandersetzung beteiligten Personen noch nicht beendet. So dient z.B. die von Enkel Ferdinand mitgeteilte Bemerkung Clara Schumanns, ihr Vater sei regelmäßig ins Bierhaus gegangen, einer Verharmlosung von Roberts 'Neigung zum Trunke', dem einzigen gerichtlich anerkannten Verweigerungsgrund Friedrich Wiecks, und wirkt wie eine nachträgliche Rechtfertigung von Schumanns zweiter Klage gegen den Schwiegervater.[153]

Doch auch der bis heute einzige Versuch einer Aufarbeitung des Ehekonsensprozesses durch Hans John - aus dem Jahre 1988 - ist von einseitiger Parteinahme für Schumann geprägt und läßt keine Bemühungen erkennen, die Perspektive Friedrich Wiecks als Vater auch nur ansatzweise zu berücksichtigen.[154] Im Zusammenhang mit Schumanns

---

[149] Liszt, Franz: «*Gesammelte Schriften*», hrsg. von Lina Ramann, Leipzig 1882, Bd. 4, S. 196. Zitiert nach Borchard, 1992, S. 8.

[150] Vgl. dazu die Rezeptionsurteile im Kapitel V.2. «Später hinzutretende Prägungen des Wieck-Images durch Robert Schumann».

[151] So wurde beispielsweise der Schumann'sche Vorwurf, die sechs Ehekonsensbedingungen Wiecks dienten dazu, ihn „bürgerlich, künstlerisch und moralisch" zu ruinieren, von der Rezeption aufgegriffen und führte zu dem Bild von Wieck als grausamem Zerstörer. BW II, S. 553 (8.6.1839). Vgl. Kapitel V. «Das Image Friedrich Wiecks».

[152] Vgl. dazu Boetticher, 1941, S. 172 ff. Boetticher zitiert und kommentiert in diesem Zusammenhang zahlreiche Schumann'sche Negativ-Äußerungen über Friedrich Wieck, unter anderem die bereits mehrfach erwähnte Tagebuchpassage vom 21.8.1831. Vgl. Tagebuch I, S. 364. Auf diese von Schumann vorgeprägte Facette des Wieck-Images sowie die antisemitische Haltung Robert Schumanns wird noch im Kapitel V.1. «Die Prägungen des Wieck-Images durch Robert Schumann vor der Brautwerbung» einzugehen sein.

[153] Vgl. dazu die Ausführungen im Kapitel II.6. «Strategien und Verhalten während des Prozesses», in dem diese zweite Klage gegen Wieck ausführlich behandelt wurde.

[154] John, Hans: «*Das Verhältnis Robert Schumanns zu Friedrich Wieck in den Jahren 1839/40 – Auswertung der im Dresdner Staatsarchiv befindlichen Prozeßakten.*» In: Schumann Studien 1; Bericht von der 12. Wissenschaftlichen Arbeitstagung zu Fragen der Schumann-Forschung am 12. u. 13. Juni 1987: Schumann und Schumann-Forschung im Spannungsfeld von Rezeptions- und Interpretationsproblemen. Zwickau: Rat der Stadt Zwickau, 1988, S. 38-57.

Refutationsschrift spricht John von einer „längst fälligen Generalabrechnung mit Friedrich Wieck“, dessen „Taktik, Lügen, Unterstellungen und fragwürdige Winkelzüge“ von Schumann schonungslos bloßgestellt würden.[155] Diese Bewertung von John, dem die Prozeßunterlagen nach eigener Aussage bei seiner Untersuchung zur Verfügung standen, zeugt von einer Tatsachenblindheit, wie sie nicht einmal bei Robert Schumann, dem kritikempfindlichen und phantasievollen Künstler, zu finden war.[156] Die beinahe als Fortsetzung des Schumann'schen Feldzugs gegen Wieck anmutende Darstellung Hans Johns ist um so unverständlicher, als ihm zahlreiche authentische Dokumente, wie z.B. Tagebücher, Briefe, Haushaltsbücher und Prozeßakten vorlagen, da die Quellenlage mittlerweile gut erschlossen war und eine unvoreingenommene Beurteilung der Perspektiven beider Prozeßparteien ermöglicht hätte.

Wie ist diese auch heute noch zu beobachtende und nicht anders als 'feindlich' zu bezeichnende Haltung gegenüber Friedrich Wieck zu erklären? Eine Facette der Clara-Schumann-Rezeption gibt möglicherweise Aufschluß über dieses Phänomen. Das unter anderem von Liszt beschworene Bild des idealen Künstlerehepaars enthält neben Claras unermüdlichem Engagement für das Werk ihres Mannes noch einen weiteren Aspekt: Clara Schumann wird nicht nur als aufopferungsvolle Gattin, die ihre pianistischen Fähigkeiten in den Dienst des genialen Komponisten stellte, sondern vielmehr für die während ihrer Ehe einer Selbstvernichtung gleichkommende Aufgabe ihrer individuellen Existenz gelobt. So ist beispielsweise bei Litzmann im Zusammenhang mit einer erfolgreichen Aufführung von Schumanns Klavierquintett Es-Dur op. 44 und «*Der Rose Pilgerfahrt* » op. 112 zu lesen:

„Dieses Bild möchte man festhalten, es ist wie ein verklärendes Symbol dieser unvergleichlichen, höchsten und reinsten menschlichen und künstlerischen Gemeinschaft und zugleich des Sieges vornehmer selbstloser Kunstübung über kleines Menschentum. Was beide in stillen und ernsten Arbeitsjahren ersehnt, erstrebt und erk[ä?]mpft, das Ideal, zu dem Clara, nicht ganz ohne innere Kämpfe als Robert Schumanns Frau herangereift war, - ihre ganze Persönlichkeit in den Dienst seines Schaffens zu stellen und durch das völlige Aufgehen in seinen schöpferischen Genius etwas Besseres und Größeres zu werden als je zuvor -, erschien hier reine Wirklichkeit geworden, in demselben Augenblick, wo der Name, den sie trug, der Name Robert Schumanns, für die ganze musikalische Welt den Tonwert des Meisters, des Vollenders, erhielt.“[157]

Es ist interessant, mit welcher euphemistischen Sprache hier über eine 'knallharte Realität' hinweggegangen wird, etwa die Tatsache, daß Clara dreizehn Ehejahre lang keinen eigenen Raum zur Verfügung hatte, in dem sie ungestört üben konnte.[158] Der-

---

[155] John, 1988, S. 43.

[156] Abgesehen davon, daß Schumann die Beweisführung der Trunksuchtsbeschuldigung mit allen Mitteln zu verhindern versuchte, wußte er genau, daß die von Wieck geforderte Erweiterung des Beweisthemas eine durchaus reale Grundlage hatte. Vgl. dazu die Kapitel II.6. «Strategien und Verhalten während des Prozesses» und II.4.2. «Refutationsschrift: Widerlegung der Klage-Erwiderung durch Advokat Einert» sowie Schumanns Brief an Wilhelm Einert vom 3.7.1839; vgl. Jansen NF 2/1904, S. 161.

[157] Litzmann II, S. 289.

[158] Vgl. dazu die Darstellungen im Kapitel III.2. «Vergleich der Befürchtungen Wiecks mit der tatsächlichen Eherealität».

artige Bewertungen finden sich häufig dann, wenn es um den mit der Fortsetzung ihrer pianistischen Karriere verbundenen Interessenkonflikt zwischen Clara und Robert bzw. die mit ihren beruflichen Ambitionen kollidierenden, familiären Verpflichtungen als Hausfrau und Mutter ging. Im Zusammenhang mit Claras zahlreichen Schwangerschaften heißt es bei Litzmann:

„Auch Clara war in diesem Zeitraum nicht müßig gewesen, trotzdem die Sorge um Robert und die wachsenden Pflichten als Hausfrau und Mutter - zwei Wochenbetten, im März 1845 und im Februar 1846! - ihr für die künstlerische Arbeit den Kreis immer enger und enger zogen und auch das Einleben in die neuen Verhältnisse Störung und Unruhe aller Art brachte. Aber diese Hemmungen wurden von ihr vielleicht jetzt weniger stark empfunden als in früheren Jahren, weil ihre künstlerischen Bestrebungen mehr denn je in diesem Zeitraum durch Roberts schöpferische Tätigkeit Richtung und Ziel erhielten und sie neben der fortschreitenden Vertiefung ihrer musikalischen Bildung vor allem in der Erschließung von Roberts Genius für die Außenwelt ihre Hauptaufgabe erblickte und den größten Teil ihrer künstlerischen Kraft und Arbeit bei der Wiedergabe seiner Werke einsetzen konnte.
Damit verschwand ganz von selbst mehr und mehr jener Zwiespalt zwischen ihren Pflichten gegen sich selbst und ihren Mann, der ihr und ihm in den ersten Jahren so manche schwere Stunde bereitet hatte. Und dieses Dienen, dieses Einordnen und Unterordnen, das eine kleinere Natur hätte zerbrechen können, ward ihr zum Heile, ‘es riß sie nach oben.’“[159]

Bei einem Vergleich dieser euphemistischen Darstellung von Claras ‘Entwicklung’ während ihrer Ehejahre mit der von Wieck artikulierten Zielvorstellung einer eigenständigen, beruflichen Karriere seiner Tochter wird deutlich, daß hier zwei vollkommen konträre Positionen aufeinander trafen.[160] Genau dieses „Dienen“, dieses „Unterordnen“ der weiblichen individuellen Interessen, das völlige Aufgehen im ‘schöpferischen Genius’ des (Ehe-)Manns, versuchte Wieck im Fall seiner genial begabten Clara zu verhindern. Schon die Eintragung in Claras Tagebuch anläßlich ihrer Konfirmation verrät dieses Erziehungsziel.[161]

---

[159] Litzmann II, S. 135/36. Bezüglich der Klage über eine weitere Schwangerschaft ist bei Litzmann zu lesen: „Sie ahnte nicht, daß dieser Kummer von allem Schweren, das ihr das Leben noch bescheren sollte, der am leichtesten zu tragende war, daß sie erst an der Schwelle ihrer eigentlichen Künstlerlaufbahn stand.“ Vgl. Litzmann II, S. 279. Dieser Kommentar suggeriert, daß die vorherigen Erfolge Claras - beispielsweise ihre Ernennung zur k.&k. Kammervirtuosin - im Vergleich zu ihrer späteren Bestimmung als ‘Hohepriesterin Schumanns’ geringer einzuschätzen sind. Tatsächlich wird Claras Auszeichnung als k.&k. Kammervirtuosin nicht allein ihren pianistischen Leistungen zugeschrieben, sondern als Ergebnis einer Fürsprache beim österreichischen Kaiser dargestellt. So ist z.B. im Anmerkungsteil der Haushaltsbücher zu lesen: „Der Fürst Schönburg, ein Vetter des mit Schumann befreundeten Grafen Reuß-Köstritz in Leipzig, war ein alter Verehrer Claras, dem sie es wohl hauptsächlich verdankte, daß 1838 ihre Ernennung zur k.k. Kammervirtuosin erfolgt war.“ Vgl. Tagebuch III, S. 737, Anm. 445. Diese Darstellung bezieht sich auf zwei bei Litzmann, Bd. I, S. 180 und 184 abgedruckte Briefe Schumanns. Vgl. BW I, S. 98 (11.2.1838), 104 (12.2.1838).

[160] Vgl. dazu bereits Kapitel II.4.2. «Refutationsschrift: Widerlegung der Klage-Erwiderung durch Advokat Einert» und II.5. «Urteil und Urteilsbegründung».

[161] Clara Schumann, Jugendtagebücher, Bd. II, Tagebuch 3, S. 50/51. Das Zitat findet sich in Kapitel III.1. «Historischer Kontext der Position Friedrich Wiecks».

Er scheiterte mit seiner Forderung nach einer unabhängigen Berufstätigkeit seiner Töchter - Clara und auch Marie - nicht nur an den von seiner Position grundsätzlich verschiedenen Ehe-Vorstellungen seiner Zeit, sondern an den dieser Ehekonzeption zugrunde liegenden, absoluten Machtzuschreibungen der damaligen Gesellschaft an den Typus 'Mann' bzw. die Unterlegenheits- und Abhängigkeitszuschreibung an den Typus 'Frau', welche in Gefahr standen, mit dem überzeugenden Beleg eines weithin sichtbaren Beispiels in Frage gestellt, aufgebrochen und schließlich beseitigt zu werden. Clara wurde für die Aufgabe ihrer individuellen Existenz und der damit verbundenen Ansprüche gelobt und ihr Verhalten als Vorbild „hoher, reiner und echter Weiblichkeit“[162] gepriesen. Die Beziehung zwischen Clara und Robert wurde zur Projektionsfläche interessegebundener Zuschreibungen und Idealisierungen, die einem bestimmten Ziel dienten: Der Erhaltung des ehemännlichen Machtraums durch Verhinderung der aus selbständiger Erwerbstätigkeit resultierenden Unabhängigkeit der Frau.

Angesichts dieser Mechanismen ist erstaunlich, daß auch von seiten der Frauenforschung bisher übersehen wurde, in welchem Ausmaß und gegen welchen gesellschaftlichen Widerstand Friedrich Wieck die Interessen seiner Tochter zu vertreten hatte. Verdienst einiger Musikwissenschaftlerinnen, von denen stellvertretend Borchard, Steegmann und Weissweiler genannt werden sollen, ist das Aufbrechen einer einseitig idealisierenden Darstellung der Schumann'schen Ehe, und das von sehr unterschiedlichen Forschungsstandorten. Doch auch im Rahmen dieser Neubewertungen kam es zu keiner Revision des bestehenden Wieckbildes.

Anliegen dieser Arbeit ist es, eine weitere Perspektive in die Untersuchung des komplexen Beziehungsgeflechts zwischen Clara, Robert und Friedrich einzufügen: Die des verantwortungsvollen Vaters, der sich in bemerkenswerter Weise für die unabhängige, berufliche Karriere seiner Tochter einsetzte. Aus Sicht der Gleichstellung von Frauen und Männern ist die für seine Zeit außergewöhnlich vorurteilslose Position Friedrich Wiecks sowie seine Bemühungen, der Tochter eine Spitzenposition zu ermöglichen und auch während ihrer Ehe zu erhalten,[163] nicht hoch genug einzuschätzen. Diese Perspektive wird bei der Analyse der heutigen Bedeutung Friedrich Wiecks eine zentrale Rolle spielen und ist Gegenstand des abschließenden Kapitels der vorliegenden Arbeit.

Zunächst aber muß noch ein wesentlicher und bisher in seiner Tragweite für die Entstehung des Wieckbildes nicht berücksichtigter Aspekt untersucht und dessen Konsequenzen ausgewertet werden: Inwiefern stützt sich die Rezeption dieser Kontroverse fast ausschließlich auf Dokumente, welche die Perspektive Schumanns repräsentieren? Diese Frage soll im folgenden Kapitel erörtert werden.

---

[162] Litzmann, I, Vorwort, S. VIII.

[163] Wie sich insbesondere anhand seiner sechs Ehekonsensbedingungen gezeigt hat.

# V. Das Image Friedrich Wiecks

Die Persönlichkeit Friedrich Wiecks hat im Laufe des 19. und 20. Jahrhunderts eine fast ausschließlich negative Bewertung erfahren, deren Ausgangspunkt vor allem die Auseinandersetzungen um den Ehekonsens zu der Verbindung zwischen seiner Tochter Clara und seinem ehemaligen Schüler Robert Schumann zu bilden scheint. Es hat sich jedoch gezeigt und wird bei näherer Betrachtung noch schärfer hervortreten, daß nahezu alle Facetten des Wieckbildes von Robert Schumann geprägt sind. Die vorliegende Studie wird zur Diskussion stellen, ob diese Bewertung noch als angemessen zu betrachten ist, oder ob unter Einbeziehung der in dieser Forschungsarbeit geschilderten historischen Gegebenheiten sich Perspektiven eröffnen, die zu einer Neubewertung der Persönlichkeit Wiecks führen müssen. Wie die folgenden Zitate belegen werden, bezog sich die Kritik an Wieck auf seine jeweilige Rolle als Vater, Lehrer oder Manager. Dabei blieb weitgehend unberücksichtigt, daß in diesen Rollen unterschiedlichste und teilweise kaum miteinander zu vereinbarende Anforderungen an ihn gestellt waren.

Darüber hinaus befand sich Wieck in einem weiteren Dilemma. Dazu ist nochmals vor Augen zu führen, daß seine Vorstellungen im Hinblick auf seine genial begabte Tochter Clara dem gesellschaftlichen Rollenverständnis und den sich darin ausdrückenden hierarchischen Machtstrukturen diametral entgegen standen.[1] Diese Machtstrukturen waren als Wertekodex tabuisiert, so daß ihre Infragestellung auch an nur einem leuchtenden Beispiel Streit um etablierte und institutionalisierte 'Besitzstände' auslösen mußte, denn Wieck forderte für seine Tochter Clara als Lehrer und Manager, was in der damaligen Gesellschaft fast ausschließlich Männern vorbehalten war: eine Spitzenposition neben beispielsweise Thalberg und Liszt, als Pianistin und Komponistin. Welche ungeheure Provokation in der Kernfrage dieses Streits von Wieck ausgehen mußte,[2] kann heute vielleicht nur noch daran abgelesen werden, daß seine Forderung für die Tochter damals - obschon inzwischen für die Frau allgemein gesetzlich verankert[3] - auch heute noch zum Teil in Frage steht und selten verwirklicht werden konnte.

---

1 Vgl. dazu die Ausführungen zum juristischen Kontext in den Kapiteln I.2.1. «Rechte und Pflichten des Vaters» und I.2.2. «Rechte und Pflichten der Ehegatten». In diesem Zusammenhang ist darauf hinzuweisen, daß die Wieck'schen Vorstellungen nicht nur an Clara, sondern z.B. auch in der Erziehung seiner anderen Tochter Marie deutlich werden. Marie Wieck wurde ebenfalls zur selbständigen und unabhängigen Künstlerin erzogen, die als fürstliche hohenzoller'sche Hof- und Kammerpianistin 'auf eigenen Füßen stehen' konnte. Vgl. dazu Kapitel III.1. «Historischer Kontext der Position Friedrich Wiecks».

2 In der Einführung wurde bereits darauf hingewiesen, daß es im wesentlichen um zwei verschiedene Lebenskonzepte und nur vordergründig um einen Ehekonsens ging. Vgl. dazu auch Kapitel III.1. «Historischer Kontext der Position Friedrich Wiecks».

3 Gemeint sind in diesem Zusammenhang vor allem die Gesetzesänderungen aus den Jahren 1976 und 1994, die unabhängige Berufstätigkeit der Frau sowie die grundgesetzliche Verankerung der Gleichberechtigung betreffend: Das 1. Gesetz zur Reform des Ehe- und Familienrechts vom 14.6.1976 (1. EheRG). BGBl. I S. 1421 sowie Art. 3 Abs. 2 Satz 2 des Grundgesetzes für die Bundesrepublik Deutschland (GG), angefügt durch das Gesetz vom 27.10.1994. BGBl. I, S. 3146.

Im Gegensatz dazu fokussiert sich in Schumanns Rolle als Brautwerber und Ehemann - wie durch ein Brennglas - der Kern gesellschaftlicher Interessen und etablierter Machtstrukturen, die sich auf krasseste Weise in den oben angesprochenen gesetzlich zugeschriebenen Geschlechterrollen zeigten, und zwar mit ihren präzise definierten Ansprüchen an Person und Vermögen der Ehefrau.[4] Sobald und solange Schumann seine Handlungsformen und Forderungen exakt auf diesen Hintergrund abstimmen würde - und das bedeutete in diesem Fall, auch die Ansprüche Wiecks als Lehrer und Manager seiner Tochter gegenüber zurückzuweisen bzw. ihn in eine groteske Außenseiterrolle zu drängen[5]-, konnte er sich sowohl gesellschaftlicher Zustimmung als auch rechtlicher Unterstützung sicher sein, vorausgesetzt, er würde auf überzeugende Weise ein adäquates Einkommen nachweisen.[6] Schumann repräsentierte im Rahmen der hier behandelten Kontroverse den Typus des 'Ehemannes' mit allen seinen Rechten und Möglichkeiten. Aufgrund dieser rechtlich vorgeformten Schienen und je stärker er auf diese abhob, konnte er davon ausgehen, daß er obsiegen würde.

Diese Rollenstruktur hat darüber hinaus die Sicht auf abweichende individuelle Ausformungen der Kontrahenten teilweise verstellt, denn Friedrich Wieck war ohne Zweifel ein standhafter, praktizierender Christ, der vor allem und erklärtermaßen auf dem Hintergrund christlicher Überzeugungen handelte.[7] Diese Seite seines Wesens ist völlig in den Hintergrund getreten. Er wurde in der Rezeption gewissermaßen zur Karikatur einer brutalen Autorität ohne Fähigkeit zur Selbstbeherrschung oder Selbsteingrenzung verzerrt.[8]

Schumann dagegen - fraglos zum Zeitpunkt der Heirat schon neun Jahre syphilitisch infiziert[9], phasenweise trunksüchtig bis hin zur Selbstgefährdung[10] und vierzehn Jahre später zum Schutz seiner selbst und der eigenen Familie in die Krankenheilanstalt bei Endenich gebracht[11] - wurde dennoch zum idealen Brautwerber und Ehemann heroi-

---

Vgl. dazu Kapitel VI.2. «Heutige Bedeutung Friedrich Wiecks unter Einbeziehung von gleichstellungsrelevanten Gesichtspunkten».

4 Vgl. dazu die detaillierten Ausführungen in Kapitel I.2. «Juristischer Kontext als Hintergrund der Konfliktlage».

5 Vgl. dazu die Ausführungen im Kapitel II. «Der Prozeß 1839/40».

6 Vgl. dazu Kapitel II.3. «Konsensverweigerung aus erheblichen Gründen».

7 Vgl. dazu Claras Brief an Robert, in dem sie einige Äußerungen Wiecks zitiert, u.a.: 'Ich kenne nur ein thätiges Christenthum und verachte eine Tugend aus Wörtern tief.' Vgl. BW II, S. 615 (2.7.1839).Vgl. auch Wiecks Eintrag in Claras Tagebuch zu ihrer Konfirmation vom 12.1.1834. Vgl. Clara Schumann, Jugendtagebücher, Bd. II, Tagebuch 3, S. 50/51. Das Zitat findet sich in Kapitel III.1. «Historischer Kontext der Position Friedrich Wiecks».

8 Vgl. dazu die im fortlaufenden Text von Nancy Reich angeführten Beispiele. Vgl. auch den Tagebucheintrag Schumanns vom 21.8.1831; Tagebuch I, S. 364. Zum Thema 'Frau als Dienerin des Ehemannes' siehe Kapitel I.2.2. «Rechte und Pflichten der Ehegatten».

9 Vgl. dazu Franken 1994, S. 21.

10 Vgl. Tagebuch I, S. 231 (1.3.1830), 201 (19.6.29), 202 (20.6.1829), 225 (3.2.1830), 226 (9.2.1830).

11 Vgl. Franken, 1994, S. 15; Franken, 1997 (I), S. 244.

siert, nicht zuletzt auch von Clara.[12] Sein Leben erscheint in diesem Zusammenhang als passiver Leidensweg, er selbst als 'Opfer' Wiecks.[13]

Die Rezeption hat sich in der Bewertung dieses Konflikts - wie im folgenden noch zu zeigen sein wird - hauptsächlich auf Aussagen Robert Schumanns gestützt, auf diejenigen Claras nur dann, wenn sie mit den seinen übereinstimmte. Dabei repräsentierten die Aussagen Schumanns - soweit dokumentiert - zur Zeit des vorprozessualen und prozessualen Geschehens ein Rollenbild der Frau, das sich - hinsichtlich rechtsgültiger Normen - erst 1976 bzw. 1994 entscheidend ändern sollte, also fast eineinhalb Jahrhunderte später. Diese Tatsache erklärt möglicherweise, warum die Rezeption der Darstellung Schumanns folgte, während gleichzeitig die Wieck'sche Perspektive zunehmend und vor allem nach Claras Tod (1896) nicht mehr wahrgenommen zu werden schien. Zum gegenwärtigen Zeitpunkt gibt es allerdings keinen Hinweis darauf, daß Wieck etwa die Idee der 'Emanzipation der Frau' vertreten hätte, wie die fast zeitgleich in Leipzig wirkende Louise Otto.[14] Inwiefern er als studierter protestantischer Theologe[15] einem Ansatz folgte, der für die Frau eine selbstverantwortliche Lebensführung nicht ausschloß und diesen Wieck'schen Verhaltensweisen insofern Raum gab, kann hier nicht erörtert werden, da der Fokus der vorliegenden Untersuchung vor allem die rechtshistorische Kontextualisierung des Interessenkonflikts zwischen Vater, Tochter und Schwiegersohn ist. Dessen ungeachtet darf jedoch als sicher gelten, daß Wieck sich mit seinen Handlungsweisen im Rahmen dieser Ehekonsensauseinandersetzung von den damals herrschenden Vorstellungen abhob und insofern zumindest als Non-Konformist zu betrachten ist.[16]

In diesem Zusammenhang soll die Frage nicht unberücksichtigt bleiben, ob und bis wann Clara dem Rollenbild ihres Vaters folgte. Die Vorstellungen Claras in bezug auf ihren beruflichen Lebensweg waren bis zum Frühjahr 1838 weitgehend, wenn auch nicht ganz, mit denen ihres Vaters identisch.[17] Je mehr es Robert in der Folgezeit gelang, seine Braut davon zu überzeugen, daß ihre gesellschaftliche Gipfelstellung um vieles überragt werden würde von ihrer zukünftigen Rolle als Hausfrau, Ehefrau und Mutter, mußte sich Clara als grotesker Arm ihres Vaters mit einem „Lumpenpapier“[18] in der Hand erscheinen, sobald sie ihren Anspruch, als Berühmtheit ihren Platz in den Metropolen der Kunst zu behaupten, Robert gegenüber geltend machen wollte.

Robert seinerseits konnte sich auch in diesem Fall - bei Claras Rollenwechsel - auf einen zwingenden und allumfassenden gesellschaftlichen Wertekodex stützen,[19] gegen

---

12 Vgl. dazu die Ausführungen im Kapitel IV. «Rezeption des Prozesses».

13 Vgl. dazu u.a. Schumann, Eugenie, 1931, S. 241 ff. Schumann selbst hat diesen Opfer-Topos in bezug auf sich selbst geprägt. Vgl. dazu die Ausführungen weiter unten in diesem Kapitel.

14 Vgl. dazu Kapitel III.1. «Historischer Kontext der Position Friedrich Wiecks».

15 Vor seiner (musik)pädagogischen Tätigkeit hatte Friedrich Wieck ein Theologiestudium in Wittenberg absolviert. Vgl. Köckritz, 1997, S, 42.

16 Vgl. dazu Kapitel I.2. «Juristischer Kontext als Hintergrund der Konfliktlage» sowie Kapitel III.1. «Historischer Kontext der Position Friedrich Wiecks».

17 Vgl. dazu BW I, S. 46 (24.11.1837), 108-110 (3.3.1838).

18 BW II, S. 571 (13.6.1839). Robert bezieht sich mit der Bezeichnung „Lumpenpapier“ auf Claras Ernennung zur k.&k. Kammervirtuosin im Frühjahr 1838.

19 Vgl. Kapitel I.2.2. «Rechte und Pflichten der Ehegatten».

den Wieck seinerseits und allein gestellt anzugehen hatte, wollte er seine Tochter davon überzeugen, daß diese Verbindung zu Robert Schumann zum damaligen Zeitpunkt ihren persönlichen Interessen zuwiderlief.[20] Es sei hier unbestritten, daß seine eigenen Interessen als ihr Manager in diesen Jahren auf das Engste mit denen der Tochter verknüpft waren und damit eine Verbindung Claras zu Robert Schumann dieses Lebenskonzept gefährden konnte. Angesichts der Tatsache, daß Clara sich in dieser Konfliktsituation für Robert entschied und die ihr von Robert zugedachte Rolle als 'Eheweib', bereit alle eigenen Gaben in den Dienst des geliebten Genies zu stellen, nach einiger Zeit sogar glücklich akzeptierte, stellt sich die Frage, warum Friedrich Wieck eigentlich nicht nachgegeben oder aufgegeben hat, was mittelbar u.a. in dem Vorwurf des 'Prozeßtreibers' zum Ausdruck kommt, um nur einen Vorwurf unter vielen zu nennen, die ihm gemacht wurden und von denen hier einige exemplarisch behandelt werden sollen.[21] Bei der Kompilation des nun notwendig zu untersuchenden 'Vorwurfkatalogs' gegen Friedrich Wieck zeigen sich drei Auffälligkeiten:

Erstens bestand Schumanns negatives Wieckbild unabhängig von seiner Brautwerbung um Clara. Es läßt sich zurückverfolgen bis in das Jahr 1831,[22] eine Zeit, in der Clara etwa zwölf Jahre alt war und in der weder von Ehekonsensstreitigkeiten noch von diesbezüglichen prozessualen Auseinandersetzungen die Rede war. Diese Tatsache beweist, daß sein Urteil über Wieck - von wenigen Facetten abgesehen - nicht verursacht war durch 'Leiden' um seine spätere Braut Clara,[23] sondern von ihm - bereits fest geprägt - in die spätere Kontroverse hineingetragen wurde. Erst die Verschärfung der Sicht auf Wieck als «Verleumder», «boshafter Taktierer» und «Prozeßtreiber»[24] steht im Zusammenhang mit dem Interessenkonflikt im Rahmen der Kontroverse Schumann - Wieck, was im folgenden zu zeigen sein wird.

---

[20] Robert kann dennoch nicht als Vertreter bzw. 'Verteidiger' dieses Wertekodexes gesehen werden, da er die diesem innewohnenden Wertvorstellungen nur dann anführte, wenn sie seinen persönlichen Wünschen oder Interessen entsprachen, er sie jedoch zurückwies, sobald sie seinen Ansprüchen zuwider liefen oder die damit verbundenen Pflichten eingefordert wurden, wie aus zahlreichen Briefpassagen hervorgeht, und nicht zuletzt seine bereits ausführlich behandelte Beziehung zu Ernestine von Fricken dokumentiert. Vgl. dazu Kapitel I.1.2. «Robert Schumann im Hause Friedrich Wiecks» sowie Kapitel II.4.1. «Detaillierte Klage-Erwiderung und Deduktionsschrift Friedrich Wiecks».

[21] Hier handelt es sich um eine komplexe Frage. Sie beinhaltet die unbewiesene Behauptung, daß Wieck tatsächlich nicht nachgegeben und so die Gegenseite in den Prozeß hineingezwungen hat. Diese Behauptung wurde in Kapitel I.3.1. «Die sechs Ehekonsensbedingungen Friedrich Wiecks im Mai 1839» ausführlich behandelt und widerlegt.

[22] Vgl. dazu beispielsweise Schumanns Tagebucheinträge, u.a. Wiecks angebliche Geldgier betreffend: Tagebuch I, S. 362 (17.8.1831), 371 (13.10.1831), 404 (3.6.1832), 411 (10.7.1832), 413 (23.8.1832). Weitere diesbezügliche Äußerungen werden im fortlaufenden Text dieses Kapitels analysiert.

[23] Vgl. dazu das Kapitel I.1.2. «Robert Schumann im Hause Friedrich Wiecks», die Zeit bis zum Rollenwechsel 1837, in der er Wieck zum ersten Mal als potentieller Schwiegersohn entgegen trat.

[24] Vgl. dazu die Kapitel I.2. «Juristischer Kontext als Hintergrund der Konfliktlage» sowie I.3. «Zuspitzung des Konflikts bis zur Eskalation», in denen ausführlich der Frage nachgegangen wurde, wer ein Interesse an dem Prozeß haben konnte und wer diesen auf jeden Fall vermeiden mußte.

Zweitens geht die negative Prägung des Wieckbildes, wie zu Anfang schon erwähnt, darüber hinaus fast ausschließlich auf Schumann zurück, wie seine Tagebücher und Briefe dokumentieren, was ebenfalls im folgenden gezeigt werden wird.[25] In Situationen, in denen Clara - zitiert aus Tagebüchern oder Briefen - eine von der Schumann'schen Prägung abweichende Ansicht vertrat, wird seitens der Schumann-Rezeption die Perspektive Roberts übernommen.[26]

Drittens waren Schumanns Tagebücher an die Nachwelt adressiert. Er hatte der kleinen 'Privatwelt' seiner Tagebücher einen ausgesprochen 'öffentlichen' Charakter zugedacht und damit gerechnet, daß seine Urteile auf diesem Wege in die Nachwelt getragen würden, [27] an die er sich in folgendem Beispiel sogar explizit wandte, und zwar aus der Position des Richtens: „Dann war ich bey Kistner; ich bezeichne der Nachwelt u. allen späteren Componisten diesen Mann als einen schmutzigen Verleger[.]"[28] Und da Schumann darauf verzichtete, Wort oder Tat zu benennen, die Herrn K. ein derartiges Urteil eintrugen, ist uns die Möglichkeit genommen, den Beschuldigten argumentativ zu entlasten - mit der Konsequenz, die Tagebucheintragung entweder zu akzeptieren oder zu ignorieren; allerdings mit der weiteren Konsequenz, daß Herr K. in der Nachwelt als 'schmutzig' herumspaziert. Denn da der Vorgang sich 'heimlich' zutrug, im Innenraum von Schumanns Tagebuch, konnte Herr K. sein Schicksal kaum abwenden, etwa auf dem Wege, der Nachwelt seinerseits ein Tagebuch zu hinterlassen, um seiner Seite Gewicht zu verleihen.[29]

Bei der Schumann'schen Darstellung Kistners handelt es sich ganz offensichtlich um eine strategische Äußerung auf dem Hintergrund eines Konfliktfalls. Sie verfolgt das Ziel, ein imaginäres Publikum auf die eigene Sichtweise einzustimmen, ohne den

---

25 Mit der Ausnahme, daß u.a. Litzmann zwar an einigen Stellen aus Claras Tagebuch zitiert, jedoch aus der Sicht von Robert, d.h. auf der Grundlage seiner Vorprägungen kommentiert. Auch die Tatsache, daß Georg Ch. G. Tromlitz, Vater der ersten Gattin Friedrich Wiecks, die Schuld für den Seitensprung seiner Tochter Marianne und die daraus folgende Scheidung ebenfalls Wieck anlastet - wobei deren Liebhaber, August A. Bargiel, 'ungeschoren' davon kommt, zumindest keine Rolle gespielt zu haben scheint - geht nicht unmittelbar auf Schumann zurück. Vgl. dazu Joß, 1902, S. 14. Vgl. auch Reich, 1997, S. 26.

26 Vgl. u.a. Reich, 1997, S. 95. Vgl. dazu auch Litzmanns Darstellung bzw. Kommentierung der Diskussion zwischen Clara und Robert im Mai 1839, die finanzielle Absicherung der gemeinsamen Existenz betreffend. Litzmann I, S. 319 ff, sowie S. 327/28.

27 Gerd Nauhaus, Herausgeber der Schumann'schen Tagebücher, bemerkt in diesem Zusammenhang, daß es sich - im Gegensatz zu den Notizen in den Haushaltsbüchern - bei anderen Tagebuchaufzeichnungen um „'geformte' Mitteilung" gehandelt habe, „die z.B. im Falle der Ehetagebücher über den unmittelbaren Adressaten, Clara Schumann, hinaus auf ein imaginäres Publikum, ja vielleicht auf die 'Nachwelt' gemünzt" sei. Vgl. Tagebuch III, Vorwort S. 7. Vgl. Borchard, 1992, S. 12/13 sowie Weissweiler, 1984, BW I, Vorwort S. X f.

28 Tagebuch I, S. 407 (9.6.1832).

29 Beiläufig stellt sich die Frage, warum warnte Schumann die Komponistengenerationen der Nachwelt, die doch durch diesen Verleger nicht mehr gefährdet waren. Es scheint, hier handelt es sich um einen Versuch, die Schmähung von Herrn K. mit einer scheinbar sittlichen Verpflichtung zukünftigen Komponistengenerationen gegenüber zu rechtfertigen. Im übrigen hat Schumann später wieder mit Kistner zusammengearbeitet. Vgl. dazu die zahlreichen Briefe Schumanns an den Verleger Kistner. Jansen NF, 2/1904, Vierte Abtheilung, S. 413 ff.

Gegenpart auch nur andeutungsweise zu Wort kommen zu lassen. Da kaum anzunehmen ist, Schumann habe sich nur in diesem einen Fall an die Nachwelt gerichtet, kann der strategische Charakter von Äußerungen im oben beschriebenen Sinn kaum in Zweifel gezogen und muß in seine Schilderungen der Persönlichkeit Friedrich Wiecks einbezogen werden.

Es wird sich herausstellen, daß die eben belegte Verfahrensweise Schumanns - d.h. ein Urteil auszusprechen, ohne Belege, Beweise oder auch nur eine detaillierende Beschreibung beizufügen - innerhalb der erhaltenen Dokumente kein Einzelfall ist und daß einige nicht begründete Aussagen - allein aus der Perspektive Schumanns - als 'Tatsachenschilderung' von der Rezeption übernommen wurden.

## V.1. Die Prägungen des Wieck-Images durch Robert Schumann vor der Brautwerbung

Die Tatsache, daß Schumanns negatives Wieckbild bereits lange vor der Auseinandersetzung um Clara bestand, ist durch zahlreiche seiner Tagebuchpassagen belegt, die in der vorliegenden Arbeit zum Teil auch im Kapitel I.1.2. «Robert Schumann im Hause Friedrich Wiecks» ausführlich zitiert und behandelt wurden.[30] Es wird sich zeigen, daß die Prägungen Schumanns häufig ohne die aus wissenschaftlicher Sicht gebotene kritische Distanz übernommen wurden. Schumann als Schilderer der Persönlichkeit Wiecks kann nur mit Einschränkungen als 'Zeuge' gelten, solange die Schumann-Forschung sich nahezu ausschließlich auf ihn bzw. seine Perspektive beruft.[31] Darüber hinaus ist zu berücksichtigen, daß er als Schüler Wiecks einem ständigen und nicht schmeichelhaften Vergleich mit Clara und Friedrich Wiecks wachsenden gesellschaftlichen Erfolgen ausgesetzt war, einem Vergleich, dem er sich kaum entziehen konnte, es sei denn in der Welt seiner Tagebücher. Insofern müssen seine Äußerungen in bezug auf Clara und ihren erfolgreichen Manager zumindest als 'befangen' bewertet werden. Zudem vertrat Schumann später in der Rolle des Brautwerbers handfeste eigene Interessen, wie im Rahmen der Darstellung der Ehekonsensauseinandersetzung bereits ausgeführt wurde.[32]

Vorangestellt werden soll, daß Schumann Wieck gegenüber sich zunächst in der Rolle des Schülers bzw. ehemaligen Schülers befand,[33] während er sich im Raum seiner Tagebücher ihm gegenüber in der Position des 'Richters' zeigt. Sie wird in fast allen Beispielen bis 1837 beibehalten, und erst nach seinem entscheidenden Rollenwechsel vom ehemaligen Schüler zum Brautwerber präsentiert er sich im Tagebuch auch in der Rolle des Opfers. Die seltenen positiven Bemerkungen über Wieck beschränken sich

---

30 Vgl. dazu u.a. Tagebuch I, S. 338 (7.6.1831), 362 (17.8.1831), 371 (13.10.1831), 413 (23.8.1832).

31 Auf Ausnahmen, d.h. einzelne von Schumanns Prägungen abweichende Darstellungen wird an geeigneter Stelle am Schluß des Kapitels eingegangen. Vgl. dazu Abschnitt V.2. «Später hinzutretende Prägungen des Wieck-Images durch Robert Schumann».

32 Vgl. hierzu v.a. das Kapitel I.3.1. «Die sechs Ehekonsensbedingungen Friedrich Wiecks im Mai 1839».

33 Kontinuierlichen Unterricht bei Wieck nahm Schumann ab Oktober 1830.

auf Situationen, in denen Wieck sich 'lobend' über ihn oder einmal 'teilnehmend' geäußert hatte.[34]

Die nun folgende im Tagebuch Schumanns geschilderte Episode spielte sich im Sommer 1831 ab und sollte das Bild Friedrich Wiecks für beinahe zwei Jahrhunderte prägen:

„Ich sah gestern einen Auftritt, dessen Eindruck unauslöschlich seyn wird. Meister Raro[35] ist doch ein böser Mensch; Allwin [Wieck] hatte nicht ordentlich gespielt 'Du Bösewicht, Bösewicht, ist das die Freude, die du Deinem Vater machen solltest['] - wie er ihn auf den Boden warf, bey den Haaren zaußte, selber zitterte u. schwankte, stille saß, um auszuruhen zu neuen Thaten, auf seinen Beinen kaum mehr stehen konnte u. deshalb seine Beute niederwarf, wie der Kleine bat und flehte, er solle ihm die Violine geben, er wolle spielen, er wolle spielen, - kann ich nicht sagen - u. zu allen diesen - lächelte Zilia[36] u. setzte sich mit einer Weber'schen Sonate ruhig an's Clavier. Bin ich unter Menschen? —
Meister Raro! ich erkenne dich - dein Treiben ist weiter nichts als ein jüdisches Benehmen, deine Begeisterung nichts, wenn sie kein Viergroschenstück in der Tasche herumdrehen kann, dein feuriges Auge ist nicht ruhig u. schielt nach der Geldkasse, selber deine Liebe zu Zilia ist nicht rein - Du wärst der erbärmlichste der Schurken, hätte Zilia kein Talent."[37]

Festzuhalten bleibt, daß diese Episode in Robert Schumanns Tagebuch vom 21. August 1831 in dieser Detaillierung und Dramatisierung einzig dasteht und in dieser Form seitens der Rezeption wiederholt zitiert oder variiert wird.[38] Wieck wird als

---

34 Vgl. dazu Tagebuch I, S. 384 (4.5.1832), 395 (23.5.1832) bzw. Tagebuch I, S. 334 (27.5.1831).

35 „Meister Raro" ist der Davidsbündlername für Friedrich Wieck.

36 „Zilia" ist der Davidsbündlername für Clara Wieck.

37 Tagebuch I, S. 364 (21.8.1831). Auch hier - wie oben anläßlich der Kistner-Episode bereits angemerkt - läßt Robert Schumann, um die eine Seite - die Persönlichkeit Wiecks - für die Leserschaft möglichst 'schwarz' erscheinen zu lassen, die andere Seite der Perspektive völlig außer Acht: Was wäre Clara ohne ihren Vater? Er setzt damit die Leser bereits hier auf die Schiene seiner eigenen pauschalen Ablehnung Friedrich Wiecks.
Der antisemitischen Äußerung soll hier und damit auch stellvertretend für alle vergleichbaren Passagen Schumanns vehement entgegen getreten werden. Die Rechtfertigung Schumanns durch Peter Ostwald in diesem Zusammenhang ist unverständlich. Sein Argument, Schumann habe seinen Antisemitismus nie publiziert, läßt die Tatsache außer Acht, daß seine Tagebücher für die Nachwelt-Öffentlichkeit geschrieben waren, ganz abgesehen von der Frage, ob Antisemitismus in der 'Privatwelt der Wohnzimmer' akzeptiert werden kann bzw. bagatellisiert werden darf. Mit einer in dieser Frage indifferenten oder entschuldigenden Haltung produzieren wir fraglos ein Orientierungsproblem, das sich im Generationengefälle katastrophal auswirken muß. Für kommende Generationen stellt sich dann nämlich nicht mehr die Frage, *ob* Antisemitismus akzeptiert werden kann, sondern nur noch, *wann* und *von wem* er akzeptiert werden kann. Vgl. dazu Ostwald, 1990, S. 73.

38 Der Tagebucheintrag Schumanns wird mehr oder weniger vollständig in folgenden Biographien zitiert bzw. erwähnt: Boetticher, 1941, S. 173; Rehberg, 1954, S. 73; Borchard, 1992, S. 138; Borchard, 1997, S. 41 bzw. 43; Meier, 2001, S. 33; Weissweiler, 1998, S. 26, Reich, 1997, S. 32 - um nur einige zu nennen. Vgl. dazu auch die Erwähnung in Claras Jugendtagebüchern, daß Wieck aus Wut über die Arbeitshaltung seiner Tochter vor ihren Augen die Noten zerriß. Clara Schumann, Jugendtagebücher, Bd. I, Tagebuch 1, S. 34. (29.10.1828). Vgl. dazu ebenfalls eine ähnliche Tagebucheintragung Schumanns. Tagebuch I, S. 344 (19.6.1831).

brutal, geldgierig, unmenschlich etc. geschildert, eine allerdings in dieser Einseitigkeit kaum überzeugende Argumentation angesichts der Tatsache, daß Wieck ein gesuchter Lehrer war, den Robert Schumann bereits 1828 als Klavierlehrer aufgesucht hatte und dem er sich 1830 im Rahmen seiner beruflichen Umorientierung gänzlich anvertraute.[39] Spätere Tagebucheintragungen Schumanns wiederholen in dieser oder ähnlicher Form die in der obigen Passage bereits angelegten Facetten des Wieckbildes und werden erst zur Zeit der Brautwerbung um die Facette des «Verleumders» bzw. «hinterhältigen Taktierers» erweitert. Z.B. findet sich das Bild von Wieck als eines «geldgierigen Menschen» auch 1832 bis hin in das Jahr 1837.[40]

Dieses Image in der Schumann'schen Prägung tritt - von vereinzelten Ausnahmen abgesehen[41] - in zahlreichen Darstellungen der Schumann-Literatur wieder auf. So wird die Facette von Wiecks angeblicher Geldgier von Wolfgang Boetticher, dem im 20. Jahrhundert an der Spitze der Schumann-Forschung stehenden Musikwissenschaftler, [42] aufgegriffen und wie folgt kommentiert: „Schumann verachtete die materialistische Lebensform Friedrich Wiecks ..."[43] Boetticher kommt zu dem Schluß: „Ganz richtig bemerkt Litzmann [...] anhand von Fr. Wiecks Tagebüchern: 'Wieck war ein nüchterner kaltökonomisch denkender Mensch, der sich innerlich von dem 'philosophierenden Schumann' abgestoßen fühlte.'"[44] Hier geht es um ein Zitat aus Claras Tagebuch, in dem folgende Eintragung Friedrich Wiecks zu finden ist:

„D.3. März früh mit Clara wegen Sch., daß ich für Leipzig n i e meine Einwilligung geben werde und Clara mir vollkommen Recht gibt, auch nie ihre Ansicht ändern wird. Sch. möge operiren, philosophiren, schwärmen, idealisiren wie er wolle; es steht fest, daß Clara nie in Armuth und Zurückgezogenheit leben könne - sondern jährlich über 2000 Thaler zu verzehren haben m ü s s e ."[45]

Was Wieck nachweislich an Schumann kritisiert bzw. als dessen Problem erkannt hatte, war dessen zu erwartende Schwierigkeit bzw. Unfähigkeit, sich und Clara durch Arbeit einen ihrer gesellschaftlichen Stellung angemessenen Lebensunterhalt sichern

---

39 Tomi Mäkelä, Herausgeber von Friedrich Wiecks Publikation *«Clavier und Gesang»*, bezeichnet Wieck als einen „der erfolgreichsten Musikpädagogen seiner Zeit." Vgl. Wieck, 1998, S. 7. Vgl. auch Köckritz, 1997, S. 41. Vgl. dazu den Brief von Robert Schumann an Friedrich Wieck vom 21.8.1830; Eismann, 1956, S. 66.

40 Vgl. u.a. Tagebuch I, S. 404 (3.6.1832), 411 (10.7.1832), 413 (23.8.1832) Vgl. BW I, S. 24 ff. (18.9.1837).

41 Auf diese Ausnahmen wird - wie bereits oben erwähnt - am Schluß des Kapitels eingegangen.

42 Auf einige der Publikationen Wolfgang Boettichers, etwa die 1942 herausgegebene 'Quellensammlung' *«Robert Schumann in seinen Schriften und Briefen»*, hat sich die Schumann-Forschung noch bis in die 1980er Jahre häufig bezogen, da zahlreiche Dokumente, wie z.B. die vollständige Ausgabe der Tagebücher Robert Schumanns oder die kritische Gesamtausgabe des Briefwechsels zwischen Clara und Robert Schumann, noch nicht erschienen waren.

43 Boetticher, 1941, S. 175.

44 Boetticher, 1941, S. 172, Anm. 177.

45 Eintrag vom 3.3.1838. Zitiert nach Litzmann I, S. 187, Anm. **. Das Tagebuch wurde von Friedrich Wieck für Clara angelegt und zunächst von Vater und Tochter gemeinsam geführt. Hier bezogen sich seine Bedenken indessen nicht nur auf die Existenzgrundlage Schumanns, sondern mußten sich zwangsläufig auf Schumann als potentiellen Schwiegersohn und Versorger der zu erwartenden Familie beziehen.

zu können bzw. das gar nicht zu wollen.[46] Und diese Tatsache konnte Wiecks Auffassung nach nicht durch „schwärmen" oder „philosophiren" aus der Welt geschafft werden. Die Frage des Wohnorts war für Clara von existentieller Wichtigkeit und konnte für sie den Unterschied bedeuten zwischen Reichtum und Not.[47] Unberücksichtigt bleibt bei Boetticher, daß Wieck mit der Beurteilung von Schumanns Persönlichkeit durchaus nicht allein stand, wie der in Kapitel I.1.1. bereits analysierte Briefwechsel zwischen Wieck, Schumann und dessen Mutter vom Sommer 1830 belegt.

Die von Boetticher zur Antithese hochstilisierten Grundhaltungen beider Persönlichkeiten - einerseits kalter Materialist, andererseits philosophierender Idealist - übergeht die Tatsache, daß auch diese Gegenüberstellung bereits durch Schumann angelegt ist, und übersieht tatsächliche Positionen beider Kontrahenten. Denn im Zusammenhang mit der späteren prozessualen Auseinandersetzung wurde bereits gezeigt, daß es auf seiten Schumanns fast ausschließlich um seine Ansprüche am Vermögen seiner Frau Clara, um seine Ansprüche am Pflichtteil der für Clara zu erwartenden Erbschaft sowie um Versorgungsansprüche eventueller Nachkommen ging und auf Wiecks Seite darum, zum Schutz seiner Familie diese Ansprüche Schumanns abzuwehren bzw. einen Ausgleich zu schaffen; auf beiden Seiten also um handfeste materielle Interessen.[48]

Die Darstellung Boettichers muß als Übernahme der Perspektive Schumanns gewertet werden und als Versuch, das Image Friedrich Wiecks im Kontrast zu Schumann negativ zu verzerren, da in der vorliegenden Gegenüberstellung Wieck dem 'niederen' materiellen Denken zugeordnet wird und Schumann der 'hohen' Philosophie. Boetticher begründet seine Position hauptsächlich mit den Quellen bzw. Vorprägungen in den Schumann'schen Tagebüchern bzw. auf diese Quellen zurückgehende Darstellungen, z. B. der Biographie Berthold Litzmanns, die in dem oben genannten Fall auch Friedrich Wieck zu Wort kommen läßt, allerdings ebenfalls aus der Perspektive Schumanns. Im Rahmen des bereits behandelten juristischen Hintergrunds über Rechte und Pflichten des Vaters bzw. der Ehegatten hat sich indessen eine völlig andere Bewertung als die oben angeführte ergeben.

Eine weitere Variante der Verzerrung des Wieckbildes ist im Zusammenhang mit der oben von Schumann geschilderten Auseinandersetzung zwischen Wieck und seinem Sohn Allwin zu beobachten, und zwar angesichts der Tatsache, daß Parallelsituationen zu diesem Vorfall nicht dokumentiert sind, abgesehen von den beiden 'Noten-zerreiß-Szenen', die einmal bei Clara, einmal bei Robert belegt sind.[49] Die schon oben zitierte Allwin-Episode wird in der Rezeption nicht als Einzelfall präsentiert, sondern zum Beleg für die Wieck ganz allgemein charakterisierende Haltung gemacht, obwohl sie sich erkennbar hauptsächlich auf die bei Schumann zu findende Episode vom August

---

46 Vgl. BW I, S. 96 (11.2.1838). Vgl. dazu auch Clara Schumanns Äußerung ihrem Enkel Ferdinand gegenüber, Robert Schumann „hätte nie ein Jahr gehabt, in dem er so viel durch seine Compositionen verdiente, seine Familie anständig zu erhalten." Vgl. NZfM, 84. Jg. (1917), Nr. 12, S. 93.

47 Vgl. dazu die Ausführungen im Kapitel I.3.1. «Die sechs Ehekonsensbedingungen Friedrich Wiecks im Mai 1839».

48 Vgl. dazu das Kapitel I.3.1. «Die sechs Ehekonsensbedingungen Friedrich Wiecks im Mai 1839».

49 Clara Schumann, Jugendtagebücher, Bd. I, Tagebuch 1, S. 34 (29.10.1828). Tagebuch I, S. 344 (19.6.1831).

1831 bezieht. So ist etwa bei Eva Weissweiler, Autorin der vielrezipierten Clara-Schumann-Biographie und Herausgeberin des Briefwechsels zwischen Clara und Robert Schumann, zu lesen:

„Er [Wieck] ist oft unbeherrscht, besonders gegen Alwin und Gustav, die im Schatten der genialen Clara Possen treiben. Es ist schwer, sie zu ordentlichen Kerlen zu erziehen, darum kommt es manchmal vor, daß er sie an den Haaren zerrt und ihnen die Geige, die sie nicht anständig spielen wollen, über den Kopf schlägt. Clara sitzt am Klavier und schaut gelassen zu. Sie hat das Glück, Zentrum seines Lebens zu sein, aber wenn sie ihr Bravourstückchen nicht kann, nimmt er ihr die Noten ab und zerreißt sie vor ihren Augen in tausend Stücke.“[50]

Weissweilers Verallgemeinerung des Einzelfalls mit stilistischen Mitteln wie ‘manchmal’, ‘oft’, ‘wenn’, im Sinn von ‘immer, wenn’ ist kaum nachzuvollziehen, da sie der Leserschaft ein bestimmtes und nur so gültiges Charakterbild Wiecks präsentiert. Auffällig hier ist ebenfalls die dramatische Zuspitzung der Szenerie im Vergleich zu Schumanns Darstellung. Dort ist nicht zu entnehmen, wo das Instrument sich befand - geschweige denn, was mit ihm passierte. Nichts desto weniger schmückt Weissweiler die Schumann'sche Vorlage aus und läßt Wieck die Geige auf den Kopf seines Schülers schlagen - und das nicht nur an diesem Tag, was aus der adverbialen Bestimmung „manchmal“ geschlossen werden muß.

Ähnlich allgemein faßt Nancy Reich, Autorin des Artikels *«Clara Schumann»* im GROVE II[51] sowie Mitherausgeberin von deren Jugendtagebüchern,[52] diese sich bei Schumann als Einzelfall findende Vorlage in ihrer Clara-Schumann-Biographie: „Wieck hielt nichts von Selbstbeherrschung. Er sah sich selbst als beißenden Spötter und bildete sich viel auf sein ‘ungalantes’ Benehmen ein. Gustav und Alwin gegenüber zeigte er sich oft grausam und gewalttätig.“[53] Als Beleg für diese Behauptung wird wiederum die Tagebuchstelle von Schumann genannt; es fragt sich allerdings, mit welchen Quellen das „oft“ - also die Verallgemeinerung - zu begründen ist in bezug auf ‘Grausamkeit’ und ‘Gewalttätigkeit’.[54]

Zu den letztgenannten Zitaten bleibt anzumerken, daß Selbstbeherrschung, Willenskraft und Disziplin unverzichtbare Fundamente einer Persönlichkeit sein mußten, die über fünfzehn Jahre hinweg ein hohes künstlerisches und gesellschaftliches Ziel vor Augen hatte und schließlich erreichte. Das gleiche galt für Benehmensfragen in einer Gesellschaft, in der immer noch der Adel den Ton angab. Es soll hier keineswegs bestritten werden, daß Wieck ein cholerisches Temperament gehabt hat

---

50 Weissweiler, 1998, S. 26. Weissweiler spielt hier auf den oben erwähnten Eintrag in Claras Jugendtagebüchern vom 29.10.1828 an, auf den im folgenden noch eingegangen wird.

51 Vgl. Reich, Artikel «Clara Schumann», GROVE II, Bd. 22, S. 754 - 758.

52 Die Herausgabe dieser Tagebücher befindet sich unter folgendem Titel in Vorbereitung: *«Clara Schumann Jugendtagebücher 1827-1840.»* Hrsg. von Gerd Nauhaus und Nancy B. Reich. Wiesbaden u.a.: Breitkopf & Härtel. In Vorbereitung.

53 Reich, 1997, S. 32.

54 In diesem Zusammenhang ist auch auf das zur damaligen Zeit bestehende Züchtigungsrecht den Kindern gegenüber hinzuweisen. Vgl. Vorm.Ord., Cap. XII. §1 sowie Cap. XIII. §18. (II.C.C.A.I. 410). Siehe dazu die Bemerkungen in Kapitel I.2.1. «Rechte und Pflichten des Vaters» sowie I.2.2. «Rechte und Pflichten der Ehegatten».

und insofern auch laut oder grob geworden sein mag, aber angesichts der eben vorgebrachten Einwände muß die Darstellung Wiecks bei Nancy Reich als Karikatur bewertet werden, (in der die Menschen eben Nasen haben dürfen, die bis zum Boden reichen). Es ist allerdings zu bezweifeln, daß die in Roberts bzw. Claras Tagebuch geschilderten Situationen so repräsentativ für das Erziehungsverhalten Wiecks waren, daß ihnen in der Bewertung seiner Persönlichkeit ein derartiges Gewicht zugemessen werden darf.

Um eine wesentlich differenziertere Sichtweise ist Cathleen Köckritz bemüht. In ihrer Studie über die Erziehungsmethode Friedrich Wiecks[55] beschreibt sie detailliert, wie intensiv sich Wieck mit den Erziehungskonzepten bedeutender Pädagogen seiner Zeit auseinandergesetzt hat und über die sinnvolle Anwendung von Lob und Tadel reflektierte. Der 1809 entstandene Aufsatz *«Wöchentliche Bemerkungen über den Schüler Emil von Metzradt»*[56] dokumentiert ihrer Ansicht nach eine ausgesprochen zurückhaltende Einstellung Wiecks gegenüber positiven oder negativen Sanktionen, die seiner Auffassung nach mit großer Vorsicht eingesetzt werden sollten. Darin vertrat er die Position Joachim Heinrich Campes, der sich sehr für die Reformpädagogik einsetzte und in seinen zahlreichen pädagogischen Schriften dafür plädierte, daß „Strafen wie Züchtigungen, unkontrollierte Handlungen im Affekt und grobe Beschimpfungen nur die Ausnahme bleiben" sollten.[57] Wieck schreibt in dem oben genannten Aufsatz:

„Hierbei [sinngemäß: bei der moralischen Erziehung] nehme ich noch Gelegenheit, etwas über die Anwendung des Ehrtriebes bey Lohn und Strafe zu sagen. Man muß sich allerdings bemühen, den Ehrtrieb eines Kindes zu erhalten, auf eine zweckmäßige Art auszubilden, von der natürlichen Scham Vortheile für die Sittlichkeit zu ziehen, und den Beifall achtungswürdiger Menschen als etwas Begehrungswürdiges ihren Tadel aber als etwas, das man fliehen müsse, vorzustellen. Aber - ist je bey etwas die größte Vorsicht anzuwenden, so ist es hier."[58]

Auch sein Buch *«Clavier und Gesang»,* insbesondere Kapitel 1 bzw. 14, belegt aus der Sicht von Köckritz den sorgfältigen Umgang mit Lob und Tadel.[59] Angesichts der Äußerungen Wiecks über seine pädagogischen Zielsetzungen ist es unangemessen, aufgrund einer einzigen Belegstelle zu behaupten, Wieck wäre ein grausamer und gewalttätiger Vater gewesen, der seine Kinder schlecht behandelt habe. Die oben zitierte Passage aus Schumanns Tagebuch vom 21. August 1831 kommentiert Köckritz folgendermaßen: „Diese Situationen zeigen, daß sich im pädagogischen Alltag durchaus Diskrepanzen zwischen Theorie und Praxis ergeben konnten, die so manchen Lehrer in seiner Not zu unrechtmäßigen und unliebsamen Erziehungsmethoden greifen ließ. Davor war auch Friedrich Wieck nicht gefeit."[60] Dem ist grundsätzlich zuzu-

---

55 Köckritz, Cathleen: *«'So strebe ich darnach ein Lehrer Ersten Ranges zu werden' - Die beginnende Unterrichtstätigkeit Friedrich Wiecks».* In: Ackermann, Peter; Schneider, Herbert (Hgg): *«Clara Schumann - Komponistin, Interpretin, Unternehmerin, Ikone».* Hildesheim u.a. 1999, S. 151-163.

56 Vollständig abgedruckt bei Joß, 1902, S. 106-114. Vgl. Köckritz, 1999, S. 155.

57 Köckritz, 1999, S. 159.

58 Zitiert nach Joß, 1902, S. 112.

59 Vgl. Köckritz, 1999, S. 160.

60 Köckritz, 1999, S. 160. Köckritz bezieht sich hier auf eine andere häufig zitierte Situation, die in Clara Schumanns Jugendtagebüchern festgehalten ist: „Mein Vater [...] bemerkte heute nochmals,

stimmen, allerdings mit der Einschränkung, daß Wiecks Verhalten in diesem Zusammenhang nicht als 'unrechtmäßig' bezeichnet werden kann, da Vätern in der Erziehung ihrer Kinder ein Züchtigungsrecht zustand.[61]

Um die Darstellungen Friedrich Wiecks als eines schlechten Vaters abzurunden, sei noch ein ihm mehrfach gemachter Vorwurf genannt. Wieck wird als 'Rabenvater' geschildert, der außer an Clara kein Interesse für die Familie gezeigt habe. Unter anderem ist es Eugenie Schumann, die in ihrer Biographie betont, Wieck habe „die Erziehung der beiden Brüder [d.h. ihrer beiden Onkel Gustav und Allwin] auf das bedauerlichste vernachlässigt."[62]

Um das gespannte Verhältnis zwischen Friedrich Wieck und seinen beiden Söhnen Gustav und Allwin verstehen zu können, ist es unerläßlich, auf die aus dem juristischen Kontext zu erkennenden gänzlich verschiedenen gesellschaftlichen Geschlechterrollen kurz einzugehen. Sie wiesen dem Mann in der Rolle des Vaters bzw. Ehemanns eine absolut dominante Stellung zu, während die Rolle der Tochter bzw. zukünftigen Ehefrau durch Unmündigkeit gekennzeichnet war.[63] Das Selbstverständnis eines in diese Welt hineinwachsenden männlichen Jugendlichen mußte auf diesem Hintergrund zwangsläufig gestört werden, wenn er sich 'zu Füßen' eines von allen Seiten bewunderten und geförderten 'Mädchens' wiederfand. Er konnte kaum in die ihm üblicherweise zugedachte gesellschaftliche Rolle finden. Eine vertiefende Analyse der Persönlichkeitsentwicklung von Gustav und Allwin jedoch erscheint aufgrund der historischen Distanz und der mangelhaften Quellenlage als äußerst problematisch. Daß Wieck auf dem Hintergrund so vorgeformter gesellschaftlicher Normen mit der Erziehung seiner Söhne extreme Schwierigkeiten zu erwarten hatte, kann kaum erstaunen. Wiecks angebliches Versagen ist zum Teil auf die gesellschaftliche Situation zurückzuführen, die für diese unabhängige Sichtweise Wiecks - die Förderung seiner Tochter - kein Verständnis entwickeln konnte, sobald sie mit den traditionellen Rollenmustern kollidierte.

---

daß ich immer noch so faul, nachlässig, unordentlich, eigensinnig, unfolgsam pp sey, daß ich dieß namentlich auch in Klavierspiel und im Studiren desselben sey und weil ich Hünten neue Variationen Op. 26 in seiner Gegenwart so schlecht spielte und nicht einmal den ersten Theil der 1ten Variation wiederholte so zerriß er das Exemplar vor meinen Augen und von heute an will er mir keine Stunde mehr geben und ich darf nichts weiter spielen, als die Tonleitern, Cramer Etuden L.[ivre] 1 und Czerny Trillerübungen." Clara Schumann, Jugendtagebücher, Bd. I. Tagebuch 1, S. 34. Eintrag vom 29.10.1828 [Friedrich Wieck]. Zitiert nach Köckritz, 1999, S. 160, Anm. 31.

61 Vgl. Vorm.Ord., Cap. XII. §1 sowie Cap. XIII. §18. (II.C.C.A.I. 410). Man mag das Züchtigungsrecht als etwas peinliche Tatsache für Gewalt innerhalb der Familie gern in die Randzone des Schweigens verdrängen. Darüber soll hier nicht geurteilt werden.

62 Schumann, Eugenie, 1931, S. 248. Eugenie, geboren am 1.12.1851, stützt sich ebenfalls offensichtlich auf die Perspektive Schumanns bzw. ihrer Mutter, denn sie selbst hat die hier geschilderten Vorgänge im Hause Wiecks kaum erleben können. Darüber hinaus hat Wieck diesen Vorwurf nicht gänzlich bestritten und nachweislich versucht, einen Ausgleich herzustellen, als er bemerken mußte, daß Clara die Position der Virtuosin weitgehend gegen die der Hausfrau einzutauschen bereit war. Vgl. dazu Kapitel I.3.1. «Die sechs Ehekonsensbedingungen Friedrich Wiecks im Mai 1839». Vgl. dazu auch Reich, 1997, S. 35.

63 Vgl. dazu ausführlich Kapitel I.2.1. «Rechte und Pflichten des Vaters» und I.2.2. «Rechte und Pflichten der Ehegatten».

Darüber hinaus wurde nie berücksichtigt, daß Wieck in Hinblick auf die drei Rollen als Vater, Lehrer und Manager sich nicht nur gesellschaftlich, sondern auch innerfamiliär in einem Dilemma befand, da er nicht als Vater in Leipzig bleiben und zugleich als Manager seine Tochter in Wien vertreten konnte. Aus diesem Grund ist es völlig unverständlich, daß ihm bei der Wahrnehmung seiner pädagogischen Verantwortung um die hochbegabte Tochter nicht nur die Vernachlässigung seiner Vaterpflichten vorgeworfen, sondern zugleich seine Verdienste als Lehrer und Manager bestritten wurden, obwohl er nachweislich - nolens volens - die größte Pianistin seiner Zeit an Robert Schumann gegeben hatte, und das zu einem Zeitpunkt, als dieser fast dreißigjährig und nahezu unbekannt nicht in der Lage war, seine eigenen Kompositionen auf den Bühnen der Welt dem Publikum vorzustellen.

In dieser Argumentation gegen Friedrich Wieck muß auf einen Perspektivsprung hingewiesen werden. Wieck erscheint - gleich von welcher Seite - immer als Versager. Versuchte er, seiner Rolle als Lehrer und Manager gerecht zu werden, wird ihm Vernachlässigung seiner Vaterpflichten vorgeworfen. Versuchte er später, der Erfüllung seiner Vaterpflichten nachzukommen, und zwar den vernachlässigten Kindern gegenüber, wie sich beispielsweise im Rahmen seiner sechs Ehekonsensbedingungen zeigt, wird ihm Geldgier bzw. Manager-Egoismus vorgeworfen.[64] Gleichzeitig wurde das Resultat seiner jahrelangen, pädagogischen Arbeit - sein 'Werk' Clara - wie selbstverständlich für Dienste in Anspruch genommen, die zur Verbreitung des Schumann'schen Werkes erforderlich waren, ohne die Verdienste Wiecks daran überhaupt zu erwähnen.

Auch dieses Bestreiten von Wiecks großer Leistung ist bereits in der zitierten Tagebuchpassage Schumanns vom August 1831 vorgeprägt. In dieser Szene beschreibt Schumann seinen Lehrer vernichtend in allen drei Rollen zugleich: Als grausamen Vater, als inkompetenten Musikpädagogen sowie als einen ausschließlich am Geld orientierten Manager, der sich, ohne Kunstverständnis zu haben, an Clara bereichern will, der erste Beleg für die Prägung von Wieck als angeblichem 'Profiteur' von Claras Talent. Umgekehrt werden Wiecks Verdienste um die Entwicklung und Entfaltung von Claras Begabung und um die zu diesem Zeitpunkt sich bereits abzeichnenden gesellschaftlichen Erfolge in Zweifel gezogen, da sie auf eine einzige Motivation zurückzuführen seien: Reine Geldgier, die selbst seiner Liebe zur Tochter zugrunde liege, wobei Schumann - wie oben bereits dargestellt - einen Beweis für diese Behauptung schuldig bleibt. Abgesehen davon wirkt diese Unterstellung an sich schon befremdlich. Denn der sittlich entrüstete Tonfall kann kaum überzeugen, wenn unter anderem Schumanns Verhalten drei bzw. vier Jahre später in Betracht gezogen wird. Als er erfuhr, daß seine damalige Verlobte, Ernestine von Fricken, weder Vermögen besaß, noch Mitgift, noch Erbschaft zu erwarten hatte, trennte er sich von der Geliebten.[65] Angesichts seines sich um 1831/32 abzeichnenden Versagens in pianistischer sowie in gesellschaftlicher Hinsicht stellen sich Zweifel ein an der Unbefangenheit seines Urteils über den erfolgreichen Wieck sowie an der Glaubhaftigkeit seiner sittlichen Entrüstung.

---

64 Vgl. dazu das Kapitel I.3.1. «Die sechs Ehekonsensbedingungen Friedrich Wiecks im Mai 1839».

65 Vgl. BW I, S. 96 (11.2.1838).

Weitere auf Schumann zurückgehende Prägungen vor der Brautwerbung kennzeichnen Wieck als Lügner,[66] lächerlichen, arroganten Provinzler,[67] als inkompetenten Musikpädagogen bzw. Kunstbanausen,[68] um exemplarisch einige Facetten des negativen Wieckbildes zu nennen, die von der Rezeption in der einen oder anderen Form aufgegriffen wurden.[69]

Zusammenfassend bleibt zu den bisher angeführten Tagebucheintragungen Schumanns zu sagen, daß Wieck durch sie summarisch und explizit mit dem Attribut „böser Mensch“ stigmatisiert wurde, ein so umfassendes und vernichtendes Urteil des Einundzwanzigjährigen über seinen damaligen Lehrer, daß unverständlich bleibt, wie die Forschung sich hier allein auf die Aussagen Schumanns bzw. eine einzige Perspektive stützen konnte, ohne den ‘Beschuldigten’ zu Wort kommen zu lassen.

Darüber hinaus ist den Schumann’schen Prägungen der Wieck’schen Persönlichkeit kaum der Charakter von Schmähungen abzustreiten. Weiterhin fehlt eine ausreichende Gewichtung seiner Argumentationsstrategien. Oben wurde bereits gezeigt, daß Schumann für die Nachwelt schrieb und seinen Schmähungen möglicherweise die Funktion einer ‘Abrechnung’ mit Friedrich Wieck zugedacht war. Dieser Aspekt wurde bisher nicht angemessen in die Bewertung der Schumann’schen Tagebuchaussagen einbezogen. Ebensowenig wie die offenkundige Tatsache, daß Schumann in seinen Darstellungen selbst Beteiligter der Situation war und mit der Charakterisierung von Friedrich Wieck auch sich selbst dargestellt und überliefert hat. Aus diesem Grund ist die Glaubwürdigkeit der Schilderungen über die Verhältnisse im Hause Wieck in dieser

---

66 Vgl. Tagebuch I, S. 338 (7.6.1831). Zitat siehe Kapitel I.1.2. «Robert Schumann im Hause Friedrich Wiecks». Die Schumann’sche Prägung von Wieck als Lügner wird u.a. von Hans John aufgegriffen. Vgl. John, 1988, S. 43. Vgl. dazu auch die zahlreichen Darstellungen von Wieck als Verleumder im folgenden Abschnitt dieses Kapitels.

67 Auch das Bild von Wieck als eines lächerlichen, arroganten Menschen ist bereits durch Schumann vorgeformt: „Jedenfalls würde man den Meister [Raro] auslachen, wenn er Zilia nicht hätte“. Tagebuch I, S. 362 (17.8.1831). Vgl. dazu die zahlreichen Tagebucheinträge Schumanns über die angebliche Arroganz von Wieck: Tagebuch I, S. 371 (13.10.1831), 383 (3.5.1832), 389 (15.5.1832), 413 (23.8.1832). Bei Nancy Reich und Eva Weissweiler erscheint Wieck als lächerlicher bzw. streitsüchtiger „Provinzler“, der unfähig ist, sich in den Kreisen der Pariser Kunstwelt zu bewegen. Vgl. Reich, 1997, S. 52; Weissweiler, 1998, S. 42.

68 Die musikpädagogische Kompetenz Friedrich Wiecks wird ebenfalls von Schumann in Zweifel gezogen: „Und dieses An- u. Hineinfantasiren, das er aus des Zilia herausfantasiren will, ist wohl für die praktische Zukunft, verdirbt aber den Fluß der Fantasie; …“ Tagebuch I, S. 363 (19.8.1831). Die Argumentationstrategie Schumanns gleicht hier in allen Punkten den oben bereits beschriebenen Fällen und soll nicht noch einmal detailliert erörtert werden.
Vgl. auch die Passagen, in denen Schumann seinen Lehrer als geistlosen Menschen ohne Kunstverständnis darstellt. Vgl. u.a. Tagebuch I, S. 363 (19.8.1831), 383 (3.5.1832), 395 (23.5.1832). In der Rezeption wird diese Schumann’sche Prägung des Wieckbildes aufgegriffen: Friedrich Wieck erscheint als maßlos ehrgeiziger Lehrer, der seine Tochter zu einem „Trillerpüppchen“ erzieht (Weissweiler, 1998, S. 66, 42), sie lediglich „kurze, schnelle Bravourstücke“ spielen läßt (Weissweiler, 1998, S. 38), sie „in Unselbständigkeit und damit in Abhängigkeit von sich zu erhalten trachtete“ (Rehberg, 1954, S. 662/63), und „Schumanns künstlerischer Tätigkeit trotz seiner bisherigen Leistungen stark misstraute“(Abert, 1910, S. 38).

69 Vgl. dazu auch die detaillierte Besprechung in Kapitel I.1.2. «Robert Schumann im Hause Friedrich Wiecks», in dem sich weitere Zitate der Schumann’schen Prägungen finden.

perspektivischen Verengung auf die Sicht Schumanns in Frage zu stellen bzw. zu relativieren, und das um so mehr, da Schumann auf dem Wege moralischer Entrüstung sich selbst sittliche Überlegenheit attestiert. Je mehr Wiecks Erfolgen eine 'niedrige Motivation' zugeschrieben werden würde, desto weniger würden die Früchte dieses Erfolges - Ruhm, Geld und gesellschaftlicher Glanz - als etwas Erstrebenswertes erscheinen,[70] eine Argumentationsstrategie, mit der Schumann sein eigenes, sich anbahnendes Scheitern auf diesen von Wieck so glänzend vertretenen Gebieten mit sittlich erforderlicher Ablehnung maskieren und sich so die Rolle des Überlegenen zusichern konnte, die einzige Position, die er erklärtermaßen für sich akzeptierte.[71]

Es wird sich zeigen, daß die bisher dargestellten Schumann'schen Prägungen des Wieck-Images mit marginalen Varianten zur Zeit der Brautwerbung beibehalten werden. Die Prägung «Lügner» wird um die Bedeutung «Verleumder», die des «grausamen Vaters» um die des «Zerstörers» erweitert. Neu kommt die Prägung des Bildes von Wieck als «hinterhältigem Taktierer» hinzu, mit hauptsächlich Schumann in der Opferrolle.

## V.2. Später hinzutretende Prägungen des Wieck-Images durch Robert Schumann

Anläßlich von Claras achtzehntem Geburtstag hatte Schumann offiziell bei Friedrich Wieck um ihre Hand angehalten - und war abgewiesen worden,[72] mit dem Hinweis, daß Schumanns derzeitiges Einkommen gänzlich unzureichend sei, um einen Claras gesellschaftlicher Position angemessenen Lebensstandard zu gewährleisten.[73] Schumann hatte zu dieser Frage am 13. September 1837 Wieck ein Einkommen von 1320 Talern dargelegt. Seine realen Einkünfte betrugen allerdings weniger als 1000 Taler.[74] Diese Tatsache darf nicht unerwähnt bleiben in der Auswertung der nun folgenden Argumentationsstrategien Schumanns gegenüber seiner Braut; denn dieses Einkom-

---

[70] Daß Schumann diese Argumentationsstrategie auch in den späteren Jahren verfolgte, belegt u.a. sein Brief an Clara vom 13.6.1839. Vgl. BW II, S. 571 (13.6.1839).

[71] Tagebuch I, S. 416 (7.10.1832).

[72] Der Gedanke um eine Bewerbung hatte sich bereits früher angebahnt - vgl. BW I, S. 20 (13.2.1836) - war aber von Friedrich Wieck unterbrochen worden. Vgl. dazu das Kapitel I.1.3. «Beginn der Beziehung zwischen Clara und Robert».

[73] Vgl. dazu Schumanns Brief vom 18.9.1837, BW I, S. 24 ff. Vgl. auch den Brief Friedrich Wiecks an Clara vom 7.5.1839, in dem er die von Schumann präsentierte Einkommensdarlegung zitiert, welche von Schumann selbst als „Richtig" bestätigt wird. Vgl. BW II, S. 517/18. Zu der Richtigkeit der Angaben Schumanns sei auf die genaue Berechnung der tatsächlichen finanziellen Verhältnisse Schumanns im Kapitel II.4.1. «Detaillierte Klage-Erwiderung und Deduktionsschrift Friedrich Wiecks» verwiesen. Vgl. auch Borchard, 1992, S. 178/79.

[74] Das belegen die Aufzeichnungen der Haushaltsbücher für die folgenden Jahre. Vgl. dazu Borchard, 1992, S. 178/79, die für das Jahr 1838 ein Einkommen aus selbständiger Erwerbstätigkeit in Höhe von ca. 500 Talern errechnet, das Schumann hätte verdreifachen müssen, um mit seinen Zinseinkünften von ca. 400 Talern nur annähernd die von Wieck für Clara geforderten 2000 Taler zu verdienen. Demgegenüber beziffert Borchard die Ausgaben von Schumann allein mit ca. 800 Talern pro Jahr, eine Summe, die er bereits als Student ausgegeben hatte. Vgl. dazu die detaillierten Ausführungen zu Schumanns Einkommensverhältnissen in der vorliegenden Arbeit, Kapitel II.4.1. «Detaillierte Klage-Erwiderung und Deduktionsschrift Friedrich Wiecks».

men war so weit von dem entfernt, was Clara benötigte - wollte sie ihre derzeitige Lebensform nicht aufgeben -, daß Schumann seine Einkünfte aus eigener Erwerbstätigkeit hätte mindestens verdreifachen müssen, um seine Ansprüche auf die Virtuosin aufrechtzuerhalten. Das wiederum war eine aussichtslose Perspektive, wollte er seinerseits seine derzeitige Lebensform nicht aufgeben.[75]

In der nun folgenden Analyse des Briefes, den Robert seiner Braut am 18. September 1837 über die Unterredung mit dem Vater schrieb, lassen sich bedeutsame Veränderungen erkennen. In der Rolle des Brautwerbers erweiterte Schumann seine Argumentationsstrategie - unter Beibehaltung der älteren Prägungen seines Wieckbildes: „... er [Wieck] hat eine neue Art zu vernichten, er stößt einem das Messer mit dem Griff in das Herz. Für meine Hingebung, mein langes Dulden, so wenig dagegen erhalten!“[76] Hier zeichnet Schumann seinen zukünftigen Schwiegervater nicht mehr als nur grausamen Vater, tobsüchtigen Lehrer und geldgierigen Manager, sondern als Zerstörer und sich selbst zum ersten Mal in der Rolle von dessen Opfer.

Die bisherige Prägung des allein am Geld orientierten Friedrich Wieck, nun in der Form, daß er ausschließlich auf eine „reiche Partie“ für seine Tochter aus sei, wird indessen beibehalten und liest sich im Brief an Clara stellenweise wie ein Pamphlet: „... *laßen Sie Sich nicht einmal verkaufen*. Im Grunde läuft Alles bei ihm [Wieck] auf eine reiche Partie hinaus.“[77] Hier zeigt sich eine schon früher angetroffene Argumentationsstrategie Schumanns.[78] Hinter der Unterstellung einer sittlich minderwertigen Handlungsform Wiecks - nämlich der angeblichen ‘Prostituierung’ Claras bei ihrer eventuellen Verehelichung[79] - verbarg Schumann das eigene Unvermögen, den an ihn gestellten Forderungen entsprechen zu können, während er gleichzeitig aufgrund seiner so inszenierten moralischen Überlegenheit die Ansprüche an seine Braut Clara aufrechterhalten konnte.

Tatsache ist, daß umgekehrt Robert sich in dieser Wieck zugeschriebenen Rolle zeigt, und dieses nicht zum ersten Mal. Denn für Robert war Clara nicht nur eine gut verdienende und wohlhabende, sondern auch nützliche Partie, was ihm beides durchaus bewußt war, wie sich bei der Behandlung der sechs Ehekonsensbedingungen Friedrich

---

75 Hier stellt sich die Frage, warum nicht Claras mögliches Einkommen als Virtuosin von vornherein in die gesamte finanzielle Disposition mit einbezogen wurde. Claras Einkommen war an ihre berufliche Spitzenposition als Virtuosin gebunden. Sie selbst erwähnte wenige Monate später, daß in Wien für sie mit Leichtigkeit jährlich 2000 Taler zu verdienen wären. Vgl. BW I, S. 109 (3.3.1838). Um dieses Geld allerdings in seine Disposition einbeziehen zu können, hätte Schumann Claras dortige gesellschaftliche Position akzeptieren müssen. Dieser Punkt wurde ausführlich behandelt im Kapitel I.3.1. «Die sechs Ehekonsensbedingungen Friedrich Wiecks im Mai 1839».

76 BW I, S. 24 (18.9.1837). Die Worte „Hingebung“ und „Dulden“ erscheinen als Dokumente einer grotesken Selbsttäuschung angesichts der Tatsache, daß er Wieck als erbärmlich, niedrig und geldgierig seit Jahren der Nachwelt in seinen Tagebüchern überlieferte. Vgl. Tagebuch I, S. 338 (7.6.1831), 364 (21.8.1831), 383 (3.5.1832), 389 (15.5.1832), 413 (23.8.1832).

77 BW I, S. 24 (18.9.1837).

78 Vgl. dazu den Abschnitt V.1. «Die Prägungen des Wieck-Images durch Robert Schumann vor der Brautwerbung».

79 BW I, S. 24 (18.9.1837).

Wiecks - vor allem der zweiten und fünften Bedingung - nachweislich gezeigt hat.[80] Diesen Nützlichkeitsaspekt dichtete Schumann um und verbarg seine Interessen hinter einer Opferrolle mit Wieck als Täter, wie oben schon erwähnt. Abgesehen davon, wirkt der Vorwurf - insbesondere von der Seite Schumanns -, Wieck habe es auf eine „reiche Partie" für seine Tochter abgesehen, geradezu grotesk angesichts der Tatsache, daß Schumann selbst unlängst sich von seiner Verlobten, Ernestine von Fricken, getrennt hatte, als er erfuhr, daß sie nicht das Vermögen besitzen würde, mit dem er ursprünglich gerechnet hatte.[81]

Die mit dem Rollenwechsel zum Brautwerber neu auftretende Grundhaltung Schumanns, sich zu viktimisieren, hat in seiner Argumentationsstrategie nachweislich eine bestimmte Funktion: Die Stilisierung Wiecks zu einem kalten, zerstörerischen Materialisten sollte Schumanns eigene Unzulänglichkeiten auf dem Gebiet des Geldverdienens sowie seine handfesten materiellen Interessen an Claras Vermögen resp. Erbschaft aus dem Vermögen Wiecks verschleiern, welche er allein auf dem Wege eines Prozesses würde durchsetzen können.[82] Seine Prozeß-Ankündigung findet sich bereits in dem hier zitierten Brief vom 18. September 1837, unmittelbar nach der ersten offiziellen Werbung um Clara, was den Vorwurf gegenüber Wieck als Prozeßtreiber in Frage stellen wird:

„*Etwas Begründetes konnte er und kann er nicht vorbringen.* ... es fehlt ihm [Wieck] der gute Wille überhaupt; Sie sollen durchaus als Concertgeberin leben und sterben, es müsste denn ein Banquier kommen. Wie erbärmliche Gedanken macht ein solches Verfahren! - So rein und innig geliebt habe ich und komme mir nun wie ein Kaufmann vor, der speculirt u. abwägt, weil er dazu gezwungen wird. Seine Antworten waren: 'Sie haben die Liebe des Vaters u. der Tochter, genügt Ihnen das nicht? Dabei bleibt es: mehr kann ich nicht versprechen' Er sprach auch von Ihrem Verhältniss zu B[anc]k. Ich mag es kaum glauben, daß Sie an eine Verbindung mit diesem nur mit einem Gedanken gedacht haben. 'Sie wären aber so leidenschaftlich u. von geistreichen Leuten einzunehmen' pp. Kein Wort darüber weiter. Treibt er uns auf das Äußerste, d.h. erkennt er uns nach anderthalb oder zwei Jahren noch nicht an, so müssen wir unser gutes Recht suchen. *Es darf ein Vater nur dann sein Jawort verweigern, wenn er äußerste Demoralisation oder Geldmangel nachweist.* Mit Gründen, wie Concertgeben u. Reisen, Mendelssohn u. dgl. kommt er nicht durch. *Dann traut uns die Obrigkeit.* Verhüte der Himmel, daß es einmal so weit kommen könnte."[83]

---

[80] Vgl. dazu das Kapitel I.3.1. «Die sechs Ehekonsensbedingungen Friedrich Wiecks im Mai 1839».

[81] Vgl. BW I, S. 96 (11.2.1838). Vgl. auch die Darstellung der Beziehung Schumanns zu Ernestine von Fricken im Kapitel I.1.2. «Robert Schumann im Hause Friedrich Wiecks» sowie Kapitel II.4.1. «Detaillierte Klage-Erwiderung und Deduktionsschrift Friedrich Wiecks», Abschnitt «Persönlichkeiten».

[82] Diese Tatsache wurde detailliert analysiert im Kapitel I.3.1. «Die sechs Ehekonsensbedingungen Friedrich Wiecks im Mai 1839» Vgl. dazu auch die Kapitel I.2.1. «Rechte und Pflichten des Vaters» sowie I.2.2. «Rechte und Pflichten der Ehegatten».

[83] BW I, S. 27 (18.9.1837). Der Brief dokumentiert, daß Schumann nicht gewillt war, die Gegenseite wahrzunehmen, sondern sie einfach ignorierte, wenn es seinen Interessen zuwiderlief. Interessanterweise läßt Boetticher die Prozeßankündigung Schumanns - „*Dann traut uns die Obrigkeit*" - in seiner Übertragung des Briefes vom 18.9.1837 aus. Vgl. Boetticher, 1942, S. 146/47. Darauf hat bereits Borchard in ihrer Dissertation hingewiesen. Vgl. Borchard, 1992, S. 183.

Diese Briefstelle - wie im übrigen auch weitere dieses Briefes - zeigt auf vielfältige Weise, wie das spätere Wieck-Image aufgrund der Schumann'schen Prägung zustande kommen konnte. In diesem Zusammenhang ist daran zu erinnern, daß Schumann die Forderungen nach einer adäquaten Versorgung Claras zum damaligen Zeitpunkt nicht erfüllen konnte. Auf das Wieck'sche Ansinnen reagierte er - wie schon in früheren Jahren, sobald mit Ansprüchen oder einem unvorteilhaften Vergleich konfrontiert - mit Pejorativen wie „erbärmlich" oder hier „Kaufmann" und euphemisierte seinen eigenen Antrieb mit den Ausdrücken „rein und innig", weiter oben mit „heiligsten Gefühlen",[84] also als moralisch überlegen und daher berechtigt. Es zeigt sich, daß er immer dann drohte und abwertete bzw. 'Gut'-'Böse'- Prägungen vornahm, sobald seinen Wünschen und Ansprüchen nicht bedingungslos entsprochen wurde. Auch der Pamphletton gegenüber Wieck sowie der Hymnenton mit Blick auf seine eigene Person, welche sich in zahlreichen Rezeptionsurteilen wiederfinden, sind hier bereits vorgeprägt.[85]

Das Auffälligste dieses Briefes aber ist, daß von Schumanns Seite keine Bemühungen zu erkennen sind, das von Wieck geforderte hohe Einkommen zu erstreben, um den realen Herausforderungen von Claras Karriere gewachsen zu sein. Hier stellt sich die Frage, wieso nicht. Aus seiner Äußerung - „*Etwas Begründetes konnte er und kann er nicht vorbringen*" - geht unmittelbar hervor, daß ihm bewußt war, die von Wieck genannten finanziellen Forderungen, welche sich aus seinen Vorstellungen im Hinblick auf Claras berufliche Karriere begründeten, würden vor Gericht keinen Bestand haben. Anders ausgedrückt, sie würden als Konsensverweigerungsgründe nicht gelten, so daß Schumann auf Wiecks Forderungen gar nicht einzugehen brauchte, sobald Clara nicht darauf bestehen würde.

In diesem Zusammenhang fällt weiterhin auf, daß Schumann keineswegs der verträumte Poet war, den er von sich selbst am liebsten propagierte; vielmehr verbarg sich hinter der poetisierenden Darstellungsweise, daß er zielgerichtet und von Anfang an seine eigenen Interessen erkannte, langfristig verfolgte und schließlich durchsetzte. Was er z.B. bei der Erwähnung einer möglichen prozessualen Auseinandersetzung seiner Braut gegenüber überging, war der Geltungsbezirk des Wortes „Demoralisation", in welchen vom juristischen Standpunkt aus seine syphilitische Infektion fiel,[86] mit der er sich als Brautwerber kaum empfehlen konnte. Mit dem Wort „Geldmangel" zog er zugleich die Diskussion auf ein Seitengleis, denn Wieck hatte ihm Geldmangel nicht vorgeworfen, sondern vielmehr darauf hingewiesen - wie Schumann im gleichen Brief berichtet -, daß sein derzeitiges Einkommen einfach zu gering sei, um Clara einen standesgemäßen und für ihre berufliche Existenz unerläßlichen Lebensstandard zu ermöglichen: „Weiter sagte er 'wir brauchten viel mehr, als wir dächten' und nannte eine enorme Summe. [...] 'Sie [Clara] würden dann oft im Stillen weinen, wenn wir nicht große Assembleen gäben u.s.w.'"[87]

---

[84] BW I, S. 25 (18.9.1837).

[85] Dieser Pamphlet- bzw. Hymnenton wird u.a. von Abert und Reich aufgegriffen. Vgl. dazu Abert, 1910, S. 39; Reich, 1997, S. 86 bzw. S. 116/17.

[86] Vgl. dazu die Kapitel II.3. «Konsensverweigerung aus erheblichen Gründen».

[87] BW I, S. 26 (18.9.1837).

Was sich darüber hinaus hinter der scheinbar harmlosen Bemerkung - „Mit Gründen, wie Concertgeben u. Reisen ... kommt er nicht durch.“ - verbirgt, ist die Tragödie des sich hier anbahnenden Konflikts. In dieser Formulierung zeigt sich noch deutlicher als bisher, daß Schumann den Schwachpunkt der Wieck'schen Position - wie oben schon erwähnt - klar erkannt hatte: Die Forderung nach adäquater finanzieller Ausstattung für Clara als berühmte Virtuosin würde nämlich im Fall eines Ehekonsensprozesses nicht gelten, da gesetzlich und auch gesellschaftlich für die Frau während bestehender Ehe eine berufliche Karriere in der Art Claras nicht vorgesehen war, vielmehr die Rolle der Hausfrau, Gattin und Mutter mit all ihren Pflichten und dem Ehemann als Vormund.[88] Diese Tatsache beweist: Wieck konnte an einem Ehekonsensprozeß kein Interesse haben, wollte er seine Forderungen durchsetzen. Schumann dagegen brauchte einen Prozeß, wollte er die Wieck'schen Forderungen abwehren und Clara dennoch gewinnen.[89]

Für Schumann bestanden nach dem Brautwerbungsgespräch mit Wieck nur zwei Möglichkeiten: Er mußte entweder ein adäquates Einkommen erzielen oder aber prozessieren. Und hier zeigt sich der Kern der kommenden, von allen Seiten immer erbitterter geführten Auseinandersetzung: Schumann als Brautwerber konnte allein nicht auf Ehekonsenserteilung klagen. Darin lag der Schwachpunkt der Schumann'schen Position. Für diese Klage benötigte er Claras Unterschrift.[90] Sie war es, die klagen mußte, wovon Schumann 1837 nicht ausgehen konnte: Diese Unterschrift von Clara war nur zu bekommen, wenn Tochter und Vater beruflich sowie emotional getrennt sein würden; beruflich, weil beide in vieler Hinsicht aufeinander angewiesen waren,[91] und emotional, weil Clara sich bewußt war, daß sie ihrem Vater alles verdankte.[92] Um dieses Ziel der beruflichen Trennung zu erreichen, mußte er Clara aus ihrer Position der berühmten Virtuosin in die Position der Hausfrau 'heben',[93] mit ihm als nunmehr vom Status her passenderen Ehemann. Weiterhin mußte er - wollte er Clara soweit emotional auf seine Seite ziehen, daß sie sich bereit finden würde, gegen den Vater zu prozessieren - sich selbst in der Opferrolle zeigen mit Wieck in den Prägungen, grausam, zerstörerisch etc., die uns von Schumann überliefert und im weiteren Verlauf von der Rezeption übernommen wurden.

Vor dem Hintergrund der oben aufgeführten Tatsachen wundert es nicht, daß Schumann bereits im September 1837 Claras Glanz als Virtuosin abzuwerten begann,[94] eine Abwertung, die in der späteren Zeit den Charakter von Schmähungen annehmen sollte.[95] Denn als „Concertgeberin“ würde Clara schließlich nicht nur „leben und sterben“, sondern vor allem gesellschaftlich glänzen und viel Geld verdienen - auch

[88] Vgl. dazu die detaillierten Ausführungen im Kapitel I.2.2. «Rechte und Pflichten der Ehegatten».
[89] Vgl. dazu die Analyse der Strategien beider Parteien im Kapitel I.3.1. «Die sechs Ehekonsensbedingungen Friedrich Wiecks im Mai 1839» sowie I.3.2. «Eskalation im Sommer 1839».
[90] Vgl. dazu die Darstellung im Kapitel II.2. «Klage auf Supplierung des elterlichen Ehekonsenses».
[91] Vgl. u.a. BW II, S. 599/600 (27.6.1839) sowie S. 641 f. (15.7.1839).
[92] Vgl. z.B. BW I, S. 61 (26.12.1837) bzw. BW II, S. 584 (21.6.1839).
[93] Diese Strategie Schumanns läßt sich im Brautbriefwechsel der kommenden Jahre deutlich verfolgen, ist jedoch nicht Gegenstand der vorliegenden Arbeit.
[94] Hierauf weist bereits Beatrix Borchard in ihrer Dissertation hin. Vgl. Borchard, 1992, S. 183.
[95] Vgl. BW II, S. 571 (13.6.1839).

ohne „Banquier“ und letztlich auch ohne Schumann. Die Schumann’sche Formulierung ist als erster Versuch zu werten, Clara an sich zu binden, indem er sie auf die Rolle der Hausfrau einschwört,[96] um so die Trennung von Vater und Tochter einzuleiten, welche durch ihre spezielle berufliche Situation miteinander verbunden und aufeinander angewiesen waren. Zugleich entledigte er sich damit der Verpflichtung - mit Clara als Hausfrau an seiner Seite -, das von Wieck geforderte hohe Einkommen nachweisen zu müssen, denn diese Forderung Wiecks konnte nur begründet werden mit Claras Karriere bzw. gesellschaftlichem Status. Wie sich später gezeigt hat, war diese Trennung von Friedrich und Clara überhaupt die Voraussetzung, um gegen Wieck prozessieren zu können.[97]

Claras Antwortbrief vom 26. September 1837 belegt, daß sie den hier besprochenen Brief Roberts vom 18. September 1837 in keiner Weise verstanden hat, seiner Argumentationsstrategie infolgedessen nicht gewachsen war und der sich abzeichnenden Negativprägung ihrer Position als Virtuosin sowie der ihres Vaters keinen Widerstand entgegensetzte, es sei denn, man wollte das Versprechen dem Vater gegenüber, „noch einige Jahre der Kunst und der Welt zu leben“, als Widerstand gegen Roberts Abwertung verstehen.[98] Diese Tatsachen müssen in die Bewertung späterer Verhaltensweisen und Zeugnisse Claras gegenüber ihrem Vater einbezogen werden; denn es sollte sich zeigen, daß sie spätestens im Sommer 1839 - also zwei Jahre später - die Schumann’sche negative Sichtweise der Persönlichkeit ihres Vaters vollständig übernommen und jede eigenständige Position aufgegeben hat.[99] Genau diese herbeigeführte Wandlung sollte in der Folgezeit die Tochter dem Vater entfremden.

Weiterhin zeigt sich in der von Schumann zitierten Äußerung Wiecks - „Sie haben die Liebe des Vaters u. der Tochter, genügt Ihnen das nicht? Dabei bleibt es: mehr kann ich nicht versprechen“ -, daß Wieck gar nicht kategorisch gegen eine Verbindung der beiden war. Diese Tatsache ist offensichtlich bisher immer überlesen worden und gewichtet das im Brief geschilderte Verhalten Schumanns und Wiecks völlig anders. Es war nicht Wieck, der auf einen Prozeß zusteuerte.

Der Exkurs über die Strategien Schumanns war unerläßlich, da sich in diesem oben zitierten Brief weitere Prägungen des Wieckbildes zeigen, die unter anderem eine einseitige Täter-Opfer-Perspektive festschreiben, welche in dieser oder ähnlicher Form für beinahe zwei Jahrhunderte von der Rezeption übernommen wurden: Wieck, der Vater, welcher seiner verliebten Tochter ihr Glück vorenthält sowie ihr die ‘naturgegebene’ Bestimmung als Frau verweigert; Wieck, der Manager, welcher aus persönlichem Ehrgeiz und Geldgier sein Protégée nicht freigeben will; Wieck, der Lehrer, welcher kein Recht hat, der Frucht seiner mehr als zehnjährigen Arbeit gesell-

---

96 Bereits ein Jahr später würde Schumann seine Braut mit „Hausfrau Klara“ anreden. Vgl. BW I, S. 254 (7.10.1838).

97 Vgl. dazu ausführlich Kapitel II.2. «Klage auf Supplierung des elterlichen Ehekonsenses». Vgl. dazu u.a. Hartitzsch, 1836, §48, S. 46. Schumann hatte bis zum Prozeß nur zwei Dinge zu befürchten: Clara hätte einen anderen Partner finden oder aber seine Strategie mit der Zeit durchschauen und sich von ihm abwenden können.

98 BW I, S. 28 (26.9.1837).

99 Auf diesen Aspekt wurde bereits im Kapitel I.3.2. «Eskalation im Sommer 1839» eingegangen.

schaftlichen Glanz hinzuzufügen. Und letztlich und vor allem: Wieck, der Prozeßtreiber, der Clara und Robert in eine gerichtliche Auseinandersetzung zwingt - Wieck als Täter mit Robert und Clara als Opfer.

Angesichts der Interessenlage im Rahmen der vorliegenden Konfliktsituation muß die Schumann'sche Sicht von Friedrich Wieck als befangen gewertet werden und erscheint daher als alleinige Grundlage zur Bewertung der Kontroverse vollkommen unzureichend. Dennoch findet sich in der Rezeption das (Selbst)bild Robert Schumanns als Opfer Friedrich Wiecks, ohne - von vereinzelten Fällen abgesehen - sich mit der Perspektive Friedrich Wiecks auseinanderzusetzen. Dazu seien hier folgende Beispiele angeführt.

Nancy Reich kommentiert Wiecks Konsensverweigerung zu Claras achtzehntem Geburtstag wie folgt: „Wieck hätte wohl verschiedene Möglichkeiten gehabt, auf die Situation zu reagieren; seltsamerweise verlegte er sich darauf, vage, an den Haaren herbeigezogene Verleumdungen zu verbreiten und damit viele der gemeinsamen Freunde vor den Kopf zu stoßen, die alle für die jungen Liebenden Partei ergriffen.“[100] Hier stellt sich dem Leser die Frage, was sind „vage ... Verleumdungen“ und wo sind Belege dafür? Wo sind die Belege, daß 'alle' auf einer Seite standen?[101] Darüber hinaus muß eine Argumentationsweise zurückgewiesen werden, die sich hier empfehlen will: Die Mehrheit stand auf Claras und Roberts Seite, und - das wird nahegelegt - deswegen hatte Wieck Unrecht. Die dritte Perspektive, die sich in dem Attribut 'verschiedene' Möglichkeiten verbirgt und nicht den Tatsachen entspricht, bedarf einer Richtigstellung aus der Perspektive Friedrich Wiecks: Wie bereits in Kapitel I.2.1. bzw. II.1. nachgewiesen wurde, hatte er nur die Möglichkeit 'Ja' oder 'Nein' zu sagen und entschied sich für 'Nein' mit der oben schon angeführten Begründung. Im Fall seines Stillschweigens konnte Zustimmung vermutet werden.

Weiter unten spricht Nancy Reich von einem „bösartigen und verleumderischen“ Papier in bezug auf Wiecks Schreiben vom 14. Dezember 1839 an das AG Leipzig und behauptet, Schumann hätte „jeden der dort erhobenen Vorwürfe leicht entkräften“ können.[102] Bei diesem Schreiben Wiecks handelte es sich um eine ausführliche und begründete Stellungnahme zu seiner Konsensverweigerung, in der er über die Einkommensverhältnisse Schumanns hinaus unter anderem auch auf dessen mutwillig herbeigeführte Handverletzung und die daraus resultierende Zerstörung von Schumanns Existenzgrundlage einging, welche in der vorliegenden Arbeit detailliert im Kapitel II.4.1. behandelt wurde. Festzuhalten bleibt, daß die Äußerung von Nancy Reich als einseitige Parteinahme zu bewerten ist, was sich schon unter anderem darin zeigt, daß Schumanns mutwillige Zerstörung seines dritten Fingers der rechten Hand heute kaum noch bestritten werden kann.[103]

[100] Reich, 1997, S. 86. Reich gibt für ihre Behauptung an dieser Stelle keine spezielle Quelle an, stützt sich aber wohl auf den zuvor von ihr zitierten Brief Schumanns vom 18.9.1837.

[101] In diesem Zusammenhang sind beispielsweise die Briefe von Claras Freundin Emilie List an Robert Schumann im Mai 1839 zu erwähnen, in denen Emilie um Verständnis für die Position Friedrich Wiecks wirbt. Vgl. dazu Wendler, 1996, S. 62 ff. und S. 65 ff.

[102] Reich, 1997, S. 116.

[103] Vgl. dazu die Ausführungen im Kapitel I.1.2. «Robert Schumann im Hause Friedrich Wiecks».

Auch Wolfgang Boetticher greift das Bild von Friedrich Wieck als Verleumder mit Schumann in der Opferrolle auf und behauptet, „daß zu dieser Zeit [Ende der 30er und zu Beginn der 40er Jahre] Friedrich Wieck alles versuchte, um bei seinen Kindern und im Bekanntenkreise Schumann anzuschwärzen und seine Achtung zu untergraben.“[104] Im selben Tenor schreibt Alan Walker, Herausgeber der vielrezipierten Aufsatzsammlung *«Robert Schumann - The Man and his Music»:* „...Far more difficult was to deal with the slanderous gossip Wieck spread through his network of friends and associates in and around Leipzig; it was calculated to do Schumann the maximum harm, and to discredit him in the eyes of the world.“[105] Diese Darstellungen sind wiederum ausschließlich aus der Perspektive Schumanns gesehen. Die Argumentationsweisen wurden bereits anhand der oben angeführten Schilderungen Nancy Reichs analysiert und unterscheiden sich kaum. Auch Hermann Abert, als späterer Nachfolger von Hugo Riemann bzw. Herrmann Kretzschmar ein außerordentlich renommierter Musikwissenschaftler, äußert sich in seiner mehrfach aufgelegten Biographie *«Robert Schumann»* entsprechend über Wiecks Verhalten:

„... Dagegen wurde der Ton ihres [Claras] Vaters immer gereizter und feindseliger. Hatte er es bisher mit brutaler Hartnäckigkeit und hinterhältiger Minierarbeit versucht, so scheute er jetzt selbst vor gehässigen Verleumdungen, nicht nur Schumanns, sondern auch seiner eigenen ‘ehrlosen’ Tochter, nicht zurück. Alle einzelnen Phasen dieses unerquicklichen Streites zu verfolgen verbietet der Raum. Nur soviel mag gesagt sein, dass, während Vater Wiecks Charakterbild, allen modernen Ehrenrettungen zum Trotz,[106] eine starke Trübung erfährt, Schumann die Feuerprobe, die seine Energie, seine Selbstbeherrschung und seine Herzensbildung durchzumachen hatten, in einer Weise bestand, wie sie wenige in derselben Lage bestanden hätten.“[107]

Diese Darstellung schwankt zwischen Hymnen- und Pamphletton und findet sich in dieser Form ebenfalls bereits als von Schumann geprägt vor.[108] Es muß hier wiederholt gefragt werden, wo sind die Belege für derartige Behauptungen, ausgenommen in Form der Unterstellungen Schumanns? Wo wird die Perspektive Friedrich Wiecks berücksichtigt?

Die Vorprägung in bezug auf vage, gehässige Verleumdungen durch Friedrich Wieck - ohne Belege dafür anzugeben - sind so zahlreich, daß es nicht möglich ist, sämtliche Tagebuch- oder Briefstellen aufzuzählen, in denen Schumann behauptet, verleumdet worden zu sein, unter anderem bei Menschen, die er nicht kennt bzw. die ihn nicht näher kennen.[109]

---

104 Boetticher, 1941, S. 130.

105 Walker, 1976, S. 17.

106 Gemeint sind damit u.a. die Publikationen von Adolf Kohut und Victor Joß, die sich in ihren Biographien über Friedrich Wieck bemüht haben, auch dessen Perspektive zu berücksichtigen. Auf diese Tatsache wurde ausführlich im Kapitel IV.2. «Prozeß-Rezeption von 1856 - 1896 und nachfolgende Polarisierung in der Rezeptionshaltung» eingegangen.

107 Abert, 2. Aufl. 1910, S. 39.

108 Vgl. dazu u.a. die obige Analyse der Schumann’schen Äußerungen in seinem Brief vom 18.9.1837 über die Unterredung mit Wieck anläßlich der Brautwerbung um Clara.

109 Vgl. dazu beispielsweise BW II, S. 625 (7.7.1839), 492/93 (21.4.1839), 553 (8.6.1839), 639 (12.7.1839), S. 652 (18.7.39), 669/70 (30.7.1839). Ausgenommen von diesen unbelegten Behaup-

Die Märchenvariante dieser Darstellung findet sich bei Eugenie, der jüngsten Tochter von Clara und Robert Schumann, und bedient sich des Klischees des 'bösen Zauberers' in ihrer Biographie *«Robert Schumann. Ein Lebensbild meines Vaters»:*

„... es ist wie ein schönes, altes Märchen, das von den zwei Königskindern und dem bösen Zauberer, der ihnen mit all seinen Künsten nichts anhaben kann. [...] Wie mußte der jahrelange Kampf gegen Haß und Bosheit auf ein Gemüt wirken, welches ganz und gar nur Liebe war, das selbst den Haß noch mit Liebe zu besiegen hoffte![110] [...] Robert überwand, aber die in dem langen Kampfe eingesetzten Kräfte gingen ihm unwiederbringlich verloren. All die ungezählten schlaflosen Nächte, die Zweifel an sich, an Klara und an der Zukunft, die langen Trennungen in ungestillter Sehnsucht, die ihm die Kraft zur Arbeit raubte, der Schmerz um die verlorenen Jugendjahre, das alles mußte Roberts Gesundheit, in erster Linie sein zartes Nervensystem, auf das empfindlichste schädigen. [...] Ich glaube fest, daß mein Vater, wären ihm diese grausamen Erfahrungen erspart geblieben, überhaupt seinem tragischen Ende entgangen wäre."[111]

Hier werden zwei Perspektiven vermischt, und zwar die Schwächung Schumanns durch die fortschreitende syphilitische Infektion einerseits und andererseits die Beschwerlichkeiten im Rahmen der Brautwerbung, angeblich aufgrund der Wieck'schen Forderungen. Es soll hier die Überlegung zur Diskussion gestellt werden, ob eine regelmäßige Arbeit seitens Schumanns[112] oder eine andere adäquate Einnahmequelle - z.B. Claras 2000 Taler jährlich in Wien[113] - nicht doch die geringere Belastung gewesen wäre. Schumann hatte durchaus die Möglichkeit, diesen Widrigkeiten – verursacht durch die Ehekonsensauseinandersetzung - aus dem Weg zu gehen, wie bereits gezeigt wurde.[114] Keinesfalls kann – gewissermaßen im 'Windschatten' der diesen Ehekonsensstreits begleitenden Umstände - Friedrich Wieck für eine gesundheitliche Disposition Schumanns verantwortlich gemacht werden, die ihn generell schwächen

---

tungen ist die angebliche Verleumdung Wiecks in bezug auf einen „Bankerott" von Schumanns Bruder Eduard, die eine reale Grundlage gehabt zu haben scheint. Vgl. dazu BW II, S. 627 (10.7.1839). Tagebuch I, S. 409 (14.6.1832). Allerdings bleibt in diesem Zusammenhang unklar, ob Wieck tatsächlich von Eduard oder vielleicht eher von Roberts anderem Bruder, Carl Schumann, gesprochen hat, der sich zu diesem Zeitpunkt tatsächlich in finanziellen Schwierigkeiten befand, wie Schumann auf der unmittelbar folgenden Seite seines Briefes berichtete. Vgl. BW II, S. 628 (10.7.1839).

110 In diesem Zusammenhang muß auf frühere Äußerungen Schumanns über Friedrich Wieck zu Beginn der 1830er Jahre zurückverwiesen werden, die - obwohl aus einer Zeit datierend, als von einer Verbindung zu Clara noch lange nicht die Rede und Schumann also nicht als Brautwerber abgelehnt war - als haßerfüllt bezeichnet werden müssen. Umgekehrt sind aus dieser Zeit derartige Äußerungen Wiecks über Schumann nicht bekannt. Vgl. dazu den Abschnitt V.1. «Die Prägungen des Wieck-Images durch Robert Schumann vor der Brautwerbung».

111 Schumann, Eugenie, 1931, S. 243-246. Schumann selbst war es, der mit der Märchenperspektive von sich und Clara diesen Topos initiierte, wie sein Brief an Clara vom 9.6.1839 beweist. Er prägte von sich und Clara das Bild vom „König" und einer „Königin in fernen Landen", die ein „eiserner Vater noch in Gewahrsam" hielt. Vgl. BW II, S. 558 f. (9.6.1839).

112 Vgl. dazu Schumanns Ankündigung nicht „für's tägliche Brod wie ein Handwerker" arbeiten zu wollen. BW I, S. 96 (11.2.1838).

113 Vgl. BW I, S. 108-110 (3.3.1838).

114 Vgl. dazu Kapitel I.3.1. «Die sechs Ehekonsensbedingungen Friedrich Wiecks im Mai 1839».

mußte gegenüber den alltäglichen Anforderungen des Lebens und schließlich zu seinem Tod führte.

Hinter der Schilderung Eugenies verbirgt sich erkennbar der Versuch, Robert auch hinsichtlich seiner fortschreitenden Krankheit als Opfer Wiecks darzustellen und – erstaunlich genug - ebenfalls Wieck für Schumanns tragisches Ende verantwortlich zu machen, was er in diesem speziellen Fall der Paralyse nachweislich nicht gewesen sein konnte. Eugenie ist lediglich einer der von Schumann angelegten Vorprägungen des negativen Wieckbildes gefolgt,[115] die sich bereits in seinem Brief vom 7. Juli 1839 findet: „Ach Klara, der Mann [Wieck] bringt mich noch unter die Erde - Du wirst sehen."[116]

Daß Schumann sich indessen seines gesundheitlichen Zustands bzw. der Folgen seiner syphilitischen Infektion bewußt war, belegt u.a. folgende Stelle: „... Ich bin heute in mein 29stes Jahr getreten; vielleicht schon die größte Hälfte meines Lebens liegt hinter mir. Sehr alt werde ich ohnedies nicht, dies weiß ich genau. Es haben eine Menge Leidenschaften in mir gestürmt; der Kummer um Dich hat auch an mir gezehrt."[117] Festgehalten werden muß: Schumann war zu diesem Zeitpunkt neunundzwanzig Jahre alt und er würde noch siebzehn Jahre zu leben haben, davon zwei in der Krankenheilanstalt bei Endenich. Es geht hier nicht darum, zu entscheiden oder gar zu urteilen, ob in dem vorliegenden Fall eine Eheschließung und Familiengründung - Clara würde zehn Schwangerschaften haben - von Schumanns Seite überhaupt verantwortbar war. Ganz sicher aber darf der Einwand gelten, daß dieser Verbindung von seiten Wiecks mit allergrößter Skepsis entgegen getreten werden mußte.[118]

Aber Schumanns Briefe dokumentieren eine weitere Vorprägung in der Argumentationstechnik, die nicht nur Eugenie, sondern die Rezeption - in dieser Form erstaunlich genug - übernommen hat. In Schumanns Äußerungen finden sich Verquickungen ursächlich zu trennender Tatsachen, mit dem Ziel der Verlagerung der Verantwortung für die Konsequenzen seiner Handlungen auf die Seite Wiecks.[119] Das Erstaunlichste

---

[115] Zu einer ähnlichen Bewertung gelangt beispielsweise Boetticher: „Ich neige zu der Annahme, daß für Schumanns zerrüttete geistige Verfassung der Jahre 1838/39 die dauernden Ehrabschneidereien und Brunnenvergiftungen Friedrich Wiecks als wesentlichstes Moment verantwortlich zu machen sind." Boetticher, 1941, S. 143. Vgl. dazu auch Edler, 1982, S. 30 sowie Rauchfleisch, 1990, S. 73.

[116] BW II, S. 625 (7.7.1839).

[117] BW II, S. 553 (8.6.1839). Vgl. Franken, 1994, S. 21. Vgl. dazu die Ausführungen in Kapitel II.3. «Konsensverweigerung aus erheblichen Gründen», Abschnitt «Chronische oder ansteckende Krankheiten».

[118] Zwar hat Wieck die Krankheit Schumanns im Rahmen der Ehekonsensauseinandersetzung nicht thematisiert - wohl nicht zuletzt aufgrund von Beweisschwierigkeiten -, es ist jedoch anzunehmen, daß ihm Schumanns gesundheitlicher Zustand nicht entgangen sein kann, da dieser während des besagten Zeitraums - der syphilitischen Infektion - im Hause Wiecks gelebt hat. Vgl. Tagebuch I, S. 334 (27.5.1831). Vgl. auch Sams, 1971, S. 1158.

[119] Eine Tatsache wird hier stillschweigend übersehen, die oben schon erwähnt wurde: Wieck hatte nach 15jähriger intensiver, harter und erfolgreicher Arbeit eine Spitzenpianistin 'produziert', die - ob für Schumann oder einen anderen Komponisten seiner Zeit, ist von sekundärer Bedeutung, weil Clara in dieser Qualifikation für jeden Komponisten als Begleiterin oder als Ehefrau ein außerordentlicher Gewinn - man darf sagen, das 'große Los' war. Und in einer Abwandlung bzw.

in Schumanns hier überliefertem Selbstbild ist die Tatsache, daß er sich in beiden Fällen als Opfer sieht: Opfer seiner Leidenschaften und Opfer Friedrich Wiecks aufgrund angeblich ungerechtfertigter Forderungen.

Die Vorstellung von Wieck als «Zerstörer» wurde ebenfalls bereits durch Schumann geprägt: In seinem Brief vom 8. Juni 1839 an Clara, in dem Robert ihr auch das entscheidende Dokument zur Unterschrift vorlegte, das schließlich die Klage gegen Wieck ermöglichte, äußerte er: „Der Plan Deines Vaters geht wirklich auf nichts anderes, als mich zu ruiniren - bürgerlich, künstlerisch und moralisch. Könnte ich Dir doch das recht lebhaft vor die Seele hinstellen, damit Du rascher und entschloßener handeltest."[120] Im Gegensatz zur Behauptung Schumanns muß hier an die Tatsache erinnert werden, daß Clara in Wien allein mit einem Konzert 1000 Taler (cf.) verdienen konnte sowie weitere 1000 Taler (cf.) jährlich mit nur einer Unterrichtsstunde pro Tag,[121] so daß - rechnet man von Schumanns Einkommen auch nur 1000 Taler hinzu - kaum von Ruin gesprochen werden darf, zumal Wieck schon im März 1838 signalisiert hatte, daß er die Wohnortfrage und damit die finanzielle Basis der Ehe zur unabdingbaren Voraussetzung für seinen Ehekonsens machen würde.[122] Hier darf kaum von 'Ruin' gesprochen werden, sondern es scheint, als solle Clara gegen ihren Vater geführt werden, und deren Beziehung blieb allerdings als 'Ruine' zurück. Die Frage, was eigentlich im Rahmen der vorprozessualen und später der gerichtlichen Auseinandersetzung zerstört wurde und ob es sich dabei nicht vielmehr um das langjährige und intensive Vater-Tochter-Verhältnis handelte, wurde unter anderem bereits in Kapitel II.6. untersucht.

Weitere Lesarten des «Zerstörers» sind die des «gehässigen Gegners», der vor nichts zurückschreckt, um sein Ziel zu erreichen,[123] oder des «Intriganten», der das Vertrauensverhältnis zwischen Clara und Robert untergraben will.[124] In der von mir im

---

genauen Umkehrung des Schumann'schen Pejorativs - „Du wärst der erbärmlichste der Schurken, hätte Zilia kein Talent" (Tagebuch I, S. 364 (21.8.1831) - könnte behauptet oder besser noch gefragt werden: Was wäre aus Schumann geworden, hätte er Clara nicht in dieser Form als größte Pianistin ihrer Zeit geheiratet? Clara - ohne diese pianistische Karriere - hätte nicht die Möglichkeit gehabt, seinem Werk zu dienen, ihm mit ihrem Ruhm die Türen in die gesellschaftlichen Kreise zu öffnen, die er benötigte, um bekannt zu werden. Es ist zu vermuten, daß Schumann Clara ohne diese von Wieck ausgebildeten Fertigkeiten und Erfolge nicht geheiratet hätte. Vgl. dazu BW III, S. 876 (17.1.1840): „... und ich nehme Dich auch nicht zur Frau, wenn Du nicht mehr Clavier spielen kannst mit Deinen zehn gesunden Fingern."

[120] BW II, S. 552/53 (8.6.1839). Hier geht es um Roberts Forderung nach Claras Unterschrift, ohne die Schumann nicht gegen Wieck prozessieren konnte. Vgl. Kapitel II.2. «Klage auf Supplierung des elterlichen Ehekonsenses».

[121] Vgl. BW I, S. 109 (3.3.1838).

[122] Weiterhin ist hier das Datum von Schumanns Äußerung zu beachten: Er hatte wenige Tage zuvor die sechs Ehekonsensbedingungen Wiecks schriftlich erhalten, die zugunsten von Clara und weiterhin zugunsten von Claras Geschwistern ihm Ansprüche streitig machten, die ihm auf dem Weg eines Prozesses zufallen würden. Vgl. dazu Kapitel I.3.1. «Die sechs Ehekonsensbedingungen Friedrich Wiecks im Mai 1839».

[123] Vgl. Burger, 1999, S. 189. Vgl. auch Hoy-Draheim, 1993, S. 68: „...versuchte doch Friedrich Wieck mit allen Mitteln, das Glück des Liebespaares Robert und Clara zu zerstören."

[124] Vgl. dazu Rauchfleisch, 1990, S. 73.

übrigen außerordentlich bewunderten Publikation von Ernst Burger aus dem Jahr 1999 erscheint unter Berufung auf den Clara-Schumann-Biographen Berthold Litzmann sowie auf die weiter unten noch einzugehende Studie von Hans John, der sich mit dem Prozeßgeschehen befaßt, über Friedrich Wieck: „Er [Wieck] hatte sich als erbitterter, ja gehässiger Gegner gezeigt und kein Mittel gescheut, Schumann zu schaden. Er hatte anonyme Briefe und gegen Schumann gerichtete lithographierte Schmähschriften versandt.“[125] Hier muß gefragt werden, wo sind die Beweise für die behauptete Autorenschaft eines anonymen Briefes? Auch Schumann - falls man sich auf ihn stützen wollte - bleibt den Beweis schuldig: „Dein V. ist aber gar zu schwach; da läßt er, wahrscheinlich von einer Kietzischen, anonyme Briefe an Friese schreiben (bis jetzt nur einen - es kommen gewiß noch mehrere) ...“[126] Wer konnte das wissen, es sei denn der Schreiber selbst? Hier handelt es sich um einen Fall von ‘Beweisführung’, bei der der ‘Schuldige’ bereits vorher feststeht. Tatsache ist: Es wird von Schumann unterstellt, ganz so, als wäre damit die Urheberschaft Wiecks für diesen Brief auch gesichert.

Daß Schumann Friedrich Wieck unberechtigt angeschuldigt hat, zeigt folgender Fall: Wie bereits 1839 im Zusammenhang mit der für ihn unerfreulichen Notiz im «Nürnberger Correspondent»[127] beschuldigte Schumann auch noch 1847 seinen Schwiegervater, er habe anonym eine negative Kritik in die Zeitung setzen lassen,[128] und beauftragte seinen Freund Moritz Emil Reuter, einen Beweis für diesen Verdacht einzuholen, ohne dabei genannt werden zu wollen:

„Wie es uns hier am besten ging, kam uns eine Notiz in den *Signalen* zu Gesicht, die so ausgesucht boshaft und infam ist, wie sie abzufassen nur dem alten W.[ieck] möglich ist. ... Sagen Sie Senff nichts von diesen Zeilen, verbergen aber Ihren Unwillen, den Sie gewiß mit uns theilen, gegen ihn nicht, und suchen Sie zu erfahren, ob die Notiz wirklich vom alten W.[ieck] ist. Wo nicht, soll es mich freuen - obgleich ich's überzeugt bin, daß nur er sie geschrieben.“[129]

Aus Reuters Nachforschung ging eindeutig hervor, daß Schumanns Anschuldigung falsch war: „Der Verfasser ist Theodor Ha[gen] aus Hamburg, der ihm von Wien komm[end] hier geschrieben hat. Es klingt aller[dings] ganz wie der Alte vom Berge

[125] Burger, 1999, S. 189. Die Behauptung der angeblich lithographierten Schmähschriften bzw. Anschuldigungen Friedrich Wiecks findet sich in zahlreichen Darstellungen der Schumann-Literatur. Vgl. z.B. Abraham, 1994, S. 35. Vgl. ebenso Weißweiler, 1998, S. 145; Meier, 2001, S. 71. Diese Behauptung wurde in Kapitel II.6. «Strategien und Verhalten während des Prozesses» detailliert behandelt und widerlegt.

[126] BW II, S. 625 (7.7.1839).

[127] Vgl. dazu Schumanns Behauptung hinsichtlich einer angeblich von Wieck veranlaßten Notiz in der in Nürnberg erscheinenden Zeitung «Der Korrespondent von und für Deutschland». BW II, S. 529 (19.5.1839). Vgl. dazu Tagebuch II, S. 91 sowie S. 496, Anm. 352.

[128] Gemeint war folgende Passage in der Rubrik „Dur und Moll“ der «Signale für die Musikalische Welt»: „Clara Schumann hat drei kaum besuchte Concerte gegeben, das vierte war voll, weil die *Lind* darin sang. In neun Jahren hat sich viel geändert, als Clara Wieck vergöttert, als Clara Schumann ignoriert. Mit Ausnahme der Wiener Musikzeitung haben die übrigen Wiener Blätter die geniale Künstlerin vernachlässigt.“ Vgl. «Signale für die Musikalische Welt» 5. Jg. (1847), Nr. 4 vom 16.1.1847, S. 28 f. Zitiert nach Tagebuch II, S. 551, Anm. 729.

[129] Brief an Moritz Emil Reuter vom 3. 2. 1847; vgl. Jansen NF 2/1904, S. 263.

[gemeint ist Friedrich Wieck], doch hat [mir] Senf[!] auf Ehrenwort versichert, daß er [von] diesem nicht ist."[130] In Reuters Antwortschreiben zeigt sich - bereits zu Lebzeiten Schumanns - die Tendenz, die Schumann'sche negative Sicht in bezug auf seinen Schwiegervater zu bestätigen, auch wenn sich nachweislich die Verdächtigung als unberechtigt herausgestellt hatte.[131]

Das Verfahren ruft die Argumentationsform von Gustav Wustmann in Erinnerung, der Schumanns o.g. Unterstellung folgendermaßen kommentiert: „Ob der Verdacht Schumanns begründet war, wird sich wohl weder nachweisen noch widerlegen lassen. Es genügt, daß er möglich war."[132] Das Erstaunlichste an dieser Argumentation ist die Tatsache, daß Wustmann offensichtlich von Schumann einen Beweis weder erwartet noch verlangt hat, obwohl doch angesichts der Tatsache, daß dieser seinem Schwiegervater seit vielen Jahren mehr als distanziert gegenüberstand, eine kritische Überprüfung der Behauptung oder zumindest eine vorsichtige Zurückhaltung gegenüber dieser Unterstellung sich empfohlen hätte.

Bei Clara findet sich ebenfalls der Vorwurf, Wieck habe anonyme Briefe geschrieben.[133] Doch auch hier handelt es sich allein um Mutmaßungen, nicht aber um einen begründeten Verdacht. So schrieb sie am 11. Januar 1840 an Robert: „... doch kam mit Deinem [Brief] Heute ein Unangenehmer zugleich von einem Hrn. Lehmann aus Leipzig. [...] Sicher geht er wieder vom Vater aus ..."[134] In der «Psychobiographie» von Udo Rauchfleisch ist diesbezüglich zu lesen: „Ferner sandte er [Wieck] Clara, unter Angaben falscher Absender (er unterzeichnete mit dem Namen 'Lehmann'), Briefe voller Verleumdungen gegen Robert."[135] Rauchfleisch geht hier weit über die Aussage Claras hinaus und stellt ihre Vermutung - ohne jeden Beleg - als eine Tatsache dar.

In diesem Zusammenhang ist daran zu erinnern, daß Clara spätestens seit dem Sommer 1839, nachdem sie die Klage gegen den Vater unterschrieben hatte, Robert gegenüber keine eigenständige Position mehr vertrat, was sich nicht zuletzt in der teilweise

---

130 Brief von Moritz Emil Reuter an Robert Schumann vom 6.2.1847. Corr. Bd. 19, Nr. 3326.

131 Daß Schumanns Unterstellung definitiv falsch war, läßt sich in diesem einen Fall allein aufgrund der Tatsache nachweisen, daß uns ein Zeugnis Schumanns sowie die entsprechende Antwort Reuters erhalten sind. Auf diese Tatsache hatte bereits Berthold Litzmann in seiner Clara-Schumann-Biographie hingewiesen. Vgl. Litzmann II, S. 152. Vgl. dazu auch Wendler, 1996, S. 143, Anm. 321. Vgl. Tagebuch II, S. 551, Anm. 729. Bezüglich der zahlreichen anderen Vorwürfe gegenüber Friedrich Wieck stehen uns dagegen häufig keine derartig aufschlußreichen Dokumente zur Verfügung, um die Anschuldigungen Schumanns gegebenenfalls zu widerlegen.

132 Wustmann, 1896, S. 522. In ähnlicher Weise argumentiert Jansen: „Die Notiz in den Signalen war nicht von Wieck, man sieht aber, daß Schumann ihm dergleichen doch noch immer zutraute." Jansen NF 2/1904, S. 519, Anm. 336.

133 Seitens der Rezeption werden immer wieder Claras Tagebucheintrag vom 17.12.1839 sowie ihr Brief an Robert vom 11.1.1840 genannt. Vgl. Clara Schumann, Jugendtagebücher, Bd. IV, Tagebuch 8, S. 129 (17.12.1839). BW III, S. 861 (11.1.1840).

134 BW III, S. 861 (11.1.1840).

135 Rauchfleisch, 1990, S. 78.

wörtlichen Übernahme der Schumann'schen Formulierungen zeigt.[136] Insofern ist auch Claras Tagebucheintrag vom 17. Dezember 1839 – einen Tag vor der ersten Gerichtsverhandlung – mit der gebotenen Distanz zu beurteilen.[137]

Die Tatsache, daß Schumann sich bei der Ankündigung eines anonymen Briefes, den Clara in Kürze erhalten sollte, auf deren Bruder Allwin berief,[138] kann ebenfalls nicht als Beweis für die tatsächliche Urheberschaft Wiecks gelten; denn die Glaubwürdigkeit von Allwins 'Bericht' ist aus mehreren Gründen zweifelhaft. Allwin scheint in dem Konflikt zwischen Schumann und Wieck die Rolle eines Zwischenträgers gespielt zu haben. Schumann hatte ihn „zu Weihnachten fürstlich beschenkt" und erwartete als Gegenleistung dafür Allwins Besuche mit regelmäßigen 'Informationen' über die Vorgänge im Hause Wiecks.[139] Obwohl Schumann nach eigener Aussage Allwin gegenüber kein Vertrauen hatte,[140] kündigte er seiner Braut einen, durch diesen beargwöhnten Informanten avisierten, anonymen Brief Wiecks an. Tatsächlich erreichte Clara am 11. Januar 1840 ein Brief,[141] allerdings von einem Herrn Lehmann unterzeichnet, der - wie sie vermutete - auf eine Anregung ihres Vaters zurückgehe. Es handelte sich demnach hier nicht um einen anonymen Brief im eigentlichen Sinn, sondern eher um eine Anonymisierung wie sie z.B. von seiten Schumanns mehrfach zu beobachten war.[142]

---

[136] Hatte Robert ihr am Vortag noch geschrieben: „... Du kennst ja seine boshafte Wuth, für die es gar keine Menschenworte mehr gibt. [...] Siehst Du denn nicht, daß er unsere Gesundheit moralisch und physisch untergraben will, und daß es ihm ganz erwünscht wäre, wenn er Dich auf's Krankenbett schaffen könnte, nur damit Du nur ja nicht etwas verdientest, wovon er nichts hätte." BW III, S. 860 (10.1.1840). Clara antwortete in dem bereits oben teilweise zitierten Brief vom 11.1.1840: „... Soll ich denn auch gar keine Ruhe haben! der Vater thut doch Alles gegen uns, auch das Unmenschliche, damit ist er aber nicht zufrieden, Du hast ganz Recht, auf's Krankenbett möchte er mich bringen, und uns Beide zu Staub vernichten ...". BW III, S. 861/62 (11.1.1840). Es sei hier nochmals darauf hingewiesen, daß die Entwicklung von Claras Persönlichkeit in den Jahren der Brautwerbung nicht Gegenstand der vorliegenden Arbeit ist. Vgl. dazu die Analyse des Briefwechsels zwischen Clara und Robert im Kapitel I.3.2. «Eskalation im Sommer 1839».

[137] Vgl. dazu Clara Schumann, Jugendtagebücher, Bd. IV, Tagebuch 8, S.129 (17.12.1839): „D. 17ten Heute habe ich einen anonymen Brief aus Dresden (?) bekommen, der sehr lächerlich ist, übrigens wie nicht zu verkennen, vom Vater dictirt ist."

[138] „Allwin war heute bei mir und sagte mir Dir zu schreiben, daß der anonyme Brief, den Du in diesen Tagen bekommen wirst, oder schon bekommen hast, von Deinem V. dictirt ist." Vgl. BW III, S. 864 (12.1.1840).

[139] BW III, S. 886 (24.1.1840). So las Allwin z.B. auch die an Wieck gerichteten Briefe. BW III, S. 895 (29.1.1840). Vgl. u.a. auch BW II, S. 834 (30.12.1839) bzw. BW III, S. 919 (9.2.1840). Unklar bleibt darüber hinaus, was Allwin umgekehrt ins Haus Wiecks getragen hat.

[140] Schumann schreibt an Clara: „... so waren es meist Allwins Besuche, die mich so total immer verstimmten. Es ist so ein herzloser Junge, daß ich manchmal staune; da erzählt er mir dann immer jene niedrigen Äußerungen Deines V., an denen er so unerschöpflich ist [...] Ueberhaupt *trau ich Allwin nicht mehr*. Wir wollen schon dahinter kommen." BW II, S. 820/21 (8.12.1839).

[141] Vgl. BW III, S. 861 (11.1.1840).

[142] Vgl. dazu den Clara diktierten Brief an den Präsidenten des OAG Dresden. BW III, S. 930 (16.2.1840). Weiterhin den ebenfalls in Kapitel II.6. «Strategien und Verhalten während des Prozesses» zitierten Brief an Louis Rakemann. BW III, S. 931 f. (16.2.1840). Vgl. auch BW III, S. 877 (17.1.1840), S. 880 (20.1.1840), 884 (22.1.1840), 894 (28.1.1840) hinsichtlich eines von

Hier stellt sich wiederum die Frage: Wer konnte von dem 'anonymen' Brief wissen, es sei denn der Schreiber? Und der Schreiber - wollte er die Anonymität wahren - würde keinen Zeugen zugelassen haben. Ganz abgesehen von der Tatsache, daß Wieck kein Mann war, der eine offene Konfrontation scheute, schon gar nicht mit seiner Tochter Clara.[143] In keinem der seitens der Rezeption erwähnten Fälle gibt es einen Beweis, daß Wieck tatsächlich Autor bzw. Urheber anonymer Schreiben war. Dagegen haben wir im Fall der bereits oben erwähnten Notiz in den «Signalen» den eindeutigen Beleg, daß Schumann seinen Schwiegervater fälschlicherweise verdächtigt bzw. angeschuldigt hat. Es gibt Nachweise - wie oben am Fall Reuter gezeigt -, daß Schumann seinerseits mit dem Instrument der Anonymisierung gearbeitet hat. Ein weiteres Beispiel dafür ist die Tatsache, daß Schumann seinerzeit über Clara und deren Freundin Emilie List – ebenfalls, ohne seinen Namen genannt wissen zu wollen – eine Gegendarstellung zu der besagten Notiz in den «Signalen» in eine andere Zeitung setzen ließ.[144] Im übrigen wurde das Instrument der Anonymisierung im Rahmen Schumann'scher Strategien im Zusammenhang mit dem Prozeßgeschehen bereits in Kapitel II.6. ausführlich behandelt. Es darf als erwiesen gelten, daß Robert und Clara, um die Beweisführung der Trunksuchtsbeschuldigung zu vereiteln, in oben beschriebener Weise Einfluß auf die Hauptzeugen der Gegenpartei, Wilhelm Ulex und Louis Rakemann, genommen haben. In der Rezeption findet sich diese Tatsache wiederum einseitig aus der Perspektive Robert Schumanns geschildert.

Aus der Zeit der prozessualen Auseinandersetzung sind mehrere anonyme Aktivitäten Schumanns belegbar. So diktierte er Clara Briefe an Persönlichkeiten, die im Rahmen des Ehekonsensprozesses von Wichtigkeit waren, um die eigene Autorenschaft zu verschleiern, z.B. das Schreiben an den Gerichtspräsidenten des OAG Dresden.[145] In einem weiteren Fall wandte er sich durch Clara an die Hauptzeugen für die Trunksuchtsbeschuldigung Friedrich Wiecks und versuchte, deren Vernehmung zu verhindern. Schumann war offensichtlich von der Sorge bewegt, daß die beiden außerhalb von Leipzig lebenden Zeugen,[146] Louis Rakemann und Wilhelm Ulex, vor Gericht ihn

---

Robert entworfenen Briefs an den möglicherweise als Zeugen zu benennenden Carl Banck sowie die noch folgenden Beispiele.

143 Ein weiteres Beispiel dafür, daß Wieck eine offene Konfrontation nicht scheute, findet sich in der Auseinandersetzung mit dem Impresario von Franz Liszt. Vgl. dazu die Darstellung dieser Auseinandersetzung bei Joß, 1902, S. 144 ff.

144 In ihrem Brief vom 27.1.1847 schreibt Clara an Emilie List: „... doch bittet Dich Robert beifolgende kleine Notizen (die mich nur einigermaßen rechtfertigen sollen) an Kolb mit der großen Bitte zu geben, sie in der Augsburger Zeitung aufzunehmen - [...] Robert läßt Dich, liebe Mila, bitten, dem Kolb die Notizen als aus einem Privatbrief an Dich mitzutheilen, er möchte nicht, daß sie wie von ihm selbst kämen." Vgl. Wendler, 1996, S. 139/140.

145 Vgl. die ausführliche Darstellung dieses Sachverhalts im Kapitel II.6. «Strategien und Verhalten während des Prozesses», in dem sich auch das vollständige Zitat des oben erwähnten Briefs an den Gerichtspräsidenten findet.

146 Es ist verständlich, daß der Kreis der Leipziger Bekannten sich kaum zur Aussage bereit finden würde, schon aufgrund beruflicher und gesellschaftlicher Interessen, denn Schumann war Redakteur einer Zeitschrift und Clara eine angesehene Persönlichkeit des öffentlichen Musiklebens, ganz abgesehen vom engeren Leipziger Freundeskreis, der verständlicherweise Robert beistehen würde.

belastende Aussagen machen könnten. Welche Mittel er einsetzte, soll am Beispiel des Zeugen Ulex dargestellt werden. Robert diktierte Clara einen Brief, den sie Ulex persönlich zu übergeben hatte, um auszuschließen, daß er in unberufene Hände geriet. Ulex wiederum sollte diesen Brief abschreiben, mit seinem Namen unterzeichnen und ihn Schumann zu freier Verfügung stellen.[147] Dieser ‚Persil-Schein' von Ulex sollte zur Abschreckung Wiecks dienen, indem ihm „jede Aussicht des Gelingens seines Beweises von vorne herein abgeschnitten“ würde;[148] denn Wieck mußte klar sein, daß Ulex nach dieser eindeutigen Parteinahme für Schumann kaum als Zeuge für einen Trunksuchtsbeweis in Frage kommen würde.[149] Und Ulex wiederum konnte – sollte Wieck ihn dennoch als Zeugen benennen wollen – nach diesem Brief vor Gericht nicht mehr gegenteilig aussagen, ohne sich zumindest in Widersprüche zu verstricken.

Schumann arbeitete in diesem Fall mit einer doppelten Anonymisierung, um definitiv auszuschließen, daß Beweise für seine Manipulation eines Zeugen der Gegenpartei in fremde Hände geraten könnten. Daher schrieb er nicht selbst, sondern über Clara an Ulex und bezog darüber hinaus noch seinen Freund Reuter ein,[150] um jeglichen Hinweis oder auch nur den Verdacht auf eine Zeugenbeeinflussung seinerseits zu verhindern. Denn allen Beteiligten war klar,[151] sollte das Gericht davon Kenntnis erhalten, in welcher Weise Schumann im voraus auf die Hauptzeugen Wiecks Einfluß genommen hatte, würde das möglicherweise gravierende Folgen für den Prozeßverlauf und damit für die richterliche Entscheidung haben.

Angesichts der Tatsache, daß Schumann den einzigen noch gegen ihn bestehenden

---

Daß letztlich die Leipziger Schankwirte in diesem Punkt aussagen würden, davon war nicht einmal Wieck ausgegangen.

[147] „Ulex bitte mir sogleich folgendermaßen zu schreiben:

Hbg. d. 7ten März 1840.

‘Dr. Reuter schreibt mir, daß Hr. Wieck in Ihrer Angelegenheit mich gegen Sie zeugen lassen zu wollen geäußert hat. Sollte ihm das wirklich einfallen, so brauch' ich Ihnen wohl nicht zu sagen, wie ich nach meiner besten Ueberzeugung das so aussprechen werde, was mir meine Werthschätzung und Freundschaft und Achtung für Sie einflößt. Uebrigens bin ich ja schon seit gänzlich vier Jahren v. Leipzig abwesend, daß ein Zeugniß weder im Schlimmen wie im Guten ein Gewicht haben könnte. Sollte Hr. Wieck an mich schreiben mit seinem gemeinen Ansinnen, so werde ich ihm wie ein deutscher ehrlicher Mann antworten. Machen Sie von diesen Zeilen den Ihnen beliebigen Gebrauch, und pp pp'

Durch diesen Brief wird gewiß verhindert, daß nach Hamburg berichtet wird. Bitte also Ulex. Er schreibe ihn, so lang Du noch in H.[amburg] bist. Der Brief muß den *Poststempel*, das *Siegel* v. Ulex, seine *deutliche* Namensunterschrift, u. meine deutliche Adresse haben. Also mit Post schicke er mir ihn, und er soll mir auch außerdem schreiben.“ BW III, S. 963 (2.3.1840).

Nach welchen strategischen Überlegungen Schumann handelte, geht aus der Tatsache hervor, daß er Clara beauftragte, sich bei der Polizei nach der Adresse von Ulex zu erkundigen und nicht etwa bei dem ebenfalls mit Wieck befreundeten August Heinrich Cranz. Vgl. BW III, S. 904 (2.2.1840).

[148] BW III, S. 904 (2.2.1840). Vgl. dazu auch BW III, S. 909 (5.2.1840): „dann läßt es Dein V. vielleicht aus Furcht.“

[149] Tatsächlich hat eine gerichtliche Vernehmung von Ulex nicht stattgefunden, da Wieck später auf eine solche Beweisführung verzichtete.

[150] Schumann hatte offensichtlich Reuter gebeten, ebenfalls in dieser Angelegenheit an Ulex zu schreiben. Vgl. BW III, S. 932 (16.2.1840).

[151] Vgl. BW III, S. 949 (24.2.1840), 955 (27.2.1840). Vgl. dazu auch BW III, S. 913 (6.2.1840).

Konsensverweigerungsgrund – die Trunksuchtsbeschuldigung – nicht etwa zu entkräften, sondern dessen Beweisführung zu verhindern suchte, erscheinen einige Bewertungen dieses Sachverhalts, beispielsweise die Berthold Litzmanns, ein wenig einseitig:

„Tatsächlich hatte ihn dieser Streich Wiecks [die Trunksuchtsbeschuldigung] bis ins Mark getroffen; nicht die Verzögerung, die ihre Verbindung dadurch um einigen Wochen oder Monate erfuhr, sondern der *Grund* für diese Verzögerung war der härteste Schlag. Denn der chikanöse Einwand Wiecks, den er zu beweisen aufgefordert wurde, war kein anderer, als daß Schumann ein Trinker sei.“[152]

Doch auch diese Prägung des Wieckbildes geht auf Schumann zurück:

„Die Gemeinheit und Niedrigkeit Deines V. nun *zu hoffen*, daß ihm R.[akemann] u. U.[lex] etwas nützen könnten, ist so groß, daß ich eigentlich gar nichts darüber sagen kann; von der Albernheit gar nicht zu sprechen. Aber chikaniren kann er und wird er, und da thun wir denn immer besser, so weit als möglich uns vorzusehen. ... Dein V. ist zwar so bekannt in der Welt, daß uns seine Schweinerei nichts schaden kann; aber Alles dürfen wir auch nicht über uns ergehen lassen. [...] Du armes Mädchen, ich armer Mann – daß uns das geschehen muß.“[153]

Zu diesem Brief bleibt anzumerken, daß der Adressatin Clara die Alkoholprobleme ihres Bräutigams bekannt waren, wie ihm selbst. Es ist nicht Aufgabe dieser Forschungsarbeit, das sei hier wiederholt versichert, dieses ‘Problem’ Roberts herauszustellen oder gar darüber zu urteilen. Aber Wieck war verpflichtet, als Vater einer zudem noch minderjährigen Tochter auf diese Tatsache hinzuweisen, die zumindest den drei Prozessierenden bekannt war. Daß er mit einer Verleumdungsklage der Gegenseite überrascht werden konnte, beweist ein zweites Mal: Wieck hatte sich in seiner Tochter getäuscht. Sie war zwar diesmal nicht die Klägerin, hätte aber diese Klage mit dem Gewicht ihres Einflusses auf Schumann verhindern können. Der Ehekonsens hing davon nicht mehr ab.[154]

Weiterhin wird Wieck als «boshafter Taktierer» dargestellt, der sich nicht scheut, seinen Rivalen Schumann öffentlich zu diffamieren, und der dafür ‘gerechterweise’ verurteilt wird. Hans John, der das „Verhältnis Robert Schumanns zu Friedrich Wieck in den Jahren 1839/40“[155] anhand der Prozeßakten untersucht hat, kommentiert in

---

[152] Litzmann I, S. 385.

[153] BW III, S. 905 (2.2.40). Diese Äußerung Schumanns sowie seine Selbstdarstellung als Opfer erscheinen in anderem Licht, wenn in Betracht gezogen wird, daß er unmittelbar nachdem er erfahren hatte, daß sämtliche Konsensverweigerungsgründe Wiecks bis auf den der Trunksucht abgelehnt worden waren, ankündigte, den zukünftigen Schwiegervater wegen Verleumdung zu verklagen, obwohl er wußte, daß dieser Vorwurf Wiecks begründet war, wie seine Selbstdarstellungen in seinen Tagebüchern und besorgte Briefe von Clara belegen. Vgl. BW III, S. 865 (12.1.1840). Vgl. dazu die Ausführungen zur Trunksuchtsbeschuldigung im Kapitel II. «Der Prozeß 1839/40».

[154] Vgl. dazu die Ausführungen zur zweiten Klage gegen Friedrich Wieck im Kapitel II.6. «Strategien und Verhalten während des Prozesses».

[155] Der vollständige Titel lautet: «*Das Verhältnis Robert Schumanns zu Friedrich Wieck in den Jahren 1839/40 - Auswertung der im Dresdner Staatsarchiv befindlichen Prozeßakten*». In: Schumann Studien 1; Bericht von der 12. Wissenschaftlichen Arbeitstagung zu Fragen der Schumann-Forschung am 12. u. 13. Juni 1987: Schumann und Schumann-Forschung im

seiner Studie die oben erwähnte Refutationsschrift Schumanns, mit der sich dieser gegen die Vorwürfe Wiecks rechtfertigt, folgendermaßen:

„Dieses Schriftstück [Refutationsschrift Schumanns vom 13.2.1840] belegt aber auch, daß Schumann, glänzend beraten von seinem Rechtsanwalt Einert, nun endlich zur längst fälligen Generalabrechnung mit Friedrich Wieck schreitet und dessen Taktik, Lügen, Unterstellungen und fragwürdige Winkelzüge schonungslos bloßstellt. Schumann offenbart sich hier als klarsichtiger, selbstbewußter Künstler, der mit Noblesse, aber auch cum ira et studio sein Recht fordert, die Verzögerungstaktik seines künftigen Schwiegervaters beim Namen nennt und sich gegen die Erweiterung der Beweisgründe wendet.“[156]

Auf den in den Bereich der Rhetorik gehörenden Pamphlet- bzw. Hymnenton der Darstellung wurde bereits hingewiesen, unter anderem am Beispiel Hermann Aberts. Die Frage, wem die Verzögerung des Verfahrens tatsächlich von Nutzen war oder für wen sie Gefahr bedeutete - alle rechtlichen Aspekte in Betracht gezogen - ist bereits in Kapitel I.2. «Juristischer Kontext als Hintergrund der Konfliktlage» erörtert worden.

Zu dem Schreiben Wiecks an das AG Leipzig vom 6. Juli 1840, in dem er auf die weitere Beweisführung verzichtet und damit sozusagen aufgibt, bemerkt John: „... Am Schluß kann er [Wieck] sich jedoch eines boshaften Abgangs nicht enthalten. Er schreibt: ‘Möchten meine Befürchtungen für die Zukunft meiner Tochter sich als unbegründet erweisen, und möchte letztere nie bereuen, daß sie die ernsten Mahnungen eines für ihr Wohl bekümmerten Vaters beharrlich zurückgewiesen ...’“[157] Die Frage, ob dieser Abgang Wiecks als „boshaft“ bewertet werden darf oder diese Behauptung zurückgewiesen werden muß, wurde im Rahmen einer Analyse der im Prozeß vorgebrachten Argumentationen eingehend geprüft. Hier soll lediglich auf die Überlegung hingewiesen werden, ob die Befürchtungen Wiecks aus der Perspektive eines sich um die persönliche und berufliche Zukunft seiner Tochter sorgenden Vaters nicht vielleicht doch begründet oder zumindest nachvollziehbar waren.

Festzuhalten bleibt, daß mit allen Varianten der Rolle des «boshaften Taktierers» bzw. «Zerstörers» Friedrich Wieck der Vorwurf gemacht wird, aus rein persönlicher Abneigung oder sogar Haß gegen Robert Schumann und damit aus einer verwerflichen Motivation heraus zu handeln und grundlos die Verbindung zwischen Clara und Robert verhindern zu wollen. Die von Wieck angeführte Sorge um seine Tochter, die seiner Ansicht nach ‘verblendet’ und im Begriff war, einen großen Fehler zu begehen, wird nicht in Betracht gezogen. Vielmehr wird sein Verhalten als willkürlich und haßerfüllt dargestellt. Auch an diesem Vorwurf ist Schumann nicht unbeteiligt, wie sich aus dem Ende seiner Refutationsschrift ersehen läßt. Dort heißt es: „Man wird leicht erkennen, daß nicht triftige Gründe es sind, die Herrn Wieck bewegen, seine Einwilligung in die Verbindung seiner Tochter mit Klägerm zu versagen, sondern persönlicher unbegründeter Haß, den er auf Klägern geworfen.“[158] Anders als er vor Gericht

---

Spannungsfeld von Rezeptions- und Interpretationsproblemen. Zwickau: Rat der Stadt Zwickau, 1988, S. 38-57.

[156] John, 1988, S. 43.

[157] John, 1988, S. 45.

[158] Refutationsschrift vom 13.2.1840; Prozeßakten, fol. 69 r.

plädierte, wußte Schumann, daß es „triftige Gründe" gab, den Ehekonsens zu verweigern, wie seine Tagebücher und andere Dokumente belegen.[159] Schumann war zu diesem Zeitpunkt - 1839/40 - ein Mann, der keine berufliche Existenz hatte. Er hatte dieses Fundament - den dritten Finger seiner rechten Hand - zerstört, war darüber hinaus syphilitisch infiziert, wie er selbst wußte und was gerichtlich unerwähnt blieb. Zusätzlich hatte er zeitweise schwere Alkoholprobleme und war nicht bereit - dies aus der Perspektive Friedrich Wiecks -, Clara einen Rahmen zu gewähren, in welchem sie das fehlende Einkommen würde ergänzen können, etwa durch Konzertieren bzw. Unterrichten.[160] Ungeachtet dieser Tatsachen hat sich das Bild über Friedrich Wieck und dessen angeblich unbegründete Ehekonsensverweigerung erhalten, und zwar im Lichte der Prägungen Robert Schumanns, daß Wiecks eigentliche Motivation persönlicher Haß gewesen sei.[161]

Gefragt werden muß in diesem Zusammenhang, warum es Schumann so leicht gemacht wurde, auch in bezug auf die Nachwelt sein Schauspiel glaubhaft zu inszenieren und eigenes Unvermögen, Mängel oder Fehler - in Form von Kritik, falschen Behauptungen[162] und sogar Schmähungen, wie oben gezeigt wurde - auf die Gegenseite zu lenken. Dieser Aspekt wurde ausführlich im Kapitel IV. «Rezeption des Prozesses» behandelt. Sämtliche der oben zitierten Urteile stützen sich hauptsächlich auf Äußerungen Schumanns in seinen Tagebüchern und Briefen bzw. sind durch Übernahme von dessen Perspektive gekennzeichnet. Gelegentlich werden auch Arbeiten wie z.B. die von Wolfgang Boetticher oder Berthold Litzmann hinzugezogen,

---

[159] Vgl. dazu die Ausführungen in Kapitel II.4. «Überprüfung der Argumente unter Einbeziehung des juristischen Kontexts». Bezüglich der Alkoholprobleme wußte das Clara auch. Vgl. z.B. BW II, S. 513 (2.5.1839). Vgl. auch Clara Schumann, Jugendtagebücher, Bd. IV, Tagebuch 9, S. 137 (6.1.1840): „D. 6ten Heute erhielt ich vom Robert die Nachricht, daß der Vater beim Termin wieder Chikanen angewandt, um uns aufzuhalten, was ihm auch gelingt. Er hat einen Grund angegeben wieder den mir Robert gar nicht schreibt - ich ahnde ihn und erröthe schon!"

[160] Es sei daran erinnert, daß Claras Erfolg und vor allem die Unterrichtstätigkeit an das Leben in einer der Kunstmetropolen gebunden war, wie z.B. Wien, was Schumann explizit nicht wollte. Schumanns Strategie wurde detailliert beschrieben im Kapitel I.3.1. «Die sechs Ehekonsensbedingungen Friedrich Wiecks im Mai 1839», Abschnitt «Wohnortwahl».

[161] Refutationsschrift vom 13.2.1840; Prozeßakten, fol. 69 r.

[162] Eine falsche Behauptung bzw. Irreführung Schumanns bestand z.B. in der Tatsache, daß er Clara gegenüber angab, sie könne ihr Pflichtteilsvermögen später - d.h. auch während der Ehe - an ihre Geschwister immer noch verschenken. Vgl. BW II, S. 605 (27.6.1839). Vgl. dazu Kapitel I.2.2. «Rechte und Pflichten der Ehegatten». Weitere falsche Behauptungen finden sich z.B., als Schumann nach seiner Wienreise Wieck unterstellte, er habe negative Kritiken gegen seine Tochter Clara veranlaßt, was nachweislich nicht stimmte. Vgl. dazu den Brief von Moritz Emil Reuter an Robert Schumann vom 6.2.1847. Vgl. Corr. Bd. 19, Nr. 3326. Weiterhin ist die Behauptung, Wieck habe sein Schreiben an das Gericht lithographieren, als falsch zu bewerten. Vgl. dazu die Ausführungen im Kapitel II.6. «Strategien und Verhalten während des Prozesses». Auch Schumanns Behauptung, aufgrund seiner „gänzlichen Abneigung gegen diesen öffentlichen Schritt" [d.h. die Klage gegen Wieck einzuleiten] „erst dann von dem Schreiben [d.h. der von Clara unterzeichneten Vollmacht] Gebrauch" machen zu wollen, „wenn [ihnen] kein anderer Ausweg gelaßen" werde, hat sich als falsch erwiesen. Vgl. BW II, S. 554 (8.6.1839).

die teilweise auf 'zensiertem' Quellenmaterial basieren und sich ebenfalls nicht von der Schumann'schen Perspektive unterscheiden.[163]

Einige der Bewertungen gehen auf Clara zurück, wobei schon festgestellt wurde, daß sie um 1839 - soweit dokumentiert - kaum mehr eine eigenständige Position ihrem Bräutigam gegenüber erkennen ließ, so daß sie sogar auf dem Hintergrund des damaligen Rollenverständnisses einer Braut bzw. Ehefrau als überangepaßt erscheint.[164] Bei ausnahmsweise abweichender Haltung Claras wird die Perspektive Roberts übernommen.[165] Dabei verschmelzen Sicht und Sprache einiger Musikwissenschaftler/innen zum Teil gänzlich mit derjenigen Schumanns, ohne daß eine kritische Distanz zumindest durch Quellenangabe oder auch nur Kenntlichmachung der Zitate gewahrt bliebe. So schreibt etwa Nancy Reich: „Der Geist ihres Vaters sprach aus ihren Worten, und das kränkte ihn."[166] Der Originalton Schumanns lautete: „Der Geist Deines Vaters hat dabei hinter Dir gestanden und dictirt ..."[167] Diese Bewertung folgte auf Claras Forderung nach adäquater finanzieller Absicherung der zu gründenden Familie. Reichs Perspektive unterscheidet sich nicht von der Schumann'schen Sicht: „Viele ihrer [Claras] Briefe lassen den Einfluß spüren, den der Vater immer noch auf sie ausübt."[168] Die im weiteren Verlauf des oben angegebenen Briefes sich zeigende Reaktionsweise Roberts, mit einer Selbstmordandeutung zu reagieren,[169] sobald Clara eine ihm zuwiderlaufende Position einnahm,[170] wird von Nancy Reich als vernünftige Entgegnung gewertet: „Robert geriet außer sich, schaffte es aber doch, ruhig und vernünftig zu entgegnen, sie hätte diese Bedenken lieber schon äußern sollen, bevor er um ihre Hand anhielt."[171] Schumann hatte geschrieben:

---

[163] Vgl. dazu das Kapitel IV. «Rezeption des Prozesses».

[164] Vgl. dazu das Kapitel I.3.2. «Eskalation im Sommer 1839». Allerdings muß hier gefragt werden, welche anderen Möglichkeiten hätte Clara gehabt, wollte sie Robert nicht verlieren. Weiterhin ist die Tatsache zu berücksichtigen, daß der genialen Schöpferkraft und der erklingenden Musik Schumanns in ihrer Liebe zu Robert möglicherweise eine Rolle zugefallen ist, wie sie sich nur noch anhand der Faszination vermuten läßt, welche die Schumann'schen Werke auch heute auf uns ausüben.

[165] So etwa angesichts der realitätsorientierten Überlegung Claras, wie die materielle Absicherung der gemeinsamen Zukunft mit Robert Schumann zu erreichen sei. Vgl. Litzmann I, S. 315, 319, 327/28, 334/35. u.a.

[166] Vgl. Reich, 1997, S. 95.

[167] BW I, S. 47 (28.11.1837).

[168] Reich, 1997, S. 95.

[169] BW I, S. 48 (28.11.1837). Vgl. dazu auch BW II, S. 523 (18.5.1839).

[170] Hier zeigt sich eine weitere Abweichung im Rahmen von Roberts Strategie, seine und Claras Rollen auf den Schienen vorgebahnter rechtlicher und gesellschaftlicher Normen darzustellen, und zwar genau an der Grenze, wo ein regelmäßiges Einkommen von ihm verlangt wurde bzw. die Bereitschaft, dieses Einkommen auch arbeitend zu sichern, welches in diesem Fall Clara bereit war, mit ihren Fähigkeiten zu leisten. Es bleibt festzuhalten, daß Wieck seine Tochter zu diesem Zeitpunkt bereits in die Lage versetzt hatte, daß sie - auch ohne ihr Vermögen anzugreifen - ein Vielfaches von dem verdienen konnte, was Robert - auch wenn er arbeitete oder seine Erbschaften aufzehren würde - nicht erreichen konnte.

[171] Reich, 1997, S. 95. Vgl. dazu Schumanns Brief vom 28.11.1837. BW I, S. 48 (28.11.1837). Vgl. dazu auch die Darstellung der Beziehung Schumanns zu Ernestine von Fricken im Kapitel I.1.2. «Robert Schumann im Hause Friedrich Wiecks».

„Das Eine betrübt mich, daß Du mir erst jetzt einen Einwand machst, den Du mir schon da, als ich Dir meine Verhältniße offen auseinandersetzte, hättest machen sollen, weil es mir sonst gewiß nicht in den Sinn gekommen wäre, Deinem Vater überhaupt zu schreiben, wo Du selbst noch so viel Bedenklichkeiten hast. [...] Wie gesagt, Dein Vater führte Dir die Feder; die Kälte jener Zeilen hat etwas mörderisches und mich ganz niedergedrückt. Und nun auch, daß Du so gar wenig von meinem Ring hältst - seit gestern hab ich Deinen auch gar nicht lieb mehr u. trag ihn auch nicht mehr. Mir träumte, ich ging an einem tiefen Waßer vorbei, da fuhr mir's durch den Sinn und ich warf den Ring hinein - da hatte ich unendliche Sehnsucht, daß ich mich nachstürzte ...“[172]

Es ist erstaunlich, daß Roberts 'Salto-Mortale' im Bereich folgerichtigen Denkens von Nancy Reich übersehen wurde. Abgesehen davon, daß er selbst im September 1834 Ernestine von Fricken gegenüber die Frage nach der finanziellen Absicherung anläßlich des Verlöbnisses ebenfalls nicht thematisiert zu haben scheint, war ihm klar, daß nicht Clara, sondern nur ihr Vater als Altersvormund und lebenserfahrener Familienvorstand die materielle Situation dieser angestrebten Verbindung adäquat beurteilen konnte und zu beurteilen hatte. Schumanns Tendenz, unlogisch und irrational zu argumentieren bzw. vermittelst einer Schuldzuweisung auf die jeweilige Gegenseite zu reagieren, sobald ihm gegenüber Forderungen oder Ansprüche geltend gemacht wurden, zeigt sich nicht zuletzt bereits hier.

Diese Übernahme der Sicht Schumanns in bezug auf Friedrich Wieck mußte zu einer perspektivischen Verzerrung führen und schließlich zu einer einseitigen Parteinahme. In diesem Zusammenhang ist daran zu erinnern, daß darüber hinaus die vereinzelt erhaltenen Quellen, die Aufschluß über die Position Wiecks geben könnten - sofern sie überhaupt rezipiert wurden -, verzerrt wiedergegeben oder ignoriert wurden.[173]

**Zusammenfassung:**

Das Image Friedrich Wiecks wurde zu einseitig fast nur aus der Sicht Robert Schumanns entwickelt.[174] Die Seite Claras wurde nur dann einbezogen, wenn sie mit

---

[172] BW I, S. 47/48 (28.11.1837).

[173] Vgl. dazu die Ausführungen im Kapitel IV. «Rezeption des Prozesses».

[174] Es sei an dieser Stelle ausdrücklich auf einige Positionen innerhalb der Schumann- Forschung hingewiesen, die den auf Robert Schumann zurückgehenden Prägungen des Wieckbildes zumindest partiell distanziert gegenüber stehen. Tomi Mäkelä, Herausgeber von Friedrich Wiecks in mehrere Sprachen übersetzten Publikation *«Clavier und Gesang»*, kritisiert beispielsweise die im Zusammenhang mit der Kontroverse Schumann-Wieck häufig anzutreffenden Stereotype - „'Robert der Gute', 'Friedrich der Böse', 'Clara die Unschuldige'" - und fordert angesichts der Ergebnisse der kritischen Clara-Schumann-Forschung eine Korrektur des bestehenden Wieckbildes. Mäkelä, 1998, S. 7/8.
Bereits Wilhelm Joseph von Wasielewski, Autor der ersten umfangreichen Biographie über Robert Schumann aus dem Jahre 1858, hatte sich nach eigener Aussage um eine „unpartheiische Darstellung" bemüht, war allerdings aus eben diesem Grund auf erheblichen Widerstand seitens der Familie Schumann gestoßen. Wasielewski, 1858, Vorwort S. V, XII. Ähnliche Erfahrungen machten Adolf Kohut, Victor Joß und Marie Wieck, die in ihren Ende des 19. bzw. zu Beginn des 20. Jahrhunderts entstandenen Publikationen versuchten, auch die Perspektive Friedrich Wiecks in ihren Bewertungen der Kontroverse Schumann-Wieck zu berücksichtigen. Vgl. dazu das Kapitel

der Sicht Roberts übereinstimmte. Clara hat jedoch während der Brautzeit 1837 bis 1840 immer seltener eine eigene Position vertreten. Anläßlich des zweiten Prozesses gegen ihren Vater 1840 (Verleumdungsklage) vermochte sie sich Robert gegenüber nicht mehr durchzusetzen. Die Tatsache dieser Entwicklung muß in die Bewertung ihrer Äußerungen einbezogen werden. Außerdem wurden Behauptungen oder Meinungen Schumanns häufig als Tatsachen dargestellt, die zum Teil und ungeachtet der Quellenlage ohne weitere Belege als nicht bewiesen einzuschätzen sind, speziell in bezug auf angeblich anonyme Briefe Wiecks.

Weiterhin blieb unbeachtet, daß es sich bei den Schumann'schen Darstellungen Wiecks deutlich um zwei verschiedene Phasen gehandelt hat, die von seiner jeweiligen Rolle - zunächst als Schüler bzw. ehemaliger Schüler, dann als Brautwerber - geprägt waren. Als Schüler zeichnete sich Schumann in der Position des moralisch Überlegenen, der Wiecks Defizite aufzeigte, wobei der Pamphletcharakter seiner Äußerungen bereits zu diesem Zeitpunkt nicht zu übersehen ist. Als Brautwerber beschrieb er sich in der Rolle des Unterlegenen, der seine rechtmäßigen Ansprüche gegen einen macht-

---

IV.2. «Prozeß-Rezeption von 1856 - 1896 und nachfolgende Polarisierung in der Rezeptionshaltung».
Unter den neueren Veröffentlichungen der Clara-und-Robert-Schumann-Forschung finden sich einige Positionen, die von den Schumann'schen Prägungen des Wieck-Images in einzelnen Aspekten abweichen. Beatrix Borchard verdanken wir in ihrer von mir außerordentlich bewunderten und inzwischen mehrfach aufgelegten Dissertation den Hinweis, daß Schumann bereits in frühen Jahren ein ausgesprochen ambivalentes Verhältnis zu Claras Berühmtheit als Virtuosin entwickelte und noch vor der Heirat begann, Claras beruflichen Karriere sowie ihren gesellschaftlichen Erfolg herabzusetzen. Borchard, 1992, insbesondere S. 183 ff, 198, 210 ff. Diese Tatsache konnte auch Friedrich Wieck nicht entgangen sein und sollte im Rahmen der Kontroverse Schumann-Wieck von zentraler Bedeutung werden. Darüber hinaus ist es Beatrix Borchard, die den Mut hatte, die finanzielle Situation Robert Schumanns kritisch zu beleuchten und in diesem Zusammenhang erhebliche Diskrepanzen zwischen der Selbstdarstellung Schumanns und seinen realen Einkommensverhältnissen nachzuweisen, dem zweiten Aspekt, der - nicht allein aus der Perspektive Friedrich Wiecks - im Ehekonsensprozeß eine entscheidende Rolle spielen sollte. Borchard, 1992, S. 178 ff, 244 ff.
Cathleen Köckritz hat sich intensiv mit dem Erziehungskonzept Friedrich Wiecks auseinandergesetzt und anhand von zahlreichen authentischen Zeugnissen dessen musikpädagogische Kompetenz sowie verantwortliche Haltung - nicht nur seiner Tochter Clara, sondern auch anderen Schülerinnen und Schülern gegenüber - nachgewiesen. Vgl. Köckritz, 1997 und 1999.
Monica Steegmann gelangt nach Auswertung von Tagebüchern und Briefen in ihrer Monographie über Clara Schumann zu der Einschätzung, Wieck habe seine Tochter „zur Unabhängigkeit, zur Lebensfähigkeit und Lebenstüchtigkeit erzogen, und nicht zur Unmündigkeit". Steegmann, 2001, S. 47. Auch diese Bewertung weicht erheblich von den in zahlreichen Rezeptionsurteilen übernommenen Schumann'schen Prägungen des Wieckbildes ab. Darüber hinaus betont Steegmann, Wieck habe Schumanns Kompositionen derart hoch geschätzt, daß er - auch in der kritischen Zeit der Ehekonsensauseinandersetzung - Clara niemals daran gehindert habe, Roberts Werke aufzuführen. Steegmann, 2001, S. 38/39.
Abschließend sei noch Eva Weissweiler erwähnt, die u.a. bereits in ihrem Rundfunkbeitrag von 1979 die Rolle Claras Schumanns kritisch beleuchtet hat. Eva Weissweiler, *«Zwischen Kindbett und Karriere»*, Rundfunkmanuskript WDR III, Januar 1979. Diese Tatsache ist insofern von Bedeutung, da Claras Verhalten zumindest als Teilaspekt in der weit über den Ehekonsensprozeß hinausgehenden Kontroverse Schumann-Wieck zu berücksichtigen ist.

vollen, aber sittlich minderwertigen Schwiegervater nur auf dem Wege eines Prozesses durchzusetzen vermochte. Es blieb darüber hinaus unberücksichtigt, daß beide aus einer unterschiedlichen sozialen Position heraus handelten: Wieck war Vater, der mit seiner Arbeit eine große Familie zu versorgen hatte. Schumann dagegen war Junggeselle und lebte hauptsächlich von Erbschaften, geringfügig erweitert durch eigene Erwerbstätigkeit. Auch das erklärt die unterschiedlichen Lebensauffassungen der Kontrahenten über die zu erwartenden Anforderungen, die an einen zukünftigen Familienvater gestellt werden würden. Dieser Aspekt findet sich ebenfalls im Image Wiecks nicht wieder. Weiterhin wurde nicht gewürdigt, daß sich Wieck in seinen jeweiligen Rollen als Vater, Lehrer und Manager divergierende und teilweise miteinander konkurrierende Anforderungen stellten.

Übersehen wurde zudem, daß Wieck mit seinen Vorstellungen über den Lebensweg Claras auf dem Hintergrund der bereits detailliert geschilderten gesellschaftlichen Rollenvorstellungen, wie sie sich in den gesetzlichen Normen manifestierten, Außenseiter war, zumindest Non-Konformist. Schumann dagegen hatte kein Interesse an Claras beruflicher Karriere. Er beabsichtigte vielmehr, sie als Hausfrau, Gattin und Mutter weitgehend aus dem öffentlichen Leben herauszuhalten. Ignoriert blieb auch, daß die große Verbitterung Wiecks erst einsetzte, nachdem Clara die Unterschrift geleistet hatte, die den Prozeß gegen ihn schließlich ermöglichte. Unerklärlich ist in diesem Zusammenhang, warum die Tatsache, daß Robert bereits im September 1837 erkennbar seinerseits auf diesen Prozeß zusteuerte, in die Bewertung der Kontrahenten nicht einbezogen wurde, vielleicht die eklatanteste Lücke in der Rezeption des Interessenkonflikts.

# VI. Ergänzung des bestehenden Wieckbildes und Neubewertung der Position Friedrich Wiecks

Friedrich Wieck mag cholerisch und eigensinnig gewesen sein. Aufgrund der vorliegenden Untersuchungsergebnisse jedoch muß festgestellt werden, daß er mit den Attributen verleumderisch, bösartig, egoistisch, zerstörerisch etc. nicht adäquat beschrieben wurde. Robert Schumann als dessen Gegenspieler war zwar ein junger, genialbegabter Komponist, keineswegs jedoch ein idealistischer Träumer - bar jeden Realitätssinns und Eigennutzes. Clara stand mit achtzehn Jahren im Zentrum des Kampfes dieser beiden starken Persönlichkeiten, welche ihr zwei gänzlich konträre Lebenskonzepte anboten und diese auch verteidigten. Sie mußte wählen und hat sich 1839 - in jungen Jahren - mit ihrer Unterschrift entschieden.[1] Damit wurde sie einerseits zur treuen und selbstlosen Gattin. Andererseits zeigte sie eine kaum bestreitbare Illoyalität ihrem Vater und Lehrer gegenüber, vor allem in der zweiten Hälfte ihres Lebens.

Diese Konstellation führte schließlich zu einem Prozeß, in dem materiellrechtlich die Frage der finanziellen Absicherung der zukünftigen Familie und die Trunksuchtsbeschuldigung gegen Schumann verhandelt wurden. Das Gericht entschied aufgrund der als nachgewiesen erachteten Einkommensverhältnisse und des von Schumann glaubhaft gemachten bürgerlichen Ehemodells für die Seite der Kläger. Zum Zeitpunkt des Geschehens waren die prozessualen Vorgänge - so weit bekannt - kaum Gegenstand öffentlichen Interesses. Um so bemerkenswerter ist das Gewicht, welches die spätere Rezeption der Auseinandersetzung beizumessen begann, speziell nach Claras Tod. Angesichts des alltäglichen Charakters der Streitpunkte sowie des Prozeßverlaufs wurde die spätere Resonanz von den Beteiligten nicht vorausgesehen - ausgenommen vielleicht von Schumann, der sich in seinen Tagebüchern ausdrücklich an die Nachwelt richtete. Diesem letzteren Zusammenhang wurde in der vorliegenden Arbeit ein ganzes Kapitel gewidmet. Zum damaligen Zeitpunkt jedoch - um 1840 - war der verbissene Zank um Clara durchaus keine „Skandalgeschichte",[2] zu der er nach Schumanns Tod stilisiert wurde. Diese Tatsache gibt zu der Frage Anlaß, ob sich hinter der Fassade späterer Darstellungen dieses Konflikts möglicherweise etwas anderes verbirgt.

In der Rezeption dieses Ehekonsensstreits wurde offensichtlich eine weitreichendere Auseinandersetzung ausgetragen als bisher angenommen - ein Kampf, der die Kontroverse Schumann-Wieck aus der ernüchternden Banalität der ursprünglichen Situation allmählich herauslöste und als Ereignis größeren Ranges erscheinen ließ. Die Konfrontation wurde zum Fanal stilisiert mit Robert und Clara Schumann als Streiter auf der Seite des 'Guten' und Friedrich Wieck als dunklem, bösem Widersacher.

---

1 Einen dritten Weg hat sie zum damaligen Zeitpunkt für sich nicht gesehen. Ob es diesen gegeben hätte, ist nicht Gegenstand der vorliegenden Untersuchung.

2 Diese Bezeichnung geht auf eine spätere Äußerung Claras zurück, wie dem Brief Gustav Jansens an Ferdinand Schumann vom 24.6.1902 zu entnehmen ist. Vgl. RSchH Zwickau, Sign. 12269 - A2.

Zentrales Anliegen dieser Untersuchung ist aufzuzeigen, daß die obigen Rollenzuweisungen - zu der im übrigen Clara und Robert wesentlich beigetragen haben - in dieser vereinfachten Form nicht aufrechtzuerhalten sind.

## VI.1. Neue Perspektiven: Gewinn eines differenzierten Wieck- resp. Schumannbildes

Aufgrund der (rechts)historischen Kontextualisierung ergab sich eine neue Sicht des Wieck'schen Standpunktes mit Auswirkungen auf das bisher bestehende Clara- bzw. Robert-Schumannbild. Die mehrere Perspektiven berücksichtigende Beurteilung des Interessenkonflikts zwischen Clara, Robert und Friedrich ermöglicht so ein Aufbrechen der eingeschliffenen Wieck/Schumann - Rezeption und verhindert die Fortschreibung eines (interessegebundenen) einseitig negativen Wieckbildes. Zwar ist die Destruktion eines bereits bestehenden Images - also das einer Person „zugeordnete Vorstellungsbild in der Öffentlichkeit [...] von Gefühlen, Einstellungen und Meinungen bewußter und unbewußter Art, die mit dem betreffenden Subjekt [...] verbunden sind“[3] - nicht möglich. Durch Hinzufügung weiterer Aspekte, d.h. die Ergänzung von neuen Perspektiven, kann jedoch eine Veränderung des bestehenden Images bewirkt werden. Allerdings wird auch diese Mehrdimensionalität niemals ein abschließendes Bild ergeben, sondern - je nach Fragestellung - immer wieder neue Sichtweisen herausfordern.

Aufgabe der vorliegenden Arbeit ist es darzustellen, daß die Kontroverse in einem konkreten historischen Kontext stattfand, in dem die Beteiligten unter anderem an die damals gültigen und ihnen weitgehend bekannten Rechtsnormen gebunden waren, welche ihren Handlungsmustern erkennbar zugrunde lagen. Zentrales Anliegen dieser Studie ist nicht etwa, 'Gräben aufzureißen' oder neue Schuldzuweisungen vorzunehmen, sondern vielmehr zum Verständnis beider Seiten beizutragen. Dazu ist es jedoch notwendig, auch die Perspektive Friedrich Wiecks in die Betrachtung mit einzubeziehen, ihn sozusagen 'zurück ins Boot' zu holen und seine Leistungen und Verdienste anzuerkennen. Welche sind nun die zentralen, das bisher bestehende Wieck- resp. Schumannbild ergänzenden bzw. korrigierenden Tatsachen und Hintergründe?

### VI.1.1. Friedrich Wieck

Bezogen auf die Persönlichkeit Friedrich Wiecks haben sich auf drei Ebenen neue Perspektiven ergeben, d.h. in kultureller, ethischer und gesellschaftspolitischer Hinsicht:

#### a) kulturell

Friedrich Wieck war der einzige Klavierlehrer von Clara. Mit seiner Unterrichtsmethode hat er sie an die Spitze der zeitgenössischen Virtuosen geführt. Clara war sozusagen der 'Prüfstein' für sein pädagogisches Konzept, das sich als äußerst erfolg-

---

3 Vgl. Brockhaus Enzyklopädie, Artikel «*Image*», 17. Aufl. 1970, Bd. 9, S. 13.

reich erwiesen hat. Zeitlebens war Friedrich Wieck ein gesuchter Lehrer, der sich nicht nur für seine Töchter, sondern auch für andere Hochbegabungen eingesetzt und ihnen eine berufliche Zukunft als Musiker/innen ermöglicht hat, wenn auch Clara seine berühmteste und vermutlich begabteste Schülerin war. Die Leistungen Friedrich Wiecks auf pädagogischem Gebiet interessieren für die vorliegende Fragestellung jedoch nur insoweit, als er mit seiner Unterrichtsmethode - abgesehen von seinem unermüdlichen Engagement als Manager - die Voraussetzungen für Claras pianistische Karriere geschaffen hat, in deren Rahmen sie letztlich dem Werk Robert Schumanns dienen konnte.[4]

Durch seine Erziehung und sorgfältige Heranführung an die Musik war Clara überhaupt in der Lage, die Bedeutung der Schumann'schen Kompositionen zu erkennen und ihnen durch ihre außerordentlichen pianistischen Fähigkeiten zum Erfolg zu verhelfen. Mit ihrer bereits in jungen Jahren erworbenen Reputation als geniale Virtuosin hatte Clara die Möglichkeit, sich für die Verbreitung der Schumann'schen Kompositionen einzusetzen, eine selbst gestellte Aufgabe, in die sie einen wesentlichen Teil ihrer Energie investierte, so daß Robert bereits zu Lebzeiten öffentliche Anerkennung erhielt und als Tonkünstler gefeiert wurde.[5]

In diesem Zusammenhang ist daran zu erinnern, daß es in der damaligen Zeit für Komponisten üblich war, ihre Werke dem Publikum selbst aufführend zu präsentieren. Angesichts dieser Tatsache mag man sich vorstellen, wie der Lebensweg Robert Schumanns ausgesehen haben würde, hätte er nicht die berühmte Pianistin Clara Wieck an seiner Seite gehabt. Schumann war zum Zeitpunkt der Konsensauseinandersetzung ein (mehr oder weniger) unbekannter Komponist, der - mit einer Ausnahme - nie öffentlich aufgetreten ist. Friedrich Wieck hat ihm nun mit seiner berühmten Tochter Clara das ermöglicht, was Schumann selbst nicht konnte: seine Kompositionen auf den Bühnen der Konzertsäle vorzutragen.

Diese Tatsache macht deutlich, in welchem Maß der relativ frühzeitige Erfolg Robert Schumanns auf der von Wieck zielstrebig und konsequent aufgebauten pianistischen Karriere Claras beruhte.[6] Insofern muß gesagt werden, daß Schumann erheblich von der Arbeit Friedrich Wiecks profitierte. Dieser hatte sozusagen sein 'Lebenswerk', die sorgfältig über fünfzehn Jahre ausgebildete und auf eine glänzende Künstlerkarriere vorbereitete Clara - nolens volens - 'abgeliefert'. Robert Schumann beanspruchte nun diese 'Clara' für sich - nicht ganz ohne gelegentlich fatale Ambiguitäten erkennen zu

---

4 Bezüglich der inhaltlichen Aspekte von Wiecks pädagogischem Konzept, das nicht Gegenstand der vorliegenden Untersuchung sein kann, sei auf die Veröffentlichungen von Cathleen Köckritz verwiesen. Vgl. Köckritz 1997 sowie 1999.

5 Vgl. z.B. die Erfolge der Hollandreise im Jahr 1853. Clara spielte u.a. Roberts Klavierkonzert a-moll op. 54, Klavierquintett op. 44 und Konzert-Allegro op. 134. Vgl. Steegmann, 2001, S. 86 sowie Litzmann II, S. 286 ff.

6 Auch Robert Schumann war bewußt, wie viel er Friedrich Wieck verdankte. Vgl. BW I, S. 118 (19.3.1838).

lassen.[7] Insofern hat Friedrich Wieck - wenn auch in dieser Form nicht beabsichtigt - zum Lebenswerk Robert Schumanns und damit zu einem aus heutiger Sicht hohen kulturellen Wert einen wesentlichen Beitrag geleistet. Er war sozusagen der 'Alltagsheld', der die Voraussetzungen für das 'Schöne' und 'Höhere' erst geschaffen hat. Dieser Gedanke ist an sich nicht völlig neu; er findet sich ansatzweise bereits in einem Nekrolog zu Friedrich Wiecks Tod:

„... Wie einerseits Robert Schumann nicht anders zu denken ist, als an der Seite seiner Gemahlin, so läßt sich andererseits von den vortrefflichen Eigenschaften Klara Schumanns als reproduzierender Künstlerin nicht sprechen, ohne auch an den Mann zu denken, dem sie ihre Vorzüge zu danken hat, an ihren Vater Friedrich Wieck. Diese drei Namen werden in der Kunstgeschichte stets unzertrennlich bleiben."[8]

Diese Tatsache ist allerdings bisher nicht in ihrer ganzen Konsequenz angemessen gewürdigt worden und im Laufe der Schumann/Wieck-Rezeption in Vergessenheit geraten.

**b) ethisch**

Die Analyse des Prozeßgeschehens sowie der außergerichtlichen Verhaltensweisen Friedrich Wiecks ergab, daß er versucht hatte, die Interessen seiner Tochter zu vertreten. Das Bild von Wieck als einem böswilligen Schwiegervater, der aus persönlicher Abneigung gegen Schumann willkürlich seinen Ehekonsens verweigerte und damit der idealen Künstlerverbindung von Clara und Robert im Wege stand, hat sich als ungerechtfertigt herausgestellt. Die rechtshistorische Kontextualisierung des Ehekonsensprozesses ließ vielmehr offenkundig werden, daß Wieck als Vater so handeln mußte, wollte er seine Tochter vor einer unsicheren Zukunft als Gattin eines zu diesem Zeitpunkt noch unbekannten Komponisten bewahren. Unbestritten bleibt, daß Wieck - wenn es um Fragen des beruflichen Erfolgs ging - ein realistisch denkender Mann war, der angesichts der Schumann'schen 'Doppelnatur'[9] und angesichts seiner gegen ihn prozessierenden Tochter Clara freilich auch entgleisen konnte.

Darüber hinaus ist in diesem Zusammenhang daran zu erinnern, daß Wieck sich im Rahmen mehrerer Versöhnungsversuche bemüht hatte, eine gerichtliche Auseinandersetzung zu vermeiden. Insbesondere die Analyse seiner sechs Ehekonsensbedingungen ergab, daß er auf eine gütliche Einigung angewiesen war und daher keinesfalls als Prozeßtreiber zu betrachten ist. Die detaillierte Überprüfung der Argumente beider Konfliktparteien hat erwiesen, daß zum Zeitpunkt der gerichtlichen Auseinander-

---

[7] Roberts äußerst empfindliche Reaktionen auf Claras Ruhm und darüber hinaus auf ihre Ansprüche hinsichtlich der Notwendigkeit des täglichen Übens wurden bereits im Kapitel III.2. «Vergleich der Befürchtungen Wiecks mit der tatsächlichen Eherealität» ausführlich dargestellt.

[8] Nachruf auf Friedrich Wieck von Professor Vogel im *«Leipziger Tageblatt»*. Zitiert nach Wieck, 1912, S. 120.

[9] Die Zwiespältigkeit Schumanns zwischen seiner subjektiven Selbstwahrnehmung bzw. Selbstdarstellung als eines träumerischen Poeten einerseits und der cleveren und gelegentlich brutalen Durchsetzung seiner Interessen andererseits - sowohl Wieck als auch Clara gegenüber - wurde bereits mehrfach ausführlich aufgezeigt. Vgl. dazu Kapitel I.3.2. «Eskalation im Sommer 1839».

setzung Umstände vorlagen, die über Schumanns tatsächliche 'Neigung zum Trunke' hinaus als erhebliche Verweigerungsgründe anzusehen waren und damit die von Wieck angeführten Befürchtungen - soviel läßt sich sagen - eine reale Grundlage hatten.

Bezüglich des abschließenden Urteils ist festzuhalten, daß die Richter auf dem Hintergrund der geltenden Gesetze ihre Entscheidung getroffen haben. Angesichts der als erheblich anerkannten Verweigerungsgründe, die insbesondere auch die finanzielle Lage des zukünftigen Ehepaares betrafen, ist davon auszugehen, daß die Richter bei Kenntnis des gesamten Sachverhalts zumindest das Beweisthema erweitert und - wie von Friedrich Wieck gefordert - auch seine übrigen Einwände einer gründlichen Prüfung unterzogen hätten. Vergleicht man darüber hinaus die Eherealität der Schumanns mit den von Wieck angeführten Befürchtungen, bestätigt sich, daß die Sorge um die Zukunft seiner Tochter phasenweise durchaus nicht unbegründet war. Friedrich Wieck erscheint als verantwortungsvoller Vater, der seiner elterlichen Sorgepflicht entsprechend die Interessen seiner Tochter nach bestem Wissen und Gewissen zu wahren versuchte und sich dafür sogar der weit mehr als unerfreulichen Situation aussetzte, von der eigenen Tochter verklagt zu werden. Der für ihn leichtere Weg wäre gewesen zu sagen: 'Liebe Clara, nimm Deinen Robert und versuche Dein Glück!' Daß Wieck so nicht gehandelt hat, zeigt, in welchem Maß er sich für Claras Zukunft verantwortlich fühlte und bereit war, die Konsequenzen für sein Handeln zu tragen, d.h. um des Wohles der Tochter willen die Gefahr einer zeitweiligen Trübung oder möglicherweise gänzlichen Entzweiung der Vater-Tochter-Beziehung zu riskieren - für einen liebenden Vater gewiß eine schwierige Entscheidung.

### c) gesellschaftspolitisch

Die rechtshistorische Kontextualisierung, d.h. die Einbettung von Selbstzeugnissen der am Interessenkonflikt beteiligten Personen in den damals geltenden gesetzlichen Rahmen, in dem sowohl die herrschenden Ehevorstellungen als auch die gesellschaftlichen Machtverhältnisse ihren Ausdruck fanden, erklärt die gesellschaftliche Brisanz des sich in diesem Ehekonsensprozeß ausdrückenden Machtkampfs zwischen einem Vater, welcher die Interessen seiner Tochter vertrat, und einem Ehemann, der die totale Aufgabe der weiblichen individuellen Interessen als sein ehemännliches Recht einforderte. Robert Schumann erwartete - und wie sich gezeigt hat zu Recht - erhebliche Vorteile aus der Heirat mit Clara, während Wieck seine Tochter nicht nur materiell absichern wollte, sondern darüber hinaus deren hart erarbeitete Virtuosenkarriere zu retten versuchte.

Frei von Vorurteilen seiner Zeit hat er Clara eine umfassende Berufsausbildung ermöglicht, sie an die Spitze der zeitgenössischen Virtuosen geführt und ihr damit eine unabhängige gesellschaftliche Position verschafft. Mit seiner Forderung nach einer eigenständigen beruflichen Karriere seiner Tochter vertrat er eine außerordentlich unabhängige Position, die auch 160 Jahre später noch weit davon entfernt war, eine Selbstverständlichkeit zu sein. Wieck hat damit einen Machtraum angegriffen, sich über gesellschaftliche Normen hinweggesetzt und eine Perspektive vorweggenommen, die erst im 20. Jahrhundert realisierbar erschien bzw. verstanden wurde, wenn sie auch heute noch überwiegend hart umkämpft ist. Genau darin liegt meines Erachtens die zentrale Bedeutung der von Wieck vertretenen Position, auf die im folgenden Abschnitt einzugehen sein wird. Doch zunächst noch zu weiteren das bestehende Schumannbild ergänzenden Aspekten.

### VI.1.2. Robert Schumann

Auch Robert Schumann profitiert - aus heutiger Sicht - von der im Rahmen einer Neubewertung des Interessenkonflikts stattfindenden Entheroisierung. Nach einer sich über mehr als 160 Jahre erstreckenden Prozeß-Rezeption und der uneingeschränkten Anerkennung Schumanns als genialem Komponisten, kann niemand mehr - auch der größte Schumann-Verehrer nicht - die Sorge haben, durch Aufdeckung bisher unberücksichtigter Zusammenhänge oder neuer Perspektiven dem Ansehen des bewunderten Meisters zu schaden oder dessen Persönlichkeitsrechte zu verletzen. Vielmehr sollte das dringende Interesse bestehen, die Voraussetzungen zu klären, unter denen Schumanns kompositorische Leistungen möglich waren. Dabei gilt es, die 'Produktionsbedingungen' für seine Werke, etwa die häusliche Arbeitssituation, nicht zu be- oder verurteilen, sondern diese zu erkennen und in ihren Konsequenzen zu verstehen. Schumanns Kompositionen entstanden nicht im 'luftleeren' Raum, sondern in einer konkreten historischen, d.h. in einer sowohl von den individuell-persönlichen Ausgangsbedingungen als auch gesellschaftlich determinierten Wertvorstellungen geprägten Situation, auf die insbesondere die eheliche Verbindung mit Clara Schumann einen wesentlichen Einfluß hatte. Durch Claras Gestaltung einer angenehmen häuslichen Atmosphäre und das Fernhalten jeglicher Störquellen, wie z.B. eigenes tägliches Üben oder Umzüge,[10] war Schumann in der Lage, sich auf seine kompositorische Tätigkeit zu konzentrieren.

Eine wesentliche Voraussetzung für die relativ frühzeitige öffentliche Anerkennung des Komponisten war darüber hinaus Claras unermüdliches Engagement für das Werk ihres Mannes, das allerdings auf Kosten ihrer individuellen Karriere ging. Clara war für Schumann in jeder Hinsicht die ideale Lebenspartnerin und kompetente Repräsentantin seiner Kompositionen. Es ist daher durchaus verständlich, daß er alles daran setzte, sie zu heiraten. Daß er dabei zielstrebig seine Interessen vertreten und gelegentlich auch rücksichtslos über die anderer hinweggegangen ist, gehört letztlich mit zu den Entstehungsbedingungen seiner Kompositionen und wirft in keiner Weise einen Schatten auf den Glanz seines genialen Werkes, wobei festzuhalten bleibt, daß mit an Sicherheit grenzender Wahrscheinlichkeit dem Werk kaum eine Note verloren gegangen wäre, hätte Robert zugelassen, daß Clara zugunsten ihrer benachteiligten Geschwister auf ihren Pflichtteil verzichtet hätte. Daß Schumann allerdings bei dieser - im übrigen bereits von seiner eigenen Mutter als egoistisch eingeschätzten -

[10] Vgl. dazu die Darstellung der Schumann'schen Eherealität in Kapitel III.2. «Vergleich der Befürchtungen Wiecks mit der tatsächlichen Eherealität».

Lebenshaltung[11] zwangsläufig auf den Widerstand jedes Schwiegervaters stoßen mußte, der bemüht war, die Interessen seiner Tochter zu wahren, ist ebenso verständlich. Die extreme Härte in der Auseinandersetzung mit Friedrich Wieck resultiert nun daraus, daß dieser sich in die besondere Situation gestellt sah, eine genial begabte Tochter zu haben und sowohl für deren persönliche als auch berufliche Entwicklung die Verantwortung übernehmen zu müssen, als Vater und als Klavierpädagoge.

An einige Tatsachen muß in diesem Zusammenhang erinnert werden: Zunächst - Robert Schumann wurde nicht in den Prozeß getrieben, sondern ging zielstrebig auf die gerichtliche Auseinandersetzung mit seinem zukünftigen Schwiegervater zu.[12] Dabei bewies er detaillierte juristische Kenntnisse und eine ausgeprägte Realitätswahrnehmung, sobald es um die Durchsetzung seiner vor allem auch materiellen Interessen ging, wie in dieser Arbeit zum ersten Mal ausführlich gezeigt wurde.[13] Diese materiellen Grundlagen waren jedoch Voraussetzung für sein kompositorisches Schaffen. So mußte er Friedrich Wieck in eine Position drängen, in der dieser weder als Vater, noch als Manager, noch als Lehrer, noch überhaupt als respektable Persönlichkeit einen Zugang zu seiner Tochter Clara würde erhalten können,[14] denn Schumann hatte für Clara eine andere Rolle vorgesehen als die der berühmten Virtuosin, wie anhand zahlreicher Briefpassagen nachgewiesen wurde. Eine gütliche Einigung konnte für ihn infolgedessen nicht in Betracht kommen.

Dem ist allerdings entgegenzuhalten, daß Schumanns Feindseligkeit gegenüber Wieck nicht erst auf seine Erfahrungen aus der Zeit der Brautwerbung um Clara zurückzuführen war, sondern bereits Jahre zuvor bestanden hatte. Und auch das spätere Verhalten Schumanns machte deutlich, daß von seiner Seite - trotz des für ihn günstigen Prozeßausgangs - der Konflikt mit Wieck fortgesetzt wurde. Im Gegensatz zu Wieck hatte Schumann offensichtlich kein Interesse an einer Versöhnung, vielmehr verklagte er seinen Schwiegervater ein zweites Mal und stand einer sich dennoch entspannenden Vater-Tochter-Beziehung ablehnend gegenüber, mußte er doch ständig

---

11 Vgl. den Brief der Mutter an Robert Schumann vom 12.8.1830: „... aber *billigen* kann ich Deine Ansichten, Deine Weise zu handeln gar nicht. Gehe seit dem Tode Deines guten Vaters Dein Leben durch, und Du mußt Dir sagen, daß Du nur *Dir* gelebt hast. Wie will und wird das enden?" Vgl. Eismann, 1956, S. 65.

12 Vgl. dazu insbesondere Kapitel I.3.1. «Die sechs Ehekonsensbedingungen Friedrich Wiecks im Mai 1839» sowie Kapitel V.2. «Später hinzutretende Prägungen des Wieck-Images durch Robert Schumann».

13 Vgl. u.a. Schumanns Verhalten bezüglich der Wieck'schen Ehekonsensbedingungen, insbesondere des von Wieck geforderten Pflichtteilsverzichts Claras, oder auch bei der Trennung von Ernestine sowie gegenüber seiner Schwägerin Therese anläßlich der zu erwartenden Erbschaft von Bruder Eduard.

14 Vgl. dazu die Darstellung der Schumann'schen Strategien im Kapitel I.2. «Juristischer Kontext als Hintergrund der Konfliktlage» bzw. I.3.1. «Die sechs Ehekonsensbedingungen Friedrich Wiecks im Mai 1839» hinsichtlich der Behandlung der Wohnortfrage sowie sein Verhalten im Zusammenhang mit der zweiten Klage gegen Friedrich Wieck in Kapitel II.6. «Strategien und Verhalten während des Prozesses».

fürchten, daß Wieck seinen Vorstellungen über Claras Lebensweg als selbständiger Persönlichkeit und über ihre berufliche Laufbahn Raum verschaffen würde.[15]

### VI.1.3. Clara Schumann

Auch die Clara Schumann in dem Interessenkonflikt bisher zugeschriebenen Rollen sind angesichts der vorliegenden Forschungsergebnisse neu zu überdenken. Während sie in zahlreichen Darstellungen der Auseinandersetzung für ihre eindeutige Parteinahme zugunsten Schumanns sowie für ihre aufopferungsvolle Haltung in der Ehe gelobt wird, ist in einigen der Frauenforschung nahestehenden Publikationen eine Viktimisierung Claras zu beobachten. Sie erscheint einerseits als verkanntes Genie, das in der Ehe mit Robert sich nicht frei entfalten konnte und sozusagen 'ein Jahrhundert zu früh geboren wurde'. Andererseits wird sie als Opfer eines repressiven Vaters dargestellt. Diese - wenn auch verkürzt wiedergegebenen - Sichtweisen sind dringend zu erweitern.

Wie oben gezeigt, war Clara den Strategien ihres Verlobten nicht gewachsen. Darüber hinaus zeigte sie bereits im Verlauf der Brautzeit immer stärker die Tendenz, dessen Perspektive zu übernehmen und war während ihrer Ehe nicht in der Lage, ihre Interessen zu artikulieren, geschweige denn auch nur ansatzweise zu vertreten. In diesem Zusammenhang sei beispielsweise an Claras Übebedingungen und die Verhinderung von Konzertreisen erinnert.[16] Über die ehelichen Verhältnisse der Schumanns und die daraus resultierenden künstlerischen Arbeitsbedingungen existieren bereits ausführliche Untersuchungen, wie z.B. diejenige von Beatrix Borchard.[17] Für die vorliegende Fragestellung interessiert jedoch in erster Linie das Verhältnis zwischen Vater und Tochter.

In dieser familiären Auseinandersetzung spiegelt sich ein gesellschaftlicher Konflikt wider, wobei Wieck mit seiner aufgeschlossenen Haltung gegenüber der unabhängigen beruflichen Karriere seiner Tochter die Seite vertrat, die wir heute als 'Gleichstellung' bezeichnen, während Claras Sicht ihrer weiblichen Rolle sich nicht unterschied von der traditionellen Auffassung, daß die Frau Begleiterin und Dienerin des Mannes zu sein habe, und sie in bezug auf ihre berufliche und familiäre Situation die herrschenden

15 Immerhin hatte Clara im jugendlichen Alter von fünfzehn Jahren bereits ein vielbeachtetes Klavierkonzert - ihr Opus 7 - komponiert, das sie im Rahmen eines „grosse[n] Concert[s]" im November 1835 unter der Leitung von Mendelssohn erfolgreich im Leipziger Gewandhaus zur Aufführung brachte. Vgl. Dörffel, 1980, S. 210. Darüber hinaus hatte sie bereits mehrere ihrer Werke veröffentlicht, die auch von Komponistenkollegen sehr geschätzt wurden, etwa von Frédéric Chopin, der von ihren *Quatre Pièces caractéristiques* op. 5 „so begeistert [war], dass er sie gleich mitnahm." Vgl. Steegmann, 2001, S. 33. Zu den Kompositionen Clara Schumanns vgl. die Dissertation von Janina Klassen, Kassel u.a. 1990. Ihr Opus 1, die *Quatre Polonaises für Klavier*, komponierte sie als etwa zehnjährige, publiziert im Jahr 1831. Vgl. Klassen, 1990, S. 17. Vergleichsweise dazu hat Schumann relativ spät angefangen zu komponieren. Sein Opus 1, die *Abegg-Variationen*, erschien ebenfalls 1831.

16 Vgl. dazu Kapitel III.2. «Vergleich der Befürchtungen Wiecks mit der tatsächlichen Eherealität».

17 Borchard, Beatrix: *«Clara Wieck und Robert Schumann. Bedingungen künstlerischer Arbeit in der ersten Hälfte des 19. Jahrhunderts»*. 2. Aufl., Kassel 1992.

Ehevorstellungen repräsentierte. Von den am Prozeß beteiligten Personen ist sie den geltenden gesellschaftlichen Normen am stärksten gefolgt und hat damit ihrem Vater, der für seine Zeit eine außergewöhnlich unabhängige Vorstellung von der 'Selbstverwirklichung' seiner Tochter hatte, letztlich die Gegnerschaft der Nachwelt eingebracht. Nur so ist das unerklärliche Übersehen bzw. Ignorieren der Leistungen Wiecks zu verstehen. Die Titelwahl «Clara und Robert Schumanns Kontroverse mit Friedrich Wieck» bringt diesen unterliegenden, über die Heiratseinwilligung weit hinausgehenden und noch bis ins 20. Jahrhundert hineinreichenden Konflikt zum Ausdruck. Wieck scheiterte letztlich an den gesellschaftlichen Normen, vertreten durch seine Tochter, die nicht mit ihm 'an einem Strang zog'.

Sie hatte im Gegensatz zu anderen Musikerinnen ihrer Zeit, die sich nicht in der glücklichen Situation befanden, von ihrem Vater derart gefördert und protegiert zu werden, die Möglichkeit, eine unabhängige künstlerische Existenz zu führen. Anders als z.B. Fanny Hensel oder Johanna Kinkel hatte Clara die Wahl und war nicht Opfer. Obwohl ihr das Anliegen und die Verdienste ihres Vaters sehr genau bewußt waren, trat sie ihm vor Gericht als Klägerin gegenüber. Die eigentlichen Prozeßgegner im juristischen Sinne waren somit Clara und Friedrich Wieck. Ist ihre Entscheidung, den Vater auf Erteilung des Ehekonsenses zu verklagen, noch in gewisser Weise nachfühlbar - Clara war entschlossen, Robert um jeden Preis zu heiraten -, erscheint ihr Verhalten bei der zweiten Klage, die Robert Schumann ohne dringende Notwendigkeit gegen seinen Schwiegervater anstrengte, unverständlich[18] und mag zu ihrer späteren Haltung beigetragen haben.

In diesem Zusammenhang ist an ihre Rolle in der Schumann-Rezeption zu erinnern. Wie oben ausführlich erörtert, war Clara auch Jahrzehnte nach Ende der Ehekonsensauseinandersetzung um eine idealisierende Darstellung der Vorgänge um sie und ihren verstorbenen Gatten bemüht und setzte sich vehement gegen jede kritische Distanz zur Wehr.[19] Noch fast fünfzig Jahre nach Ende des Prozesses war sie nicht bereit, die Position ihres Vaters als zumindest teilweise berechtigt anzuerkennen oder auch nur thematisieren zu lassen und damit zu riskieren, daß möglicherweise einige vom offiziellen Bild der Schumann'schen Ehe abweichende Aspekte diskutiert würden. Statt dessen begrüßte Clara (freudig) Schmähungen gegenüber denjenigen Biographen, die sich wie z.B. Wasielewski um eine „unpartheiische Darstellung“[20] zumindest bemüht hatten, mit der oben beschriebenen Konsequenz, daß jede Kritik verstummte und die Biographen - wollten sie weiterhin publizieren - zum Einschwenken gezwungen wurden.[21]

Letztlich war es Clara, die mit dieser Haltung maßgeblich zur Fixierung eines einseitig negativen Bildes ihres Vaters beigetragen hat. Sie hätte als dessen Tochter die

---

18 Vgl. dazu Kapitel II.6. «Strategien und Verhalten während des Prozesses».

19 Vgl. die oben beschriebene Reaktion auf die Wieck-Biographie von Kohut. Vgl. Kapitel IV.2. «Prozeß-Rezeption von 1856 - 1896 und nachfolgende Polarisierung in der Rezeptionshaltung».

20 Wasielewski, Vorwort zur 1. Auflage von 1858, S. V.

21 Vgl. die oben dargestellte Reaktion Wasielewskis auf die vernichtende Kritik zur zweiten Auflage seiner Schumann-Biographie. Vgl. Kapitel IV.2. «Prozeß-Rezeption von 1856 - 1896 und nachfolgende Polarisierung in der Rezeptionshaltung».

Möglichkeit gehabt, den Schmähungen entgegenzutreten,[22] und hätte darüber hinaus nach beinahe fünf Jahrzehnten die Persönlichkeit entwickeln können, historischen Tatsachen ins Auge zu sehen.[23] Statt dessen zog sie in Erwägung, gegen ihre Halbschwester, Marie Wieck - die einzige aus der Familie, die den Mut hatte, ihren Vater zu verteidigen -, gerichtlich vorzugehen, und nahm allein deshalb von ihrem Vorhaben Abstand, weil sie für ihre Seite „peinliche Situationen" vermeiden wollte.[24]

Zwar ist Clara letztlich als aufopferungsvolle Gattin und Vertreterin der Werke Robert Schumanns - und nicht als eine vom Vater ausgebildete, genialbegabte Pianistin - in die Musikgeschichte eingegangen. Ihre 'zweite' Karriere als Interpretin der Schumann'schen Kompositionen war jedoch zum Zeitpunkt der Auseinandersetzung mit dem Vater ebensowenig vorherzusehen wie der frühe Tod Robert Schumanns. Erst mit der aus ihrer Unterhaltsverpflichtung gegenüber den Kindern resultierenden, gesellschaftlich akzeptierten Rechtfertigung ihrer Berufstätigkeit nahm sie ihre Virtuosenkarriere wieder ernsthaft auf.[25] Angesichts Roberts ausgeprägter Abneigung gegenüber Konzertreisen und seiner ambivalenten Haltung gegenüber Claras Erfolg - sofern dieser nicht seinen eigenen Werken zugute kam - muß hier gefragt werden, wie sich Claras spätere Laufbahn oder gar Nachruhm heute darstellen würde, wäre Robert Schumann ein ähnlich langes Leben beschieden gewesen wie ihr. Die Frage, ob sie dann noch als 'Hohepriesterin' der Werke des genialen Komponisten oder lediglich als dessen Gattin 'Clara' und Mutter seiner acht Kinder in die Musikgeschichte eingegangen wäre, soll an dieser Stelle einmal aufgeworfen, kann jedoch aufgrund der Unumkehrbarkeit historischer Verläufe nicht beantwortet werden.

Insbesondere zu Beginn des 20. Jahrhunderts wurde Clara für ihre Aufopferung als Ehefrau, die ihre ganze Existenz in den Dienst des Schumann'schen Werkes gestellt hatte, als Vorbild „hoher, reiner und echter Weiblichkeit" gepriesen.[26] Die dienende Rolle des Eheweibs wurde mit der überlegenen Genialität des Ehemanns gerechtfertigt.

---

[22] Angesichts der Tatsache, daß Clara sich an anderer Stelle über Schmähungen gegenüber ihrem Vater beklagte - wohlgemerkt auf einem 'harmlosen' Nebenschauplatz, das angeblich bestrittene pädagogische Genie ihres Vaters betreffend - wird der Vorwurf der „Prätention", den Louise Adolpha Le Beau über ihre Lehrerin Clara Schumann äußerte, verständlich, da Clara es gleichzeitig an jeder Bemerkung fehlen ließ, ihren Vater in dem Punkt zu verteidigen, der zu den eigentlichen Anfeindungen gegenüber Friedrich Wieck geführt hatte: seine Position als Vater im Ehekonsensstreit. Vgl. dazu die Äußerungen von Le Beau über Clara Schumann in ihren *«Lebenserinnerungen einer Komponistin»*, Baden-Baden 1910, S. 44, zitiert nach Weissweiler, 1981, S. 276. Vgl. dazu auch die Zitate aus Claras Briefen in der Publikation von Marie Wieck. Vgl. Wieck, 1912, S. 134 f.

[23] Etwa der Tatsache, daß sie während der Ehekonsensauseinandersetzung teilweise mit der Position ihres Vaters übereingestimmt hatte. Vgl. dazu Kapitel IV.2. «Prozeß-Rezeption von 1856 - 1896 und nachfolgende Polarisierung in der Rezeptionshaltung».

[24] Vgl. z.B. ihren diesbezüglichen Brief an Emilie List. Wendler, 1996, S. 402/03.

[25] Diese Entwicklung war paradoxerweise darüber hinaus nur möglich, da Clara ihre familiären Verpflichtungen den Kindern gegenüber, insbesondere deren Erziehung an andere delegierte. Über das Schicksal der Schumann'schen Kinder vgl. die kritische Darstellung von Eva Weissweiler in ihrem Nachwort zu der Herausgabe von Eugenie Schumanns *«Erinnerungen»*. Vgl. *«Claras Kinder»*, 1999, S. 277 ff.

[26] Litzmann I, Vorwort S. VIII.

In dieser Argumentation ist eine Verkettung von zwei Dingen zu beobachten, die - nüchtern betrachtet - nicht unbedingt zusammengehören. Übergangen wird hier offensichtlich, daß Clara als Berühmtheit - d.h. unter Fortsetzung ihrer Virtuosentätigkeit - dem Werk ihres geliebten Robert vermutlich zu schnellerem Erfolg und sich bzw. der Familie zu einem wesentlich besseren Auskommen hätte verhelfen können, wenn sie nicht an ihre Aufgaben als Hausfrau und Mutter gebunden sowie jahrelang ohne Übemöglichkeit gewesen wäre. Es ist nicht auszuschließen, daß Roberts Empfindlichkeiten bezüglich Claras Berühmtheit, die sich wie ein roter Faden durch sein ganzes Leben zogen, sowie seine durchgehend ambivalente Haltung gegenüber ihren Konzertreisen seinem eigenen Vorwärtskommen eher hinderlich waren, und die Tatsache, daß er Clara zu Hause festhielt, sich verzögernd auf seinen Erfolg bzw. Durchbruch als Komponist ausgewirkt hat.[27] Bei der oben angesprochenen Kopplung bzw. dem Topos des idealen Künstlerehepaars ging es jedoch um mehr als die zweifellos genialen Kompositionen Robert Schumanns. Sein Werk wurde als Beweis geführt, daß die Rollenverteilung in der Ehe notwendig so zu sein habe, und diente letztlich zur Rechtfertigung bzw. Erhaltung der ehelichen Strukturen, die den absoluten Machtanspruch für den Mann festschrieben. Die Ehe von Clara und Robert wurde zum Paradigma erhoben, mit der verlockenden Aussicht, daß die Akzeptanz dieser Rollenzuweisung am Ende mit Reichtum, Ruhm und Nachruhm belohnt wird.

Angesichts der bisherigen Rezeption des Interessenkonflikts einerseits und der nun vorliegenden Forschungsergebnisse andererseits wird die Notwendigkeit der Ergänzung bzw. Korrektur des tradierten Wieckbildes deutlich. Auffällig ist, daß die nach 1900 zu beobachtende, einseitig negative Wieck-Rezeption und Idealisierung der Schumann'schen Ehe parallel zu einer Entwicklung lief, in der die Forderungen der Frauenbewegung nach gleichberechtigten Ausbildungschancen und nach dem Recht auf selbständige Erwerbstätigkeit lauter wurden und die traditionellen Rollenbilder ins Wanken gerieten. Es stellt sich die Frage, ob hier vielleicht drei Leben und ein geniales Werk instrumentalisiert und in den Dienst einer gesellschaftspolitischen Auseinandersetzung gestellt wurden, um traditionelle Machtpositionen zu rechtfertigen und zu erhalten.[28]

Mit dem 20. Jahrhundert begann das 'Zeitalter der Emanzipation der Frau', das unter anderem von grundsätzlichen Diskussionen über deren Studienrecht sowie dem erbitterten Widerstand gegen die Zulassung von Frauen an (deutsche) Universitäten

---

[27] Vgl. dazu die bereits im Kapitel III.2. «Vergleich der Befürchtungen Wiecks mit der tatsächlichen Eherealität» angesprochene paradoxe Situation Schumanns.

[28] Dabei muß - aufgrund der gebotenen Berücksichtigung des prozessualen Charakters historischer Abläufe - das Phänomen dieser möglichen Instrumentalisierung im Rahmen der Rezeption – insbesondere nach Claras Tod - scharf getrennt werden vom Phänomen der Selbstinszenierung der Familie Schumann, da insbesondere Robert Schumanns voreheliche bzw. eheliche Tagebucheintragungen in einem anderen historischen Kontext zu betrachten sind als die nachfolgenden Rezeptionsurteile über Wieck, wie oben schon gezeigt wurde. Die Untersuchung beider Phänomene und möglicher Kausalzusammenhänge ist jedoch nicht Gegenstand dieser Arbeit.

geprägt war.[29] In diesem Zusammenhang sind zwei einander entgegengesetzt verlaufende Tendenzen anzusprechen: Einerseits die sich formierende Frauenbewegung mit ihren Forderungen nach Gleichberechtigung und andererseits - wobei die Perspektive an dieser Stelle begrenzt auf den Gegenstand der vorliegenden Arbeit sei - die Schumann- resp. Wieck-Rezeption, die zunehmend das Bild von Clara als der dienenden Ehefrau in den Vordergrund rückte und die davon abweichende Position Wiecks entsprechend verdammte.[30] Hier soll ein Hinweis auf diese Tendenzen genügen, um im Rahmen der vorliegenden Fragestellung für diese Problematik zu sensibilisieren. Eine Aufarbeitung oder auch nur ausführliche Darstellung der Entwicklung der Frauenbewegung kann nicht Gegenstand dieser Untersuchung sein. In jedem Fall geben der Rezeptionsverlauf und dessen historische Kontextualisierung einen deutlichen Hinweis auf die gesellschaftspolitische Brisanz der von Wieck gestellten Forderung nach einer eigenständigen Karriere seiner Tochter und werfen die Frage nach der heutigen Bedeutung und Neubewertung der von Wieck eingenommenen Position auf.

## VI.2. Heutige Bedeutung Friedrich Wiecks unter Einbeziehung von gleichstellungsrelevanten Gesichtspunkten

Friedrich Wieck hatte für seine Tochter Clara ein anderes Lebenskonzept vorgesehen als Robert Schumann. Ausgestattet mit einer außerordentlichen Begabung und mit der besten dazu notwendigen Ausbildung versehen, sollte sie eine Spitzenposition unter den Pianisten Europas erstreiten und behaupten - eine berufliche Stellung, die ihr bereits Ruhm, Vermögen und gesellschaftlichen Glanz erworben hatte. Im Augenblick der Bedrohung dieses Ziels versuchte er - vergeblich -, seine Tochter gegen eherechtliche Konsequenzen abzusichern, welche diesen anspruchsvollen Plan zu Fall bringen konnten. Wie erheblich sich Wiecks Rollenvorstellung für sein Kind unterschied von dem Weg, der Töchtern um 1840 nach der Verehelichung zugewiesen war, wurde unter anderem in Kapitel I.2.2. «Rechte und Pflichten der Ehegatten» gezeigt.[31] Ein Vergleich der damaligen rechtlichen Bestimmungen mit den heutigen wird das Ausmaß dieser Diskrepanz dokumentieren und erklären, daß Wieck diese Auseinandersetzung nicht gewinnen konnte - vorausgesetzt, sein Protégée würde die von ihm vorgesehene Rolle zurückweisen.

---

[29] Vgl. dazu Kirchhoff, Arthur (Hg.): *«Die akademische Frau. Gutachten hervorragender Universitätsprofessoren, Frauenlehrer und Schriftsteller über die Befähigung der Frau zum wissenschaftlichen Studium und Berufe»*, Berlin, 1897. Während in vielen europäischen Staaten Frauen bereits seit den 1860er Jahren zum Studium zugelassen waren (Paris 1863, Zürich 1864, Genf 1872, Rom 1876, Kopenhagen 1877, Madrid 1878, London 1879, Amsterdam 1879 u.a.), wurde ihnen die Zulassung an deutsche Universitäten bis zu Beginn des 20. Jahrhunderts verweigert. Als erstes Land gewährte Baden im Jahr 1900 per Ministerialerlaß den Frauen die Immatrikulation zum Hochschulstudium, 'Schlußlicht' war Preußen im Jahre 1908. Vgl. *«Genia - Nur für Frauen»*. Köln, 1995, S. 21/22, herausgegeben von der Gleichstellungsbeauftragten der Universität zu Köln, Christel Tomson.

[30] Vgl. hierzu beispielsweise die im Kapitel IV.5. «Resultat nach 160 Jahren: Die 'Königskinder-Legende'» zitierten Passagen der Litzmann-Biographie.

[31] Vgl. dazu auch Kapitel III. «Rekonstruktion der Perspektive Friedrich Wiecks».

Die gesellschaftspolitische Brisanz und Aktualität der Wieck'schen Position erweist sich nicht zuletzt darin, daß die für seine Tochter gestellte Forderung nach einer eigenständigen Berufskarriere auch heute noch hart umkämpft ist, wie anhand einiger für den vorliegenden Zusammenhang zentraler Gesetzesänderungen aus der zweiten Hälfte des 20. Jahrhunderts nun aufgezeigt wird.[32]

## VI.2.1. Weibliche Erwerbstätigkeit

Hinsichtlich der Möglichkeit einer weiblichen unabhängigen Erwerbstätigkeit waren folgende Aspekte der neueren Familiengesetzgebung von zentraler Bedeutung. Bis 1957 - also fast 120 Jahre nach Ende der Kontroverse Schumann/Wieck - galten für die BRD[33] im wesentlichen folgende Regelungen: Gemäß §1354 BGB war die Frau grundsätzlich verpflichtet, den Entscheidungen des Mannes „in allen das gemeinschaftliche eheliche Leben betreffenden Angelegenheiten" Folge zu leisten, es sei denn, diese stellten sich als Mißbrauch heraus.[34] Die dem §1354 Abs. 1 BGB zugrunde liegende Vorstellung, „daß dem Manne als dem natürlichen Haupte der Familie gegenüber der Frau auch *rechtlich* eine b e v o r z u g t e S t e l l u n g gebührt",[35] kam auch in anderen Bestimmungen des BGB zum Ausdruck. Das betraf insbesondere die in §1358 BGB

---

[32] Vgl. dazu Schwarzer, die sich bereits Anfang der 1970er Jahre vehement u.a. für eine unabhängige weibliche Berufstätigkeit einsetzte und entsprechende gesetzliche Veränderungen forderte. Vgl. dazu *«Frauenarbeit - Frauenbefreiung. Praxis-Beispiele und Analysen»*, herausgegeben von Alice Schwarzer, Frankfurt am Main 1973, insbesondere Vorwort S. 7 ff.

[33] Die Entwicklung der weiblichen Erwerbstätigkeit im Gebiet der ehemaligen DDR bedarf einer eigenen Darstellung, die im Rahmen der vorliegenden Arbeit nicht einmal ansatzweise geleistet werden kann. So wurde z.B. in der DDR die Berufstätigkeit einer Ehefrau bereits 1950 rechtlich garantiert: „Durch die Eheschließung darf die Frau nicht gehindert werden, einen Beruf auszuüben oder einer beruflichen Ausbildung und ihrer gesellschaftlichen und politischen Fortbildung nachzugehen, auch wenn hierdurch eine zeitweilige örtliche Trennung der Eheleute bedingt wird." Palandt/Lauterbach, 9. Aufl. 1951, Vorbemerkung zu §1358.

[34] §1354 BGB lautete: „Dem Manne steht die Entscheidung in allen das gemeinschaftliche eheliche Leben betreffenden Angelegenheiten zu; er bestimmt insbesondere Wohnort und Wohnung.
Die Frau ist nicht verpflichtet, der Entscheidung des Mannes Folge zu leisten, wenn sich die Entscheidung als Mißbrauch seines Rechtes darstellt."
Diesen Anspruch aus §1354 Abs. 1 BGB konnte er auf dem Wege einer „Klage auf Herstellung des ehelichen Lebens" geltend machen. Vgl. Staudinger/Engelmann, 9. Aufl. 1926, §1354, Ziff. 7. Zwar ist die 9. Auflage von J. v. Staudingers *Kommentar zum Bürgerlichen Gesetzbuch* aus dem Jahr 1926, die für die vorliegende Fragestellung maßgeblichen Gesetze des Familienrechts erfuhren jedoch bis in die 1950er Jahre keine wesentlichen Änderungen, wie der von Otto Palandt herausgegebene Kommentar zum Bürgerlichen Gesetzbuch aus dem Jahr 1957 belegt. Die 10. Auflage von Staudingers Kommentar stammt aus der NS-Zeit, die 11. Auflage - IV. Buch Familienrecht, Teil 1 (§§1297-1362), Teil 2 (§§1363-1588) - erst aus den 1970er Jahren.

[35] Staudinger/Engelmann, 9. Aufl. 1926, §1354, Ziff. 3. Vgl. dazu die Argumentation aus dem Jahr 1957, „eine ersatzlose Streich[un]g des §1354 oder die ausdrückl[iche] Best[immung] einer gemeinsamen Entsch[eidung] würde die durch GG 6 I geschützte Familie des abendländischen Kulturkreises schädigen, ... weil sie zu einer Verselbständigung von Mann und Frau führen würde. ... Gewiß ist der 1. Ansicht zuzugeben, daß GG 3 II nicht eine völlige Gleichmacherei fordert, sondern daß durch ihn die Gleichwertigk[eit] von Mann und Frau garantiert wird." Palandt/Lauterbach, 16. Aufl. 1957, Einleitung vor §1297, Ziff. 7.

geregelte Frage, ob eine Frau zum Betrieb eines eigenen Erwerbsgeschäfts oder zum Abschluß eines Arbeitsvertrags der Zustimmung ihres Ehemanns bedurfte.[36] Hatte die Frau sich gegenüber einem Dritten zu einer „von ihr in Person zu bewirkenden Leistung" verpflichtet - war sie beispielsweise in ein Arbeitsvertragsverhältnis eingetreten -, so konnte der Ehemann dieses Rechtsverhältnis „ohne Einhaltung einer Kündigungsfrist kündigen."[37] Zwar benötigte er dazu die Ermächtigung des Vormundschaftsgerichts, diese mußte jedoch - auf seinen Antrag hin - erteilt werden, wenn sich herausstellte, daß „die Tätigkeit der Frau die ehelichen Interessen beeinträchtigt[e]."[38] Die Entscheidung darüber, ob diese Voraussetzung gegeben war, d.h. die Frau ihre ehelichen Pflichten vernachlässigte, lag im Ermessen des Vormundschaftsgerichts, wobei eine „sachliche Nachprüfung" der Entscheidung durch das Prozeßgericht ausgeschlossen war.[39]

Die Pflichten der Ehefrau wurden in §1356 BGB genauer definiert und beinhalteten insbesondere die Leitung des Hauswesens. Darüber hinaus war die Frau zur – wohlgemerkt unentgeltlichen - Arbeit im Geschäft des Ehemanns verpflichtet.[40] Gemäß §1357 BGB erhielt sie die sog. «Schlüsselgewalt» und war nicht nur für die eigentlichen Haushaltsgeschäfte, sondern für „alle den ehelichen Aufwand betreffenden Besorgungen, deren besondere Beschaffenheit nach der bestehenden Sitte auf die

---

36 §1358 I BGB lautete: „Hat sich die Frau einem Dritten gegenüber zu einer von ihr in Person zu bewirkenden Leistung verpflichtet, so kann der Mann das Rechtsverhältnis ohne Einhaltung einer Kündigungsfrist kündigen, wenn er auf seinen Antrag von dem Vormundschaftsgerichte dazu ermächtigt worden ist. Das Vormundschaftsgericht hat die Ermächtigung zu erteilen, wenn sich ergibt, daß die Tätigkeit der Frau die ehelichen Interessen beeinträchtigt."

37 Vgl. §1358 I BGB.

38 Vgl. dazu Palandt/Lauterbach, 16. Aufl. 1957, §1358, Vorbemerkung A: Lauterbach bemerkt zwar, das Kündigungsrecht des Mannes widerspreche GG 3 II, daher habe die Frau grundsätzlich das Recht, „eine Tätigk[eit] außerhalb des Hauses auszuüben", argumentiert jedoch weiter, dieses Recht habe „seine Schranken in der Pflicht zur ehel[ichen] Lebensgemeinsch[aft], die regelmäßig auch zur häusl[ichen] Gemeinsch[aft]" verpflichte. Weiter heißt es: „Die Frau, die durch die Eheschl[ießung] auch Pflichten übernimmt, kann sich von diesen nicht einseitig lossagen, zumal sie weiter die Pflicht zur Leit[un]g des Hauswesens hat".
In bestimmte Fällen, so etwa bei Gefahr im Verzuge, konnte das Gericht die sofortige Wirksamkeit der den Mann zur Kündigung ermächtigenden Verfügung anordnen. Handelte es sich um Verbindlichkeiten oder Arbeitsverhältnisse, die die Frau bereits vor der Ehe eingegangen war, konnte zwar nicht der Mann fristlos kündigen, er war jedoch berechtigt, durch die „Klage auf Herstellung des ehelichen Lebens" seine Frau zur Ausübung des ihr zustehenden Kündigungsrechts anzuhalten. Vgl. Staudinger/Engelmann, 9. Aufl. 1926, §1358, Ziff. 2 b). Setzte die Frau ihre Tätigkeit trotz der Kündigung des Mannes weiterhin fort, konnte er auf demselben Klageweg dagegen vorgehen. Vgl. Staudinger/Engelmann, 9. Aufl. 1926, §1358, Ziff. 8. Und selbst bei beschränkter Geschäftsfähigkeit hatte der Mann das Recht, ohne Einwilligung seines gesetzlichen Vertreters dieses Kündigungsrecht auszuüben. Vgl. Staudinger/Engelmann, 9. Aufl. 1926, §1358, Ziff. 6.

39 Staudinger/Engelmann, 9. Aufl. 1926, §1358, Ziff. 2 d).

40 §1356 BGB lautete: „Die Frau ist, unbeschadet der Vorschriften des §1354, berechtigt und verpflichtet, das gemeinschaftliche Hauswesen zu leiten.
Zu Arbeiten im Hauswesen und im Geschäfte des Mannes ist die Frau verpflichtet, soweit eine solche Tätigkeit nach den Verhältnissen, in denen die Ehegatten leben, üblich ist."
Vgl. dazu Palandt/Lauterbach, 16. Aufl. 1957, §1356, Ziff. 2) und 3).

Erledigung durch die Frau hinweist" zuständig, und zwar unentgeltlich.[41] Die Rechtsstellung der Frau gegenüber dem Mann war kraft Gesetzes die einer „Beauftragten", die im Bereich der oben beschriebenen 'Aufgabenfelder' kein Entgelt beanspruchen konnte.[42] Umgekehrt wurde jedoch eine dem §1356 Abs. 2 BGB entsprechende Pflicht des Mannes, im Geschäft der Ehefrau mitzuarbeiten, aus der Verpflichtung zur ehelichen Lebensgemeinschaft (§1353 BGB) nicht abgeleitet.[43] Vielmehr war der Mann berechtigt, von einem Dritten, welcher „durch Tötung, Verletzung des Körpers oder der Gesundheit oder Freiheitsentziehung gegenüber einer Frau" dem Ehemann deren Dienste entzog, Ersatz in Form von „Entrichtung einer Geldrente" zu verlangen.[44] Aus diesen Regelungen wird deutlich, welche Rolle für die Frau an der Seite des Mannes - auch 1957 noch - gesetzlich vorgesehen war.

Eine eigenständige Erwerbstätigkeit der Ehefrau war de facto erst dann möglich, wenn sie sämtliche ihr obliegenden Arbeiten im Haushalt und gegebenenfalls im Geschäft des Mannes verrichtet hatte.[45] Sofern die Frau dagegen - nach Ansicht ihres Ehegatten - ihren Verpflichtungen in nicht ausreichender Weise nachkam, konnte dieser sie durch „Klage auf Herstellung des ehelichen Lebens" zur Erfüllung ihrer Pflichten anhalten und - wie oben dargestellt - an der Ausübung jeglicher Berufstätigkeit hindern.[46]

---

[41] So bereits die Entscheidung des RG. 31.5.1905, RGZ. Bd. 61, S. 80. Vgl. Staudinger/Engelmann, 9. Aufl. 1926, §1357, Ziff. 3 a) α). Das bedeutete konkret: Die Frau hatte nicht nur die „der Führung des Haushalts dienenden Geschäfte", wie etwa den „Einkauf von Lebensmitteln, ... Beleuchtungs= und Heizmaterial, Beschaffung der für die Familienmitglieder nötigen Kleidungsstücke, ... entgeltliche und unentgeltliche Veräußerung entbehrlich gewordenen Hausrats und dessen Ersetzung durch neue Stücke" zu besorgen, sondern war auch für „gewisse der Erziehung und Ausbildung der Kinder dienende Maßnahmen" zuständig. Ebenfalls fielen regelmäßig unter ihre Schlüsselgewalt „die Annahme und Entlassung weiblicher Dienstboten", wohlgemerkt der weiblichen, eine derartige Befugnis gegenüber dem männlichen Personal wurde nur ausnahmsweise angenommen. Vgl. Staudinger/Engelmann, 9. Aufl. 1926, §1357, Ziff. 3 a) α). Vgl. dazu Palandt/Lauterbach, 16. Aufl. 1957, §1356, Ziff. 2.

[42] Vgl. Staudinger/Engelmann, 9. Aufl. 1926, §1356, Ziff. 6; §1357, Ziff. 3 a) β). Vgl. Palandt/Lauterbach, 16. Aufl. 1957, §1356, Ziff. 2) und 3).

[43] Staudinger/Engelmann, 9. Aufl. 1926, §1356 Ziff. 8. Vgl. dazu Palandt/Lauterbach, 16. Aufl. 1957, §1356, Ziff. 3).

[44] Vgl. Staudinger/Engelmann, 9. Aufl. 1926, §1356, Ziff. 9.

[45] Vgl. Palandt/Lauterbach, 16. Aufl. 1957, §1356, Vorbemerkung.
Die Realisierbarkeit dieser gesetzlichen Regelung, nach der die Frau quasi erst nach Ableistung eines 'Vierundzwanzig-Stunden-Dienstes' berechtigt war, einer eigenen Berufstätigkeit nachzugehen - und auch das nur solange, wie sie sich der Zustimmung ihres Ehemannes sicher war -, soll hier nicht weiter erörtert werden. Es ist darüber hinaus kaum anzunehmen, daß diese umfassende Abhängigkeit von ihrem zukünftigen Ehemann einer jungen Frau bei der Heirat bewußt war. Vielmehr unterlagen diese ehelichen Machtverhältnisse einer Tabuisierung, die auch in den Gesetzestexten zum Ausdruck kam: So täuscht z.B. die Formulierung - „Die Frau ist, unbeschadet der Vorschriften des §1354, berechtigt und verpflichtet, das gemeinschaftliche Hauswesen zu leiten" (§1356) - darüber hinweg, daß die Frau kaum eine andere Wahl hatte, denn schließlich stand gemäß §1354 dem Ehemann „die Entscheidung in allen das gemeinschaftliche eheliche Leben betreffenden Angelegenheiten zu."

[46] Vgl. Staudinger/Engelmann, 9. Aufl. 1926, §1354, Ziff. 7: „ Diese Klage [auf Herstellung des ehelichen Lebens] steht insbesondere auch dem Manne zu, der den selbständigen Betrieb eines

Die vorstehend genannten Regelungen der §§ 1354, 1356, 1358 BGB waren zwingendes Recht und konnten mit der Begründung, daß sie auf dem „Wesen der Ehe“[47] beruhten, durch Vereinbarung der Ehepartner weder ausgeschlossen noch beschränkt werden; d.h. eine gegenseitige Übereinkunft der Ehegatten, nach der der Mann auf die ihm gemäß §1356 BGB zustehenden Rechte oder auf das aus §1358 BGB resultierende Kündigungsrecht verzichtete, war grundsätzlich nichtig,[48] was allerdings nicht ausschloß, daß er die Frau im Einzelfall nach seinem Ermessen ‘arbeiten gehen’ lassen konnte.

Diese gesetzlichen Regelungen galten im wesentlichen bis 1957. Erst mit dem sog. «Gleichberechtigungsgesetz» vom 18. Juni 1957[49] wurden die §§ 1354, 1358 BGB aufgehoben und durch Art. 1 Nr. 6 GleichberG die Neufassung des §1356 BGB geregelt. Er lautete nunmehr:

„(1) Die Frau führt den Haushalt in eigener Verantwortung. Sie ist berechtigt, erwerbstätig zu sein soweit dies mit ihren Pflichten in Ehe und Familie vereinbar ist.
(2) Jeder Ehegatte ist verpflichtet, im Beruf oder Geschäft des anderen Ehegatten mitzuarbeiten, soweit dies nach den Verhältnissen, in denen die Ehegatten leben, üblich ist.“

Damit wurde zwar das Entscheidungsrecht des Mannes aus §1354 BGB abgeschafft, die Frau war jedoch weiterhin allein für die Haushaltsführung zuständig.[50] Diese Regelung bewirkte de facto, daß die verheiratete Frau hinsichtlich ihrer Erwerbstätigkeit in der Realität des Ehealltags nach wie vor von der Zustimmung ihres Mannes abhängig war, eine Ermessensentscheidung, ob sie ihren Pflichten gegenüber dem Mann, den Kindern und dem Haushalt in angemessener Weise nachgekommen war.[51]

Erst 1976 wurde im Geltungsbereich des BGB der gesetzliche Rahmen für die unabhängige Erwerbstätigkeit einer verheirateten Frau geschaffen. Durch das «1. Gesetz zur Reform des Ehe- und Familienrechts» vom 14. Juni 1976[52] wurde unter anderem auch §1356 BGB neu geregelt und lautet in der bis heute gültigen Fassung wie folgt:

„(1) Die Ehegatten regeln die Haushaltsführung im gegenseitigen Einvernehmen. Ist die Haushaltsführung einem der Ehegatten überlassen, so leitet dieser den Haushalt in eigener Verantwortung.

---

Erwerbsgeschäftes seitens der Frau nicht dulden will.“ Vgl. auch Staudinger/Engelmann, 9. Aufl. 1926, §1358, Ziff. 2 b). Vgl. dazu auch Palandt/Lauterbach, 16. Aufl. 1957, Einführung vor §1353, Ziff. 3) sowie §1358, Vorbemerkung A.

47 Staudinger/Engelmann, 9. Aufl. 1926, §1354, Ziff. 5. Vgl. auch Palandt/Lauterbach, 16. Aufl. 1957, Einführung vor §1353, Ziff. 1) sowie §1356, Vorbemerkung.

48 Staudinger/Engelmann, 9. Aufl. 1926, §1354, Ziff. 5; §1356, Ziff. 7; §1358, Ziff. 10. Vgl. dazu Palandt/Lauterbach, 16. Aufl. 1957, Einleitung vor §1297, Ziff. 2) sowie Einführung vor §1353, Ziff. 2).

49 «Gesetz über die Gleichberechtigung von Mann und Frau auf dem Gebiete des Bürgerlichen Rechts» vom 18.6.1957 (GleichberG). BGBl. I S. 609.

50 Vgl. Palandt/Lauterbach, 17. Aufl. 1958, §1356, Ziff. 1).

51 Vgl. Palandt/Lauterbach, 17. Aufl. 1958, §1356, Ziff. 2).

52 «Erstes Gesetz zur Reform des Ehe- und Familienrechts» vom 14.6.1976 (1. EheRG). BGBl. I S. 1421. Die jetzige Fassung des §1356 beruht auf Art 1 Nr. 3 1. EheRG.

(2) Beide Ehegatten sind berechtigt, erwerbstätig zu sein. Bei der Wahl und Ausübung einer Erwerbstätigkeit haben sie auf die Belange des anderen Ehegatten und der Familie die gebotene Rücksicht zu nehmen."

Die für den vorliegenden Zusammenhang zentrale Änderung besteht darin, daß nun nicht mehr der Frau allein die Haushaltsführung zugewiesen, sondern von beiden Ehepartnern „im gegenseitigen Einvernehmen" geregelt wird.[53] Vor allem aber ist das Recht der Frau auf Erwerbstätigkeit nicht mehr an die Vereinbarkeit mit den ihr ehemals zugewiesenen Pflichten in Ehe und Familie gebunden, sondern beide Ehegatten haben im Rahmen ihrer Erwerbstätigkeit gegenseitig Rücksicht zu nehmen. Darüber hinaus ist die Mitarbeitspflicht im Beruf oder Geschäft des andern Ehepartners aus Abs. 2 abgeschafft.[54]

Retrospektiv zeigt sich bezüglich der Verhinderung von unabhängiger weiblicher Erwerbstätigkeit innerhalb der Ehe eine sich über Jahrhunderte erstreckende Kontinuität der Gesetzgebung bis in das Jahr 1976.[55] Trotz der durch das «Grundgesetz für die Bundesrepublik Deutschland» (GG) verfassungsrechtlich garantierten Gleichberechtigung von Frauen und Männern aus dem Jahr 1949 wurde das in Art. 3 Abs. 2 GG[56] definierte Differenzierungsverbot aufgrund von geschlechtlichen Unterschieden auf dem Weg des Familienrechts - wie oben gezeigt - 'ausgehebelt'.[57] Die rechtliche Grundlage zu einer freien Berufswahl und -ausübung der verheirateten Frauen war de facto erst durch die Auswirkungen des 1. EheRG vom 14. Juni 1976 gegeben.

Heute ist die (unabhängige) Erwerbstätigkeit der Frau nahezu eine Selbstverständlichkeit.[58] Insofern läßt sich sagen, daß diese Forderung der Frauenbewegung[59]

---

[53] Vgl. dazu allerdings die ca. zwanzig Jahre später von Alice Schwarzer veröffentlichte kritische Bemerkung zu der Formulierung „im gegenseitigen Einvernehmen", daß Frauen sich bei der Umsetzung dieser gesetzlich bereitgestellten Möglichkeit als zu „nachsichtig" gezeigt hätten, und aus diesem Grund - wie bereits 1997 durch die „deutsche Frauenministerinnen-Konferenz" geschehen - eine weitergehende Reform des §1356 zu fordern sei. EMMA Juli/August 1999, S. 6.

[54] Vgl. dazu Staudinger/Hübner/Voppel, 13. Bearb. 2000, §1356, Ziff. 3).

[55] Zu erinnern ist im vorliegenden Zusammenhang z.B. an einige bereits mehrfach erwähnte sächsische Gesetze: Vgl. Constitutio XV. P. II von 1572 [C.A.I. 88], Decisio 24 von 1661 [C.A.I. 305], Mandat vom 18.11.1722 [C.A.I. 1210] und die Erläuterte Proceßordnung vom 10.1.1724, ad Tit. 8 §1. Vgl. dazu auch den *Entwurf eines bürgerlichen Gesetzbuchs für das Königreich Sachsen* von 1852: IV. Theil, 1. Abtheilung, 2. Abschnitt, 1. Capitel, §§ 1429, 1430, 1433, 1437.

[56] «Grundgesetz für die Bundesrepublik Deutschland» (GG) vom 23.5.1949. Art. 3 Abs. 2 GG lautete: „Männer und Frauen sind gleichberechtigt."

[57] In dem Kommentar zum Grundgesetz von Leibholz/Rinck aus dem Jahr 1971 ist beispielsweise zu lesen, daß „das Differenzierungsverbot des Art. 3 Abs. II ebenso wie das des Abs. III nur die Bedeutung hat, daß die aufgeführten faktischen Verschiedenheiten keine rechtliche, nicht aber auch daß sie keine gesellschaftliche, soziologische, psychologische oder sonstige Wirkung haben dürfen. ... Es bedarf kaum eines Hinweises, daß im Bereich des Familienrechts im Hinblick auf die *objektiven biologischen oder funktionalen (arbeitsteiligen) Unterschiede* nach der Natur des jeweiligen Lebensverhältnisses auch eine besondere rechtliche Regelung erlaubt oder sogar notwendig ist, zB alle Bestimmungen zum Schutze der Frau als Mutter, Differenzierungen der Art der Leistung für die Familiengemeinschaft." Leibholz/Rinck, 4. Aufl. 1971, Art. 3, Ziff. 34, S. 166/67.

[58] Die Problematik der Vereinbarkeit von Familie und Beruf ist allerdings nach wie vor ungelöst. Dieser Aspekt geht jedoch weit über den Rahmen der vorliegenden Arbeit hinaus und kann daher nicht einmal ansatzweise diskutiert werden.

verwirklicht wurde. Allein die Tatsache, daß ein Großteil der Frauen heute arbeitet, sagt jedoch weder etwas über deren reale Einkommensverhältnisse noch über deren soziale Stellung im Berufsleben aus. Auch heute sind Frauen in Führungspositionen und unter den Spitzenverdienern noch immer selten.

### VI.2.2. Eigenständige berufliche Karriere der Frau

Friedrich Wieck hat in Privatinitiative seiner Tochter eine Spitzenposition unter den zeitgenössischen Virtuosen ermöglicht. Die Selbstverständlichkeit, mit der er für Clara den Anspruch stellte, unabhängig von ihrem Geschlecht ihre berufliche Karriere auch innerhalb der Ehe fortzusetzen, war nicht nur für seine Zeit außergewöhnlich, sondern stößt auch heute noch auf erheblichen gesellschaftlichen Widerstand.

Obwohl die Gleichberechtigung von Frauen und Männern bereits seit Inkrafttreten des Grundgesetzes im Jahre 1949 verfassungsmäßig garantiert wurde und mit der auf Art. 1 Nr. 3 des 1. EheRG zurückgehenden Neufassung des §1356 BGB die Möglichkeit einer unabhängigen Erwerbstätigkeit der Ehefrau auch familienrechtlich verankert wurde, ist in der gesellschaftlichen Realität der verfassungsrechtliche Auftrag zur Gleichstellung von Frauen und Männern noch immer nicht verwirklicht und es sind nach wie vor Benachteiligungen von Frauen im Erwerbsleben zu beobachten, die sich insbesondere auf deren Einkommensverhältnisse, Arbeitsbedingungen und Karrierechancen beziehen.

Bereits in den 70er Jahren wurde versucht, den bestehenden Ungleichheiten EG-rechtlich Abhilfe zu verschaffen, wie beispielsweise durch die sog. «Lohngleichheitsrichtlinie» von 1975 oder die sog. «Gleichbehandlungsrichtlinie» von 1976,[60] deren Umsetzung den Mitgliedstaaten überantwortet wurde. In der BRD wurden daher zahlreiche Gesetze und Verordnungen auf Landes- und Bundesebene erlassen, deren Ziel insbesondere der Abbau bestehender Benachteiligungen sowie gezielte Maßnahmen zur Verbesserung der beruflichen Situation von Frauen waren. So sind

---

[59] Erinnert sei z.B. an das bereits von Louise Otto geforderte „Recht der Frauen auf Erwerb" - eine Diskussion, die zeitgleich mit den hier beschriebenen Ereignissen der Kontroverse Schumann-Wieck stattfand. Vgl. Kapitel III.1. «Historischer Kontext der Position Friedrich Wiecks». Eine Parallele zwischen Louise Otto und Friedrich Wieck herzustellen, erschiene allerdings inadäquat, da Louise Ottos Forderung von grundsätzlichem Anspruch war und für alle Frauen schlechthin gelten sollte, Wieck hingegen dieses Recht für den Einzelfall vertrat - seine beiden Töchter Clara und Marie bzw. andere hochbegabte Schülerinnen. Es geht aus keiner seiner Äußerungen hervor, daß er sich damit für eine Veränderung der bestehenden Rechtsnormen einsetzen wollte oder etwa mit den zum damaligen Zeitpunkt bereits gestellten Forderungen der Frauenbewegung sympathisierte bzw. diese überhaupt wahrgenommen hätte.

[60] Lohngleichheitsrichtlinie (75/117/EWG): «Richtlinie des Rates vom 10. Februar 1975 zur Angleichung der Rechtsvorschriften der Mitgliedsstaaten über die Anwendung des Grundsatzes des gleichen Entgelts für Männer und Frauen». (Amtsblatt der Europäischen Gemeinschaften Nr. L 45/19 vom 19.2.1975).
Gleichbehandlungsrichtlinie (76/207/EWG): «Richtlinie des Rates vom 9. Februar 1976 zur Verwirklichung des Grundsatzes der Gleichbehandlung von Männern und Frauen hinsichtlich des Zugangs zur Beschäftigung, zur Berufsbildung und zum beruflichen Aufstieg in bezug auf die Arbeitsbedingungen». (Amtsblatt der Europäischen Gemeinschaften Nr. L 39/9/40 vom 14.2.1976).

beispielsweise für das Land Nordrhein-Westfalen in diesem Zusammenhang zunächst das «Frauenförderungskonzept» von 1985, das «Frauenförderungsgesetz» von 1989 und das «Frauenförderungskonzept» von 1993 zu nennen.[61]

Die Neufassung des Art. 3 Abs. 2 GG aus dem Jahr 1994 enthält durch die Hinzufügung von Satz 2 darüber hinaus einen Handlungsauftrag für den Staat, die Gleichberechtigung von Frauen und Männern tatsächlich durchzusetzen.[62] Allerdings stößt die Verwirklichung dieses verfassungsrechtlichen Auftrags in der gesellschaftlichen Realität auf erhebliche Schwierigkeiten, so daß dieser bisher nur in sehr beschränktem Maß umgesetzt werden konnte. Daher hat z.B. das Land Nordrhein-Westfalen 1999 das sog. «Landesgleichstellungsgesetz»[63] verabschiedet, welches die bisherigen diesbezüglichen Regelungen verstärkt und für den gesamten öffentlichen Dienst des Landes NRW verbindlich macht.[64]

Die intensiven und unter großem finanziellem Aufwand betriebenen Maßnahmen zur Umsetzung des verfassungsrechtlich gebotenen Gleichberechtigungsgrundsatzes und zur Verbesserung von weiblichen Karrierebedingungen stoßen jedoch nach wie vor auf erheblichen gesellschaftlichen Widerstand, wie eine Vielzahl an diesbezüglichen Gerichtsverfahren belegt.[65] Während die Frage nach der weiblichen Berufskarriere im

---

61 «Frauenförderungskonzept für das Land Nordrhein-Westfalen» (FFK) vom 8.5.1985 (MBl.NW. 1985 S. 858); «Gesetz zur Förderung der beruflichen Chancen für Frauen im öffentlichen Dienst» (Frauenförderungsgesetz - FFG) vom 31.10.1989 (GV.NW. 1989 S. 567); «Frauenförderungskonzept - Runderlaß des Ministeriums für die Gleichstellung von Frau und Mann v. 09.11.1993 - II.3.-65.10.30 im Einvernehmen mit den Ressorts» (GABl.NW. II Nr. 3/94 S. 56/57). In den anderen Bundesländern wurden entsprechende Gesetze verabschiedet. Vgl. dazu den Kommentar *«Frauengleichstellungsgesetze des Bundes und der Länder»*, herausgegeben von Dagmar Schiek u.a.

62 Art. 3 Abs. 2 GG lautet seit dem 27.10.1994: „Männer und Frauen sind gleichberechtigt. Der Staat fördert die tatsächliche Durchsetzung der Gleichberechtigung von Frauen und Männern und wirkt auf die Beseitigung bestehender Nachteile hin." Art. 3 Abs. 2 Satz 2 GG angefügt durch das Gesetz vom 27.10.1994. BGBl. I, S. 3146.

63 «Gesetz zur Gleichstellung von Frauen und Männern für das Land Nordrhein-Westfalen» (Landesgleichstellungsgesetz - LGG) vom 9.11.1999. (GV.NRW. 1999 S. 590).

64 Die Notwendigkeit dieser Maßnahme wird vom Gesetzgeber wie folgt begründet: „Obwohl verfassungsrechtlich geboten, ist die Gleichstellung von Frauen und Männern im öffentlichen Dienst noch nicht verwirklicht. [...] Zur Durchsetzung der tatsächlichen Gleichstellung von Frauen und Männern im öffentlichen Dienst ist daher die Verabschiedung eines Gesetzes geboten, das der strukturellen Benachteiligung von Frauen im öffentlichen Dienst entgegenwirkt und geeignete Maßnahmen zur Vereinbarkeit von Beruf und Familie vorsieht. Ziel des Gesetzes ist es, die Gleichstellung von Frau und Mann im öffentlichen Dienst zu verbessern und zu beschleunigen. [...] Kernpunkt des Gesetzes ist die leistungsbezogene Quotierungsbestimmung, d.h. die Verpflichtung, Frauen in Bereichen, in denen sie unterrepräsentiert sind, bei gleicher Eignung, Leistung und Befähigung bevorzugt gegenüber männlichen Mitbewerbern einzustellen, zu befördern und höherzugruppieren, sofern nicht in der Person eines Mitbewerbers liegende Gründe überwiegen". Vgl. die Begründung im Gesetzentwurf der Landesregierung NRW unter «http://www.mfjfg.nrw.de/u-themen/frauen/landesgleichstges.htm», letzter Zugriff am 1.09.1999.

65 Vgl. u.a. das Urteil des Europäischen Gerichtshofes (EuGH) vom 17.10.1995 - C-450/93 - bzw. das Urteil des EuGH vom 11.11.1997 - C-409/95. Vgl. auch die Urteile des Oberverwaltungsgerichts Münster (OVG NW) vom 22.2.1999 - 6 B 439/98 - bzw. 10.11.1999 - 6 B 503/99 - bezüglich der Berücksichtigung von Hilfskriterien bei Beförderungen bzw. Höhergruppierungen.

Falle der Kontroverse Schumann-Wieck in die Latenz gedrängt wurde, zeigen heutige Gerichtsverfahren, daß nun öffentlich um diese Frage prozessiert wird, es sich mit andern Worten nicht mehr um ein Tabu, sondern um einen offen umkämpften Machtraum handelt. Prominentestes Beispiel hierfür ist das sog. «Marschall-Urteil» des Europäischen Gerichtshofes (EuGH) von 1997,[66] in dem es um die Klärung folgender Frage ging:

„Steht Artikel 2 Absätze 1 und 4 der Richtlinie des Rates der Europäischen Gemeinschaften vom 9. Februar 1976 zur Verwirklichung des Grundsatzes der Gleichbehandlung von Männern und Frauen hinsichtlich des Zugangs zur Beschäftigung, zur Berufsbildung und zum beruflichen Aufstieg sowie in bezug auf die Arbeitsbedingungen (76/207/EWG)[67] einer nationalen Regelung[68] entgegen, nach der in behördlichen Geschäftsbereichen, in denen im jeweiligen Beförderungsamt einer Laufbahn weniger Frauen als Männer beschäftigt sind, bei gleicher Qualifikation (Eignung, Befähigung und fachlicher Leistung) männlicher und weiblicher Bewerber Frauen bevorzugt befördert werden müssen, sofern nicht in der Person eines männlichen Mitbewerbers liegende Gründe überwiegen?“[69]

Im Zusammenhang mit der vorliegenden Fragestellung ist ein Aspekt in der Urteilsbegründung der skandinavischen Regierungen aufschlußreich, welche eine aktive Frauenförderung durch gezielte Maßnahmen - wie diejenige der umstrittenen „nationalen Regelung“[70] - nach wie vor für notwendig halten:

„Die finnische, die norwegische und die schwedische Regierung vertreten die Ansicht, die fragliche nationale Regelung fördere den Zugang von Frauen zu verantwortungsvollen Stellen und trage damit zur Herstellung eines Gleichgewichts auf den Arbeitsmärkten bei, die gegenwärtig noch weitgehend in der Weise geschlechtsspezifisch abgeschottet seien, daß die weiblichen Arbeitnehmer vornehmlich die unteren Stufen der beruflichen Hierarchie einnähmen. Nach Ansicht der finnischen Regierung zeigt

---

66 Urteil des EuGH vom 11.11.1997 - C-409/95. Vgl. dazu auch NJW 1997, S. 3429.

67 Der genannte Artikel 2, Abs. 1 und 4 der «Gleichbehandlungsrichtlinie» vom 9.2.1976 [76/207/EWG] lautet: „(1) Der Grundsatz der Gleichbehandlung im Sinne der nachstehenden Bestimmungen beinhaltet, daß keine unmittelbare oder mittelbare Diskriminierung auf Grund des Geschlechts - insbesondere unter Bezugnahme auf den Ehe- oder Familienstand - erfolgen darf. [...]
(4) Diese Richtlinie steht nicht den Maßnahmen zur Förderung der Chancengleichheit für Männer und Frauen, insbesondere durch Beseitigung der tatsächlich bestehenden Ungleichheiten, die die Chancen der Frauen in den in Artikel 1 Absatz 1 genannten Bereichen beeinträchtigen, entgegen.“ (Amtsblatt der Europäischen Gemeinschaften Nr. L 39/9/40 vom 14.2.1976). Zitiert nach Schiek, 1996, S. 56/57.

68 Gemeint ist mit der „nationalen Regelung“ die durch das «Frauenförderungsgesetz - FFG» vom 31.10.1989 (GV.NW. 1989 S. 567) bestimmte Änderung bzw. Hinzufügung von §25 Abs. 5 Satz 2 des «Beamtengesetz[es] für das Land Nordrhein-Westfalen» (BeamtenG NW) - in der Fassung der Bekanntmachung vom 1.5.1981 (GV.NW. 1981 S. 234), zuletzt geändert durch Gesetz vom 2.7.2002, GV.NRW. S. 242 -: „Soweit im Bereich der für die Beförderung zuständigen Behörde im jeweiligen Beförderungsamt der Laufbahn weniger Frauen als Männer sind, sind Frauen bei gleicher Eignung, Befähigung und fachlicher Leistung bevorzugt zu befördern, sofern nicht in der Person eines Mitbewerbers liegende Gründe überwiegen; ...“, die sog. «Öffnungsklausel», die jedem gleich qualifizierten männlichen Mitbewerber im Einzelfall eine objektive Beurteilung der Bewerbung garantiert.

69 Urteil des EuGH vom 11.11.1997 - C-409/95- unter Ziff. 13. Zitiert nach «*Streit*» 1/1998, S. 35.

70 §25 Absatz 5 Satz 2 BeamtenG NW.

die in der Vergangenheit gemachte Erfahrung u.a., daß Maßnahmen, die nur die Berufswahl und -ausbildung von Frauen oder die Verteilung der beruflichen und familiären Pflichten beträfen, nicht ausreichten, um diese Abschottung der Arbeitsmärkte zu beenden."[71]

Die von der finnischen Regierung dargestellte Diskrepanz bezüglich der Ausbildungs- und Arbeitsmarktsituation von Frauen wird durch einen Blick auf die (deutsche) Hochschullandschaft bestätigt: Während in zahlreichen Fachrichtungen Studentinnen bereits mit über 50 % vertreten sind, ist der weibliche Anteil unter den Lehrenden, insbesondere bei den C2 bis C4-Professuren, verschwindend gering.[72] Obwohl Frauen vielfach die gleiche Ausbildung absolvieren und ebenso qualifiziert wie ihre männlichen Mitbewerber sind, belegt die Datenerhebung der Bund-Länder-Kommission,[73] daß in Berufungsverfahren die Professuren noch überwiegend an Männer vergeben werden und Frauen der Aufstieg in höherdotierte Positionen nur selten und unter erheblichen Schwierigkeiten gelingt.

Bei aller Skepsis gegenüber der Aussagekraft von Statistiken[74] und trotz bereits erzielter Teilerfolge,[75] sprechen die Zahlen, insbesondere hinsichtlich des weiblichen

---

71 Urteil des EuGH vom 11.11.1997, - C-409/95- unter Ziff. 16. Zitiert nach «*Streit*» 1/1998, S. 35.

72 So waren beispielsweise im WS 2000/01 an der Universität zu Köln 54% der Studierenden weiblich, während der Anteil der Professorinnen lediglich bei 9,21% lag, wobei dieser Durchschnittswert erhebliche fakultätsspezifische Unterschiede nivelliert und nichts über den Anteil von weiblich besetzten Professuren in bestimmten Fachrichtungen aussagt. So betrug z.B. der Anteil der Professorinnen in der medizinischen oder der mathematisch-naturwissenschaftlichen Fakultät jeweils 4,55%, während er in traditionell weiblich dominierten Ausbildungsrichtungen, wie z.B. der erziehungswissenschaftlichen oder heilpädagogischen Fakultät immerhin bei 14.81% bzw. 18,18% lag. Berücksichtigt man allerdings, daß Frauen in diesen Fakultäten mit 76,35% resp. 75,38% den Hauptanteil der Studierenden stellten, wird auch aus diesen Zahlen eine deutliche Diskrepanz zwischen Ausbildungs- und Berufssituation von Frauen deutlich. Quelle: *«Tätigkeitsbericht der Gleichstellungsbeauftragten der Universität zu Köln»*, (Christel Tomson), S. 29 ff.

73 Vgl. dazu die Datenerhebung der Bund-Länder-Kommission für Bildungsplanung und Forschungsförderung (BLK): *«Frauen in Führungspositionen an Hochschulen und außerhochschulischen Forschungseinrichtungen»* - Sechste Fortschreibung des Datenmaterials. Bonn 2002.

74 So ist z.B. bezogen auf Musikhochschulen der durchschnittliche Gesamtanteil von Professorinnen wenig aussagekräftig, da Frauen im Bereich der «Gesangs- und Bühnenausbildung» zwangsläufig häufiger vertreten sind als in anderen Fachrichtungen. Oder - um bei den Clara Schumann eigenen Disziplinen zu bleiben - wäre beispielsweise für Musikhochschulen eine Differenzierung der Bereiche «Komposition» und «Klavierpädagogik» aufschlußreich und würde vermutlich zu sehr divergierenden Ergebnissen führen. Eine umfassende, landes- oder gar bundesweite fachspezifische Studie zur Situation von Frauen an deutschen Musikhochschulen steht meines Wissens noch aus.

75 Etwa die Tatsache, daß Begründungen für die ablehnende Haltung gegenüber Professorinnen, wie z.B. „Der Beruf des Hochschullehrers widerspricht dem Wesen, der biologischen Bestimmung oder dem natürlichen Streben des Weibes", nicht mehr sanktionslos oder zumindest unwidersprochen geäußert werden, ein Teilerfolg, der nicht darüber hinwegtäuschen darf, daß an Hochschulen nach wie vor diskriminierende Verhaltensweisen gegenüber Frauen anzutreffen sind. Vgl. dazu die frühe Studie von Hans Anger, in der Professoren und Dozenten aller Fakultäten der Universitäten Bonn, Heidelberg, Frankfurt und Kiel unter anderem auch nach ihrer Meinung zum 'Thema Frauen und Universität' befragt wurden. Vgl. Anger, Hans: *«Probleme der deutschen*

Anteils an C2 bis C4-Professuren eine eindeutige Sprache und geben einen deutlichen Hinweis darauf, daß staatliche Frauenförderung und Kontrolle der Umsetzung gesetzlicher Vorgaben zur Gleichstellung nach wie vor dringend notwendig sind. Die Untersuchung dieser Problematik ist jedoch ein eigenes Thema und geht weit über den Rahmen der vorliegenden Arbeit hinaus.

**Fazit:**

Die Darstellung der Rechtsentwicklung in jüngster Zeit war unerläßlich. Sie hat gezeigt, daß sich die Bewertung der drei Prozeßgegner auf dem Hintergrund eines umfassenden und lange währenden Interessenkonflikts abspielte, der zunehmend eine 'Gut'-'Böse'-Prägung bewirkte. Erst ein Vergleich der unterschiedlichen rechtlichen Normen läßt deutlich werden, wie absurd sich Friedrich Wiecks Forderungen für seine Tochter Clara vor 160 Jahren ausgenommen haben müssen. Erst die Thematisierung dieses Interessenkonflikts erklärt, warum fast ausschließlich Robert Schumanns Perspektive so vielfach Aufnahme in die Rezeption finden konnte.

Im einzelnen hat sich gezeigt, daß Friedrich Wieck sich in Privatinitiative für die Fortsetzung von Claras Virtuosenkarriere - auch während bestehender Ehe – einsetzte. Er stellte ihre 'berufliche Selbstverwirklichung' über die gesellschaftlich normierte Bestimmung der Frau zur Gattin, Hausfrau und Mutter und schuf durch seine umfassende Ausbildung die Voraussetzungen für eine berufliche Spitzenkarriere und damit für eine gesellschaftlich unabhängige Position seiner Tochter. In seiner vorurteilslosen Haltung versuchte Friedrich Wieck damit vor über 160 Jahren zu verwirklichen, was noch heute auf erheblichen Widerstand stößt. Daß er mit seiner Vision scheitern mußte, lag letztlich daran, daß Clara im Verlauf der Brautwerbung sich Roberts Vorstellungen von der Rolle der Frau uneingeschränkt angepaßt hatte. Insofern müßte - pointiert ausgedrückt - nicht Clara Schumann, sondern eigentlich Friedrich Wieck als 'Galionsfigur' der Frauen-Musikforschung gefeiert werden.

Die unvoreingenommene Haltung sowie die Leistungen Friedrich Wiecks sollten gewürdigt werden als diejenigen eines Mannes, der sich beispielhaft durch sein Handeln sowohl um die Musik als auch um die Gleichstellung verdient gemacht hat. Seine Position und vor allem deren Rezeption zeigen, wie wichtig und meines Erachtens unverzichtbar es ist, die Gleichberechtigungsbemühungen von engagierten Männern wie Friedrich Wieck in die Verwirklichung der Gleichstellung einzubeziehen. Die für seine Zeit bemerkenswert aufgeschlossene Haltung sowie sein unermüdliches Engagement kann und sollte als Anregung dienen, ebenso unvoreingenommen nach neuen Wegen zur Realisierung der Gleichstellung von Frau und Mann zu suchen und diese gemeinsam zu verwirklichen. Der Fall Wieck zeigt, daß Förderer der Gleichstellung durchaus nicht immer Frauen, deren Gegner durchaus nicht immer Männer sind.

---

*Universität. Bericht über eine Erhebung unter Professoren und Dozenten».* Tübingen 1960. Zitiert nach Hausen, 1976, S. 369.

# Anhang I.1. Rechte und Pflichten der Ehegatten - Vermögensrechtliche Aspekte

**Hartitzsch, Adolph Karl Heinrich: *Das im Königreiche Sachsen geltende Eherecht.* Dresden 1836. (Auszug):**[1]

I. Wirkungen in Rücksicht auf das Vermögen der Ehefrau.

§86.

Das Vermögen einer Ehefrau kann theils in *Dotal*= theils in *Paraphernal*=Vermögen bestehen. Unter dem erstern versteht man dasjenige, welches die Ehefrau ihrem Ehemanne zur Bestreitung der ehelichen Lasten *eingebracht hat*, daher auch Einbringen, Mitgift genannt; unter letzterem dagegen alles Vermögen, welches ihr außer ihrem Einbringen gehört. Uebrigens ist vorläufig zu bemerken, daß vermöge der Mucianischen Präsumtion das sämmtliche Vermögen der Eheleute so lange als dem Manne zugehörig erachtet wird, bis die Ehefrau ihr Eigenthum an dem einen oder andern Gegenstande erwiesen hat.

a. Von dem Dotalvermögen einer Ehefrau.[...]

§92.

Bei der *venditionis caussa* geschätzten Mitgift.

Es ist bereits oben (§.88.) erwähnt worden, daß es eine *dos venditionis* und *taxationis caussa aestimata* giebt. Ist das Heyrathsgut auf die erstere Art abgeschätzt und solchergestalt dem Manne übergeben worden, so verliert die Ehefrau, da jene Schätzung als ein Kauf betrachtet wird, alle Rechte und jeden Anspruch auf die Sache selbst, und es geht das vollständige Eigenthumsrecht auf den Ehemann über. An die Stelle des ursprünglichen Heyrathsguts tritt das festgesetzte Geldquantum, welches der Ehemann nach der Trennung der Ehe, der empfangene Gegenstand mag annoch vorhanden seyn, oder nicht, zurückzugeben hat.

§93.

Bei der gar nicht oder blos *taxationis caussa* geschätzten Mitgift.

ist das Heyrathsgut blos *taxationis caussa* oder *gar nicht* geschätzt worden, so bekommt der Ehemann an den ihm übergebenen Gegenständen das bürgerliche Eigenthum, das natürliche verbleibt der Ehefrau. Daher, und weil sie fortwährend Eigenthümerin der Substanz des Heyrathsguts verbleibt, genießt sie auch die mit dessen Besitze verbundenen Rechte und Privilegien. Der Ehemann übt zufolge seines bürgerlichen Eigenthums alle darin enthaltenen Rechte im eigenen Namen aus, und zieht während der Ehe sämmtliche Nutzungen. Es kann sogar dieser Nießbrauch gegen den Ehemann als Executionsobjekt angegeben werden, und er geht auf die Gläubiger über,

---

[1] Hartitzsch, 1836, §§ 86, 92-98, S. 96 bzw. S. 102-107. Diese Abhandlung ist von Adolph Karl Heinrich Hartitzsch, der 1836 Königlich-Sächsischer Oberhofgerichtsrath und Beisitzer am Appellationsgericht zu Dresden war, wie aus dem Titel seiner Veröffentlichung hervorgeht. Auch 1840 war er - übrigens an den Gerichtsorten, an denen auch der Prozeß Schumann / Wieck verhandelt wurde - noch aktiv in der Rechtspraxis tätig, wie dem Titelblatt einer anderen Publikation zu entnehmen ist: *«Entscheidungen practischer Rechtsfragen mit Rücksicht auf Erkenntnisse von Oberbehörden»* bearbeitet durch Dr. Adolph Karl Heinrich Hartitzsch, Königl. Sächs. Appellationsrath. Leipzig 1840.

wenn zu des Ehemannes Vermögen Concurs ausgebrochen ist. In diesem Falle können nur die nothwendigen Alimente für Frau und die Kinder abgezogen werden. Daher ist denn auch ein Verzicht des Ehemannes auf den ihm zustehenden Nießbrauch zum Nachtheile der Gläubiger völlig unstatthaft.

### §94.
### Rückforderung während der Ehe.

Die Ehefrau kann von dem Manne während der Ehe ihr Heyrathsgut nicht zurückfordern, es wäre denn, daß seine Vermögensumstände in einen schlechten Zustand geriethen, oder der Zweck des Heyrathsguts nicht mehr erreicht werden könnte. Aber auch in diesem Falle erhält sie nur ein Detentions- und Administrationsrecht, denn Früchte und Zinsen muß sie auf die Bestreitung der ehelichen Bedürfnisse verwenden. Sie verliert dieses Zurückforderungsrecht gänzlich, wenn sie durch eigene Verschwendung den Concurs selbst herbeigeführt hat.

### §95.
### Betreibung einer Schuldforderung.

Aus dem Erwähnten folgt, daß sich die Frau aller selbsteigenen Verfügungen über das Heyrathsgut zu enthalten, und dem Manne die Ausübung aller Rechte zu überlassen hat. Daher kann er auch in fremde Hände gerathene Gegenstände vindiciren, und außenstehende Kapitalien, selbst ohne vorgängige Cession, betreiben. In letzterer Beziehung ist jedoch zu bemerken, daß der Ehemann die während der Ehe fällig gewordenen Zinsen zwar für sich allein in Empfang nehmen, und darüber quittiren kann, daß aber bei erfolgender Auszahlung des Hauptstammes, so wie der bereits vor der Ehe fällig gewesenen Zinsen, zur völligen Befreiung des Schuldners erforderlich ist, daß auch die Einwilligung der Ehefrau in die von dem Ehemanne erfolgende Erhebung oder Empfangnahme, durch Mitunterschrift der Quittung, oder auf andere glaubhafte Weise geschehen muß. Die Nothwendigkeit dieser Einwilligung der Ehefrau beschränkt sich aber nur auf den Fall, wenn in einer über die Verbindlichkeit zur Zahlung ausgestellten Urkunde die Ehefrau oder die Person, deren Rechte auf sie übergegangen sind, als Gläubigerin oder als die zum Empfang berechtigte Person benannt ist. [...]

### §96.
### Veräußerung.

Was insbesondere das Recht des Ehemannes, die Gegenstände des Heyrathsguts veräußern zu können, anlangt, so ist bereits bemerkt worden, daß ihm solches in Ansehung der *venditionis caussa* geschätzten und ihm übergebenen Mitgift unbedingt zustehe. Allein bei nicht erfolgter, oder nur *taxationis caussa* vorgenommener Schätzung ist zwischen beweglichen und unbeweglichen Sachen zu unterscheiden. Ueber erstere steht ihm das freie Verfügungsrecht zu, in Ansehung der letzteren ist die Einwilligung der Ehefrau und die Zuziehung eines derselben gehörig bestätigten Geschlechtsvormundes nöthig.[2] Die widerrechtlich vorgenommene Veräußerung ist null und nichtig, sobald nicht der Gegner eine Verwendung in den Nutzen der Ehefrau zu erweisen vermag.

---

[2] Vgl. dazu das «Gesetz, die Aufhebung der Geschlechtsvormundschaft betreffend», vom 8.1.1838. G.V.Bl. Nr. 7, S. 23.

§97.

Verbindlichkeiten.

Da der Ehemann von dem Heyrathsgute alle Vortheile zieht, so muß er auch die damit verbundenen Lasten und Abgaben aller Art aus den Nutzungen bestreiten, und auf Erhaltung der Substanz der ihm nicht käuflich überlassenen Gegenstände die nöthige Sorgfalt (*culpam levem in concreto*) verwenden. Der Zufall trifft ihn blos bei käuflich übergebenen, und bei verzehrbaren Gegenständen, sonst nicht.

b. Von dem Paraphernalvermögen einer Ehefrau.

§98.

Außer dem Heyrathsgute besitzen Ehefrauen häufig noch anderes Vermögen, *Paraphernal-* vermögen genannt. Ist dieses Vermögen dem Ehemanne ebenfalls ausdrücklich oder stillschweigend überlassen worden, so erhält er daran ganz dieselben Rechte und Verbindlichkeiten als am Dotalvermögen; an dem nicht überlassenen, *Receptitien*, *Spillgelder* genannt, erlangt er dagegen weder ein Eigenthums=, noch Nutznießungs=, noch Verwaltungs=Recht. Die Frau kann daher völlig frei über dasselbe verfügen. Da aber dergleichen Receptitien nicht vermuthet werden, so ist zu ihrer Begründung der ausdrückliche Vorbehalt vor Eingehung der Ehe nothwendig. Außerdem steht an allem Vermögen der Ehefrau dem Manne der Nießbrauch und die Verwaltung zu. Dies hindert aber nicht, daß nicht die Eheleute auch während bestehender Ehe vertragsweise Etwas als Receptitium erklären können, sobald nur keine Schenkung darunter verborgen ist.

## Anhang I.2.

### Vergleich des konkreten Prozeßverlaufs mit dem regulären Verfahren bei Ehekonsensstreitigkeiten

| Termin | konkreter Verlauf | regulärer Verlauf in Ehesachen |
|---|---|---|
| 15.6.1839 | **Vollmacht Clara Wiecks** für Advokat Einert | Minderjährige bedürfen bei Prozessen gegen ihren Vater eines Bevollmächtigten |
| 15.7.1839 | **Klage** Clara Wiecks und Robert Schumanns | verweigerter Ehekonsens = vernichtendes Ehehindernis; Notwendigkeit der Klage, da privates Hindernis |
| 19.7.1839 | **Bescheidung des Appellationsgerichts:**<br>Voraussetzung für Annahme der Klage ist vorhergehender Vereinigungsversuch vor dem zuständigen Pfarrer | In Analogie zu Ehesachen kann nach Ermessen der Richter ein vorhergehender Sühneversuch verlangt werden |
| 31.8.1839 | **Sühnezeugnis**:<br>Bericht des Pfarrers über gescheiterten Vereinigungsversuch, Abwesenheit Wiecks etc. | nach dem vom Gericht geforderten Sühnetermin muß das obligatorische Sühnezeugnis des Pfarrers ungeöffnet dem Gericht übergeben werden |
| 5.9.1839 | **Ladung zum Verhörstermin** durch das AG Leipzig:<br>beide Parteien werden aufgefordert, am 2.10.1839 persönlich zu besagtem Termin zu erscheinen, um „die Güte zu pflegen“ [vgl. Originalpatent = Reinschrift der Ladung für die Kläger] | nach Vorliegen des Sühnezeugnisses, das den gescheiterten Einigungsversuch dokumentiert, lädt das Gericht zum Verhörstermin ein: Ziel dieses Gütetermins ist, unter Anhörung beider Seiten zu einer gütlichen Einigung zu gelangen |
| 25.9.1839 | **Appellation Friedrich Wiecks**:<br>Wieck verlangt neuen Sühnetermin, da er geschäftlich verhindert gewesen sei | Appellation des Beklagten gegen das Verfahren beim zuständigen AG Leipzig |
| 1.10.1839 | **Ablehnung der Appellation** durch das AG Leipzig:<br>[Einhändigungsvermerk am 9.10.1839 - d.h. Wieck hat möglicherweise erst nach dem Verhörstermin erfahren, daß seine Appellation abgelehnt war] | Ablehnung der Appellation auf erneuten Sühneversuch, da dieser nicht obligatorisch, sondern nur in Analogie zu Ehesachen auf Ermessen des Gerichts stattzufinden hat |

| | | |
|---|---|---|
| 2.10.1839 | **Protokoll des Verhörstermins:**<br>Wieck erscheint nicht zum Verhörstermin<br>Gesuch der Kläger um neuen Termin, Eingabe durch Einert | Notwendigkeit des persönlichen Erscheinens der Parteien;<br>bei Nichterscheinen einer Seite - erneute Anberaumung eines Verhörstermins unter Androhung einer Geldstrafe |
| 5.10.1839 | **Bericht des AG Leipzig an OAG Dresden**:<br>Entscheidung: Fortgang des Verfahrens, keine Anordnung eines 2. Sühneversuchs | bei Vorliegen einer Appellation des Beklagten gegen das Verfahren findet ein Bericht an die übergeordnete Instanz statt, bei Ehesachen direkt das OAG Dresden |
| 24.10.1839 | **Verordnung des OAG Dresden**:<br>Zurückweisung der Appellation Wiecks, da keine zwingende Analogie zu Ehestreitigkeiten, keine ausdehnende Auslegung der Gesetze | Verordnung des OAG Dresden:<br>Bestätigung der Korrektheit des Verfahrens<br>Zurückverweisung an AG Leipzig |
| 1.11.1839 | **Anberaumung eines neuen Verhörstermins** durch das AG Leipzig: beide Parteien werden aufgefordert, am 18.12.1839 persönlich zu erscheinen | Notwendigkeit eines Gütetermins bei Ehesachen, daher Festlegung eines 2. Verhörstermins |
| 14.12.1839 | **Schreiben Friedrich Wiecks an das AG Leipzig**:<br>[„Vorstellung Beklagtens"] = Darlegung seiner Konsensverweigerungsgründe: mangelnde Subsistenzmittel etc. | genau wie die Klage bis zum Verhörstermin noch abgeändert oder vervollständigt werden kann, besteht für den Beklagten die Möglichkeit, seine Verweigerungsgründe zu präzisieren, um auf dieser Grundlage zu einer angemessenen Feststellung des Streitpunktes zu gelangen |
| 18.12.1839 | **Verhörsprotokoll**:<br>Versuch einer gütlichen Einigung vor Gericht ist gescheitert -<br>Ankündigung der Publizierung des Urteils für den 4.1.1840 | 1. Gütetermin: falls nach Ermessen des Gerichts eine ausführliche Beratung notwendig ist, findet keine sofortige Urteilsverkündung statt, sondern diese kann auch für einen späteren Zeitpunkt angeordnet werden |
| 4.1.1840 | **Urteil (Erkenntnis) des AG Leipzig: (1. Instanz)**<br>allein Trunksuchtsbeschuldigung Wiecks zugelassen, alle anderen Verweigerungsgründe werden aufgrund des bereits erbrachten Nachweises der erforderlichen Subsistenzmittel abgewiesen; Aufforderung an beide Parteien, Beweis bzw. Gegenbeweis zu erbringen | interlocutorisches Urteil: d.h. auf Beweis und Gegenbeweis<br>Publizierung des Urteils, d.h. Urteil gilt als verkündet |

| | | |
|---|---|---|
| 13.1.1840 | **Appellation Wiecks**:<br>Wieck geht in Berufung: Einspruch gegen das Urteil des AG Leipzig und Forderung, auch die übrigen Verweigerungsgründe zu berücksichtigen | Appellation des Beklagten gegen das Verfahren und gegen die Entscheidung des zuständigen Appellationsgerichts muß innerhalb von 10 Tagen erfolgen |
| 16.1.1840 | **Zufertigung des Einspruchs an die Kläger** und Aufforderung binnen 14 Tagen Widerlegungsschrift vorzulegen | Kläger sollen mit einer Widerlegungsschrift reagieren |
| 23.1.1840 | **Widerlegungsschrift Clara und Robert Schumanns** | die Kläger widersprechen der Appellation des Beklagten |
| 26.1.1840 | **Deduktionsschrift Wiecks:**<br>Forderung nach Erweiterung des Beweisthemas; Detaillierung der Verweigerungsgründe | der Beklagte erläutert seine Gründe für Appellation und für die Aufrechterhaltung seiner Konsensverweigerung |
| 29.1.1840 | **Zufertigung der Deduktionsschrift** an Clara und Robert Schumann | Zufertigung der Deduktionsschrift an die Kläger mit der Aufforderung, innerhalb von 14 Tagen dem Gericht eine Gegenstellungnahme einzureichen |
| 13.2.1840 | **Refutationsschrift Clara und Robert Schumanns**<br>Einreichung weiterer Dokumente als Beweismaterial | Gegendarstellung der Kläger /Widerlegung der gegnerischen Argumente bzw. Beschuldigungen |
| 15.2. und 4.3.1840 | **Bericht bzw. Nachbericht des AG Leipzig an das OAG Dresden**:<br>Einreichung der Akten zur Berücksichtigung bei der Abfassung des 2. Erkenntnisses | da Appellation des Beklagten sich gegen das Verfahren und die Entscheidung des AG Leipzig richtet, Bericht des AG an die oberste und letzte Instanz in Ehesachen, das OAG Dresden |
| 3.3.1840 | Schumann reicht weitere Dokumente ein | Anm.: Beweismittel des Schiedseides im Eheprozeß unüblich, wenn sich Gericht anderweitig Urteil bilden kann; daher kommt derartigen Zeugnissen u.U. eine erhebliche Bedeutung zu |
| 12.3.1840 | **Urteil des OAG Dresden: (2. Instanz)**<br>Bestätigung des Urteils vom 4.1.1840 aus erster Instanz<br>Anweisung an das AG Leipzig, alles weitere wegen Publikation des Urteils zu unternehmen | bei Bestätigung des Urteils aus erster Instanz ist keine weitere Appellation zugelassen - Zurückverweisung an das AG Leipzig |

| | | |
|---|---|---|
| 18.3.1840 | **Terminanberaumung** an die Parteien zur Urteilsverkündung für den 28.3.1840 | |
| 28.3.1840 | **Urteilsverkündung**:<br>Bestätigung des Urteils der 1. Instanz vom 4.1.1840, d.h. Wieck muß seine Trunksuchtsbeschuldigung innerhalb von 45 Tagen (sächsische Frist) beweisen | Bei Bestätigung des (interlocutorischen) Urteils aus erster Instanz: Notwendigkeit für beide Parteien, Beweis bzw. Gegenbeweis zu erbringen |
| 10.5.1840 | Wieck bittet um **Fristverlängerung** für Trunksuchtsbeweis | |
| 16.5.1840 | **Dilatationsschein**:<br>Fristbewilligung für eine weitere sächsische Frist, d.h. 45 Tage | i.d.R. wird eine einmalige Fristverlängerung bewilligt, sofern ein entsprechender Antrag vor Ablauf der ersten Beweisfrist gestellt wurde |
| 6.7.1840 | **Verzicht auf Beweisführung**:<br>Wieck verzichtet auf Beweisführung und überläßt es dem AG Leipzig, den Ehekonsens zu supplieren | mit einem Verzicht auf Beweisführung ist das Verfahren beendet |
| 18.7.1840 | **Anberaumung Urteilsverkündung** für den 1.8.1840 | nachdem das Beweisverfahren durch den Verzicht einer Seite abgeschlossen ist, kann das endgültige Urteil gesprochen werden |
| 1.8.1840 | **abschließendes Urteil und Urteilsverkündung des AG Leipzig:**<br>Supplierung der Einwilligung und Erlaubnis, die Ehe „nach vorgängigem gewöhnlichen Aufgebote durch priesterliche Trauung“ zu vollziehen | abschließende Urteilsverkündung - damit ist der Prozeß beendet<br>[Anm.: weitere Ansprüche - z.B. Herausgabeanspruch auf Vermögen - sind nicht vor diesem Ehegericht zu verhandeln, sondern bei den entspr. Untergerichten, denen der Beklagte untersteht] |

# Anhang I.3.
# Auflistung der erwähnten Gesetze und Verordnungen:

**Sachsenspiegel** [vgl. Weiske, 1846, S. 1 - 35].

**Codex Augusteus** bzw. **Corpus iuris Saxonici**. Leipzig 1724 f., hrsg. v. Joh. Christ. Lünig. - **Fortgesetzter Codex Augusteus**, Leipzig 1772 f., hrsg. von Rud. Christ. von Bennigsen. - **Codex Augusteus, 2. Fortsetzung,** Leipzig 1805, 1806 (bis zum Jahr 1800). **Codex Augusteus, 3. Fortsetzung,** Dresden 1824, (bis zum 9. März 1818, mit Nachtrag einiger älterer Gesetze, aber mit Ausschluß der in den Jahren 1813-1815 erschienenen Generalgouvernementsverordnungen).

Darin:

**Constitutionen Churfürst Augusts vom 21.4.1572** [C.A.I. 73-138].

- Constitutio X, P.II von 1572 «Ob die väterliche Gewalt (Patria potestas) nach Sächs. Recht aufgehoben?» [C.A.I. 87].
- Constitutio XII, P.II von 1572, «Daß der zwei und funfftzigste Artickel im ersten Buch des Land=Rechts, von Vergebung derer Stamm=Güther, so ohne derer Erben Erlaub nicht geschehen soll, allein auf die schlechten Donationes zu verstehen».
- Constitutio XV, P.II von 1572, «Ob, und wie, die Weibspersonen, beständiglich contrahiren können, mit oder ohne deren Vormünden Zuthun und Bewilligung». [C.A.I. 88].
- Constitutio X, P.III von 1572, «Ob ein Testament, darinnen die Kinder praeteriret und übergangen werden, noch bey Leben des Vaters, durch die Kinder selbst, könne ratificiret und bekräftiget werden?» [C.A.I. 107].
- Constitutio XXV, P.III von 1572 «Ob Berg=Theil vor bewegliche oder unbewegliche Güter zu achten, und wie es damit zu halten, wann der Vater, oder der Mann, oder iemand anders, daran den Usumfructum und den Gebrauch hat?» [C.A.I. 112].

**Kirchenordnung vom 1.1.1580** [C.A.I. 536-543].

**Eheordnung vom 10.8.1624** [C.A.I. 1019-1030].

**Die ältere Proceßordnung von 1661** [C.A.I. 1067-1122].

**Die älteren Decisionen vom 22.6.1661** [C.A.I. 293-340].

- Decisio 24 von 1661 «Ob ein Eheweib mit Vorwissen und Autorität ihres Ehemannes, unter Zuthun und Einwilligung eines andern Kriegischen Vormundes, beständig handeln, und ihre unbeweglichen Güter veräußern könne?» [C.A.I. 305].
- Decisio 49 von 1661 «Ob die Kinder, so von zweyen Ehelich versprochenen Personen, vor der Priesterlichen Copulation erzeuget, und wann vor deren Erfolg der eine Theil verstorben, als Eheliche Kinder zu achten, und zu derer Eltern Verlassenschafft, wie rechte Erben, zuzulassen?» [C.A.I. 319].
- Decisio 50 von 1661, «Wo die Unkosten, so die Eltern zum studiren auf ihre Kinder wenden, und aufzeichnen, zu conferiren, und in gemeine Theilung zu bringen seyn?» [C.A.I. 320].
- Decisio 62 von 1661«Ob der Mutter und Großmutter wegen der Vormundschafft und gereichten Alimenten, die Frucht=Niessung aus derer Kinder Güthern gebühret? [C.A.I. 325].

**Mandat «Von Verschreibungen und Obligationen der Weibspersonen» vom 18.11.1722** [C.A.I. 1210].

**Erläuterte Proceßordnung vom 10.1.1724** [C.A.I. 2381-2510].

- ad Tit. 8. «Wie die Weibspersonen vor Gericht handeln mögen», §1 [C.A.I. 2411].

**Die (vierzig) neuen Decisionen vom 2.7.1746** [C.C.A.I. 349-362].

- Decisio 28 von 1746 «Ob Groß=Eltern, ihrer Söhne oder Töchter uneheliche Kinder zu ernähren verbunden?» [C.C.A.I. 358].
- Decisio 36 von 1746 «Ob ein Vater oder Ehemann, vor seine Kinder, oder für sein Eheweib, Strafe und Unkosten zu entrichten, auch, wenn sie jemand Schaden gethan, solchen zu ersetzen, verbunden?» [C.C.A.I. 360].

**Vormundschaftsordnung vom 10.10.1782** [II.C.C.A.I. 383-436].

**«Regulativ wegen des Aufgebots und der Trauung» vom 15.1.1808** [III.C.C.A.I. 164].

**Gesetzsammlung für das Königreich Sachsen. 1818-1831**
Fortsetzung als:
**Sammlung der Gesetze und Verordnungen für das Königreich Sachsen. 1832-1834**
Fortsetzung als:
**Gesetz- und Verordnungsblatt für das Königreich Sachsen. 1835-1920**

Darin:

- «Mandat, die in verschiedenen Gegenständen der Gerichtsverfassung und des Prozeßverfahrens beschlossenen Abänderungen und Einrichtungen betreffend» vom 13.3.1822. G.S. Nr. 17 S. 205.
- «Mandat, das frühzeitige Heiraten der jungen Mannspersonen und deren Ehegelöbnisse betreffend» vom 20.9.1826. G.S. Nr. 34 S. 217.
- «Mandat, über die Verbürgungen der Frauenspersonen» vom 6.11.1828. G.S. Nr. 40 S. 239.
- «Mandat, die Geschlechtsvormundschaft betreffend» vom 10.11.1828. G.S. Nr. 41 S. 244.
- «Mandat, die Grundsätze der gesetzlichen Allodialerbfolge und mehrere Bestimmungen über einige damit in Verbindung stehende Rechtsverhältnisse enthaltend» vom 31.1.1829. G.S. Nr. 8 S. 37.
- «Verordnung, Anweisungen für die Geistlichen in Beziehung auf Verlöbnisse und Ehesachen enthaltend» vom 31.3.1835. G.V.Bl. Nr. 40 S. 234.
- «Gesetz A. über Competenzverhältnisse zwischen Justiz- und Verwaltungsbehörden» vom 28.1.1835. G.V.Bl. Nr. 17 S. 55.
- «Gesetz B., die Justizbehörden und den Instanzenzug in Justizsachen betreffend» vom 28.1.1835. G.V.Bl. Nr. 18 S. 62.
- «Gesetz C. über privilegierte Gerichtsstände und einige damit zusammenhängende Gegenstände» vom 28.1.1835. G.V.Bl. Nr. 19 S. 75.
- «Verordnung, die Ausführung innenbemerkter Gesetze betreffend» vom 28.3.1835. G.V.Bl. Nr. 36 S. 212.
- «Verordnung, die veränderte Organisation der evangelisch-lutherisch-kirchlichen Mittelbehörden betreffend» vom 10.4.1835. G.V.Bl. Nr. 42 S. 243.
- «Verordnung, in bezug auf das Verfahren der Pfarrer bei dem von ihnen in Ehesachen vorzunehmenden Sühneversuch» vom 9.7.1835. G.V.Bl. Nr. 78 S. 402.
- «Verordnung, die Anwendung einiger Bestimmungen in den Gesetzen vom 28sten Januar 1835 über höhere Justizbehörden und privilegirte Gerichtsstände betreffend» vom 9.4.1836. G.V.Bl. Nr. 19 S. 85.

- «Verordnung, die Appellation gegen das gerichtliche Verfahren in Civilrechtssachen betreffend» vom 14.5.1836. G.V. Bl. Nr. 22 S. 93.
- «Gesetz, die Aufhebung der Geschlechtsvormundschaft betreffend» vom 8.1.1838. G.V.Bl. Nr. 7 S. 23.

**Gesetze des 20 Jahrhunderts:**

- «Grundgesetz für die Bundesrepublik Deutschland» vom 23.5.1949 (GG). BGBl. 1949 S. 1.
- «Gesetz über die Gleichberechtigung von Mann und Frau auf dem Gebiete des Bürgerlichen Rechts» vom 18.6.1957 (GleichberG). BGBl. I S. 609.
- «Erstes Gesetz zur Reform des Ehe- und Familienrechts» vom 14.6.1976 (1. EheRG). BGBl. I S. 1421.
- «Lohngleichheitsrichtlinie» (75/117/EWG): «Richtlinie des Rates vom 10. Februar 1975 zur Angleichung der Rechtsvorschriften der Mitgliedsstaaten über die Anwendung des Grundsatzes des gleichen Entgelts für Männer und Frauen». (Amtsblatt der Europäischen Gemeinschaften Nr. L 45/19 vom 19.2.1975).
- «Gleichbehandlungsrichtlinie» (76/207/EWG): «Richtlinie des Rates vom 9. Februar 1976 zur Verwirklichung des Grundsatzes der Gleichbehandlung von Männern und Frauen hinsichtlich des Zugangs zur Beschäftigung, zur Berufsbildung und zum beruflichen Aufstieg in bezug auf die Arbeitsbedingungen». (Amtsblatt der Europäischen Gemeinschaften Nr. L 39/9/40 vom 14.2.1976).
- «Beamtengesetz für das Land Nordrhein-Westfalen» vom 1.5.1981 (BeamtenG NW). GV.NW. 1981 S. 234.
- «Frauenförderungskonzept für das Land Nordrhein-Westfalen» vom 8.5.1985 (FFK). MBl.NW. 1985 S. 858.
- «Gesetz zur Förderung der beruflichen Chancen für Frauen im öffentlichen Dienst» vom 31.10.1989 (Frauenförderungsgesetz - FFG). GV.NW. 1989 S. 567.
- «Frauenförderungskonzept - Runderlaß des Ministeriums für die Gleichstellung von Frau und Mann vom 09.11.1993 - II.3.-65.10.30 im Einvernehmen mit den Ressorts». GABl.NW. II Nr. 3/94 S. 56/57.
- «Gesetz zur Gleichstellung von Frauen und Männern für das Land Nordrhein-Westfalen» vom 9.11.1999 (Landesgleichstellungsgesetz - LGG NW). GV.NRW. 1999 S. 590.

# Anhang II.1. Abkürzungen und Sigeln

| | |
|---|---|
| 19 CT | The 19th Century Music |
| ABl. | Amtsblatt |
| Abs. | Absatz |
| Abthl. | Abtheilung |
| acta privata | Acta privata Einert, zitiert nach der Abschrift durch Gustav Jansen aus dem Jahr 1902. Archiv des Robert-Schumann-Hauses Zwickau, Arch.-Nr. 1794 - A3c |
| AfMw | Archiv für Musikwissenschaft |
| AG | Appellationsgericht |
| allg. | allgemein(e) |
| ALR | Allgemeines Landrecht für die Preußischen Staaten |
| AMZ | Allgemeine Musikalische Zeitung |
| Anm. | Anmerkung |
| Art. bzw. art. | Artikel |
| Aufl. | Auflage |
| Bd. | Band |
| BeamtenG NW | Beamtengesetzes für das Land Nordrhein-Westfalen |
| BGB | Bürgerliches Gesetzbuch |
| BGBl. | Bundesgesetzblatt |
| Bl. | Blatt |
| Blätter | Blätter für Musik und Literatur |
| BLK | Bund-Länder-Kommission für Bildungsplanung und Forschungsförderung |
| Brit. Med. J. | British Medical Journal |
| BV | Briefverzeichnis Robert Schumanns, RSchH Zwickau, Sign. 4871/VII C, 10 |
| BW | Clara und Robert Schumann. Briefwechsel. Kritische Gesamtausgabe |
| C. | Clara |
| C.A. | Codex Augusteus |
| C.A.I. | Codex Augusteus, erster Band |
| C.C.A. | Codex Augusteus, erste Fortsetzung |
| C.C.A.I. | Codex Augusteus, erste Fortsetzung, erster Band |
| C.C.A.II. | Codex Augusteus, erste Fortsetzung, zweiter Band |
| Caecilia | Caecilia. Eine Zeitschrift für die musikalische Welt |
| Cap. | Capitel |
| CC | Code civil |
| Centralbl. Nervenheilk. Psychiatr. | Centralblatt für Nervenheilkunde und Psychiatrie |
| cf. | Conventionstaler bzw. Konventionsfuß-Taler |
| Confin. psychiat. | Confinia Psychiatrica |

| | |
|---|---|
| Const. | Constitutio |
| Corr. | Korespondencja Schumanna, Biblioteka Jagiellonska Kraków, Polen |
| d. | der, die, das |
| Dec. | Decisio |
| Diss. | Dissertation |
| dt. | deutsch(e) |
| E. | Ernestine |
| EG | Europäische Gemeinschaft |
| EheRG | Erstes Gesetz zur Reform des Ehe- und Familienrechts vom 14.6.1976. BGBl. I S. 1421 |
| elegante Welt | Zeitung für die elegante Welt: Mode Unterhaltung, Kunst, Theater |
| Erl.Pr.Ord. | Erläuterte Prozeßordnung vom 10.1.1724 |
| EU | Europäische Union |
| EuGH | Europäischer Gerichtshof |
| EWG | Europäische Wirtschaftsgemeinschaft |
| F. | Friedrich |
| FFG | «Gesetz zur Förderung der beruflichen Chancen für Frauen im öffentlichen Dienst» vom 31.10.1989. GV.NW. 1989 S. 567 |
| FFK | «Frauenförderungskonzept für das Land Nordrhein-Westfalen» vom 8.5.1985. MBl.NW. 1985 S. 858 |
| fl. | Gulden |
| fol. | folio |
| G.S. | Gesetzsammlung für das Königreich Sachsen |
| G.V.Bl. | Gesetz- und Verordnungsblatt für das Königreich Sachsen |
| GABl. NW. | Gemeinsames Amtsblatt des Kultusministeriums und des Ministeriums für Wissenschaft und Forschung des Landes Nordrhein-Westfalen |
| GG | Grundgesetz für die Bundesrepublik Deutschland |
| GleichberG | Gesetz über die Gleichberechtigung von Mann und Frau auf dem Gebiete des Bürgerlichen Rechts vom 18.6.1957. BGBl. I S.609 |
| Grenzboten | Die Grenzboten: Zeitschrift für Politik, Litteratur und Kunst |
| GROVE I | The New Grove Dictionary of Music and Musicians. Edited by Stanley Sadie, in 20 volumes, London 1980. Reprinted in paperback edition 1995 |
| GROVE II | The New Grove Dictionary of Music and Musicians. Edited by Stanley Sadie, in 29 volumes, 2nd edition, London 2001 |
| GV.NW. bzw. GV.NRW. | Gesetz- und Verordnungsblatt für das Land Nordrhein-Westfalen |
| Hg. | Herausgeber |
| Hgg. | Herausgeber (plur.) |
| HHB | Haushaltsbücher [Tagebuch III] |
| HRG | Handwörterbuch zur deutschen Rechtsgeschichte |
| hrsg. | herausgegeben |
| i.d.R. | in der Regel |

| | |
|---|---|
| i.V.m. | in Verbindung mit |
| II.C.C.A.I. | Codex Augusteus, zweite Fortsetzung, erster Band |
| II.C.C.A.II. | Codex Augusteus, zweite Fortsetzung, zweiter Band |
| III.C.C.A.I. | Codex Augusteus, dritte Fortsetzung, erster Band |
| III.C.C.A.II. | Codex Augusteus, dritte Fortsetzung, zweiter Band |
| Jansen NF | Robert Schumanns Briefe. Neue Folge. Hrsg. von F. Gustav Jansen, 2. Auflage, Leipzig 1904 |
| Jg. | Jahrgang |
| Jh. | Jahrhundert |
| Jugendbriefe | Jugendbriefe von Robert Schumann. Nach den Originalen mitgetheilt von Clara Schumann. 2. Aufl. Leipzig 1886 |
| Jugendtage-bücher | Clara Schumann. Jugendtagebücher 1827-1840. Hrsg. von Gerd Nauhaus und Nancy B. Reich. Wiesbaden u.a., Breitkopf&Härtel. (In Vorbereitung.) RSchH Zwickau, Sign. 4877 - A3 [römische Zahlen bezeichnen die Bände] |
| jur. Diss. | von der juristischen Fakultät einer Universität angenommene Inaugural-Dissertation |
| königl. | königlich |
| LAZ | Leipziger allgemeine Zeitung |
| Leipziger Tageblatt | Leipziger Tageblatt und Anzeiger. Amtsblatt des Königlichen Amts- und Landgerichtes Leipzig und des Rathes und Polizeiamtes der Stadt Leipzig |
| LGG NW | Gesetz zur Gleichstellung von Frauen und Männern für das Land Nordrhein-Westfalen vom 9.11.1999. GV.NW. 1999 S. 590 |
| Lit. | Literatur |
| Litzmann | Litzmann, Berthold: Clara Schumann. Ein Künstlerleben. Nach Tagebüchern und Briefen. 3 Bde., Leipzig 1902 - 1908 |
| m.E. | meines Erachtens |
| maschr. | maschinenschriftlich |
| MBl. | Ministerialblatt |
| MBl.NW. | Ministerialblatt für das Land Nordrhein-Westfalen |
| med. Diss. | von der medizinischen Fakultät einer Universität angenommene Inaugural-Dissertation |
| MGG | Die Musik in Geschichte und Gegenwart |
| MQ | The Musical Quarterly |
| MT | The Musical Times |
| NATS | National Association of Teachers of Singing |
| NJW | Neue Juristische Wochenschrift |
| NMZ | Neue Musik-Zeitung |
| Nürnberger Korrespondent | Der Korrespondent von und für Deutschland |
| NZfM | Neue Zeitschrift für Musik |
| o.O. | ohne Ort |
| o.V. | ohne Verlag |

| | |
|---|---|
| OAG | Oberappellationsgericht |
| OVG NW | Oberverwaltungsgerichts Münster |
| P. | Pars |
| Pb. | Robert Schumann Projektenbuch, unveröff., RSchH Zwickau, Archiv-Nr. 4871/VII C, 8 |
| phil. Diss. | von der philosophischen Fakultät einer Universität angenommene Inaugural-Dissertation |
| Planet | Unser Planet: Beiblätter für Literatur und Theater zum Dresdner Merkur |
| Pr.Ord. | Prozeßordnung |
| Prozeßakten | Eheprozeßakten, Sächsisches Staatsarchiv Leipzig - SächsStAL Appellationsgericht Leipzig Nr. 765 |
| r | recto |
| R. | Robert |
| RG | Reichsgericht |
| RGZ | Entscheidungen des Reichsgerichts in Zivilsachen |
| RSchH | Robert-Schumann-Haus Zwickau, Archiv |
| Sächs. Landr. | Sächsisches Landrecht |
| Sch. | Schumann |
| Signale | Signale für die musikalische Welt |
| Staudinger | J. von Staudingers Kommentar zum Bürgerlichen Gesetzbuch mit Einführungsgesetz und Nebengesetzen |
| Streit | Streit. Feministische Rechtszeitschrift. Hrsg. vom Verein Frauen streiten für ihr Recht e.V. Frankfurt |
| Tagebuch | Tagebücher Robert Schumanns [römische Zahlen bezeichnen die Bände] |
| Testament | Testament August Schumann, Stadtarchiv Zwickau, Testamente, A.-Sign.: A6' 4112 |
| Th. bzw. th | Taler |
| Thl. | Theil |
| Tit. | Titel |
| v | verso |
| v. | vom, von |
| V. | Vater |
| Vorm.Ord. | Vormundschaftsordnung vom 10.10.1782 |
| W. | Wieck |
| WAMZ | Wiener allgemeine Musik-Zeitung |
| Wochenblatt für Rechtsfälle | Wochenblatt für merkwürdige Rechtsfälle, in actenmäßigen Darstellungen aus dem Gebiete der Justizpflege und Verwaltung zunächst für das Königreich Sachsen |
| WS | Wintersemester |
| Ziff. | Ziffer |
| ZNR | Zeitschrift für Neuere Rechtsgeschichte |

# Anhang II.2. Bibliographie


Abert, Hermann: *Robert Schumann*. 2. vollständig neu bearbeitete und vermehrte Aufl., Berlin 1910. [4. Aufl., Berlin 1920].

Abraham, Gerald: Artikel *«Robert Schumann»*. In: *The New Grove Dictionary of Music and Musicians*. Edited by Stanley Sadie, in 20 volumes. London 1980. Reprinted in paperback edition, New York u.a. 1995, Bd. 16, S. 831-870.

Abraham, Gerald; Sams, Eric (Bibliographie): *Robert Schumann*. In: *The New Grove - die großen Komponisten*. Hrsg. von Stanley Sadie, aus dem engl. von Klaus Stemmler. Stuttgart; Weimar 1994.

Ackermann, Peter; Schneider, Herbert (Hgg.): *Clara Schumann - Komponistin, Interpretin, Unternehmerin, Ikone*. Bericht über die Tagung anläßlich ihres 100. Todestages/ veranst. von der Hochschule für Musik und Darstellende Kunst und dem Hochschen Konservatorium in Frankfurt. (Musikwissenschaftliche Publikationen; Bd. 12), Hildesheim; Frankfurt; Zürich; New York 1999.

*Allgemeines Landrecht für die Preußischen Staaten von 1794*. Mit einer Einführung von Hans Hattenhauer und einer Bibliographie von Günther Bernert. 3. erweiterte Auflage, Berlin 1996.

Anger, Hans: *Probleme der deutschen Universität. Bericht über eine Erhebung unter Professoren und Dozenten*. Tübingen 1960.

Appel, Bernhard R.: *Robert Schumann als Dirigent in Düsseldorf*. In: *Robert Schumann: philologische, analytische, sozial- und rezeptionsgeschichtliche Aspekte*. Hrsg. von Wolf Frobenius. (= Saarbrücker Studien zur Musikwissenschaft; N.F. Bd. 8). Saarbrücken 1998, S.116-137.

Appel, Bernhard R.: *Schumanns Davidsbund. Geistes- und sozialgeschichtliche Voraussetzungen einer romantischen Idee*. AfMw, 38. Jg. (1981), S. 1-23.

Appel, Bernhard R.; Hermstrüwer, Inge; Nauhaus, Gerd (Hgg.): *Clara und Robert Schumann. Zeitgenössische Portraits*. Katalog zur Ausstellung des Heinrich-Heine-Instituts, Düsseldorf und des Robert-Schumann-Hauses, Zwickau. Düsseldorf 1994.

Batka, Richard: *Robert Schumann und Friedrich Wieck*. Neue Musik-Zeitung, 1894, Nr. 10, S.113-114.

Batka, Richard: *Schumann*. Musiker=Biographien 13. Band, Leipzig 1891.

Batka, Richard: *Zur Erinnerung an Clara Schumann*. In: ders.: *Musikalische Streifzüge*. Florenz und Leipzig 1899, S. 37-46.

Beci, Veronika: *Die andere Clara Schumann*. Düsseldorf 1997.

Berger, Joh. Friedr. Christ.: *Handbuch der Chursächsischen Gesetze*. 3. Bd.: *Bürgerliches Recht*. Zeitz 1804. 5. Bd.: *Geistliches Recht*. Zeitz 1805. 7. Bd.: *Proceß=Ordnung*. Zeitz 1805.

*Bilder-Conversations-Lexikon für das deutsche Volk. Ein Handbuch zur Verbreitung gemeinnütziger Kenntnisse und zur Unterhaltung*. In vier Bänden. Leipzig 1837-1841.

Boetticher, Wolfgang (Hg.): *Briefe und Gedichte aus dem Album Robert und Clara Schumanns*. Leipzig 1979.

Boetticher, Wolfgang (Hg.): *Robert Schumann in seinen Schriften und Briefen*. Berlin 1942.

Boetticher, Wolfgang: *Robert Schumann - Einführung in Persönlichkeit und Werk. Beiträge zur Erkenntniskritik der Musikgeschichte und Studien am Ausdrucksproblem des 19. Jahrhunderts*. Berlin 1941.

Böhme, Gerhard: *Medizinische Porträts berühmter Komponisten*. Stuttgart; New York 1987.

Bonorden, Hermann Friedrich: *Die Syphilis, pathologisch-diagnostisch und therapeutisch*. Berlin 1834.

Borchard, Beatrix: *Clara Schumann: Ihr Leben*. 2. Aufl., Frankfurt/Main 1997.

Borchard, Beatrix: *Clara Wieck und Robert Schumann. Bedingungen künstlerischer Arbeit in der ersten Hälfte des 19. Jahrhunderts*. Zugl.: Bremen, Univ., phil. Diss., 1983, (= Ergebnisse der Frauenforschung, Bd. 4, hrsg. an der Freien Universität Berlin), 2. Aufl., Kassel 1992.

Brendel, Franz: *Schumanns Biographie von J. W. v. Wasielewski*. NZfM, 48. Bd. (1858), Nr. 11- 18; S. 113-14, S. 125-28, S. 137-41, S. 157-60, S. 169-71, S. 181-86, S. 193-95.

*Brockhaus Enzyklopädie*. In zwanzig Bänden. 17. völlig neubearbeitete Auflage des großen Brockhaus, Wiesbaden 1966 ff.

Bücken, Ernst: *Robert Schumann*. Köln 1941.

Burger, Ernst: *Robert Schumann. Eine Lebenschronik in Bildern und Dokumenten*. Unter Mitarbeit von Gerd Nauhaus und mit Unterstützung des Robert-Schumann-Hauses Zwickau. Mainz; London u.a. 1999.

Burton, Anna M.: *A Psychoanalyst's View of Clara Schumann*. In: *Psychoanalytic Explorations in Music*. Madison, CT, International Universities, 1990, S. 97-113.

Burton, Anna: *Robert Schumann and Clara Wieck: A creative partnership*. Music & Letters, Vol. LXIX/ 2 (1988), S. 211-228.

Campe, Joachim Heinrich: *Väterlicher Rath für meine Tochter. Ein Gegenstück zum Theophron*. Nachdruck der Ausgabe Braunschweig 1796. Mit Einleitung von Ruth Bleckwenn (Hg.), (= Quellen und Schriften zur Geschichte der Frauenbildung. Bd. 3), Paderborn 1988.

Carrère, Casimir: *George Sand als Liebende und Geliebte*. Düsseldorf 1970.

*Claras Kinder: Erinnerungen* / Eugenie Schumann. Mit einem Nachwort von Eva Weissweiler und Gedichten von Felix Schumann. Berlin 1999.

Conze, Werner (Hg.): *Sozialgeschichte der Familie in der Neuzeit Europas. Neue Forschungen.* (= Industrielle Welt. Schriftenreihe des Arbeitskreises für moderne Sozialgeschichte, Bd. 21), Stuttgart 1976.

Curtius, D. Carl Friedrich: *Handbuch des im Königreiche Sachsen geltenden Civilrechts.* Dritte vermehrte und nach den neuesten gesetzlichen Bestimmungen ergänzte Ausgabe. Zweiter Theil, Zweite Abtheilung [Erbrecht], Leipzig 1837.

Curtius, D. Carl Friedrich: *Handbuch des in Chursachsen geltenden Civilrechts.* Zweite vermehrte Ausgabe, Leipzig 1807.

Daverio, John: Artikel *«Robert Schumann»*. In: *The New Grove Dictionary of Music and Musicians.* Edited by Stanley Sadie, in 29 volumes, 2nd edition, London 2001, Bd. 22, S. 760-816.

Daverio, John: *Robert Schumann. Herald of a „New Poetic Age".* New York; Oxford 1997.

Deiters, H.[ermann]: *Robert Schumann. Eine Biographie von Jos. Wilh. v. Wasielewski. Zweite, verbesserte Auflage.* AMZ 4. Jg. (1869), Nr. 46 bis 48, S. 364-367, S. 370-373, S. 378-380.

Dörffel, Alfred: *Geschichte der Gewandhausconzerte zu Leipzig vom 25. November 1781 bis 25. November 1881. Im Auftrage der Concert-Direction verfasst.* Reprint der Ausgabe Leipzig 1884, Leipzig 1980.

Dörner, Heinrich: *Industrialisierung und Familienrecht. Die Auswirkungen des sozialen Wandels dargestellt an den Familienmodellen des ALR, BGB und des französischen Code civile.* (= Schriftenreihe zur Rechtssoziologie und Rechtstatsachenforschung, Bd. 30), Berlin 1974.

Edler, Arnfried: *Robert Schumann und seine Zeit.* o.O., Laaber-Verlag 1982.

Eismann, Georg: *Robert Schumann. Ein Quellenwerk über sein Leben und Schaffen*, 2 Bde., Leipzig 1956.

Eismann, Georg: *Robert Schumann. Eine Biographie in Wort und Bild.* 2. Aufl., Leipzig 1964.

Emminghaus, Gustav: *Pandekten des gemeinen Sächsischen Rechts.* Jena 1851.

Engel, Christian: *Ein unvollendetes Künstlerdasein - Die Krankengeschichte des Komponisten Robert Schumann (1810-1856).* Göttingen, Univ., med. Diss., Göttingen 1995.

*Entwurf eines bürgerlichen Gesetzbuchs für das Königreich Sachsen. Nebst allgemeinen Motiven und Inhaltsverzeichnisse.* Dresden 1852. Nachdruck Frankfurt/ Main 1986.

Erler, Hermann. *Robert Schumann's Leben. Aus seinen Briefen geschildert.* 2 Bde., Berlin 1887.

Federhofer-Königs, Renate: *Wilhelm Joseph von Wasielewski (1822-1896) im Spiegel seiner Korrespondenz.* (= Mainzer Studien zur Musikwissenschaft Bd. 7), Tutzing 1975.

Flechsig, Emil: *Erinnerungen an Robert Schumann.* NZfM, 117. Jg. (1956), Heft 7/8, S. 392-396.

Fournier, Alfred: *Die Vererbung der Syphilis.* Im Einvernehmen mit dem Verfasser bearbeitet von Ernest Finger. Leipzig und Wien 1892.

Fournier, Alfred: *Syphilis und Ehe. Vorlesungen gehalten im Hospital Saint-Louis.* Ins Deutsche übertragen von Paul Michelson. Berlin 1881.

Franken Franz Hermann [I]: *Die Krankheiten großer Komponisten.* Bd. 4, Wilhelmshaven 1997.

Franken Franz Hermann [II]: *Robert Schumann in der Irrenanstalt in Bonn-Endenich: Zum aufgefundenen ärztlichen Verlaufsbericht 1854-1856 von Doktor Franz Richarz.* In: *Brahms-Studien*, Bd. 11. Hrsg. im Auftrag der Johannes-Brahms-Gesellschaft Internationale Vereinigung e.V. von Martin Meyer, Tutzing 1997, S. 107-120.

Franken, Franz Hermann: *Die Krankheiten großer Komponisten*, Bd. 1, Wilhelmshaven 1986.

Franken, Franz Hermann: *Robert Schumann in der Irrenanstalt Endenich. Zum Verlaufsbericht seines behandelnden Arztes Dr. Franz Richarz.* In: *Robert Schumanns letzte Lebensjahre - Protokoll einer Krankheit.* Archiv-Blätter 1, hrsg. von der Stiftung Archiv der Akademie der Künste, Berlin 1994, S. 7-24.

Franken, Franz Hermann: *Untersuchungen zur Krankengeschichte Robert Schumanns.* In: *Robert Schumann - Ein romantisches Erbe in neuer Forschung. Acht Studien.* Hrsg. von der Robert -Schumann -Gesellschaft Düsseldorf, Mainz 1984, S. 87-97.

*Frauen in Führungspositionen an Hochschulen und außerhochschulischen Forschungseinrichtungen. Sechste Fortschreibung des Datenmaterials.* Hrsg. von der Bund-Länder-Kommission für Bildungsplanung und Forschungsförderung (BLK). Bonn 2002.

Fuhrmann, Roderich: *Die Musikpädagogik von Friedrich Wieck: Eine nachträgliche Würdigung zum zweihundertsten Geburtstag.* Üben & Musizieren III/5, (1986), S. 464-5; 467-71.

*Genia - Nur für Frauen. Lese- und Handbuch für Studentinnen.* Hrsg. von der Frauenbeauftragten der Universität zu Köln [Christel Tomson]. 2. überarbeitete Aufl. Köln 1995.

Gensel, Julius: *Robert Schumanns Briefwechsel mit Henriette Voigt.* Die Grenzboten, 51. Jg. (1892), S. 269-77; S. 324-32; S. 368-75.

Gensel, Julius: *Robert Schumanns Briefwechsel mit Henriette Voigt geb. Kuntze.* Erweiterter Sonderdruck aus den Grenzboten, Leipzig 1892.

Giraudeau de Saint-Gervais, Jean: *Die syphilitischen Krankheiten mit vergleichender Prüfung ihrer verschiedenen Heilmethoden und besonderer Würdigung der Behandlung ohne Mercur. Nebst einem Anhange über die Prostitution.* Aus dem

Französischen nach der zweiten Ausgabe des Originals unter Mitwirkung des Verfassers übertragen, 2 Bde., Leipzig und Paris 1841.

Gruhle, H.W.: *Brief über Robert Schumann's Krankheit an P. J. Möbius*. Centralbl Nervenheilk Psychiatr 29 (1906), S. 805-810.

Haan, Wilhelm: *Systematische Zusammenstellung desjenigen, was die Pfarrer im Königreich Sachsen bei Aufgebot, Trauung und Ehescheidung zu beobachten haben, nach den neuesten Sächsischen Staats- und Kirchen-Gesetzen und unter Anführung kirchenrechtlicher Auctoritäten, nach Praxis und Erfahrung bearbeitet.* Grimma 1844.

*Handwörterbuch zur deutschen Rechtsgeschichte.* Herausgegeben von Adalbert Erler und Ekkehard Kaufmann. Mitbegründet von Wolfgang Stammler. Berlin 1971 ff.

Hänsel, Philipp Heinrich: *Bemerkungen und Excurse über das in dem Königreich Sachsen gültige Civilrecht, nach Anleitung von Curtius Handbuch zusammengestellt.* Leipzig 1828 und 1831.

Hanslick, Eduard: *Geschichte des Concertwesens in Wien.* Wien 1869/70.

Hanslick, Eduard: *W. J. v. Wasielewski. Mit ungedruckten Briefen von Clara Schumann.* [1898]. In: ders.: *Aus neuer und neuester Zeit. (Der modernen Oper IX. Teil). Musikalische Kritiken und Schilderungen.* Berlin 1900, S. 313-324.

Hartitzsch, Adolph Carl Heinrich: *Handbuch des in Deutschland geltenden Eherechts. Mit besonderer Angabe des Sächsischen und Preußischen Rechts.* Leipzig 1828.

Hartitzsch, Adolph Karl Heinrich: *Das im Königreiche Sachsen geltende Eherecht.* Dresden 1836.

Hartitzsch, Adolph Karl Heinrich: *Entscheidungen practischer Rechtsfragen mit Rücksicht auf Erkenntnisse von Oberbehörden.* Leipzig 1840.

Haubold, Christian Gottlieb: *Lehrbuch des Königlich-Sächsischen Privatrechts.* 2. verm. Ausgabe besorgt von Karl Friedrich Günther. Leipzig 1829.

Haubold, Christian Gottlob: *Lehrbuch des Königlich=Sächsischen Privatrechts.* 3. verm. Aufl. hrsg. von Philipp Heinrich Friedrich Hänsel. Leipzig 1847.

Hausen, Karin: *Die Polarisierung der „Geschlechtscharaktere" - Eine Spiegelung der Dissoziation von Erwerbs- und Familienleben.* In: Conze, Werner (Hg.): *Sozialgeschichte der Familie in der Neuzeit Europas. Neue Forschungen.* (= Industrielle Welt. Schriftenreihe des Arbeitskreises für moderne Sozialgeschichte, Bd. 21), Stuttgart 1976, S. 363- 393.

Heimbach, Carl Wilhelm Ernst: *Lehrbuch des particulären Privatrechts der zu den O.A.Gerichten zu Jena und Zerbst vereinten Großherzoglich und Herzoglich Sächsischen, Fürstlich Reußischen, Fürstlich Schwarzburgischen und Herzoglich Anhaltischen Länder.* Jena 1848. [Hauptband] und 1853 [Nachtrag].

Held, Wolfgang: *Manches geht in der Nacht verloren: Die Geschichte von Clara und Robert Schumann.* Hamburg 1998.

Henke, Matthias: *»Mit zerrissenem Herzen« Clara Schumann*. München 2000.

Henson, R.A.; Ulrich, H.: *Schumann's hand injury*. Brit. Med. J. 1978/ 1, S. 900-903.

Hoffmann-Axthelm, Dagmar: *Robert Schumann - Glücklichsein und tiefe Einsamkeit*. Stuttgart 1994.

Hohemser, Richard: *Clara Wieck-Schumann als Komponistin*. Die Musik, Jg. 1905/1906, Bd. 4, Heft 20, S.113-126, S. 166-173.

Hoy-Draheim, Susanne: *Robert Schumann und E.T.A. Hoffmann*. In: *Schumann und seine Dichter*. Bericht über das 4. Internationale Schumann-Symposion am 1. u. 14. Juni 1991 im Rahmen des 4. Schumann-Festes Düsseldorf. Hrsg. von Matthias Wendt. Mainz u.a. 1993, S. 61 -70.

Jänisch, W.; Nauhaus, G.: *Der Obduktionsbefund der Leiche des Komponisten Robert Schumann - Veröffentlichung und Wertung eines wiederentdeckten Dokuments*. Zentralbl. Allg. Pathol. 132/2 (1986), S. 129-136.

Jansen, F. Gustav (Hg.): *Robert Schumanns Briefe. Neue Folge*. 2. Aufl., Leipzig 1904.

Jansen, F. Gustav: *Die Davidsbündler. Aus Robert Schumann's Sturm- und Drangperiode. Ein Beitrag zur Biographie R. Schumann's nebst ungedruckten Briefen, Aufsätzen und Portraitskizzen aus seinem Freundeskreise*. Leipzig 1883. Neudruck Wiesbaden 1973.

John, Hans: *Das Verhältnis Robert Schumanns zu Friedrich Wieck in den Jahren 1839/40 - Auswertung der im Dresdner Staatsarchiv befindlichen Prozeßakten*. In: *Schumann Studien 1*. Bericht von der 12. Wissenschaftlichen Arbeitstagung zu Fragen der Schumann-Forschung am 12. u. 13. Juni 1987: Schumann und Schumann-Forschung im Spannungsfeld von Rezeptions- und Interpretationsproblemen.- Zwickau 1988, S. 38-57.

Joß, Victor: *Der Musikpädagoge Friedrich Wieck und seine Familie. Mit besonderer Berücksichtigung seines Schwiegersohns Robert Schumann*. Dresden 1902.

Joß, Victor: *Friedrich Wieck und sein Verhältnis zu Robert Schumann*. Dresden 1900.

Joß, Victor: *Robert Schumann's Verhältnis zu Ernestine von Fricken*. NZfM, 68. Jg. (1901), Nr. 23, S. 312-13.

Kast, Paul (Hg.): *Schumanns rheinische Jahre*. Ausstellungskatalog des Heinrich-Heine-Instituts Düsseldorf. Düsseldorf 1981.

Käuffer, Friedrich Wilhelm: *Ueber die Appellationen gegen das gerichtliche Verfahren in Civilrechtssachen, nebst einigen anderen juristischpractischen Aufsätzen, nach Königl. Sächs. Rechte*. Zwickau 1840.

Kirchhoff, Arthur (Hg.): *Die akademische Frau. Gutachten hervorragender Universitätsprofessoren, Frauenlehrer und Schriftsteller über die Befähigung der Frau zum wissenschaftlichen Studium und Berufe*. Berlin 1897.

Klassen, Janina: *Clara Wieck-Schumann: Die Virtuosin als Komponistin; Studien zu ihrem Werk.* Zugl.: Kiel, Univ., phil. Diss., 1988 (= Kieler Schriften zur Musikwissenschaft, Bd. 37), Kassel; Basel; London; New York 1990.

Kläui, Heinrich: *Soziale Aspekte der Syphilis im 19. Jahrhundert. Die Verhältnisse in Paris.* Zugl.: Zürich, Univ., med. Diss., Zürich 1977.

Kleinheyer, Gerd: *Wandlungen der elterlichen Gewalt zwischen dem 16. und 19. Jahrhundert, dargestellt am Beispiel des elterlichen Ehekonsensrechtes.* In: *Festschrift für Günther Beitzke zum 70. Geburtstag am 26. April 1979.* Hrsg. von Otto Sandrock. Berlin; New York 1979, S. 235-247.

Knigge, Adolf Freiherr: *Über den Umgang mit Menschen.* 1788, (Bibliothek der Philosophie Bd. 8, hrsg. von Alexander Heine) Essen: Phaidon, o.J.

Köckritz, Cathleen: Artikel *«(Johann Gottlob) Friedrich Wieck».* In: *The New Grove Dictionary of Music and Musicians.* Edited by Stanley Sadie, in 29 volumes, 2nd edition, London 2001, Bd. 27, S. 362-363.

Köckritz, Cathleen: Artikel *«(Johanna) Marie Wieck».* In: *The New Grove Dictionary of Music and Musicians.* Edited by Stanley Sadie, in 29 volumes, 2nd edition, London 2001, Bd. 27, S. 363.

Köckritz, Cathleen: *Ausgewählte Aspekte der Klavierausbildung Friedrich Wiecks.* In: *Schumann-Studien 6.* Hrsg. von Gerd Nauhaus im Auftrag der Robert-Schumann-Gesellschaft Zwickau. (= 16. Wissenschaftliche Arbeitstagung zu Fragen der Schumann-Forschung, Zwickau 1996 - Teil 1: Clara Schumann), Zwickau 1997, S. 41-54.

Köckritz, Cathleen: *„So strebe ich darnach ein Lehrer Ersten Ranges zu werden“ - Die beginnende Unterrichtstätigkeit Friedrich Wiecks.* In: Ackermann, Peter; Schneider, Herbert (Hgg.): *Clara Schumann - Komponistin, Interpretin, Unternehmerin, Ikone.* Bericht über die Tagung anläßlich ihres 100. Todestages/ veranst. von der Hochschule für Musik und Darstellende Kunst und dem Hochschen Konservatorium in Frankfurt. (Musikwissenschaftliche Publikationen; Bd. 12), Hildesheim; Frankfurt; Zürich; New York: 1999, S. 151-165.

Kohut, Adolph: *Friedrich Wieck, Ein Lebens- und Künstlerbild. Mit zahlreichen ungedruckten Briefen.* Dresden und Leipzig 1888.

Kroj, Karina: *Die Abhängigkeit der Frau in Eherechtsnormen des Mittelalters und der Neuzeit als Ausdruck eines gesellschaftlichen Leitbilds von Ehe und Familie. Zugleich eine Untersuchung zu den Realisierungschancen des zivilrechtlichen Gleichheitsgrundsatzes.* Zugl.: Mainz, Univ., jur. Diss., 1988, (= Europäische Hochschulschriften: Reihe 2, Rechtswissenschaft; Bd. 743), Frankfurt/ Main; Bern; New York; Paris 1988.

Kross, Siegfried (Hg.): *Briefe und Notizen Robert und Clara Schumanns.* (= Bonner Beiträge zur Bibliotheks- und Bücherkunde, Bd. 27; Veröffentlichungen aus den Beständen der Universitätsbibliothek Bonn, 5), 2. wesentl. erw. Aufl., Bonn 1982.

Lagneau, Louis Vivant: *Die Kunst alle Arten der Lustseuche zu erkennen, zu heilen und sich dafür zu sichern. Mit besonderer Rücksicht auf deren Symptome, verschiedene Heilarten, Abänderungen und Behandlung in Hinsicht des Alters des Geschlechts und des Temperaments der Kranken, wie auch des Klima's, der Jahreszeiten und der begleitenden Krankheiten.* Vierte verbesserte Ausgabe, Erfurt und Gotha 1815.

Le Beau, Louise Adolpha: *Lebenserinnerungen einer Komponistin.* Baden-Baden 1910.

Lebelt, Jochen Michael: *Robert Schumann als Redakteur der „Neuen Zeitschrift für Musik", 1834 bis 1844.* Zwickau, Pädagogische Hochschule 'Ernst Schneller', phil. Diss., maschr., Zwickau 1988.

Leibholz, G.; Rinck, H.J. (Hgg.): *Grundgesetz für die Bundesrepublik Deutschland. Kommentar an Hand der Rechtsprechung des Bundesverfassungsgerichts.* 4. überarbeitete und erweiterte Aufl., Köln 1971.

Lèpront, Catherine: *Clara Schumann. Künstlerleben und Frauenschicksal.* München 1989.

Lipp, Martin: *„Väterliche Gewalt" und „Person" - zur Dogmengeschichte der elterlichen Sorge in der Pandektistik des 19. Jahrhunderts.* ZNR, 15. Jg. (1993), Nr. 3/4, S. 129-145.

Liszt, Franz: *Gesammelte Schriften.* Bd. IV, hrsg. von Lina Ramann, Leipzig 1882.

Litzmann, Berthold (Hg.): *Clara Schumann - Johannes Brahms. Briefwechsel.* Briefe aus den Jahren 1853 - 1896. Im Auftrage von Marie Schumann herausgegeben von Berthold Litzmann. 2 Bde., Leipzig 1927.

Litzmann, Berthold: *Clara Schumann. Ein Künstlerleben. Nach Tagebüchern und Briefen.* 3 Bde., Leipzig 1902 - 1908. Bd. I, 8. Aufl., Leipzig 1925; Bd. II, 7. Aufl., ebenda 1925; Bd. III, 5. und 6. Aufl., ebenda 1923.

Mahr, Justus: *Friedrich Wieck: Ausbildungsmethoden eines »alten Musikmachers«.* NZfM, 128. Jg. (1967), S. 371-9.

Malsbenden, Petra: *Die rechtliche Stellung der Frau im ehelichen Güterrecht vom ALR zum BGB.* Zugl.: Passau, Univ., jur. Diss., 1990, (= Europäische Hochschulschriften: Reihe 2, Rechtswissenschaft; Bd. 1083), Frankfurt/ Main; Bern; New York; Paris 1991.

Meichsner, A.[nna] v.: *Friedrich Wieck und seine beiden Töchter Clara Schumann, geb. Wieck und Marie Wieck.* Leipzig 1875.

Meier, Barbara: *Robert Schumann.* 3. Aufl., Reinbeck bei Hamburg 2001.

Michaelis, Albert Carl Julius: *Compendium der Lehre von der Syphilis und der damit zusammenhängenden ähnlichen Krankheiten und Folgezustände für praktische Ärzte und Studirende.* Wien 1859.

Moser, Dietz-Rüdiger (Hg.): *Clara Schumann: Mein liebes Julchen. Briefe von Clara Schumann an ihre Enkeltochter Julie Schumann. Mit Auszügen aus Julie*

*Schumanns Tagebüchern und einem Bericht über ihre Begegnung mit Johannes Brahms*. München 1990.

Moser, Hans Joachim; Rebling, Eberhard (Hgg.): *Robert Schumann. Aus Anlaß seines 100. Todestages*. Leipzig 1956.

Müller-Reuter, Theodor: *Clara Schumann. Ein Gedenkblatt zum hundertjährigen Geburtstag der Meisterin (13. Sept. 1919)* In: ders., *Bilder und Klänge des Friedens. Musikalische Erinnerungen und Aufsätze*. Leipzig 1919, S. 5 - 85.

Müller-Reuter, Theodor: *Friedrich Wieck. Erinnerungen an seine letzten Lebensjahre*. In: ders., *Bilder und Klänge des Friedens. Musikalische Erinnerungen und Aufsätze*, Leipzig 1919, S. 87 - 117.

Nauhaus, Gerd: *Die Konzertreisen Clara Schumanns nach Rußland 1844 und 1864*. In: *Schumann Studien 1*. Bericht von der 12. Wissenschaftlichen Arbeitstagung zu Fragen der Schumann-Forschung am 12. u. 13. Juni 1987: Schumann und Schumann-Forschung im Spannungsfeld von Rezeptions- und Interpretationsproblemen. Zwickau 1988, S. 69-74.

Neumayr, Anton: *Musik und Medizin. Am Beispiel der deutschen Romantik*. Bd. 2; 2. Aufl., Wien 1991.

Osterloh, Robert: *Der ordentliche bürgerliche Proceß nach Königlich Sächsischem Rechte*. 2 Bde., 2. vermehrte und verbesserte Auflage, Leipzig 1846.

Osterloh, Robert: *Die summarischen bürgerlichen Processe nach Königlich Sächsischem Rechte*. Zweite vermehrte und verbesserte Auflage, Leipzig 1847.

Ostwald Peter F.: *Schumann. The Inner Voices of a Musical Genius*. Boston 1985, 5. Auflage 1990.

Ostwald. Peter F.: *Florestan, Eusebius, Clara and Schumanns Right Hand*. In: 19th CT, Bd. IV(1980), S. 17-31.

Otto, Louise: *Das Recht der Frauen auf Erwerb. Blicke auf das Frauenleben der Gegenwart*. Hamburg 1866.

Otto, Louise: *Frauenleben im deutschen Reich. Erinnerungen aus der Vergangenheit mit Hinweis auf Gegenwart und Zukunft*. Leipzig 1876. bzw. Nachdruck der Ausg. Leipzig: Schäfer 1876/ mit Einl. von Ruth Bleckwenn. (= Quellen und Schriften zur Geschichte der Frauenbildung; Bd. 2), Paderborn 1988.

Otto, Louise: *„Dem Reich der Freiheit werb' ich Bürgerinnen". Die Frauen-Zeitung von Louise Otto*. Herausgegeben und kommentiert von Ute Gerhard, Elisabeth Hannover-Drück und Romina Schmitter, Frankfurt/Main 1979.

Palandt, Otto: *Kommentar zum Bürgerlichen Gesetzbuch*. 16. Aufl., München; Berlin 1957. [Zitiert: Palandt/Bearbeiter].

Pauli, Friedrich: *Ueber Contagiosität und Erblichkeit der Syphilis, sowie über das Verhältnis des Schanker-Contagium zur Vaccine. Mit Bezug auf die dem Dr.*

*Hübner zur Last gelegte Uebertragung der Syphilis durch Vaccinantion.* Mannheim 1854.

Payk, Theo Rudolf: *Robert Schumann als Patient in Bonn-Endenich.* Confin. psychiat. 20 (1977), S. 153-161.

*Pschyrembel: Klinisches Wörterbuch, mit klinischen Syndromen und nomina anatomica.* Begr. von Willibald Pschyrembel. Hrsg. von Christoph Zink. 255. völlig überarbeitete und stark erweiterte Aufl., Berlin u.a. 1986.

Rauchfleisch, Udo: *Robert Schumann. Leben und Werk; eine Psychobiographie.* Stuttgart; Berlin; Köln 1990.

Rehberg, Paula und Walter: *Robert Schumann. Sein Leben und sein Werk.* Zürich und Stuttgart 1954.

Reich, Nancy B.: Artikel «Clara Schumann». In: *The New Grove Dictionary of Music and Musicians.* Edited by Stanley Sadie, in 29 volumes, 2nd edition, London 2001, Bd. 22, S. 754-758.

Reich, Nancy B.: *Clara Schumann: Romantik als Schicksal.* Reinbeck bei Hamburg 1993, 19.-22. Tausend 1997.

Reich, Nancy B.: *Komponierende und musizierende Frauen im 19. Jahrhundert: Fanny Hensel und Clara Schumann.* In: *Schumann-Studien 2: Robert und Clara Schumann im Musikleben ihrer Zeit.* Zwickau 1989, S. 73-79.

Reich, Nancy B.; Burton, Anna: *Clara Schumann: Old Sources, New Readings.* In: The Musical Quarterly, Vol. 70/3 (1984), S. 332-54.

Reimann, Heinrich: *Robert Schumanns Leben und Werke.* Leipzig 1887.

Reissmann, August: *Robert Schumann. Sein Leben und seine Werke.* Berlin 1865.

*Repertorium des Gesetz= und Verordnungsblattes für das Königreich Sachsen auf die Jahre 1818 bis mit 1851. Nebst Anhang über die vom 1. Januar bis Ende Juni 1852 erschienenen Gesetze.* Dresden 1852.

Richarz, Franz: *Robert Schumann.* Signale, 31. Jg. (1873), Nr. 40, S. 625-629.

Richter, M. Carl Ernst: *Biographie von August Schumann.* Zwickau 1826.

Rothe, Hans-Joachim: *Neue Dokumente zur Schumann-Forschung aus dem Leipziger Stadtarchiv.* In: Bericht über den internationalen musikwissenschaftlichen Kongress Leipzig 1966. Hrsg. von Carl Dahlhaus u.a., Kassel; Leipzig 1970, S. 317-321.

Rothe, Hans-Joachim: *Neue Dokumente zur Schumann-Forschung im Stadtarchiv Leipzig.* In: *Arbeitsberichte zur Geschichte der Stadt Leipzig*, Nr. 13. maschr., hrsg. vom Stadtarchiv Leipzig, Leipzig 1967, S. 1-17.

Rumpf, Johann Daniel F.: *Der Haus-, Brot- und Lehrherr in seinen ehelichen, väterlichen und übrigen hausherrlichen Verhältnissen gegen Gesinde, Gesellen und Lehrlinge nach allgemeinen und insbesondere nach Preußischen Gesetzen.* Berlin 1823.

Sams, Eric: *Schumann's hand injury*. MT 112 (1971), S. 1156-1159.

Schiek, Dagmar (Hg.): *Frauengleichstellungsgesetze des Bundes und der Länder: Kommentar für die Praxis zum Frauenfördergesetz für den Bundesdienst und zu den Frauenfördergesetzen, Gleichstellungsgesetzen und Gleichberechtigungsgesetzen der Länder; mit dem Beschäftigtenschutzgesetz.* Köln 1996.

Schmidt, Gerhard: *Die Staatsreform in Sachsen in der ersten Hälfte des 19. Jahrhunderts. Eine Parallele zu den Steinschen Reformen in Preußen.* (= Schriftenreihe des Staatsarchivs Dresden, Bd. 7),Weimar 1966.

Schönfeld, Walther: *Kurze Geschichte der Dermatologie und Venerologie und ihre kulturgeschichtliche Spiegelung*. o.O., 1954.

Schoppe, Martin: *Schumann im Spiegel der Tagesliteratur. Ein Beitrag zur Erforschung der Schumann-Rezeption zwischen 1830 und 1856*. Phil. Diss., maschr., Halle 1966.

Schott, August Ludwig: *Einleitung in das Eherecht zu akademischem und gemeinnützlichem Gebrauch*. Nürnberg 1786.

Schumann, Clara (Hg.): *Jugendbriefe von Robert Schumann. Nach den Originalen mitgetheilt von Clara Schumann*. 2. Aufl., Leipzig 1886.

Schumann, Clara und Schumann, Robert: *Briefwechsel. Kritische Gesamtausgabe*. Hrsg. von Eva Weissweiler, Mitarbeit von Susanna Ludwig. Bd. I (1832-1838) Basel; Frankfurt/Main 1984; Bd. II (1839) ebenda 1987; Bd. III (1840-1851) ebenda 2001.

Schumann, Eugenie: *Erinnerungen*. In: *«Claras Kinder»*. Hrsg. von Eva Weissweiler. Berlin 1999.

Schumann, Eugenie: *Robert Schumann. Ein Lebensbild meines Vaters*. Leipzig 1931.

Schumann, Ferdinand: *August Schumann*. NZfM, 78. Jg. (1911), Heft 22/23, 23. Juni 1911, S. 353-354.

Schumann, Ferdinand: *Erinnerungen an Clara Schumann. Tagebuchblätter ihres Enkels Ferdinand Schumann*. NZfM, 84. Jg. (1917), Nr. 9-13; S. 69-72, S. 77-80, S. 85-88, S. 93- 96, S. 101- 104.

Schumann, Robert: *Gesammelte Schriften über Musik und Musiker*. Hrsg. von F. Gustav Jansen, 4. Aufl., Leipzig 1891.

Schumann, Robert: *Tagebücher*. Bd. I (1827-1838), hrsg. von Georg Eismann. Basel; Frankfurt/Main, Lizenzausgabe mit Genehmigung des Originalverlages VEB Deutscher Verlag für Musik Leipzig 1971. Bd. II (1836-1854), hrsg. von Gerd Nauhaus, ebenda 1987. Bd. III (Haushaltsbücher) Teil I (1837-1847), Teil II (1847-1856), hrsg. von Gerd Nauhaus, ebenda 1982.

Schuster-Aachen, Ludwig: *Wann dürfen Syphilitische heiraten?* 2. Auflage, Berlin 1890.

Schwarzer, Alice: *Frauenarbeit - Frauenbefreiung. Praxis-Beispiele und Analysen*. Hrsg. von Alice Schwarzer, Frankfurt am Main 1973.

Shitomirski, Daniel Wladimirowitsch: *Schumann in Rußland.* In: *Sammelbände der Robert- Schumann-Gesellschaft.* Vol. 1, Leipzig 1961, S. 19-46.

Slater, Eliot: *Schumann's Illness.* In: *Robert Schumann - The man and his Music.* Hrsg. von Alan Walker, 2. Aufl., London 1976, S. 406-417.

Spitta, Philipp: *Ein Lebensbild Robert Schumanns.* (= Sammlung musikalischer Vorträge, IV), Leipzig 1882, S.1-102.

Staudinger, Julius v: *Kommentar zum Bürgerlichen Gesetzbuch.* IV. Bd. Familienrecht. 1. Teil: §§1297 - 1588. Erläutert von Theodor Engelmann, herausgegeben von Fritz Keidel. 9. Aufl., München; Berlin; Leipzig 1926. [zitiert: Staudinger /Bearbeiter].

Staudinger, Julius v: *Kommentar zum Bürgerlichen Gesetzbuch.* IV. Buch: Familienrecht, 1. Teil. 13. Bearbeitung von Heinz Hübner u.a., Berlin 2000. [zitiert: Staudinger/Bearbeiter].

Steegmann, Monica (Hg.): *„... daß Gott mir ein Talent geschenkt" Clara Schumanns Briefe an Hermann Härtel und Richard und Helene Schöne.* Zürich; Mainz 1997.

Steegmann, Monica: *Clara Schumann.* Reinbek bei Hamburg 2001.

Steegmann, Monica: *Clara Schumanns Veranstaltungslogistik.* In: Ackermann, Peter; Schneider, Herbert (Hgg.): *Clara Schumann - Komponistin, Interpretin, Unternehmerin, Ikone.* Bericht über die Tagung anläßlich ihres 100. Todestages/ veranst. von der Hochschule für Musik und Darstellende Kunst und dem Hochschen Konservatorium in Frankfurt. (Musikwissenschaftliche Publikationen; Bd. 12), Hildesheim; Frankfurt; Zürich; New York 1999, S. 217-225.

Synofzik, Thomas (Hg.): *Briefe und Dokumente im Schumannhaus Bonn-Endenich.* Im Auftrag des Vereins Schumannhaus Bonn. Bonn 1993.

*Tätigkeitsbericht der Gleichstellungsbeauftragten der Universität zu Köln, 1. April 1999 bis 31. März 2001.* Köln 2001.

Täubel, Christian Gottlob: *Allgemeines theoretisch=praktisches Wörterbuch der Buchdruckerkunst und Schriftgießerey.* Bd. 3, Wien 1805-1809, Reprint, Pinneberg 1986.

Twellmann, Margrit: *Die deutsche Frauenbewegung im Spiegel repräsentativer Frauenzeitschriften. Ihre Anfänge und erste Entwicklung 1843 - 1899.* (= Marburger Abhandlungen zur Politischen Wissenschaft, Bd. 17/I, hrsg. von Wolfgang Abendroth), Meisenheim am Glan 1972.

Twellmann, Margrit: *Die Deutsche Frauenbewegung. Ihre Anfänge und erste Entwicklung. Quellen 1843 - 1899.* (= Marburger Abhandlungen zur Politischen Wissenschaft, Bd. 17/II, hrsg. von Wolfgang Abendroth), Meisenheim am Glan 1972.

Verdenhalven, Fritz: *Alte Meß- und Währungssysteme aus dem deutschen Sprachgebiet.* 2. wesentlich vermehrte und völlig überarbeitete Auflage der Schrift

»Alte Maße, Münzen und Gewichte aus dem deutschen Sprachgebiet«. Neustadt an der Aisch 1998.

Vries, Claudia de: *Die Pianistin Clara Wieck-Schumann: Interpretation im Spannungsfeld von Tradition und Individualität.* Zugl.: Zürich, Univ., phil. Diss., 1992/93, (= Schumann-Forschungen: Bd. 5), Mainz u.a. 1996.

Walch-Schumann, Käthe (Hg.): *Wieck, Friedrich: Briefe aus den Jahren 1830 - 1838.* Eingeleitet und herausgegeben von Käthe Walch-Schumann. (= Beiträge zur rheinischen Musikgeschichte, Heft 74), Köln 1968.

Walker, A.[lan]: *Schumann's hand injury.* Brit. Med. J., 1978/ 1, S. 1420.

Walker, Alan (Hg.): *Robert Schumann. The Man and his Music.* 2. Aufl., London 1976.

Walker, Nancy: *Parallels between Fanny Mendelssohn Hensel and Clara Wieck Schumann: Their Lives and Their Songs.* NATS journal, Vol. L/4 (Mar-Apr, 1994) S. 9-13, 50 f.

Wasielewski, Wilhelm Josef v.: *Robert Schumann. Eine Biographie.* Dresden 1858. [2. Aufl. 1869; 3. Aufl. 1880 (1887)].

Wasielewski, Wilhelm Josef v.: *Robert Schumann. Eine Biographie.* Reprint der 4. Aufl. von 1906, Wiesbaden 1972.

Weber, Carl Gottlieb: *Systematische Darstellung des im Königreiche Sachsen geltenden Kirchenrechts.* 2 Theile, Leipzig 1818-1829.

Weber, Carl Gottlieb: *Systematische Darstellung des im Königreiche Sachsen geltenden Kirchenrechts.* Zweite nach der neueren gesetzlichen Verfassung gänzlich umgearbeitete Auflage, 2 Bde., Leipzig 1843-1845.

Weiske, Julius: *Die Quellen des gemeinen sächsischen Rechtes.* Leipzig 1846.

Weissweiler, Eva: *Clara Schumann. Eine Biographie.* 6. Aufl., München 1998.

Weissweiler, Eva: *Komponistinnen aus 500 Jahren. Eine Kultur- und Wirkungsgeschichte in Biographien und Werkbeispielen.* Frankfurt/ Main 1981, 13.-14. Tausend 1988.

Weissweiler, Eva: *Zwischen Kindbett und Karriere.* Rundfunkmanuskript WDR III, Januar 1979.

Welcker, Carl Theodor: Artikel *«Geschlechtsverhältnisse».* In: K. Rotteck, C. Welcker (Hgg.), *Staatslexicon oder Encyclopädie der Staatswissenschaften.* Bd. 6, Altona 1838.

Wendler, Eugen (Hg.): *«Das Band der ewigen Liebe»: Clara Schumanns Briefwechsel mit Emilie und Elise List.* Stuttgart; Weimar 1996.

Wieck, Friedrich: *Clavier und Gesang. Didaktisches und Polemisches.* Leipzig 1853.

Wieck, Friedrich: *Friedrich Wiecks 'Clavier und Gesang' und andere musikpädagogische Schriften.* Kommentiert und hrsg. von Tomi Mäkelä und Christoph Kammertöns, Hamburg 1998.

Wieck, Friedrich: *Musikalische Bauernsprüche und Aphorismen ernsten und heiteren Inhalts*. Zweite sehr vermehrte Auflage, Leipzig 1875.

Wieck, Marie: *Aus dem Kreise Wieck- Schumann*. Dresden 1912.

Wiese: *Handbuch des gemeinen in Teutschland üblichen Kirchenrechts. Als Commentar über seine Grundsätze desselben von dem Hofrath Wiese in Gera.* [Theil I (1800), Theil II (1802)], Leipzig 1800 ff.

Wustmann, Gustav: *Aus Clara Schumanns Brautzeit*. Die Grenzboten, 55. Jg. (1896), Viertes Vierteljahr, S. 506- 522.

Ziehnert, Johann Gottlieb: *Praktisches Evangelisches Kirchenrecht, mit besonderer Hinsicht auf Sachsen, Preußen und andere evangelische Länder, für Prediger, angehende Superintendenten und Juristen*. 2 Theile, Meissen 1826 und 1827.

# Anhang II.3. (Zeitgenössische) Periodika

- Allgemeine Musikalische Zeitung
- Blätter für Musik und Literatur
- Caecilia. Eine Zeitschrift für die musikalische Welt
- Der Korrespondent von und für Deutschland
- Die Grenzboten: Zeitschrift für Politik, Litteratur und Kunst
- EMMA
- Entscheidungen des Reichsgerichts in Zivilsachen
- Leipziger allgemeine Zeitung
- Leipziger Tageblatt und Anzeiger. Amtsblatt des Königlichen Amts- und Landgerichtes Leipzig und des Rathes und Polizeiamtes der Stadt Leipzig
- Neue Musik-Zeitung
- Neue Zeitschrift für Musik
- Revue et Gazette Musicale de Paris
- Signale für die Musikalische Welt
- Streit. Feministische Rechtszeitschrift. Hrsg. vom Verein Frauen streiten für ihr Recht e.V. Frankfurt
- Unser Planet: Beiblätter für Literatur und Theater zum Dresdner Merkur
- Wiener allgemeine Musik-Zeitung
- Wochenblatt für merkwürdige Rechtsfälle, in actenmäßigen Darstellungen aus dem Gebiete der Justizpflege und Verwaltung zunächst für das Königreich Sachsen
- Zeitung für die elegante Welt: Mode Unterhaltung, Kunst, Theater

# Anhang II.4. Archivalien und unveröffentlichte Quellen

**Robert-Schumann-Haus Zwickau:**

- Clara Schumann. Jugendtagebücher 1827-1840. Hrsg. von Gerd Nauhaus und Nancy B. Reich. Wiesbaden u.a., Breitkopf&Härtel. (In Vorbereitung). RSchH Zwickau, Archiv-Nr. A 4877 - A3 [römische Zahlen bezeichnen die Bände].
- Briefverzeichnis Robert Schumanns, RSchH Zwickau, Archiv-Nr. 4871/VII C, 10.
- Transkription der Prozeßakten durch Georg Eismann unter dem Titel „Acta in Sachen Robert Schumanns, Componisten etc. zu Leipzig und Fräulein Clara Wieck, K.K. öst. Kammervirtuosin entgegen der Letzteren Vater Hrn. Friedrich Wieck, Instrumentenhändler zu Leipzig die verweigerte Einwilligung des Letzteren in die Verehelichung der beiden Ersteren. Appellationsgericht zu Leipzig 1839 Cap. IV, Lit. S. Nr. 124“, RSchH Zwickau, Archiv-Nr. 5725- A3c.
- Acta privata Einert, Abschrift durch Gustav Jansen aus dem Jahr 1902. RSchH Zwickau, Archiv-Nr. 1794 - A3c.
- Robert Schumann Projektenbuch, unveröff., RSchH Zwickau, Archiv-Nr. 4871/VII C, 8.
- Brief von Friedrich Wieck an Robert Schumann vom 15.12.1843, RSchH Zwickau, Archiv-Nr. 6940-A2.
- Brief von Eugenie Schumann an Geh. Justizrat R. Hübner vom 25.8.1937, RSchH Zwickau, Archiv-Nr. 11713-A2.
- Briefe Gustav Jansens an Ferdinand Schumann vom 24.6.1902, RSchH Zwickau, Archiv-Nr. 12269-A2; vom 30.7.1902, RSchH Zwickau, Archiv-Nr. 12270-A2; vom 24.10.1905, RSchH Zwickau, Archiv-Nr. 12282-A2.
- Brief von Gustav Jansen an Helene v. Vesque vom 7.4.1897, RSchH Zwickau, Archiv-Nr. 8439, 12-A2.

**Stadtarchiv Zwickau:**

- Testament August Schumann, Stadtarchiv Zwickau, Testamente, A.- Sign.: A6' 4112.

**Sächsisches Staatsarchiv Leipzig:**

- Eheprozeßakten, Sächsisches Staatsarchiv Leipzig - SächsStAL Appellationsgericht Leipzig Nr. 765.

**Staatsbibliothek zu Berlin - Preußischer Kulturbesitz:**

- Briefnachlaß Clara Schumann: Autographen des Braut- und Ehebriefwechsels.

**Biblioteka Jagiellonska, Krakau:**

- Korespondencja Schumanna, Biblioteka Jagiellonska Kraków, Polen, zitiert auf der Grundlage der freundlicherweise von der Robert-Schumann-Forschungsstelle Düsseldorf e.V. zur Verfügung gestellten Mikrofilme und Kopien bzw. Transkriptionen der Korrespondenz Robert Schumanns.
  [zitiert als „Corr., Bd. *, Nr. *"].
- Briefe von Robert Friese an Robert Schumann.
- Brief von Anwalt Wilhelm Ernst Krause vom 9.11.1840, Corr. Bd. 11, Nr. 1715.
- Brief von Moritz Emil Reuter vom 6.2.1847, Corr. Bd. 19, Nr. 3326.

Hans-Udo Kreuels

# Schumanns Kerner-Lieder

**Interpretation und Analyse sämtlicher Lieder Robert Schumanns nach Gedichten von Justinus Kerner mit besonderer Berücksichtigung der Liederreihe op. 35**

Frankfurt am Main, Berlin, Bern, Bruxelles, New York, Oxford, Wien, 2003.
181 S., 4 Abb., zahlr. Notenbeispiele
ISBN 3-631-51256-2 · br. € 39.–*

Ein zyklischer Novellen-Gedanke wird in der Liederreihe aufgedeckt. Nachgewiesen wird eine unterschwellige Lebensverlaufsform, thematisiert ein in hohem Maße zum Ausdruck gebrachtes romantisches Geistesprinzip psychischer Lebensbedrohung, verabsolutierter Sehnsucht, des Schwindens der Lebensressourcen usw. Dieses Buch bietet eine erstmalige Analyse der frühen Kerner-Lieder (von 1828). Die notwendige Auseinandersetzung mit der Lyrik Kerners versucht, die Künstlerverbindung Kerner – Schumann (neben Heine – Schumann oder Eichendorff – Schumann) in ihrer epochalen Dimension zu sichten: als Synonym und gedanklich-sensorische Erweiterung des Begriffs der musikalischen Hochromantik. Eine Interpretationshilfe für den Liedgesang, entstanden aus dem praktischen und theoretischen Zugang (des Musikwissenschaftlers sowie des Pianisten). Der Verfasser ordnet eine rein analytische Vorgangsweise einer suggestiven Übermittlungsstrategie unter.

*Aus dem Inhalt*: Interpretation und Analyse sämtlicher Schumann-Lieder nach Texten von Justinus Kerner · Darstellung des Lyrikers, Okkultisten und Menschen Justinus Kerner · Die Liederreihe op. 35 – eine „Novelle in Chiffren" · Synergie-Effekt inhaltlicher Bezugnahmen, veranschaulicht durch zwei eigene Grafiken · Tonartenspektrum · Lieder für eine Singstimme, Duett und Frauenchor · Besprechung der wenig bekannten fünf frühen Kerner-Lieder (1828) · 75 Notenbeispiele